David Mauricio Adriano Solodkow

Etnógrafos coloniales
Alteridad y escritura en la Conquista de América (siglo XVI)

teci
Textos y estudios coloniales
y de la Independencia

Editores
Karl Kohut (Universidad Católica de Eichstätt-Ingolstadt)
Sonia V. Rose (Université de Toulouse II)

Vol. 23

David Mauricio Adriano Solodkow

Etnógrafos coloniales

Alteridad y escritura
en la Conquista de América (siglo XVI)

Vervuert - Frankfurt - Iberoamericana - Madrid

2014

© Iberoamericana, 2014
Amor de Dios, 1 – E-28014 Madrid
Tel.: +34 91 429 35 22
Fax: +34 91 429 53 97
info@iberoamericanalibros.com
www.ibero-americana.net

© Vervuert, 2014
Elisabethenstr. 3-9 – D-60594 Frankfurt am Main
Tel.: +49 69 597 46 17
Fax: +49 69 597 87 43
info@iberoamericanalibros.com
www.ibero-americana.net

ISBN 978-84-8489-794-1 (Iberoamericana)
ISBN 978-3-95487-341-8 (Vervuert)

Depósito legal M-12967-2014

Diseño de la cubierta: Fernando de la Jara
Realización gráfica de la cubierta: Osvaldo Oliveira / A4 Diseños

Este libro está impreso íntegramente en papel ecológico blanqueado sin cloro

Impreso en España

Este libro está dedicado a la memoria de mi padre, Carlos Emilio Mayor Solodkow Bolognesi, a la esperanza y a la ternura esbozada en las sonrisas de mis dos hijas, Ana y Julia, y a la paciencia y el invalorable amor de Catalina Sánchez Caballero.

Índice

Agradecimientos

Este libro, que me tomó más de siete años escribir, involucra una amplia interacción académica entre varias universidades, Vanderbilt University (Nashville, TN), Universidad de los Andes (Bogotá) y University of Texas (Austin, TX); tres países —Estados Unidos, Colombia y Argentina—, y a muchos colegas y amigos de la profesión. Este libro y sus principales líneas de investigación no hubieran siquiera comenzado sin la afectuosa e inteligentísima guía del profesor Carlos A. Jáuregui cuando aún era profesor en el Departamento de Español y Portugués de Vanderbilt University (hoy en The University of Notre Dame), allá por 2005. A través del proceso de seguimiento sobre los avances de la investigación, el profesor Jáuregui fue sugiriendo, con agudeza e "inconmensurable" paciencia, la corrección, reorientación y/o validación de las líneas directrices que yo había planteado desde el comienzo del proyecto. Por su generoso e incondicional apoyo le estaré eternamente agradecido a él, a su esposa (Tatiana) y a sus hijos (Lucas, Andrés y Felipe) a quienes robé el valioso tiempo y compañía de su padre.

Asimismo, fueron de vital importancia las sugerencias y el apoyo académico ofrecido generosamente por los profesores Edward Fischer, Edward Friedman y Benigno Trigo, también de Vanderbilt University. A todos ellos, mi más sincero y profundo agradecimiento. El libro también es el resultado de las productivas conversaciones que mantuve a lo largo de cinco años en Vanderbilt University con los compañeros del Departamento de Español y Portugués (y de otros departamentos como los de Antropología, Historia e Inglés), especialmente quisiera agradecer a Juan Marcelo Vitulli (compañero de ruta), Catalina Restrepo Gutiérrez, Vanesa Miseres y David Richter por estas enriquecedoras conversaciones.

Debo un especial agradecimiento y reconocimiento a dos institutos universitarios y a dos bibliotecas en particular. En primer lugar, al Robert Penn Warren Center for the Humanities de Vanderbilt University y, en especial, a Mona C. Frederick. El centro, a través de su generosa beca, me ofreció el apoyo financiero necesario para que terminara de escribir mi tesis de doctorado, origen y base del presente volumen. Allí también fui parte de una intensa y generosa interacción con otros colegas que, con sus inteligentes preguntas, lograron reorientar mi trabajo cada vez que quería descarrilarse y por eso van mis agradecimientos para: Megan Moran, George Sanders, Nicole Seymour, Josh Epstein, Michael Callaghan y Heather Talley. Recordando mi paso por Vanderbilt, también quiero darle mis especiales gracias al bibliotecario Jim Toplon del Interlibrary Loan and Faculty Delivery

Service de la Jean and Alecander Heard Library; sin su ayuda no hubiera podido comenzar mi proyecto ni continuarlo.

En segundo lugar, quisiera agradecer al Tereza Lozano Long Institute for Latin American Studies, instituto que me ofreció una generosa beca semestral (primavera 2012) para dictar un curso de doctorado sobre etnografía colonial en University of Texas (Austin) y para utilizar los extraordinarios recursos de la Benson Library. Por ello, quiero agradecer especialmente al director del instituto, el profesor Charles Hale y a los profesores Arturo Arias y Jill Robbins, del Departamento de Español y Portugués, quienes me nominaron generosamente para esta beca. De igual modo, quiero agradecer la entrañable generosidad y afecto de los profesores Jossiana Arroyo-Martínez, Jason Borge, Luis Carcamo-Huechante, Héctor Domínguez-Ruvalcaba, Gabriela Polit, Sonia Roncador, Naomí Lindstrom, César Salgado y Madeline Sutherland-Meier, por hacerme sentir uno más de UT. Por esta última beca también quiero agradecer especialmente a Santa Arias y a Carlos Jáuregui por sus generosas recomendaciones y a mis estudiantes graduados de Austin por sus estimulantes preguntas y debates sobre la escritura etnográfica en la América colonial: René Carrasco, Adrián Masters, Roanne Sharp, Zazil E. Reyes García y Alberto Palacios. Asimismo, por los permisos para reproducir las fotografías de la edición facsimilar del *Códice florentino* de Bernardino de Sahagún, quiero agradecer a Christian Kelleher, archivista de la Nettie Lee Benson Latin American Collection en la Benson Library de University of Texas (Austin).

El libro también fue posible gracias a la generosidad de la institución que me tiene como profesor desde hace ya más de cinco años, la Universidad de los Andes en la ciudad de Bogotá. En especial, debo mi agradecimiento al apoyo incondicional de Carolina Alzate, de Claudia Montilla Vargas y de Hugo Ramírez Sierra. En la Universidad de los Andes y gracias al soporte financiero del C.I.C. (Comité de Investigación y Creación) de la Facultad de Humanidades y Artes, pude viajar a conferencias, organizar simposios, invitar a profesores internacionales y publicar artículos. Este apoyo académico fue esencial para socializar mi conocimiento en foros internacionales y para probar mis hipótesis de lectura frente a audiencias versadas en el tema. Quiero agradecer por ello a la decana de la Facultad, la doctora Claudia Montilla Vargas y a la coordinadora del C.I.C. por aquellos días, la profesora Marcela García Botero. La Universidad de los Andes ha sido mi segundo hogar académico y me ha dado la enorme posibilidad de realizarme como docente y como investigador. Quiero agradecer por ello a mis colegas del Departamento de Humanidades y Literatura, dado que las discusiones académicas mantenidas con ellos y su gran calidad y solidaridad como compañeros han sido fundamentales para que pudiera pensar, crear y escribir. Los estudiantes del pregrado y el posgrado de Literatura de la Universidad de los Andes fueron también muy generosos con sus comentarios, con sus preguntas y con sus reflexiones en clase: Héctor Melo, Ingrid Luna, Karina Marin, Sara Santa, Mauricio Arévalo, María Camila Nieto, Vanesa Guerrero, Verónica Zacipa, Santiago Quintero, Paola Uparella y muchos otros. Hago extensivo mi agradecimiento al personal de la Universidad de los Andes: María Victoria González, Silvia Garavito, Bertha Inés Duarte, Eugenia Peña, Germán Castañeda, Edilma Cortés, Octavio García y a Luz Dari Torres, personas sin cuya colaboración, amabilidad y eficiencia mi trabajo sería imposible.

El proceso de edición del libro que presento ahora sufrió una minuciosa y responsable revisión por parte de cinco excelentes alumnos de la Universidad de los Andes y asistentes de mi proyecto de investigación FAPA (Fondo de Apoyo a Profesores Asistentes). Por ello, quiero agradecer muy especialmente a Santiago Quintero Ayarza, Paola Andrea Uparella (dos veces), Sara Santa, Ignacio Mayorga y a Juan Diego Pérez por su paciente esfuerzo en revertir mis innumerables errores de escritura.

Quiero agradecer también a mis primeros mentores en el estudio de la literatura, a las profesoras y profesores del Departamento de Letras de la Universidad Nacional de Rosario en Argentina, dos de las cuales lamentablemente ya no están con nosotros: a Lena Balzaretti por haberme enseñado los beneficios de ser disciplinado en el estudio; a Sonia Contardi, que me introdujo en los problemas y desafíos de la literatura colonial; a Claudia Caisso, quien no sólo me recomendó para mi beca de doctorado en Vanderbilt Univeristy, sino que también me enseñó a disfrutar de la poesía latinoamericana del siglo xx y, finalmente, a Roberto Retamoso, que me enseñó a pensar críticamente sobre la escritura.

Partes de este libro, versiones sintetizadas y embrionarias, aparecieron como artículos en revistas académicas. Una versión muy mínima del capítulo 2 fue publicada bajo el título de "De caníbales, etnógrafos y evangelizadores: versiones de la otredad en tres cartas del *descubrimiento*", en *The Colorado Review of Hispanic Studies* 3.1 (2005): 17-39. En esta misma revista también apareció una versión preliminar y abreviada del capítulo 5 bajo el título de "Fray Bernardino de Sahagún y la paradoja etnográfica ¿Erradicación cultural o conservación enciclopédica?" (8 [2011]: 203-223). Por la publicación de estos dos artículos y por la posibilidad de reproducir aquí partes de ellos, quiero agradecerles especialmente a Juan Pablo Dabove y a Leila Gómez de University of Colorado (Boulder), responsables de mi primera publicación como estudiante graduado.

El acápite final del capítulo 3 tuvo dos publicaciones diferentes: 1) fue recientemente publicado en inglés bajo el título de "The Rhetoric of War and Justice in the Conquest of America: Ethnography, Law and Humanism in Ginés de Sepúlveda and Bartolomé de Las Casas" como un capítulo del libro *Coloniality, Religion, and the Law in the Early Iberian World* (Nashville: Vanderbilt University Press, 2013, Hispanic Issues Series); por esta publicación quiero agradecer la muy generosa invitación de Santa Arias y de Raúl Marrero-Fente; y 2) fue publicado como capítulo en un libro editado y compilado por mí (*Perspectivas del Renacimiento y el Barroco*), bajo el título de "Guerra y Justicia en el Renacimiento español: etnografía, ley y humanismo en Juan Ginés de Sepúlveda y Bartolomé de Las Casas", publicado por la editorial de la Universidad de los Andes, mi agradecimiento a la editorial de la universidad que me permite utilizar este artículo y en especial a su director, Felipe Castañeda.

Una versión reducida del capítulo 4 fue publicada en la revista de la Pontificia Universidad Javeriana (*Cuadernos de Literatura*) de Bogotá bajo el título "América como traslado del infierno: evangelización, etnografía y paranoia satánica en Nueva España" (14-28 [julio-diciembre 2010]: 172-194). Por la generosa invitación a participar en el *dossier* sobre literatura colonial y por el permiso para reproducir el artículo quiero agradecer especialmente a María Piedad Quevedo y al profesor Cristo Figueroa. Finalmente, una versión embrionaria del capítulo 6 fue publicada bajo el título "Una etnografía en tensión: 'barbarie' y evangelización en la obra de José de Acosta", en la revista de la École des Hautes Études en Sciences Sociales de París, *Nuevo mundo, mundos nuevos* (marzo 2010); quiero agradecer a la revista por permitirme usar partes de esa versión y en especial a su directora en aquel momento, la profesora Frédérique Langue por su amabilidad al aceptar mi publicación.

Este libro también fue posible por el apoyo, la solidaridad intelectual y las múltiples conversaciones mantenidas a través de los años con muchos colegas y amigos de la profesión, como Juan Marcelo Vitulli, Luis Fernando Restrepo, Santa Arias, Jaime Borja, Betty Osorio, Hugo García, Daniel Gutiérrez Ardila, Kris Lane, Song No, Ruth Hill, Mariselle Meléndez, José Antonio Mazzotti, Mabel Moraña, Valeria Añón, Loreley El Jaber, Mariana Rosetti, Ignacio Sánchez-Prado, entre otros colegas que mi traicionera e injusta memoria me impide recordar.

Este libro está dedicado a la memoria de mi padre (Carlos Emilio Mayor Solodkow Bolognesi), quien fue siempre una gran inspiración intelectual (un excelente lector y un fino escritor) y ética (una de las personas más solidarias que conocí en mi vida), quien murió en diciembre de 2007 cuando aún era yo estudiante de posgrado en Vanderbilt University. En mi memoria están y estarán por siempre el apoyo afectivo incondicional y el cariño constante de familiares y amigos que también hicieron posible este libro: Adriana Andrenacci (cocinera inigualable y madre mía), Noemí Solodkow, Gervasio Fierro, Diego Fernández, Aldo Simón, Julia Sabena, Waldir Sepúlveda, Sandra Alvarado Bordas, Gerson Lévi y, desde que vivo en Colombia, mi esposa Catalina Sánchez Caballero (compañera de ruta y mamá de mis dos hijas, Ana y Julia), mi familia política, los Sánchez Caballero (William, Patricia, Juan, Andrés y Valentina), y mis amigos y colegas Daniel Gutiérrez Ardila y Carlos Camacho.

Finalmente, quiero agradecer a Klaus Vervuert por su gran profesionalismo, por su generosidad y por su paciencia. También a Anne-Kathrin Distler de la Editorial Iberoamericana Vervuert, por su eficiencia, su colaboración y gentileza. Asimismo, mi más sincero agradecimiento para los profesores Karl Kohut y Sonia Rose, quienes con aguda inteligencia leyeron mi libro, aceptaron mi propuesta para su colección e hicieron invaluables recomendaciones para que este volumen sea hoy una realidad.

Introducción

Hacia una definición del *discurso etnográfico colonial*

> Los pueblos no europeos no sólo son estudiados como el índice de una *buena naturaleza enterrada*, de un suelo nativo recubierto, de un "grado cero" con relación al cual se podría alinear la estructura, el devenir y sobre todo la degradación de nuestra sociedad y de nuestra cultura. Como siempre, esa arqueología es también una teleología y una escatología; sueño de una presencia plena e inmediata que cierra la historia, transparencia e indivisión de una parusía, *supresión de la contradicción y de la diferencia.*
>
> Jacques Derrida.
> *De la gramatología* (150; énfasis mío)

> Europa ha constituido a las otras culturas, mundos, personas como ob-jeto: como lo "arrojado" (*-jacere*) "ante" (*ob-*) sus ojos. El "cubierto" ha sido "descubierto": *ego cogito cogitatum*, europeizado, pero inmediatamente "en-cubierto" como Otro. El Otro constituido como lo Mismo. El ego moderno "nace" en esta auto-constitución ante las otras regiones dominadas.
>
> Enrique Dussel. *1492: el encubrimiento* (53)

> [D]e qué manera podía una cultura plantear en forma maciza y general la diferencia que la limita [...] ¿A partir de qué *a priori* histórico ha sido posible definir el gran tablero de las identidades claras y distintas que se establece sobre el fondo revuelto, indefinido, sin rostro y como indiferente, de las diferencias?
>
> Michel Foucault. *Las palabras y las cosas* (9)

Desde la Antigüedad grecolatina el *discurso etnográfico* ha ocupado un lugar privilegiado en la historia de Occidente. Las relaciones complementarias entre la alteridad y la mismidad han definido zonas importantísimas del conocimiento humano. La clasificación de la diferencia antropológica (de costumbres, de pensamientos, de modos de organización política, económica, social y religiosa, entre otras) ha determinado y definido formas específicas de interacción, poder y control entre los seres humanos. A partir del comienzo de la "Era Moderna" o "Era de los Descubrimientos" en el siglo XVI, la sistematización de este discurso etnográfico produjo nuevos interrogantes y nuevas reformulaciones filosóficas y epistémicas inspiradas, paradójicamente, por los modelos que previamente había ofrecido la propia Antigüedad grecolatina.[1] Como afirmaba Anthony Pagden: "[L]os viajeros del siglo XVI fueron a América con ideas precisas de lo que podrían encontrar allí. Fueron buscando hombres salvajes y gigantes, Amazonas y pigmeos. Fueron en busca de la Fuente de la Eterna Juventud, de ciudades pavimentadas en oro, de mujeres cuyos cuerpos, como los de los hiperbóreos, nunca envejecían, de caníbales y hombres que vivían más de cien años" (*La caída* 30). Sin embargo, el "Descubrimiento" de un "nuevo" continente obligó a los viajeros, conquistadores y evangelizadores europeos a una exhaustiva revisión, tanto de las clasificaciones sobre la monstruosidad, el salvajismo y la barbarie, como del concepto específico de *humanidad*. Así, el *discurso etnográfico* que comienza tempranamente en la historia de Occidente puede comprenderse como una larga secuencia de reformulaciones, irrupciones y emergencias discursivas que empiezan a desplegarse en la Antigüedad (Grecia y Roma), atraviesan la Edad Media latina y vuelven a ser revisadas durante el Renacimiento para ser ampliadas y relativizadas durante la Ilustración y, más tarde, con la emergencia de la etnología en los siglos XIX y XX.[2] Es posible afirmar, entonces, que el *discurso etnográfico* sostiene, cruza y legitima gran parte de la autoridad (y del autoritarismo) de la episteme occidental y que ha sido uno de los instrumentos responsables de la generación, histórica y sistemática, de una violencia inagotable.

Desde la aparición de los "fieros" comedores de carne humana o caníbales en los *Diarios* colombinos (1492-1500), pasando por la variada clasificación de indígenas idólatras llevada a cabo por fray Toribio de Benavente (Motolinía) en sus *Memoriales*; las largas discusiones teológicas metropolitanas en Burgos (1511-1512) y, más tarde, en Valladolid (1550-1551) entre Las Casas y Sepúlveda; las *relectiones* de Francisco de Vitoria (*De Indis, De Iure Belli*); la enciclopedia de la alteridad que propuso fray Ber-

---

[1] Según Sergio Rivera-Ayala: "La Europa Medieval fue heredera y continuadora de gran parte del saber clásico sobre las regiones que conformaban sus fronteras culturales, y de las que se creía estaban habitadas por monstruos o seres con una humanidad deformada debido al espacio remoto en el que habitaban" (27).

[2] De acuerdo con Anthony Pagden: "El relativismo y la interpretación del comportamiento social como una historia de las necesidades humanas universales es, sin duda, un rasgo característico del proyecto de la Ilustración [...] y su epistemología se ha buscado tradicionalmente en la psicología de Locke y en la metodología de Bacon. En este contexto, *relativismo* es el argumento de un escéptico, y el escepticismo era uno de los estilos intelectuales dominantes en la Ilustración" (*La caída* 21).

nardino de Sahagún en su *Historia general de las cosas de Nueva España* y la conceptualización de la *barbarie* de los indígenas americanos que formuló el jesuita José de Acosta en su *De procuranda indorum salute* (1588), los indígenas americanos fueron "ob-jeto", como señala Dussel en el epígrafe, de las más intricadas especulaciones de un tipo específico de discursividad colonial a la cual denomino en este estudio como *discurso etnográfico*, un concepto que nos ayuda a pensar de qué maneras se organizó y, fundamentalmente, cómo se significó la diferencia étnica, cultural y religiosa en el mundo colonial americano durante el final del siglo xv y a lo largo del xvi.

Ese Otro diferente, el indígena (y más tarde el esclavo africano, el criollo y las diversas mezclas raciales) produjo con su cuerpo, su lengua, su cultura y su religión una interrogación al "sí mismo" europeo y, simultáneamente, planteó límites a su propio conocimiento: ¿quiénes son esos otros? ¿Cuál es la relación que guardan con mi cultura de origen, con mi conocimiento del mundo, con mi religión, con mis valores, con mi humanidad? ¿Cuáles son los poderes que sobre esos otros se pueden ejercer y cómo legitimar intelectual, religiosa y jurídicamente esos poderes? De este modo, la acción de conquistar no sólo se definió a partir de prácticas materiales y violentas como la encomienda, la esclavitud y la conversión religiosa, sino también mediante prácticas simbólicas como la escritura de la *ciudad letrada*.[3] A través de la escritura de la *ciudad letrada* se hizo posible la clasificación y homogenización de la diferencia: una práctica a partir de la cual la alteridad del mundo indígena americano fue cosificada, apropiada y representada de acuerdo con parámetros epistemológicos europeos, como señala Rolena Adorno:

> La ciudad letrada comprendía muy bien los peligros de la diversidad cultural y los consideraba una amenaza a la homogeneidad cultural que el colonialismo doméstico y de ultramar se esforzó por imponer. Vista desde esta perspectiva, la ciudad letrada representaba inevitablemente a los "otros", ante el mundo y ante

---

[3] Ángel Rama, fundador del concepto de *ciudad letrada*, insistió notablemente sobre la importancia radical de la escritura y el ordenamiento de los signos en la ciudad colonial: "debemos llamar ciudad letrada, porque su acción se cumplió en el prioritario orden de los signos [...] En el centro de toda ciudad [...] hubo una ciudad letrada que componía el anillo protector del poder y el ejecutor de sus órdenes: una pléyade de religiosos, administradores, educadores, profesionales, escritores y múltiples servidores intelectuales, todos esos que manejaban la pluma, estaban estrechamente asociados a las funciones del poder y componían lo que Georg Friederici ha visto como un país modelo de funcionariado y de burocracia" (57).

sí misma, como estereotipos sin especificidad que compartían una serie básica de rasgos negativos ("La ciudad letrada" 20).

Las caleidoscópicas imágenes del cuerpo del salvaje se crearon dentro del *discurso etnográfico* y, de este modo, el conocimiento y los *efectos de verdad* que se construyeron allí colaboraron con la red instrumental del poder que se aplicó sobre esos sujetos clasificados. Así, los cuerpos inscriptos en este discurso se hallan anexados a un *campo político*, esto es, la soberanía imperial. Esta soberanía, como afirman Deleuze y Guattari, es lo que hace posible la "interiorización" de la exterioridad salvaje: "la soberanía sólo reina sobre aquello que es capaz de interiorizar, de apropiarse localmente [...] Esa forma de exterioridad se presenta necesariamente como la de una máquina de guerra, polimorfa y difusa" (367). De allí se deriva la instrumentalidad del *discurso etnográfico* como aparato de incorporación clasificatoria de la alteridad hacia la mismidad cultural y soberana del Imperio.

Ahora bien, ¿cómo podríamos siquiera comenzar a esbozar una definición posible de esta *formación discursiva* que, como una red o una malla, se extiende y se reformula constantemente en Occidente? ¿Cómo comenzar a definir un discurso atravesado por una continuidad discontinua asolada por reformulaciones políticas y religiosas, por los avatares del desarrollo científico y por las manipulaciones estratégicas e ideológicas esgrimidas tras las guerras de ocupación colonial? ¿Cómo aprehender la riqueza semántica y las transformaciones de vocablos fundamentales (y fundamentalistas) del pensamiento occidental ("salvaje", "bárbaro", "antropófago/caníbal", "civilizado")? El objetivo de este libro no es, sin duda, realizar la genealogía del *discurso etnográfico* en Occidente, tarea imposible para un individuo, sino tan sólo circunstanciar el uso, la implementación y reformulación de este discurso en un corte sincrónico que cubre el siglo XVI, concretamente, durante los primeros cien años de la invasión europea al continente Americano.

Para llevar a cabo dicha tarea, este estudio reflexiona sobre los *dispositivos de saber* y las relaciones de dominación simbólica y material que se ejercieron mediante el *discurso etnográfico* sobre diversas etnias indígenas de América en el Caribe y en Nueva España principalmente, aunque no se limita a estos espacios geográficos. Este libro también analiza cómo y por qué en este discurso se diseminan una serie de enunciados que colaboran con la construcción de la diferencia cultural, la negación/creación de la alteridad, la producción del saber sobre el Otro y la configuración de nuevas identidades sociales y étnicas. Asimismo, estudio en estas páginas las relaciones de "instrumentalidad" política (soberanía), jurídica (encomienda) y religiosa (conversión) que el *discurso etnográfico* mantuvo con respecto a la justificación de la ocupación colonial y con la llamada "misión civilizadora" de Europa sobre la América indígena. Nada más ajeno a la intención de este volumen, como sostenía Mabel Moraña en su crítica al debate posmodernista de los años noventa en el marco de la crisis de las ideologías y el auge neoliberal, que proponer una "romantización de la alteridad" o una "absolutización de la otredades como lugar de un privilegio epistemológico" ("Borges y yo" 264). La deconstrucción de los modos en los cuales las epistemes eurocéntricas concibieron la alteridad indígena mediante las formulaciones del *discurso etnográfico* se encuentra más estrechamente relacionada con el conocimiento de los dispositivos de dominación colonial que con la posibilidad paternalista (y colonial) de defender una otredad históricamente amenazada o en disolución.

El *discurso etnográfico* no puede definirse a partir de una *unidad* o un *objeto*; lo que este discurso dice es una heterogeneidad, una diferencia, una dispersión de enunciados en torno a la clasificación de la alteridad. La pregunta que me hago, y que este libro investiga, es si existe algún tipo de *regularidad* en la formulación de los enunciados etnográficos coloniales: ¿cuál es la regla o el *juego de reglas* que agrupan o que hacen posible la dispersión de estos enunciados sobre la otredad? ¿Cuáles pueden ser las motivaciones (o necesidades) y las consecuencias jurídicas, ideológicas, económicas y políticas de semejantes enunciados? En este sentido, utilizo una herramienta conceptual foucaultiana, las llamadas *reglas de formación de enunciados*, la cual me sirve para analizar porciones representativas y significativas de la producción textual del primer siglo de ocupación colonial.[4]

El *discurso etnográfico* puede pensarse entonces a partir de las textualidades que configura, de los diálogos y préstamos que genera con los diferentes campos de saber —tales como la religión, la medicina, el derecho y la cartografía—, de los sintagmas que produce, del juego de los enunciados que no cesa de articular y poner en relación. Por ejemplo, la oposición constante entre el "progreso" y lo "primitivo" que se resiste, entre el cristianismo y la idolatría, entre lo "aberrante" (sodomía, canibalismo, sacrificios humanos) y la norma, entre la inclusión y la exclusión (periferia/eurocentrismo). Para hacer posible esta exploración realizo un análisis interdisciplinario utilizando las herramientas metodológicas y teóricas de la crítica literaria y

---

[4] De acuerdo con Foucault: "se llamarán reglas de formación las condiciones a que están sometidos los elementos de esa repartición [el sistema de dispersión de los enunciados] (objetos, modalidad de enunciación, conceptos, elecciones temáticas). Las reglas de formación son condiciones de existencia (pero también de coexistencia, de conservación, de modificación y de desaparición) en una repartición discursiva determinada" (*Arqueología* 62-63).

cultural, los estudios coloniales, el análisis del discurso y la antropología. Con estos instrumentos teóricos y críticos se exploran diversos tipos o géneros discursivos (crónicas, cartas, memoriales, cédulas reales, sentencias judiciales, tratados religiosos, entre otros). Al mismo tiempo, el libro revisa las múltiples formas en las que se presenta la invención de las identidades coloniales, esto es, los modos en que dichas identidades se ordenaron moral y éticamente (axiológicamente) para luego ser asimiladas o tipificadas dentro de un orden político, económico y religioso.

Una conclusión general que se propone en este volumen es que leer el *discurso etnográfico* colonial implica enfrentarse a modos singulares y específicos de construcción de límites culturales y antropológicos, de clasificaciones y de órdenes taxonómicos, de tipologías que intentan poner freno a la proliferación constante de la *diferencia* que produce el "encuentro" con la alteridad.[5] En fin, se trata de comprender los modos a partir de los cuales la soberanía imperial articula una exterioridad complementaria mediante el juego dialéctico entre lo interior y lo exterior. En el libro también se analizan los procesos arriba mencionados a través de la exploración de dispositivos discursivos como los enunciados, los estereotipos, algunos tropos específicos (*caníbal*, *idólatra*, etc.) y las analogías que se diseminan en un vasto conjunto de textos representativos del *discurso etnográfico* colonial. El volumen intenta llevar a cabo una intervención crítica y un debate dentro del conjunto de los estudios sobre la literatura colonial y propone no sólo desmontar los fundamentos del eurocentrismo —superioridad racial de Europa, inferioridad cultural del indígena americano, el supuesto salvajismo que se opone a la civilización y el progreso— en los textos coloniales explorados, sino también en algunos de los análisis propuestos por la crítica contemporánea.[6] En síntesis, realizo un estudio transdiscipli-

---

[5] Como señala Dussel: "El concepto de *encuentro* es encubridor porque se establece ocultando la dominación del yo europeo, de su mundo, sobre el mundo del Otro, del indio. Es decir, ningún *encuentro* pudo realizarse, ya que había un total desprecio por los ritos, los dioses, los mitos, las creencias indígenas. Todo fue borrado con un método de tabula rasa" (87-88).

[6] El concepto de *eurocentrismo* es muy complejo porque supone una identidad europea común y homogénea, siendo que esto está muy lejos de ser verdad, fundamentalmente, en la Europa del siglo xvi. Como afirma Mauricio Nieto: "dentro de lo que entendemos por Europa nos encontramos con una diversidad cultural notable y con centros y periferias geográficas, culturales y económicas. Sin embargo, de lo que se trata es precisamente de aprender sobre el proceso de construcción de la idea de una Europa homogénea, de consolidación de 'occidente' como una entidad geográfica y cultural, la cual es sólo posible en la medida en que se enfrenta con algo distinto, y se crea el referente de un

nario de la formación del *discurso etnográfico* y del papel instrumental que este desempeñó en la conformación de los imaginarios coloniales y en la formación de los relatos de identidad durante la emergencia de la primera *Modernidad colonial*.

Con el concepto de *Modernidad colonial* intento designar un vasto conjunto de lógicas culturales (económicas, políticas, religiosas, lingüísticas) que aspiran a una totalidad orgánica y que comenzaron a funcionar a partir de 1492.[7] Analizar las lógicas culturales y discursivas de esa *Modernidad colonial* implica pensar en violentos procesos de asimilación y transformación cultural, política y religiosa que comienzan a perfilarse durante el siglo XV y que toman su poder transformador definitivo a partir de la así llamada "Era de los Descubrimientos", cuando Europa se autofijó como centro geopolítico de operaciones mercantiles y de producción de conocimientos (Dussel, *1492* 52). Este paradigma de poder totalizante, como señala Quijano, no "puede implicar que la heterogeneidad histórico-estructural haya sido erradicada dentro de sus dominios. Lo que su globalidad implica es un piso básico de prácticas sociales comunes para todo el mundo" ("Colonialidad del poder" 214-15). Esto significa que, más allá de sus pretensiones hegemónicas, la *Modernidad colonial* debió enfrentar la resistencia de la heterogeneidad cultural que pretendía subsumir.

Desde una perspectiva académica general, la *Modernidad colonial* ha sido analizada bajo dos paradigmas genealógicos centrales: el primero de ellos se refiere a un periodo en la historia mundial que empieza con el mal llamado "Descubrimiento" de América (Dussel, Quijano, O'Gorman, Bo-

---

'otro' común a todo el mundo cristiano [...] Se trata de un proceso claramente relacionado con la exploración del resto del mundo y que hace que Italia, España y Portugal, y más tarde Inglaterra, Francia, Holanda y Alemania, a pesar de sus enormes diferencias incluso dentro de dichas naciones, se puedan ver como una comunidad con intereses en conflicto, pero similares en sus objetivos imperiales" (85-86). Para una revisión más exhaustiva del concepto es necesario mirar los libros de Samir Amin, *Eurocentrism* y Enrique Dussel, *1492: el encubrimiento del Otro*.

[7] De acuerdo con Quijano, la noción de totalidad articuló dos ideas centrales: por un lado la sociedad como "estructura de relaciones funcionales" (estructuralismo y funcionalismo); pero por otro, articuló también la noción de la sociedad como "una estructura en que las partes se relacionan según las mismas reglas de jerarquía entre los órganos, de acuerdo con la imagen que tenemos de todo organismo y en particular del humano. Es decir, donde existe una parte que rige a las demás (el cerebro), aunque no pueda prescindir de ellas para existir; así como estas (en particular las extremidades) no podrían existir sin relacionarse subordinadamente a esa parte rectora del organismo" ("Colonialidad y Modernidad/ Racionalidad" 17).

lívar Echeverría, Mignolo, Jáuregui, Castro Gómez).[8] Otro comienzo, de acuerdo con el mundo académico anglosajón y germánico, se relaciona con la Ilustración (Weber, Hegel, Habermas, Adorno, Horkheimer, Wallerstein, Giddens, Jameson). Enrique Dussel y Quijano han planteado que, independientemente de la localización temporal/espacial específica de su génesis, la Modernidad es inseparable y va de la mano con la *violencia colonial*. Más allá del paradigma ideológico que se utilice para pensar la expansión colonial, es necesario reconocer que el proyecto de la Modernidad se constituye y reconstituye simultáneamente en un proceso articulado por Europa como un centro que comienza a delimitar su periferia, inscribiéndola bajo la forma de un subsistema dominado/colonizado dentro de un nuevo *sistema comercial del Atlántico* o *sistema mundo* del que nos habla Wallerstein:

> A finales del siglo xv y principios del xvi, nació lo que podríamos llamar una economía-mundo europea. No era un imperio, pero no obstante era espaciosa como un gran imperio y compartía con él algunas características [...] Es una "economía-mundo" debido a que el vínculo básico entre las partes del sistema es económico, aunque esté reforzado en cierta medida por vínculos culturales y eventualmente, como veremos, por arreglos políticos e incluso estructuras confederales (21).[9]

Desde 1492 la historia del mundo comienza a mundializarse, esto es, la historia de todas las civilizaciones regionales o provinciales son colocadas paulatinamente en una relación empírica efectiva y comienzan a ser

---

[8] Según Fredric Jameson se puede plantear que los orígenes de la Modernidad ya están en los escritos de Galileo. Sin embargo, el autor también propone que "hoy parece claro que la conquista de las Américas trajo consigo un significativo nuevo elemento de modernidad [...] Adam Smith y otros hacen del surgimiento del capitalismo una inevitable opción narrativa; mientras que la tradición alemana (y en épocas más recientes el Foucault de *Las palabras y las cosas*) afirma la significación de esa clase especial de reflexividad que es el tipo historicista, o el sentido mismo de la historia. Luego, las modernidades pasan confusa y rápidamente; secularización y muerte nietzscheana de Dios; racionalización weberiana en la segunda fase o estadio burocrático monopólico del capitalismo industrial; modernismo estético con la reificación del lenguaje y la emergencia de toda clase de abstracciones formales y por último, pero no por eso menos importante, la revolución soviética [...] Esto lleva a la existencia de unas *catorce propuestas*" (37-38; énfasis mío).

[9] Más adelante agrega Wallerstein que "En 1450, el escenario en Europa, pero no en otros lugares, estaba presto para la creación de una economía-mundo capitalista. Este sistema estaba basado en dos instituciones claves, una división 'mundial' del trabajo y en ciertas áreas un aparato de Estado burocrático" (89).

conectadas o sincronizadas a un centro de poder, la soberanía imperial. De este modo, la Modernidad puede pensarse, según Dussel, como el proyecto político-económico hegemónico que organiza un centro y liga militar, cultural y comercialmente a la periferia y a sus múltiples ecúmenes preexistentes (Dussel, *The Underside* 132). Ello no implicó que no convivieran temporalidades y modernidades múltiples dentro del *telos* general de la Modernidad hegemónica. De hecho, los esfuerzos modernizantes siempre estuvieron relacionados con la necesidad de hacer homogéneas (hacer coincidir las cronologías de la producción comercial) las temporalidades en destemporalidad de las diferentes modernidades, esto es, la civilización y/o modernización del salvaje, de su cultura y de su religión. Este proceso de reacomodación de las múltiples temporalidades (sacar al Otro de la *idolatría* y traerlo al tiempo de la cristiandad, sacar al Otro de la *ignorancia* y traerlo al tiempo tecnológico, desarrollar al bárbaro, hacerlo útil) ha sido una constante preocupación dentro de los proyectos de modernización en América Latina, aquello que Dussel define como la "falacia desarrollista" (*1492* 21). Al respecto, Bolívar Echeverría afirma que la Modernidad siempre trata de imponer un modelo o un proceso, necesariamente incompletos: "se trata de una modalidad civilizatoria que domina en términos reales sobre otros principios estructuradores no modernos o premodernos con los que se topa, pero que está lejos de haberlos anulado, enterrado y sustituido; es decir, la modernidad se presenta como un intento que está siempre en trance de vencer sobre ellos, pero como un intento que no llega a cumplirse plenamente" (*Modernidad y blanquitud* 17-18). Afirmar la existencia de una modernidad hegemónica, por lo tanto, equivale a decir que hubo un modelo que prevaleció sobre los demás y que, en cierto sentido, determinó y condicionó las posibilidades de otros modelos.[10] Como afirma Samir Amin: "With the Renaissance begins the two-fold radical transformation that shapes the modern world: the crystallization of capitalist society in Europe and the European conquest of the world [...] Simultaneously, Europe becomes conscious of the universal scope of its civilization, henceforth capable of conquering the world" (71).

---

[10] Bolívar Echeverría afirma que "De todas las modernidades efectivas que ha conocido la historia, la más funcional, la que parece haber desplegado de manera más amplia sus potencialidades, ha sido hasta ahora la modernidad del capitalismo industrial maquinizado de corte no europeo: aquella que, desde el siglo XVI hasta nuestros días, se conforma en torno al hecho radical de la subordinación del proceso de producción/consumo al 'capitalismo' como forma peculiar de acumulación de la riqueza mercantil" (*Las ilusiones* 145).

Pero, ¿qué entendemos por *discurso etnográfico* en el marco del desarrollo de la Modernidad colonial? Si tomamos la etimología griega del compuesto *ethnos* (pueblo) y *grapho* (trazo, escritura), podemos definir este tipo específico de discurso como la práctica de escribir un pueblo, definirlo, catalogarlo y representarlo. La tarea etnográfica puede asociarse entonces con dos prácticas concretas: traducir el texto borroso de la cultura y sus signos y brindar una interpretación del palimpsesto que supone cualquier otra cultura, como señala Peter Mason: "*Ethnography*, the recording of an *ethnos*, whether in writing or in other forms of recording, is a form of translation and reduction. All ethnography is an experience of the confrontation with the Other set down in writing, an act by which that Other is deprived of its specificity" (13; cursivas del original). Además, el *discurso etnográfico* tuvo, históricamente, múltiples fines, como: 1) inventariar la riqueza (posible y figurada); 2) cartografiar los territorios desconocidos; 3) catalogar la flora y la fauna (real e imaginaria); 4) traducir la lengua indígena; 5) testimoniar aventuras viajeras (inscripción narrativa-narcisista del *ego conquistador*); 6) disponer "el tiempo y los espacios salvajes en subordinación epistemológica con occidente" (Jáuregui, "Brasil" 81), por nombrar algunos de los más importantes. Estos procesos funcionaron como instrumentos claves para el apuntalamiento y definición de los variados y contradictorios proyectos de la *Modernidad colonial* y, como tales, han operado insistentemente desde la "invención" de América (véase O'Gorman 1995) en el espacio cultural de América Latina y sus imaginarios políticos. La articulación de prácticas de inclusión y de exclusión sobre/contra/para el Otro (conversión, educación, modernización) han dependido en gran medida de un *imaginario étnico-racializado* (castas, pureza, mestizaje, pigmentocracias) de elucubraciones en torno a una *semiótica étnico-racial* de los cuerpos que se organizó a partir de clasificaciones etnográficas y principios antropológicos.

Es en la reconstrucción etnográfica del Otro donde se halla definitivamente la del "mismo", la del *ego* que vuelve insistentemente para decir "aquí estoy yo" y "allá estás tú", para marcar la distancia de esa especularidad que le devuelve al *ego* su posibilidad de existencia y, con ella, su protección ante una posible disolución, ante la amenaza de volverse, precisamente, ese Otro. Como señala Carlos Jáuregui, la etnografía es esa insistencia que repite atribulada, "yo estuve, yo vi, yo conozco", pero "yo no soy" el Otro ("Brasil especular" 83-84).[11] Los dispositivos etnográficos

---

[11] Con respecto al relato etnográfico de Hans Staden (1526?-1576) titulado *Verídica historia y descripción de un país de salvajes desnudos y feroces caníbales situado en el Nuevo Mundo América* (1557), Jáuregui señala que Staden inaugura un modo especular de

no persiguen como objetivo eliminar la diferencia irreductible del Otro, alcanzar la igualdad entre las culturas, sino controlar y dominar la diseminación de dicha diferencia, hacerla más reconocible o visible dentro de sus paradigmas de conocimiento y, finalmente, justificar su propia violencia, como claramente lo señala Derrida en el epígrafe introductorio. De este modo, ese fondo "revuelto, indefinido y sin rostro" desde donde emergen las "identidades" del que nos habla Foucault, será ordenado dentro del campo de la escritura colonial mediante una serie de procedimientos discursivos (analogías, isomorfismos, estereotipos, silogismos, metáforas, alegorías, metonimias y ciertos procesos de sincronización cultural) que serán responsables de una construcción axiológica asimétrica entre el europeo y el indígena; asimetría respaldada en y por la autoridad eurocéntrica del conquistador y del evangelizador.[12] En esta escritura es posible entonces observar el desarrollo de una obsesión constante en el conquistador/evangelizador por reducir y encubrir la distancia entre el mundo de lo percibido por el *ego conquistador* y el mundo indígena, entre la "realidad colonial" y su desciframiento y traducción a sistemas conceptuales eurocéntricos.

Desde el inicio mismo de la Conquista de América el *discurso etnográfico* se alimentó, en diferentes grados y maneras, de una imposibilidad y un fracaso, e hizo de esa imposibilidad y de ese fracaso su potencia movilizadora: penetrar lo incógnito y lo ignoto del Otro (su cultura, su religión, su organización social, etc.), hacer desaparecer esa lejanía cultural y esa diferencia en constante dispersión entre el conquistador/evangelizador europeo y el Otro americano, instalarse en esa misma distancia para intentar abolirla, explicarla, dominarla y traducirla. Así, el impulso etnográfico de esta escritura nació ligado a la potencia de su propia imposibilidad (la pura dispersión de la alteridad), a sus paradojas internas y a sus fracasos productivos. Una imposibilidad fructífera que, al no poder traducir la "diferencia" que representa el Otro de una manera satisfactoria dentro de su propio paradigma cultural y dentro de sus objetivos políticos, económicos y religiosos, lo *encubrió* y lo deformó, causando una proliferación de identidades sus-

---

la etnografía, en el que el europeo se representa como un "protagonista ajeno", lugar que "lo autoriza para ser testigo verdadero sin perder su distancia cultural y moral respecto de los salvajes desnudos, idólatras y antropófagos; él hace parte de la representación, pero no de la alteridad" (83).

[12] La *autoridad etnocéntrica* es ideológicamente subsidiaria de aquel paradigma político, científico y cultural que Samir Amin designaba como *eurocentrismo*: "a culturalist phenomenon in the sense that it assumes the existence of irreducibly distinct cultural invariants that shape the historical paths of different peoples" (vii).

titutas: monstruos antropófagos, hombres con hocico de perro, amazonas, idólatras, en fin, salvajes indómitos. Enrique Dussel ha planteado que el nacimiento de lo que hoy denominamos *Modernidad colonial* tiene su base, precisamente, en un *encubrimiento* del indígena americano. Ese Otro fue, de acuerdo con Dussel, "negado como Otro" y "obligado, subsumido, alienado a incorporarse a la totalidad dominadora como cosa" (*1492* 59). En el mismo sentido, Cornejo Polar afirmaba que la "condición colonial" había consistido precisamente en

> Negarle al colonizado su identidad como sujeto, en trozar todos los vínculos que le conferían esa identidad y en imponerle otros que lo disturban y desarticulan, con especial crudeza en el momento de la conquista, lo que no quiere decir —como es claro— que se invalide la emergencia, poderosísima en ciertas circunstancias, de nuevos sujetos a partir y respetando —pero renovándolos a fondo, hasta en su modo mismo de constitución —los restos del anterior (19).

En el *discurso etnográfico* es posible leer el despliegue de una obsesión constante por reducir y encubrir pero también, paradójicamente, por producir la distancia cultural entre el mundo de lo percibido por el *ego moderno* (euro/etno/céntrico) y, el mundo sensible exterior (la periferia colonial). Estas paradojas y ambigüedades de la representación de la *distancia colonial* han sido señaladas por Homi Bhabha: "el discurso colonial produce al colonizado como una realidad social que es a la vez un 'otro' y sin embargo enteramente conocible y visible" (96). Esta tensa y persistente distancia entre *ethnos* (pueblos) *y graphos* (escrituras) es útil para entender cómo se construyó la escritura sobre el Otro, ya como justificación de la violencia y la autorización epistémica occidental, ya como articulación de los procesos paternalistas de inclusión/exclusión, o incluso, como una mezcla de ambas estrategias a lo largo y ancho de la historia de América colonial.[13] La reducción de esta distancia entre el escritor, la escritura y la exterioridad colonial se llevó a cabo a través de lo que Abdul JanMohamed define como la "economía de una alegoría maniquea" ["the economy of manichean allegory"] que se realiza, entre otras cosas, a partir de una *estrategia de fetichización* que hace posible: "a rapid exchange of denigrating images which can be

---

[13] En este tipo de escritura, la violencia se garantiza a través del principio de la diferencia, dado que, como señala JanMohamed: "if the differences between the Europeans and the natives are so vast, then clearly, as I stated earlier, the process of civilizing the natives can continue indefinitely" (87).

used to maintain a sense of moral difference"; dichas estrategias de fetichización permiten al productor del discurso colonial: "to transform social and historical dissimilarities into universal, metaphysical differences" (87). Estas diferencias construidas en el discurso colonial se administran luego como otra mercancía más del saqueo colonial, según JanMohamed:

> The European writer commodifies the native by negating his individuality, his subjectivity, so that he is now perceived as a generic being that can be exchanged for any other native (they all look alike, act alike, and so on). Once reduced to his exchange-value in the colonialist signifying system, his is fed into the manichean allegory, which functions as the currency, the medium of exchange, for the entire colonialist discursive system (83).

La incertidumbre y la ansiedad cultural producidas por el mal llamado "encuentro" con un Otro supuestamente *excéntrico, exótico, salvaje, lascivo, supersticioso, idólatra, ágrafo, sedicioso*, no pueden persistir como un puro *enigma* de la mirada del poder del conquistador y del evangelizador; esa encrucijada entre el terror, la paranoia y el deseo por el cuerpo, el alma, la fuerza de trabajo y los bienes de los Otros deberá articularse a partir de una negociación asimétrica, autoritaria y paternalista. Allí, en la intersección misma de la diferencia que atemoriza al *ego* eurocentrado, el *discurso etnográfico* será el instrumento de aprehensión, conjuración y representación de esa supuesta otredad abyecta: la forma de traducir la diferencia radical e irreductible, la manera de producir una alteridad cosificada, y el modo específico de articulación de un conjunto de saberes jerárquicos y axiológicos que justificarán y legitimarán la posesión de la vida indígena.

El *discurso etnográfico* no se refiere, en el marco de mi investigación, aunque esté genealógicamente relacionado, a aquello que en el campo disciplinario y académico de la antropología actual se denomina como *relato etnográfico* o *trabajo de campo*. Lo anterior designa un tipo particular de praxis académica cuyos orígenes son inseparables, como han mostrado Talal Asad y Margaret Hodgen, del colonialismo y el eurocentrismo, pero cuyas *reglas de formación* y *uso* son más bien recientes y neocoloniales. En cambio, el concepto de *discurso etnográfico* que utilizo aquí se presenta como una categoría analítica que designa un conjunto de mecanismos retóricos e ideológicos cuya función primordial es la construcción y representación de la diferencia cultural y racial dentro de los relatos de alteridad en la América colonial.

Es importante señalar que el concepto de *discurso etnográfico* no pretende ser una nueva etiqueta para designar un género de escritura y debe entenderse como una *formación discursiva* que abarca tipos genéricos ya constituidos: la relación, la carta, el memorial, el diario, el tratado, entre otros. Esta *formación discursiva* no modifica aquello que Derrida nombraba como la *ley del género*, sino que es constitutiva de su propia formulación en tanto que contaminación y mezcla de los límites borrosos y paradojales de esa propia "ley"; un principio de mezcla y de impureza que participa de la *formación discursiva* sin pertenecer enteramente a ella o sin ser su principio constitutivo. En palabras de Derrida: "What I shall call the law of the law of genre. It is precisely a principle of contamination, a law of impurity, a parasitical economy. In the code of set theories, if I may use it at least figuratively, I would speak of a sort of participation without belonging —a taking part in without being part of, without having membership in a set" ("The Law" 59). El *discurso etnográfico* contamina y atraviesa la *ley del género* con el paradójico estatuto de la *no pertenencia*; está allí pero no es el género, forma parte sin formar parte, habla como parásito dentro de un lugar que no le es propiamente suyo; puede por lo tanto residir en la crónica, en la carta, en el ensayo, en los discursos religiosos y jurídicos. Es menos que un género y más bien un modo del discurso, un principio de contaminación y un generador de reglas de lo decible más que un ente generado por la regla y la ley. Es por ello que el *discurso etnográfico* ha probado ser resistente a cualquier exclusión genérica: se reproduce en la poesía, se incorpora en la crónica, se modifica en la novela, se reconstituye en el discurso teológico; en otras palabras, se metamorfosea a través de la historia y sus textualidades. Por ello, el concepto de *discurso etnográfico* define y señala momentos específicos en el texto en los cuales emerge la representación o autorrepresentación, el enunciado sobre una alteridad cultural o varias, ya sean éstas sociales (etnias, pueblos, "razas") o individuales (el caníbal, el criollo, el mestizo).

El conocimiento del/sobre/contra el Otro (su cuerpo, sus creencias, sus prácticas) se halla siempre involucrado en las relaciones de poder y, por lo general, es utilizado en la regulación de la conducta social a través de prácticas discursivas (como el derecho) y no discursivas (como la esclavitud), como señala Derrida: "El etnólogo es quien viola un espacio virginal tan seguramente connotado por la escena de un juego [...] Por tanto, la simple presencia del mirón es una violación" (*De la gramatología* 148). El conocimiento ligado al poder no sólo asume la autoridad de "la verdad", sino que tiene el poder de transformarse a sí mismo en lo que Foucault denominaba como un *régimen de verdad* y James Clifford como la *autoridad etnográfica*.[14] Todo conocimiento, una vez aplicado en el mundo real, tiene efectos reales y, en ese sentido al menos, se transforma en "verdad": se inventa la identidad caníbal y luego se esclaviza a los sujetos que supuestamente pertenecen a esta categoría. En síntesis, el caníbal o, mejor, el salvaje, no es una ontología que preexista al discurso que lo nombra.[15]

Como ha señalado Foucault en *Vigilar y castigar* (1977), no existen relaciones de poder sin la constitución correlativa de un campo de saber, ni ningún conocimiento que no presuponga y constituya, al mismo tiempo, un entramado de relaciones de poder. Y lo que está en el centro de estas relaciones de poder es el *cuerpo* del Otro. El cuerpo del Otro emerge como ese lugar en el que quieren clausurarse todos los significantes bajo el imperio fáctico de su "ser" real. Sin embargo, el cuerpo, en tanto objeto-signo

---

[14] En su artículo titulado "Sobre la autoridad etnográfica" (publicado originalmente en inglés en *The Predicament of Culture*, 1988), James Clifford ofrece un rastreo genealógico sobre el surgimiento de la autoridad etnográfica en la antropología. Allí Clifford explica que "la etnografía está, desde el principio hasta el fin, atrapada en la red de la escritura. Esta escritura incluye, mínimamente, una traducción de la experiencia a una forma textual. Este proceso está complicado por la acción de múltiples subjetividades y de constricciones políticas que se encuentran más allá del control del escritor. En respuesta a estas fuerzas, la escritura etnográfica pone en juego una estrategia de autoridad específica. *Esta estrategia ha involucrado, clásicamente, la pretensión —no cuestionada— de aparecer como el que proporciona la verdad en el texto*" (144-45, énfasis mío). De hecho, este procedimiento verificado en la etnografía decimonónica y de la primera mitad del siglo xx es consustancial a la atribución testimonial de los cronistas de Indias. La mayoría de éstos ratifica su relato afirmando ser "testigo directo" por "haberlo visto", etc. Aún más, los títulos de muchas crónicas y textos historiográficos del siglo xvi llevan por título "verdadera" (como en el libro de Bernal Días del Castillo) intentando validar desde el *incipit* su propia autoridad textual.

[15] En 1503 la reina Isabel dictó una cédula real —que Palencia-Roth denomina "la ley caníbal"— a partir de la cual se daba licencia y facultad para "A todas e cualesquier personas que con mi mandato fueren, así a las Islas e Tierra firme del dicho mar Océano que fasta agora están descubiertas, como a los que fueren a descobrir otras cualequier Islas e Tierra firme, para que si todavía los dichos Caníbales resistieren, e non quisieren recibir e acoger en sus tierras a los Capitanes e gentes que por mi mandato fueren a facer los dichos viages, e oirlos para ser dotrinados en las cosas de nuestra Santa Fe Católica, e estar en mi servicio e so mi obediencia, los puedan cautivar e cautiven para los llevar a las tierras e Islas donde fueren... pagándonos la parte que dellos nos pertenesca, e para que los puedan vender e aprovecharse dellos, sin que por ello cayan nin incurran en pena alguna, porque trayéndose a estas partes e serviéndose dellos los Cristianos, podrán ser mas ligeramente convertidos e atraidos a nuestra Santa Fe Católica" (en Palencia-Roth, "The Cannibal Law" 26).

paradojal, no deja nunca de significar a través de las múltiples escrituras e interpretaciones sociales de la historia que lo dicen, lo piensan, lo leen, lo temen, lo vigilan y lo conjuran. De este modo, diferentes *formaciones discursivas* dividen, clasifican e inscriben el cuerpo en sus respectivos regímenes de poder y verdad, dentro de aquello que Jossianna Arroyo ha denominado como *políticas de la identidad* (Arroyo 2003).

La *diferencia* y la *distancia* pertenecen al orden empírico, sin embargo, tanto *distancia* como *diferencia* vienen a articularse dentro del *discurso etnográfico*, lugar en el que ambas se disponen y organizan en términos jerárquicos y axiológicos (ideológicos, morales, etc.). Las diferencias visibles (pelo, piel, hueso), como señala Stuart Hall, existen y se hacen presentes a partir de la lectura del cuerpo del Otro; entonces ¿por qué es invocada la realidad (el cuerpo) como aquello que se opone al discurso? La respuesta de Hall es clara: porque el cuerpo (lo real) es el último significante más allá del lenguaje y la cultura, es el lugar en el que se quiere clausurar la significación, es el terreno en donde vendrían a detenerse los signos que se representan en los discursos. El cuerpo (lo real) es esa zona en la cual todos los argumentos se clausurarían como la muerte de toda posible significación; como si lo fáctico (el cuerpo) fuera el límite propio del lenguaje. Sin embargo, esta obvia diversidad es paradójicamente aquello que no cesa de mostrar que esos cuerpos, con sus múltiples diferencias (físicas, biológicas), son *signos que no dejan de significar*. El cuerpo es ese lugar paradójico en donde siempre recomienza el proceso de resignificación de lo Otro (pensemos en los cuerpos tatuados y pintados del indígena americano, perforados por pedazos de huesos o decorados con piedras y pieles). El sentido, la significación de la lectura de esos signos y esos cuerpos, depende de una *gramática del poder* y *del orden* que organiza, clasifica y así "significa" la diferencia. Por ello, para Hall, la función cultural predominante dentro la antropología, la religión y la ciencia ha sido históricamente la de "fijar la diferencia" y proveer una "garantía absoluta" de la existencia de esas diferencias (véase "Race"). Aquello que se interpone entre "lo real" y "lo imaginario" (entre el cuerpo y el discurso) en los discursos etnográficos no es otra cosa que *la mirada desde una escritura*. Como sugiere De Certeau: "¿Acaso el lenguaje no tiene como condición no sólo implicar sino poner como otro distinto de él mismo, a la realidad de que habla?" (*La escritura* 35). Precisamente, por esto es posible afirmar con James Clifford que la etnografía se encuentra "atrapada, desde el principio hasta el fin, en la red de la escritura. Esta escritura incluye, mínimamente, una traducción de la experiencia a una forma textual" (144).

Se debe consignar la existencia de una línea etnográfica humanista dentro del discurso colonial cuyo origen puede relacionarse con el pensamiento de Bartolomé de Las Casas y con la emergencia de lo que Carlos Jáuregui llama como "el derecho del inocente o el paradigma tutelar del Imperio" (*Canibalia* 126).[16] No obstante, la buena fe humanitaria del siglo XVI tenía por fundamento último un *paternalismo* de tipo colonizador que, como señala Jáuregui, interfiere y resignifica la postura política de Las Casas:

> [F]ue otro gesto de poder; de poder religioso y amoral. Incluso en sus versiones más críticas y de buena fe, el humanismo universalista que proclamaba la humanidad del aborigen cumplía con dos cometidos coloniales: el de justificar la presencia europea en el *Nuevo Mundo* (bajo el imperativo evangélico y humanitario), y el de autorizar el centro moral (europeo y cristiano) de esa humanidad universal; porque acaso, ¿no es moralmente más humano quien le reconoce la humanidad al Otro? (*Canibalia* 137).[17]

Como veremos a lo largo de los capítulos de este libro, es a partir de la creación discursivo-mitológica del *buen salvaje* cuando un conjunto de ideas que apelan a la reforma cultural del indígena americano se inscriben dentro del *discurso etnográfico*. En otras palabras, el Otro nunca puede ser valorado ontológicamente en calidad de "lo que es" a menos que di-

---

[16] En este sentido, López-Baralt nos recuerda la presencia de una corriente del pensamiento europeo que funcionó como crítica y contrapunteo de la invención del salvaje y la barbarie americana: "El proceso de ficcionalización de América —que también dio lugar, en el contexto del humanismo renacentista, a las utopías de Moro y Campanella— tuvo su contrapunto en el relativismo cultural que abrazara Montaigne, al afirmar en su ensayo 'De los caníbales', de 1580, que 'llamamos barbarie a lo que no entra en nuestros usos'; y también en el ingente esfuerzo de misioneros y cronistas por conocer la otredad americana, aunque en la mayoría de los casos sólo estuviera motivado por la ambición evangelizadora" (26).

[17] En correspondencia con lo planteado por Jáuregui, Subirats señala que "toda la teoría política de Las Casas y una parte de los dominicos, de la Escuela de Salamanca, e incluso de la independencia americana, nace de esta primera figura de la emancipación indígena, a la vez signo moderno de una nueva libertad frente a los excesos y la crueldad de conquistadores y encomenderos, y principio de un forma articulada y compleja de deuda interiorizada y, por consiguiente, de vasallaje y subjetivación. Se trata de una paradójica humanización de la conquista americana. Ella entrañaba por un lado la sujeción voluntaria a un sistema racional, que, por otro, era heterónomo y exteriormente impuesto; ella suponía una nueva libertad subjetiva, pero al mismo tiempo presuponía también la interiorización del terror como principio de subjetivación" (76).

suelva su identidad, se transforme, se redima y se filtre en las pedagogías de la Modernidad colonial (conversión, religión, educación, etc.). Dichas pedagogías insisten en "salvar al Otro" de sí mismo, en convertirlo o "desarrollarlo", y la paradoja es que ese Otro debe ser salvado de la posición en la que lo colocó (esclavitud, miseria, hambre y enfermedad) el mismo proyecto contradictorio de la Modernidad colonial en ciernes.[18] En el siglo XVI la supervivencia del indígena dependía de un cambio de estatus religioso, éste debía pasar de "la idolatría" a la "verdadera fe". Así, de acuerdo con Eduardo Subirats: "Las estrategias misionales de América, desde la política sacramental hasta el sistema de impuesto eclesiásticos, desde la propaganda de la fe hasta los sistemas punitivos de herejías, idolatrías y heterodoxias, constituyen sin duda alguna el centro axial de este discurso colonizador. La lógica de la colonización es en primer lugar una teología de la colonización" (80).

En el salvaje americano se depositó toda la nostalgia y melancolía de Occidente por un paraíso perdido, por la irrecuperable inocencia de los orígenes. De este modo, la etnografía comenzó a vislumbrarse, siguiendo a Jáuregui, "como una condición reflexiva y especular de la Modernidad, manifiesta en la búsqueda e imaginación melancólica de una clave de salvación en el salvaje, el Otro, el subalterno" ("Brasil" 102). No en vano la utopía para Lévi-Strauss en sus *Tristes trópicos* (1955) era liberar al hombre del progreso y de ahí la nostalgia por una edad de oro ovidiana.[19] En este sentido, Derrida señala que se percibe en Lévi-Strauss "una especie de ética de la presencia, de nostalgia del origen, de la inocencia arcaica y natural, de una pureza de la presencia [...] nostalgia e incluso remordimiento, que a menudo presenta como la motivación del proyecto etnológico cuando se vuelve hacia sociedades arcaicas, es decir, a sus ojos, ejemplares" ("La estructura", s. p.). En Lévi-Strauss y, más específicamente en su libro *El pensamiento salvaje*, permanece viva una ilusión colonial, aquella según la cual el pensamiento europeo está en capacidad de describir/catalogar/

---

[18] Susan Sontag, en su reconceptualización de la práctica antropológica, señalaba que "The 'other' is experienced as a harsh purification of 'self'. But at the same time the 'self' is busily colonizing all strange domains of experience. Modern sensibility moves between two seemingly contradictory but actually related impulses: surrender to the exotic, the strange, the other; and the domestication of the exotic" (70).

[19] Como afirma Susan Sontag, el antropólogo-etnógrafo no es solamente aquel que se lamenta por la pérdida del mundo frío de los primitivos, sino además el custodio intelectual de ese mundo: "Lamenting among the shadows, struggling to distinguish the archaic from the pseudo-archaic, he acts out a heroic, diligent, and complex modern pessimism" (81).

tipificar y valorar (positiva o negativamente), a partir del trabajo etnográfico, el pensamiento y las múltiples praxis culturales indígenas. Ésta es una crítica que ya ha sido elaborada muy eficazmente tanto por Derrida en su *De la gramatología* (1967)[20] como por Gordon Brotherston en *La América indígena en su literatura: los libros del cuarto mundo* (1992). Para Brotherston, Lévi-Strauss no sólo es responsable de crear una América indígena oral en desmedro de las múltiples tecnologías de escritura presentes en la América pre y poscolombina, sino que también es responsable de una "despolitización" de la cuestión colonial al haber abordado en sus *Mythologiques* (1964-1971) "el estudio de la América indígena tan sólo en el reino intemporal del estructuralismo, lavándose las manos por así decirlo, del destino real de los sujetos humanos" (23). La obra del antropólogo francés, según Brotherston, ha sacado a los indígenas "de su tiempo y su entorno y los despoja de manera explícita de referentes materiales" (71). Al mismo tiempo, Brotherston retoma la crítica que realiza Derrida a Lévi-Strauss en 1967 (*De la gramatología*), para señalar que el etnocentrismo de Lévi-Strauss se verifica en la construcción de un *fonologismo* que niega a los indígenas su capacidad para producir sistemas conceptuales complejos:

> Esta política suya ha significado en la práctica que, al estudiar
> el Cuarto Mundo, Lévi-Strauss no sólo se ha concentrando en
> la selva tropical sino que ha evadido por completo las "altas
> culturas" de Tahuantinsuyo y Mesoamérica, cuyas sociedades
> se articulaban por medios equivalentes a la escritura: quipus y
> amoxtli [...] A la posición de Lévi-Strauss se la ha tachado de fo-

---

[20] En el primer capítulo de su *De la gramatología*, titulado "La violencia de la letra: de Lévi-Strauss a Rousseau", Derrida acomete contra la obra del antropólogo francés con el objetivo de demostrar cómo ésta se halla atravesada por una violencia epistemológica relacionada con el fonologismo (logocentrismo) y con el euro/etno/centrismo. Entre tantos comentarios negativos utilizados por Derrida para conceptualizar la postura ideológica de Lévi-Strauss se podrían citar al menos dos que sirvieran como ejemplos de su crítica. En el primer comentario escogido, en forma muy irónica, Derrida se refiere al texto *La vida familiar y social de los indígenas Nambikwara*, en el cual se dice que "Lévi-Strauss describe el tipo biológico y cultural de esa población cuyas técnicas, economía, instituciones y estructuras de parentesco, por primarias que sean, les conceden por cierto un lugar de derecho dentro del género humano, dentro de la sociedad llamada humana y del 'estado de cultura'" (141); y el segundo, en el que Derrida se refiere en general a toda la obra de Lévi-Strauss: "Se sospecha ya —y todos los textos de Lévi-Strauss lo confirmarían— que la crítica al etnocentrismo, tema tan caro al autor de *Tristes tropiques* tiene frecuentemente por función construir al otro en modelo de la bondad original y natural, acusarse y humillarse, exhibir su ser inaceptable en un espejo contra-etnocéntrico" (150).

nologismo, que "es indudablemente la exclusión o degradación de la escritura", caracterizada por "un profundo etnocentrismo" que en realidad privilegia el modelo de la escritura fonética, "un modelo que hace más fácil y legitima la exclusión de la grafía". Según esta lectura, la caracterización que hace Lévi-Strauss del Nuevo Mundo como un "otro" preferible se revierte y resulta ser explotadora a su manera, un capítulo más en la larga historia de un imperialismo en y para el cual la escritura alfabética ha sido en la práctica uno de los principales agentes del dogma y la represión" (71-72; entrecomillado del original).

La invención del concepto de *bricolage* como modo de descripción del pensamiento y la acción indígena es más que significativa a este respecto. Más aún cuando el *bricolage* está asociado a un tipo específico de pensamiento que sería, en principio, mítico/salvaje y, de ese modo, opuesto al *logos* occidental.[21] Mediante la explicación del concepto de *bricolage*, Lévi-Strauss, se da cuenta de que los indígenas "también" pueden producir pensamiento abstracto: "De tal manera, se comprende que el pensamiento mítico, aunque esté enviscado en las imágenes, pueda ser generalizador, y por tanto científico" (41). El logocentrismo europeo sigue entonces funcionando como parámetro etnográfico más allá de la valoración positiva que haga Lévi-Strauss sobre las "potenciales" capacidades del pensamiento mítico/salvaje y el *bricolage*.[22] A tal punto es consciente Lévi-Strauss de su eurocentrismo que debe aclarar, a lo largo de su libro, que el pensamiento científico (europeo) no es superior o "posterior" (en el sentido de "evolucionado") al pensamiento mítico (indígena, americano). Veamos tres citas: 1) "Pero no nos engañemos: no se trata de dos etapas, o de dos fases, de

---

[21] Gérard Genette hace una muy clara síntesis del significado del *bricolage* en Lévi-Strauss que puede ser útil aquí para entender el funcionamiento del concepto: "lo propio del bricolage, es, en efecto, ejercer su actividad a partir de conjuntos instrumentales que no han sido constituidos, como los del ingeniero, con miras a esa actividad. La regla del bricolage es "arreglarse siempre con los medios disponibles", y emplear en una nueva estructura los residuos desafectados de estructuras viejas, economizando una fabricación expresa al precio de una doble operación: de análisis (extraer diversos elementos de diversos conjuntos constituidos) y de síntesis (constituir a partir de esos elementos heterogéneos un nuevo conjunto en el cual, en última instancia, ninguno de los elementos vueltos a emplear reencontrará su función original" (165).

[22] Afirma Derrida que "desde el momento en que se admite que todo discurso finito está sujeto a un cierto *bricolage*, entonces, es la idea misma de *bricolage* la que se ve amenazada, se descompone la diferencia dentro de la que aquélla adquiría sentido" ("La estructura", s. p.)

la evolución del saber, pues las dos acciones son igualmente válidas" (43); 2); "La riqueza en palabras abstractas no es patrimonio exclusivo de las lenguas civilizadas" (11); y 3)

> No retornamos a la tesis vulgar, según la cual la magia sería una forma tímida y balbuciente de la ciencia: porque nos privaríamos de todo medio de comprender el pensamiento mágico, si pretendiésemos reducirlo a un momento, o a una etapa, de la evolución técnica y científica [...] En vez de oponer magia y ciencia, sería mejor colocarlas paralelamente, como dos modos de conocimiento, desiguales en cuanto a los resultados teóricos y prácticos (pues desde este punto de vista, *es verdad que la ciencia tiene más éxito que la magia, aunque la magia prefigure a la ciencia en el sentido de que también ella acierta algunas veces*) (30; énfasis mío).

Es decir, la magia es anterior (primitiva), forma parte de un *sistema salvaje* de pensamiento y en ella vemos el embrión balbuciente de la "ciencia occidental". Se trata de un pensamiento que aún no ha llegado a su máximo potencial civilizatorio. La "ciencia salvaje" o "mítico/mágica" es un embrión "a punto de nacer", un crisálida que, enmarañada aún en las postrimerías de su fe, no ha logrado superarse a sí misma y vencer el propio salvajismo: "Los ritos y las creencias mágicas se nos manifiestan entonces como otras tantas expresiones de un acto de fe en una ciencia que *estaba todavía por nacer*" (28; énfasis mío). En Lévi-Strauss hay una sobre-lectura que cubre dos aspectos culturales, en primer lugar, se crea un "continente" que cubre, envuelve, al pensamiento indígena y, en segundo lugar, lo describe y lo exonera de su supuesto salvajismo en una abierta y clara actitud paternalista: "Cuando cometemos el error de creer que el salvaje se rige exclusivamente por sus necesidades orgánicas o económicas, no nos damos cuenta de que nos dirige el mismo reproche y de que, a él, su propio deseo de conocer le parece estar mejor equilibrado que el nuestro" (14). Aquí el relativismo cultural de Lévi-Strauss no hace sino invertir la carga de la culpa colonial; en otras palabras, el indígena sería igual de etnocéntrico que Lévi-Strauss. Sin embargo, existe una diferencia fundamental entre indígenas americanos y antropólogos franceses; esto es, el interés de un pensamiento por colonizar a otro pensamiento (periférico y salvaje). El indígena no viaja a Europa a inventar conceptos para catalogar los modos de pensamiento europeo ni a catalogar el "estadio evolutivo" de sus praxis culturales. La crítica al etnocentrismo de Lévi-Strauss (y a otros etnógrafos) podría continuar por muchas páginas pero, sin dudas, no es éste el objetivo de mi introducción. Baste, para finalizar, un último señalamiento: el pensamiento de Lévi-Strauss se inscribe en una actitud elitista y, paradójicamente, negadora de la alteridad, que va de la mano con un posicionamiento intelectual generalizado desde la colonia; un posicionamiento constitutivo de la formulación ideológica del eurocentrismo, como señala Rolena Adorno: "La manera en que las élites negaron la existencia de las letras entre los grupos colonizados (el caso amerindio) o las asociaron con la conservación de sectas diabólicas (el caso morisco) revela la importancia del lenguaje en relaciones de dominación intercultural" ("La ciudad" 22).

Desde el Renacimiento, las "humanidades" (como la *humanidad* de estas humanidades está en duda, debe ir siempre entre comillas) crearon un imaginario cultural con respecto al mundo de los sujetos coloniales (indígenas, descendientes de africanos, mestizos, criollos, etc.) y metropolitanos (en el caso de España, judíos y árabes), esto es, sobre sus *Otros internos* y *externos*; un imaginario que no sólo sirvió para legitimar el dominio imperial en un nivel económico y político, sino que también ayudó a la creación de paradigmas epistemológicos destinados a generar una división de las identidades sociales a nivel mundial.[23] Estos paradigmas imperiales contribuyeron, como ha señalado Walter Cohen, al expansionismo colonial europeo y en la producción de un genocidio en el que los agentes de destrucción fueron múltiples (opresión, esclavitud, dislocación social, asesinato, guerra y enfermedades), agrega Cohen: "One can hardly avoid concluding that this trail of devastation is the first and most important matter to evoke in discussing not only European expansion in the Renaissance but indeed the Renaissance itself" (262).[24] Claro que, como señala Cohen, sería erróneo suponer que lo único que puede ser estudiado sobre este período como tema importante sea la "devastación". De hecho, la creación de un discurso etnográfico, aunque funcional a la ulterior *destrucción de las Indias*, señala también el ímpetu creativo de la intelectualidad europea. Desde este período renacentista, los procesos de construcción de la diferencia cultural han

---

[23] Al respecto Peter Mason ha señalado que "Europe had its own internal other, and this it could project onto the New World outside de confines of Europe. The encounter with the New World thus served as the point of articulation of the demands of the European unifying logos with the external projection of European fantasies, fears and desires" (41).

[24] Cohen muestra una larga estadística que, entre otras cosas, demuestra que la población mexicana al momento de la Conquista era de unos 25 millones de personas y que, para 1610, apenas si llegaba al millón: "Although these figures are not strictly commensurate, a conservative estimate of the population decline in these areas alone [Colombia, Mexico, Bahamas, Yucatan, Peru] —as opposed to all of Spanish America or all of the Americas— would be 40 million" (261).

actuado en diversos espacios y niveles de representación como la escritura, la iconografía, la cartografía, los documentos jurídicos, y en prácticas materiales como la distribución y organización del mundo del trabajo (la encomienda, la esclavitud).[25] Sin embargo, ninguno de estos niveles ha podido operar en forma independiente; todas estas prácticas (escribir, pintar, legislar, organizar el trabajo) han estado interconectadas política e ideológicamente con las dimensiones materiales y simbólicas de la cultura y construyeron un "imaginario cultural", como señala Aníbal Quijano:

> La formación de relaciones sociales fundadas en dicha idea, produjo en América identidades sociales históricamente nuevas: indios, negros y mestizos y redefinió otras. Así términos como español y portugués, más tarde europeo, que hasta entonces indicaban solamente procedencia geográfica o país de origen, desde entonces cobraron también, en referencia a las nuevas identidades, una connotación racial. Y en la medida en que las relaciones sociales que estaban configurándose eran relaciones de dominación, tales identidades fueron asociadas a las jerarquías, lugares y roles sociales correspondientes, como constitutivas de ellas y, en consecuencia, al patrón de dominación colonial que se imponía. *En otros términos, raza e identidad racial fueron establecidas como instrumentos de clasificación social básica de la población* ("Colonialidad del poder" 202; énfasis mío).

El discurso de la pureza racial/étnica no comenzó con la antropología racista del siglo XIX (Arthur Gobineau, Louis Agassiz, Samuel Morton, Josiah Nott, George Glidden, Thomas Arnold, Robert Knox, Thomas Carlyle, entre otros) ni con el nacional-socialismo hitleriano del siglo XX, sino mucho antes. La clasificación racial que había establecido la Iglesia católica a partir de la tríada de los hijos de Noé se convirtió en una etnocartografía (Jáuregui, *Canibalia* 28) mundial, en un *diseño global* (Mignolo, *Local Histories* 1-45) que sirvió para clasificar las poblaciones mundiales de acuerdo con la posición que las mismas ocupaban con relación a ese centro de poder y de saber representado por Europa y la tradición étnica de la Biblia. De acuerdo con Mignolo, la cristiandad redefinió el antiguo esquema

---

[25] En este sentido, Mignolo señala que "At the end of the fifteenth century frontiers were constructed not only in geographical terms and related to the extensions and the limits of the Atlantic Ocean but also in terms of the boundaries of humanity" (*The Darker*, "Preface" xi).

de división social transformándolo en una taxonomía de la población tanto *étnica* como *religiosa* (*The Darker* 230). A modo de ejemplo, recordemos las preocupaciones por la "pureza de sangre" en la España de los siglos XV, XVI y XVII, y los incesantes esfuerzos por distinguir a los "cristianos nuevos" (judíos y moros conversos) de los "viejos".[26] La colonización de la vida del Otro (de su memoria, de su trabajo, de su lenguaje, de su cultura) se concibió, según Mignolo, bajo la premisa de que las *diferencias* podían ser medidas en *valores* y los valores medidos en el marco de una *evolución cronológica*.

Así, la escritura alfabética, la historiografía occidental, la etnografía y la cartografía se convirtieron en un dominio de conocimiento mayor en el que lo regional (lo europeo, lo eurocentrado) podía ser universalizado y tomado como una vara para evaluar el *grado de desarrollo* del resto de la humanidad (Mignolo, *The Darker* 256-257). Recordemos, a modo de ejemplo, que fray Bernardino de Sahagún tituló su obra más importante *Historia general de las cosas de Nueva España*. Así, los modelos del *discurso etnográfico* colonial se corresponden con la intención de convertir la propia historia local de Europa en un "saber universal", como señala Castro-Gómez: "las muchas formas de conocer están ubicadas en una concepción de la historia que deslegitima su coexistencia espacial y las ordena de acuerdo a un esquema teleológico de progresión temporal. Las diversas formas de conocimiento que la humanidad despliega conducirían paulatinamente hacia una única forma legítima de conocer el mundo: la desplegada por la racionalidad científico-técnica de la modernidad" (45). La idea según la cual existen "por naturaleza" razas superiores e inferiores funcionó entonces como uno de los pilares sobre los que se consolidó la dominación de América y sus Otros. Esta idea fue posteriormente retomada por los escritores e ideólogos de la *ciudad letrada* barroca y decimonónica. El colonizador estableció una relación de poder con el colonizado basada en esta supuesta superioridad étnica, material y epistémica. Más tarde, con el advenimiento de la "independencia" de Europa y la configuración de los Estados nacionales, estas divisiones étnico-raciales, previamente establecidas por/en el *discurso etnográfico* colonial, fueron retomadas por los letrados decimonónicos constituyendo así una suerte de "colonialismo interno" falsamente concebido como poscolonial.[27]

---

[26] El lector interesado en este tema puede consultar el excelente libro de Albert Sicroff titulado *Los estatutos de limpieza de sangre: controversias entre los siglos XV y XVII* (1985).

[27] En su muy criticado intento por sistematizar el concepto de colonialismo, Ronald Horvath planteaba una división esquemática entre dos tipos de dominación: 1) *dominación intergrupal* y; 2) *dominación intragrupal*. El criterio sobre el que realiza la diferenciación

Lo que se denomina en estos discursos etnográficos como "Otro" es una alteridad que se organiza dentro de un círculo especular, alteridad que se inscribe dentro de una relación de organización jerárquica en la que "lo mismo", el "yo" europeo (el conquistador, el evangelizador) es el factor (agente) que domina, nombra y define a su opuesto (Young 2). Pero entonces: ¿cómo definir el afuera de la subjetividad, su exterioridad? Esta pregunta conduce inevitablemente a la lógica especular del *ego* de la escritura: "Quizá el *otro* no es el que está afuera sino el que habita en la zona más recóndita de la cultura propia [...] el que pudimos haber sido, el que fuimos, o el que seremos, o el que corremos el peligro de ser" (Moraña, "Borges y yo" 270). De este modo, El *discurso etnográfico* es el lugar donde el sujeto se reconoce a sí mismo (mismidad) representando al Otro (diferencia), como sugiere Rolena Adorno: "la exigencia de definir el carácter del otro es el auto-reconocimiento por el sujeto de la necesidad de fijar sus propios límites [...] vista así, la alteridad es una creación que permite establecer y fijar las fronteras de la identidad" ("El sujeto" 67). Esto implica que tanto "lo Otro" como "lo mismo" son parte de una estructura complementaria en la que no es posible definir "lo mismo" sin subsumir lo "Otro" y, por lo tanto, no es posible catalogar la diferencia sino a partir de un criterio de identidad (lo mismo). Este juego entre *identidad* y *diferencia* es uno de los pilares fundamentales que se organizan en los enunciados del *discurso etnográfico*.[28]

Sin embargo, el *discurso etnográfico* no puede reducirse a una oposición o estructura semántica binaria (lo Otro/lo mismo), sino que debe pensarse

---

entre ambos tipos es el del grado de homogeneidad o heterogeneidad cultural implicados en ambos procesos. La dominación entre grupos (intergrupal) se refiere al proceso de dominación en una sociedad culturalmente heterogénea (España sobre América, Gran Bretaña sobre África, etc.). Por otro lado, la dominación intragrupal se refiere a lo que en el presente denominamos como "colonialismo interno", esto es, la dominación dentro del marco del Estado-nación de un grupo (élite) sobre otros miembros de esa nación (véase "A Definition of Colonialism"). En este sentido, Robert Hind ha señalado que el concepto de "colonialismo interno" comenzó a diversificarse y a ser formulado teóricamente durante la década de los sesenta: "[the theories about 'internal colonialism'] were applied to certain development within various American independence movements, the perpetuation of developments that had their roots in the colonial experience, and the character of those countries' subsequent evolution produced types of social relationships that contributed to the emergence of such theories" (547).

[28] Como sugiere Jáuregui: "Producir el *Nuevo Mundo* como lugar epistemológico implicó la aplicación del imaginario de la mismidad a la significación de lo desconocido" (*Canibalia* 70).

como un composición triádica a la que hay que sumarle la *relación* como modo operativo de su propio discurrir. Tenemos así el Otro, al mismo y la *relación interpretativa* (hermenéutica) que los pone en contacto: la mediación etnográfica que aleja a los opuestos y a su relación y que al mismo tiempo los acerca dependiendo de las significaciones históricas, de las relaciones materiales de la cultura y de las discursividades y conflictos políticos de las sociedades que se analizan en cada caso. La construcción de la *diferencia* a partir de la *mismidad* y las relaciones significativas que se organizan a partir de ellas pueden asociarse con los mecanismos semióticos del lenguaje a través de los cuales Roland Barthes explicaba el funcionamiento del mito: "Lo que se capta no es un término por separado, uno y luego el otro, sino la correlación que los une: tenemos entonces el significante, el significado y el signo, que constituyen el total asociativo de los dos primeros términos" (*Mitologías* 203).

Al mismo tiempo, es necesario señalar que la representación de la diferencia se inscribe en lo que Hall denomina "la escritura del poder", esto es, las ideas, leyes, enunciados que organizan (ordenan) prácticas de segregación y exclusión (véase "Race the floating signifier"): la alteridad se estructura a partir de *relaciones*, no se trata de una esencia o de una cosa, sino de la articulación de procesos dialécticos entre la semejanza y la diferencia (Taussig 129-130). El Otro es definido ambiguamente dentro del *discurso etnográfico* colonial como algo continuo y limítrofe, visible y oculto, *casi lo mismo, pero no del todo* (Bhabha 112). Esta alteridad ambigua aterra al poder. A través de su *discurso etnográfico*, el colonialismo nos muestra cómo se desestabiliza cuando debe lidiar con la materia abyecta e inclasificable, con esta "matter out of place" [materia fuera de lugar] de la que nos habla Hall (véase "Race"). Es necesario preguntarse ¿qué sucede con lo que escapa al reino de la clasificación y el orden, con lo que perturba los límites del adentro-afuera en el *discurso etnográfico* colonial?, entonces ¿qué hacer con aquello que se resiste a cualquier conceptualización esencialista?[29] La clasificación social y étnico-racial que establece el *discurso etnográfico* intenta imponer un orden (siempre frágil y en continua reformulación), una gramática que organice la dispersión constante del sentido diferencial de la alteridad, que le imponga ley a la heterogeneidad y a la *propensión metafórica* (*Canibalia* 11) del significante de la que hablan Hall y Jáuregui o que,

---

[29] Como señala Jáuregui: "La alteridad persiste de diversas maneras que van desde la resistencia abierta hasta la ocultación, la mímesis y la mezcla sincrética. El Otro no deja de ser ajeno y su suplementariedad tiene un estatuto amenazador para el orden 'colonial'" ("El plato más sabroso" 200).

en el mejor de los casos, atenúe la *duplicidad* del significante que plantea Barthes (*Mitologías* 216). La alteridad no puede permanecer inclasificada y, por ello, la simulación, esto es, las trampas que la otredad le pone al sistema de clasificación, siendo el sincretismo religioso un buen ejemplo de ello, se configura como el horror que amenaza con destruir las redes epistémicas del eurocentrismo colonial y el juego irrefrenable de sus enunciados, como aquello que produce pavor, dado que encubre la posibilidad de una resistencia cultural.

El *discurso etnográfico* disemina en su propia espacialidad una distancia y, a la vez, articula la diferencia: mientras más se escribe al Otro más lejos se encuentra el etnógrafo de la presencia "real" de ese Otro y cada vez más cerca del "sí mismo" y de una imagen cultural (estereotípica) del Otro. Cada trazo de su escritura inscribe con su materialidad la desaparición y la ausencia del Otro, es decir, la distancia. El Otro es la presencia de una ausencia mediada por el *ego*. Este discurso subordina así la diferencia del Otro al espacio propio de la letra y a un campo de relaciones políticas. El espacio del Otro, como sugiere De Certeau, se convierte en el espacio del texto, el espacio de una "apropiación". La característica de esta escritura es, entonces, la inscripción temporal y espacial del Otro bajo la disposición del ego y la "autoridad" del etnógrafo. El "ver" de/en la escritura es una distancia que se interpone entre el sujeto y el objeto, la marca de una separación que en principio permite al que ve, por efecto de la distancia, identificar o reconocer el objeto de la contemplación. He ahí cierto poder del ver (el sujeto) por sobre la cosa (objeto). Como señala Quijano en su crítica a los fundamentos de la epistemología occidental:

> "sujeto" es una categoría referida al individuo aislado, porque se constituye en sí y ante sí mismo, en su discurso y en su capacidad de reflexión. El "cogito ergo sum" cartesiano, significa exactamente eso. En segundo término, "objeto", es una categoría referida a una entidad no solamente diferente al "sujeto/individuo", sino externo a él por su naturaleza. Tercero, el "objeto" es también idéntico a sí mismo, pues es constituido por "propiedades" que le otorgan esa identidad, lo "definen", esto es, lo deslindan y al mismo tiempo lo ubican respecto de los otros "objetos" ("Colonialidad y Modernidad / Racionalidad" 14).

Es importante remarcar, en relación con la construcción de sujeto de la que habla Quijano, que el *discurso etnográfico* produce *sujetos múltiples*. Según Peter Pels y Oscar Salemink, el sujeto etnográfico colonial debe comprenderse como una conjunción triádica de elementos:

> [T]he "detached" *observers* who welded power to knowledge by claiming universality for the later [...] the second set of colonial subjects are the *topoi* of colonial discourse, the rhetorical commonplaces that organized the intellectual containment of the practical anxieties of colonial rule [...] last, the colonial subjects of anthropology are its "subject peoples": the "races," "tribes," or "ethnic groups" targeted by both colonial states and anthropologists (3).

El sujeto colonial —aunque deberíamos decir "los *sujetos*", en plural— del *discurso etnográfico* es entonces múltiple y remite a un conjunto de prácticas y saberes heterogéneos y multidisciplinarios que involucran a subjetividades complejas, ambiguas y multiposicionales no siempre etiquetables. De allí la noción planteada por Rolena Adorno sobre la *multiposicionalidad del sujeto colonial*. Esta noción intenta generar una reflexión antiesencialista, tanto del *ego* conquistador como del sujeto colonial conquistado ("Nuevas perspectivas" 14). Al que ve (el observador etnográfico) no se le impone nada, él impone más bien una distancia; distancia basada en lo que Adorno denominaba "focalización", esto es, "la diferenciación y la relación entre el que ve, la visión que presenta y lo que es visto. Este sujeto colonial no se define según quién es, sino cómo ve; se trata de la visión que se presenta" ("El sujeto colonial" 56). Es importante señalar la acción de ver (la observación del etnógrafo) como el *encuentro* suspendido entre dos términos separados por la presencia de una distancia. Es en el acto de la *observación etnográfica* en donde el sujeto autorizado se encuentra en la posición de atribuir sentido mediante la identificación clasificatoria y un sistema semiótico relacional, sólo posible a partir de la existencia de esa distancia (empírica y cultural). Según Clifford, el etnógrafo se autoriza en la frase "estás allí... porque yo estuve allí" (142), o en otras palabras: "existes a través de mi testimonio". El "ser" del Otro, en tanto que imagen y/o representación, no puede sino emerger en una relación mediada por la escritura y separada por una distancia doble: aquella de la mirada y esa otra de la escritura.[30]

La clasificación como procedimiento no tiene en sí misma ningún tipo de connotación negativa o positiva, puesto que las diferencias empíricas existen en el mundo real o empírico cotidiano. Sin embargo, estas clasifi-

---

[30] Según Jáuregui: "Son visiones imposibles, y sin embargo verosímiles, del lugar espacial, moral y político del colonizado, y a su vez, sitúan al colonizador en el lugar donde mirada, representación y poder se juntan" ("Brasil especular" 80).

caciones se transforman en sistemas de significación cultural que producen exclusiones e inclusiones y que se utilizan luego en leyes que afectan de forma específica a los sujetos. La reinvención de las etnias en la América colonial es subsidiaria de la organización de los modos de producción y articulación del trabajo. Ser o no ser (caníbal, indio bravo, indio idólatra) dentro de este contexto, acarreó una serie de efectos políticos que afectaron directamente los cuerpos empíricos de esos Otros. La división entre el espacio de la escritura y el espacio "real" donde el Otro habita es lo que genera la diferencia y la disrupción entre el *ego* y el Otro. Los textos etnográficos coloniales muestran como característica propia de su escritura la *dislocación*. Esta *dislocación* debe entenderse como un efecto de la escritura basada en una separación entre el sujeto que escribe y la escritura misma, pero también en función de la cultura de origen del sujeto de la enunciación y el espacio (la territorialidad dislocada) que habita el Otro. Así, el salvaje representado e imaginado, entrevisto y deformado, es traído al tiempo y al espacio de la escritura del etnógrafo (sincronización), es transportado, traducido y representado fuera de su propia realidad, y es reducido a los límites del espacio imaginario de la escritura y cultura propias del etnógrafo (eurocentrismo). Un proceso doble y paradójico: el Otro es, simultáneamente, representado en el "aquí" y "ahora" (sincronización etnográfica colonial) de la escritura, pero también es pensado por fuera de la temporalidad moderna que habita el etnógrafo. Utilizando símiles de la cultura clásica y realizando analogías con las etnias bíblicas, los etnógrafos coloniales construyeron una negación temporal de la cultura indígena, como señala Jorge Cañizares-Esguerra:

> The use of classical analogies to interpret ancient Amerindian polities pervaded all Spanish sixteenth- and seventeenth-century historiography [...] In the process, scholars and antiquarians became deeply interested in studying contemporary savages as forms of frozen classical polities. Authors assumed that the Amerindians had been mysteriously arrested in stages of progress comparable to those of ancient Mediterranean societies (38-39).

La construcción de las diferencias culturales se ensambla sobre aquello que Ernesto Laclau definía como la *flotabilidad*, el *equívoco* y/o la *ambigüedad* del *significante*: una subdeterminación que haría imposible la fijeza del significado (69-76). Asimismo, la construcción de la diferencia también se fundamenta en aquello que Roland Barthes definía como una cierta *pobreza conceptual* que lejos de empobrecer la maquinaria interpretativa, paradójicamente, la enriquece: "el mito prefiere trabajar con ayuda de imágenes pobres, incompletas, donde el sentido ya está totalmente desbastado, listo para una significación: caricaturas, imitaciones, símbolos, etc." (*Mitologías* 220). La palabra nos da el "ser", pero prescindiendo del "ser" (el existente): nos da el sentido y no la cosa, nos da la palabra "salvaje" pero no nos da el "salvaje". Como ha señalado Amy Fass Emery, existe una relación estrecha entre el asesinato (genocidio) y la escritura: "language kills what it names, annihilates the real in order to take its place, then symbolic systems are therefore founded on murder. Language traitorously usurps, betrays the real, and replaces it with a system of signs" (113). El nombre, como condición de su funcionamiento, aniquila al "existente". De este modo, como sugiere De Certeau, el caníbal de Montaigne, y habría que agregar los múltiples caníbales y salvajes de las etnografías coloniales, está condenado a un eterno *nomadismo*, pues nunca está donde se lo nombra: "They are not to be found where they are sought. They are never there. Nomadism is not an attribute of the Scythian or the Cannibal: it is their very definition" (70).[31] El "nombrar" tranquiliza porque sólo otorga un sentido pero, simultáneamente, intranquiliza porque da ese sentido privado de la cosa: en la desaparición de la cosa aparece el lenguaje (y la imagen del salvaje), esto es, la representación. Esa representación niega la existencia del Otro y asesina lo nombrado, a cambio, nos da la imagen y un sentido ideológico posible.

El *discurso etnográfico* está asociado al viaje, a la búsqueda de lo extraño que se preasume como diferente al saber del archivo previo del viajero-etnógrafo. Según apunta Elena Altuna: "viajar, migrar... la traslación —siempre— entraña algo más que el movimiento que lleva de uno a otro punto del espacio; el viaje pone en marcha un mecanismo interno de readaptaciones y adquisiciones de pautas culturales, expone al sujeto a su propia incomprensión de lo desconocido, lo enfrenta a sus límites y al límite que le imponen los otros" (9). Así, el *discurso etnográfico* está constituido por una relación complementaria entre la "exterioridad" y la "interioridad", entre el *ethnos* de partida y el *ethnos* de llegada, entre la cultura del observador y el conjunto de diferencias reconocibles en la cultura del Otro. A propósito de esto, Jáuregui señala que "En tierra extraña el viajero se hace una

---

[31] Como ha mostrado Jáuregui, "Desde el Descubrimiento los europeos reportaron antropófagos por doquier creando una suerte de afinidad semántica entre el canibalismo y América. En los siglos XVI y XVII el *Nuevo Mundo* fue construido cultural, religiosa y geográficamente como una especie de *Canibalia*. En las islas del caribe, luego en las costas del Brasil y del norte de Sudamérica, en Centroamérica, en la Nueva España y más tarde en el Pacífico, en el área andina y el Cono Sur, el caníbal fue una constante y una marca de los 'encuentros' de la expansión europea" (*Canibalia* 12).

sinécdoque del centro desde el cual parte y al que dirige su narración. Su identidad es una identidad en tránsito por los espacios culturales del Otro, y una identidad en riesgo, en la medida que está constantemente amenazada por la disolución o la incorporación" (*Canibalia* 86). Esta distancia obliga al escritor-etnógrafo a articular la oposición de esa diferencia empírica dentro del texto, a fijar los bordes internos, siempre borrosos y lábiles, cambiantes y evanescentes, de la exterioridad entre su propia cultura y la del Otro, como resguardo, como delimitación y protección de ese *ego* "en peligro". Dicha tarea sólo puede llevarse a cabo a partir de la nominación, de la fijación lingüística (es decir, del estereotipo),[32] de aquello que De Certeau llama el *locus proprius* como oposición a su límite: "The play of discourse and words that produces this distancing also produces the space of the text: but it does not found it upon an authority or truth of its own [...] it develops, in a fashion analogous to a textual critique, through a series of negative 'tests' [...] which constitute language in its relation to that which it is unable to appropriate [...] a linguistic labor thus produces the first figure of the other" (73).

La diferencia se halla afuera, en lo empírico de "lo real" y dispuesta así en una gramática del desorden. Sin embargo, esa diferencia liberada en la dispersión del mundo no puede por sí sola articularse axiológicamente (lo mejor, lo peor, lo salvaje, lo primitivo). La valoración es siempre cultural e ideológica. Es allí, en la configuración axiológica de un orden taxonómico, en donde las diferencias desperdigadas, en su diversidad caótica, se congregan y adquieren sentido como diferencia, como notaba Fabian: "Taxonomy, in the broad sense [...] signals views of cultural knowledge in which language items representing such knowledge have their meaning only in terms, or as terms, of a system of classification" (*Time and the Work* 31). Las cosas vienen a acomodarse y a disponerse en el orden cultural de los significantes, en las palabras. Esos órdenes son las que, a partir de una taxonomía, construyen epistemes, como sostenía Foucault: "el pensamiento [puede] llevar a cabo un ordenamiento de los seres, una repartición en

---

[32] Para Homi Bhabha: "Un rasgo importante del discurso colonial es su dependencia del concepto de *fijeza* en la construcción ideológica de la otredad [...] del mismo modo el estereotipo, que es su estrategia discursiva mayor, es una forma de conocimiento e identificación que vacila entre lo que siempre está *en su lugar*, ya conocido, y algo que debe ser repetido ansiosamente [...] Es la fuerza de la ambivalencia lo que le da al estereotipo colonial su valor: asegura su repetibilidad en coyunturas históricas y discursivas cambiantes; conforma sus estrategias de individuación y marginalización; produce efecto de verdad probabilística y predictibilidad" (91).

clases, un agrupamiento nominal por el cual se designan sus semejanzas y sus diferencias" (*Las palabras* 3). Las taxonomías son posibles gracias al lenguaje (a las palabras, a los discursos) que organiza la distribución del sentido. Para un autor como Hall la *diferencia* importa puesto que ella es esencial en la construcción del sentido, sin ella el sentido no podría existir: "Culture depends on giving things meaning by assigning them to different positions within a classificatory system. The marking of 'difference' is thus the basis of that symbolic order we call culture" ("The Spectacle" 236). De este modo, el *discurso etnográfico* se fundamenta en la construcción de un conocimiento clasificatorio arreglado en torno a un juego complementario entre las diferencias y las similitudes, entre las imágenes imposibles y caleidoscópicas del Otro y su resignificación permanente a lo largo de los procesos colonizadores de Europa sobre la América indígena.

Las discursividades coloniales funcionaron como un complejo espacio no sólo de intersección entre diferentes dominios de saber o epistemes (religioso, jurídico, histórico), sino también como una matriz transformadora y creadora de nuevos saberes. En el *discurso etnográfico* vemos la confluencia de saberes que se interrogan, que colisionan, que reclaman para sí la soberanía explicativa pero que no pueden finalmente prescindir de una dependencia con otros saberes que los desafían y los cuestionan. Al mismo tiempo, este juego de constante cambio, alteración e interacción entre los saberes se transforma y complejiza a medida que la experiencia colonizadora y la respuesta indígena a la colonización van interactuando. Si los antiguos saberes de Europa funcionaban como el archivo previo desde donde era posible para el colonizador llevar a cabo la clasificación de un mundo que se mostraba a sí mismo en toda la desnudez de su inagotable diferencia, por otro lado, estos mismos saberes previos experimentaban un desborde que se hace imposible contener: se quebraban, se agrietaban y hacían correr, por esos mismos espacios agrietados, imágenes novedosas. En otras palabras, la limitación del archivo europeo creaba una ambigüedad y ponía en crisis a su propio modelo representacional previo.

Estas crisis interpretativas son ampliamente visibles en el *discurso etnográfico* colonial. Así, en el capítulo 2 del *Diario* de Colón, vemos la utilización y el desgaste del archivo/discurso orientalista, la emergencia, en pleno Caribe, de monstruos clásicos que se combinan para crear nuevos "monstruos" americanos como el caníbal. Al mismo tiempo, el *Diario* de Colón es una muestra palpable de cómo la representación de la diferencia dentro del *discurso etnográfico* colonial dependía y estaba determinada por un conjunto de saberes que se interrogaban y se descalificaban entre ellos: la realidad del *Nuevo Mundo* ponía en crisis la utilidad/productividad de los mitos clásicos de Occidente (la ciudad del Gran Can, las amazonas, las sirenas, el oro de Cipango). Esta crisis incidía sobre el saber previo y obligaba tanto a un retroceso como a una revisión (la crítica de la cosmografía clásica y de ciertos presupuestos filosóficos aristotélicos, por dar un ejemplo) de los modelos previos. Por ello, el *discurso etnográfico* reviste una importancia significativa, en él se producen, se modifican y se destruyen saberes, a través de él se hacen viables las justificaciones y se movilizan prácticas concretas, en él se ensayan nuevas ideas y en sus conceptualizaciones se desarticula y se reconfigura la imagen caleidoscópica y fragmentaria del indígena. Por otro lado, la instrumentalidad del *discurso etnográfico* que, repitamos, consiste en la clasificación y en el ordenamiento de la diferencia cultural (religiosa, étnica, racial, etc.), impregna y contamina otras discursividades y hace posible la justificación de un conjunto de prácticas que constituyen y caracterizan la experiencia colonial. Es por ello que el análisis de este *discurso etnográfico* colonial se nos presenta como el fundamento desde el cual se organiza la experiencia de la diferencia, permitiéndonos observar cómo, bajo el comando de sus órdenes taxonómicos, se trazan programas de control y normalización de esa misma diferencia.

Simultáneamente, la importancia de la organización etnográfica de la alteridad, repercutió en la revaluación y autodefinición del propio *ego* conquistador, en una necesaria mirada especular y en su posicionamiento como entidad superior dominadora. La superioridad racial, militar y de conocimientos que se atribuyeron los conquistadores y los evangelizadores también se anclaba en una diferenciación antropológico-axiológica. La dominación, el saqueo y la guerra colonial, en tanto que fases materiales del colonialismo, fueron los procesos que hicieron posible el posicionamiento egótico (el *ego conquiro* del que nos habla Dussel en su libro *1492*) del conquistador como un ser antropológicamente superior. Un poder derivado de la violencia y que hizo posible la categorización degradada del indígena americano. Por lo tanto, ni el *discurso etnográfico* puede pensarse como un mero juego especulativo de los intelectuales del siglo xvi, ni la Conquista puede conceptualizarse como una mera ingeniería material planeada sin una epistemología de base. Con esto quiero decir que el análisis histórico de las *formaciones discursivas* debe abordarse desde una postura dialéctica y de constante interacción entre el desarrollo material de las prácticas coloniales, a las que es imposible acceder sin el análisis de los discursos que se producen de manera simultánea a dichas prácticas, la resistencia indígena y los modelos de representación que dichas *formaciones discursivas* impulsaron, tanto en relación con los saberes preexistentes como con las prácticas concretas de dominación del Otro. En este sentido, los órdenes simbólicos y las prácticas materiales del aparato colonial quedan indisolublemente ligados, como afirma Margarita Serje:

> Una aproximación crítica al colonialismo como régimen, implica sin embargo centrarse en las configuraciones del conocimiento y las formaciones discursivas mediante las cuales fue puesto en marcha como sistema de sujeción y control. Ello transforma radicalmente el ámbito de lo que se puede considerar como colonial y lo que pasa a primer plano es la comprensión del colonialismo como *un conjunto de dispositivos sociales y culturales que legitima, da sentido y hace posible la subordinación y la explotación de las personas y los grupos* y de sus formas de vida social, económica y política para poner en marcha los designios de una cultura y de su modo de producción (13; énfasis mío).

Uno de los puntos en los que insisto a lo largo de los capítulos presentados en este libro es que el *discurso etnográfico* funcionó como una herramienta sustancial tanto de apoyo material como simbólico para la expansión imperial de Europa sobre el territorio americano y, por extensión, la misma contribuyó como soporte ideológico en el diseño operativo de la Modernidad colonial en ciernes y de su soberanía.[33] No es posible comprender la emergencia y el desarrollo ulterior del colonialismo y sus consecuencias sin desmenuzar analíticamente la epistemología que abonó sus prácticas materiales. Como sostiene Castro Gómez, siguiendo a Said:

> [U]na de las características del colonialismo moderno es que el dominio imperial no se obtiene tan solo matando y sometiendo al otro por la fuerza, sino que requiere de un elemento ideológico o "representacional". Es decir que sin la construcción de un discurso sobre el otro y sin la incorporación de ese discurso en el *habitus* tanto de los dominadores como de los dominados, el poder económico y político de Europa sobre sus colonias hubiera resultado imposible. El dominador europeo construye al "otro colonial" como objeto de estudio [...] y, al mismo tiempo, construye una imagen de su propio *locus enuntiationis* imperial (43).

---

[33] Como señala Quijano: "en la medida en que las relaciones sociales que estaban configurándose eran relaciones de dominación, tales identidades fueron asociadas a las jerarquías, lugares y roles sociales correspondientes, como constitutivas de ellas y, en consecuencia, al patrón de dominación colonial que se imponía. En otros términos, raza e identidad racial fueron establecidas como instrumentos de clasificación social básica de la población" ("Colonialidad del poder" 202).

A través de este estudio, intento mostrar cómo el *discurso etnográfico* es un espacio privilegiado y fundamental para observar la interacción constante entre las discursividades emergentes de la Modernidad colonial, sus contradicciones basadas en las siempre inquietantes preguntas por la mismidad y la alteridad, por el centro y sus periferias, por la "razón" del "civilizado" y la inocencia/crueldad/ignorancia del "salvaje" americano. Me interesa señalar que, mediante la exploración del *discurso etnográfico* es posible comprender el modo en el que se construyeron los procesos de dominación colonial mediante la instrumentalización de las diferencias. De este modo, el *discurso etnográfico* permite observar las continuidades, los quiebres y las discontinuidades de ciertos procesos culturales, políticos, económicos, religiosos y el funcionamiento del eurocentrismo. Asimismo, intento mostrar cómo, en los textos del conquistador/evangelizador y en sus fabulaciones y especulaciones sobre el Nuevo Mundo y sus gentes, es posible entrever, tras el manto de significativos silenciamientos, las "quejas" y las "acciones" contracoloniales del colonizado. Para leer ese "estar velado" del Otro, su *encubrimiento*, es preciso realizar una lectura a contrapelo del eurocentrismo y de sus "versiones" etnográficas, como sugiere Clifford: "uno puede también leer en contra del grano de la voz dominante en el texto, en pos de otras autoridades medio escondidas, reinterpretando las descripciones, los textos y las citas reunidas por el escritor" ("Sobre la autoridad" 169). En este sentido, el análisis de las versiones/visiones etnográficas de la Conquista implica poner en práctica una mirada sesgada sobre la supuesta univocidad histórica del colonialismo que nos permite atestiguar, en la configuración de sus contradicciones internas y de sus palpables ambigüedades, la emergencia soterrada de la agencia indígena y la violencia ejercida contra esa agencia. Es por ello que a lo largo de este estudio trato de leer las etnografías imperiales con un lente caleidoscópico para poder entenderlas como instancias fracturadas y cambiantes que nos posibilitan ejercer una crítica descolonizadora del eurocentrismo.

El presente volumen se divide en seis capítulos en los que se exploran diferentes textos y diversos espacios geográficos (Caribe, Nueva España, Perú, Nueva Granada) a partir de los cuales se construyó el *discurso etnográfico* colonial a lo largo del primer siglo de Conquista y ocupación colonial. En el capítulo 1, titulado "Una antropología especulativa: el incierto origen de los indígenas americanos", se exploran las diversas teorías antropológicas realizadas durante el siglo XVI acerca de la procedencia de los indígenas. Teorías que, en su mayor parte, se relacionaban con especulaciones de tipo etnoteológicas y que involucraban una revisión hermenéutica de pasajes específicos de la Biblia y la tradición libresca de la Antigüedad clásica. El capítulo analiza los textos escritos por evangelizadores, cronistas e historiógrafos. Todos estos textos se leen como instancias concretas de un tipo de especulación que cruza discursivamente la etnografía con la teología e intenta reasignar, de manera problemática, un lugar específico en la cosmología cristiana a los recién "descubiertos" pobladores de América con el fin de justificar la "misión civilizadora" y la soberanía del Imperio.

En el capítulo 2, titulado "El caleidoscopio colombino: utopía, traducción lascasiana y etnografía caníbal", exploro las primeras visiones sobre el indígena americano tal y como aparecen retratadas en las crónicas del primer viaje de Cristóbal Colón al Caribe en 1492, dado que el primer "encuentro", aquél producido en 1492, fue estratégico y fundamental para el desarrollo ulterior de la invasión europea. Analizo en el primer *Diario* de Colón y en algunas de sus cartas la representación del indígena, sus modulaciones y modificaciones a lo largo de la travesía. También exploro la relación que Colón construye entre una América paradisíaca y un indígena "inocente", "puro" y "noble" frente a otros indígenas aún desconocidos pero supuestamente "fieros" y comedores de carne humana, los caníbales. Planteo que la representación etnográfica opera estratégicamente para crear modos de intervención material sobre el indígena y su territorio. Allí demuestro que estos primeros discursos sobre la alteridad americana están atravesados por una tensión entre el deseo colonial (el botín colonial), la resistencia contracolonial indígena y las reconfiguraciones y reacomodaciones de los archivos culturales eurocéntricos (los símiles etnográficos) de la cultura europea. Estos discursos etnográficos colombinos fundacionales configuran en sí mismos un gran caleidoscopio a través del cual el indígena se nos muestra en fragmentos cambiantes, mediante la construcción de enunciados ambiguos y paradójicos.

En el capítulo 3, titulado "Etnografía, soberanía imperial y legislación", exploro la relación estrecha que existió entre el informe etnográfico y la legislación metropolitana que se impuso para la regulación económica y religiosa de la población indígena. El objetivo es poner de manifiesto la instrumentalidad político-jurídica del *discurso etnográfico* y su influencia capital tanto en la justificación del avance de la invasión colonial europea sobre el Nuevo Mundo como en la jurisprudencia que avaló dicho expansionismo material y religioso. Para llevar a cabo este análisis exploro instancias específicas tales como: 1) el problema de la soberanía y dominio de los Reyes Católicos sobre América (la donación papal y las posturas teóricas de Vitoria, Sepúlveda y Las Casas) y sus fundamentos antropológicos; 2) las primeras legislaciones sobre la servidumbre indígena y su relación con la clasificación etnográfica (las *Siete proposiciones* y las *Leyes de Burgos*) y; 3) los debates sobre la "guerra justa" contra el indígena que mantuvieron Sepúlveda y Las Casas. Una de las conclusiones más importantes que planteo luego de analizar estas instancias y los discursos que las manifiestan es la incompatibilidad entre los sistemas jurídicos tutelares y los resultados y efectos de su aplicación. El capítulo intenta mostrar la vinculación estrecha entre los "grados" de humanidad que se atribuyeron al indígena y los efectos jurídicos concretos de esa clasificación.

En el capítulo 4, titulado "América como traslado del infierno. Etnografías evangélicas y paranoia satánica", analizo algunos tratados y crónicas etnográficas de los primeros misioneros y evangelizadores. Específicamente, me concentro en evaluar y analizar los modos en los que se utilizó el discurso demonológico para pensar la diferencia cultural y religiosa del indígena. Afirmo que la "influencia satánica" fue un eje rector y altamente productivo en el discurso etnográfico religioso de los primeros misioneros y que la red semántica y conceptual que de éste se deriva sirvió para clasificar y valorar los aspectos más disímiles de la vida cotidiana indígena. Asimismo, este capítulo desmenuza porciones del discurso evangélico para mostrar el funcionamiento de ciertos dispositivos retóricos y discursivos (analogía, alegoría, hipérbole); mecanismos que colaboraron en la configuración de una trama etnográfica de tipo comparativista. El funcionamiento tropológico de estos dispositivos sirve como eje analítico del capítulo para comprender los procesos semióticos, esto es, los signos a través de los cuales la cultura indígena se insertó en un orden descriptivo acomodándose a los parámetros clasificatorios europeos. El capítulo también explica cómo el discurso demonológico, fundamentado en la analogía, dará lugar a una actitud generalizada de paranoia colonial que afectó no sólo a los colonizadores y su horror al sincretismo religioso, sino también a los indígenas en vista del temor a ser enjuiciados y criminalizados por el ejercicio de sus rituales religiosos.

En el capítulo 5, titulado "Bernardino de Sahagún y la paradoja etnográfica", reflexiono sobre los *dispositivos* de saber y control y las relaciones de dominación simbólica y material, llevadas a cabo por la tarea etnográfica de Sahagún sobre la población indígena de la Nueva España durante la segunda mitad del siglo XVI. Para realizar esta tarea, analizo momentos específicos de dos textos sahagunianos: la *Historia general de las cosas de Nueva España* (terminada 1569, revisada en 1585) y, los *Primeros memoriales*. Mi intención es mostrar cómo en la obra de Sahagún conviven impulsos antagónicos que se debaten entre la fascinación por la riqueza cultural del mundo indígena y, en forma paralela, por el horror a la diferencia y al sincretismo religioso. De este modo, muestro que la etnografía de

Sahagún forma parte de un intrincado proceso de clasificación cultural que dio forma y sustancia a una de las tantas paradojas eurocéntricas del mundo colonial: la preservación/protección de lo destruido y la cosificación de la cultura indígena en la *enciclopedia* occidental. Finalmente, propongo que el problemático "rescate" de la palabra indígena en la obra de Sahagún no puede pensarse por fuera de su valor religioso-instrumental en el contexto histórico de la ocupación colonial europea y en el marco de una hermenéutica religiosa. Estos argumentos me llevan a afirmar que la etnografía sahaguniana debe entenderse como un *dispositivo estratégico* de penetración y control cultural, y la palabra de los "informantes" indígenas, como una palabra sometida a la violencia de la interpretación eurocéntrica filtrada por la epistemología religiosa, el archivo enciclopédico y los múltiples procesos de traducción y edición que la envuelven.

En el capítulo 6, titulado "Empirismo, etnografía y evangelización en la obra de José de Acosa", exploro críticamente el funcionamiento complementario de los diversos conceptos de *barbarie* e *idolatría* en dos obras de Acosta, *De procuranda indorum salute* (1588) y en su *Historia natural y moral de las Indias* (1590). Mediante el análisis de estos dos conceptos pongo en crisis un lugar común de la crítica colonial según el cual la obra de Acosta puede enmarcarse en un protorracionalismo empirista de carácter evolucionista. Al mismo tiempo, el capítulo reconceptualiza la obra de Acosta al afirmar que el texto de mayor alcance histórico, filosófico, antropológico y religioso del jesuita no es ni fue, como se ha pensado durante mucho tiempo, su *Historia de las Indias*, sino su tratado doctrinal *De procuranda indorum salute*. Este capítulo no intenta presentar una evaluación de la tarea evangélica de Acosta, tarea que escapa a los objetivos e intereses del presente estudio, sino comprender el modelo etnográfico que le sirve al jesuita como fundamento explicativo de su modelo doctrinal y misional en el Nuevo Mundo. De este modo, a lo largo de este capítulo se afirma que el paradigma que Acosta proponía como modelo para llevar a cabo la tarea de evangelización en América colonial estaba informado por y sustentado en una caracterización y tipificación etnográfica de la cultura indígena a partir de diferentes grados de barbarie: una tipificación que a su vez determinaba, de acuerdo con Acosta, las diversas prácticas idolátricas de los indígenas.

A través de estos seis capítulos intento mostrar cómo y de qué manera surge en el período colonial un nuevo tipo de *formación discursiva* —a la cual denomino como *etnográfica*— mediante la cual se catalogaron, clasificaron y articularon las diferencias culturales entre Europa y el mundo indígena americano. Asimismo, este estudio demuestra las relaciones instrumentales entre el *discurso etnográfico* y las diversas prácticas religiosas, jurídicas, económicas y políticas del colonialismo. El libro señala que los saberes utilizados para clasificar la diferencia indígena americana tuvieron efectos concretos, tanto sobre el cuerpo social-material indígena—destrucción de templos, criminalización de sus prácticas religiosas, utilización de cuerpo indígena como mano de obra esclava—, como sobre su estructura simbólica de pensamiento que incluye el sincretismo religioso, la conversión y ciertos procesos de transculturación. La idea central que presento a lo largo de este estudio es que al catalogar la diferencia y al articular esa diferencia con las necesidades políticas, económicas y religiosas, el *discurso etnográfico* sirvió como justificación epistemológica del proyecto imperial europeo. Creo que el aporte de este estudio se relaciona con la reconstrucción de una *genealogía de la alteridad* que eventualmente podrá ser útil para pensar las configuraciones de las diversas clasificaciones sociales, étnicas y raciales del presente y, al mismo tiempo, hará posible reflexionar y comprender por qué nuestro presente se halla atado, irremediablemente, a una historia colonial de la diferencia que lo precede y, en muchos casos, lo ilumina.

Capítulo I

Una etnografía especulativa: el incierto origen de los indígenas americanos

> El problema del origen de los indios de América se remonta al descubrimiento del Nuevo Mundo. Desde esta época lejana se han propuesto infinidad de soluciones [...] La mayoría de dichas soluciones nos parecen hoy singularmente pueriles; ninguna ha llegado a imponerse, pudiendo decirse que, hasta nuestra época el misterio del poblamiento americano ha permanecido en pie.
>
> Paul Rivet. *Los orígenes del hombre Americano* (11)

Introducción

Desde el punto de vista antropológico, las especulaciones de la hermenéutica religiosa de los primeros evangelizadores coloniales tuvieron consecuencias importantes, no sólo en la formación del *discurso etnográfico* europeo (en las formas de clasificar la alteridad) y en la creación de una tradición discursiva, sino, además, en el impacto que estos discursos produjeron en el mundo fáctico de la cultura indígena. En los escritos de los misioneros, cronistas e historiadores religiosos se deliberó seria y profundamente sobre cuál podía ser el lugar de los indígenas en el plan divino universal, esto es, ¿por qué la providencia los había puesto allí? ¿Qué pasajes de las Sagradas Escrituras hacían referencia en clave a estas "nuevas gentes"? ¿De qué origen provenían? En este primer capítulo me interesa estudiar cuáles fueron las respuestas frente a la incógnita etnoeurocéntrica acerca del incierto origen de los indígenas americanos y cómo estas respuestas debieron necesariamente abrevar en la vasta tradición antropológica de Occidente y en las Sagradas Escrituras que, lógicamente, no pudieron funcionar como herramientas suficientes para una respuesta definitiva. Para llevar a cabo esta tarea he dividido el presente capítulo en cuatro acápites: 1) La hipótesis hebraica, 2) Especulación teratológica: los gigantes americanos, 3) Tiranos y usurpadores: los mexica según Motolinía, 4) Adán y la teoantropología monogenética.

Paul Rivet (1876-1958) fue uno de los primeros etnólogos modernos en sistematizar el conjunto de teorías e hipótesis acerca del origen de los indígenas americanos, en 1943, y uno de los primeros en proponer, en contraposición a la tradición colonial europea, un origen poligenético (multi-rracial) para el poblamiento de América. Rivet, exasperado por los delirios hermenéuticos coloniales, creyó preciso arrancar el patrimonio genealógico de la humanidad de las manos de la religión y el esoterismo para someterlo a un análisis de tipo científico que, como veremos, tampoco logró escapar a los prejuicios civilizatorios del eurocentrismo. Rivet terminó sosteniendo, luego de su experiencia como etnógrafo en Sudamérica (Ecuador principalmente), un origen múltiple de las poblaciones americanas (Asia, Australia, Polinesia, Melanesia, etc.) y descartando la teoría del origen autóctono propuesta por el paleontólogo argentino Florentino Ameghino (1854-1911).[1]

Rivet, en la introducción a su libro, hace una importante, aunque incompleta, síntesis de algunas de las teorías que comenzaron a esbozarse a finales del siglo xv y principios del xvi. De este modo señala, entre otras, la hipótesis hebraica propuesta por Benito Arias Montano (1527-1598) en su *Biblia políglota* (Amberes 1569) según la cual: "dos hijos de Jectan, biznieto de Sem, hijo de Noé, poblaron el Nuevo Mundo: Ophis llegó al Noroeste de América y de allí al Perú; Jobal colonizo el Brasil" (12). Asimismo, menciona el libro de Gregorio García (1556-1627) titulado *Origen de los indios del Nuevo Mundo* (1607), en el que también se intenta demostrar la similitud entre judíos e indígenas.[2] Pero no fue únicamente el pueblo judío el sindicado de haber sido responsable del poblamiento de América, según Rivet, también los fenicios, los carios del Asia Menor y los tártaros o mongoles gozaron de igual fama. El etnólogo francés cita el famoso mito

---

[1] De acuerdo con Fermín Rodríguez: "Hijo de inmigrantes genoveses, obsesionado por los linajes, Florentino Ameghino hizo todo lo que estuvo a su alcance para crear una descomunal ficción de origen que situaba el origen del hombre en el suelo de su patria [...] si los fósiles que Ameghino encuentra mezclados en un mismo estrato no mienten, el hombre habría habitado en la pampa —esto es, habría poblado el 'suelo argentino'— desde el Pleistoceno, conviviendo con las grandes bestias extintas [...]. El entusiasmo de Ameghino no se detuvo allí: molesto por la versión científicamente más difundida de que el origen de las nuevas especies de mamíferos era el hemisferio norte (una versión del imperialismo en clave zoológica), Ameghino, en los ratos libres que le permite la atención de 'El Glyptodón' —la pequeña librería y papelería que instala a su regreso de París—, forzó tal vez un poco la lectura de las pruebas científicas hasta escuchar de ellas lo que quería oír: que todos los mamíferos de sangre caliente habían aparecido por primera vez en el suelo de la llanura y que desde allí se habían desparramado por todo el mundo como una lenta marea filogenética que subía de sur a norte" (61-62).

[2] También dice Rivet que "Las Casas, el Padre Durán y finalmente el rabino portugués Manasés Ben Israel tratan de demostrar que dichas tribus fueron a refugiarse a en América. Esta tesis halló defensores en los siglos xvii, xviii, y xix, siendo el último y más eminente, Lord Kingsborough" (12).

de la Atlántida para terminar concluyendo que "la inmensa mayoría [de estas teorías] pertenecen al *revoltijo histórico* que entorpece los comienzos de todas las ciencias, y muy en especial los de aquellas que se refieren al hombre" (13; énfasis mío).

Para poder descartar estas teorías, Rivet recurrió a un empirismo que intentaba probar, con la materialidad de la cultura, el supuesto primitivismo —léase salvajismo— de los indígenas americanos. Rivet descartó la hipótesis del poblamiento judío, fenicio, tirio, tártaro, etc., por considerar que al momento de la llegada de los españoles los indígenas americanos se hallaban aún en el período neolítico (edad de piedra), que no utilizaban otro metal que el bronce (en pocas regiones), que no conocían la rueda, el torno, el vidrio y que no se alimentaban con trigo, arroz, cebada y centeno (70). Todo este "déficit salvaje", lo llevó a concluir que "son hechos que eliminan, de una manera definitiva, todas las hipótesis que suponen intervención, en el poblamiento de América, de *razas civilizadas* [...] Planteado así el problema, y dada la casi continuidad de América del Norte y de Asia, es natural y lógico buscar entre los pueblos asiáticos el origen de las poblaciones del Nuevo Mundo" (71; énfasis mío). Rivet termina afirmando, habiendo hecho trabajo de campo como etnógrafo en el Ecuador, que "la impresión, que deja en todo viajero el contacto del indio americano, es de que se trata de un asiático" (73). Como diría Enrique Dussel, el Otro americano, no sólo en la era colonial, sino también en la poscolonial, no fue "descubierto" o pensado y analizado como algo nuevo y original, sino "encubierto" como lo ya conocido, se trata de la invención del "ser asiático" que se sobreimpone sobre la identidad cultural y racial de las poblaciones amerindias (*1492* 54). No obstante, Rivet descarta que esta característica pueda ser general a "todos los indígenas", dado que, según Mendes Corrêa (citado por Rivet), esta afirmación equivaldría al fin de la antropología étnica; por ello, afirma:

> Entre un guajiro y un patagón, o entre un maya y un botocudo existen desde el punto de vista de la estatura, de la forma de la cara y del cráneo, tantas, si no más diferencias, que entre un sueco y un italiano, o entre un nativo de Auvernia y un inglés [...] Vincular a un mismo tronco étnico hiperbraquicéfalos como los mayas e hiperdolicocéfalos como los perikú, individuos de muy elevada estatura como los patagones e individuos de pequeña talla como los maraká, sería, en definitiva, considerar que todos los caracteres anatómicos, sobre los cuales descansa la antropología, no tienen valor alguno (73).

Lee Eldrige Huddleston, en su ya clásico libro *Origins of the American Indians* (1967), sostiene que el primer conquistador europeo en llegar al *Nuevo Mundo* (Cristóbal Colón) nunca se alarmó ni le pareció extraño el hecho de haber hallado gente en "inestimabile numero" ("Carta a Luis Santángel", Varela 141), dado que nunca creyó estar en un *Nuevo Mundo* (4-5). El mismo investigador asegura que tuvo que pasar una generación para que el Descubrimiento de América fuera conceptualizado como un *Nuevo Mundo*.[3] Es por ello que las múltiples hipótesis sobre el incierto origen de los indígenas americanos en la era colonial tardaron en cobrar forma efectiva y sólo comenzaron a debatirse cuando gran parte de la población caribeña se hallaba ya exterminada por los efectos de la invasión europea (trabajo esclavo, enfermedades desconocidas para los indígenas, la conmoción cultural causada por la conquista, la imposición de una nueva religión y la destrucción simbólica y material de la cultura autóctona). Sin embargo, como ha señalado Teresa Martínez Terán, la cuestión del origen de los indígenas es importante porque implica la resolución de algunas cuestiones no sólo religiosas sino también políticas asociadas con el problema de la soberanía del imperio español:

> La cuestión es que en siglo XVI el tema del origen de los pueblos americanos se hallaba imbricado con otros dos: el de si los antiguos europeos ya habían tenido noticias del continente y si éste había sido visitado o descubierto con anterioridad. Aceptar cualquiera de estas dos ideas tenía consecuencias políticas porque hacía tambalear los fundamentos del derecho español al Nuevo Mundo, pero el no aceptarlas cuestionaba el canonismo bíblico (125).

La ardua y agotadora tarea de ubicar a los indígenas en un nuevo esquema teológico-antropológico, etnológico y geopolítico requirió determinar su genealogía y delimitar su participación dentro del conjunto de las razas (*genus*) conocidas o familiares en el mundo occidental; clasificación racial que se repetirá a través de los siglos como en el trabajo de Rivet y otros etnólogos modernos (indígenas dolicocéfalos, hiperdolicocéfalos, braquicéfalos, hiperbraquicéfalos). ¿Eran judíos pertenecientes a las tribus perdidas de

---

[3] De acuerdo con Huddleston: "Columbus did not question the existence of men in the New World because he did not know it was a New World [...] a generation passed between the discovery and the identification of America as a New World. In the interim numerous accounts of the 'Indies' appeared in Europe but few revealed any great concern for the population of the new-found lands" (5).

Israel? ¿Hacían parte de una tribu preadamita y por ende de un *genus angelicum* [género o raza angélica]? Como señalaba Rivet, era natural que "los primeros escritores pidieran a estos libros sagrados el secreto del origen de los indios americanos" (11).

Pensar el lugar racial y originario de la gran masa indígena suponía, no sólo un dilema antropológico, sino también un problema de tipo cosmológico, cartográfico y geográfico, esto es, la aparición de un cuarto, nuevo e incómodo continente.[4] Según Jaqcues Lafaye, las teorías historiográficas que comenzaron a elaborarse para explicar el origen de los indígenas, aunque ahora nos parezcan elucubraciones fantasiosas, tenían sentido en la epistemología religiosa de la época: "En realidad estamos frente a una concepción coherente de la historia de la humanidad, a la cual se intenta integrar a los habitantes del *Nuevo Mundo*, reabsorbiendo su novedad en una verdad, si no ya elucidada, al menos revelada desde hace mucho por la Escritura" (*Quetzalcóatl* 90). Para hacer coherente la genealogía cristiana y eurocéntrica fue preciso crear una relación histórica entre el primer hombre bíblico (Adán) y los numerosos hombres de un continente nuevo. Como ha señalado Pagden: "Si los indios eran realmente hombres verdaderos, tenían que ser los descendientes de uno de los tres hijos de Noé: Sem, Cam y Jafet. En otras palabras, debían haber tenido sus orígenes en Europa y haber emigrado a América en algún momento de su pasado histórico. Pero ¿cómo y desde dónde?" (*La caída* 255). Fue tan vasta la multiplicidad de hipótesis que se esgrimieron durante todo el siglo xvi y parte del xvii con el objetivo de construir una genealogía antropológica de las poblaciones amerindias que, todavía en el siglo xviii, el jesuita Javier Clavijero señalaba, un tanto burlonamente, la diversidad de opiniones y teorías y se quejaba de la confusión creada a través de los siglos:

> Entre aquellos que los reputan originarios de África, quién los atribuye descendientes de los egipcios, quién de los cartagineses, quién de los númidas. Pero no hay mayor variedad de opiniones que entre aquellos que creen deberse a Asia la población de Amé-

---

[4] Como señala Jaime Borja: "La cosmogonía cristiana se basaba en el Génesis y retomaba eruditamente los principios griegos que reducían el mundo a tres continentes: Europa, Asia y África. Hasta entonces, estaba claro que los descendientes de Adán habían poblado el mundo, redistribuyéndose la población después del diluvio a través de los hijos de Noé, Sem, Cam y Jafet, sin que América fuera nombrada. Se trataba de un incómodo cuarto continente que negaba las verdades reveladas en el Génesis y que desbarataba el ordenamiento del mundo que habían instaurado los griegos, convertido en principio aceptado por la Iglesia" (55).

rica. Los israelitas, cananeos, asirios, fenicios, persas, tártaros, indios orientales, chinos, japoneses, todos tienen sus abogados entre los historiadores y filósofos de estos dos últimos siglos. Algunos, pues, no contentos con buscar a los referidos pobladores en los países conocidos del mundo, sacan de debajo de las aguas del Océano, o de los espacios imaginarios a la famosa isla Atlántida, para mandar de allí colonos a América. Pero esto es poco, pues hay autores (García y Betancourt) que por no hacer agravio a ningún pueblo, creen a los americanos descendientes de todas las naciones del mundo ("Primera disertación" 428).[5]

De hecho, un cronista oficial como Fernández de Oviedo (1478-1557), en su *Historia general y natural de las Indias, islas y Tierra Firme del Mar Océano*, fue uno de los primeros en proponer la curiosa teoría según la cual los indígenas americanos eran de origen hispánico. Una teoría muy conveniente para reclamar como propia la totalidad de la América indígena. De hecho, como ha señalado Huddleston, Oviedo tenía dos teorías genealógicas en competencia: la primera hacía derivar a los indígenas americanos de los cartaginenses y, la segunda, los hacía descender de los antiguos españoles: "Oviedo's primary purpose in the chapter devoted to the first settlers was to reveal who had found America First [...] The impression with which the reader is left is that Oviedo intended to derive the total population of the New World from the 'Hesperian' settlers. The Carthaginians may have added to the population at a later date" (Huddleston 19). Bartolomé de Las Casas, alarmado por la insensatez de la hipótesis de Oviedo, lo refutó en forma contundente en el primer tomo de su *Historia de las Indias*, argumentando que su autoridad intelectual provenía o bien "de los sueños" o de un arte adivinatorio (I: 74).

El mismo Huddleston lista un número importante de historiadores y cronistas que intentaron dar una respuesta sobre el origen de los indígenas de

---

[5] Alexander von Humboldt, a comienzos del siglos XIX, también desacreditó la hipótesis de los gigantes tal y cual la relataban los indígenas de Cumanacoa (Venezuela): "Según el testimonio de algunas personas dignas de crédito, hace más de treinta años [Humboldt pasó en América desde 1799 hasta 1804] fueron hallados en la Garganta de San Juanillo, más al interior, dos enormes fémures, de 1,3 metros de longitud y más de 15 kilogramos de peso. Los indios creyeron que se trataba de huesos de gigantes [...] Los supuestos huesos de Gigantes fueron llevados a Cumaná, donde yo los he buscado en vano; pero, a juzgar por los huesos fósiles que he traído de otras regiones sudamericanas, y que fueron examinados cuidadosamente por Cuvier, aquéllos dos gigantescos fémures de Cumanacoa debieron de pertenecer a una especie de elefante hoy extinta" (88-89).

América. Señala, entre otros, a Bartolomé de Las Casas, quien al parecer, tanto en su *Historia de las Indias* como en su *Apologética historia sumaria*, abandonó la discusión debido a la imposibilidad de hallar una respuesta cierta; a Francisco López de Gómara quien en su *Historia general de las Indias* (1552) sugirió a la Atlántida como el origen étnico de los indígenas; también señala a Florián de Ocampo (c. 1499-c. 1558), quien siguió la hipótesis de los cartagineses y además, en la lista de Huddleston, aparecen autores no españoles como Antonio de Galvão (c. 1490-1557), quien en su *Tratado* (1555) postuló el origen chino; Agustín de Zárate (1514-1560) en su *Historia del descubrimiento y conquista de la provincia del Perú* (1555), quien reelaboró la teoría de Gómara sobre la Atlántida; a Francisco Cervantes de Salazar (c.1514-1575), que retomó en su *Crónica de la Nueva España* (ca. 1560) la teoría de Gómara y Zárate, y la lista continúa con Vicente Palatino de Curzola, Diego de Landa (1524-1579), Pedro Sarmiento, Jerónimo Román y Zamora (1539-1597), entre otros (ver Huddleston 21-33).

Dadas las dificultades morales, religiosas y epistémicas que producía la diferencia radical del indígena americano en el sistema clasificatorio etnoteológico, el humanismo católico renacentista se vio forzado a buscar en su propia tradición hermenéutico-escatológica y mesiánica la manera de organizar nuevos esquemas genealógicos. Para ello se construyeron algunas teorías derivadas de la interpretación bíblica cuyo objetivo era despejar la incógnita teoantropológica de la presencia del indígena americano y subsanar simultáneamente el *horror vacui* de la historia y del plan providencial. Las respuestas europeas al "incierto" origen de los indígenas americanos fueron variadas, contradictorias y problemáticas puesto que los encuentros de los misioneros y conquistadores con las diversas etnias indígenas fueron también complejos y cada grupo ofrecía su particularidad y su especificidad cultural. Mientras que algunos indígenas practicaban el canibalismo ritual, sacrificios a sus dioses y resistían con vehemencia la invasión colonial, otros colaboraban ampliamente con el conquistador y el misionero. Algunas poblaciones indígenas como los mexicas, incluso, presentaban similitudes preocupantes con las prácticas rituales del catolicismo (comunión/bautismo) y con ciertas nociones teológicas (infierno/inframundo). Al mismo tiempo, las clasificaciones de estas diferencias entre el indígena "bravo" y el "inocente" o "manso" hacían especialmente dificultosa la tarea de los historiadores y teólogos que intentaban encontrar una base conceptual teológica homogénea, esto es, *universalista* y *humanista*, para explicar el origen y naturaleza antropológica de los indígenas americanos. Hacia finales del siglo XVI, Bernardino de Sahagún señalaba con perplejidad y sorpresa la cantidad de "gentes" con que los españoles se habían encontrado en el Nuevo Mundo: "[...] cosa de grande admiración que haya nuestro señor Dios tantos siglos ocultado una selva de tantas gentes idólatras, cuyos frutos ubérrimos sólo el demonio los ha cogido, y en el fuego infernal los tiene atesorados" (*Historia* I: 30).[6] A casi 80 años de la Conquista, como podemos leer en Sahagún, la incógnita aún estaba viva.

Una de las hipótesis de mayor resonancia durante el siglo XVI fue que los indígenas descendían de una de las diez tribus perdidas de Israel. Sin embargo, también existieron otro tipo de hipótesis que conviene mencionar. De acuerdo con John Phelan, el franciscano Gerónimo de Mendieta (1525-1604) fue uno de los primeros historiadores de la evangelización que en su *Historia eclesiástica indiana* (escrita durante el siglo XVI, pero publicada recién en México en 1870) consideró a los indígenas como pertenecientes a un *ethnos* de tipo angélico (*genus angelicum*). De acuerdo con John Phelan: "Los indios poseían una naturaleza pueril cuyas características sobresalientes eran la inocencia, la simplicidad y la pureza. De esta premisa derivó [Mendieta] una serie de conclusiones que en su conjunto definían el régimen social que deseaba para ellos. Una de las conclusiones era que los indios deberían estar completamente segregados del contacto con otras razas de la Colonia" (91).

Otra de las hipótesis genealógicas que circularon hacia finales del siglo XVI, la encontramos en una historia *sui generis* de los indígenas del Perú conocida bajo el título de *Miscelánea Antártica* (1586), escrita por Miguel Cabello de Valboa (ca. 1530/35-ca. 1608).[7] En el prólogo a esta obra, divi-

---

[6] En adelante y en los capítulos siguientes sigo la versión de la *Historia general de las cosas de Nueva España* realizada por Ángel María Garibay K. en cuatro volúmenes y publicada por Porrúa en 1956. Sigo esta edición que, aunque se mantiene fiel al *Códice florentino*, sin embargo, nos entrega una versión en un castellano modernizado y más fácil de seguir. El lector interesado en leer la *Historia general* de Sahagún directamente del *Códice florentino* puede utilizar dos fuentes: 1) la versión facsimilar del mismo o 2) la transcripción hecha por Alfredo López Austin y Josefina García Quintana, editada por Conaculta en tres volúmenes en el año 2000.

[7] Existen dos copias manuscritas de esta obra. La primera, de la cual se duda sea original, se encuentra en la Biblioteca Pública de Nueva York. La segunda, que perteneció al conde-duque de Olivares, fue comprada en el siglo XIX por el famoso historiador mexicano Joaquín García Icazbalceta y luego vendida por los familiares de éste a la University of Texas at Austin en el año de 1938, donde aún se conserva en la Benson Library Rare Books Collection. El manuscrito se halla en un excelente estado, siendo de fácil acceso para el investigador. Mis citas provienen de la transcripción comparada de ambos manuscritos que hiciera el equipo de Luis E. Valcárcel en la Universidad Nacional Mayor de San Marcos, junto con la Facultad de Letras y el Instituto de Etnología, impresa en Lima en 1951. Existe

dida en tres partes o libros, el autor afirmaba que el objetivo buscado era el de sacar a la luz: "el origen, y principio que tuvieron en el Mundo nuestros Indios Occidentales" (3, mayúsculas del original). Cabello de Valboa declaraba en este prólogo que la materia de la que iba a tratar era "obscura, confusa y dificultosa" (3). De hecho, el nombre de su obra "miscelánea" se debía a la "forzosa mixtura de historias" (4) que el autor incorporaba para poder dar cuenta de su principal argumento, a saber: que los indígenas americanos eran descendientes del patriarca Ophir, hijo de Jectan, el cuarto nieto del primer hijo de Noé, llamado Sem.[8] Al respecto, afirmaba Cabello de Valboa: "Finalmente con presupuesto de darle á el Patriarca Ophir, por hijos á nuestros Indianos, comencé a escriuir los primeros borradores de esta obra, en la Cibdad de el Quieto [Quito] el año de setenta, y seis [1576]" (5).[9] El libro de Cabello de Valboa, que hoy nos podría parecer un verdadero delirio imaginativo, puede entenderse como una suerte de historiografía genealógica de las razas bíblicas y de los descendientes de Noé, una cosmografía racial del catolicismo renacentista. De acuerdo con Huddleston:

> Cabello de Valboa set a very difficult task for himself; indeed it was an impossible one [...] This necessitated discovering when the first settlers came to America, how the got there, from which part of the Old World they departed for the New World, and by which genealogy they were connected to recognized biblical lines [...] His sources of information consisted of the Bible, the commentators on the Bible, related texts, such as the Apocrypha, ancient authors, modern comments on America; and his own experience as a missionary in South America (42).

Cabello de Valboa analizaba los desplazamientos planetarios de las razas bíblicas a lo largo de la historia occidental e intentaba demostrar el lugar que finalmente vinieron a ocupar éstas en la geografía de la época, siendo los indígenas americanos descendientes de un nieto de Noé. En el capí-

---

una nueva edición del libro de Cabello Valboa cuya introducción y notas pertenecen al recientemente fallecido Isaías Lerner (Sevilla: Fundación José Manuel Lara 2011).

[8] Huddleston nos alerta que no debemos confundir un origen judaico con un origen ophiriano; de hecho, y aunque parezca confuso, el origen ophiriano no es judaico (ver Huddleston 36 y 40-41).

[9] De acuerdo con Cañízares-Esguerra: "Cabello de Valboa sought to demonstrate that they were [native Amerindians], in fact, the descendants of Ophir, Noah's great-grandchild, and had lost the ability to write. He argue that this lack of writing was the primary cause of the plunge into barbarism of Ophir's heirs and of the spread of idolatry among the Andeans, who literally worshipped springs, lakes, mountains, and rocks as their own ancestors" (69).

tulo 12 de la primera parte titulado, "De como los hijos de Iectan an sido olvidados de todos los que han escripto, y de como Ophir es padre los Yndianos", Cabello de Valboa afirmaba que los descendientes de Iectan, una vez trasladados al Nuevo Mundo (pasando desde las Indias Orientales a las Occidentales, de isla en isla), se habían olvidado de sus tradiciones, de su escritura, de usar ropa, de la buenas costumbres y se habían convertido en gente supersticiosa y en adoradores del demonio:

> Usaban muchas supersticiones Ydolatrías aprendidas de los Maestros que en los pasados Siglos las sacaron de la maldita esquela del Babilionico Nembroth [...] Jamás dejaron caer la Ydolatría antes se fue multiplicando, y tanto mas quanto mas se olvidauan del temor y amor de Dios, no faltaua entre ellos ambiciosos Ministros del Demonio que queriendo con afectación cuidadosa agradarlo en esto: Ynventauan nuevos abusos, y no usados sacrificios, algunos dellos tan impíos y crueles, que tiembla el Alma en pensarlos (77).

Sin embargo, según el autor, no habían olvidado su misión originaria, que era la de reproducir la especie por mandato bíblico. Esta hipótesis era funcional a dos presupuestos básicos: el primero, de tipo humanista, aseguraba una base común o universal para la especie; el segundo presupuesto consistía en mostrar que los indígenas eran en realidad descendientes bíblicos olvidados, que habían caído en desgracia por culpa del demonio. Ambos presupuestos servían a su vez para justificar la evangelización y la "misión civilizadora" de Europa sobre el supuesto salvajismo, la barbarie y las idolatrías de los indígenas americanos.

Uno de los autores que retomó con vehemencia el problema de la genealogía de los indígenas americanos a principios del siglo XVII fue el dominico Gregorio García (1554 ca.-1633). García, en su libro titulado *Origen de los indios del Nuevo Mundo e indias occidentales* (Valencia 1607),[10] realizó un completo inventario del conjunto de hipótesis que se habían expuesto, debatido y defendido durante todo el siglo XVI (las de Arias Montano, Gómara, Oviedo, Genebrardo, Zárate, Pineda, el Inca Garcilaso, Acosta, por sólo mencionar algunas). El objetivo de García no era, sin embargo, refutar este

---

[10] Hay otra reedición de 1729 hecha en Madrid pero, según las investigaciones de Teresa Martínez Terán, ambas ediciones son altamente divergentes y estas divergencias obedecen a problemas políticos e ideológicos. Para mayor información, véase el libro de Martínez de 2001 titulado *Los antípodas. El origen de los indios en la razón política del siglo XVI* (Puebla: Benemérita Universidad Autónoma de Puebla).

conjunto multiforme de ideas sino, mejor, exponer las principales hipótesis y sus objeciones a fin de que el público lector pudiera medir y sopesar la validez o no de las mismas, al respecto señalaba:

> Y como el relator sólo refiere el proceso que de ambas partes litigantes y contrarias se ha hecho para que el juez o presidente juzgue cuál de ellas tiene justicia y cuál deber ser condenada, así me pareció que yo había cumplido mi obligación con sólo referir las opiniones que he puesto y compuesto, diversas y contrarias entre sí, para que el lector, que ha de ser juez de esta causa, juzgue cuál le parece verdadera y cuál debe ser condenada por falsa (310).

De acuerdo con Teresa Martínez Terán, García había estado, hacia finales del siglo XVI, en América por espacio de doce años, nueve en el Perú y tres en Nueva España (122). De acuerdo con Martínez Terán, a García se le atribuyen dos posiciones ideológicas contradictorias, por un lado, ser un judío converso de Baeza (Huddleston 1967 y Gliozzi 1977) y por el otro, ser un propiciador de la hipótesis hebrea so pretexto de acusar a los indígenas de idolatrías ante la Inquisición (Morisot 1975). También fue acusado de antihispanismo y sus ideas fueron retomadas más tarde para la reivindicación de la agencia criolla, tanto por Carlos de Sigüenza y Góngora como por fray Servando Teresa de Mier (127). Agrega Martínez Terán:

> García reproduce de manera doxográfica las doce opiniones más sonadas en su tiempo sobre la procedencia de los primeros pobladores de América. Las retoma incluso en los términos y prosa en que habían sido formuladas por otros autores como José de Acosta, Gonzalo Fernández de Oviedo, Juan de Betanzos, el Inca Garcilaso de la Vega y en general los autores que aventuraron un origen cartaginés, fenicio, hebreo, chino, africano y europeo para los indígenas del Nuevo Mundo. Al final incluye, con apoyo parcial en la *Historia* de Acosta, lo que los pueblos autóctonos contaban sobre su origen (125).

El dominico compila doce opiniones sobre el origen de los indígenas, incluidas las de éstos y, hacia el final del libro, da la suya propia. Señala allí que la genealogía indígena sólo puede relacionarse con alguna de las tres partes del mundo conocidas (Europa, Asia o África). Según García, hay cuatro modos de averiguar la proveniencia de los indígenas (ciencia, opinión, fe humana y fe divina), su libro, nos cuenta, se basa en la "opinión" (*doxa*) que varios autores han tenido sobre el asunto, de ahí el carácter de compilación que tiene su obra. Si bien García incluye algunas ideas sobre el tema manifestadas por los propios indígenas, al igual que Durán, sostiene que estas ideas son disparatadas y ficticias. De hecho, es interesante notar cómo separa García en su libro las opiniones doctas (congregándolas en 12 hipótcsis) de las indígenas. Una vez terminado el recuento de las opiniones de autoridad, en capítulo aparte, como evitando una contaminación, coloca las opiniones de los indígenas. De estas opiniones indígenas, retomando la ya tradicional teoría logocéntrica sobre la ausencia de registros escritos y la idea de que la cultura indígena se encontraba engañada por Satanás y la idolatría, señala lo siguiente:

> Por no haber usado los indios de letras me ha costado mucho trabajo recopilar y juntar lo que ellos cuentan de su origen y principio. Porque aunque los de Nueva España con figuras y pinturas y los del Pirú con memoriales y quipos conservaron la memoria de muchas cosas antiguas, las cuales, como en otras partes hemos dicho, repetían y enseñaban en los patios de los templos los que para este ministerio estaban deputados, señalados y dedicados, que eran como maestros y letrados, pero refieren de tal manera el principio que tuvieron los hombres en aquellas partes, que juntamente con esto *mezclan muchas fábulas y mentirosas transmutaciones* y formas, dando de paso alguna puntada en la creación del mundo y diluvio universal, de que sin duda tuvieron alguna noticia, sino que, ciego su entendimiento, no atinaban con la verdad. Y estando en el sueño profundo que el demonio en ellos había puesto, *soñaban disparates* (314; énfasis míos).

En su lista de orígenes posibles, el primer lugar lo ocupaba la teoría monogenética bíblica (ya aceptada ampliamente para esa época) según la cual, todos los hombres provenían de Adán y Eva, según se confirmaba con el libro del Génesis (67). Pero la opinión final de García será, sin negar el dogma monogenético, que la proveniencia indígena tuvo, en realidad, múltiples orígenes y que se dio en oleadas sucesivas, al respecto afirma Martínez Terán: "Había admitido que sobre el conocimiento de los indígenas no existía conocimiento científico o saber por causas, y más allá del dogma monogenista, tampoco la revelación decía cuál de los hijos de Noé era el progenitor de los pueblos americanos, ni podía conocerse por fe humana o autoridad puesto que no había quién lo supiera" (125).

La primera, segunda y tercera opinión sobre el origen de los indígenas tenía más que ver con el método posible de arribo de las poblaciones indígenas que con alguna conjetura de tipo etnológico. La primera opinión que somete a discusión García es que los indígenas no pudieron, como sostenían algunos intelectuales de la época, haber llegado por mar, entre otras cosas, porque no conocían la "aguja de marear", es decir, la brújula (72). Aquí sigue, en lo esencial, las objeciones y propuestas que José de Acosta había planteado en su *Historia*. La segunda opinión que toma de Acosta es que los indígenas pudieron llegar por accidente (por alguna tempestad y posterior naufragio); la tercera se relaciona con el paso de los indígenas por un estrecho terrestre desde Groenlandia hasta la península del Labrador. García acuerda plenamente con la hipótesis del paso terrestre planteada por Acosta: "aunque no haya autor que por cierta ciencia o experiencia o relación diga que se juntan los dos orbes, Viejo y Nuevo, por alguna parte, pero hay mucho que afirman que cerca del norte están muy juntos el uno y el otro. Porque la isla de Groenlandia [...] está muy cerca de la tierra del Labrador, que ya es tierra de Indias y Nuevo Mundo [...] hay estrechos que serían fáciles de pasar a los primeros pobladores de las Indias. Con lo cual queda esta opinión con más fundamentos" (103-104).

La cuarta opinión relaciona a los indígenas americanos con los cartagineses. Dice García que esta opinión se la debemos a un tal Alejo Vanegas del Busto, quien, siguiendo la opinión de Aristóteles, sostuvo que los cartagineses fueron los primeros en arribar a tierras americanas. La isla de llegada habría sido La Española y, luego de allí, sucesivas oleadas de cartagineses habrían poblado el continente. La evidencia que Vanegas utiliza para su demostración es de tipo cultural y se relaciona, por un lado, con la utilización de pinturas en lugar de letras que, según sus datos, era la forma de escritura propia de los cartagineses; por otra parte, la evidencia apunta hacia la arquitectura indígena (pirámides, templos, etc.), que por su forma y estructura queda asociada con la de los cartagineses. El contraargumento (la negación de esta hipótesis) de García también se sostiene en la cultura material, más precisamente, en la lengua: "si estos indios procedieron de cartagineses, hablaran su lengua; y, ya que la hubieran corrompido, a los menos así corrupta la hablaran todos y perseverara algún vocablo, antes vemos grande variedad y suma multitud de lenguas" (115). Aquí también discute García el problema de las "diferencias" tanto de costumbres como de la fisonomía animal: por qué razón los indígenas tienen vestimentas diferentes en el Perú y en Nueva España, por qué los animales de las Indias Occidentales son diferentes a los de las Indias Orientales. Todas estas diferencias colaborarán con la hipótesis final de García sobre un origen multirracial y multitemporal de los indígenas, que negará cualquier hipótesis totalizante o unirracial.

La quinta opinión que discute García es la procedencia hebrea de los indígenas, pero esta opinión la revisamos en el acápite relativo al origen hebreo (véase más abajo el acápite I). Permítaseme ahora terminar con la lista de opiniones que plantea y discute García. La sexta opinión, que será también la planteada por Cabello de Valboa, asegura que los indígenas descienden del linaje de Ophir, "hijo de Yectán y nieto de Héber, que es de quién tomaron los israelitas, y su lengua, el nombre de hebreos" (223). Esta opinión, según García, fue planteada por dos autores: Gilberto Genebrardo y Benito Arias Montano. La evidencia que fundamenta esta hipótesis es nominalista y se refiere al nombre mismo de Ophir, que invertido como nombre e interpretados según los hebraístas quiere decir Perú:

> [M]udadas y traspuestas las letras al revés, a la una y a la otra región de por sí, y así ambas a dos se llamaron Pirú, que es lo mismo que Ophir vuelto al revés y traspuestas las letras. Porque comenzando desde Phi, que en hebreo se pronuncia como P, y trasponiendo la R de suerte que hiera la O, viene a decir Piro. Y no se repare en que agora se escribe y pronuncia con U la última sílaba, porque aquella O la convirtieron los indios en U por ser más acomodada por su pronunciación (224).

La segunda evidencia (dada por Arias Montano y citada por García) se relaciona con la abundancia de oro, puesto que, según la Biblia, gran parte de tal metal provenía de Ophir. También esboza García un fundamento etnográfico y racial (siguiendo a Gómara y a Zárate), basado en la analogía corporal y en la pronunciación lingüística. Afirma que la gente de algunos pueblos de Nueva España "es muy parecida a los hebreos en los gestos y narices y en pronunciar muchas letras con la garganta" (225). La primera objeción a la existencia del oro se da por la falta de otros dos elementos presentes en Ophir, de acuerdo a lo relatado por la Biblia (el marfil y los elefantes), es decir, en Perú y Nueva España hay plata y oro, pero nunca se vio un elefante y mucho menos su marfil (231). García muestra la objeción a la etimología que había propuesto Arias Montano (Ophir = Perú) a través de dos autores específicos, uno es el jesuita Juan de Pineda y el otro el Inca Garcilaso de la Vega, quien, al oír por primera vez la hipótesis nominal de Arias Montano, sufrió un ataque de risa, dice García: "el cual oyendo la deducción y etimología del nombre Pirú y reducción al nombre hebreo Ophir [...] dice el padre Pineda que se rio mucho" (235). Pero, finalmente, García termina desacreditando la opinión de Garcilaso (236-37) y ratificando la existencia del nombre Perú en la Biblia.

La séptima hipótesis que trabaja García es la platónica que supuestamente se encuentra en el *Timeo*, la cual refiere la proveniencia indígena desde la Atlántida. García sopesa las objeciones a esta hipótesis (fundamentalmente la objeción de Acosta), la primera de las cuales refiere que la Atlántida es más bien una fábula, o un mito o una alegoría y no una evidencia empírica de tipo geográfica (245). Sin embargo, García termina aceptando la autoridad de Platón contra Acosta (251). La octava hipótesis que discute García es la que intenta probar la proveniencia europea de los indígenas. La evidencia de base tiene que ver específicamente con las costumbres indígenas que, según los datos presentados por García (siguiendo a Oviedo entre otros) son similares a las que tenían los antiguos españoles:

> Quien con atención hubiere leído las costumbres que de los indios habemos referido y el modo de vivir que tuvieron antiguamente y aún tienen hoy en día echará de ver cuánto parecen a las referidas de los españoles: y cómo no será muy dificultoso de creer que los primeros pobladores de las Indias fueron de España en tiempos del rey Hespero o, como parece sentir el padre maestro fray Tomás Malvenda, en tiempo de Tubal, hijo de Jafet y nieto de Noé, de quien todos afirman que fue el primero que después del diluvio pobló España (282).

La novena hipótesis que presenta García se relaciona con el probable origen griego de los indígenas.[11] La evidencia de esta hipótesis, mínima en relación con las anteriores, comienza con los indígenas del Perú y con la información que García recupera de Cieza de León. Según este último autor, se hallaron en Guamanga y en Loja inscripciones en piedra realizadas

---

[11] Esta hipótesis tuvo continuidad en la historia de la etnología americana. En Santiago de Chile, en 1974, se publicó un libro titulado *El origen griego de los araucanos* (Editorial Universitaria). Dicho libro formulaba un supuesto no-salvajismo indígena, mediante el paradójico argumento de que los indígenas chilenos no eran chilenos sino griegos, por ende, gente civilizada que enorgullecía a la nación por su carácter belicoso, por ser altos, blancos y descendientes de espartanos. El libro presentaba un discurso ideológico mediante el cual "lo étnico" se autoriza y se redime gracias a su no pertenencia local; origen que ratifica a Grecia como la cuna cultural y civilizada de Occidente, es decir, una genealogía que reafirma la teleología hegeliana de la historia donde la superioridad racial, cultural, intelectual y material constituyen un patrimonio europeo. El hecho de que los araucanos "puedan ser reivindicados" por su altura, su lengua griega, el color blanco de su piel y su origen griego, es una prueba más de la manipulación y sobreimposición de identidades que, tanto en el ámbito colonial como en el poscolonial, debieron seguir soportando los diferentes pueblos originarios.

en lo que parece haber sido el alfabeto griego (301). La misma evidencia es presentada para el caso de Nueva España, esta vez relacionada con los "indios lacandones" de Chiapas que, al parecer, tenían ciertos templos con inscripciones griegas. Otra evidencia que presenta García se relaciona con el hecho de cantar "las cosas antiguas", práctica que el autor toma como evidencia de analogía cultural entre indígenas y griegos. La otra evidencia tiene que ver con la gran capacidad de navegación de los antiguos griegos (302). Y la evidencia final se fundamenta en las comparaciones de algunos vocablos en lengua quechua y en náhuatl cuyo origen sería, en apariencia, griego, como *mama* (madre), *teo* (dios), etc.

La décima hipótesis que presenta García tiene que ver con los fenicios. Su evidencia la toma de un libro de Aristóteles titulado *De mirabilibus auscultationibus*. Según Aristóteles, los fenicios fueron arrastrados por unos vientos hacia costas desconocidas que, supone García, se relacionan con la isla de Madera y las Azores, es decir, en islas continuas a España: "De esto que aquí he referido de Aristóteles han tomado algunos fundamento para decir que el linaje de los indios procede de aquellos fenicianos [...] Bien veo que esta opinión así referida tiene pequeño fundamento" (305). Por este "pequeño fundamento", que los fenicios llegaron a unas islas próximas a España, a García se le ocurre extender la hipótesis y plantear que la ambición de los fenicios los obligó a seguir descubriendo tierras y, de este modo, llegaron a las costas americanas: "Digo, pues, que viendo aquellos fenicianos habían descubierto aquella tierra, navegando con el viento solano o leste, les daría gana de ir navegando por este mismo rumbo para buscar más tierra" (305). Finalmente, con la autoridad de Plinio y su *Historia natural*, García confirma que los fenicios contaban con instrumentos idóneos para la navegación.

La undécima opinión que compila García se refiere a la posible procedencia de China de los indígenas, dada la "poca distancia que hay desde aquel opulentísimo y espaciosísimo reino de la China a la primera tierra firme de Nueva España [...]. El segundo fundamento es que, leyendo relaciones, historias y memoriales de la China, he hallado muchas cosas en que son conformes los de este reino y los de las Indias Occidentales" (307). Es decir, que también aquí aplica García una etnología comparada (costumbres) para establecer la filiación con los chinos. Uno de estos fundamentos es que en ambos lugares (Perú y China) se adora la figura de Sol y que ambos pueblos son idólatras "y adoran infinitas cosas por dioses" (307). También se refiere a rasgos lingüísticos comunes (cuerdas anudadas) y a los ritos enterratorios (308). Con relación al origen tártaro no expone gran cosa y tan sólo dedica un párrafo al asunto; allí dice: "podíamos decir en razón de opinión que el linaje de los indios procede de los tártaros. Lo uno, por ser la tierra que en el oriente está más cerca de la de Nueva España la Gran Tartárea. Lo otro, por muchas cosas en que convienen los tártaros y los indios occidentales, las cuales no quiero poner aquí porque las más de ellas son las mismas que guardan los chinos" (309).

Finalmente, luego de esta amplia recopilación de trescientas páginas, García da su propia opinión:

> Y así digo que los indios que hoy hay en las Indias Occidentales y Nuevo Mundo, ni proceden de sola una nación y gente ni a aquellas partes fueron de sola una de las del Mundo Viejo, ni tampoco caminaron o navegaron para allá los primeros pobladores por el mismo camino y viaje ni en un mismo tiempo ni de una misma manera, sino que realmente proceden de diversas naciones; de las cuales unos fueron por mar forzados y echados de tormenta, otros sin ella y con navegación y arte particular, buscando aquellas tierras de que tenían alguna noticia [...] unos indios proceden de cartagineses [...] otros proceden de aquellas diez tribus que se perdieron [...] Otros proceden de la gente que pobló o mandó poblar Ophir [...] Otros proceden de la gente que vivía en la isla Atlántica de Platón [...] Otros de algunos que, partiendo de las partes próximas y más cercanas a la sobredicha isla, pasaron por ellas a las de Barlovento [...] Otros proceden de griegos, otros de fenicianos, otros de chinos y tártaros (311).

La importancia de la compilación de García no está en haber inventado "otro" nuevo origen para los indígenas americanos, sino en haber recopilado toda la información precedente y, a partir de allí, haber realizado un proceso de inferencia que le permitió concluir con una hipótesis novedosa que, respetando las opiniones anteriores, incluía una procedencia multigeográfica, multirracial y multitemporal para los indígenas americanos. Es probable que García, siendo un hecho consumado el monopolio soberano del imperio y la adscripción legal del indígena como vasallo de este imperio, considerara innecesario sostener una teoría uniforme que no reconociera una multiplicidad que, a esa altura del partido, en nada afectaba la posición dominante de España sobre sus colonias ultramarinas, ni la legalidad de sus acciones en relación con los otros imperios emergentes de la época.

Como es posible apreciar, existieron hipótesis múltiples y curiosas para satisfacer las incógnitas evangélicas y el vacío cosmográfico y cartográfico de los europeos. Frente a las variadas posibilidades ofrecidas por la episteme de la época no había muchas más opciones que optar por la hermenéutica bíblica. De hecho, la hipótesis hebraica del origen indígena gozó de buena fama durante una parte importante del período colonial. Veamos sus antecedentes y ulteriores desarrollos dentro de este variado conjunto de opciones genealógicas.

1. La hipótesis hebraica

> Otros quieren decir que los indios salieron de la casta de judíos; parecieran como ellos y barbudos, zarcos y rrubios como español, tubieran la ley de Muyzén y supieran la letra, leer y escriuir y serimonias. Y ci fuera de la casta de turcos o moros, también fueran barbudos y tubiera la ley de Mazoma.
>
> Guaman Poma de Ayala. *Nueva corónica* (49)

> For many Europeans [...] the natives of the Americas could not simply be Caribs, Tainos, Aztecs, or Incas; they had to be Carthaginians, Atlanteans, Israelites, or any number of ancient ethnicities. They located their racial origins within the classical or biblical world [...] European thinkers [...] populated the Americas with a host of lost peoples from the ancient past in order to turn the *terra incogninta* of the New World into the *terra cognita* with which they were familiar.
>
> Perelis, Ronnie. "'These Indians are Jews'!" (201)

Una de las teorías historiográfico-antropo-escatológicas de mayor circulación durante el siglo XVI sostenía que los indígenas americanos eran descendientes de unas de las diez tribus de judíos que se había perdido en el cautiverio del rey asirio Salmanasar.[12] De acuerdo con Giuliano Gliozzi, en su exhaustiva y muy bien documentada investigación sobre el origen de los indígenas americanos en la cultura letrada europea (1977), la primera vez que aparece la hipótesis del origen hebreo de los indígenas puede ser rastreada hacia el año de 1540. Gliozzi señala que esta primera versión de la hipótesis hebrea se la debemos a un manuscrito firmado por un "doctor Roldán":

---

[12] Según Lafaye: "Una de las hipótesis más interesantes en cuanto al origen de los indios fue expuesta por Gregorio García en el libro tercero de su obra [*Origen de los indios del Nuevo Mundo e Indias Occidentales...* (1607)], cuyo capítulo I se titula 'De la quinta opinión en que se prueba cómo los indios proceden de los hebreos de las diez tribus que se perdieron'" (90).

Cette tentative semble remonter environ à 1540, et un manuscrit signé du Docteur Roldán en expose les termes, cherchant à démontrer que "les *indios* des Indes, des îles et de terre ferme de la mer Océane, soumis actuellement au pouvoir de la couronne de ces royaumes de Castille, sont de Hébreux descendant des dix tribus d'Israël"; et plus précisément de ces tribus qui "à peu près deux mille deux cents ans" auparavant furent assujetties et transférées en Assyrie para Shalmaneser, dont elles devinrent tributaires. Ce qui advint, selon un passage du Livre des Rois auquel renvoie Roldán, "parce que les enfants d'Israël avaient péché contre l'Éternel, leur Dieu [...] et avaient adoré d'autres dieux" (51).

El tal doctor Roldán fundamentaba su teoría en la Biblia (más específicamente en el Libro de los Reyes) y su argumentación o demostración se justificaba en cinco razones específicas, algunas de las cuales son de naturaleza puramente etnográfica. El primer fundamento se relacionaba con la condena y expulsión de las diez tribus israelitas por desobediencia, tal y como se afirmaba en el libro IV de *Esdras*. El segundo fundamento se relacionaba con la autoridad del profeta Oseas: "La deuxième raison avancée par Roldán pour étayer sa thèse 'se fonde sur l'autorité du prophète Osée, chapitre IV, où il dit que le nombre des enfants d'Israël devait être comme le sable de la mer que l'on ne peut compter: et ce, même après avoir perdu le nom de Peuple de Dieu à cause de son idolâtrie'" (52). El tercer fundamento se basaba en las similitudes lingüísticas entre las lenguas nativas y los nombres bíblicos, así por ejemplo: "Cuba est un nom hébraïque, [et il s'explique] par le fait que probablement le premier cacique qui la découvrir et la peupla se nommait ainsi; de façon analogue, Haïti dérive de "Aith, qui est un nom hébraïque" (52). El cuarto fundamento (etnográfico por excelencia) apuntaba a las comparaciones relacionadas con los ritos y ceremonias como la circuncisión, sacrificios de niños a los ídolos, abluciones, rituales mortuorios, entre otros (Gliozzi 52-53), un punto que será más tarde rotundamente descalificado por Acosta. Este fundamento equiparaba la "degeneración" y la "idolatría" de los nativos de América con la de los antiguos hebreos expulsados de Israel, precisamente por realizar esa clase de ritos idolátricos. El quinto fundamento se relacionaba con el castigo divino por la desobediencia de estas diez tribus de Israel. Al haber sido expulsadas a América tuvieron que sufrir la "venganza divina", ejecutada por los españoles, verdugos y realizadores de ese castigo: "Mais surtout l'assujettissement, la servitude et la destruction qu'avaient subis les Américains correspondent littéralement aux prophéties bibliques" (Gliozzi 53).

Esta idea justificaba la ocupación del *Nuevo Mundo* a manos de los españoles como los "enviados" de Dios para redimir a las naciones infieles del mundo.

Uno de los continuadores de esta hipótesis, luego del "doctor Roldán", fue el dominico Diego Durán, quien en su *Historia de las Indias de Nueva España e islas de la Tierra Firme* (ca. 1581), afirmaba que el origen indígena era "escondido y dudoso" (II: 13) y que sin la ayuda de la gracia divina no era posible resolver el enigma. Sin embargo, se animó a ofrecer una hipótesis basada, según el fraile, en "sospechas y conjeturas" (II: 13).[13] Para Durán, la tarea etnográfica de hallar una genealogía de las etnias indígenas se dificultaba por el "bajísimo modo y manera de tratar [de los indios], y de su conversación tan baja, tan propia a la de los judíos" (II: 13). En repetidas oportunidades, Durán se quejaba de la fabulación indígena, de las múltiples y contradictorias historias contadas por los indios. Sin embargo, la tarea etnográfica de Durán se surtió sistemáticamente, como él mismo lo relata, de la entrevista con ancianos y de las "pinturas" (léase códices) de los *tlacuilos*. El método indagatorio de Durán, que será también utilizado por Motolinía, Sahagún y muchos otros religiosos, consistía en empalmar el relato bíblico con el etnográfico en busca de analogías que permitieran hacer coincidir la hermenéutica católica con la realidad indígena, procedimiento que no podía ser exitoso sin la imposición forzada de una episteme sobre otra. Si bien Durán se nutrió de la palabra indígena, lo que oyó en ella, no hacía sino confirmar su sospecha inicial basada en una interpretación bíblica.

Las poblaciones indígenas de la Nueva España, de acuerdo con Durán, no eran originarias, sino trasplantadas desde otro lugar. Esta primera hipótesis le permitía emparentar el relato del *Éxodo* con el relato que extrajo de un informante anciano y de las "pinturas" indígenas. En estas pinturas se contaba, según el fraile, que los indígenas habían pasado "grandes trabajos de hambre, sed y desnudez, con otras innumerables aflicciones que en él pasaron hasta llegar a esta tierra y poblarla" (II: 13). La analogía con la travesía hebrea guiada por Moisés era obvia. Curiosamente, aun cuando sus informantes le relataban su propia genealogía indígena, Durán insistirá una y otra vez en que los indígenas "ignoran su origen y principio" (II: 13).

---

[13] Lo cual no es tan cierto si tenemos en cuenta lo que sostiene Huddleston: "Duran found support for his belief in observations of Indian cultures which, he thought, matched very well with the biblical description of the Jews. Unlike Suárez de Peralta who used the apocryphal Esdras IV on which to base his theory, Durán relied on the Bible itself" (38).

Existía una resistencia eurocéntrica en muchos cronistas y evangelizadores que impedía reconocer cualquier posibilidad de verdad contenida en los relatos orales de los indígenas americanos y, más aún, en sus "pinturas" (ya veremos más abajo el caso de Gregorio García). La Biblia, para Durán y para los primeros evangelizadores, tenía una función doble, por un lado, mantenía su instrumentalidad sagrada de guía espiritual, pero, por otro, también servía como repositorio, como manual y como inventario de informaciones que se utilizaban al momento de intentar clasificar lo desconocido. Huddleston señala el importante hecho de que no fue sino hasta que la propia historia de los mexicas salió a la luz cuando se pudieron realizar analogías con la cultura judía y religar el origen de los primeros con el de los últimos (40). Durán afirmaba que su opinión sobre el origen judío de los indígenas tenía fundamento en varios libros de la Biblia (Esdras, Oseas, Éxodo, Reyes y Génesis). En estos libros encontraba el saber y la autorización de su hipótesis y afirmaba: "confirmo mi opinión y sospecha de que estos naturales sean de aquellas diez tribus de Israel, que Salmanazar rey de los asirios cautivó y transmigró de Asiria en tiempo de Oseas rey de Israel, y en tiempos de Ezequías rey de Jerusalén, como se podrá ver en el cuarto libro de los *Reyes*, capítulo 17" (II: 14). La hipótesis de Durán y sus procedimientos analógicos se reforzaban aún más cuando utilizaba el ejemplo de las plagas que habían azotado a la población indígena al poco tiempo de llegados los españoles (tema que también se trata ampliamente en Motolinía), una epidemia de viruela traída desde Europa que diezmó por decenas de miles a la población indígena de la Nueva España. Esta plaga, según Durán era un castigo divino (como si la Conquista no hubiese sido ya bastante castigo) asociado a las "maldades y abominaciones e idolatrías" (II: 15) cometidas por los indígenas. Esta justificación ideológica de la Conquista, como vemos, es muy similar a la que proponía el "doctor Roldán" citado por Gliozzi más arriba.

Nuevamente, la analogía bíblica sostenía la hipótesis de Durán, al mostrar que en los libros de Isaías, Jeremías, Ezequiel, Miqueas, Sofonías y el Deuteronomio: "se hallará el castigo rigurosísimo que Dios prometió a estas diez tribus por sus grandes maldades y abominaciones y nefandas idolatrías, apartándose del culto de sus verdadero Dios" (II: 14). Esta hipótesis no sólo servía para equiparar la historia del pueblo judío con la de los indígenas, sino que además justificaba el asesinato y el saqueo colonial. La "ingratitud" de los idólatras frente a la bondad divina, señalaba Durán, tenía como consecuencia, según la Biblia, la apropiación de "tierras, casas y tesoros; sus joyas y piedras preciosas; sus mujeres e hijos, y llevados a vender a tierras extrañas, gozando otros de sus haciendas" (II: 14). El libro del Éxodo también tenía su correlato en los datos provistos por un informante indígena anciano, "un viejo, natural de Cholula", cuya palabra parecía repetir punto por punto los pasajes bíblicos:

> [U]n gran varón, de quien no poca noticia se halla entre ellos, me contaron que, después de haber pasado grandes aflicciones y persecuciones de los de la tierra, que junto toda la multitud de gente que era de s su parcialidad y que les persuadió a que huyesen de aquella persecucción a una tierra donde tuviesen descanso. Y que, haciéndose caudillo de aquella gente, se fue a la orilla de la mar, y que con una vara que en la mano traía, dio en el agua con ella y que luego se abrió la mar y entraron por allí él y sus seguidores, y que los enemigos, viendo hecho camino, se entraron tras él, y que luego se tornó la mar a su lugar y nunca más noticia de ellos. ¿Qué más clara razón se puede dar de que éstos sean judíos, que ver cuán manifiestamente y al propio relatan la salida de Egipto? (II: 16).

El mismo indio viejo, según Durán, preguntado por el origen del mundo, hacía un relato que también repetía sistemáticamente el libro del Génesis, la construcción posterior de la torre de Babel y otros episodios bíblicos. Todas estas narraciones que, según Durán, le fueron relatadas por un indio viejo, junto con las pinturas que él pudo mirar, sirvieron al fraile para confirmar su hipótesis acerca del origen judío de los indígenas americanos. El procedimiento de Durán, la utilización de la analogía y el símil bíblico, nos permite entender cómo la clasificación etnográfica del mundo indígena se realizó mediante la imposición de una lectura bíblica de la realidad.

Luego de todo este esfuerzo hermenéutico, Durán llegaba a la prueba más concluyente de su hipótesis, no sólo los indígenas eran judíos porque sus relatos coincidían puntualmente con el relato bíblico sino que, además, había un comportamiento que los hacía ser judíos por excelencia, esto es, la insistencia, persistencia y obstinación con la cual los indígenas se aferraban a sus idolatrías, decía Durán:

> Para probación de lo cual y para que clara y manifiestamente se vea, quiero que se consideren los ritos, las idolatrías y supersticiones que tenían: el ir a sacrificar a los montes, debajo de los árboles sombríos, a las cuevas y cavernas de la tierra , obscuras y sombrías; el encender y quemar incienso; el matar sus hijos e hijas y sacrificarlos y ofrecerlos por víctimas a sus dioses; sacrificar niños, comer carne humana; matar los presos y cautivos

en la guerra...¡Todo ceremonia judaica de aquellas diez tribus de Israel dichas [...] Y lo que más me fuerza a creer que estos indios son de línea hebrea es la extraña pertinacia que tienen en no desarraigar de si estas idolatrías y supersticiones (II: 18).

La hipótesis hebraica beneficiaba el trabajo misionero de los franciscanos, quienes creían que luego de convertida la última nación de infieles (incluyendo los judíos) se produciría la parusía de Cristo y el fin de los tiempos. Como ha señalado John Phelan:

La popularidad del mito judaico-indio en el Nuevo Mundo se debió en parte al hecho de que proporcionaba una cierta explicación sobre el origen del hombre americano. Pero sugiero que la verdadera fuente de atracción para difundir esta curiosa leyenda sólo puede encontrase en la atmósfera apocalíptica de la era de los descubrimientos. Si los indios eran en verdad las tribus perdidas, tal descubrimiento era una prueba convincente de que el mundo terminaría pronto (43).

Esta hipótesis genealógica era completamente funcional a la misión evangelizadora. Sin embargo, dentro de una perspectiva racial y etnológica, la "hipótesis hebraica" no beneficiaba a los indígenas en absoluto, puesto que los mismos quedaban asociados despectiva y denigratoriamente con los judíos españoles, esto es, con el "enemigo" interno de España, y se producía así un traslado del antisemitismo peninsular a la figura del indígena americano. Al respecto Fernando Cervantes ha señalado que

[T]he Indians of New Spain seem to have been incorporated into the renewed anti-Semitism that had begun to sweep through European thought from the late seventeenth century. But this was not the 'enlightened' anti-Semitism of the Spinozists and other pantheists and deists who saw in Judaism a tenacious ancient superstition that had blocked and imprisoned the mind. It had much more in common with the more defensive and turgid fabrications of Johann Andreas Eisenmenger, professor of Hebrew at Heidelberg, whose *Endecktes Judenthum* (1699) had aimed at defaming the Jews through a restatement of the medieval blood-libel that Jews had killed Christian children, used their blood in their rituals, and poisoned the wells during the black death (39).

La Inquisición que perseguía el criptojudaísmo y las prácticas religiosas encubiertas de los judíos peninsulares, y también de los musulmanes, que habían sido forzados a la conversión, llegó a ver en ciertos rituales indígenas el mismo proceder de mimesis y encubrimiento que se achacaba a los judíos, como señala Borja Gómez:

> Buena parte de los judíos y musulmanes [en España] que habían aceptado la conversión, obligados o por propia voluntad, siguieron practicando sus creencias bajo el disfraz del catolicismo. Esta era una condición que supuestamente les aseguraba la sobrevivencia dentro de las fronteras españolas. Pero no era tan cierto, pues el hecho de estar bautizados le daba jurisdicción a la Inquisición sobre ellos. Los edictos y los manuales de inquisidores comenzaron a describir cómo se podía reconocer a los conversos que simulaban sus verdaderos cultos [...] Igual posición se tomó frente a los musulmanes conversos, en los mismos términos y con la misma condena. A éstos se les reconocía porque conservaban su lengua, sus costumbres, celebraban el culto clandestinamente, se negaban a comer tocino, a tomar vino y a casarse con cristianos (26-27).

El tristemente célebre franciscano Diego de Landa Calderón (1524-1579), incendiario de la Iglesia católica, responsable de quemar cuantiosos códices y otros artefactos culturales en la península de Yucatán, furioso perseguidor y torturador de indígenas idólatras,[14] en su mundialmente conocida *Relación de las cosas de Yucatán* (1566), una etnografía muy cuidadosa de los rituales indígenas mayas que contiene el primer intento hermenéutico por descifrar los glifos mayas, también sostenía, contrastando los datos provistos por los informantes ancianos y sumando sus propias especulaciones cartográficas y bíblicas, que el origen de los indígenas no podía ser sino judío: "Que algunos viejos de Yucatán dicen haber oído a sus [ante-] pasados que pobló aquella tierra cierta gente que entró por levante, a la cual

---

[14] De acuerdo con María del Carmen León Cázares, en el año de 1562, en Maní (Guatemala), al descubrirse ídolos y restos de sacrificios ofrecidos a los antiguos dioses, Landa y sus compañeros franciscanos no vacilaron en producir un revuelo para ejemplificar a la comunidad indígena sobre las desventajas de ofrecer rituales al demonio. Comenzaron así una serie de interrogatorios realizados con torturas: "Como algunos se mostraron resistentes, los franciscanos añadieron a la colgadura el atarles piedras grandes a los pies, y si ni así confesaban les daban azotes y los salpicaban con cera derretida [...] A principios de junio [1562] fray Diego de Landa llegó a Maní y empezó a proceder contra los renegados como juez de la inquisición ordinaria [...] Landa solicitó la presencia del alcalde mayor, como representante de la justicia real, y el apoyo de los encomenderos de la zona [...] Las penas de los sentenciados consistieron en azotes, trasquilamientos, uso de sambenito, trabajo forzado, privación de cargos y destierro de la comunidad" ("Estudio preliminar" 29).

había Dios librado abriéndoles doce caminos por la mar, lo cual, si fuese verdad, era necesario que viniesen [de] judíos todos los de las Indias, porque pasando el estrecho de Magallanes se habían de ir extendiendo más de dos mil leguas de tierra que hoy gobierna España" (92).

Estas elucubraciones fueron descartadas más adelante, como veremos en el epígrafe de Guaman Poma. Sin embargo, como ha demostrado Perelis, aún encontramos huellas de esta genealogía hebraica bien entrado el siglo XVII. Por ejemplo, en la *Relación* (1644) de Antonio de Montezinos, un criptojudío que creyó encontrar en algunos indígenas de la Nueva Granada (hoy Colombia) una de las tribus perdidas de Israel, precisamente, la de los rubenitas (195-211). Por el mero planteamiento de su hipótesis, Montezinos debió padecer encarcelamiento en Cartagena por orden de los tribunales de la Inquisición.[15]

Este mito hebraico siguió funcionando incluso mucho más allá de la "era de los descubrimientos" y fue sostenido durante el siglo XIX por algunos autores anglosajones, no sólo como explicación genealógica de los indígenas americanos, sino también para la propia explicación genealógica de la etnia anglosajona y, especialmente, como mito originario de la Iglesia de Jesucristo de los Santos de los Últimos Días, cuyos miembros son más conocidos como "mormones". En una síntesis muy apretada y rápida de *El Libro de mormón* (cuya publicación data del siglo XIX), es posible registrar la supuesta existencia de dos grandes civilizaciones que, provenientes de Israel, llegaron a poblar el continente americano unos 600 años antes del advenimiento de Cristo. Estas dos civilizaciones se conocen en *El libro del mormón* como los nefitas y los lamanitas (existe una tercera bajo el nombre de jaredita). Se dice en el libro que estos pueblos, por mandato divino, atravesaron los mares (muñidos de brújula) y se establecieron en lo que hoy es Mesoamérica. Luego de un tiempo, los nefitas y los lamanitas se dividieron y se convirtieron en enemigos. Al respecto, Phelan señalaba que "Samuel

---

[15] Perelis señala que "The *Relación* tells the story of Montezinos's travels in New Granada, roughly today's Colombia, from 1639 until de summer of 1644. While crossing the Andes, Montezinos had a laconic conversation with a group of Indian porters in his hire. Sometimes later, while imprisoned by the Inquisition in Cartagena de Indias in 1639, he had an uncanny epiphany: the Indians he had met in the mountains must have been Jews. In the event that he was able to secure his release from the inquisitorial prison, Montezinos resolved that he would find the "Jewish" Indians and unravel the mystery of their true identity" (195). El lector interesado en los procesos inquisitoriales contra los españoles judaizantes de Nueva Granada, Perú y México puede revisar el libro de Ricardo Escobar Quevedo: *Inquisición y judaizantes en América española (siglos XVI-XVII)*, publicado en 2008 por la Universidad del Rosario en Bogotá.

Sewall y el presidente de Yale, Stiles, también creyeron en el origen judaico de los indios. En el siglo XIX la creencia de que los ingleses eran descendientes de las tribus perdidas fue popular en los dos lados del Atlántico. Fue en este clima religioso que la última ramificación significativa del mito de las tribus perdidas se desarrolló: la de que el libro de mormón había sido escrito por el último representante de las tribus perdidas, que habían sido exterminadas por los lamanitas americanos" (45).[16]

El franciscano Mendieta se mostraba un poco escéptico con relación a la hipótesis hebraica que, según él, había sido planteada originariamente por fray Andrés de Olmos[17] y prefería dejar la genealogía indígena en el terreno de la "incertidumbre" por falta de elementos que pudieran probar en forma efectiva o contundente cualquier hipótesis:

> El dicho P. Olmos tuvo opinión que en uno de tres tiempos, o de una de tres partes, vinieron los pasados de quienes descienden estos indios; o que vinieron de tierra de Babilonia, cuando la división de las lenguas sobre la torre que edificaban los hijos de Noé; o que vinieron después, de tierra de Fichen en tiempo de Jacob, cuando dieron a huir algunos y dejaron la tierra; o en el tiempo que los hijos de Israel entraron en la tierra de promisión y la debelaron y echaron de ella a los cananeos, amorreos y jebuseos. También podrían decir otros, que vinieron en las cautividades y dispersiones que tuvieron los hijos de Israel, o cuando la última vez fue destruida Jerusalén en tiempo de Tito y Vespasiano, emperadores romanos. *Mas porque para ninguna de estas opiniones hay razón ni fundamento por donde se puede afirmar más lo uno que lo otro, es mejor dejarlo indeciso, y que cada uno tenga en esto lo que más le cuadrase* (I: 88; énfasis mío).

---

[16] León-Portilla también nos informa de que uno de los académicos interesados en dar a conocer la obra de Sahagún, llamado Edward King, lord Kingsborough, "estuvo motivado por difundir los más auténticos testimonios del pasado indígena de México, pero también por una creencia que otros, antes y después de él, compartieron. Kingsborough, de origen judío, se inclinaba a pensar que los indios americanos, y en particular los de México, descendían de las tribus perdidas de Israel. Lo escrito por Sahagún le parecía reforzar tal tesis y, en consecuencia, debía ser dado a conocer" (*Bernardino* 9).

[17] Fray Andrés de Olmos (c. 1480-1571), elegido por quien iba a ser el primer obispo de México, fray Juan de Zumárraga, llegó a México en 1529. Se estableció en Tampico y aprendió la lengua náhuatl. De él se conservan algunos escritos importantes en náhuatl como la primera gramática de dicha lengua, titulada *Arte de la lengua mexicana*, además de algunos tratados sobre religión como el *Tratado sobre los siete pecados mortales* y el *Tratado de hechicerías y sortilegios* (1553).

81

No obstante, John Phelan ha señalado que Mendieta siguió manteniendo la postura de que los indígenas eran descendientes de los judíos y que contestó sutilmente las objeciones del racionalismo jesuítico de Acosta intentando acomodar su interpretación de acuerdo a la posición mística y milenarista (44).

La hipótesis hebraica no tardó en encontrar opositores y en ser atacada. Con la llegada de los jesuitas a América, la hipótesis fue puesta en duda como posible genealogía del mundo indígena. Hacia el final del siglo XVI, cuando el furor mesiánico-apocalíptico de las órdenes mendicantes se iba extinguiendo considerablemente debido a un complejo número de factores,[18] y cuando se daba la emergencia del protorracionalismo jesuítico en América, la "hipótesis hebraica" fue rechazada por su inconsistencia teórica y su falta de adecuación empírica.[19] El encargado de llevar a cabo la demolición de la hipótesis y, de acuerdo con Lafaye, de "sanear la historiografía de indias" (*Quetzalcóatl* 251), fue el jesuita José de Acosta, quien consideraba que la hipótesis hebraica era, al menos, "liviana", como ha señalado Huddleston:

> Acosta was equally disdainful of the supposed Jewish origins of the Indians. True, both Indians and Jews were "fearful, submissive, ceremonious...and deceitful," but the Hebrews possessed writing and the Indian did not. The Hebrews also love silver, but the Indian did not [...] furthermore, the Jews jealously preserved their heritage wherever they went and Esdras specifically stated they went to Arsareth to keep their laws. But if the Indians were

---

[18] Según Solange Alberro, hacia 1564, "la Nueva España de los primeros tiempos, la de los conquistadores y misioneros intrépidos, la de las conversiones masivas y casi milagrosas, ya no era más que un recuerdo" (*El águila* 77). Las causas políticas, económicas y culturales que demarcaron el fin de la algarabía evangelizadora pueden asociarse a varios factores complejos y concurrentes. Las epidemias traídas desde Europa a causa de las cuales los indios morían masivamente constituyeron un factor importante. A ello debe sumarse la disminución demográfica indígena como resultado nefasto de la utilización sistemática y forzada de sus cuerpos en la economía de sustracción de riquezas por intermedio del sistema encomendero. Asimismo, de acuerdo con S. L. Cline: "The political struggles of the sixteenth century were intense and multifaceted, products of changing colonial conditions. There were disputes between the Crown and the conquerors, between the regular and secular clergies, among the mendicant orders, and within the Franciscan order itself" ("Revisionist Conquest" 94).

[19] Para Phelan, "El jesuita José de Acosta reflejaba el recelo hacia todas las formas de apocalipticismo [sic] mesiánico. El milenarismo fundamentalista de Mendieta era una doctrina "calladamente subversiva" en un tiempo dominado en forma creciente por obispos burocráticos y jesuitas realistas" (158).

> Jewish they had forgotten their linage, their law, their ceremo-
> nies, their messiah, and their entire Judaism (51).

En su *Historia natural y moral de las Indias* (1590), Acosta dedicaba dos capítulos a refutar la hipótesis derivada de un pasaje del libro de *Esdras*, calificando a la misma de "falsa" mediante una etnografía de tipo comparativa entre indígenas y judíos:

> Esta escritura de Esdras quieren algunos acomodar a los indios, diciendo que fueron de Dios llevados donde nunca habitó el género humano [...] que procedan los indios de linaje de judíos, el vulgo tiene por indicio cierto el ser medrosos y descaídos, y muy ceremoniáticos y agudos, y mentirosos. Demás deso dicen que su hábito parece el propio que usaban judíos, porque usan de una túnica o camiseta y de un manto rodeado encima, traen los pies descalzos o su calzado es unas suelas asidas por arriba que ellos llaman ojotas [...] más todas estas son conjeturas muy livianas [...] en los indios no hay rastro de ellas; los otros eran muy amigos del dinero; éstos no se les da cosa. Los judíos, si se vieran no estar circuncidados, no se tuvieran por judíos. Los indios poco ni mucho no se retajan ni han dado jamás en esa ceremonia [...] ¿qué tiene que ver, siendo los judíos tan amigos de conservar su lengua y antigüedad, y tanto que en todas partes del mundo que hoy viven se diferencian de todos los demás, que en solas las Indias a ellos se les haya olvidado su linaje, su ley, sus ceremonias, su Mesías, y finalmente todo su judaísmo? (61).

Con Acosta se agotó la obsesión de trasladar mecánicamente la hermenéutica bíblica a la realidad del mundo indígena americano. Acosta intentó clausurar varias líneas del misticismo mendicante para abogar por una historiografía sustentada en datos y pruebas de tipo empírico. Esto no implica afirmar que Acosta fuera un protoilustrado o un precursor de la observación participante; de hecho, fue una persona obsesionada con la necesidad de combatir las idolatrías y evangelizar a los indígenas. Sin embargo, con Acosta podemos apreciar la emergencia de una nueva etnografía cuya intención era superar el conocimiento clásico basado en las escrituras y en la mera especulación teológica, tema sobre el que volveremos en el último capítulo de este libro. También fue Acosta el responsable de poner seriamente en duda el origen judío de los indígenas americanos.

Las hipótesis de Acosta sobre el origen de los indígenas americanos fueron retomadas posteriormente, como ya se mencionó más arriba, en el libro del fraile dominico Gregorio García (*Origen de los indios del Nuevo Mun-*

do e Indias Occidentales). Entre las doce hipótesis que se había propuesto revisar el dominico, la quinta (y yo diría la más exhaustivamente revisada y anotada entre todas las de su libro) se correspondía con un supuesto origen hebreo para los indígenas del Nuevo Mundo. De acuerdo con García:

> Opinión ha sido de muchos, y la gente vulgar española que mora en las Indias lo siente así, que los indios proceden de las diez tribus de los judíos que se perdieron en el cautiverio de Salmanasar, Rey de Asiria. El fundamento que para esto tienen es la condición, el natural y costumbres que en aquella gente indiana experimentan muy conforme a las de los hebreos. Y aunque hombres doctos lo reprueban y no quieren asentir a este parecer, pero hice grande diligencia en averiguar esta verdad, *y puedo afirmar que he trabajado más en ello que en lo que escribo en toda la obra*. (153; énfasis mío)

García comenzaba su recopilación de opiniones citando al benedictino Gilberto Genebrardo (ca. 1537-1597), arzobispo de Aix (Provenza), que fue perseguido, desterrado y algunos de sus libros quemados debido a sus ideas políticas. Genebrardo, en su *Chronographiae* (*Cronología*), sostenía la opinión del poblamiento hebreo de América sustentándose, en primer lugar, en una hipótesis empírica, a saber: "en la isla de San Miguel, una de las Azores que pertenecen al Nuevo Mundo, hallaron los nuestros unos sepulcros debajo de tierra con letras hebreas muy antiguas" (García 154); y, en segundo lugar, se fundamentaba en la autoridad del libro cuarto de Esdras y, más específicamente, en un pasaje del mismo: "Y porque le viste que recogía así otra muchedumbre pacífica, sabrás que estas son las diez tribus que fueron llevadas en cautiverio en tiempo del rey Oseas, al cual llevó cautivo Salamanasar , rey de los Asirios. Y a éstos los pasó a la otra parte del río *y fueron trasladados a otra tierra*" (*Esdras*, citado por García, 154; énfasis mío). Luego, García se enfocaba en este pasaje y en el problema derivado del trasporte y locomoción de tanta gente desde tan lejos: "la mayor dificultad que yo hallo en esta opinión es cómo pudieron ir aquellas tribus de la tierra que cuenta Esdras a las Indias Occidentales" (154). Revisa varias posibilidades de esta travesía vía Tartaria por Mongul y el estrecho de Anian, también por la China, para finalmente declararle al lector que "los fundamentos que en esta opinión ponemos no son principios de ciencia sino de opinión, por lo cual han de ser de alguna contingencia y probabilidad, no se puede satisfacer plena y cumplidamente a la dificultad que contra ellos se pone" (160).

El segundo fundamento que analiza García, en relación con esta quinta opinión (la hipótesis hebraica), se asocia a la etnología comparada, la similitud de objetos, lenguajes, rituales, comportamientos y costumbres que se señalaron entre hebreos e indígenas americanos o, lo que él mismo llama en latín "simili" (161). Este segundo fundamento es importante porque muestra la antigüedad de los discursos antisemitas en Europa; dice García: "A todos los que han vivido y viven hoy día entre esta gente indiana es muy notorio cuán *tímidos y medrosos son, cuán ceremoniáticos, agudos, mentirosos e inclinados a la idolatría.* Todo lo cual tenían los judíos, de quien iré poniendo ejemplos para que, viendo y conociendo su natural y confiriéndolo con el de los indios, se considere cuán parecidos son" (161; énfasis mío). La base de los ejemplos que utiliza García está relacionada con el comportamiento (animosos, tímidos, ceremoniáticos, pusilánimes, cobardes, miedosos, etc.): "prosiguiendo nuestro intento de la cobardía de los judíos, concluyo con decir que, cuando queremos decir a uno cobarde, decimos *¡Ah judío!*; o que *tiene el judío en el cuerpo*" (162; itálicas del original). Luego comienza con su trabajo comparativo diciendo que la primera prueba de la cobardía de los indígenas —y teniendo como base los escritos de Cortés y Pizarro— es no haber sido capaces de enfrentar y frenar a los pocos españoles que los conquistaron (162). El segundo ejemplo que da para mostrar la cobardía indígena es uno que extrae de su experiencia personal en el Perú. Cuenta que de noche salía don Gregorio García a perseguir indígenas borrachos con su báculo y que bastaba con amenazarlos para que éstos salieran corriendo (163). Sin embargo, García intenta suavizar —de manera poco efectiva— su propia opinión, utilizando las opiniones del Tostado, afirmando que en verdad la cobardía indígena es herencia del pueblo hebreo, tribus que históricamente "se criaron como siervos y esclavos y estuvieron en servidumbre y esclavonía, cuya condición es temer siempre a su señor por el castigo" (164). La fisionomía también es utilizada por García para mostrar las similitudes entre ambas etnias; por ejemplo, el tamaño de la nariz (164). La sospecha y la incredulidad son igualmente comportamientos comunes que se ejecutan ya sea por fuerza ya por miedo (165). La ingratitud (166), la poca caridad con los pobres y enfermos (167), la idolatría (169), y finalmente la vestimenta son también elementos conceptuales que le sirven para apuntalar su etnología comparada.

Las costumbres funcionan como un tercer fundamento comparativo. Estas costumbres abarcan ritos religiosos, fiestas, ceremonias, ritos enterratorios y sacrificios de niños (179). Al finalizar el capítulo tercero de este libro tercero, García afirma: "Sólo digo que todo lo que he dicho y referido en estos fundamentos y lo que después diré en la tercera objeción de esta opinión, habremos probado, no científica sino probablemente, que nuestros indios proceden de los hebreos, particularmente de aquellas diez tribus que se perdieron" (182).

La primera objeción a la hipótesis hebrea que plantea García es que los judíos, en tanto que etnia divina, fueron gente "de más lindo entendimiento, la más dispuesta y de buen rostro, la más estimada de todo el mundo [...] Pero los indios carecen de todo esto, porque son de rudo y torpe entendimiento, feos en cuerpo y rostro y la nación [...] de menos estima que hay en el mundo" (183). La forma de refutar esta objeción la fundamenta García en una teoría de la degeneración racial debida a múltiples causas: las travesías, los cambios climáticos, la alimentación, etc. De manera tal que los indígenas bien pueden, según estas ideas, ser una suerte de hebreos degradados o degenerados: "fueron perdiendo todo esto por las causas diversas que concurren en la generación del hombre; las cuales causan en él un temperamento que le hacen buen entendimiento, rostro y cuerpo, o al contrario malo y feo rostro y cuerpo" (185). Al ver la multiplicidad de rostros (algunos bellos, otros feos) de los indígenas del Nuevo Mundo, al contemplar la diferencia entre entendimientos dependiendo de la tribu de la que se hable, entonces, por qué razón no pensar que algunos conservaron las cualidades originarias y otros las perdieron: "¿Por qué no concederemos que el temperamento que los hebreos adquirieron en Egipto, en el desierto y en la tierra de promisión hasta el cautiverio del rey de Asiria y de Babilonia lo fueron perdiendo venidos a las indias...?" (186). De esta manera, García soluciona dos cosas problemáticas, por un lado mantiene la posibilidad de la hipótesis al construir una teoría de la degeneración originaria y, por el otro, explica simultáneamente la diferencia antropológica entre los propios indígenas.

La segunda objeción a la hipótesis hebrea que planteaba García estaba relacionada con el argumento logocéntrico: "si los indios descendieran de hebreos, usaran de letras, como ellos las usaron" (191). La respuesta que encuentra García es la pérdida o el olvido por el paso del tiempo y lo traumático de tan vasta travesía: "así los indios las perdieron por su larga peregrinación y viaje tan prolijo y trabajoso, o por algún diluvio o peste o guerras, como ordinariamente todas las buenas artes han perecido" (193). De este modo, el recuerdo vago de su escritura originaria fue reemplazado por una forma específica de registrar los datos, las pinturas o jeroglíficos. Estas pinturas no hacen otra cosa que emparentar más a los indígenas con los judíos, dado que era un arte que los hebreos también poseían; así, afirma: "no es maravilla que los indios usasen de pinturas, que son como jeroglíficos, en lugar de letras; pues descienden de hebreos" (193).

La tercera objeción se relaciona con las ceremonias religiosas de los hebreos y de cómo los indígenas ya no registran estas mismas ceremonias. A lo cual García responde, nuevamente, con la teoría del olvido a la que le añade la de la idolatría. La idolatría indígena, olvidada la fe primigenia, fue el sustituto deformado de aquella vieja fe. Sin embargo, sirviéndose de la etnología comparada señala varias semejanzas entre ritos y leyes sagradas hebreas e indígenas como la Pascua, el sacrificio del cordero, la circuncisión, el hecho de mantener un fuego perpetuo en los altares, la purificación de las mujeres parturientas y su impedimento para ingresar en los templos, el tabú del incesto, el asesinato de la mujer adúltera... En fin, según García, los indígenas del Nuevo Mundo guardaban celosamente (constatado por analogía) las leyes propias del Levítico y del Deuteronomio (197-201). Por ello afirma:

> Y si los indios no guardaban en todo y por todo las ceremonias y leyes de los hebreos ni eran tan observantes como ellos, no hay que espantarse; porque, como arriba dijimos, proceden de aquellas diez tribus perdidas. Los cuales apartándose tanto de su tierra y pasando por donde habría tanta variedad de sectas y religiones gentílicas, algo se le había de pegar de sus costumbres de aquéllos y despegar de las que guardaban en su tierra conforme al Testamento Viejo y ley de Moisés (205).

La cuarta objeción vuelve sobre la lengua hebrea y señala que, aunque corrupta, aún se encuentran vestigios lingüísticos de esta lengua original en los idiomas indígenas. Otra vez, se trata de elementos materiales de la cultura hebrea que fueron perdiéndose con el tiempo, mutando a lo largo de la historia de sus migraciones. Luego de señalar estas semejanzas lingüísticas entre varios vocablos hebreos e indígenas, García concluye: "Pero baste lo dicho para con ello probar cómo, aunque la gente indiana corrompió y perdió la lengua hebrea, con todo eso le quedaron algunos vocablos y congruencias de la misma lengua" (214).

El último apartado lo utiliza García para "responder", a modo de síntesis, a las objeciones del padre Acosta que son, en realidad, todas las anteriores que hemos mencionado. Recordemos, como ya se dijo más arriba, que Acosta intentó clausurar esta hipótesis. Entre las cosas que objeta García a Acosta se encuentra el problema de la lengua, problema al que García respondió en su objeción cuarta. También descalificaba la opinión de Acosta según la cual los hebreos eran amigos del dinero y los indígenas no; a esto responde que en realidad se trata de una suerte de progreso espiritual, dado que los hebreos, ya convertidos en indígenas americanos, "vinieron a olvidar las riquezas y dineros y a perder la codicia que de antes tenían, quedando con hábito y costumbres de pobre" (215). También desacredita García la hipótesis de Acosta según la cual los indígenas no utilizaban de la circuncisión, achacando esto a un error etnográfico e historiográfico de Acosta, diciendo que no prestó atención al relato de algunos cronistas e historiadores (Román de la Hoguera y Gómara) que aseguraban que los indígenas sí utilizaban la circuncisión. Finalmente, García discute contra Acosta la interpretación del libro de Esdras, dando veracidad a un libro que para Acosta era dudoso. Esta discusión con Acosta le sirvió a García para reintroducir un tópico lascasiano con el que finaliza su disputa con el jesuita (y con fray Tomás Malvenda, que opinaba lo mismo que Acosta). Parece querer mostrar García que, independientemente de su origen, los indígenas son gente pacífica y que ha mejorado en muchos aspectos la cultura hebrea y, que si han reaccionado en forma violenta, esto se debió más bien a la codicia conquistadora que a la disposición natural de su cultura y de sus costumbres:

> A lo demás que dice el padre Acosta, que no sabe cómo esta gente indiana se puede llamar pacífica, etc., digo que de su natural lo es, como se ve por experiencia. Porque pacífico llamamos al hombre que vive en paz, sin traer pleito ni guerra con nadie ni él de su natural se inclina a eso. Y así son los indios. *Y si han tenido guerras, ha sido contra su voluntad y defendiéndose de los que fueron a quitarles sus tierras, como sucedió en el Pirú en tiempo de los ingas, y en Nueva España en la de los motezumas; y después en ambas provincias y en las demás de tierra firme e islas, cuando entraron los españoles* (221; énfasis mío).

Para finalizar este acápite me parece importante remarcar que, ya a comienzos del siglo XVII, García retoma el universalismo humanista lascasiano con el objetivo de superar las disputas etnogenealógicas, mostrando un origen complejo que es múltiple en términos étnicos, culturales y temporales. García señala que el indígena es una suerte de amalgama cultural de la humanidad, con esto, no es arriesgado pensar que la primera teoría de un mestizaje transculturador se encuentra esbozada o agazapada en los enunciados de García, autor que terminó, según yo interpreto, planteando una teoría plurigenista para pensar la genealogía de los indígenas americanos.[20]

---

[20] García, en su teoría multirracial, intuye a futuro el tema del mestizaje: "Más, donde mejor se hecha de ver lo que voy diciendo es en nuestras Indias donde hay castellanos, indios, portugueses, gallegos, vizcaínos, catalanes, valencianos, franceses, italianos, griegos

2. Especulación teratológica: los gigantes americanos

> Estos indios de tierra firme son de la misma estatura
> y color que los de las islas, y si alguna diferencia hay
> es antes declinando a mayores que no a menores [...]
> Excepto *los de las islas de los Gigantes*, que están
> puestos a la parte del mediodía de la isla Española,
> cerca de la costa de tierra firme.
> Gonzalo Fernández de Oviedo. *Sumario de la*
> *natural historia* (85; énfasis mío)

> Como prueba de sus razonamientos, Lorenzo Botu-
> rini guardaba en sus archivos varios fragmentos de
> huesos y dientes de los gigantes, y llevaba consigo
> una muela que, comparada con las nuestras, podía
> hacer cien de ellas.
> Hernando Cabarcas Antequera. *Bestiario del Nuevo*
> *Reino de Granada* (68)

Antes de que fuera posible arribar a un posicionamiento de tipo empírico como el que proponía, hacia finales de siglo XVI, el jesuita Acosta, hubo que pasar por la elaboración de un conjunto de ideas apegadas a la tradición teratológica medieval y a su posterior agotamiento. Huellas de esta tradición pueden ser rastreadas en la obra de varios historiógrafos europeos del primer siglo de ocupación colonial. Esta *tradición teratológica* era una parte esencial de la episteme conquistadora que, si bien fue rápidamente desmentida por la realidad americana, mantuvo, no obstante, algunas líneas de interpretación que fueron útiles al momento de pensar la diferencia indígena. Una de estas líneas derivadas de la teratología bíblica, de gran productividad al momento de pensar la genealogía indígena, fue la de los gigantes. Como señala Cabarcas Antequera: "Los cronistas se dan entonces a la tarea de proclamar las maravillas del Nuevo Mundo, acudiendo a la autoridad de los antiguos y a convicciones medievales. Para responder a la necesidad de situarse a sí mismos y a sus probables lectores, comienzan por comparar el mundo del que proceden con el que han encontrado; transformando así los contenidos culturales antiguos en un instrumento de cono-

---

y negros y aun moriscos y gitanos disimulados o que tienen un girón y pedazo de esta casta, y no faltan descendientes de judíos. Todos los cuales, viviendo en unas mismas provincias, forzosamente se han de mezclar por vía de casamiento o por vía de ilícita conjunción o cópula" (312).

cimiento que contribuye a percibir lo nuevo, a darle sentido al enigmático mundo descubierto" (48).

Como vemos en el epígrafe que abre este acápite, Gonzalo Fernández de Oviedo, al igual que Colón con los supuestos caníbales, no precisa una ubicación específica para la localización de sus gigantes indígenas, más bien, brinda una coordenada incierta, una indicación posible: "cerca de la costa", "al mediodía de la isla Española". Este *nomadismo funcional* del monstruo americano fue muy productivo en los primeros días de la Conquista porque permitió a los europeos especular con su tradición libresca para justificar políticamente la colonización planteándola en términos de una "misión civilizadora" y, en muchos casos, fueron los tropos de la monstruosidad y el canibalismo los que prefiguraron y hasta hicieron posible la esclavitud indígena. Sin embargo, más allá de la localización geográfico-espacial de la monstruosidad americana, importa señalar su presencia ausente como un modo elusivo e instrumental para la formulación o representación de un potencial y agazapado enemigo, siempre dispuesto por su deformidad latente a señalar un camino doble y peligroso: la existencia de riquezas y la pesadilla de la resistencia contracolonial indígena, como veremos en el próximo capítulo a propósito de los caníbales.

El jesuita Acosta, a casi 80 años de escrito el *Sumario* de Oviedo, se burlaba (como lo haría después García) de algunas hipótesis sobre la genealogía de la población indígena americana a las que consideraba como "ficciones poéticas y fabulosas" (*Historia* 46), y descartaba de plano las interpretaciones míticas: "[...] si no es que se le antoje a alguno buscar otra águila, como la de Ganímedes, o algún caballo con alas como el de Perseo, para llevar los indios por el aire; ¿o por ventura le agrada aprestar peces, sirenas y Nicolaos, para pasallos por mar" (*Historia* 46). No obstante, en el capítulo 19 del libro I de su *Historia*, al analizar la posibilidad de que los indígenas hubieran llegado por causa de una tormenta, se refería a los "gigantes del Perú" y señalaba que había pruebas empíricas para demostrar la existencia de los mismos: "[M]e parece cosa muy verosímil, que hayan en tiempos pasados venido a Indias hombres vencidos de la furia del viento, sin tener ellos tal pensamiento. Hay en el Pirú gran relación de unos gigantes que vinieron en aquellas partes, cuyos huesos se hallan hoy día de disforme grandeza cerca de Manta y de Puerto viejo [...] dicen que aquellos gigantes vinieron por mar, y que hicieron guerra a los de la tierra, y que edificaron edificios soberbios, y muestran hoy un pozo hecho de piedras de gran valor" (53). Esta referencia de Acosta y de Oviedo a los gigantes no formaba parte de un delirio imaginativo, sino que era tributaria de la tradición bíblica.

Durán, ya había ensayado esta idea teratológica para demostrar su hipótesis del origen hebreo de los indígenas. Es más, afirmaba Durán que él mismo había sido testigo de la presencia de estos gigantes en Nueva España: "No niego, ni puedo negar, que haya habido gigantes en esta tierra, pues como testigo de vista, lo puedo afirmar, pues los conocí en algunos lugares de ella, de disforme estatura. Y porque creo que habrá quien de esto se acuerde en México, en la procesión del Corpus vi sacar un indio de estos gigantes, vestido de tafetán amarillo, con una partesana al hombro y una celada en la cabeza, que sobre todos sobrepujaba una vara de medir" (II: 18).

El libro del Génesis habla de los *nefilim*, "los caídos"—en hebreo, מילפנה— una población de gigantes: "Los nefilim existían en la tierra por aquel entonces (y también después), cuando los hijos de Dios se unían a las hijas de los hombres y ellas les daban hijos: éstos fueron los héroes de la antigüedad, hombres famosos" (Génesis 6: 1-4). Muchos años más tarde, durante el siglo XVIII, en su "Primera disertación" que indagaba sobre los orígenes de la población mexicana, el jesuita Javier Clavijero volvía a reflotar el tema de los gigantes: "¿Pero cómo se puede probar que en efecto se pobló América antes del Diluvio, como quieren aquellos autores? Porque antes en América, dicen, hubo gigantes, y la época de éstos fue antediluviana" (424). Aquí, Clavijero citaba expresamente el libro del Génesis, sin embargo, la tradición bíblica y teratológica era rectificada desde una perspectiva más empírica y racional (o ilustrada) que además se presentaba como crítica de la postura de los filósofos, historiadores y naturalistas europeos como De Pauw o Georges Louis Leclerc, conde de Buffon:[21]

> Pero aun cuando concediéramos a aquellos autores que el sagrado texto, en el cual se hace mención de los gigantes, deba entenderse en el sentido vulgar, esto es, de hombres de extraordinaria altitud y corpulencia, y no dudamos que haya habido tales hombres en el Nuevo Mundo, como hemos dicho en otra parte, a pesar de los señores Lloane, Paw y otros, que no creen sino aquello que están acostumbrados a ver: esto, por otra parte, nada contribuiría a confirmar aquella opinión, pues los mismos Sagrados Libros no dan noticia de algunos gigantes posteriores

---

[21] Según Jáuregui: "Clavijero dedica su obra a contradecir a los deterministas que alegaban la inferioridad americana; blanco especial de sus 'disertaciones' fue el 'monstruoso retrato que Pauw hiciera de la América' (4-9), en especial las consideraciones sobre los defectos morales, estupidez y ausencia de la civilización en el Nuevo Mundo y la barbarie de los indígenas americanos, asunto que rebate con base en su conocimiento de códices mexicanos y de las crónicas y estudios del siglo XVI" (*Canibalia* 336).

al diluvio, como de Og, rey Basan, y de aquellos cinco Getheos de quienes se habla en los Libros de los Reyes (424-425).

El historiador mestizo Fernando de Alva Ixtlilxóchitl (ca. 1578/1580-1650), en el primer capítulo de sus *Relaciones e historia de la nación chichimeca*, narraba la genealogía indígena siguiendo un modelo historiográfico hibridado con las Sagradas Escrituras. Si bien los toltecas, de acuerdo con Ixtlilxóchitl, habían sido protegidos por el dios Tloque Nahuaque (dios de la creación o principio creador), no obstante, el autor mezclaba los episodios del origen indígena con los de la Biblia, como el diluvio, la confusión de lenguas, etc. En su relato incluía la destrucción de la tierra y la gente a manos de los gigantes a los que llama, en lengua náhuatl, *quinamentin*:

> Cumplidos ciento cincuenta y ocho años después del grande huracán, y cuatro mil novecientos noventa y cuatro de la creación del mundo, tuvieron otra destrucción los de esta tierra que fueron los *quinamentin*, gigantes que vivían en esta rinconada, que se dice ahora Nueva España, la cual destrucción fue de un gran temblor de tierra, que los tragó y mató, reventando los altos montes volcanes, de suerte que se destruyeron todos sin escapar ninguno, y si escapó alguno fue de los que estaban más hacia la tierra dentro (264-265).

El franciscano Gerónimo de Mendieta, en su monumental historiografía sobre la Iglesia católica, dedicaba un capítulo entero al tratamiento de los gigantes en la Nueva España. En el capítulo XIII del Libro II, titulado: "De cómo hubo gigantes en esta tierra, y de lo que sentían del ánima", afirmaba que los antiguos mexicanos guardaban una clara memoria sobre la existencia de gigantes. Mendieta ratificaba empíricamente estos datos de sus informantes al afirmar que "en diversos tiempos después que esta tierra se ganó, se han hallado huesos de hombres muy grandes" (59). Mendieta también reafirmaba sus observaciones no sólo con la palabra indígena, sino también con el testimonio de las crónicas e historiografías precedentes, como los papeles de fray Andrés de Olmos. Mendieta, como forma de validación de su propia autoridad etnográfica, insistía en señalar que incluso él mismo había visto gigantes en la Nueva España:

> Hallóse en la memoria de los indios viejos cuando fueron conquistados de los españoles, que en esta Nueva España en tiempos pasados hubo gigantes, como es cosa cierta. Porque en diversos tiempos después que esta tierra se ganó, se han hallado huesos de hombres muy grandes. El padre Fr. Andrés de Olmos tratando de

esto, dice que él vio en México en tiempo del virrey D. Anonio de Mendoza, en su propio palacio, ciertos huesos del pie de un gigante que tenían casi un palmo de alto: entiéndase de los osezuelos de los dedos del pie. *Y yo me acuerdo* que al virrey D. Luis de Velasco, el viejo, le llevaron otros huesos y muelas de terribles gigantes. Y medio gigantes en nuestro tiempo los ha habido, uno en el pueblo de Cuernavaca, que tenía tres varas de medir menos una cuarta en alto, que son once palmos o cuartas de vara. Y a este lo llevaron muchas veces a México, e iba en la procesión de Corpus Christi: y con darle muchos de comer, vino a morir de hambre en su pueblo de Cuernavaca. Otro mozo hubo en Tecalli, y pienso que más alto, aunque más delgado de cuerpo, porque el primero era bien fornido y proporcionado (*Historia* I: 59; énfasis mío).

En el Nuevo Reino de Granada, fray Pedro Simón (1574-ca. 1628) dedicaba los capítulos X, XI y XII del primer tomo de sus *Noticias historiales de las conquistas de Tierra Firme en las Indias Occidentales* (publicado entre 1882 y 1892) a la indagación del origen de los indígenas americanos. Allí proponía que América había sido poblada antes del diluvio, y en el capítulo tercero se dedicaba a hablar de la presencia de los gigantes peruanos y mexicanos, basándose en los trabajos de Acosta y Torquemada y en las relaciones de solados. Allí narraba fray Pedro el encuentro y posterior pelea de la tropa de Diego de Rojas con un gigante: "hallaron echado a la sombra [...] un hombre más monstruoso en su especie [...] Sólo el hocico y dientes tenía largos y muy salidos, con lo que lo hacían más feo de lo que era en miembros tan extraordinarios, como lo era también en ambos sexos porque era hermafrodita, cubierto de un vello algo pardo, corto y ralo, todo el cuerpo" (111). Al final de este mismo capítulo, fray Pedro contaba que en Nueva España se halló: "una muela de un hombre, que pesaba dos libras" (112). Siglos más tarde, este tipo de elucubraciones teratológicas producirán la risa y la burla de Clavijero. La hipótesis teratológica no podía sostenerse en el tiempo dado que, en primer lugar, la realidad americana desmentía estos mitos europeos traídos por los primeros conquistadores (recordemos las sirenas, la gente con cola y los cinocéfalos de Colón); en segundo lugar, la humanidad del indígena ya había sido discutida y aceptada para los propósitos lógicos de la evangelización (hubiera sido imposible bautizar o darle la eucaristía a un "monstruo", a un gigante o a un animal). La hipótesis teratológica también debió ser superada por el triunfo contundente de la hermenéutica bíblica, que imponía un origen "común" para toda la humanidad, esto es, que avalaba la hipótesis más exitosa que se habría de esbozar sobre la genealogía indígena en el siglo XVI, el monogenismo adánico.

3. Tiranos y usurpadores: los mexica según Motolinía

Fray Toribio de Benavente, conocido bajo el pseudónimo náhuatl de Motolinía ["el que es pobre"],[22] produjo una interpretación sobre el origen de la tribu central que habitaba Tenochtitlán, esto es, los mexicas, aduciendo que los mismos eran los *usurpadores* de las antiguas tribus de otomíes y chichimecas. En dos oportunidades Motolinía hizo la exposición de la genealogía indígena de la Nueva España —obviamente informada por indígenas pero interpretada a su gusto—. La primera fue en la introducción a los *Memoriales*, titulada "Epístola proemial", y la segunda, en una famosa *carta* enviada a Carlos V desde Tlaxcala en enero de 1555, en donde fustigaba las opiniones de Bartolomé de Las Casas y defendía la tarea evangelizadora y encomendera. Según nos cuenta Motolinía en su "Epístola proemial", los "libros de figuras"[23] de los mexicas eran cinco y el fraile los clasificaba según sus temas: el primero trataba sobre los años y tiempos *xihutonal amatl*; el segundo, sobre los días y fiestas; el tercero, sobre los sueños y los agüeros; el cuarto, sobre el bautismo y nombres dados a los niños y el quinto, de los ritos, ceremonias y agüeros en los matrimonios. Según Motolinía, "los cuatro de estos libros [...] fueron inventados por los demonios" ("Epístola" 5). Esto implica que Motolinía dejaba uno de los cinco libros fuera del alcance de la influencia demoníaca. Como ha señalado Cañizares-Esguerra:

> Motolinía spares from destruction one of the five categories of Aztec books, namely, historical annals. Mexican historical books, according to Motolinía, were not inspired by the devil; they were reliable historical narratives and told the truth about the past [...] According to Motolinía, Mexican horoscopes, books of feasts, and accounts of rites and ceremonies were untrustworthy because, unlike the Gospels, the devil and his agents

---

[22] De acuerdo con Georges Baudot en su "introducción" a la *Historia* de Motolinía, el apodo de "pobre" se lo autoadjudicó el fraile luego de que los indígenas mexicanos lo nombraran de este modo al ver llegar al fraile descalzo hasta la ciudad de Tenochtitlán (16).

[23] Dice Motolinía: "en ésta [la epístola proemial] declararé brevemente los que primero habitaron en esta tierra de Anáhuac o Nueva España, los que primero la habitaron, según los libros antiguos que estos naturales tenían de caracteres e figuras, ca ésta era su escritura; e a causa de no tener letras sino caracteres, e la memoria de los hombres es débil algunas veces no se acordando bien, son varios los viejos en la manera de declarar las cosas antiguas, ca para bien entenderlas requémese plática; pero de todas las opiniones e libros diré aquí lo que por más verdadero he podido averiguar y colegir de los libros historiales más verdaderos" ("Epístola" 5).

had written them. Historical annals, however, were documents written by Amerindians (67).

El libro que el fraile salvaba de las garras demoníacas era un libro utilitario que justificaba su autoridad etnográfica y su conocimiento sobre el mundo del Anáhuac. Se trata del libro del tiempo (*xihutonal amatl*), los *anales* mexicanos que relataban la genealogía del pueblo mexica. Motolinía hacía referencia al sistema de escritura icónica de los mexica denominado *tlacuilolli*, que de acuerdo con Brotherston significa "lo que produce el pintor-escriba (*tlacuilo*) con su pluma-pincel" (82). Un tipo de escritura que según Brotherston desafía los análisis y definiciones occidentales, ya que "aunque no es fonética, puede registrar conceptos-sonidos, y así sucede en el náhuatl, mixteco y otras lenguas mesoamericanas [...] puede amoldarse al relato en forma de crónica, a un icono, un mapa o una tabla matemática" (82). Esta escritura se utilizó para escribir diferentes tipos de textos en diferentes tipos de materiales o superficies como el algodón, el papel amate, tiras de papel o rollos, y el más utilizado, el *amoxtli*, hecho de piel. De acuerdo con Brotherston, el *tlacuilolli* se utilizó para componer dos tipos específicos de "libros" como los que cita Motolinía: "[E]stos libros pueden clasificarse en anales (*xiuhtlapoualli*), que avanzan por años, o en libros cósmicos (*teoamoxtli*), que combinan intricadamente las series de números y signos propios del ciclo anual, y del *tonalámatl* del embarazo humano" (84). Pero Motolinía desconfiando de los "libros" indígenas y su posible contaminación diabólica, por lo que se sirvió además de *informantes* para completar su tarea etnográfica:

> Estos indios, demás de poner por memoria las cosas ya dichas en especial el suceso y generación de los señores y linajes principales, y cosas notables que en sus tiempos acontecían, por figuras, que era su modo de escribir, había también entre ellos personas de buena memoria que retenían y sabían aun sin libro, contar y relatar como buenos biblistas o coronistas el suceso de los triunfos e linaje de los señores, y de éstos topé con uno a mi ver bien, hábil y de buena memoria, el cual sin contradicción de lo dicho, con brevedad me dio noticia y relación del principio y origen de estos naturales (9).

De acuerdo con el libro del tiempo (*xihutonal amatl*) los pobladores originarios del Anáhuac se dividían en tres "maneras o géneros de gentes" ("Epístola" 5): los chichimecas, los de Culhua y los mexicanos. Hay una teoría histórica-evolutiva que sin duda Motolinía impone a su interpretación-traducción de los registros en náhuatl. De acuerdo con esta hermenéutica, los primeros pobladores habían sido los chichimecas: "gente muy bárbara y como salvajes hasta que vinieron los de Culhua que comenzaron a escribir y hacer memoriales" ("Epístola" 6). Estos chichimecas, según el fraile, eran monógamos y no tenían "sacrificios de sangre, ni ídolos, mas de llamar al sol y tenerlo por Dios" (6). Los que vinieron luego fueron los de Culhua, de los cuales se desconocía el lugar de procedencia pero se estimaba que habían traído las nociones básicas de agricultura: "gente de más razón e de más policía, éstos comenzaron a edificar e hacer casas" (7). Los terceros y últimos fueron los mexicanos. Motolinía no se sentía muy seguro sobre cómo diferenciarlos de los de Culhua y, de acuerdo con el fraile, la lengua (el náhuatl) constituía un elemento probatorio de que éstos formaban parte de la misma tribu que los de Culhua, pero que habían venido en oleadas sucesivas y diferenciadas en el tiempo. En la carta a Carlos V, Motolinía informaba al emperador de que los últimos indígenas en arribar a la meseta central eran "carniceros", "idólatras" y "usurpadores" de los legítimos poseedores a los cuales habían sometido a la esclavitud:

> [...] el principal señorío de esta Nueva España, cuando los españoles en ella entraron, no había muchos años que estaba en México o en los mexicanos; y cómo los mismos mexicanos lo habían ganado o usurpado por guerra; porque los primeros y propios moradores de esta Nueva España era una gente que se llamaba chichimecas y otomíes, y éstos vivían como salvajes, que no tenían casas sino chozas y cuevas en que moraban. Éstos ni sembraban ni cultivaban la tierra, más su comida y mantenimiento eran yerbas y raíces [...] y tampoco tenían ídolos ni sacrificios, más de tener por dios al sol y invocar otras criaturas. Después de éstos vinieron otros indios de lejos tierra, que se llamaron de Culhua. Éstos trajeron maíz y otras semillas y aves domésticas; éstos comenzaron a edificar casas y cultivar la tierra y a la desmontar, y como éstos se fuesen multiplicando y fuese gente de más habilidad y de más capacidad que los primeros habitadores, poco a poco se fueron enseñoreando de esta tierra, que su propio nombre es Anáhuac. Después de pasados muchos años vinieron los indios llamados mexicanos, y este nombre tomaron, o les pusieron por un ídolo y principal dios que consigo trajeron, que se llamaba Mexitle, y por otro nombre se llamaba Tezcatlipuca; y éste fue el ídolo o demonio que más generalmente se adoró por toda esta tierra, delante del cual fueron sacrificados muy muchos hombres. Estos mexicanos se enseñorearon en esta Nueva España por guerras (*Carta* 403).

Los mexicas habían impuesto, según esta versión, sus ritos idolátricos al conjunto de las poblaciones que "usurparon" por guerra. Por ello, estoy de acuerdo con Georges Baudot cuando afirma que Motolinía intentaba explicar el origen de las poblaciones indígenas del México central para justificar la tarea evangelizadora:

> [...] el poder azteca sobre el altiplano central de México es reciente y de resultas de una usurpación llevada a cabo por las armas. La verdadera civilización y la legitimidad son toltecas, de los Culhuas, que han dado a los Chichimecas y Otomís primitivos "...primeros y propios moradores desta Nueva España..." el cultivo del maíz, la arquitectura y las artes. El Azteca es un recién llegado, adorador sanguinario de un panteón diabólico. La cristianización ha representado indudablemente un alivio para las poblaciones mexicanas y los primeros y grandiosos éxitos de la evangelización así lo confirman, revelando masas indias providencialmente predispuestas para una vida ejemplarmente cristiana ("Introducción" 35).

La intención solapada del fraile era demostrar que los mexicas no habían sido los pobladores originarios de México, sino que su gobierno se debía a un principio de conquista y colonización sobre pobladores originarios (otomíes). Básicamente, los mexicas se transformaban de este modo en usurpadores tiránicos y carniceros. Este procedimiento era consustancial a la justificación de la ocupación europea, que intentó "defender" a las poblaciones supuestamente sojuzgadas por Moctezuma, como los tlaxcaltecas, que finalmente se unieron al conquistador. Si bien esta hipótesis explicaba la procedencia y el desplazamiento interno de los indígenas, no obstante, no daba cuenta ni resolvía el problema genealógico previo.

Para Motolinía, a pesar de ser uno de los primeros que intentó definir la estructura migratoria y genealogía "interna" de las tribus mexicanas, los indígenas tampoco eran originarios de América. Y si bien reconocía la hipótesis hebraica inventada por "algunos españoles", los cuales "considerados ciertos ritos y costumbres de estos naturales, júzganlos y dicen que son de generación de moros; otros por algunas causas y razones y condiciones que en ellos ven, dicen que estos indios son y descienden de generación de judíos" ("Epístola proemial" 14), razonaba como posible otras dos hipótesis diferentes a esta última. La primera derivada de un libro erróneamente atribuido a Aristóteles (*De mirabilibus auscultationibus*), según el cual los indígenas americanos podían ser probables descendientes de los cartagineses: "Aristóteles [...] dice que en los tiempos antiguos los cartagineses navegaron por el estrecho de Hércules, que es el nuestro estrecho de Gibraltar, hacia el occidente sesenta días, y que hallaban tierras amenas e deleitosas e muy fértiles [...] Estas tierras o islas pudieron ser las que están antes de la Española o San Juan, o la mesma Española, o Cuba, o por ventura alguna parte de esta Nueva España" ("Epístola" 14). La segunda hipótesis, más convincente para Motolinía, y más ajustada a teología, proponía que "una tan grande tierra e tan poblada por todas partes, más parecen traer origen de otras partes, y aún me parece que es de sospechar que comenzó y tuvo principio del repartimiento y división en los nietos de Noé" ("Epístola" 14). La hipótesis de Motolinía tenía completa coherencia para la episteme religiosa y etnocosmográfica de la época. Recordemos que desde la Antigüedad clásica el mundo era concebido por autores como Plinio el Viejo (23-79), Hiparlo (ca.190 a.C.-120 a.C.), Eratóstenes (276 a.C.-194 a.C.) y Ptolomeo (ca. 85-165) como dividido en tres partes. Más adelante, en la cristiandad, estas tres regiones geográficas se entendían como los lugares en los cuales los tres hijos de Noé se habían asentado luego del gran diluvio y por esta razón estaban habitadas por tres diferentes tipos de gente (*genus*), hoy diríamos "razas" o "etnias". En la concepción teórica de Motolinía, la hipótesis de los hijos de Noé no sólo explicaba el posible origen de los indígenas americanos, sino que también justificaba la presencia española en América y la misión evangelizadora:

> De esta tierra dice San Anselmo en el tratado De *Imagine Mundi*, afirma que en las partes de occidente hay una isla que es mayor que Europa, África, adonde Dios ha dilatado a Japhet cumplido agora más que nunca aquella profecía o bendición del patriarca Noé que dijo a su hijo Japhet: *dilatet Deus Japhet*, de donde descienden los españoles, no sólo agora dilatados por las tres partes del mundo en fe, señorío, ciencias e armas, pero acá también los dilata en todas estas cosas en esta gran tierra (*Memoriales* 20).

Desde la Antigüedad clásica el mundo era concebido como una gran isla (*orbis terrarum*) dividida en tres partes. Estas tres regiones geográficas se entendían como los lugares en los cuales los tres hijos de Noé se habían asentado luego del gran diluvio, y por esta razón estaban habitadas por tres diferentes tipos de gente. Los hijos de Sem, Ham y Japeto habitaban Asia, África y Europa, respectivamente. Ello significa que las tres regiones del mundo conocido se hallaban divididas jerárquicamente de acuerdo a una clasificación étnica: los asiáticos y los africanos, descendientes de aquellos hijos que, según la Biblia, habían caído en desgracia ante los ojos de su padre, eran vistos como racial y culturalmente inferiores a los descendientes directos de Japeto, el hijo amado de Noé (véase Castro-Gómez 55). Sin embargo, esta hipótesis había sido formulada con anterioridad al "descubrimiento" del "cuarto continente", por lo tanto la apropiación de la hipótesis no dejaba de presentar algunos problemas en su reacomodación geográfica. Esta teoría irá tomando fuerza a lo largo del tiempo, entre otras cosas, por el simple hecho de estar ajustada a una hermenéutica bíblica, una hermenéutica que volvía innecesarios a los modelos teratológicos, menos creíbles ya. Asimismo, esta teoría reconectaba a los indígenas con los antiguos hebreos pero, fundamentalmente, daba lugar a un origen conjunto para toda la humanidad. Motolinía abría la posibilidad de pensar en las genealogías locales siempre y cuando pudieran conectarse con una más general o global, con la del cristianismo. En otras palabras, Motolinía, a través de su reconstrucción del pasado mexica, proveía los enunciados teológicos necesarios para constituir una nueva teoantropología de carácter monogenético, como veremos a continuación.

4. Adán y la teoantropología monogenética

> Adán engendró a Seth, Seth engendró a Enos, Enos engendró a Caynam [Cainán]. Caym [Caín] mató a Abel; déste salió la casta de negros por embidia. Edeficó la primera ciudad; llamóla Enoch porque un hijo suyo se llamua ací. Caynam [Cainán] engendró a Malaleel, Malallel engendró a Lareth [Jared], Lareth engendró a Enoth, el que está en el parayso. Su padre deste, a Ameth [Lamec], fue linaje de Cayn. Tubo tres hijos y una hija: Jael [Jabal] enbentó las cauanas, otro hijo, Tubal [Jubal], enuentó el órgano y la uigüela y canto de órgano. Tabalcaym [Tubalcaín] embentó el arte de labrar hierro, la hija, Noema [Naama], embentó el hilar. Enochen engendró a Matuzalem. Este dicho Matuzalem beuió en el mundo más que todos, mil quarenta y tantos años, pero más ueuió Adán y Eua. Matusalén engendró a Lamech, Lamech engendró a Noé. Estos dichos hombres, cada uno de ellos y sus multiplicos, beuieron muy muchos años. Solo Adán y Eua ueuiría dos o tres mil años. Parerían de dos en dos y ancí fue necesario henchir el mundo de gente.
> Guaman Poma de Ayala. *Nueva corónica* (16)

Del epígrafe de Guaman Poma es posible colegir que, comenzado el siglo XVII, y aun entre la intelectualidad indígena, la teoría monogenética de la descendencia adánica ya había sido aceptada [ver figura 1]. Esto lo afirmamos, claro está, sin desconocer las motivaciones políticas específicas de Guaman Poma para unificar tradiciones, en forma lascasiana, bajo el paraguas religioso de la cristiandad, algo que también hará el Inca Garcilaso.[24] Hacia principios del siglo XVII, la *Nueva corónica y buen gobierno* (1615) de Guaman Poma de Ayala, conectaba la genealogía indígena con la europea al afirmar que los primeros habitantes de las indias eran, en efecto, descendientes de Noé. Guaman Poma construyó en su *crónica*, cinco edades del mundo (1. Adán y Eva, 2. Noé, 3. Desde Abrahán, 4. Desde el rey David y 5. Desde el nacimiento de Cristo), a las cuales vinculó con cuatro generaciones de indígenas. Mediante estas etapas de la humanidad indígena del Perú, Guaman Poma articuló una genealogía y una etnografía de los habitantes del Perú que comenzaba con la primera generación, llamada Uari Uira Cocha Runa, hasta la cuarta, denominada Auca Pacha Runa (50). La historio-etnografía de Guaman perseguía un objetivo múltiple, demostrar al rey Felipe III que los indígenas del Perú eran gente religiosa e inclinada naturalmente hacia un "Dios verdadero" antes de la llegada de los españoles, desmentir su supuesta barbarie y, además, señalar que estos indígenas eran los legítimos poseedores de sus tierras (ver Adorno, *Guaman Poma* 48-52). En este sentido, Adorno ha señalado que la intención de Guaman Poma era la de postular "un sincretismo, o por los menos un ajuste, en cuanto a creencias religiosas, que enlazaba las tradiciones autóctonas con la doctrina cristiana" ("La ciudad letrada" 9).

La primera generación de indígenas descendía, según Guaman, de "españoles" (descendientes de Noé), los cuales se habían multiplicado y habían sido tenidos por dioses. Esta primera generación se correspondía con una suerte de idílica Edad de Oro ovidiana, en donde los hombres aún no conocían ni las armas ni las guerras ni la propiedad privada. De acuerdo con Guaman Poma, estos primeros indígenas: "ni sauía hazer rropa; bestíanse hojas de árboles y estera, texido de paxa. Ni sauía hacer casas; uiuian en cuevas y peñascos. Todo su trabajo era adorar a Dios [...] Y no adorauan

---

[24] De acuerdo con Rolena Adorno: "Los capítulos de la *Nueva corónica* que se dedican a la sociedad andina precolombina desempeñan un papel específico dentro del designio teleológico que existe en la historia andina de Guaman Poma. De manera irónica, estos capítulos que se refieren al pasado revelan que el propósito del autor no es historiográfico. Su interpretación del pasado da apoyo a las afirmaciones que hace acerca del presente; y éstas, a su vez, se articulan de manera tal que quede garantizada la rectificación de los agravios, en el futuro. Las implicaciones morales y política que el pasado tiene para el presente quedan expresadas en cada línea del texto escrito, y la constancia de este esfuerzo permite argüir que hay una coherencia de intención subyacente a la totalidad de la obra" (*Guaman Poma* 48-49).

a los ydolos demonios uacas" (41). La segunda generación o Uari Runa (45), según el autor, aún se hallaban en una suerte de estadio primitivo o, más precisamente, de "barbarie" (46). Esta segunda generación sabía trabajar la tierra, había abandonado las cuevas y construía casas con forma de horno (*pucullo*), no adoraba ídolos y tenía un conocimiento incipiente de la Santísima Trinidad (46). En realidad, la parte etnográfica de esta genealogía construye un bárbaro curioso, un salvaje feliz, que hace fiestas, se emborracha, vive en paz, es solidario y que, además, es presentado como fiel adorador de la divinidad, aún borrosa pero protocatólica.

En la tercera generación, los Purun Runa (48), vemos que el autor pone a funcionar un principio de tipo evolutivo: "[C]omensarona hacer rropa texido y hilado, auasca [tejido corriente] y de cunbe [fino] y otras pulicias y galanterías y plomages. Ydeficaron casas y paredes de piedra cubierto de paxa. Y alsaron rreys y señores capitanes [...] Y auía justicia entre ellos y auía ordenanza y ley [...] Y no entremetían ydúlatra ni serimonias ni hecheserías ni males del mundo [...] no se halló adúltera" (48). En esta etapa comienza la cría de ganado y, lo más importante, se descubren los metales (plata y oro). Sin embargo, esta generación, desde un posicionamiento logocéntrico, es conceptualizada por el autor como ignorante, "ciega" y "perdida del camino" por carecer de escritura. Este "déficit" los condujo a desdeñar su verdadera filiación y a olvidar que sus verdaderos padres eran Adán y Eva: "De como no supieron leer ni escribir, estubieron de todo herrado y ciego, perdido del camino de la gloria, Y ancí, como herrado de dezir que salieron de cueuas y peñas, lagunas y serros y de rríos, ueniendo de nuestro padre Adán y de Eua, conforme el trage y áuito de y de trauajar, arar y adorar a Dios Criador" (49). Esta tercera generación "ya conoce" a Dios, sin haber sido enseñada (50). Guaman Poma afirma que esta generación ya sabía los diez mandamientos y que entre ellos había "buna obra de misericordia y limosna y caridad" (50). Nuevamente, el esfuerzo lascasiano del autor es mostrar que ya existía en los indígenas conocimiento de Dios, conectando de este modo los dos mundos por obra de la religiosidad. La cuarta generación era denominada como Auca Pacha Runa, y la podemos hacer corresponder conceptualmente con la terrible edad ovidiana, la del hierro, en la que comienzan las disensiones internas, las guerras, el despoblamiento, pero también los reyes y la genealogía de los señoríos:

Figura 1. "Crió Dios al Mvndo / Entregó a Adán y a Eua.[25]

---

[25] Ilustración tomada de The Royal Library and Copenhagen University Library, "Dibujo 3. Dios crea el mundo y se lo entrega a Adán y Eva. (12 [12]). CRIÓ DIOS AL MVNDO, entregó a Adán y a Eua. / Adán / Eua / mundo/", en <http://www.kb.dk/perma-link/2006/poma/12/es/image/?open=id2682405> [9 de julio, 2013].

> Y comenzaron a rreñir y batalla y mucha guerra y mortanza con
> su señor y rrey y con otro señor y rrey, brabos capitanes y ba-
> llentes y animosos hombres y peleauan con armas [...] Y con es-
> tas armas se uencían y auía muy mucha muerte y derramamiento
> de sangre hasta cautiuarze. Y se quitauan a sus mugeres e hijos y
> se quitauan sus sementeras y chacaras y asecyas de agua y pas-
> tos. Y fueron muy crueles que se rrobaron sus haciendas, rropa,
> plata, oro, cobre, hasta lleualle las piedras de moler (52).

Estas guerras no son pensadas por el autor como algo negativo, sino como
el inicio de una tradición guerrera y la emergencia de los señoríos y de los
grandes apellidos de la tradición inca, entre los cuales, incluye, lógicamente, el suyo propio los "Poma" (52). Luego de esta generación, dice Guaman,
"comensaron a conquistar los Yngas en este rreyno" (52). De este modo,
Guaman Poma intentaba construir una genealogía que ligara directamente
a los indígenas del Perú con Adán y Eva, con el objetivo de incorporarlos
a un tronco genealógico común con los europeos conquistadores. La obra
etnográfica de Guaman Poma es problemática porque se halla inscripta en
una tensión entre el mandato imperial, la conversión religiosa y la necesidad de restablecer una aristocracia nativa. Guaman Poma fue un ferviente
converso que colaboró como intérprete en las campañas de extirpación de
idolatrías (Adorno, *Cronista* 38-39), pero que al mismo tiempo reivindicó
el derecho de su pueblo a autogobernarse y denunció, en tono lascasiano,
las atrocidades cometidas contra los indígenas del Perú. Quizá el autor tenía la peregrina esperanza de que al convertir la "diferencia" indígena a la
"mismidad" católica se pudiera terminar con los abusos, las injusticias y
que, asimismo, se lograra la restitución territorial.

Con anterioridad a la obra de Guaman Poma, el jesuita José de Acosta
negaba la idea de algunos informantes indígenas según la cual la cultura
incaica podía ser considerada como originaria de América. Esta negación
era lógica y se enmarcaba dentro de la episteme de la época.[26] La posición
eurocéntrica, monogenética y logocéntrica de Acosta negaba verdad a cualquier relato indígena y, fundamentalmente, al relato del origen americano
de los propios indígenas por no estar dichos relatos asentados en una tradición alfabética, sino en "su tan especial cuanta de los *quipocamayos*"

---

[26] Como ha señalado Pagden, Acosta mostraba el error de san Agustín: "Para Acosta
el error de San Agustín no consistía en creer que todos los hombres descienden de Adán,
porque eso era una cuestión de fe. Estaba en la suposición falsa de que no podía haber una
conexión geográfica entre Europa y las Antípodas y, por tanto, que si había hombres en el
lado opuesto del globo, de alguna forma debían ser *sui generis*" (*La caída* 210).

[quipus]. Es curiosa esta afirmación negativa de Acosta sobre los quipus, dado que si bien no consideraba al quipu como escritura, tenía una visión positiva de los mismos. En *De procuranda* afirmaba que los quipus desafiaban la matemática europea:

> Y suplieron (parece casi imposible) la falta de escritura con tal derroche de ingenio que guardan memoria de sus historias, ritos y leyes y, lo que es más, de la trayectoria de los tiempos y del recuento de los números con unos signos y memoriales por ellos inventados, que llaman *quipos*, de suerte que a menudo los nuestros, con todas sus escrituras, se rinden a su pericia. En cómputos y divisiones no sé, a la verdad, si nuestra escritura da a los matemáticos más seguridad que a estos hombres esos signos suyos. Y es de todo punto sorprendente ver con qué fidelidad guardan memoria aún de las cosas más menudas durante muchísimo tiempo con ayuda de sus quipos (*De procuranda* I: 65).

Sin embargo, la conciencia eurocéntrica y logocéntrica del "libro" y de la "letra" como instrumentos diferenciales y, fundamentalmente, "superiores" a los registros indígenas es anterior a las formulaciones de Acosta; una ideología que permeó, en cierto grado, la escritura indígena, como vimos en Guaman Poma. Es posible ver la actitud de menosprecio hacia los sistemas no alfabéticos de escritura indígenas bien temprano en la Conquista. Por ejemplo, al comienzo mismo de la *Historia de las Indias de Nueva España* de Diego Durán (c. 1537-1588), donde el fraile dominico, en sus interrogatorios a los indígenas sobre la figura de Topiltzin,[27] mediante los cuales intentaba conocer a fondo los detalles de la historia de este personaje, recibió de los indígenas unas "pinturas" a las cuales el fraile conceptualizaba en los siguientes términos: "Queriéndome confirmar si esto era verdad, pregunté a un indio viejo que me le vendieron por letrado en su ley, natural de Coatepec [...] que me dijese si aquello era así [la historia de Topiltzin], que allí tenía escrito y pintado, y como no saben dar razón, si no es por el libro de su aldea, fue a su casa

---

[27] Nos cuenta Durán que de Topiltzin —mezcla de hombre santo y semidios que más tarde fue asociado con santo Tomás y la temprana predicación en el Nuevo Mundo— los indígenas, según los testimonios levantados por el fraile, habían aprendido a rezar y que gracias a él conocían: "[T]odas las cerimonias y ritos, el edificar templos y altares, y el poner ídolos en ellos, el ayunar y andar desnudos y dormir por los suelos, el subir a los montes a predicar allá su ley, el besar la tierra y comerla con los dedos, y el tañer bocinas y caracoles, y flautillas en las solemnidades, todo fue remedar a aquel santo varón, el cual incensaba los altares y hacía tañer instrumentos en los oratorios que edificaba" (I: 13).

y trujo una pintura, *que a mi me parecieron ser más hechizos que pinturas*"
(I:13; énfasis mío).[28] Idéntico proceder eurocéntrico adoptaba Gerónimo de
Mendieta (1525-1604) en su *Historia eclesiástica Indiana* al afirmar que los
relatos cosmogónicos de los indios eran "boberías" de las cuales no se podía
fiar el investigador de sus antiguallas:[29]

> Si del origen y generación de estos indios se tuviera cierta no-
> ticia, y de qué otra región vinieron a esta, de nuestros pasados
> nunca sabida, el orden de la escritura pedía que por aquí se co-
> menzara el proceso de sus antiguallas. Mas como su dependen-
> cia y venida a estas tierras donde los hallamos sea a nosotros tan
> incierta y dudosa, quise comenzar esta materia por las fábulas
> y ficciones que ellos tenían cerca de la creación y principio del
> mundo para dejarlas a un cabo, como boberías y mentiras que no
> llevan camino (BAE I: 87).

Para hacer funcional el relato cosmogónico indígena al proceso de evangelización, Mendieta tinturó la información indígena con la bíblica y produjo
una suerte de texto cosmogónico híbrido en el cuál se mezclaban y se asi-
milaban los relatos indígenas con los de las Sagradas Escrituras. Así como
se habían construido analogías entre los ritos indígenas y los cristianos
(confesión, bautismo, peregrinaciones) y las deidades y los santos (Quetzalcóatl como santo Tomás, Huitzilopochtli como otro Hércules, etc.), también se construyeron analogías cosmogónicas que hicieron posible hablar
de un "diluvio" y de un "Adán y Eva" indígenas.

En el capítulo I del Libro II de su *Historia eclesiástica*, Mendieta narraba la creación del primer hombre indígena según los propios indígenas, en

---

[28] Según Ángel María Garibay, Durán escribió varias obras etnográficas importantes:
"Entre 1570 y 1579 redactó un valioso escrito que podemos llamar, por las indicaciones
que él nos da, *Libro de los Ritos, Fiestas y Ceremonias*. En él se contiene 'la relación de
todos los principales dioses... los cultos y ceremonias que les hacían en toda esta tierra y
provincia mexicana; ... la cuenta de los días, meses y semanas y de los años y el modo de
celebrar las fiestas y tiempos en que las celebraban' [...] Casi tan valiosa como la anterior es
la segunda, más breve y quizá más gustosa de leer [...] El mismo autor la llamó *Calendario
Antiguo*, y es por cierto una de las más claras exposiciones del sistema cronológico de los
mexicanos, así como la descripción más regocijada de las fiestas [...] Tercer y la más larga,
contenida en setenta y ocho capítulos, algunos de dimensiones considerables, es la *Historia*
propiamente dicha, y en la que tenemos resumida la documentación, oral y escrita, acerca
de los pueblos circunvecinos del lago" (*Historia de la literatura* II: 51-52).

[29] Fue escrita hacia finales del siglo XVI y publicada por el historiador mexicano García
Icazbalceta en el siglo XIX (1870).

parte, saqueando la información etnográfica de fray Andrés de Olmos. En este capítulo afirmaba que los 1.600 dioses caídos en la tierra y agrupados en siete cavernas sintieron que no tenían ningún hombre que los adorara y así pergeñaron un plan que consistía en robarle al capitán del infierno (Mictlan Tecutli) un hueso de los muertos pasados para poder crear la primera humanidad. Uno de estos dioses (Xolotl) fue al infierno y robó este hueso sagrado que se rompió en muchas partes (de ahí que la humanidad tenga diferentes estaturas y formas) en el camino a causa de la persecución de Mictlan Tecutli, que al parecer no había dado permiso para la extracción del hueso sagrado. Una vez juntados los pedazos del hueso roto, Xolotl "Llegó donde estaban los dioses sus compañeros y echado todo lo que traía en un lebrillo o barreñón, los dioses y diosas se sacrificaron sacándose sangre de todas las partes del cuerpo (según después los indios lo acostumbraban) y al cuarto día salió un niño; y tornando a hacer lo mismo, al otro cuarto día salió la niña: y los dieron a criar al mismo Xolotl, el cual los crió con la leche de cardo" (Edición de Chávez 84). Es evidente en este relato cómo Mendieta hacía un esfuerzo creativo por homologar la creación del primer hombre/mujer indígena con el mito adánico, por ejemplo, ambas creaciones eran obras divinas, en ambas creaciones intervenía un hueso (recordemos a Eva), sin embargo sentimos que hay un resto irreductible del relato cosmogónico indígena que ni Mendieta ni Olmos pudieron controlar, por ejemplo, que los huesos provenían de un inframundo al que los curas católicos llaman "infierno", que no se trató de la creación de un dios monoteísta sino de 1.600 dioses, que hay un acto sacrificial de los dioses al momento de la construcción del primer hombre con derramamiento de sangre, etc. De todos modos, este intento de homologación fallido tenía por objetivo probar la *universalidad monogenética* de la humanidad para incluir a los indígenas en un tronco racial común con el cristianismo y reafirmar la noción adánica del origen común del hombre.

Les era imposible a los franciscanos controlar el relato cosmogónico indígena que, dependiendo de sus informantes, de los diversos lugares en los cuales se llevaba a cabo la tarea etnográfica y las diversas etnias, tendía a divergir. En algunos casos, los informantes y las "pinturas" narraban una genealogía de la humanidad totalmente distinta entre pueblo y pueblo. Esta proliferación cosmogónica enfurecía a los evangelizadores, puesto que les impedía realizar una clasificación del saber indígena; este saber se hacía difuso, inaprensible y se convertía en un vector de fuga que ponía en jaque las técnicas etnográficas para la extracción de información. El propio Mendieta, tratando de lidiar con estas divergencias, afirmaba que las narraciones cosmogónicas de los indígenas no eran sino "ficción y mentira" (Edición

Chávez 88). Ponía como ejemplo de estas "ficciones" las pinturas de Tex-coco, que contaban "otra" genealogía de la creación del primer hombre:

> Y lo que después en pintura mostraron y declararon al sobre-dicho Fr. Andrés de Olmos, fue que el primer hombre de quien ellos procedían había nacido en tierra de Aculma, que está en término de Tezcuco dos leguas, y de México cinco, poco más, en esta manera. Dicen que estando el sol a la hora de las nueve, echó una flecha en el dicho término e hizo un hoyo, del cual sa-lió un hombre, que fue el primero, no teniendo más cuerpo que de los sobacos arriba, y que después salió de allí la mujer entera; y preguntados como había engendrado aquel hombre, pues él no tenía cuerpo entero, *dijeron un desatino y suciedad que no es para aquí*, y que aquel hombre se decía Aculmaitl, y que de aquí tomó nombre el pueblo que se dice Aculma, porque aculli quiere decir hombro, y maitl quiere decir mano o brazo, como cosa que no tenía más que hombros y brazos, o que casi todo era hombros y brazos, porque (como dicho es) aquel hombre primero no te-nía más que de los sobacos arriba, según esta *ficción y mentira* (Edición Chávez 88; énfasis míos).

Es claro que, al no haber ningún punto homologable con la Biblia, el relato no pudo ser clasificado sino como una "ficción" y una "mentira". Se trataba de un relato de tipo teratológico en donde el primer hombre se parecía más a un monstruo que a un humano y donde el principio de engendramiento estaba dado por un astro y no por una deidad, como veíamos en el relato anterior. Esto nos permite entender el proceso de selección etnográfica de los evangelizadores y al mismo tiempo nos hace reflexionar sobre cuántos relatos habrán sido descartados (no preservados) por haber sido considera-dos como "ficciones" y "mentiras" contadas con "desatino" y "suciedad". Estas divergencias etnográficas son el resultado directo de la propia hete-rogeneidad étnica y cultural del mundo indígena, una heterogeneidad que era señalada por el mismo Mendieta al intentar, como Motolinía, narrar el origen de los indígenas mexicanos:

> [H]abré de decir lo que del indiano linaje se puede alcanzar, que como de nuestro libros divinos ni profanes se pueda sacar, será lo que de las relaciones que los mismo indios viejos en el prin-cipio de su conversión dieron [...] Verdad es que viniendo los religiosos y otros españoles seglares curiosos a examinar una misma cosa en diversas provincias, *hallaban diversas relacio-nes*, como acaeció en esta materia de saber de dónde vinieron

estos naturales mexicanos, y texcucanos, y tlaxcaltecos, *sobre lo cual ha habido muy diferentes opiniones* (Edición de Chávez 157; énfasis mío).

Más tarde, el "racionalismo" del jesuita Acosta negaba el automatismo del pensamiento analógico que habían utilizado previamente los frailes mendicantes. Así, por ejemplo, además de clausurar la hipótesis hebraica, desechaba la idea de que el "diluvio" del que hablaban los indígenas fuera el mismo en el que había participado Noé (*Historia* 63). No había forma empírica, según el jesuita, de probar las afirmaciones indígenas mediante una corroboración escrita: no había documentos fiables, ni una escritura que lo ratificara. Para Acosta, como para Mendieta y Olmos, los indígenas eran mentirosos y fabuladores:

> Mas ¿de qué sirve añadir más, pues todo va lleno de mentira y ajeno de razón? Lo que hombres doctos afirman y escriben es que todo cuanto hay de memoria y relación de estos indios, llega a cuatrocientos años, y que todo lo de antes es pura confusión y tinieblas, sin poderse hallar cosa cierta. Y no es de maravillar faltándoles libros y escritura, en cuyo lugar aquella *su tan especial cuanta de los quipocamayos*, es harto y muy mucho que pueda dar razón de cuatrocientos años (*Historia* 64; énfasis mío).

Fray Bernardino de Sahagún, en su *Historia general*, se expresaba en tono escéptico y pesimista no sólo sobre las verdaderas posibilidades de conversión indígena, sino también sobre las múltiples hipótesis del origen de los indígenas, inclinándose por la menos problemática —en sentido teológico—, la teoría bíblica sobre la descendencia adánica. Decía Sahagún en tono pesimista y escribiendo en una época de grandes epidemias, durante 1576: "Paréceme que poco tiempo podrá perseverar la Fe Católica en esta partes, lo uno es porque las gentes se van acabando con gran prisa, no tanto por los malos tratamientos que se les hacen, como por las pestilencias que Dios les envía" (III: 355). La interpretación antropológica de Sahagún, en vez de dividir en etnias diferenciadas a los indígenas, enmarcaba la genealogía de éstos en una descendencia directa y única con Adán, inaugurando de este modo una suerte de monogenismo racial evangélico, humanista y universal, como señala Phelan:

> El hecho de que españoles y portugueses encontraran finalmente un medio seguro de llegar a la gente de Asia y América, tuvo consecuencias trascendentales para el universalismo cristiano. La iglesia cristiana medieval pretendía ser universal, por su-

puesto. Todos los hombres tenían un origen y un fin común. Pero antes de la era de los descubrimientos la cristiandad era geográficamente parroquial, confinada a una parte bastante pequeña del mundo. Bajo el impacto de esta concepción, en el siglo XVI el panorama de la expansión cristiana se iluminó de repente. La cristiandad, por la primera vez, podía cumplir sus pretensiones universales a escala mundial (32).

Pagden ya ha señalado esta característica monogenética de la *congretatio fidelium* cristiana, señalando que el mito bíblico de Adán, como único progenitor de la humanidad, fomentó "que la idea de la unidad del género *homo sapiens* fuera esencial para la antropología y la teología, como lo había sido para la biología griega" (*La caída* 40). En este sentido, Sahagún señalaba:

> Del origen de esta gente la relación que dan los viejos es que por la mar vinieron, de hacia el norte, y cierto es que vinieron en algunos vasos de manera que no se sabe cómo eran labrados, sino que se conjetura que una fama que hay entre todos estos naturales, que salieron de siete cuevas, que estas siete cuevas son los siete navíos o galeras en que vinieron los primeros pobladores de esta tierra, según se colige por conjeturas verosímiles; la gente primero vino a poblar a esta tierra de hacia la Florida, y costeando vino y desembarcó en el puerto de Pánuco, que ellos llaman Panco, que quiere decir lugar donde llegaron los que pasaron el agua. Esta gente venía en demanda del paraíso terrenal [...] ¿para qué me detengo en contar adivinanzas? *Pues es certísimo que estas gentes todas son nuestros hermanos, procedentes del tronco de Adán*, como nosotros, son nuestros prójimos, a quien somos obligados a amar como a nosotros mismos (I: 30-31; énfasis mío).

En la *Historia general*, Sahagún aceptaba a regañadientes la interpretación mística y providencialista según la cual el Evangelio había sido predicado a los indígenas americanos con anterioridad a la llegada de los españoles y afirmaba que si ello había ocurrido, sin embargo, luego de un tiempo, tanto esos supuestos predicadores como los propios indígenas habían olvidado la doctrina y habían vuelto a la idolatría:

> Acerca de la predicación del Evangelio en estas partes, ha habido mucha duda si han sido predicadas antes da ahora, o no; y yo siempre he tenido opinión que nunca les fue predicado el

Evangelio, porque nunca jamás he hallado cosa que aluda a la Fe Católica, sino todo lo contrario, y todo tan idolátrico que no puedo creer que les haya sido predicado el Evangelio en ningún tiempo [...] Así que, digo concluyendo, que es posible que fuesen predicados, y que perdieron del todo la Fe que les fue predicada, y se volvieron a las idolatrías antiguas (III: 358-360).

Como vemos, el pesimismo radical de Sahagún sobre la posibilidad de conversión de los indígenas había, hacia el final de su vida y del siglo XVI, contaminado todo mito genealógico que pudiera eventualmente dar cuenta de la capacidad indígena para integrarse al tronco genético de la "humanidad" europea. En este mismo sentido, a comienzos del siglo XVII, un autor como Gregorio García (ca. 1561-1627), en su *Origen de los indios del Nuevo Mundo e Indias Occidentales* (1607), aunque mostrara las múltiples hipótesis sobre el origen indígena, e independientemente de su propio posicionamiento sobre dicho origen, dejaba muy en claro que esa descendencia no podía ser sino adánica: "Habiendo de tratar el origen y principio que tuvieron los indios que habitan en las Indias Occidentales y de qué parte pudieron ir a ellas, es necesario suponer tres cosas, que son como fundamentos sobre quien se ha de fundar el edificio y máquina de este libro. El primer fundamento es de fe católica, conviene a saber, que todos cuantos hombres y mujeres hubo y hay desde el principio del mundo proceden y traen su principio y origen de nuestros primeros padres Adán y Eva" (67).

Sin embargo, conectar a los indígenas con Adán y con Eva no fue tarea sencilla, ¿por dónde habían llegado los indígenas? Aquí es donde desempeñó un rol fundamental la teoría de José de Acosta. Esta hipótesis sugería —al igual que la moderna paleontología— que los indígenas americanos habían llegado por tierra. Pero antes de arribar a esa conclusión Acosta analizaba tres diferentes posibilidades y denunciaba que se veía forzado a aceptar la hipótesis adamita no tanto por acordar con ella como por no contradecir las Sagradas Escrituras: "la razón porque *nos hallamos forzados* a decir que los hombres de las Indias fueron de Europa o de Asia, es por no contradecir a la Sagrada Escritura, que claramente enseña que todos los hombres descienden de Adán" (54; énfasis mío). Según Acosta los indígenas americanos —que de acuerdo con la Biblia no podían ser americanos— sólo habrían podido pasar al Nuevo Mundo de dos maneras, una de las cuales se desdoblaba en dos opciones: o bien habían llegado por mar o bien por tierra. Si por mar, de dos modos: ya por voluntad propia ya expulsados por una gran tormenta. Sin embargo, luego de analizar la hipótesis marítima Acosta la desechó con una lógica muy simple: los antiguos hombres no conocían la brújula, a la cual Acosta designaba como "piedra imán" (47), y por ende era inverosímil que éstos hubieran llegado por mar. Finalmente, terminaba por suscribir la hipótesis de la vía terrestre:

> [...] el nuevo orbe, que llamamos Indias, no está del todo diviso y apartado del otro orbe. Y por decir mi opinión, tengo para mí días ha, que la una tierra [América] y la otra [Europa] *en alguna parte se juntan* y continúan o a lo menos se avecinan y allegan mucho [...] Así que ni hay razón en contrario, ni experiencia que deshaga mi imaginación u opinión, de que *toda la tierra se junta y continúa en alguna parte*; a los menos se allega mucho. Si esto es verdad como en efecto me lo parece, fácil respuesta tiene la duda tan difícil que habíamos propuesto, cómo pasaron a las Indias los primeros pobladores de ellas, porque se ha de decir *que pasaron no tanto navegando por mar como caminando por tierra*. Y ese camino lo hicieron muy sin pensar mudando sitios y tierras su poco a poco, y unos poblando las ya halladas, otros buscando otras de nuevo, vinieron por discurso de tiempo a henchir las tierras de Indias de tantas naciones y gentes y lenguas (55-56; énfasis mío).

Pagden señala que la teoría genealógica de Acosta era simple y económica al postular la existencia de un "paso entre Europa y América por lo que actualmente es el estrecho de Bering. Pensaba que los indios habían emigrado por Tartaria a lo que actualmente es Alaska y después empezaron su larga migración hacia el sur por el continente americano, en busca de áreas de asentamientos favorables" (*La caída* 256).[30] Afirmaba el jesuita: "Mas al fin, en lo que me resumo es que el continuarse la tierra de Indias con estas otras del mundo, a lo menos estar muy cercanas, ha sido la más principal y más verdadera razón de poblarse las Indias; y tengo para mí que el Nuevo Orbe e Indias Occidentales, no ha muchos millares de años que las habitan hombres, y que los primeros que entraron en ellas, más que eran hombres salvajes y cazadores que no gente de república y pulida" (63). Las ideas de Acosta sobre la genealogía del mundo indígena tuvieron continuidad en la interpretación de la ciencia paleontológica moderna, como ha señalado Lafaye: "La idea, todavía ampliamente difundida entre los paleontólogos modernos, de que América no ha tenido poblaciones autóctonas y que todas sus poblaciones tienen un origen exótico, se remonta al siglo xv y se nos

---

[30] La postura teórica de Pagden sobre la genealogía indígena en Acosta —y sobre otros puntos importantes del libro de Pagden— ha sido duramente criticada por Gordon Brotherston, autor que ha señalado cierto eurocentrismo en el autor ("Review" 510-12).

presenta como la secuela de una antropología vacilante y una cosmología abandonada" (*Quetzalcóatl* 87). Sin embargo, de acuerdo con Benjamin Keen en su ya clásico *The Aztec Image in the Western Thought* (1971), la hipótesis de Acosta ya había sido planteada por el médico protestante y pastor francés Urbain Chauveton. Chauveton, de acuerdo con Keen, no fue un mero propagandista en contra de España, sino que además fue un erudito y conocedor de las fuentes hispánicas sobre la Conquista, un crítico de la obra de López de Gómara y un defensor de Minaya y Las Casas. Ofreció Chauveton su propia visión sobre el origen de los indígenas americanos a quienes reportaba como originarios del este de la India, y para plantear esta hipótesis sugirió la existencia de un paso terrestre: "He offered his own view, which anticipated by ten years the position of José de Acosta in his *Historia natural y moral de las Indias* (1590). Chauveton suggested that the Indians had come to the New World from 'East India' (Asia) over land bridge connecting the two continents where they approached each other in the north; if the were separated, it must have been by a very narrow strait that could easily be navigated" (145). Pagden, al igual que Keen, también señala que Acosta no fue el primero en plantear la hipótesis de un puente de tierra, ya que "En el planisferio de Giacomo Gastaldi de 1550 aparece un paso de tierra, aunque tanto Ortelius como Mercator negaron su existencia" (*La caída* 256). Paralelamente a estas afirmaciones, Acosta despreciaba la versión de la cosmogonía que daban los propios indígenas alegando que la misma era realmente inútil ya que "más parecen sueños los que refieren, que historias" (*Historia* 63).

Podríamos decir que Acosta intentó clausurar dos líneas genealógicas importantes del siglo XVI y que inició una nueva. Por un lado, aunque coqueteaba con la idea de los gigantes, canceló cualquier operatividad del archivo teratológico clásico. Por otro lado, liquidó la hipótesis hebrea y terminó adhiriéndose a la hipótesis menos conflictiva y ajustada al canon católico sobre la monogénesis de la humanidad. Esta postura, en teoría, y en términos de sus posibles efectos políticos, era menos nociva para los indígenas americanos, ya que si bien los mantenía en un nivel de destemporalidad con relación a sus opresores coloniales, al menos, los hacía hermanos en la tradición filial de la gran familia cristiana universal como hijos de un mismo padre, Adán.

Coda

Más allá de todas estas especulaciones y contradicciones teoantropológicas, la hipótesis que terminó aceptando tanto la Escuela de Salamanca como la Corona española, propuesta originariamente por Bartolomé de Las Casas, fue que la humanidad era una sola, como señala Hanke:

> Las Casas hizo una contribución sustancial para el desarrollo de una de las más importantes hipótesis jamás presentadas, o sea, la teoría de que los indios descubiertos por el empuje de España a través de las tierras del *Nuevo Mundo* no eran ni bestias, ni esclavos por naturaleza, ni criaturas imberbes con una comprensión limitada, sino hombres capaces de ser cristianos, con derecho a gozar de su propiedad, de su libertad política y de su dignidad humana y que además debían ser incorporados a la civilización cristiana de España, no esclavizados ni destruidos (*Bartolomé* 98-99).

Mientras el incierto origen de los indígenas americanos y su genealogía antropológica, permaneció durante todo el siglo XVI, y buena parte del XVII, en el campo de las más disputadas hipótesis teológicas entre los intelectuales españoles, por su parte, la comprobación de la dirección teleológica de la historia de Occidente y la justificación religiosa de la presencia europea en el *Nuevo Mundo* fueron menos discutidas. Como ha señalado Martínez Terán: "Tras el relato colonial de los orígenes no había tanto una cuestión de ciencia ni sólo un trasnochado afán de alcurnia, sino un problema político: la refundación de la soberanía y su derecho, es decir, de la dominación, en la ficción teológica que favorecía a España" (139-140). El surgimiento de la Contrarreforma y las prácticas de vigilancia y control de la Inquisición dieron bases más sólidas para pensar en una batalla religiosa de carácter global que debía lucharse tanto contra Lutero en Europa como contra el demonio en América.[31]

---

[31] Dice Ricard: "Téngase presente, en fin, que el periodo cuyo estudio emprendemos es el mismo de la Reforma y la Contrarreforma que conmueven a Europa: pisaron tierra mexicana los Doce Apóstoles dos años después de la condenación de Lutero y de su rebelión contra la Iglesia, y el Concilio de Trento se celebró entre 1545 y 1563" (103). En este sentido la noción misma de "mesías" que proponía la tradición judeocristiana apoyada en un concepto de base como el de *Providencia* en la historiografía de la época, suministró las herramientas teóricas para la justificación religiosa de la conversión y ocupación del *Nuevo Mundo*.

La etnografía evangélica, la historiografía oficial y también la crónica, fueron espacios narrativos que permitieron la especulación etnoteológica y la acomodación de la tradición religiosa occidental a la lectura de la realidad indígena. Al mismo tiempo, estas etnografías funcionaron como contraposición y desacreditación de la tradición histórica indígena y de sus modos específicos para inscribir la tradición ancestral (quipus, códices, etc.). La utilización de las analogías de la tradición bíblica y los debates internos de la intelectualidad misionera son el origen de una nueva cartografía étnica que alcanzará su máximo esplendor con los pensadores de la Ilustración durante el siglo XVIII.

Finalmente, podemos afirmar que la genealogía antropológica de este discurso etnográfico no sólo les negó legitimidad a los modos indígenas de narrar su propia historia, como vimos en Durán, Mendieta y Acosta, sino también el derecho a reclamar su propia pertenencia al suelo que habitaban; una doble negación que justificó la ocupación colonial, la implementación soberana del imperio y la tarea evangelizadora sobre de la América indígena.

Capítulo II

El caleidoscopio colombino: utopía, traducción lascasiana y etnografía caníbal

Veramente abalumado con esta grande vitoria, pleje a Dios se redusgan los disfamadores de mi honra, que con tanta deshonestidad y malicia han fecho burla de mi e disfamando mi empresa sin coñoscimiento de mi dezir.

Cristóbal Colón.
"Fragmento de un escrito" (Varela 138)

Este capítulo explora el primer viaje colombino como instancia saliente de las primeras representaciones sobre el indígena americano. Analizo en el *Diario* del primer viaje de Colón y en algunas cartas dos puntos específicos: 1) la construcción arcádica de América como emplazamiento de una nueva utopía etnográfica y política y, 2) la invención del *buen salvaje* y su otro complementario (el caníbal) mediante estrategias específicas de semiótica interpretativa o ventriloquia (gestos, señas, indicios), invención esta última que sirvió para formular una representación utilitaria del indígena caribeño como argumento de su ulterior esclavitud y, en últimas, como justificación de la Conquista. Al mismo tiempo, la exploración de estas instancias se hace teniendo en cuenta la mediación lascasiana en la escritura colombina El objetivo del capítulo es poner de relieve las fluctuaciones, dudas y reacomodaciones del primer *discurso etnográfico* de la Conquista. Intentaré mostrar que este primer discurso sobre el indígena americano está atravesado por una tensión entre el deseo colonial, la intervención lascasiana, la resistencia contracolonial indígena y las reacomodaciones de los archivos culturales de la cultura europea como filtros para la interpretación de la realidad caribeña. El discurso etnográfico colombino se configura de este modo como un gran caleidoscopio a través del cual el indígena se nos muestra en fragmentos especulares y cambiantes, en enunciados ambiguos, paradójicos y hasta contradictorios, por medio de líneas discursivas (orientalismo, medievalismo, invención de la maravilla y la utopía) que se superponen, se clausuran y por momentos se suplementan pero que finalmente acaban funcionando como justificación de la invasión colonial.

1. Etnografía y utopía mercantil

La descripción etnográfica inaugural del indígena americano que aparece en el *Diario* del primer viaje de Colón, correspondiente al viernes 12 de octubre, se introduce a través de la mediación de la voz editorial lascasiana:

> Esto que sigue son palabras formales del Almirante en su libro de su primera navegaçión y descubrimiento d'estas Indias Yo, dize él, "porque nos tuviesen mucha amistad, porque cognosçí que era gente que *mejor se libraría y convertiría a nuestra sancta fe con amor que no por fuerça,* les di a algunos d'ellos unos bonete colorados y unas cuentas de vidrio que se ponian al pescueço, y otras cosas muchas de poco valor, con que ovieron mucho plazer y quedaron tanto nuestros que era maravilla" (110; énfasis mío).

Así, en el primer encuentro del "descubrimiento", Las Casas introduce el móvil político que sería el *leitmotiv* de toda su campaña proselitista a favor de los indígenas y en contra de los encomenderos: que los primeros fueran evangelizados y tratados con amor, dulzura y no con fuerza, como claramente lo dejaba expresado en la conclusión del libro primero de su *De Unico Vocationis Modo* [*Del único modo de atraer a todos los pueblos a la verdadera religión*]: "Única, sola e idéntica para todo el mundo y para todos los tiempos fue la norma establecida por la divina Providencia para enseñar a los hombres la verdadera religión, a saber: persuasiva del entendimiento con razones y suavemente atractiva y exhortativa de la voluntad. Y debe ser común a todos los hombres del mundo, sin discriminación alguna de sectas, errores o costumbres depravadas" (17).[1] Ésta es, sin embargo, una idea que poco le importaba a Colón, quien en su memorial a Antonio Torres (1494) proponía a los reyes intercambiar indígenas por ganado para acelerar la prosperidad económica de la isla Española:

> Sus Altezas podrán dar licencia e permiso a un número de carabelas suficiente que vengan acá cada año, e trayan de los dichos ganados e otros mantenimientos e cosas de poblar el campo e aprovechar la tierra, y esto en precios razonables a sus costas

---

[1] Éste fue el primer tratado que escribió Las Casas luego del fracaso de su modelo idílico de evangelización con labriegos españoles durante 1521. El método de profesar la evangelización por medios pacíficos lo ensayaría más tarde, con éxito relativo y efímero, en tierras guatemaltecas. El texto del tratado fue publicado por primera vez en México en 1942.

de los que les truxieren, *las cuales cosas se les podrían pagar en esclavos d'estos caníbales*, gente tan fiera e dispuesta e bien proporcionada de muy bien entendimiento, los cuales quitados de aquella inhumanidad *creemos que serán mejores que otros ningunos esclavos* (Varela 261; énfasis mío).

Esta estrategia esclavista la encontramos tempranamente en el *Diario* del primer viaje, dos días después del arribo del Almirante a las islas caribeñas: "esta gente es muy símplice en armas, como verán Vuestras Altezas de siete que yo hize tomar para le llevar y deprender nuestra fabla y bolvellos, salvo que Vuestras Altezas cuando mandaren puédenlos todos llevar a Castilla o tenellos en la misma isla cautivos, porque con cincuenta hombres los terná<n> todos sojuzgados, les hará<n> hazer todo lo que quisiere<n>" (14 de octubre, 113). Aquí la clasificación etnográfica colombina nos muestra gente "simple", sin armas y por ende fácil de controlar y sojuzgar.[2] Margarita Zamora ha señalado que la retórica del primer *Diario* obedece a los mandatos del contrato de Colón con los Reyes Católicos, esto es, las famosas *Capitulaciones de Santa fe* en las que se le ordenaba a Colón tomar posesión, gobernar y comerciar:

> In this document [*Capitulaciones*] Colombus was commissioned to discover, take possession, govern, and trade in whatever islands and mainland he might fin don his voyage. Remarkable absent from that document are any references to evangelization or diplomacy as goals of the Enterprise. The *Capitulaciones* dictate political domination, through the use of force if necessary, in order to facilitate economic exploitation of oriental markets ("If Cahonaboa" 191).

No obstante, ello no implica que el Almirante, como cristiano en una época marcada por el entusiasmo religioso, no hubiese querido o deseado la conversión de los indígenas, sino que la motivación mercantil, al menos en el primer viaje, primaba por sobre sus inclinaciones evangélicas, como señala Pastor: "Colón era —y no hay que olvidarlo— el comerciante genovés, firmemente decidido a materializar sus sueños transformándolos en sólido y lucrativo negocio" (4). El propio Almirante refiere el 15 de octubre que

---

[2] Más tarde volveremos a encontrar estas nociones de cautiverio y secuestro de indígenas en la *Relación* del segundo viaje: "Bea V. Al. si se abrán de captivar, que creo que después cada año se podrán aver d'ellos y de las mujeres infinitos. Crean que cada uno baldría más (que) de tres negros de Guinea en fuerza y ingenio, como berán por los presentes que agora enbío" (250).

"mi voluntad era de no passar por ninguna isla de que no tomase possesión, puesto que, tomando de una, se puede dezir, de todas" (114). Como dato anecdótico baste saber que el significante "oro" aparece mencionado en el *Diario* del primer viaje 146 veces, triunfando claramente sobre la emergencia de otros como "fe" o "Dios". De hecho, el más reciente libro sobre las navegaciones de Colón escrito por Nicolás Wey-Gómez titulado *The Tropics of Empire* (2009), especifica claramente que el objetivo de Colón y su direccionamiento estratégico hacia el sur obedeció a una necesidad puramente económica de encontrar oro y esclavos: "He [Columbus] appears to have been poised to descend toward these lower latitudes [toward south] in order to harvest his first slaves on the 'Indian' side of the tropical Atlantic" (22). Por ello, resulta curioso que Todorov se haya dejado convencer por el *discurso providencialista* de Colón-Las Casas y que haya aceptado, un tanto acríticamente, que el verdadero móvil de Colón era "la victoria universal del cristianismo, éste es el móvil que anima a Colón, hombre profundamente piadoso (nunca viaja en domingo)", aunque líneas más adelante reconozca que "la necesidad de dinero y el deseo de imponer al verdadero Dios no son mutuamente exclusivos" (20). De hecho, Todorov no es consciente de la intervención lascasiana, o al menos no menciona dicha intervención en tanto que trabajo de edición, manipulación y corrección del texto colombino, aunque cita a Colón desde la *Historia* del dominico.[3] Con esto no quiero decir que exista un único y exclusivo propósito para los viajes colombinos; suponer esto sería desconocer el trasfondo histórico de la Europa colombina, pero creo pertinente afirmar que la primera utopía colonial fue la del enriquecimiento personal, utopía basada en una etnografía que reconoce en el indígena una mano de obra esclava y, al principio, poco conflictiva. Sin embargo, también me interesa señalar que los discursos religiosos y comerciales, no son elementos desconectados o excluyentes, de hecho, ambos pueden pensarse como líneas ideológicas suplementarias y complementarias que por momentos se superponen predominando una sobre otra en el discurso colombino.[4]

---

[3] Para una crítica más aguda y profunda de Todorov se puede consultar el libro de José Rabasa titulado *De la invención de América. La historiografía española y la formación del eurocentrismo* (52-53).

[4] Peter Hulme lee en el *Diario* colombino dos líneas argumentales en conflicto que hacia el final del primer viaje se van separando hasta que una se impone sobre la otra. La primera se asocia con el comercio genovés del Mediterráneo y el discurso orientalista de Cathay y el Gran Can. La otra se asocia con el expansionismo de Castilla y el discurso del salvajismo a lo Heródoto, el del "oro salvaje" y los "caníbales", dice Hulme: "The discourses which conflicts

Si la "conquista espiritual", como la ha nombrado Robert Ricard (1933), hubiera sido el objetivo de la expedición colombina, resulta muy curioso que el Almirante no hubiera llevado consigo ni un solo representante religioso a bordo en su primer viaje.[5] Obsesionado por la búsqueda de riquezas y el oro de Cipango, la voz del *Diario* descuida los asuntos relativos a la fe en reiteradas oportunidades. Hay largos pasajes en los que el móvil evangélico queda desplazado y es sustituido por el inventario material (oro, perlas, canela, almaciga, lignáloe, plata, piedras preciosas, cobre) y es en esos momentos en los que la intervención lascasiana se hace presente repitiendo el móvil de la conversión y corrigiendo el rumbo mercantilista del relato. De hecho, en la "Carta" a Santángel, en orden cronológico, se hace primero un *inventario colonial* en el que se despliegan los potenciales beneficios para la Corona y, recién después de haber mostrado estas posibilidades económicas, comienza Colón su etnografía, en la cual incluye (luego de hablar sobre la docilidad indígena) las potencialidades para su conversión: "Y allende d'esto se farán cristianos, que se inclinan al amor e servicio de Sus Altezas y de toda la nación Castellana [...] Y no conocían ninguna seta ni idolatría, salvo que todos creen que las fuerças y el bien es en el cielo, y creían muy firme que yo con estos navíos y gente venía del cielo" (142).

Analicemos la construcción arcádica de la naturaleza americana en la escritura colombina para comprender la importancia de la descripción del *inventario colonial* en la construcción de una utopía mercantilista. Este eje conceptual merece un análisis específico, ya que ocupa un lugar central en

---

within the text of the Journal are therefore imbricated with, and not finally comprehensible apart from, these commercial concerns. Oriental discourse was the only available language in which the project of Genoese commerce could find its articulation. The Herodotean discourse of savagery which, in however refracted a way, deals with issues of disputed land and fractious indigenes, was appropriate to an emergent Castilian expansionism which had already begun its westward translation with the conquest of the Canary Island and their native Guanches, probably a more significant precedent to their American adventure than the less clearcut relationship with Andalusian Islam" (36-37).

[5] De acuerdo con Dussel: "Ningún sacerdote figuraba entre los compañeros de Colón en su viaje de 1492. Fue fray Bernal Boyl, religioso de confianza de los Reyes Católicos, el primer sacerdote que llegó a América y por la Bula *Piis fidelium* se le concedieron los mayores poderes. Muy pronto su autoridad —como ocurrirá siempre en el futuro— se enfrentará a la de Colón (que representaba a la Corona), y regresará a España en 1494. Fray Boyl dejó dos hermanos legos que regresaron igualmente en 1499. La evangelización de la isla de Santo Domingo comienza en 1500 con el envío de la misión franciscana, que en 1502 se verá aumentada con 17 nuevos religiosos. En 1505 los franciscanos crean la misión de las Indias Occidentales" (*Historia* 63).

la narrativa de los primeros conquistadores y dará paso a un sinnúmero de proyecciones ideales que harán posible, entre otras cosas, la comparación y homologación entre la Edad de Oro de la Antigüedad, la invención literaria de sociedades utópicas e igualitarias en la intelectualidad europea, la asociación de la Arcadia primitiva con el Paraíso Terrenal y, en Las Casas, hará posible también la representación del mundo indígena en términos de un *primitivismo ideal* destruido por la invasión europea.[6] Como ha señalado Morison: "[P]ara los intelectuales de Europa parecía que Colón había retrocedido varios milenios, y había encontrado gentes que vivían en la Edad Dorada, esa brillante mañana de la humanidad que existió sólo en la imaginación de los poetas. El descubrimiento de Colón permitió a los europeos ver a sus antepasados como fueron, en un 'estado de naturaleza'" (339).

Desde la idílica colonización de labriegos propuesta por Las Casas en tierras venezolanas (Cumaná 1521), empresa que terminó en un completo fracaso,[7] hasta el regreso a la naturaleza que proponía Jean-Jacques Rousseau (1712-1778) en su alegoría pedagógica titulada *Emilio o de la educación* (1762), la búsqueda de la utopía se repite insistentemente entre los intelectuales europeos y reaviva una serie de ideas propias de los pensadores de la Antigüedad que habían sido redescubiertos y revalorados desde el Renacimiento en adelante.[8] Estas ideas darán lugar a proyectos políticos y

---

[6] Como afirma Beatriz Fernández Herrero: "Este canto a la naturaleza se hace retomando los temas clásicos, como es el de la Arcadia, con la consiguiente idealización de los pueblos primitivos y la nostalgia de la perdida Edad de Oro, que dará origen a la idea del 'Buen Salvaje' por parte de muchos autores. El mito del Buen Salvaje, en esencia, alaba la pureza de costumbres de los primitivos. Entonces surge un movimiento utópico que representa el estado de naturaleza como el no degradado, el no corrompido por la civilización, con sus desigualdades, sus ambiciones, sus odios. Y si los Buenos Salvajes son más libres, más sanos y más felices que los pueblos civilizados, ¿con qué derechos pueden estos dominarlos?" (84).

[7] Cuenta Hanke que "La primera proposición para la cual Las Casas ganó aprobación real fracasó completamente cuando fue puesta a prueba. Su plan, que fue la culminación de muchos años de agitación en la Corte, era colonizar, en 1521, la costa norte de Venezuela, entonces llamada Tierra Firme, con labriegos españoles, que podrían cultivar el suelo, tratar a los indios benévolamente, y así sentar las bases para una comunidad cristiana ideal en el *Nuevo Mundo*. La colonial sufrió tan completo y humillante fracaso, que Las Casas se retiró a un monasterio, entró en la orden de los dominicos, y por casi diez años se abstuvo de participar en los negocios del mundo" (*Bartolomé* 25).

[8] De acuerdo con Nicolás Figueroa García-Herreros, Rousseau inventa la ficción del *hombre natural* con el objetivo de realizar una crítica a la modernidad europea: "Para el hombre natural no habría necesidad de ir a buscar donde otros hombres lo que requeriría para su supervivencia. Son estas virtudes las que no encontramos en las sociedades

a críticas sociales de la propia Europa. Manuel Alcalá, en su "prólogo" a la *Utopía* de Moro, comenta que

> Es muy del Renacimiento el anhelo de un mundo libre de impurezas. De ese afán nacen la *Querella de la paz* (1529) de Erasmo y la *Concordia y discordia en el linaje humano* (1529) de Juan Luis Vives que son utopías político-pacifistas ambas. Nacen también del propio Vives *Del socorro de los pobres* (1525), que es su utopía social, y *De las disciplinas* (1531), que es su utopía pedagógica. Nacen, igualmente, el *Diálogo de doctrina cristiana* (1529) de Juan de Valdés, que es la utopía religiosa, y, de su hermano Alfonso, la utopía política en el *Diálogo de Mercurio y Carón* (1529). Continúa el afán en el siglo XVII en el que se escriben la *Christianópolis* (1619) de Juan Valentín Andrea, la *Nueva Atlántida* (1627) de Francis Bacon, *La ciudad del Sol* (1637) de Tomasso Campanella, *La historia de los Sevarambes* (1672) de Denis Varaisse d'Allais. En el XVIII sigue con la ilusión y nos da su utopía pedagógica con el *Emilio* (1762) de Juan Jacobo Rousseau, el famoso *Candide* (1759) de Voltaire, las *Memorias del año 2500* (1772) de Louis Sebastián Mercier, la *Descripción de Spensonia* (1795) de Thomas Spence (xxii).

América fue uno de los disparadores imaginarios de esta larga serie de propuestas utópicas que aspiraban a "una sociedad igualitaria, transpuesta a los tiempos anteriores al feudalismo y al esclavismo, proyectada al margen de la historia" (Puiggrós 28). En este sentido, Antonello Gerbi señalaba la correlación entre el término *Nuevo Mundo* acuñado por Pedro Mártir de Anglería y la emergencia de un pensamiento primitivista que buscó en América la virginidad, lo no contaminado y la pureza de los comienzos:

> A classical and Christian aspiration, rooted in the mists of time, found its fulfillment in this world beyond the seas, endowing it with an ideological and necessary newness to which the date of discovery served merely as an opportune pretext, as empirical justification. In this sense Vasco de Quiroga could write in

---

modernas que Rousseau critica y las que, en su ausencia, harían dado paso a relaciones de desigualdad que en el orden natural no tendrían cabida [...] Tal sería el tipo de sociedad propio de la modernidad, en el cual la pérdida de la libertad se expresa en la desigualdad evidente en la que viven los hombres [...] Rousseau recurrió a la ficción del hombre natural para mostrar al hombre moderno cuan degradada se encuentra la sociedad actual, en la que las relaciones de dependencia mutua son la principal característica" ("Introducción" 3-54).

> 1535 that "this world over here is rightly called a New World, no because it was newly found, but because in its people and in almost everything it resembles the world of the first age, the golden age" —new, therefore, because virgin, uncontaminated, pure, and sparkling (261).

La imagen de un "salvaje" anterior al advenimiento de la civilización, de las guerras, del trabajo, junto con las representaciones de una naturaleza pródiga en bondades, con tribus de "hombres naturales" que no conocían la propiedad privada, la religión, las armas y el metal, reavivó la imaginación que Pluvio Ovidio Nasón (43 a.C.-17 d.C.) había plasmado en sus *Metamorfosis* (8 a.C.). El objetivo que perseguía Ovidio con sus hexámetros era presentar al lector una cosmogonía, esto es, un relato mítico que explicara el origen del mundo, su estructura y posterior desarrollo.[9] Siguiendo este propósito, Ovidio, en el Libro I, dividía la historia del mundo en diferentes etapas o edades: 1) la *Edad de Oro*: aparentemente autocreada y gobernada por Saturno. Edad de bondades supremas carente de castigos y amenazas, donde no había disputas entre los pueblos, ni armas. Tampoco existía la necesidad de cosechar la tierra, puesto que la misma brindaba sus frutos sin necesidad de que se la trabajara; 2) La *Edad de Plata*: gobernada por Júpiter. Al separar Júpiter el año en estaciones, había obligado a los hombres a buscar refugio ya del calor ya del frío. Comienza así el almacenamiento y la cosecha; 3) la *Edad de Bronce*: mucho más cruel que las anteriores y 4) La *Edad de Hierro*: donde comienza la codicia del hombre y surgen los engaños y las mentiras. Aparecen la navegación, la minería, la guerra y los dioses abandonan la tierra (véase Libro I, vv. 5-779). Las imágenes idílicas de la Edad de Oro que construyó Ovidio fueron rápidamente asociadas con las crónicas sobre el *Nuevo Mundo*. No sólo las descripciones de Colón, sino también las de Amerigo Vespucci, contribuyeron a dar forma al mito del retorno a una edad sin guerras, sin trabajo y sin propiedad privada. En su *Mundus Novus* (1503-1504),[10] Vespucio describía sus impresiones sobre las nuevas tierras en términos de lo que podría considerarse como una Arcadia:

---

[9] En la "Introducción" a las *Metamorfosis*, Antonio Ramírez de Verger nos informa de que W. Ludwig consideraba la obra como "una historia universal en poesía, organizada cronológicamente desde la creación del mundo hasta la época de Augusto, esto es, desde los tiempos más remotos hasta los tiempos históricos pasando por los tiempos mitológicos" (24).

[10] Los textos de Vespucci, como ha señalado Luciano Formiciano, se dividen en dos grupos: a) relaciones impresas durante la vida del florentino y b) cartas familiares que no fueron publicadas hasta el siglo XVIII. De acuerdo con Formiciano, los textos alcanzaron repercusión internacional y por ello no es curioso que Tomás Moro haya leído una copia del

La tierra de aquellos países es muy fértil y amena, y abundante de muchas colinas, montes e infinitos valles, y regada por grandísimos ríos y salubérrimas fontes, y copiosamente llena de dilatadísimas selvas densas, y apenas penetrables, y de toda generación de fieras [...] Se producen allí innumerables especies de yerbas y raíces de las cuales hacen pan y óptimas viandas [...] Ninguna especia de metal allí se encuentra, excepto oro, el cual en aquellos países abunda [...] Y creo ciertamente que nuestro Plinio no haya tocado la milésima parte de la generación de los papagayos y del resto de los otros pájaros e igualmente animales que están en aquellos mismos países con tanta diversidad de figuras y de colores, que Policleto, el artífice de la perfecta pintura, habría fracasado en pintarlos (95-96).

Curiosamente, el creador de ese sofisticado instrumento legal de guerra llamado *Requerimiento* (1513), el jurista Juan López de Palacios Rubios, en su tratado titulado *De las Islas de Mar Océano* (ca. 1512-1516), reproducía en las islas del Caribe esa misma atmósfera de la Edad de Oro ovidiana, basándose para ello en lo que consideraba como "fidedignos" reportes etnográficos:

En estas Islas, según he sabido por fidedignas relaciones, se han encontrado hombres racionales, mansos, pacíficos y capaces de entender nuestra santa fe. No existía entre ellos la propiedad privada; poseían en común tierras situadas dentro de determinados límites, y en ellas plantaban ciertas raíces de hierbas, de las que usaban a manera de pan. Alimentábanse de peces y no de carne, excepto de la de algunos animalillos parecidos a liebres. Amaban como a hijo a las aves y animales domésticos y no se los comían, porque no pareciese que devoraban a su prole. Como nada consideraban propio ni eran codiciosos ni avaros, andaban desnudos sin sentir vergüenza. Habitaban mucho en una misma casa y tenían, a manera de matrimonio, una o varias mujeres (9).

Mundus Novus: "Tanto el *Mundus Novus* como la *Carta* tuvieron amplia circulación. Así, el primero, internacional por su veste lingüística, fue editado y reimpreso muchas veces, en Italia y en el extranjero [...] En cuanto a la *Carta*, trátase de un texto a la vez popular y erudito, ya que al intento de presentar un resumen de las navegaciones de Amerigo (entonces se decía un "librete") se aúna la propensión hacia lo novelesco y el detalle maravilloso o salaz" (15-16). Para explorar los problemas de autoría y atribución del texto a Vespucci o a un "falso Vespucci", el lector puede consultar, además de la excelente y sintética "Introducción" de Formiciano, los más completos estudios de A. Magnaghi (1934 y 1938) y H. Vignaud (1917).

Como ha indicado Rodolfo Puiggrós, los inventores de utopías de los siglos XVI y XVII invirtieron *La ciudad de Dios* [*De civitate dei contra paganos*] (c. 412-426) que había propuesto el obispo de Hipona, san Agustín (354-430), "al colocarla sobre la tierra y pensar en el *Nuevo Mundo*" (29). No es de extrañar que Tomás Moro (1478-1535) haya inspirado su *Utopía* (1516) en las descripciones paradisíacas de las *cartas* de Amerigo Vespucci (1454-1512), o que Tommasso Campanella (1568-1639) en *La ciudad del sol* (1602 [1623]) haya incorporado como personaje conceptual a un almirante que, al igual que él, provenía de Génova en una clara referencia a Colón. Michel Eyquem de Montaigne (1533-1592), en su célebre ensayo titulado "De los caníbales", aparente y engañoso panegírico del Nuevo Mundo y agria acusación moral del Viejo, también proponía, sin ser su tema central, una idealización de América que iba de la mano de un pretendido *relativismo cultural*: "podemos, pues, llamar bárbaros a aquellos pueblos respecto a la razón, pero no respecto a nosotros, que los superamos en toda suerte de barbarie" (I: 157).[11] Montaigne sugería, además, que el modelo de la *República* de Platón, podría haber encontrado en América su perfeccionamiento y realización ideal:

> Yo diría a Platón que en esa nación nueva no hay especie alguna de tráfico, ni conocimiento de las letras, ni ciencia de los números, ni riqueza, ni pobreza, ni contratos, ni sucesiones, ni partijas, ni otras ocupaciones que las descansadas, ni respeto de parentela, ni vestidos, ni agricultura, ni metales, ni vino, ni grano. Las palabras que expresan la mentira, la traición, el disimulo, la avaricia, la envidia, la difamación y el perdón son desconocidas ¡Qué lejos de esta perfección hallaría la república que concibió! (I: 154).

Claro que Montaigne exageraba conscientemente su idealizada y, como diría Jáuregui, *estacionaria* etnografía del Nuevo Mundo (*Canibalia* 264), pero lo que importa señalar es cómo el deseo de una Europa agotada por

---

[11] Jáuregui llama la atención sobre el pretendido *relativismo cultural* de Montaigne afirmando entre otras cosas que el relativismo cultural en tanto práctica ideológica es en sí mismo eurocéntrico, y agrega: "Demasiada atención sobre el supuesto relativismo cultural de Montaigne puede soslayar el hecho de que el ensayo no es un tratado de etnología ni una especulación abstracta sobre la barbarie. Lo central en Montaigne tampoco es el hecho de ver un mundo idílico en América, ni la aparición de un 'buen salvaje' edénico previo al Estado, el derecho y la propiedad, sino que ese 'buen salvaje' sea nombrado *caníbal* y esgrimido contra la Modernidad" (*Canibalia* 264).

guerras religiosas y en muchos casos deprimida económica, religiosa y moralmente, depositaba la utopía más allá de sus fronteras y construía tanto los índices de su propia felicidad como de una crítica interna de la "civilización" occidental en la idílica América y sus "salvajes".[12] De acuerdo con Keen, la crítica que Montaigne realiza de la Conquista española difiere, sin embargo, de todas las otras críticas (católicas y protestantes), por su tono absolutamente secular y enfrentado a la conversión religiosa: "Montaigne was silent on the subject of conversion; indeed, he applauded the struggle of the Indians in defense of their gods and altars. If the Indian had to be conquered, Montaigne would have preferred it done by other pagan peoples" (161). La invención de la Arcadia y el *buen salvaje* deben entenderse entonces, como ha señalado Hayden White al comentar la descripción de un grabado de 1505, como la proyección de un *deseo reprimido* de Europa, aduciendo que

> [...] if this description of Native Americans is and the manifest level of a dream, on the latent or figurative level it has all the elements of a nightmare. For the description contains no less than five references to violation of taboos regarded as inviolable by Europeans of that age: nakedness, community of property, lawlessness, sexual promiscuity, and cannibalism. This may be, in the European commentators, a projection of repressed desires into the lives of the natives (187).

Al igual que Montaigne y a través de la narración de su imaginario marinero, Rafael Hitlodeo, que en la fábula es presentado como uno de los acompañantes de Vespucci, Tomás Moro utilizaba su ciudad utópica para criticar al Viejo Mundo: "Y aun cuando Rafael vio en aquellas tierras recientemente descubiertas muchas instituciones muy poco razonables, en cambio anotó otras muchas en las que puede tomarse ejemplo para corregir los abusos que en nuestras ciudades, naciones, pueblos y reinos prodúcense" (15).[13] En am-

---

[12] De acuerdo con Kilgour: "While Montaigne still sees an absolute difference between 'us' and 'them', in a move anticipatory of some recent critiques, he turns the (dinner) tables to argue that the natural is superior to the artificial, the savage to the civilized. It is the natural man whose life has nobility and meaning: acts of real cannibalism are symbolic and therefore have a purpose and function, in contrast to European acts of violence which make no sense at all" (243).

[13] El personaje de Moro (Rafael) hace una crítica del Príncipe y de la expansión colonial al sugerir que: "los príncipes prefieren los asuntos militares [...] a las artes benéficas de la paz, y más se preocupan de conquistar, por buenas o malas artes, territorios nuevos, que de gobernar rectamente lo que ya poseen" (16).

bos casos (Montaigne y Moro) tanto el *idílico salvaje* como la exuberante naturaleza funcionaban como metáforas, como construcciones conceptuales, *artefactos culturales* (*Canibalia* 264) o *representaciones artificiales* (Bartra 1997) de las que el pensamiento europeo se valía para pensarse a sí mismo.[14] Es por ello que la importancia de la naturaleza y su descripción tendrán una múltiple funcionalidad en los *Diarios* y *cartas* del Almirante; cuyo impacto abarcará tanto las ideas evangélicas, las utópicas imaginerías de la Antigüedad, las ficciones teratológicas del Medioevo y las pretensiones mercantiles del expansionismo español.

Las construcciones discursivas del "salvaje" como doble, opuesto o jánico (bueno/inocente se opone paralelamente al malo/caníbal) son extremadamente complejas y ambas se complementan mutuamente en el *Diario*. El salvaje americano es la excusa o la metáfora (el tropo) que hace posible la circulación de unas ideologías (el eurocentrismo, la superioridad cultural) y de unas lógicas del deseo (riqueza, sexo, botín, etc.). Al mismo tiempo, estas construcciones son subsidiarias del proceso de interpretación y de los "malos entendidos" semióticos típicos del reduccionismo cultural de los conquistadores y sus procesos de ventriloquia. Por ello es posible afirmar que el "salvaje" colombino sólo puede entreverse en forma de caleidoscopio, en imágenes partidas y fragmentadas, ambiguas y contradictorias.

Cuando decimos *buen salvaje* no nos referimos a la invención rousseauniana del siglo XVIII, sino a su formulación embrionaria y genealógica que colaborará más tarde con la invención ilustrada de este concepto que, como afirma Jáuregui, "no es ni histórico ni etnográfico, sino un pretexto, una herramienta de pensamiento: un personaje conceptual" (*Canibalia* 331). Es posible afirmar con Morison que "El mito del 'salvaje virtuoso', que alcanzó su cumbre en el siglo XVIII, comenzó en Guanahaní el 12 de octubre de 1492" (339). La imagen del *noble salvaje* del siglo XVIII, aunque implica contradicciones y paradojas en la formulación interna de la identidad europea, aparece no obstante sin fisuras conceptuales en la representación de la otredad, esto es, como un todo perfecto y opuesto que acomoda la imagen al deseo y a la ideología de Occidente, y que expresa así el ansia europea por enunciar una utopía política de redención propia y no para los *Otros*. Su utilización figura-

---

[14] Otra referencia a América como tierra utópica e incontaminada fue realizada por el poeta francés Pierre de Ronsard (1524-1585), de acuerdo con Benjamin Keen: "The poet Ronsard depicted an Indian Utopia on the shores of Brazil. In his *Discours contre fortune* (1559), he appealed to Nicholas Durand de Villegagnon, an explorer of Brazil, not to carry the evils of European civilization to those blessed shores where men lived free from kings, Senate, private property, and lawsuits" (157).

da no se corresponde, como señala Hayden White, con una intención "real" de reivindicar la naturaleza del indígena americano, sino mejor por expresar la crítica interna de los resultados del proceso modernizador de la propia Europa. Asimismo, el origen del *buen salvaje*, de acuerdo con John Phelan, se corresponde con una visión angélica de la naturaleza del indígena que puede encontrarse tempranamente en "la tradicional imagen franciscana de la naturaleza humana, desarrollada alrededor del culto a la pobreza apostólica, a la simplicidad primitiva y al misticismo joaquinista" (100).

Pero si el *noble salvaje* de la Ilustración, aquél que se derivó del proceso de metaforización del Nuevo Mundo del que habla White funcionaba como autocrítica de la propia moral europea, el indígena *inocente* y el caníbal, el primer *salvaje* o *bárbaro* de las crónicas colombinas, en cambio, se corresponde con la necesidad de una autodefinición antropológica del *ego conquistador* europeo en relación con su propia tradición, con la delimitación periférica del orbe occidental (la exterioridad del mundo "civilizado") y, fundamentalmente, con la implementación de una utopía mercantilista que expresaba la ansiedad y el deseo por las riquezas. En este sentido, el debate sobre la naturaleza del indígena americano y sus atributos y esencias es "[...] much more illuminative of the confusion present in Europeans' minds over the nature of their own humanity then is either of the nature of the natives or the attitudes toward and the beliefs about natives held by Europeans" (White 189). A diferencia del "buen salvaje" ilustrado, el salvaje renacentista es ambiguo, confuso y doble: puede representar la proximidad angélica del Paraíso Terrenal y, simultáneamente, ser un enemigo que se come a los Otros y que practica ritos satánicos e idolátricos. De él se predicará la total bondad y la inocencia y contra él se ensayarán los diferentes modelos de *guerra justa*. Ambos paradigmas son etnocéntricos y funcionan dentro del horizonte ideológico de Europa, pero su función fue modificándose a través del tiempo y las aspiraciones políticas de la Modernidad. Como señala Roger Bartra:

> El mito [del hombre salvaje], esencialmente laico y profano, forma parte de una tendencia que aprovecha la materia mítica antigua y medieval para ampliar la noción secular de una base natural del comportamiento humano. Mucho después, en los siglos XVII y XVIII, las nuevas ciencias naturales asegurarán el avance impetuoso del mito, que se convertirá en una de las ideas motrices más poderosas de la modernidad. Pero para que ello pudiese suceder, el mito del salvaje realizó un lento trabajo de preparación de un terreno secular que permitiese pensar y sentir los problemas morales y políticos sin necesidad de acudir a las instancias sagradas. Para ello el mito tuvo que adaptarse a las

diversas texturas del gran tapiz de la cultura europea del siglo XVI: el salvaje renace como sátiro cariñoso, virtuoso luterano, místico iletrado, aldeano católico, monstruo bondadoso, ironía erótica, caballero gótico, furia pasional, antropófago o melancólico (*El salvaje artificial* 47).

Tengamos en cuenta que la formulación del *noble salvaje* de la Ilustración acontece en un momento en el que la implantación del colonialismo y sus consecuencias en América eran un hecho consumado, mientras que la formulación colombina del *salvaje* emerge en una etapa fundacional no sólo del *ego* conquistador europeo, sino además de la racionalización de sus procesos de expansión tanto cultural como política a la que nos referimos como *Modernidad colonial*. Sea como sea, tengamos presente que la etnografía siempre es un sustituto y sucedáneo de otra cosa, que ella es siempre la excusa, cambiante, evolutiva y regresiva, con la que Occidente, mediante la interpretación del Otro, se examina a sí mismo. Como ya ha sugerido Jáuregui, la etnografía siempre es un acto especular ("Brasil especular" 77).

Si en el caso de Montaigne el salvaje funcionaba, entre otras cosas, como la inversión del eje civilización/barbarie en la medida en que los verdaderos salvajes eran los civilizados europeos y que los civilizados eran verdaderamente los salvajes, por el contrario, en Colón, el indígena es un índice y un referente de "lo real" entrevisto a medias, cambiante, evanescente, errático, nómada, que se conjuga con el deseo conquistador. Su imagen se corresponde más bien con la de un caleidoscopio que gira constantemente produciendo versiones cambiantes y no con la de una representación pictórica, fija y estática que puede operar en un mero modelo de oposición binaria. Comparemos dos ejemplos del *Diario*, el uno correspondiente a los primeros días de la llegada, donde los indígenas son "fermosos", "mansos" y de miembros equilibrados, y el otro, al final de la travesía, en el que ya vemos la emergencia de un indio "disforme", "fiero" y bravo:

> Luego que amaneció, vinieron a la playa muchos d'estos hombres, todos mançebos, como dicho tengo y todos de buena estatura, gente muy fermosa; los cabellos no crespos, salvo corredíos y gruessos como sedas de cavallo, y todos de la frente y cabeça muy ancha, más que otra generación que fasta aya visto; y los ojos muy fermosos y no pequeños; y ellos ninguno prieto, salvo de la color de los canarios (13 de octubre, 11).

> Enbió la barca a tierra en una hermosa playa para que tomasen de los ajes para comer, y hallaron ciertos hombres con arcos y flechas, con los cuales se pararon a hablar, y les compraron dos

arcos y muchas flechas y rogaron a uno d'ellos que fuese a hablar al Almirante a la carabela y vino. El cual diz que era muy disforme en el acatadura más que otros que oviese visto: tenía el rostro todo tiznado de carbón, puesto que en todas partes acostumbran de se teñír de diversas colores; traía todos los cabellos muy largos y encogidos y atados atrás, y después puestos en una redezilla de plumas de papagayos, y él así desnudo como los otros, *juzgó el Almirante que devía de ser de los caribes que comen los hombres* (13 de enero, 194; énfasis mío).

El salvaje en Colón es al mismo tiempo amigo y enemigo, inocente y culpable, reconocible e indescifrable, presente y ausente, manso y caníbal. Ello se debe, en parte, al hecho de que problemáticos son también los modos de negociación y recepción que el indígena le proporciona al europeo. Debido a lo anterior, y por más eurocéntrica que sea la construcción del "salvaje", esto también implica la articulación inconsciente e involuntaria de la agencia indígena. White, cuya excelente y refinada crítica tiende a veces a reforzar el pensamiento binario opositivo como modo de interpretación de las lógicas discursivas del colonialismo, señalaba que al comienzo de la conquista habían existido dos líneas "opuestas" y "contradictorias" para pensar la relación con el Otro americano:

> On the one hand, the natives were conceived to be *continuous* with that humanity on which Europeans prided themselves; and it was this mode of relationship that underlay the policy of proselytization and conversion. On the other hand, the natives could be conceived as simply existing *contiguously* to the Europeans, as representing either an inferior breed of humanity or a superior breed, but in any case as being essentially different from the European breed; and it was this mode of relationship which underlay and justified the polices of war and extermination which the Europeans followed throughout the seventeen and most of the eighteen century (193-194).

El problema de esta interpretación es que las líneas discursivas y conceptuales de apropiación y representación antropológica muchas veces, lejos de ser "opuestas", como señala White, funcionaban de manera complementaria las unas con las otras, formando de este modo una episteme utilitarista múltiple. Los *Diarios* colombinos son un excelente ejemplo de esta suplementación y superposición de las diferentes y antagónicas conceptualizaciones discursivas sobre el indígena y de los mecanismos de ventriloquia a partir de los cuales se produce una representación de la alteridad que es indiscutiblemente caleidoscópica. Este mecanismo de conceptualización va construyendo redes epistémicas entrecruzadas que a su vez formalizan la monstruosidad y lo anormal, pero también la semejanza por efecto de la superposición y la fragmentación de imágenes y discursos.

Al comienzo mismo de la aventura textual colombina, los indígenas que aparecen representados en el primer *Diario* son buenos, dulces, inocentes de cuerpos hermosos, pobres de todo, caritativos servidores que hablan una misma lengua. Pero, simultáneamente, el texto deja entrever que hay Otros, *indios de indios*, que no se ajustan del todo al paradigma ovidiano. Así, las imágenes que van emergiendo en los *Diarios* y cartas colombinas sobre ese Otro traducido/manipulado por editores, reajustado a paradigmas interpretativos y símiles etnográficos ya codificados, sometido a los juegos de la economía del deseo colonial, a sus comparaciones, temores y pesadillas son necesariamente contradictorias. Repitamos que el *indio bueno* convive con el *malo* y que el realismo convive con el mito sin que esto perturbe demasiado la conciencia renacentista; conciencia en la que el deseo, la realidad y la fantasía se conjugan sin fricción dentro los variado géneros discursivos de la época.

A veces se trata de un Otro dócil, de fácil domesticación y apto para la trasformación y asimilación europeas: "ellos deven ser buenos servidores y de buen ingenio" (viernes 12 de octubre), "gente farto mansa" (13 de octubre), "no le cognozco secta ninguna y creo que muy presto se tornarían crisitianos" (martes 16 de octubre), "davan de lo que tenían por cualquiera cosa que les diesen" (miércoles 17 de octubre). Sin embargo, de manera paralela a esta construcción del salvaje dócil, en la que la pluma lascasiana debe haber influido notablemente, también es posible percibir toda otra línea en progresión constante y ambigua, asociada con posibles "enemigos" y que Colón identifica en su entrada del viernes 12 de octubre: *Yo vide algunos que tenían señales de feridas en sus cuerpos, y les hize señas qué era aquello, y ellos me amostraron* cómo allí venían gente de otras islas que estavan açerca y les querían tomar y se defendían. Y yo creí e creo que aquí vienen de tierra firme a tomarlos por cautivos" (110; énfasis mío). Si los paradigmas de la evangelización y las riquezas corren en paralelo y se interceptan operativamente, de manera análoga, las construcciones imaginarias del Otro a evangelizar y del Otro a cautivar también se entretejen haciendo coincidir los significados diferenciales y contradictorios contenidos en "conquista", "defensa del buen salvaje", "evangelización", "búsqueda de riquezas" y "pacificación". Los *amigos* y los *enemigos* forman parte de una misma red semántica, de un engranaje, de la necesidad de justificar el avance colonial y, simultáneamente, de su sistema conceptual de codificación de la realidad. En la primera representación pictórica del indio americano [ver fig. 2], en la que un grupo de nativos huye hacia el monte y otro va hacia el encuentro de los conquistadores, es posible apreciar esa visión ambivalente del indígena americano como "cobarde", "temeroso" y, a la vez, como "dadivoso" y "receptivo", esto es, como sujeto doble y poseedor de agencia y pasividad receptiva.[15]

Figura 2. "Insula Hyspania". Grabado incluido en la edición latina de la carta de Colón anunciando el descubrimiento (Basilea 1493).[16]

---

[15] Ricardo Alegría ha señalado que es en la primera edición latina de la carta-propaganda de Colón a Santángel (publicada en Basilea en 1493) donde aparecen las primeras siete representaciones pictóricas que se hicieron del indio americano en Europa. Según Alegría esta edición "se ha atribuido a los talleres tipográficos de Jacob Wolff de Pforzheim y es conocida por su primera línea o título: *De insulis inventis espistola Cristoferi Colom.* [...] En esta edición aparecen siete grabados en madera, uno de los cuales se repite en dos ocasiones. Es el grabado de la página 4, bajo el título de 'Insula Hyspana'" (17).

[16] En *De insulis inventis espistola Cristoferi Colom.*

El *Diario* presenta un proceso de complejización creciente en la transcripción y representación etnográfica del indígena que va desde el "grado cero" de la simpleza y la desnudez hasta la organización militar y social. Esta complejidad se relaciona directamente con los modos de recepción indígena. A cinco días del arribo, leemos que una sutil diferencia comienza a esbozarse: "salvo qu'estos ya me pareçen algún tanto más domésticos gente y de tracto y más sotiles, porque veo que an traído algodón aquí a la nao y otras cositas, que saben me por refetar el pagamento que no hazían los otros. Y aun en esta isla vide paños de algodón fechos como mantillos, y la gente más dispuesta, y las mugeres treaen por delante su cuerpo una cosita de algodón que escassamente les cobija su natura" (116). Luego de los primeros días de mapear el territorio, el narrador en primera persona del *Diario* deja notar una suerte de cansancio en relación con la descripción etnográfica: los detalles y las diferencias tienden a homogenizarse, el ojo colonial se va acostumbrando al paisaje. De esa primera descripción del 12 de octubre en la que se nos informaba sobre el color de la piel, el comportamiento religioso, las costumbres, la organización económica, las maneras de recibimiento, etc., pasamos a leer que ya el 17 de octubre que la gente "toda era una con los otros ya dichos, de las mismas condiciones, y así desnudos y de la misma estatura, y davan de los que tenían por cualquiera cosas que les diesen" (118). Sin embargo hay un elemento diferencial que ha quedado flotado en la imaginación del Almirante: los Otros que atacan a los *indios buenos*. Y ello se debe a que esos Otros, que sí tienen armas, deben, por lo mismo, tener razón y ser, por ende, la gente del Gran Can, en donde está el oro de Cipango:

> [...] me partiré a rodear esta isla fasta que yo aya lengua con este rey y ver si puedo aver del oro que oyo que trae, y después partir para otra isla grande mucho, que creo que debe ser Cipango, según las señas que me dan estos indios que yo traigo, a la cual ellos llaman Colba, en la cual dizen que a naos y mareantes muchos y muy grandes [...] más todavía, tengo determinado de ir a la tierra firme y a la ciudad de Quisay y dar las cartas de Vuestras Altezas al Gran Can y pedir respuesta y venir con ella" (domingo 21 de octubre, 122).

Dos líneas discursivas conviven de este modo y en forma complementaria; la primera es subsidiaria de la *Edad de Oro* con *indios buenos*, sin propiedad privada, en libertad, sin religión y desnudos, y en la segunda leemos "otros indios" que, en cambio, tienen armas, organización tribal, jerarquías militares, caciques, etc. La expansión narrativa verifica instancias de desarrollo que van desde la pobreza, la carencia y la desnudez hacia un detallado inventario etnográfico que ya supone *a priori* la presencia del enemigo y de las riquezas. Estas dos líneas discursivas, de acuerdo con White, engendran a su vez dos modelos de funcionamiento ideológico del eje metafórico, esto es, las relaciones de *continuidad* y *contigüidad*: "The two modes of relationship, continuous and contiguous, also engeder differnt possibilities for praxis: missionary activity and conversión on the one side, war and extermination on the other" (190).[17] El Almirante va acomodando las señales indígenas a su propia intención y deseo, y aunque no entiende lo que dicen los indígenas adapta ciertas palabras a su plan originario y a los nombres propios de su archivo:

> [P]ara ir a la isla de Cuba, adonde oí d'esta gente que era muy grande y de gran trato y avía en ella oro y especerías y naos grandes y mercaderes, y me amostró que al Güesudueste iría a ella; y yo así lo tengo, porque creo que, si es así como por señas que me hicieron todos los indios distas islas y aquellos que llevo yo en los navíos, porque por lengua no los entiendo, es la isla de Cipango, de que se cuentan cosas maravillosas (martes 24 de octubre, Varela 124).

Aquí Colón se queja de no poder comprender a los indígenas y, curiosamente, sigue el rastro de lo que cree entender de sus señas, y las señas coinciden notablemente con sus archivos y sus deseos, como veremos más adelante. El indígena es doblemente negado como Otro: es homogeneizado culturalmente (son todos iguales), hablan una lengua que no se entiende, pero que curiosamente tiene nombres propios afines, aunque mal pronunciados según Colón, al archivo. El indígena es negado en su diversidad y en su individualidad, y su lengua es puesta bajo la sobreimposición de los significantes europeos (ventriloquia), como señala Pastor: "negándole al indígena la palabra, el Almirante se arroga el monopolio del lenguaje y, con él, el de la representación verbal de la nueva realidad" (44).

---

[17] Para White, estos dos modos (contigüidad y continuidad) de relacionar lo humano con lo animal no pueden concebirse la una sin la otra y por ello. "Of course, neither mode is conceivable without the other, so that in any given system of imagined relationships it is necessary to determine which mode is to be regarded as structural and which as functional. In general this determination will be dictated by the interests of the classifier—that is to say, whether he will wish to construct a system in which either differences or similarities are to be highlighted and whether his desire is to stress the conflictual or meditative possibilities of the situation he is describing" (190).

Según sus propios datos, Colón pensaba llegar al Oriente y encontrarse con el majestuoso imperio de Cipango[18] y con su monarca, el Gran Can. Pese a sus ilusiones y deseos, el encuentro se redujo a innumerables poblaciones de indios desnudos "gentes muy pobre de todo", sin armamento (y supuestamente sin religión); por su parte, el oro, también se redujo a unas míseras muestras de pepitas y accesorios decorativos que los antillanos llevaban en sus narices, cuellos y tobillos: "y yo estava atento y trabajava de saber si avía oro, y vide que algunos d'ellos traían un pedaçuelo colgado en un agujero que tienen a la nariz" (13 de octubre, 112). Era obvio que Colón, habiendo convencido a los Reyes Católicos de las innumerables riquezas que encontraría, no podía hacer de la *ausencia* y la *carencia* el eje rector de su relato, salvo para aquellos aspectos que sí requerían de este vacío operativo: la falta de religión que justifica la evangelización y la de propiedad privada que justifica la conquista, expropiación y ocupación del territorio. Como sustitución de la ausencia, Colón despliega toda una narración del *ordo naturalis* basada en la figura clásica del *locus amoenus*, narración que está completamente en disidencia con la realidad antillana y que es más cercana a la *Edad de Oro* ovidiana. En esta descripción, Colón dispone ruiseñores, mastines y branchetes, sirenas, cinocéfalos, cíclopes, y todo un conjunto de figuras derivadas de esa *Arcadia* y de los símiles etnográficos de la Antigüedad. En la *Carta* a Luis de Santángel podemos leer esta suerte de codificación paradisíaca e hiperbólica con relación a la isla Juana:

> [L]a cual y todas las otras son fertilíssimas en demasiado grado, y esta en estremo, en ella ay muchos puertos en la costa de la mar, sin comparción de otros que yo sepa en cristianos, y fartos ríos y buenos y grandes que es maravilla; las tierras d'ella son altas, y en ella muy muchas sierras y montañas altíssimas, sin

---

[18] Existe una nueva interpretación sobre las direcciones hacia las cuáles Colón parecía dirigirse. Esta nueva interpretación es de Nicolás Wey-Gómez, quien sugiere que Colón no se estaba dirigiendo al oeste sino al sur: "Evreyone knows that in 1492 Christopher Columbus confounded learned opinions by seeking a western route to the East across the Atlantic. Almost nobody seems to notice that Columbus also intendes to sail south to a tropical part of the globe that he and his contemporaries had some reason to identify initially as legendary India [...] Columbus's turn to the south obeyed complex assumptions concerning the relation between the concept of latitude and the nature of places" ("Preface" XIII), y agrega más adelante que el motivo de este viraje hacia el sur al que nadie, salvo los historiadores del siglo xvi, le han prestado atención, se debe a la febril búsqueda del oro (40). Ya sea Cipango, Catay o los trópicos, rumbo oeste o rumbo sur, queda claro que el principal *telos* colombino era la obtención de oro y de esclavos que pudieran extraerlo.

comparación de la isla de Tenerife, todas fermossísismas, de mil fechuras, y todas andábiles y llenas de árboles de mil maneras i altas, i parecen que llegan al cielo; i tengo por dicho que iamás pierden la foia, según lo pu[e]de comprenheder, que los vi tan verde i tan hermosos como son por Mayo en Spaña; y d'ellos stavan florridos, d'ellos con fruto, i d'ellos en otro término, según es su calidad. Y cantaba el ruiseñor i otos paxaricos de mil maneras en el mes de Noviembre por allí donde io andava. Ay palmas de seis o de ocho maneras, que es admiración verlas por la diformidad fermosa d'ellas, mas así como los otros árboles y frutos e iervas. En ella ay pinares a maravilla e ay canpiñas grandíssimas, e ay miel i de muchas maneras de aves y frutas muy diversas. En las tierras ay muchas minas de metales e ay gente inestimabile numero (221).

Colón no realiza este despliegue narrativo por que le falten palabras con que describir el Nuevo Mundo; de hecho, le sobran. Este evidente desborde de fertilidad, grandiosidad, exuberancia y belleza no hubiera sido de mucha utilidad si, como al pasar, hacia el final del párrafo, no hubiese aparecido el sintagma "minas de metales". Por ello, y en relación con la supuesta "inutilidad" descriptiva de la naturaleza, se equivoca Todorov al señalar que "por otra parte [Colón], parece encontrar, en la actividad que desempeña con más éxito, el descubrimiento de la naturaleza, un placer que hace que dicha actividad se baste a sí misma [...] las ganancias que 'deben' encontrarse ahí sólo interesan secundariamente a Colón" (22-23). Definitivamente, creo que la *función arcádica* en el *Diario* y las *Cartas* obedece a una estrategia tanto retórica como política y pragmática para convencer sobre la utilidad de la expedición a los reyes y para justificar la financiación de nuevos viajes.

En el caso de su editor (Las Casas), la bondad del clima y la exuberancia de la naturaleza, le servirían en la composición de su *Apologética historia sumaria* para presentar las cualidades naturales de los indígenas: una suerte de protodeterminismo que convertía a los indígenas en sujetos morales aptos para recibir la palabra de Dios, como señala Rabasa: "Así, Las Casas establece un resumen del Nuevo Mundo en términos de templanza y felicidad, a partir del cual puede inferir una relación causal entre clima y disposición. La fisiología se convierte en espejo del alma [...] A través del empleo de la figura del buen salvaje, Las Casas aumenta la 'vileza' de la dominación española y el carácter superfluo de la civilización occidental" (*De la invención* 193-94). Es incuestionable además que Colón y sus propagandistas tuvieron éxito con dichas estrategias si tenemos en cuenta que en el primer viaje no encontró grandes riquezas, ni las ciudades orientales que buscaba.[19] Es más, hoy resulta un hecho admirable que en su segundo viaje haya logrado obtener de los reyes casi 1.500 hombres y 17 embarcaciones con la sola enumeración de una cuantas "maravillas" naturales y con la construcción etnográfica de la *ingenua* y *dulce* disposición del indígena.

2. Canibalismo, salvajismo y semiología

> Pero carne con su vida, que es su sangre, no comeréis.
> Libro del Génesis (9: 4).

> I have been unable to uncover adequate documentation of cannibalism as a custom in any form for any society. Rumors, suspicions, fears and accusations abound, but no satisfactory first-hand accounts [...] For layman and scholar alike the idea of cannibalism exists prior to and thus independent of the evidence.
> W. Arens. *The Man-Eating Myth.*

El colonialismo extinguió miles de cuerpos, ya por transmisión de enfermedades, por asesinato liso y llano o por agotamiento de la fuerza laboral en las minas y campos de trabajo esclavo.[20] El lugar de la ausencia de esos cuerpos fue remplazado por un conjunto abrumador de escritos y discursos que justificaban y, en otros casos, protestaban contra los abusos, aunque casi todos coincidían en la necesidad de la "misión civilizadora" de Europa en América. La letra ocupó muchas veces, en la América colonial, el lugar que dejaron esos muertos y esas culturas aniquiladas. Acaso este mecanismo de reemplazo y sustitución no sea sino una consecuencia directa de

---

[19] En este sentido, Eviatar Zerubavel señala que "Instead of the highly advances Chinese civilization with its glamorous cities and almighty Great Khan, what they encountered on the other side of the Atlantic were only technologically backward tribal communities living in small hamlets and ruled by small-time local chieftains. And if the nature of America's native population did not exactly fit Europe's image of the Orient, neither did its actual geography" (67-68).

[20] A la verificación estadística de este genocidio el economista Ruggiero Romano le dedica una capitulo entero de su libro *Mecanismo y elementos del sistema económico colonial americano* (2004). Allí afirma, siguiendo los estudios de A. L. Kroeber, H. F. Dobyns y Ángel Rosenblat, que "se puede afirmar que en 1492 la población total (exclusivamente aborigen) alcanzaba los 60-80 millones, para reducirse a menos de 10 millones a comienzos del siglo XVII. Tales cifras expresan un derrumbe demográfico tanto más grave si se considera que los 10 millones de 1600 incluyen no sólo a la población indígena, sino también a blancos, mestizos, esclavos y cruces de todo tipo (las castas)" (46).

esa violencia histórica en la que el indígena representado y cosificado por el discurso del conquistador no habla, sino que es hablado, representado, traducido y codificado por el *discurso etnográfico*. Las prácticas de traducir silenciando la lengua del indígena, de hablar por el Otro, implicaron mecanismos de *ventriloquia,* sustitución (la letra por el cuerpo, una cultura por otra) y malos entendidos que abarcaron tanto la semiótica colonial (señas, gestos, signos, pistas, huellas, trazos) como la interpretación denigratoria del mundo indígena y su cultura.

Uno de los primeros ventrílocuos que habló por esos otros silenciados fue fray Bartolomé de Las Casas (1474-1566). Las Casas realizó un proceso de traducción de los significados de las acciones y las palabras de los indígenas para que estos significados pudieran ser comprendidos primero por Carlos V y, más tarde, por su hijo, Felipe II.[21] Uno de los primeros trabajos de ventriloquia del sevillano se relaciona con la edición y transcripción de los *Diarios* de Cristóbal Colón. Estos *Diarios* son el lugar en el que es posible leer el mecanismo de ventriloquia o, si se quiere, la ventriloquia de la ventriloquia, esto es, Las Casas "traduce" (acomoda) y glosa la palabra de Colón y Colón, a su vez, "traduce" (descifra, interpreta, inventa) la palabra indígena produciendo de este modo una larga cadena de "malos entendidos", de ficcionalizaciones y de ambigüedades sobre la cultura de los indígenas caribeños. Como ha señalado Margarita Zamora:

> Las Casas [en los *Diarios* de Colón] insinuates himself as a new third-person subject in the text, and his editorial presence is felt at all levels. Perhaps the most salient intervention is an editorial commentary that assumes two distinct forms —evaluative and nonevaluative— both mark by a grammatical change of person [...] In every instance the intervention consist of a manipulation of the "exact words of the Admiral" through the introduction of a new editorial subject who comments, reorganizes, adds, subtracts, highlights, or subordinates various aspects of the original text (*Reading* 43-44).

---

[21] Como señala Hanke, "Todos sus escritos, empezando con el primer memorial enviado desde la isla de La Española a España en 1516, y terminando con el tratado sobre Perú *De Thesauris*, presentado a Felipe II como una especie de última voluntad y testamento en 1566, fueron destinados a convencer a las autoridades españolas de que se estaba cometiendo una injusticia con los indios y que el gobierno debía hacer algo para impedirla" ("Estudio preliminar" xii-xiii).

En efecto, Las Casas buscaba estabilizar el texto colombino fundamentalmente en aquellas afirmaciones que desentonaban con el *telos* religioso y en ciertas instancias en las que el texto colombino mostraba aspectos teratológicos o fantasiosos que producían una distorsión de la realidad americana (perros que no ladran, ruiseñores, sirenas, cíclopes, etc.). Las Casas corrige constantemente a Colón y Colón, asimismo, corrige a los indígenas, como señala Todorov:

> Colón desconoce pues la diversidad de las lenguas, lo cual, frente a una lengua extranjera, sólo le deja dos posibilidades de comportamiento complementarias: reconocer que es una lengua pero negarse a creer que sea diferente, o reconocer su diferencia pero negarse a admitir que se trate de una lengua [...] más tarde, admite que tienen una lengua pero no llega a acostumbrarse totalmente a la idea de que es diferente, y persiste en oír palabras familiares en lo que dicen, y en hablarles como si debieran comprenderlo, o en reprocharles la mala pronunciación de nombres o de palabras que cree reconocer (38).

En los *Diarios* se puede leer, además, las propias dudas de Las Casas con respecto a la traducción de la letra colombina, como sucede en la entrada del martes 30 de octubre, momento en el que Colón se halla rastreando la ciudad del Gran Can: "Al pareçer del Almirante, distava de la línea equinoccial 42 grados hazia la vanda del Norte, *si no está corrupta la letra de donde trasladé esto*" (Varela 128; énfasis mío).[22] Como ha señalado Zamora, son innumerables las acotaciones marginales lascasianas a los *Diarios* colombinos en las que el obispo de Chiapas o bien corrige a Colón o bien se siente irritado por sus invenciones y equívocos. Al escribir pos-facto, Las Casas conoce, por haber vivido en La Española durante algunos años, su flora, su fauna y su gente. Ello le otorga una ventaja retrospectiva sobre la letra colombina, situación que lo autoriza etnográficamente en su corrección nominal, antropológica y geográfica del texto colombino. Cuando el Almirante cree que encuentra huesos de vacas, Las Casas corrige al margen "debía ser el manatí" (29 de octubre 127); cuando el Almirante nombra al oro con el significante nativo como *nucay*, Las Casas corrige al margen: "Yo creo que los cristianos no entendían, porque como todas estas islas hablasen una lengua, la d'esta isla Española, donde llaman al oro caona, no debían de decir los indios por el oro nucay" (1 de noviembre, 129).

---

[22] En adelante todas las citas del *Diario* de Colón provienen de la edición Varela.

Incluso hay momentos en que los pasajes colombinos son tan oscuros que el sevillano llega a exclamar, siempre al margen: "¡Esta algarabía no entiendo yo!" (1 de noviembre, 129). Al mismo tiempo que el *Diario* es manipulado por Las Casas, la voz que llamamos Colón va construyendo un inmenso nudo o red de interpretaciones derivadas de la traducción semiótico-gestual del indígena al que, naturalmente, no puede comprender. Una obsesión inscripta en el *Diario* se relaciona, precisamente, con la captura de "indios lenguas" que lo ayuden a traducir y a negociar con las diferentes poblaciones que va encontrando en su travesía. Recordemos que Colón, ingenuamente, se hacía servir de un supuesto traductor, en realidad de dos, "Rodrigo de Xerez, que bivia en Ayamonte, y el otro era un Luis de Torres, que avía bivido con el Adelantado de Murcia y avía sido judío, y sabía diz que ebraico y caldeo" (viernes 2 de noviembre, 130). Como era de esperar, poco provecho pudieron reportarle a Torres su conocimiento del "ebraico y caldeo" para comunicarse con los indígenas antillanos. Colón emprende un proceso de traducción que, en parte, se hallaba guiado por su deseo de encontrar lo que efectivamente iba a buscar (Cipango y el Gran Can, el oro de la India) y que, por otra parte, debía acomodar el archivo previo, el deseo y el desciframiento de las distancias, lugares y nombres apuntados y señalados por los indígenas a la realidad que enfrentaba. Es, de hecho, a través de las señas como se construye la dicotomía etnográfica funcional y fundacional del colonialismo europeo: la diferencia entre los *indios buenos* y los *malos*. Muy temprano, el mismo día de arribo a la primera isla (Guanahaní [hoy San Salvador, en Bahamas]), podemos leer un cuadro arcádico en el que ya se halla la amenaza latente basada en la noticia oída y las señas de unos supuestos "enemigos distantes" que dejan marcas en el cuerpo:

> [...] me pareció que era gente muy pobre de todo. Ellos andan todos desnudos como su madre los parió, y también las mugeres, aunque no vide más de una farto moça, y todos los que yo vi eran todos mançebos, que ninguno vide de edad de más de XXX años, muy bien hechos, de muy hermosos cuerpos y muy buenas caras, los cabellos gruesos cuasi como sedas de cola de cavallos e cortos [...] ni negros ni blancos, y d'ellos se pintan de blanco y d'ellos de colorado [...] y d'ellos se pintan las caras [...] no traen armas ni las cognosçen, porque les amostré espadas y las tomavan por el filo y se cortavan con ignorancia. No tienen algún fierro sus azagayas so unas varas sin fierro [...] son de buena estatura de grandeza y buenos gestos, bien hechos. *Yo vide algunos que tenían señales de feridas en sus cuerpos, y les hize señas qué era aquello, y ellos me amostraron* cómo allí venían gente de otras islas que estavan

açerca y les querían tomar y se defendían. Y yo creí e creo que aquí vienen de tierra firme a tomarlos por cautivos [...] ninguna secta tenían [...] Todas estas son palabras del Almirante (viernes 12 de octubre, 110; énfasis mío).

Más adelante en el *Diario*, en el relato del primer y único encuentro que Colón mantiene con un supuesto caribe/caníbal en lo que él mismo bautizó como "Golfo de las flechas" (miércoles 16 de enero, 172), la glosa de Las Casas dice: "juzgó el Almirante que devía de ser de los caribes" (domingo 13 de enero, 167), pero en el margen escribe el obispo: "No eran caribes ni los hobo en la Española jamás" (167), desacreditando así la principal línea etnográfica del Almirante. Es más, los textos colombinos siguen siendo sometidos a la corrección de los editores contemporáneos quienes, al igual que Las Casas, intentan corregir las especulaciones colombinas con los datos de las disciplinas modernas como la zoología, la cartografía y la arqueología, entre otras. Sin embargo, Las Casas no actuó inocentemente en su relación con el texto colombino, su trabajo editorial fue consciente, como lo demostró Zamora, aunque no podamos saber en realidad hasta qué punto modificó y manipuló el original hoy perdido. No debemos olvidar que Las Casas condena la actitud esclavista del Almirante y lo considera un "pecador mortal", esto es, alguien que aun sabiendo que comete una ofensa contra Dios, igualmente lleva a cabo sus acciones. En el primer libro de su *Historia de las Indias* (1527-1569 [1875]), Las Casas afirma:

Deseaba, dice [el Almirante], tomar media docena de indios para llevar consigo [...] y tomándolos todos y trajéronlos a la nao del Almirante, y dellos escogió seis y los otros seis envió a tierra; esto parece que *lo hacía el Almirante sin escrúpulo, como otras muchas veces en el primer viaje lo hizo, no le pareciendo que era injusticia y ofensa de Dios y del prójimo llevar los hombres libres contra su voluntad*, quitando los padres a los hijos, y las mujeres a sus maridos, y que según ley natural estaban casados, y que ellas otros, ni otras ellos podían tomar sin pecar y quizá mortalmente, de los cual era el Almirante causa eficaz (II: 17; énfasis mío).

Quiero enfatizar que Las Casas aparece explícitamente como editor y más aún si tenemos en cuenta que la transcripción del primer y tercer *Diario* colombino se incluye dentro de su propia *Historia de las Indias*. En este sentido, no se trata de acusar a Las Casas de "mutilar" el *Diario* colombino, acusación contra la que reaccionaba Samuel Eliot Morison en su ya clásica biografía sobre el Almirante, sino de señalar una manipulación que es evidente y que se puede comprobar empíricamente en el resumen del *Diario* que hiciera el obispo de Chiapas y que se conserva hoy en la Biblioteca Nacional de Madrid.[23] Por ello, quizás convenga referirse a los *Diarios* y cartas colombinas como a ese espacio de inscripción discursivo-ideológica de la cosmovisión eurocéntrica en gestación y no como el producto de la *voluntad* de un conquistador individual. Como señalaba Foucault:

> Se llega finalmente a la idea de que el nombre de autor no va, como el nombre propio, del interior de un discurso al individuo real y exterior que lo produjo, sino que corre, en cierto modo, en el límite de los textos, los recorta, sigue sus aristas, manifiesta su modo de ser o, al menos lo caracteriza [...] la función autor es, entonces, característica del modo de existencia, de circulación y de funcionamiento de ciertos discursos en el interior de una sociedad [...] es un cierto principio funcional gracias al cual, en nuestra cultura, se delimita, se excluye, se selecciona [...] El autor es, por lo tanto, la figura ideológica gracias a la cual se conjura la proliferación del sentido ("¿Qué es un autor?" 103-113).

Cuando decimos "Colón", debemos entender la función narrativa, la primera persona del *Diario*, a la que le atribuimos el nombre propio del Almirante. Como ha sugerido José Rabasa, Colón debe ser leído como un *signo* o índice semiótico: "La tarea del biógrafo puede compararse con la del semiótico: Colón es un signo cuya significación depende de la estructura que subyace a los agrupamientos de signos en los que aparecen los nombres de Colón y del Nuevo Mundo" (*De la invención* 71). No se trata aquí de hacer una psicología de Colón ni de negar su existencia como sujeto productor de discursos, sino de entender cómo el nombre propio de autor, en tanto signo de autoridad cultural y etnográfica, organiza epistemológicamente un conjunto de relaciones de poder y saber con lo Otro. Esto nos permitirá superar la "mitología" del autor que señalaba Barthes (1968) para, de este modo, concentraros en el significado y en la interpretación más que en la autoridad discursiva derivada de la propiedad nominal de un sujeto.[24] En este sentido,

---

[23] Según Morison: "El amanuense que copió el Diario cometió errores comunes como escribir "este" por "oeste", los que se ponen en evidencia cuando se trata de seguir la ruta de la flota. Sin duda Las Casas omitió algunos detalles náuticos que nosotros desearíamos poseer, e interpoló algunas observaciones tontas de su cosecha que pueden descubrirse con facilidad. *Pero la acusación de que él o alguien mutilara el Diario es falsa*" (248; énfasis mío).

[24] Dice Barthes: "Un texto está formado por escrituras múltiples, procedentes de varias culturas y que, unas con otras, establecen un diálogo, una parodia, una contestación; pero

Peter Hulme ha llamado la atención de la crítica del discurso colonial sobre la "autoría" o "autoridad" textual cada vez que nos referimos a los diarios de Colón: "To write about the text we call 'el diario de Colón' (Columbus's journal) is to take a leap of faith, to presume that the transcription of the manuscript of the abstract of the copy of the original stands in some kind of meaningful relationship to the historical reality of Columbus's voyage across the Atlantic and down through the Caribbean islands during the winter month of 1492-3" (19). Hulme propone un modo de entender los diarios colombinos no ya bajo el comando de la autoridad derivada del nombre propio, sino mejor como una fábula de los comienzos de las empresas coloniales europeas en el Nuevo Mundo. De este modo, Hulme sostiene que el estatus autorial pasa a segundo plano y lo que realmente aparece como importante en la narrativa colombina es que nos permite leer la mentalidad europea de la época. Tratándose de la escritura colombina, siempre nos hallamos frente a una compleja polifonía en pugna a través de los siglos, las ideologías y los signos. La letra colombina, sometida a intereses políticos, religiosos y económicos desde su producción *in situ*, siempre se nos revelará como un palimpsesto de la ideología europea; en efecto, entre sus múltiples capas de significado, en sordina, como de fondo, agazapadas, podemos leer, siendo el crítico un poco ventrílocuo a su vez, tanto la voz como la agencia mediatizada, traducida y fragmentada del indígena.[25] Por ello, leer la letra colombina es necesariamente ingresar en un proceso de ventriloquia, en una *mise en abîme*, donde el crítico literario es a su vez ventrílocuo del ventrílocuo.

La *Carta* de Colón al tesorero de la corte Santángel (14 de febrero de 1493) constituye un documento fundamental del colonialismo y actúa como contrapunteo discursivo del *Diario* en la construcción etnográfica colombina. En esta carta, Colón le escribía a Santángel que

> En todas estas islas no vide mucha diversidad de la fechura de
> la gente, ni en las costumbres, ni en la lengua, salvo que todos
> se entienden que es cosa muy singular [...] En estas islas fasta

---

existe un lugar en el que se recoge toda esa multiplicidad, y ese lugar no es el autor, como hasta hoy se ha dicho, sino el lector: el lector es el espacio mismo en que se inscriben, sin que se pierda ni una, todas las citas que constituyen una escritura; la unidad del texto no está en su origen, sino en su destino" ("La muerte" 82).

[25] El "problema" de la "voz" del Otro en el primer *Diario* colombino ha sido analizado por Margarita Zamora en su artículo "'If Cahonaboa learns to speak...': Amerindian Voice in the Discourse of Discovery". Creo que es importante revisar sus planteamientos para entender las tensiones de la agencia indígena en las negociaciones con Colón.

aquí *no he hallado ombres mostrudos, como mucho pensaban, mas antes es toda gente de muy lindo acatamiento*, ni son negros como en Guinea, salvo con sus cabellos corredíos [...] Así que mostruos *no he hallado ni notcia, salvo de una isla que es Carib, la segunda a la entrada de la Indias, que es poblado de una iente que tienen en todas las islas por muy ferozes, los cualles comen carne umana*. Estos tienen muchas canúas, con las cuales corren todas las islas de India, roban y toman cuanto pueden. Ellos no son más disformes que los otros, salvo que tienen en costumbre de traer los cabellos largos como mujeres, y usan arcos y flechas de las mismas armas de cañas con un palillo al cabo por defecto de fierro que no tienen. *Son ferozes* entre estos otros pueblos que son en demasiado grado cobardes [...] Estos son aquellos que tratan con *las mujeres de Matinino, que es la primera isla partiendo de España, para las Indias que se falla, en la cual no ay hombre ninguno*. Ellas no usan exercicio femenil, salvo arcos y flechas, como los sobredichos de cañas, y se arman y cobigan con launes de arambre, de que tienen mucho ("Carta a Santángel" 143-145; énfasis míos).

Maravilloso fragmento: no hay "monstruos" pero hay comedores de carne humana que son muy feroces, están armados y, al mismo tiempo, hay una isla habitada solamente por mujeres. Los enemigos (caníbales), las riquezas (los "arambres" de cobre de las mujeres) y el deseo sexual se ubican de este modo utilitariamente en las dos primeras islas a la entrada del Caribe. Este fragmento y esta carta tienen una particular importancia por varios motivos: en primer lugar fue uno de los documentos que funcionó como dato etnográfico (como fuente de conocimiento) en el armado de las bulas del papa Alejandro VI que otorgaban por donación las tierras descubiertas a la Corona de España.[26]

Por otro lado, esta carta sembró y diseminó la dicotomía etnográfica fundacional del colonialismo europeo entre los *indios mansos* y los *indios belicosos* comedores de carne humana. Como señalaba Zavala: "Entre las

---

[26] De acuerdo con Zavala: "La primera descripción de los indios se halla en la carta del Cristóbal Colón a Luis de Santángel, cuando aquél volvía del descubrimiento. De acuerdo con ella, decía la bula de Alejandro VI que los indios eran: 'gentes que viven en paz y andan, según se afirma, desnudos y que no comen carne; y a lo que los dichos vuestros mensajeros pueden colegir, estas mismas gente que viven en las susodichas islas y tierras firmes, creen que hay un Dios, criador de los cielos y que parecen asaz aptos para recibir la fe católica y ser enseñados en buenas costumbres'" (*Las instituciones* 44).

mansísimas y humildísimas gentes de que hablaba Las Casas, y los agresivos bárbaros, comenzó a fluctuar el caudal histórico que alimentó el concepto europeo sobre los indios hallados" (*Las instituciones* 45). En tercer lugar, con esta carta la Corona española diseminó la propaganda de su pretendido derecho de posesión sobre los nuevos territorios. Como señala Demetrio Ramos: "Esto quiere decir que, a pesar del gran interés que despertó la nueva del descubrimiento colombino —inicialmente tan solo unas islas—, no es posible concebir la difusión de la carta a Santángel-Sánchez, sin que hubiera un interés en que así fuera, por lo menos en algunos de los centros donde se editó" (29). Este temprano texto etnográfico colombino muestra claramente que el Almirante ha trazado una línea demarcatoria entre los *indios* y los *monstruos*. Una división que se irá haciendo más y más operativa a medida que avanza el proceso de conquista.

Es más que evidente la influencia de los textos de la Antigüedad grecolatina y de la Edad Media para el armado o la organización de estos paradigmas de alteridad.[27] Estos textos o, mejor, estos imaginarios culturales, funcionaron como soporte ideológico en la descripción y clasificación de la "novedad" antropológica americana, como señala Jáuregui:

> Los conquistadores traían consigo un conjunto de paradigmas grecolatinos y medievales que definían la otredad (y la identidad) conforme a varios factores como: a) la distancia geográfica; b) las disimilitudes lingüísticas vistas como balbuceo o barbarie; c) una serie de carencias culturales como la desnudez, el desconocimiento del derecho, la escritura, la agricultura, las leyes de la hospitalidad, el pudor, etc.; y d) la presencia de lo teratológico (monstruoso, anómalo, maravilloso), las singularidades físicas, o los comportamientos sociales, sexuales o alimenticios (*Canibalia* 71-72).

---

[27] Mason señala que "At the time when Columbus set sail for the Indies, one of the books that he annotated and took with him was a copy of Pierre d'Ailly's *Imago mundi*, a compilation of geographical information culled from Greek, Arabic and Biblical sources, which was first published in 1483. The image of the world presented in this work conforms to the late medieval picture of the *Orbis terrarium*: the inhabited world is an island surrounded by water" (18). Mason también señala que las razas monstruosas acompañaron el descubrimiento de América y que fueron tomadas de una larga tradición que incorporó los saberes del mundo griego y del mundo medieval. Mason señala la utilización de esta tradición en cabeza de autores como Heródoto, Macrobio, Plinio el Viejo, san Agustín, Isidoro de Sevilla, sir John Mandeville, entre otros. Para una lista exhaustiva véase el capítulo 3 del libro de Mason, titulado "The monstrous human races" (71-94).

No es posible leer la escritura colombina sin oír los ecos de Heródoto de Halicarnaso (484-425 a.C.) en su construcción de la periferia salvaje del mundo helénico. En el libro IV de su *Historia*, Heródoto describe el país y las costumbres de los escitas, la circunnavegación del África y la conquista persa de Libia. Allí aprovecha el historiador para explicar el mapamundi de su época dividido en tres partes geográficas (Europa, Asia y Libia), haciendo una etnografía mítica sobre las poblaciones desconocidas, la periferia bárbara del mundo griego, en las que nombra y describe unas 30 razas monstruosas (ya sea por características físicas o morales). En el libro vemos la clasificación de las costumbres de una variada gama de "razas monstruosas" cuya diferencia/deficiencia cultural se fundamenta en una mirada profundamente etnocéntrica y que sólo puede comprender como "civilizados" los rasgos y las prácticas de la cultura helénica,[28] de acuerdo con Mason: "The grid according to which Herodotos places these peoples can be shown to be Greek-centered [...] Increasing geographical remoteness is coupled to remoteness in terms of dietary practices, sexual customs and cultural faculties" (75). El libro IV de la *Historia* nos permite descubrir la imaginación griega en relación con la monstruosidad y el salvajismo, que desde allí siempre están por fuera y a distancia de lo que se determina como el centro cultural. A partir de un gran variedad de fuentes, tanto orales (mitos, leyendas, relatos de viajeros) como escritas (Homero, Hesíodo), Heródoto funda ese centro de la cultura occidental, delimita una periferia y construye, tal vez por primera vez en la historia, la diferencia cultural negativa y antitética (civilización/barbarie) entre los pueblos griegos y un afuera abierto e indeterminado.

Además, Heródoto es el primero en fundar lo que Jáuregui en su *Canibalia* nombra como *déficit salvaje*; esto es, la determinación de la "incultura" de las otras poblaciones por la carencia de prácticas e instituciones que sí existen en el mundo griego: "unos hombres en efecto que ni tienen ciudades fundadas, ni muros levantados, todos sin casa ni habitación fija, que son ballesteros de a caballo, que no viven de sus sementeras y del arado, sino de sus ganados y rebaños, que llevan en su carro todo el hato y familia" (IV: 303). Este paradigma descriptivo fue fundamental para el discurso etnográfico del colonialismo en América y determinó la necesidad

---

[28] Algunos de las etnias monstruosas que menciona son: isedonios, hiperbóreos, escitas, argipeos, egípodas, hombres monóculos, grifos, táuricos, agatirsos, neuros, andrófagos, budinos, saurómatas, amazonas, nasamones, garamantas, mecas, gindanes, lotófagos, maclíes, auses, libios, anomios, garamantes, trogloditas, atlantes, maxíes, zaveces, gizantes, entre otros.

de la intervención como forma de subsanar ese vacío (catequización, evangelización, educación, etc.). Incluso, las descripciones de los sacrificios de la Antigüedad le servirán luego a Bartolomé de Las Casas para defender a los indígenas americanos, relativizando la novedad de la barbarie americana. La continuidad entre Heródoto y Colón, o entre el afuera de Grecia y el afuera de la Europa conquistadora, es la reinvención de una monstruosidad moral fundada en la práctica de comer carne humana. Una de las razas más "agrestes" y "fieras" que describe Heródoto son los *andrófagos*, ya que no tienen leyes ni tribunales y, fundamentalmente, porque comen carne humana (IV: 329). En Colón reaparecen estas imágenes del archivo clásico: sirenas, cinocéfalos, cíclopes, animales extraños ("perros que no ladran"), gente con cola y fundamentalmente, los comedores de carne humana (luego caníbales).[29]

Desde el primer encuentro del 12 de octubre, Colón observa que algunos indígenas tienen "feridas en sus cuerpos" (111) y pregunta a la gente qué son esas heridas. Los indígenas le mostraron, debemos entender que por medio de señas, que gente de otras islas "les querían tomar y se defendían" (111). Aquí Colón intuye que se trata de gente de tierra firme, la gente del Gran Can, que viene a cautivar a estos indios. El pasaje es claro y en él aún no existe ninguna pista teratológica, ninguna conexión entre los enemigos, la monstruosidad y el oro del Gran Can. La articulación etnográfica del enemigo en el primer viaje es paulatina y su construcción a lo largo de este primer viaje depende en gran medida de una serie de factores asociados. En primer lugar, la cancelación de lo que Hulme ha llamado el *discurso orientalista*: evidentemente estos indígenas desnudos no se correspondían con el archivo imaginario del Oriente y sus palacios atiborrados de oro (Hulme 14-43). En segundo lugar, la resistencia indígena es lo que fuerza a realizar nuevas asociaciones ideológicas entre la monstruosidad y la defensa contracolonial y entre los enemigos como obstáculo y la adquisición del oro. En tercer lugar, y como consecuencia de las dos causas anteriores, el discurso colombino necesita crear una nueva línea ideológica para operar conceptualmente, ya que el viejo mundo de referencias clásicas está, para utilizar una metáfora náutica, haciendo aguas: no hay emperador o prínci-

---

[29] Dice Heródoto: "[...] es ya un país en extremo montuoso [se refiere a la parte más alejada de Libia] y muy poblado de árboles y de fieras. Hay allí serpientes de gran tamaño, así como leones, elefantes, osos y áspides. Se ven allí asnos con astas; se ven también hombres *cinocéfalos*, y otros, si creemos lo que nos cuentan, acéfalos, de quienes se dice que tienen los ojos en el pecho, y otros seres salvajes, así machos como hembras; vense, en fin, muchas otras fieras reales y no fingidas" (IV: 363).

pe, no hay grandes ciudades, no hay, por ende, comercio. Esta falta se suple con la invención de un indio manso y bueno que necesita de religión y, así, se cubre el *telos* evangélico del viaje. En este mismo movimiento la resistencia contracolonial indígena es tomada como índice para la formulación de un discurso protobelicista y para la creación del enemigo que justificará la ocupación armada del Nuevo Mundo.

El domingo 4 de noviembre las versiones etnográficas sobre supuestos enemigos y sobre la existencia del oro comienzan a variar en forma significativa. Colón muestra pedazos de oro e interroga a unos indígenas viejos para averiguar la posible existencia del preciado metal. Los nativos le comentan sobre la existencia de una isla llamada Bohío, luego bautizada por el Almirante como La Española, en donde se podía obtener "infinito" oro; es más, la gente de aquella isla "lo traían al cuello y a las orejas y los braços y a las piernas, y también perlas" (131). En contigüidad con la presencia "infinita" del oro aparecen los monstruos: "entendió también que lexos de allí avía hombres de un ojo y otros con hoçicos de perros que comían los hombres, y que en tomando uno lo degollavan y le bevían la sangre y le cortavan su natura" (131). Comienza a hilarse de este modo una línea semántica en cuya red aparecen las riquezas junto con los monstruos. Esta contigüidad sintagmática entre *monstruos* y *riquezas* está enraizada en la tradición occidental grecolatina y, posteriormente, medieval, como bien señala Juan Gil:

> Ahora se comprende la razón que asiste a Cortés cuando despacha a Alvarado a buscar 'ricas tierras y extrañas gentes'. *La presencia de monstruos augura riquezas*, de modo que, cuando envía regalos al emperador, no se olvida de presentarle 'indios corcovados de tal manera, que era cosa monstruosa' [...] Los enanos y los albinos probaban, más que el oro y la plata que mandaba a vueltas de mil penachos y curiosidades, la bondad de sus conquistas, la verdad de haber superado las hazañas de Alejandro (45; énfasis mío).

En el segmento trascripto del 4 de noviembre podemos observar simultáneamente tanto la funcionalidad del archivo teratológico clásico europeo como su agotamiento. Colón construye un Otro absolutamente monstruoso superponiendo imágenes del archivo y de los símiles etnográficos de la Antigüedad entre "hombres de un ojo" (cíclopes), hombres "con hoçicos" (cinocéfalos) y hombres "que comían los hombres" (antropófagos), construyendo un verdadero *bricolage* al estilo de Lévi-Strauss. Tengamos presente que ese Otro no es "visto" sino "dicho" por unos indígenas viejos que claramente no podían tener noticias del archivo teratológico europeo. Colón sobreimpone sus percepciones sobre los enunciados y las referencias indígenas; el Almirante escucha lo que quiere oír y logra que su deseo por el oro haga coincidir el archivo previo con el Nuevo Mundo. Este procedimiento es parte de una etnografía imaginaria doblemente negadora de la realidad del Caribe y heredera de la larga tradición teratológica de Europa.

La teratología entendida como un procedimiento etnográfico puede definirse como la compilación o clasificación sobre las anomalías o monstruosidades de los organismos animales o vegetales. Como bien nos explica Palencia-Roth, la teratología de la escritura colonial derivó en un procedimiento de doble identificación, esto es: una teratología de carácter biológico y otra de tipo moral: "La tradición teratológica se articula primordialmente por medio de dos discursos: el uno biológico, que tiene que ver con la fisiología; el otro teológico, que tiene que ver con el comportamiento y la moral" (40). Recordemos que Aristóteles inaugura el discurso biológico de la monstruosidad casi dos mil años antes del descubrimiento de América:

> Según Aristóteles, "la primera característica del monstruo es la de ser diferente" [*anomoíon* en griego] (*La generación de los animales* IV, iv 770b, 5-6), y presentar una especie de "deformidad" [*anatería* en griego] (IV, iv, 769b, 30) [...] Generalmente, el monstruo —*tera* en griego, *monstrum* en latín— se parece al ser humano y al mismo tiempo se diferencia de él. El término tanto en griego como en latín (*tera* o *monstrum*) tiene connotaciones religiosas, sea en relación con los dioses paganos o con el dios cristiano (Palencia-Roth, "Enemigos" 40).

Siguiendo lo expuesto por Palencia-Roth, en sus *Etymologiae* u *Originum sive etymologicarum libri viginti* (ca. 627-30), Isidoro de Sevilla (560-636) presentó y ordenó el mundo mediante un análisis lingüístico y semántico de tipo protoenciclopédico.[30] Isidoro dedica el libro 11 al estudio detallado y pormenorizado de los "monstruos" (*De portentis*). Allí, luego de discurrir sobre las partes del cuerpo y las "edades del hombre" (recordemos a Ovidio), sostiene que los monstruos no son seres *contra naturam*, porque todo lo creado por Dios hace parte de la naturaleza y es producto de su divina voluntad. Al no estar hechos en contra de Dios los monstruos deben

---

[30] San Isidoro es el último de los padres latinos. Su obra condensa el legado doctrinal de la patrística. Fue un escritor, diríamos hoy, protoenciclopédico y compilador de las tradiciones de la Antigüedad. Fue muy leído y conocido no sólo en su época, sino luego de su muerte por su famoso libro sobre las *Etimologías*.

tener una función instrumental en el plan divino y esa instrumentalidad está estrechamente ligada para Isidoro (y más tarde para Colón) a la etimología de la palabra "monstruo". De este modo, los monstruos son seres que derivan su nombre de la palabra latina *monitus*, razón por la que su característica principal es "que se muestran" con el objetivo de indicar algo, o para "mostrar" el significado de una cosa o de un evento. Isidoro utilizaba cuatro categorías para componer su teratología: 1. los *portentos*, los que anuncian (lat. *portendere*), 2. los *ostentos*, que manifiestan (lat. *ostendere*), 3. los monstruos y, por último, 4. los *prodigios*, que predicen (lat. *praedicare*). Los monstruos de la patrística funcionan como profecías o signos reveladores de la voluntad del plan de Dios y se unen de este modo al providencialismo del aparato teológico. En palabras del propio Isidoro: "La aparición de determinados portentos parece querer señalar hechos que van a acontecer; pues en ocasiones Dios quiere indicarnos lo que va a suceder al través de determinados perjuicios de los que nacen, como sirviéndose de sueños y de oráculos advierte e indica a algunos pueblos u hombres las desgracias futuras" (879).[31] El índice teratológico constituye un signo en la lectura colombina de las Antillas. Estos monstruos del 4 de noviembre indican claramente la asociación entre el archivo previo y el deseo colonial. Teratología que va construyendo, en forma paulatina, una red semántica que cuajará, como veremos hacia el final del *Diario*, en el encuentro empírico con el "monstruo caribe", "fiero" y "guerrero".

---

[31] Asimismo, Isidoro considera necesario realizar una distinción entre los "portentos" y aquello que puede clasificarse como "portentoso". Se denomina "portento" a los seres que sufren metamorfosis completas, en cambio, "portentoso" es el adjetivo otorgado a los seres que experimentan una pequeña alteración. Existen distintos tipos de "portentos" y distintos tipos de "seres portentosos". La distinción es sutil y por cierto, consiste en separar a estos seres en función de faltas o anomalías parciales o totales, por tamaño, por mutación de lugar de miembros o partes, mezclas de sexos, por conjunción de múltiples diferencias, etc. También Isidoro realiza una distinción entre los portentos que realmente existen y los que fueron imaginados por la tradición, esto es, los que pueden ser agrupados por su ubicación geográfica concreta y los que sólo son rastreables en términos literarios. En el primer grupo, Isidoro ubica a los cynodontes, los estersios, los heteromorfos, los connaturatio, los andróginos, los hermafroditas, los gigantes (que aparecerán en el *Sumario* de Oviedo), los cinocéfalos y los cíclopes o agriophagitai (que nombra Colón), los blemmyas, los panotios, los artabtitas, los sátiros, los faunos, los esciopodas o skiópodai, los antípodas, los hipopodas, los makróbioi y los pigmeos. En el segundo grupo (los seres ficticios) Isidoro coloca a las gorgonas, Gerión, sirenas (que aparecen en Colón), Escila, Cerbero, Hidra, Centauro, Minotauro, Onocentauro, Hipocentauro (*Etimologías* 879-87).

Desde la entrada del 4 de noviembre en adelante asistimos a una bifurcación del *discurso etnográfico* colombino. Se trata de una delimitación etnográfica a la que podríamos referirnos como a un *dualismo funcional* que opera dentro de los marcos prácticos del discurso colonial. Colón ha reservado una parcela *humanitaria* para unos sujetos que obedecen al deseo colonial y que responden satisfactoriamente a sus demandas, esto es, los "pacíficos taínos". Paralelamente, el Almirante ha creado un lugar ficticio sobre la superficie textual en el que desplegará la vieja teratología medieval junto con ciertos *tropos culturales de reconocimiento* (Jáuregui, "Brasil" 69). Se trata de un espacio textual en el que se inscribirán: "la gente con cola" ("Carta a Luis Santángel" 223), las sirenas, las amazonas y, fundamentalmente, otros sujetos (los caníbales) distinguibles por sus "pelos largos", su fealdad y su capacidad de resistencia pero, sobre todo, siendo reconocibles a partir de una diferencia significativa, de una práctica que "parece ser" consuetudinaria: comer carne humana.

La aparición del tropo caníbal en el *Diario* del primer viaje no sucede sino hasta el día viernes 23 de noviembre y su formulación depende, como vimos, de una proximidad entre dos líneas discursivas complementarias que, más tarde, habrán de cancelarse. Por un lado, la teratología clásica y, por el otro, el discurso orientalista de Cipango y el Gran Can. Los caníbales del día 23 se hallan en estrecha conexión con la gente "que tenía un solo ojo" (cíclopes), aunque, al mismo tiempo, la racionalidad que explica a los cíclopes y que intenta desmentirlos depende de otra mitología, aquella de Marco Polo y el Oriente:

> Y sobre este cabo encavalga otra tierra o cabo que va también al Leste, a quien aquellos indios que llevava llamavan Bohío, la cual decían que era muy grande y que avía en ella gente que tenía un ojo en la frente, y otros que se llamavan caníbales a quien mostravan tener gran miedo; y desque vieron que lleva este camino diz que no podían hablar, porque los comían y que son gente muy armada. El almirante dize que bien cree que avía algo d'ello, mas que, pues eran armados, serían gente de razón, y creía que avrían captivado algunos y que, porque no bolvían a sus tierras, dirían que los comían. Lo mismo creían de los cristianos y del Almirante, al prinçipio que algunos los vieron (142).

La glosa de Las Casas es significativa dado que intenta desmitificar el discurso teratológico del Almirante. Así, los monstruos antropófagos de "un ojo" que "los comían", una hibridación del archivo clásico entre los cíclopes y los antropófagos, quedan desestimados por el discurso comercial y mercantilista. En otras palabras, se trataría de "gente de razón" que va armada, gente que secuestra a los indígenas y se los lleva para otra isla. El proceso de ventriloquia es complejo: por una parte, el archivo teratológico aparece puesto por Colón en boca de los indígenas y, por otra parte, Las Casas recodifica las palabras del Almirante e intenta infructuosamente separar las dos líneas discursivas operativas de Colón racionalizando la mitología teratológica con el discurso orientalista. Son largas cadenas discursivas en las que se produce un *juego* —en sentido derridiano— entre la presencia y la ausencia del caníbal: "La presencia de un elemento es siempre una referencia significante y sustitutiva inscrita en un sistema de diferencias y el movimiento de una cadena. El juego es siempre juego de ausencia y de presencia, pero si se lo quiere pensar radicalmente, hay que pensarlo antes de la alternativa de la presencia y de la ausencia; hay que pensar el ser como presencia o ausencia a partir de la posibilidad del juego, y no a la inversa" (Derrida, "La estructura", s. p.). De aquí podemos colegir que quien maneja las líneas argumentales e ideológicas del discurso medievalista colombino, quien las hace coincidir, separarse, quien las rearticula, las controla y eventualmente las cancela, no es tanto el Almirante como Las Casas; al respecto, afirma Zamora: "Las Casas's voice is omnipresent in the *Diario*. Not a line in the text is unaffected by his editorial intent, including the first-person passages in which he decides to let Columbus speak for himself [...] Interrupting and interrupted by the editorial commentary, the paraphrases, the metaliterary evaluations, and other editorial manipulations, Columbus's voice is not exclusively his own. He speaks through, and for, Las Casas" (62). En este sentido, los procesos de cancelación e inauguración de las líneas argumentales son, más que el resultado de un archivo desmentido por una nueva realidad, el resultado de una manipulación *post facto* a manos de Las Casas. Este fragmento también es significativo porque muestra tanto la maleabilidad del discurso colonial como la funcionalidad del *tropo* caníbal. Por otro lado, es ésta la primera vez que aparece en el *Diario* la palabra *Caníbal* con el doble sentido de "gente que come gente" (antropofagia) y de "gente armada" (posibles enemigos). Confluyen de este modo dos líneas semánticas, a saber, la del utilitario enemigo y la marca de reconocimiento "moral" de ese Otro enemigo: comer carne humana en un claro acto que va contra la naturaleza de lo humano. Pero al mismo tiempo, el texto ilumina la flotabilidad del significante caníbal: "Lo mismo creían de los cristianos y del Almirante, al principio que algunos los vieron". Esta *flotabilidad del significante* permitirá más tarde a Las Casas hacer una inversión del canibalismo y presentar a los encomenderos como verdaderos caníbales que consumen y devoran como carniceros el cuerpo indígena.[32] El *caníbal* es el tropo utilitario por excelencia de este primer discurso colonial, no tanto por lo que significa en sí mismo (comer carne humana) como por su infinita capacidad de metamorfosis y readaptación a diferentes situaciones, por su operatividad política, por su instrumentalidad justificativa y por su potencia atributiva en el *discurso etnográfico* a una enorme multiplicidad de subjetividades diferenciales.[33]

Seis días más tarde, el 26 de noviembre, Colón sigue dándole vueltas al asunto. Se encuentra cartografiando la costa, está buscando puertos naturales, entradas y cabos. Toda su tarea de ese día se asocia con la faena natural y normal de un marinero. De repente, en forma extraña y paradójica, la falta de gente en los cabos e isletas que transcurren y el miedo de los indígenas que lo acompañan en la carabela lo devuelven a la especulación etnográfica:

> Estimava que la tierra que oy vido de la parte del Sueste del cabo de Campana era la isla que llamavan los inidos Bohío. Y parécelo porque el dicho cabo está apartado de aquella tierra. Toda la gente que hasta oy a hallado diz que tiene grandísimo temor de los de Caniba o Canima, y dizen que biven en esta isla de Bohío, la cual debe de ser muy grande, según lo pareçe, y cree que van a tomar a aquellos a sus tierras y casas, como sean muy cobarde y no saber de armas; y a esta causa le parece que

---

[32] Son muchos los pasajes en la *Brevísima relación de la destrucción de las Indias* (1542 [1552]) en los que Las Casas realiza esta inversión y señala a los encomenderos como leones, tigres o carniceros que devoran el cuerpo del indígena, por sólo dar un ejemplo de entre los que abundan en la relación: "En estas ovejas mansas y de las calidades susodichas por su Hacedor y Criador así dotadas, entraron los españoles desde luego que las conocieron como lobos y tigres y leones crudelísimos de muchos días hambrientos. Y otra cosa no han hecho de cuarenta años a esta parte, hasta hoy, y hoy en este día lo hacen, sino despedazallas, matalias, angustiallas, afligillas, atromentallas y destruillas por las estrañas y nuevas y varias y nunca otras tales vistas ni leídas ni oídas maneras de crueldad, de las cuales algunas pocas abajo se dirán, en tanto grado que habiendo en la isla Española sobre tres cuentos de ánimas que vimos, no hay hoy de los naturales della doscientas personas" (77).

[33] Como ha señalado Whitehead: "[...] the initial ethnographic judgments made by the Spanish —that there were two principal groupings of people the tractable *indios* and savage *caribes*— also directly informed colonial policy, and consequently became self-fulfilling. Moreover, the subsequent ethnography of the French missionaries such as Breton (1665; 1666) and Du Tertre (1667-71), reflecting precisely these changes in native society induce by the consequences of Spanish colonial policy, served only to reconfirm the initial discrimination and definitions of the Spanish colonizers" (91).

aquellos indios que traía no suelen poblarse a la costa del mar, por se vezinos a esta tierra, los cuales diz que después que le vieron tomar la buelta d'esta tierra no podían hablar, temiendo que los avían de comer, y no les podía quitar el temor, y dezían que no tenían sino un ojo y la cara de perro; y creía el Almirante que mentían, y sentía el Almirante que devían de ser del señoría del Gran Can que los captibavan (145).

Una nueva y productiva línea conceptual se ha incrustado en el *discurso etnográfico*, la del patronato y tutela de los "temerosos" y "cobardes" indígenas que se sienten aterrados frente a la posibilidad que el Almirante dirija su nave hacia la isla de Bohío, en donde habitan los "Caniba" o "Canima". Aquí la incertidumbre y anfibología lingüística es sin duda producto de la incertidumbre etnográfica y de los malos entendidos en estos procesos de ventriloquia y traducción. No sabemos si Colón oyó o entendió mal a los indígenas, no sabemos si transcribió mal la palabra en su *Diario*, no sabemos si Las Casas copió mal, etc. Sin embargo, aquí no nos interesa la reconstrucción filológica de la palabra, sino señalar que la cambiante morfología de la palabra "caníbal", de ese significante que se está formando por estos días en el *Diario*, obedece a la inestabilidad ideológica en la configuración etnográfica del Otro sumada a las evidentes dudas y deseos expresados en el *Diario* (dudas comerciales, geográficas, mercantiles, etc.) y, por qué no, a las propias dudas de Las Casas en su proceso de desciframiento, edición y manipulación del supuesto original colombino.

Aquí, en el fragmento citado antes, Las Casas es tajante en cuanto a la posición del Almirante, los indios están siendo definitivamente "mentirosos". Simultáneamente, el discurso orientalista (las tropas del Gran Can) vuelve a ser el reaseguro racional frente a los cíclopes y los, ahora agregados, cinocéfalos (hombres con cara de perro) del archivo teratológico. A pesar de las dudas se puede notar la coexistencia de ambos discursos, sus interrelaciones y el modo en el que los mismos se interceptan y se desmienten. El *discurso oriental*, más cercano al oro del Gran Can, tiene un peso mayor en el deseo colonial por la riqueza. Aun así, la teratología clásica no se abandona del todo, puesto que, como sostiene Gil en la cita precedente, los monstruos también son un índice de la riqueza. Adelantemos entonces una conclusión; ya sea que se trate de una línea discursiva medievalista y teratológica, ya de una orientalista asociada al Gran Can, el móvil central, la guía directriz y la energía mental y material de este viaje sólo pueden coincidir con el deseo de obtener oro y riquezas. Todos los otros móviles históricamente sugeridos por historiadores y críticos literarios —evangelización, cumplimiento de una profecía, providencialismo divino, obtención de la gloria para los Reyes Católicos, expansión de la fe cristiana, etc.—, si bien existen, son secundarios y están entonces supeditados a este último.

El temor que supuestamente expresaban los indígenas "buenos" por los mentados antropófagos de la isla Bohío se transfiere al Almirante. Hasta estos momentos en los que surgen las incertidumbres en relación con unos "posibles enemigos", los indígenas de las Antillas no parecen, de acuerdo con el *Diario*, haber opuesto resistencia alguna a la comitiva invasora, más bien su táctica consistía en huir hacia los montes frente a la aparición de los europeos [ver fig. 2] y en otros casos en un mero recibimiento e intercambio de baratijas por oro. No obstante, el germen especulativo de los enemigos *antropófagos-cinocéfalos-ciclópeos*, llamados alternativamente "Caníbales" (142), "Caniba" (145), "Canima" (145), hace emerger en forma significativa la resistencia contracolonial indígena en el texto.

Ya el 27 de noviembre, a 20 millas del cabo de Campana y luego de descubrir ríos y entradas favorables para el anclado de las embarcaciones, Colón encuentra una gran población: "la mayor que hasta oy aya hallado, y vido venir infinita gente a la ribera de la mar dando grandes bozes, todos desnudos, con sus azagayas en la mano" (146). El Almirante quiere bajar a conferenciar con los lugareños, pero "los indios hizieron ademanes de no los dexar saltar en tierra y resistillos" (146). Nótese que el propio Las Casas usa la palabra "resistillos". Finalmente, si bien los indígenas no combaten, terminan huyendo después de haber amenazado con "azagayas" a los invasores. Se van juntando de este modo tres líneas discursivas en el proceso de asociaciones etnográficas: la aparición de los caníbales, la asociación de estos caníbales con dos coordenadas contradictorias, comer carne humana (línea teratológica), ser gente de armas y razón (línea orientalista) y la emergencia de los enemigos que resisten la invasión europea. Es notable que no se produzca ninguna escaramuza o combate con anterioridad a, por un lado, la formulación especulativa del tropo caníbal y sus contradictorias significaciones y, por otro, la supuesta aparición "real" de los caníbales, como veremos más adelante.

Son reiteradas las oportunidades en el *Diario* de este primer viaje en que supuestamente los indígenas, mediante señas, le comentan al Almirante su temor por esa "gente" que se come a los otros pobladores. Una vez tras otra, Colón desestima la palabra indígena. No en vano Las Casas ratifica que "el Almirante no diz que las creía, sino que devían tener más astucia y mejor ingenio los de aquella isla Bohío para los captivar qu'ellos, porque eran muy flacos de coraçón" (miércoles 5 de diciembre, 152-153). Luego de la aparición de esta dicotomía funcional, a diferencia de lo que sucedía en los primeros meses cuando los indígenas se entregaban "amorosamente" al contacto con los invasores y hasta los consideraban como dioses venidos del cielo,[34] las nuevas poblaciones encontradas comienzan a huir sistemáticamente de la presencia europea: algo ha cambiado. Por ejemplo, en la recorrida que se hace de las costas de la isla Tortuga, el jueves 6 de diciembre, se señala que "todos los indios huyeron y huían como vían los navíos" (155). Es más, la huida indígena empieza a considerarse como una antesala a la posible belicosidad de los mismos, sospecha claramente evidenciada el domingo 9 de diciembre: "y así huían todos y llevavan consigo todo lo que tenían y hazían ahumadas como gente de guerra" (157). Cada vez más, los signos que se leen en las acciones del Otro comienzan a separarse de la duda y a configurarse como posibles índices de agresividad hacia los europeos. El martes 11 de diciembre, el Almirante vuelve a ratificar sus deseos orientales hablando de la Tierra Firme y del Gran Can, y vuelve a desmentir el canibalismo y los caníbales:

> [Y] dizían que la isla de Bohío era mayor que la Juana, a que llaman Cuba, y que no está çercada de agua, y pareçe dar a entender ser tierra firme, qu'es aquí detrás dista Española, a que ellos llaman Caritaba, y que es cosa infinita, y cuasi traen razón qu'ellos sean trabajados de gente astuta, porque todas estas islas biven con gran miedo de los Caniba [...] que Caniba no es otra cosa sino la gente del Gran Can, que debe ser aquí muy vezino; y terná navíos y vernán captivarlos, y como no buelven, creen que se los <han> comido (158).

El Almirante, de dos meses a esta parte, y frente a las evidencias irrefutables, luego de enviada la comitiva en Cuba al encuentro del nunca hallado Gran Can, y a la imposibilidad de encontrar rastros de una civilización con palacios, armas y navíos, continúa forzando el *discurso oriental* y desestimando así la aparición monstruosa del caníbal. Es más, una vez que llega a La Española y comienza el encuentro con los indígenas, momento en el

---

[34] En la entrada del domingo 14 de octubre se lee: "y venían y entendíamos que nos preguntavan si éramos venido<s> del çielo. Y vino uno viejo en el batel dentro, y otros a bozes grandes llamavan todos, hombres y mugeres: 'venid a ver los hombres que vinieron del çielo, traedles de comer y de bever'" (112). Luego, el lunes 22 de octubre: "Ellos también tenían a gran maravilla nuestra venida y creían que éramos venidos del cielo" (123). Nuevamente el 12 de noviembre: "no tiene secta ninguna ni son idólatras, salvo muy mansos y sin saber qué sea mal ni matar a otros ni prender, y sin armas y tan temerosos que a una persona de los nuestros fluyen cientos d'ellos, aunque burlen con ellos, y crédulos y cognoçedores que ay Dios en el çielo, e firmes que nosostros avemos venido del çielo" (135).

que está particularmente interesado en las mujeres, parece desaparecer todo discurso teratológico y monstruoso. Dice Las Casas: "Cuanto a la hermosura, dezían los cristianos que o avía comparaçión, así en los hombres como en las mugeres, y que son blancos más que los otros, y que entre los otros vieron dos mugeres moças tan blancas como podían ser en España" (jueves 13 de diciembre, 160). La comparación etnográfica entre la "blancura" de estas mujeres indígenas y las mujeres españolas sirve como un detalle revelador del deseo sexual del conquistador, pero también como emergencia de las marcas raciales que acercan o dividen a los indígenas de los invasores. El color de la piel indígena, su desnudez y la reiterada alabanza de las mujeres nativas de la isla Española se transforman en los siguientes días en una especie de obsesión: "Este rey y todos los otros andavan desnudos como sus madres los parieron, y así las mugeres sin algún empacho, y son los más hermosos hombres y mugeres que hasta allí ovieron hallado; harto blancos, que, si vestidos anduviesen y se guardasen del sol y del aire, serían cuasi tan blancos como en España" (domingo 16 de diciembre, 163). No sería demasiado arriesgado aventurar que la isla Española fue escogida como el bastión colonial de España, a despecho de Cuba, no sólo por la fertilidad de sus tierras y la operatividad de sus puertos naturales, sino también por la selección estético-étnica y antropológica del deseo sexual del conquistador.

Nos encontramos entonces con varias capas discursivas (a modo de palimpsesto) o líneas argumentales que se interceptan simultáneamente: emergen posibles monstruos (cíclopes, cinocéfalos, caníbales) que van siendo desestimados por el discurso del Almirante, pero que, sin embargo, persisten obstinadamente en el texto, se niegan a desaparecer por completo, como si su instrumentalidad estuviera agazapada esperando el momento de activar su utilidad. Asimismo, en el horizonte conquistador también se comienza a entrever la posible existencia de enemigos y, al mismo tiempo, se encuentra la gente "más hermosa" de todas las vistas hasta ese momento. Estas líneas argumentativas y especulativas van dando lugar, por un lado, al *paternalismo conquistador* (proteger a los indios buenos de los indios malos, cubrir su desnudez, evangelizar, ordenar y cambiar sus costumbres salvajes) y, por otro lado, al discurso bélico, dado que toda tutela (jurídica o simbólica) se ejerce en contra de un mal o con el propósito de prevenir un daño. El día 24 de diciembre, Colón le asegura a los reyes: "Crean Vuestras Altezas que en el mundo todo no puede aver mejor gente ni más mansa, deven tomar Vuestras Altezas grande alegría porque luego los harán cristianos y los avrán enseñando en buenas costumbres se sus reinos, que más mejor gente ni tierra puede ser, y la gente y la tierra en tanta cantidad que yo no sé ya cómo lo escriva" (176). Con todo y justo a renglón seguido, la narración comienza a profundizar la diferenciación étnica y dicotómica. Es preciso recordar, como se anotó más arriba, que el 17 de octubre la gente "toda era una con los otros ya dichos, de las mismas condiçiones, y así desnudos y de la misma estatura" (118). Para la víspera de la Navidad, las crecientes líneas interpretativas que venían confluyendo y chocando producen un efecto diferenciador novedoso:

> [...] yo e hablado en superlativo grado <de> la gente y la tierra de la Juana, a que ellos llaman Cuba; mas *ay tanta diferencia* d'ellos y d'ella a esta en todo como del día a la noche [...] y todos de muy singularíssimo tracto amoroso y habla dulçe, no como los otros, que pareçece cuando hablan que amenazan, y de buena estatura hombres y mugeres, y no negros. Verdad es que todos se tiñen, algunos de negro y otros de otra color, y los más de colorado; he sabido que lo hazen por el sol, que no les haga tanto mal; y las cosas y lugares tan hermosos, y con señorío en todos, como juez o señor d'ellos, y todos le obedeçen que es maravilla, y todos estos señores son de pocas palabras y muy lindas costumbres, y su mando es lo más con hazer señas con la mano, y luego es entendido que es maravilla (176; énfasis mío).

Este párrafo, al ofrecer un alto grado de detalle, nos permite apreciar un cambio significativo, es decir, esta etnografía que hacía tabla rasa con las identidades de las otras islas ha comenzado a diferenciar las distintas etnias. En primer lugar, ha fijado una lógica racializadora basada en el color ("no negros"), una línea discursiva que se venía acentuando desde la llegada a La Española fundamentada en el señalamiento de la blancura de las mujeres indígenas; en segundo lugar, se intentan explicar los rasgos diferenciales atribuyendo causas lógicas (se pintan para protegerse del sol); en tercer lugar, se ha reconocido que sí existe una diferencia lingüística entre los grupos indígenas (estos indígenas de La Española tienen un habla dulce a diferencia de los otros que cuando hablan parece que amenazan); y, en cuarto y último lugar, se ha reconocido la existencia de una estructura social y política (tienen jueces y les obedecen). En suma, el *discurso etnográfico* se ha complejizado y en él podemos examinar operaciones de reconocimiento que ya no van sólo desde el archivo europeo (el símil etnográfico de Occidente) hacia el Caribe, sino también de isla a isla, de pueblos indígenas a pueblos indígenas.

El deseo por el oro hace significar cualidades antropológicas excepcionales que influyen directamente en la conceptualización del indígena. Las percepciones etnográficas colombinas y sus modificaciones se relacionan muy estrechamente con las esporádicas apariciones del oro, de manera tal que se produce una regla o *axioma distributivo* que afecta en forma directa la representación etnográfica: a mayor cantidad de oro, mejores son las cualidades tanto físicas como morales de los indígenas, lo cual, de algún modo, contradice la tradición mítica grecolatina que asociaba el oro con la monstruosidad. El 26 de diciembre, luego de perder la carabela *Santa María* el día de Navidad a causa de que ésta encallara en la costa, los indígenas de La Española intercambian con Colón pedazos de oro "tan grandes como la mano" (179) por cascabeles. Y el cacique de la isla, al ver la recepción que Colón le daba luego que le entregaba el oro, "se holgó mucho con ver al Almirante alegre y entendió que deseava mucho oro, y díxole por señas que él sabía cerca de allí donde avía d'ello muy mucho en grande suma y qu'estuviese de buen coraçón, que él daría cuanto oro quisiese" (179). Inmediatamente estos indígenas se transforman en gente educada, sin codicia, bondadosos, de buenas costumbres: "son fieles y sin cudiçia de lo ageno; y así era sobre todos aquel rey virtuoso" (179). A continuación, agrega Las Casas: "en su comer, con su honestidad y hermosa manera de limpieza, se mostrava bien ser de linaje" (179). Después de comer en la carabela con el cacique, Colón va con él hasta la playa y allí el cacique, que le había prometido todo el oro que el Almirante quisiera, le comenta que está temeroso de "los Caniba, qu'ellos llaman caribes, que los vienen a tomar, y traen arcos y flechas sin hierro, que en todas aquellas tierras no avía memoria d'él ni de otro metal salvo de oro" (180).

Dos cosas notorias y fundamentales se producen aquí. En primer lugar, es claro que los indígenas quieren ganarse el favor del Almirante para resolver problemas intertribales. En segundo lugar, las promesas, sin duda una inteligente acción del cacique, sobre el oro transforman la fe del Almirante, hacen caer sus dudas sobre la existencia de los caníbales y logran que éste abandone momentáneamente el discurso oriental para asegurarle al cacique que no debía temer a los caníbales: "El Almirante le dixo por señas que los Reyes de Castilla mandarían destruir a los caribes y que a todos se los mandarían traer las manos atadas" (180). Para terminar de convencer al incrédulo cacique: "mandó el Almirante tirar una lombarda y una espingarda, y viendo el effecto que su fuerça hazían y lo que penetravan, quedó maravillado, y cuando su gente oyó los tiros cayeron todos en tierra" (180). Aquí, los caníbales, por primera vez en el *Diario*, son tomados en serio y comienzan a cobrar una existencia instrumental.

La fuerza del oro es tan poderosa y la alegría de Colón por su hallazgo tan inmensa que la teratología clásica (los antropófagos antes negados y atribuidos a la cobardía e ignorancia de los indios) recupera su pleno estatuto y el discurso providencialista lascasiano encuentra su funcionalidad: "El Almirante resçibió mucho plazer y consolación d'estas cosas que vía, y se le templó el angustia y pena que avía rescibido y tenía de la pérdida de la nao, y cognosció que Nuestro Señor avía hecho encallar allí la no porque hiziese allí asiento" (180).[35] Obligado por las circunstancias y viendo la buena recepción indígena, Colón decide fundar el famoso y luego trágico, fuerte de la Navidad en la isla Española.[36] La ocasión también es propicia para la construcción de una alianza política entre el cacique Guacanagarí y la flota colombina. Esta alianza entre ambos grupos depende tanto del oro indígena como de la ahora renovada fe del Almirante sobre la existencia incuestionable de los caníbales:

> [M]ostróle [Colón a Guacanagarí] la fuerça que tenían y effecto que hazían las lombardas, por lo cual mandó armar una y tirar al costado de la nao que estava en tierra, porque vino a propósito de plática sobre los caribes, con quien tienen guerra, y vido hasta dónde llegó la lombarda y cómo passó el costado de la nao y fue muy lexos la piedra por la mar. Hizo hacer también una escaramuça con la gente de los navíos armada, diziendo al caçique que no oviese miedo a los caribes aunque viniesen (184-185).

A esta altura ya es claro que hay un enemigo caníbal o, para usar una fórmula común, que los enemigos de mis amigos y aliados son también mis enemigos. Sin embargo, Colón no abandona aún del todo el *discurso oriental*. Tan tarde como el 4 de enero, momento en el que ya se ha aceptado la existencia caníbal, vuelve el *Diario* a insistir en este registro: "concluye que Cipango en aquella isla y que hay mucho oro y espeçiería y almáçiga y rubibarbo" (187). Pareciera como si estuviéramos frente a la verificación de una hipótesis en la que se prueban alternativamente diferentes instrumentos conceptuales para su validación, y en la que uno de estos instrumentos, progresivamente, va siendo preponderante por sobre los otros. Se trata, pues, de paradigmas y líneas argumentales que se intercambian y superponen, a veces en un mismo día.

---

[35] Más adelante, el 6 de enero, se vuelve a insistir en el providencialismo: "Añade el Almirante, diziendo a los Reyes: Así que, Señores Príncipes, que yo cognozco que *milagrosamente* mandó quedar allí aquella nao Nuestro Señor, porqu'es el mejor lugar de toda la isla para hazer el asiento y más açerca de las minas de oro" (189; énfasis mío).

[36] Al respecto de este incidente se puede consultar mi artículo "Múltiples versiones de una 'misma' travesía: el segundo viaje de Cristóbal Colón", especialmente el acápite titulado "Treinta y nueve españoles muertos: llegada al fuerte Navidad" (229-234).

Después de "concluir" que "más allá" hay una isla que es Cipango, el día 6 de enero vuelve a reaparecer el discurso mítico-clásico: "También diz que supo el Almirante que allí el Leste, avía una isla donde no avía sino solas mujeres" (189). Las figuras de la Antigüedad siguen saltando en el interior del *Diario*: el yo narrativo no satisfecho con cancelar la sospechada presencia de cíclopes y cinocéfalos agrega ahora, como condimento, la existencia de Amazonas. Es más, el 9 de enero, sucede algo maravilloso que ya no se relaciona con dichos indígenas, sino con la experimentación visual del propio Almirante: "El día pasado, cuando el Almirante iva al río del Oro, dixo que vido tres serenas que salieron bien alto de la mar, pero no eran tan hermosas como las pintan, que en alguna manera tenían forma de hombre en la cara; dixo que otras vezes vido algunas en Guinea en la Costa Manegueta" (191-192). Algo nuevo está cuajando en el discurso del Almirante, mientras los caníbales comienzan a tomarse muy seriamente, se vislumbra en el horizonte mítico una isla llena de mujeres junto con el oro de Cipango y la presencia clásica y teratológica de las sirenas homéricas. Todos los deseos parecen querer acomodarse hacia una isla en donde los monstruos, el oro y el sexo finalmente confluyan. Se va configurando de esta manera una doble operación que va desde el archivo etnográfico clásico hacia la "realidad" del Caribe y la experiencia sensorial y empírica del Almirante. Por un lado, la voz de la narración va dejando de lado la traducción y ventriloquia del Otro y las referencias indígenas, para constituirse ella misma como un testigo ocular de la maravilla: las "sirenas" con rostros masculinos son vistas por el narrador, quien ya había tenido un encuentro previo con ellas en viajes anteriores. Por otro lado, la instrumentalidad del archivo mítico clásico lejos de operar como un mero vector de articulación, esto es, como símil antropológico, hará emerger en el contexto del *Diario* la presencia "real" y constatada del Otro monstruoso. De este modo, el día 13 de enero, los antropófagos caribes (Caniba/Canima) aparecen no ya como posible articulación del discurso oriental (Cipango y el Gran Can) sino como "presencias reales" frente al Almirante:

> Enbió la barca a tierra en una hermosa playa para que tomasen de los ajes para comer, y hallaron ciertos hombres con arcos y flechas, con los cuales se pararon a hablar, y les compraron dos arcos y muchas flechas y rogaron a uno d'ellos que fuese a hablar al Almirante a la carabela y vino. El cual diz que era muy disforme en el acatadura más que otros que oviese visto: tenía el rostro todo tiznado de carbón, puesto que en todas partes acostumbran de se teñír de diversas colores; traía todos los cabellos muy largos y encogidos y atados atrás, y después puestos en

una redezilla de plumas de papagayos, y él así desnudo como los otros, *juzgó el Almirante que devía de ser de los caribes que comen los hombres* [...] preguntole por los caribes y señalole al Leste, cera de allí; la cual diz que ayer vio el Almirante antes que entrase en aquella baía, y díxole el indio que en ella avía mucho oro (194; énfasis mío).

De acuerdo con Varela, Las Casas escribe en un margen, visiblemente irritado: "No eran caribes ni los hobo en la Española jamás" (194). Puede ser que el Almirante se haya topado con un grupo étnico distinto a los encontrados con anterioridad,[37] sin embargo, llama la atención que estos indígenas se "juzguen" como "caribes que comen los hombres". El discurso oriental se ha abandonado, es evidente que estos hombres no cuentan con la complejidad antropológica necesaria que señalaba el archivo como para que se identifiquen como los soldados del Gran Can (armamentos de hierro, vestimentas sofisticadas). Estos hombres son diferentes pero no "tan diferentes" del resto. El Almirante llega a su juicio luego de opinar que son "disformes" y que tenían el rostro pintado. Aun así, a renglón seguido, asegura que la práctica de pintarse los cuerpos es común a todas las islas. Es más, Colón, desde el primer encuentro (12 de octubre) sabe que los indígenas usan tinturas y esto no es nuevo para él: "d'ellos se pintan de blanco y d'ellos de colorado y d'ellos de los que fallan; y d'ellos se pintan las caras, y d'ellos todo el cuerpo, y d'ellos solo los ojos, y d'ellos solo la nariz" (111).[38] ¿Cuál es entonces el resto diferencial que atestigua, a juicio del narrador, que estos hombres comen carne humana?[39] Por otro lado, si ya se ha topado con los caribes ¿por qué le pregunta a este "caribe" aquél que va hasta el barco a conferenciar con él sobre el origen de los caribes? Es obvio que aquí la manipulación del discurso mítico y la cancelación del oriental apuntan a una funcionalidad del *Diario* que muchas veces se olvida: el

---

[37] De acuerdo con Hulme, la etnografía contemporánea es de la opinión que estos indios no eran caribes sino ciguayos/arauacos (40). De todas maneras es irrelevante esta discusión, lo que aquí se analiza no es la realidad etnológica de las Antillas, sino la funcionalidad e instrumentalidad del *discurso etnográfico* colombino y sus repercusiones y consecuencias pragmáticas.

[38] El día 22 de octubre vuelve a escribir sobre el tema de los cuerpos pintados: "así desnudos y así pintados, d'ellos de blanco, d'ellos de colorado, d'ellos de prieto y así de muchas maneras" (122).

[39] Como indica Hulme: "There is no evidence that these people are 'caribes' or 'canibales' other than Columbus's unsupported supposition; there is no evidence at all that they eat men" (41).

diario de abordo es un instrumento requerido legalmente por la Corona y como tal es el espacio que organiza un discurso para un superior a quien se debe convencer de la utilidad del viaje. No es casual, como ha señalado Hulme, que la presencia del caníbal y la del oro terminen confluyendo en el *Diario*. La función caníbal y la localización del oro hacia el "Leste" son el resultado de una especulación y de una estrategia política por parte del Almirante, que dejan el camino preparado para la justificación de un nuevo viaje. Como señala Jáuregui:

> Colón regresaba de un viaje en el que habían sido invertidos ingentes recursos tanto de la Corona como de cerca de doscientos inversionistas privados. Las grandes expectativas sin embargo habían sido mayores que los resultados [...] El paraíso se deshacía en realidades adversas, la hipótesis asiática colapsaba, la recepción de los indígenas fue menos entusiasta, y el oro —objeto del deseo— parecía estar siempre en una provincia un poco más lejana, como los caníbales (*Canibalia* 88-89).

La aparición de este indígena "fiero" es útil para el discurso descubridor porque asegura la presencia, hasta el momento magra, de Otro espacio, del espacio caníbal adonde se encuentra el tan deseado oro: el indígena fiero, en tanto "caribe", da continuidad al deseo conquistador y justifica de esa manera el avance colonial y mercantilista del futuro. Justo ese mismo día en el que aparece el primer caribe "real", vuelven a emerger las amazonas, el oro y, fundamentalmente la "diferencia" como eje de lectura de la alteridad. Las amazonas ya no se muestran como objetos de mera curiosidad o como la posibilidad inconsciente del deseo sexual, ahora se asocian claramente, como los caníbales, con el oro: "De la isla de Matininó dixo aquel indio que era toda poblada de mugeres sin hombres, y que en ella hay mucho 'tuob', qu'es oro o alambre y que es más al Leste de Carib" (195). En su *Historia* escrita muchos años después que los *Diarios* colombinos, Gonzalo Fernández de Oviedo todavía insistía en describir la presencia de amazonas en lo que hoy es la actual Colombia, según se lo habían referido los indígenas al conquistador Gonzalo Jiménez de Quesada. Es más, al parecer, Jiménez de Quesada envió una expedición en búsqueda del reino Amazonas:

> [...] envió el general a su hermano Hernand Pérez con gente de caballo en su descubrimiento; en lo cual estuvo sesenta días, y llegó hasta la provincia de aquellas mujeres, sin poder entrar dentro a causa de las muchas aguas, e aunque con caballos pensaban hacer algund fructo, si entraran, eran tan ásperas las sierras, que no pudieron hacer nada. Lo que se pudo saber de

los indios que con ellas contractan, fue que aquella provincia en que están esas mujeres, es pequeña y poca tierra, y las mujeres son allí las señoras y las que mandan, y los hombres los súbditos y los mandados. Llámase la señora dellas, Jarativa. Son los hombres que tienen, sus esclavos, que ellas compran para su comunicación y conversación carnal. Son poca gente ellas, e tierra caliente en la que viven; y ellas son las que pelean, aunque eso dice el licenciado Gonzalo Jiménez que no lo cree, porque los indios lo cuentan de dos o tres maneras. Tienen oro, encima de la tierra, en joyas, y debajo de la tierra lo sacan de minas. Estos es lo que se pudo saber destas mujeres que los nuestros, en aquellas partes, llaman amazonas (*Historia* BAE, II: 124).

El mito amazónico (también ampliamente narrado en el cuarto libro de la *Historia* de Heródoto) fue uno de los que perduró aun después de varios años de conquistas en los que el "realismo" de la invasión colonial fue cancelando paulatinamente los monstruos del archivo clásico. Enrique de Gandía nos informa que

La seguridad de hallar en las costas de Asia una isla habitada por amazonas o mujeres que vivían sin hombres, todavía animaba a muchos de los compañeros de Magallanes, según lo atestigua en su *primo viaggio intorno al globo* el caballero lombardo Antonio Pigafetta [...] con el viaje de Orellana y los descubrimientos realizados en todo el continente Sudamericano, la nueva leyenda de las amazonas, que idéntica y casi simultáneamente surge en distintos y apartados lugares, encierra un fondo desconocido, completamente original, que es el reflejo de una realidad palpado por los indios y que fue desapareciendo a medida que avanzaban los descubrimientos (77).

En el *Diario* colombino del primer viaje se ponen en contigüidad los monstruos clásicos (las amazonas y los antropófagos) y el oro, tal como ocurre en el relato de Jiménez de Quesada narrado por Oviedo.[40] Al mismo tiempo, la diferencia que veíamos expresada en este "indio fiero" también comienza

---

[40] A pesar de la funcionalidad del archivo clásico y teratológico del discurso conquistador, es necesario señalar, como ha mostrado Jáuregui, que el caníbal es una invención moderna en la que confluyen el deseo conquistador y el archivo medieval creando un nuevo tropo operativo: "Pero, pese a que se imagina al caníbal desde el propio lenguaje, debe insistirse en que no se trata de la mera reactivación de tropos culturales y mitos grecolatinos y medievales —que de todas formas entraron muy pronto en crisis— sino de rastros, de

a hacerse operativa en la lengua: "dize [el Almirante] que entendía algunas palabras, y por ella diz que saca otras cosas, y que los indios que consigo traía entendían más, puesto que fallava differençia de lenguas por la gran distancia de las tierras" (195). La aparición del caníbal desplaza no sólo la imaginación paradisíaca y la presencia del indio manso, sino que también colabora en la amplificación de una lectura diferencial. El estereotipo del caníbal se convierte en una suerte de lente mutable a través del cual comienza a mirarse la realidad y cuya proyección transforma al conjunto (corporal, lingüístico, geográfico) en una pura diferencia. Una diferencia, en última instancia, que hace operativo al *telos* conquistador, que justifica el viaje de Colón y que patrocina la intervención colonial ante la resistencia contracolonial indígena. La aparición "real" del caribe no sólo será significativa en lo que concierne al desplazamiento de la *utopía orientalista*, sino también porque es esta aparición la que promueve la violencia contra el indígena y la que da lugar, por ende, a la "misión civilizadora" de Europa. Recordemos que hasta aquí los indígenas "colaboran" con el Almirante o, a lo sumo, huyen ante su presencia. Sin embargo, el mismo día en que aparece el caníbal "real" se produce, significativamente, la primera batalla contra los indígenas:

> Fueron corriendo a tomar sus arcos y flechas donde los tenían apartados y tornaron con cuerdas en las manos para diz que atar los cristianos. Viéndolos venir corriendo a ellos, estando los cristianos apercibidos, porque siempre los avisava d'esto el Almirante, arremetieron los cristianos a ellos, y dieron a un indio una gran cuchillada en las nalgas, y a otro por los pechos hirieron con una saeteada; <a> lo cual, visto que podían ganar poco, aunque no eran los cristianos sino siete y ellos cincuenta y tantos, dieron a huir que no quedó ninguno, dexando uno aquí las flechas y otro allí los arcos. Mataran diz que los crisitianos muchos d'ellos, si el piloto que iva por capitán d'ellos no lo estorvara (195-196).

Hasta aquí nunca había aparecido la sangre, la cuchillada, la matanza y la guerra contra el indígena en el *Diario*. Repitamos, no es sino hasta que aparece el tropo caníbal y su supuesto referente "real", el indio caribe, cuando se ejerce violencia contra los indígenas.

Naturalmente, el Almirante no puede atribuir este comportamiento más que a la operatividad de su propio discurso: "porque sin duda, dize él, la

---

espectros, detrás de los cuales encontramos la consolidación del Estado español y la del capitalismo mercantilista" (*Canibalia* 85) gente de allí es diz que de mal hazer y que creía que eran los de Carib y que comiesen los hombres [...] y que si no son de los caribes, al menos deven de ser fronteros y de las mismas costumbres y gente sin miedo, no como los otros de las otras islas" (196). No sólo funciona el caníbal como explicación de la resistencia indígena, sino que, además, aun si "son o no son", su existencia asegura la regla común de identificación que se seguirá de allí en adelante en la práctica conquistadora: el que resiste es, definitivamente, caníbal. Por ello es importante comprender la demarcación teratológica colombina, puesto que ésta operará como vector identificatorio o, si se quiere, como *autoridad etnográfica* (Clifford 141-70), de la *otredad*. Se trata de una marca de reconocimiento que buscará a cada paso, en cada acto semiológico-etnográfico de interpretación, constatarse como evidencia. Asistimos de este modo a la creación de un marco conceptual que otorga características particulares desde afuera, a modo de atribución, sobre un vasto conjunto de individuos con el objetivo de fijar una identificación que regule la representación de identidades sociales.[41]

Ya absolutamente convencido de la existencia caníbal, luego de la escaramuza del 13 de enero, el Almirante enfila su embarcación hacia la isla caníbal. El 14 de enero expresa que: "Quisiera enviar esta noche a buscar las casas de aquellos indios por tomar alguno d'ellos, creyendo que eran caribes" (196). La transformación del discurso es absoluta y su péndulo se balancea desde la rotunda negación del caníbal hasta su aparición "real" y la obsesiva búsqueda que éste trae consigo. El movimiento de este péndulo se extiende incluso hasta la invención de una isla llamada Carib. El martes 15 de enero volvemos a leer:

---

[41] Sigo aquí, en lo esencial, la noción de estereotipo de Homi K. Bhabha: "Un rasgo importante del discurso colonial es su dependencia del concepto de 'fijeza' en la construcción ideológica de la otredad. La fijeza, como signo de la diferencia cultural/histórica/racial en el discurso del colonialismo, es un modo paradójico de representación: connota rigidez y un orden inmutable así como desorden, degeneración y repetición demónica. Del mismo modo el estereotipo, que es su estrategia discursiva mayor, es una forma de conocimiento e identificación que vacila entre lo que siempre está 'en su lugar', ya conocido, y algo que debe ser repetido ansiosamente... como si la esencial duplicidad del asiático y la bestial licencia sexual del africano que no necesitan pruebas, nunca pudieran ser probadas en el discurso [...] Pues es la fuerza de la ambivalencia lo que le da al estereotipo colonial su valor: asegura su repetibilidad en coyunturas históricas y discursivas cambiantes; conforma sus estrategias de individuación y marginalización; produce ese efecto de verdad probabilística y predictibilidad que, para el estereotipo, siempre debe estar en exceso de lo que puede ser probado empíricamente o construido lógicamente" (91).

> Dize también que oy a sabido que toda la fuerça del oro estava
> en la comarca de la villa de La navidad, y que en la isla de Carib
> avía mucho alambre y en Matinino, puesto que será dificultoso
> en Caribú porque aquella gente diz que come carne humana, y
> que de allí se pareçía la isla d'ellos, y que tenía determinado de
> ir a ella, pues está en el camino, y a la de Matinino, que diz que
> era poblada toda de mugeres sin hombres, ver la una y la otra, y
> tomar diz que algunos d'ellos (197).

Como ha señalado Enrique de Gandía: "Llegado Colón al Nuevo Mundo,
que él [...] identificaba con las costas de Asia, vemos cómo las islas Fe-
menina y Masculina de los mapas medioevales se transforman en islas de
Carib y de Matinino, una habitada por caribes y la otra por amazonas, exactamente igual que en las orillas del Termodonte, donde, según las fábulas
clásicas, calibes y amazonas vivían en relativa vecindad. Al mismo tiempo,
las amazonas, vistas por la fantasía de Colón revelaban los mismos hábitos
que las mencionadas por Heródoto" (76). Al final del *Diario*, las amazonas
y los caníbales, ya totalmente definidos como antropófagos, son los índices
instrumentales que deciden el curso de la navegación. Notemos que, en
forma paralela y operativa, las islas de las amazonas y de los caníbales se
hallan justo una enfrente de la otra y, para mayor comodidad de la travesía,
justo a la salida de las Antillas hacia España. Sin embargo, el Almirante,
habiendo identificado el espacio en donde están tanto el enemigo (el caníbal), el deseo sexual (las amazonas), como las riquezas (el oro), no llegará
nunca a tales lugares. Este extraño comportamiento del Almirante, sin dejar
de ser altamente paradójico, encuentra su explicación en el *Diario*. Colón
sale del golfo de las Flechas, así bautizado luego de la escaramuza con los
indígenas, "par ir diz que a isla de Carib donde estava la gente a quien todas
aquellas islas y tierras tanto miedo tenían" (198). No obstante, el Almirante: "Notó en la gente que començó a entristeçerse por desviarse del camino
derecho, por la mucho agua que hazían ambas carabelas" (198). Ésta es la
primera excusa del Almirante para cambiar el rumbo y no ir a descubrir el
ansiado oro, los caníbales y las amazonas. La segunda excusa se configura
alrededor de la culpa de los indígenas; el Almirante dice que quiere ir a la
isla de las amazonas para llevar a los reyes "cinco o seis d'ellas [amazo-
nas]" (199), pero no puede ir porque: "dudava que los indios supiesen bien
la derrota, y él no se podía detener por el peligro del agua que cogían las
caravelas" (199).

Hulme ha señalado con gran maestría la extraña ironía que implica el
final de este primer viaje: se ha logrado, según Colón, definir el lugar del
enemigo y la indiscutida posibilidad del oro pero, a pesar de ello, el Almi-

rante, en vez de investigar esta fortuita conjunción, regresa a España: "The Journal is a wonderfully rich and strange text but nothing in it can compete with the final irony that desire and fear, gold and cannibal, are left in monstrous conjunction on an *unvisited* island" (41). Esta aparente ironía debe leerse como una inteligente estrategia del Almirante, quien ha organizado muy hábilmente, frente a la falta concreta de oro y ante la cancelación de la ruta asiática hacia la especiería y el Cipango, una forma de volver a "rescatar", en un eventual segundo viaje, el oro abandonado. Dicho de otro modo, Colón ha dejado entreabierta la puerta de su propio regreso y, al mismo tiempo, ha encontrado la manera de incentivar la codicia de la Corona y la de los banqueros privados que financiaron su travesía. Colón también pudo imponer esta visión gracias a la construcción arcádica de América, presentándola como un inventario inagotable de mercancías a extraer. De acuerdo con esto, la instrumentalidad del *discurso etnográfico* colombino y, especialmente, la formulación estereotípica y tropológica del caníbal junto con la construcción utópica mercantil, cumplieron funciones estratégicas y se asociaron a una doble justificación del colonialismo emergente: la esclavitud indígena y la expansión geopolítica del incipiente imperio español.

Capítulo III

Etnografía, soberanía imperial y legislación

> Legal norms are rhetorical strategies, designed to give an appearance of absolute truth. Therefore, the law is a narrative that attempts to abolish the distinction between reality and fiction.
>
> Raúl Marrero-Fente. *Bodies, Texts and Ghosts* (91).

> ¿Con qué derecho y con qué justicia tenéis en tan cruel y horrible servidumbre a estos indios? ¿Con qué autoridad habéis hecho tan detestables guerras a estas gentes que estaban en sus tierras mansas y pacíficas, donde tan infinitas de ellas, con muertes y estragos nunca oídos, habéis consumido? ¿Cómo los tenéis tan opresos y fatigados, sin darles de comer ni curarlos en sus enfermedades, que de los excesivos trabajos que les dais incurren y se os mueren, y por mejor decir, los matáis, por sacar y adquirir oro cada día? ¿Estos, no son hombres? ¿No tienen ánimas racionales?
>
> Fray Antonio de Montesinos. Sermón *Ego vox clamantis in deserto* predicado en diciembre de 1511 en la isla de La Española.[1]

El proceso de la Conquista de América, desde su inicio, se articuló en torno a una *voluntad de poder* y de una construcción instrumental de la diferencia cultural, racial y social. Las discusiones sobre la naturaleza de los indígenas ocuparon por ello un lugar central en los debates jurídicos y teológicos de la Corona española. El problema no se centró tanto en conceder categoría de humanidad a los indígenas como en determinar qué grado de humanidad poseían los mismos: ¿eran racionalmente aptos para recibir la doctrina cristiana? ¿Podían formar parte de una nueva república cristiana y universal? ¿Eran los indígenas iguales a los niños y a los dementes? ¿Cuáles eran sus capacidades morales y mentales?[2]

---

[1] Este sermón aparece transcripto por Las Casas en su *Historia de las Indias*.

[2] Jáuregui afirma que "Aunque a menudo se afirma lo contrario, entre los primeros 'descubrimientos' en América se cuentan el de la humanidad del indio y el de la trascendencia de su alma. Todos los habitantes del Nuevo Mundo podían ser salvados, incluso los caníbales" (*Canibalia* 121). En este mismo sentido, Rolena Adorno afirma que "Entre los teólogos, misioneros y juristas, no se presentó la cuestión sobre si eran o no

Estas preguntas estaban insertas dentro de una compleja y tensa trama política entre los fines económicos de la Corona y las pretensiones evangélicas de la Iglesia católica. La construcción de esas diferencias entre el mundo europeo y el mundo indígena implicó necesariamente la invención de matrices etnográficas cuya función política era dilucidar, aclarar y fundamentar el significado de la rebajada humanidad o "inferioridad" y "salvajismo" del indígena americano y, simultáneamente, justificar la utilización del cuerpo y del alma de los mismos. No sólo el debate sobre los *títulos legítimos* de posesión y dominio del Nuevo Mundo, sino también la justificación o el eventual rechazo de la esclavitud y las *justas causas* de la guerra contra la resistencia indígena deben ser entendidos como el resultado de las diferentes especulaciones antropológicas que se impusieron sobre los indígenas americanos. Una antropología informada por la etnografía del conquistador (crónicas, cartas, relaciones) y sustentada en las teorías derivadas de la teratológica clásica (Heródoto, san Isidoro de Sevilla, Plinio el Viejo, etc.), la filosofía aristotélica (servidumbre natural) y el Derecho Romano (*ius gentium*).

Se trató de discusiones que reacomodaron antiguos preceptos esclavistas derivados de la filosofía aristotélica a la contemporaneidad del siglo XVI (Sepúlveda, Palacios Rubios), que revisaron la doctrina de los Padres de la Iglesia y el Antiguo y Nuevo Testamento (Las Casas, Vitoria, Paz, Soto), que retomaron utilitariamente ciertas vertientes del Derecho Romano (*ius gentium*) y que, al mismo tiempo, crearon una nueva doctrina y jurisprudencia (real cédula de 1503 —llamada por Palencia Roth "ley caníbal"—, *Leyes de Burgos* de 1512-1513, el *Requerimiento* de 1512, las *Leyes Nuevas* de 1542). Los teólogos y juristas de la Corte entendieron tempranamente que "satisfacer" la conciencia de la Corona y la "moralidad" de sus acciones no iba a ser una tarea sencilla. El problema, desde el principio, fue cómo justificar la invasión europea del Nuevo Mundo y cómo servirse de la mano de obra indígena sin que ello implicara una contravención tanto del Derecho Canónico como del Derecho Natural. De acuerdo con Silvio Zavala, existieron dos líneas teóricas para fundamentar la invasión: la primera —jurídico-política— se basaba en la posesión de *justos títulos* con los cuales legitimar la penetración colonial, esto es, "en la ampliación de jurisdicciones y valores propios de Occidente (autoridad temporal del Papa, jurisdicción universal del Emperador)" (*Instituciones* 15). La segunda, más

---

humanos los indios americanos. Es decir, aunque sí se discutía el grado de su capacidad e inteligencia y el carácter de sus costumbres, no había ninguno que negara su condición de verdaderos hombres" ("Los debates" 50).

importante para este estudio y de carácter antropológico, se fundamentaba en "deprimir la categoría jurídica del indígena por ser bárbaro, pecador, infiel, vicioso" (*Instituciones* 15). Las dos líneas interpretativas tenían un enorme arraigo en la tradición política, jurídica y religiosa de Europa y, en el intento por justificar la invasión, ambas líneas teóricas se encontraron y complementaron en repetidas oportunidades.

Independientemente de las idas y venidas, los cambios doctrinales, la pasión por el ataque al Otro o la defensa de su inocencia, una cosa es cierta: tanto las ideas acerca del indígena, su representación y su estatuto antropológico, teológico y jurídico en la cosmovisión católica de la época, así como los problemas derivados de dichas ideas determinaron y condicionaron "los demás problemas de la expansión europea en el Nuevo Mundo" (Zavala, *Instituciones* 53). De allí se deriva la centralidad y la importancia de las diversas versiones etnográficas de la Conquista.

Analizar la construcción y el funcionamiento ideológico de estas matrices discursivas es fundamental para comprender las consecuencias jurídicas, políticas y las prácticas materiales que se derivaron de las nociones antropológicas que ellas suponen. Por ello, en este capítulo me propongo explorar las concepciones y especulaciones antropológicas y las clasificaciones etnográficas sobre el indígena americano que surgieron como consecuencia de la denuncia formulada por el dominico Montesinos y sus compañeros en el sermón que predicara en la isla de La Española en 1511, que se cita en el epígrafe, y sobre las consecuencias jurídicas que le siguieron. El objetivo es poner de manifiesto la instrumentalidad política y jurídica del *discurso etnográfico* y su influencia capital tanto en la justificación del avance de la invasión europea del Nuevo Mundo como en la jurisprudencia que avaló dicho expansionismo material y religioso Para llevar a cabo este análisis me serviré de tres instancias específicas: 1) el problema de la soberanía y dominio de los Reyes Católicos sobre América (la donación papal y las posturas teóricas de Vitoria, Sepúlveda y Las Casas) y de sus fundamentos antropológicos, 2) la clasificación etnográfica en las primeras legislaciones sobre la servidumbre indígena (las *siete proposiciones* y las *Leyes de Burgos*) y, 3) los debates sobre la "guerra justa" contra el indígena que involucran las dos posturas más salientes a este respecto, la de Juan Ginés de Sepúlveda y la de Bartolomé de Las Casas.

1. La soberanía etnográfica de la Iglesia católica

> Ninguna potestad temporal tiene el Papa sobre aque-
> llos bárbaros ni sobre los demás infieles [...] clara-
> mente, pues, se ve por todo lo dicho que los primeros
> españoles que navegaron hacia tierras de bárbaros
> ningún derecho llevaban consigo para ocuparles sus
> provincias.
>
> Francisco de Vitoria. *De indis* (32)

La Iglesia católica oficializó su posición teoantropológica sobre el indígena americano, que ya había sido asumida desde el principio de la Conquista, el 9 de junio de 1537 a través de la bula *Sublimis Deus*, dictada por el papa Pablo III (1468-1549). Aclaremos que esta bula, como han señalado Hanke, Huddleston y Adorno,[3] no decretaba la humanidad del indígena, sino que legislaba sobre su libertad. Pero esa libertad se atribuía al hecho de que los indígenas eran considerados como "verdaderos hombres":

> Teniendo en cuenta que aquellos indios, como *verdaderos hom-
> bres que son*, no solamente son capaces de la fe cristiana, sino
> que (como nos es conocido), se acercan a ella con muchísimo
> deseo; y queriendo proveer los convenientes remedios a estas
> cosas, con autoridad apostólica por las presentes letras determi-
> namos y declaramos, sin que contradigan cosas precedentes ni
> las demás cosas, que los dichos indios y todas las otras naciones
> que en lo futuro vendrán a conocimiento de los cristianos, aun
> cuando estén fuera de fe, no están sin embargo privadas ni hábi-
> les para ser privados de su libertad ni del dominio de sus cosas,
> más aun, pueden libre y lícitamente estar en posesión y gozar
> de tal dominio y libertad y no se les debe reducir a esclavitud,
> y lo que otro modo haya acontecido hacerse (sea?) írrito, nulo y

---

[3] Como señala Adorno: "La bula *Sublimis Deus*, promulgada por Paulo III en 1537, también ha sufrido varias interpretaciones confusas. Decretada para establecer la libertad de los indios, esta bula fácilmente llegó a interpretarse como una declaración de su humanidad. Según Gómez Canedo (50-51), esta segunda interpretación nació con los cronistas dominicos Agustín Dávila Padilla y Juan de la Cruz y Moya al escribir la biografía de Las Casas" (*De Guancane* 26). Al respecto señala Huddleston: "The primary purpose of *Sublimis Deus*, other than the missionary objective, was to confirm the right of the Indians to possess property, thus preventing wholesale confiscation by the Spanish settler. Paul affirmed that the Indians were "truly men" as part of his rationale for confirming their property rights" (15).

de ninguna fuerza ni momento, y que los dichos indios y otras naciones sean convertidos a la dicha fe de Cristo por medio de la predicación de la palabra de Dios y del ejemplo de la buena vida (citada por Cuevas, *Documentos inéditos* 85-86; énfasis mío).

Esta bula no fue el producto espontáneo de la voluntad del papa, sino que fue motivada y movilizada por intrépidos agentes de la Iglesia como el obispo de Tlaxcala Julián Garcés y por Bernardino de Minaya (ambos dominicos), quienes, a pesar de la existencia del Patronato Real, encontraron la forma de comunicarse directamente con Roma mediante informes para expresarle al papa la violenta realidad de la encomienda y el torcimiento de los fines religiosos que se estaba llevando a cabo en las Indias para beneficio económico de los encomenderos.[4]

De acuerdo con Hanke, cuando Bernardino de Minaya regresó a España en 1535-1536, se encontró con que el Consejo de Indias, dirigido por Loaysa, había sido influenciado por las declaraciones de fray Domingo de Betanzos (1480-1549), quien consideraba a los indígenas americanos incapaces para recibir la fe cristiana.[5] Ello llevó al fraile Minaya, quien ya había peleado personalmente contra los hombres de Pizarro en el Perú en defensa de los indígenas, a hacer un viaje a Roma. Una vez allí, pudo llegar hasta el papa e informarle sobre la situación social de los indígenas en América (*All Mankind* 18). Pero el papa también fue influenciado, según Hanke, por una

---

[4] El Patronato Real era una delegación de poderes eclesiásticos que hacía el Papado en beneficio de un reino para que el mismo llevara a cabo la tarea evangelizadora sin que mediara interferencia política de la Iglesia romana. Portugal fue el primer reino en recibir tal concesión. Más tarde, con la conquista de Granada por parte de la Corona española unificada, el Papado confirió a los Reyes Católicos "el derecho a presentar los obispos, y permitían su intervención en los beneficios y diezmos de la Iglesia" (Dussel, *Historia* 55). Sin embargo, será el "descubrimiento" de América lo que hará prosperar el Patronato y la ejecución de sus derechos y obligaciones se ejercerá a través del Consejo de Indias. Agrega Dussel: "Los organismos ejecutivos del Patronato fueron naciendo poco a poco hasta crearse el Supremo Consejo de Indias —desde 1524— que poseía plena autoridad en todos los asuntos de la colonia: religiosos, económicos, administrativos, políticos y guerreros. De este modo la Iglesia americana no podía de ningún modo comunicarse directamente con Roma o con otra Iglesia europea. El Consejo podía enviar misioneros religiosos sin el aviso a sus superiores, podía presentar (de hecho era nombrarlos) los obispos, organizar las diócesis y dividirlas" (56).

[5] Según Phelan, "el contenido de la comunicación de Betanzos, no sólo al virrey Mendoza, sino también al Consejo de Indias, contenía la afirmación de la bestialidad de los indios y la condenación divina de toda la raza destinada a perecer por los horribles pecados cometidos durante su gentilidad" (135).

carta del obispo Garcés, quien le aseguraba al pontífice que había llegado el tiempo de hablar en contra de aquellos que consideraban a los indígenas como incapaces de recibir la fe cristiana. Agregaba el obispo que declarar la inferioridad del indígena equivalía a levantar una "falsa doctrina" y que tales doctrinas no sólo estaban influenciadas por el demonio, sino que eran la voz del mismo Satán. Finalmente, concluía Garcés que los indígenas eran "criaturas racionales" y no "bestias" (Hanke, *All Mankind* 20). Estos fuertes alegatos influenciaron la decisión de Roma y fue así como Paulo III decidió redactar la famosa bula *Sublimis Deus*.

La bula era la síntesis de un largo proceso que había comenzado hacía varios años en la isla de La Española. A 19 años de la llegada de Colón al Caribe, el dominico fray Antonio de Montesinos (1470-1530) preguntaba a viva voz, frente a los encomenderos de La Española, si los indígenas eran "hombres" y si poseían capacidad de raciocinio.[6] El dominico no escribió el sermón él mismo, ni actuó por cuenta propia, sino que lo hizo con el consentimiento y aprobación de todos los dominicos de la isla, en forma calculada, para asestar un golpe político a los encomenderos de La Española. Montesinos fue elegido para decir el sermón tanto por sus propios colegas como por su superior, fray Pedro de Córdoba, ya que, según Las Casas, "tenía gracia de predicar, era aspérrimo en reprender vicios, y sobre todo, en sus sermones y palabras muy colérico, eficacísimo, y así hacía, o se creía que hacía, en sus sermones mucho fruto" (II: 440). Luego de las palabras de Montesinos, los encomenderos enfrentados con el superior de la orden pidieron a gritos hablar con Montesinos. Fray Pedro logró calmarlos ante el inminente linchamiento de Montesinos. Diego Colón preguntó al superior por qué razones se predicaba "doctrina nueva" en perjuicio del rey y de los vecinos de la isla, a lo cual fray Pedro respondió, según refiere Las Casas:

---

[6] Este sermón tuvo serias consecuencias, fundamentalmente, sobre el propio Montesinos y su orden religiosa (dominicos). De acuerdo con Hanke: "El 20 de marzo de 1512 [tres meses más tarde del sermón] Fernando el Católico ordenaba al almirante don Diego Colón que hablara con Montesinos y que le mostrara las cartas y demás documentos redactados en 1503 cuando se había discutido si era justo que los españoles tuvieran indios de servicio. Si el dominico y sus hermanos de religión persistían en su error, previamente condenado por los canonistas, teólogos y letrados que se habían reunido para deliberar sobre el problema diez años antes, el Almirante debía embarcarlos para España en el primer navío a fin de que su superior los castigase [...] Tres días más tarde, el 23 de marzo de 1512, el superior de los dominicos en España, Fray Alonso de Loaysa, reprendió a Montesinos en una comunicación oficial al provincial de los dominicos en la Española y ordenó a dicho padre que se impusiera a sus frailes para acabar con la predicación de doctrina tan escandalosa" (*La lucha* 33).

"Que lo que había predicado aquel padre había sido de parecer, voluntad y consentimiento suyo y de todos, después de muy bien mirado y conferido entre ellos, y con mucho consejo y madura deliberación se habían determinado que se predicase como verdad evangélica y cosa necesaria a la salvación de todos los españoles y los indios desta isla, que vían perecer cada día, sin tener dellos más cuidado que si fueran bestias del campo (*Historia* II: 443). La bula de Pablo III, que obligaba a la Corona española a frenar la esclavitud afirmando que los indígenas no debían "ser reducidos a servidumbre y que todo lo que se hubiese hecho de otro modo es nulo y sin valor", no tuvo efectos jurídicos liberadores sobre las prácticas esclavistas, las cuales continuaron.

Pero si la "naturaleza" de los indígenas se resolvió más o menos rápido, en cambio, el problema del dominio español sobre América ocupó un prolongado período de disputas que abarcó gran parte del siglo xvi. Al regreso del primer viaje colombino, y dadas las "buenas" noticias para la Corona, un nuevo capítulo de desavenencias jurídicas se abriría entre las dos potencias europeas de la época, esto es, España y Portugal. La querella central no fue antropológica ni filosófica ni religiosa en sus fundamentos, sino económica, pero, de algún modo, la misma no podía resolverse sin la incorporación de aspectos antropológicos, filosóficos y religiosos. La cuestión de base que planteó el regreso de Colón fue: ¿a quién pertenecían las islas recientemente halladas? ¿Quién tenía el derecho de usufructuarlas?

Francisco de Vitoria —junto a Bartolomé de Las Casas y Domingo de Soto[7]— fue uno de los pocos que, muchos años después de consumada la invasión y producidos los estragos, reconocía el legítimo dominio y posesión territorial de las tierras y sus bienes por parte de los indígenas, alegando que los mismos debían ser tenidos por verdaderos señores:

> [...] los bárbaros eran, sin duda alguna, verdaderos dueños pública y privadamente, de igual modo que los cristianos, y que tampoco por este título pudieron ser despojados de sus posesiones como si no fueran verdaderos dueños, tanto sus príncipes como las personas particulares. Y grave cosa sería negarles a és-

---

[7] Para Zavala, Domingo de Soto, en su obra *De dominio* (1534), "niega que el papa tenga dominio temporal directo sobre todo el mundo; el emperador no es señor de todo el orbe. Los cristianos tienen el derecho a predicar el Evangelio en todas las tierras (Marcos, 16) y, como consecuencia, el derecho de defenderse de quien impida la predicación; esta defensa puede adoptarse a expensas de los infieles, pero esto no significa que más allá de lo permitido se les tomen sus bienes o se les sujete al imperio de los cristianos" (*Instituciones*, "Introducción" cxviii).

tos, que nunca nos hicieron la más leve injuria, lo que no negamos a los sarracenos y judíos, perpetuos enemigos de la religión cristiana, a quienes concedemos el tener verdadero dominio de sus cosas si, por otra parte, no han ocupado tierras de cristianos (*Relectio* 36).

Para resolver este inconveniente era necesario poseer un *título* que, a modo de un contrato, legitimara al poseedor y delimitara sus obligaciones y derechos. Aún no existía el Derecho Internacional, sino tan sólo una versión embrionaria del mismo, derivada del Derecho Romano, conocida como *ius gentium*, ni había una corte internacional que regulara en materia de "descubrimientos" y "soberanía" política y económica. Sin embargo, sí existía una institución con atribuciones lo suficientemente poderosas como para arbitrar y, llegado el caso, ceder o donar territorios. Dicha institución era la Santa Sede, organizada en torno al vicario de Dios en la tierra, el papa. A él recurrieron los Reyes Católicos en forma casi inmediata, logrando un éxito rotundo para España. El papa Alejandro VI no actuó arbitraria y caprichosamente al donar tierras que no le pertenecían, sino que obró de acuerdo con una larga tradición jurídica de la cancillería vaticana que el historiador Luis Weckmann ha denominado como la "doctrina omni-insular".[8]

Existía desde antiguo una gran cantidad de antecedentes de donaciones papales de tierras e islas como las que habían sido otorgadas a Portugal sobre territorios asiáticos y africanos durante el siglo XV.[9] Tal vez, una de

---

[8] Según Weckmann: "Las Bulas Alejandrinas de Partición, de 1493, constituyen una de las últimas aplicaciones prácticas de una vieja y extraña teoría jurídica, elaborada explícitamente en la corte pontificia a fines del siglo XI, enunciada por primera vez en el año 1091 por el papa Urbano II (pero que quizá traza su paternidad a Gregorio VII) y conforme a la cual todas las islas pertenecen a la especial jurisdicción de San Pedro y de sus sucesores, los pontífices romanos, quiénes pueden libremente disponer de ellas. Esta teoría a la cual me referiré consistentemente bajo el nombre de doctrina omni-insular es, sin duda alguna, una de las elaboraciones más originales y curiosas del derecho público medieval" (33).

[9] En relación con las donaciones papales a Portugal, apunta Zavala que "El papado había intervenido en materia de descubrimientos concediendo bulas a los reyes de Portugal con anterioridad al viaje colombino de 1492. La bula "Romanus Pontifex", correspondiente al 8 de enero de 1455, de Nicolás V, a favor de la corona de Portugal, permite la conquista 'versus illam meridionales plagam' y la esclavitud de infieles enemigos. Por la Constitución 'Inter caetera' de 13 de marzo de 1456, Calixto III extendió los derechos de los Portugueses a: 'térrea et loca ultra illam meridionales plagam usque ad Indos acquisita et acquirenda'. El 6 de marzo de 1480, en Toledo, se firma un pacto entre los reyes Católicos y los representantes de Portugal para determinar la zona de influencia de cada reino respecto a

las más significativas donaciones, dada la estrecha relación comparativa que guarda con la alejandrina, fue la que realizara en 1155 Adriano IV, el único papa británico de la historia de la Iglesia, el cual, mediante la bula *Laudabiliter*, donaba a Enrique II de Inglaterra la isla de Irlanda, obligando a Enrique a evangelizar a los habitantes de la misma. Sin embargo, la historia jurídica de las donaciones es anterior a dicho episodio y la misma se remonta hasta la famosa "donación" del emperador Constantino (280-337), quien, "en agradecimiento a los buenos oficios del papa Silvestre, cuya intervención milagrosa lo había curado de la lepra [...] concede al papa y a los sucesores de éste, un serie larga de privilegios, potestades e insignias y, con ellas, el palacio lateranense y la soberanía sobre la porción occidental del Imperio" (Weckmann 41). En la tradición jurídica de la donación del emperador Constantino se basaron también las dos bulas otorgadas por Urbano II. La primera, titulada *Cum universae insulae* (3 de junio de 1091), en beneficio del abate Ambrosio, del monasterio de San Bartolomé de Lípari, y por intermedio de la cual Urbano II cedía la islas del archipiélago de Lípari (ubicadas frente a Sicilia) al monasterio regenteado por Ambrosio; y la segunda, titulada *Cum omnes insulae* (28 de junio de 1091), remitida a Daimberto, obispo de Pisa, mediante la cual se cedía a perpetuidad la isla de Córcega a cambio de un tributo anual (Weckmann 37-39).

De este modo, aunque la teoría omni-insular propuesta por Weckmann haya sido debatida, podemos ver que ya existía en la tradición jurídica del Vaticano una serie histórica de antecedentes de la cual se sirvió en parte Alejandro VI para "donar" lo que no le pertenecía.[10] No obstante, como ha señalado Zavala, independientemente del hecho de que la bula se hubiera

---

los descubrimientos en el mar Océano. La zona portuguesa comprende la Guinea y costas de África, y las islas de Madera, Porto Santo, Azores y Cabo Verde; la zona española, las islas Canarias y lo que se descubra al oeste de ellas. Este tratado fue sometido a la autoridad del Pontífice Sixto IV, quien lo ratificó el 21 de junio de 1481 por la bula 'Aeterni Regis'" (*Instituciones* 346-347).

[10] Paulino Castañeda Delgado hace una crítica a la teoría omni-insular postulada por Weckmann (véase 337-339). Según Castañeda Delgado, el verdadero fundamento de la donación papal no es la jurisprudencia histórica del papado a la que alude Weckmann, sino la doctrina de la teocracia pontificial, que garantizaba no sólo el poder espiritual del pontífice, sino también el temporal. Castañeda Delgado afirma la existencia de tres corrientes doctrinales en pugna al momento del Descubrimiento: 1) teocrática, 2) cesarista y 3) la vía media del poder indirecto. El papa habría sustentado su poder de donación, de acuerdo con el autor, en la primera, que se "caracterizaba por la absorción de lo natural por lo sobrenatural; según ella el Papa sería gobernador del mundo en unidad de poder, señor de fieles e infieles, con poder bastante para intervenir en lo espiritual y temporal, trasladar

basado sobre una tradición, "[N]o puede equipararse del todo con sus precedentes [...] porque dio lugar a disputas teóricas y a rivalidades políticas que no se habían presentado en los casos anteriores; quizá se debieron a que las bulas de Alejandro fueron otorgadas a fines del siglo xv cuando la autoridad tradicional del Papado y en general las instituciones e ideas medievales iban a su ocaso" (*Instituciones* 33). En la primera bula del papa Alejandro VI, titulada *Inter caetera* (3 de mayo de 1493),[11] se le otorgaba al reino de Castilla, a modo de donación, el dominio a perpetuidad sobre "todas y cada una de las islas y tierras predichas y desconocidas que hasta el momento han sido halladas por vuestros enviados y las que se encontrasen en el futuro y que en la actualidad no se encuentren bajo el dominio de ningún otro señor cristiano" (Cuevas, *Documentos inéditos* 85-86).

El fundamento de la donación se hallaba en relación no sólo con los antecedentes ya mencionados, sino también con el corpus legal romano conocido como *ius gentium* o Derecho de Gentes. Desde la antigua Roma, la concepción jurídica de las gentes anexadas por efecto de la colonización estaba determinada y regulada por el *ius Pentium*, que durante la época ciceroniana se asoció con el llamado Derecho Natural. Mientras los romanos

---

imperios, coronar y deponer emperadores o reyes. No negaba la necesidad del poder civil, pero lo quería totalmente subordinado al espiritual" (346).

[11] El contenido de la primera bula papal fue modificado por nuevas versiones que intentaron ir "corrigiendo" y "ampliando" la donación y demarcando el territorio de la Corona española en relación con las quejas y los pedidos de la Corona portuguesa. La primera bula, *Inter caetera* (3 de mayo de 1493), es la que se conoce bajo la denominación de una donación propiamente dicha. A esta siguió la *Eximie devotionis* (también del 3 de mayo de 1493), en la cual, de acuerdo con Paulino Castañeda Delgado, "se extracta la primera parte de la anterior, y reproduce, casi literalmente, la segunda parte de la misma, con los mismos derechos y privilegios que tenían los Reyes de Portugal. Es la *bula de privilegios*" (322). A ésta le sigue la segunda *Inter caetera* (4 de mayo de 1493, un día posterior a las anteriores). Si bien reproduce parte de la primera, introduce variaciones con respecto a la demarcación del territorio "a cien leguas dirección norte-sur, al oeste de las Azores y Cabo Verde. Es la más completa de donación y partición de tierras de Indias. Omite los privilegios" (Castañeda Delgado 322). La cuarta bula se tituló *Dudum siquidem* (26 de setiembre de 1493) y pretende ser una corrección de la segunda *Inter caetera*, que si bien hablaba de una línea demarcatoria lo hacía de una manera un tanto imprecisa y aseguraba que la ocupación podía hacerse, para salvar problemas con los reyes de Portugal, siempre y cuando la tierra no estuviese ocupada por otro príncipe cristiano: "es por tanto la *bula de ampliación de dominio* en Indias" (Castañeda Delgado 322). Existió una quinta bula, titulada *Piis Fidelium* (25 de junio de 1493), que le otorgaba a fray Bernardo Boyl —el cura embarcado en el segundo viaje de Colón y responsable de la evangelización de los indígenas— "facultades espirituales de carácter extraordinario" (Castañeda Delgado 322).

se regían bajo el *ius civile*, suerte de privilegio de los ciudadanos de Roma, los otros pueblos que se ganaban mediante la expansión colonial eran, en cambio, sometidos a las normas de dicho corpus jurídico. De hecho, la bula de Alejandro aplicaba la noción de *gentium* a los indígenas americanos, esto es, la denominación usual para los no ciudadanos del Imperio. La bula hacía alusión a estas gentes calificándolas de "naciones bárbaras" y recomendaba a los Reyes Católicos que las mismas fueran "abatidas" (*deprimantur*) y "reducidas" (*reducantur*) "a la fe cristiana". Sepúlveda afirmará más tarde en su *Demócrates segundo* que

> [A]quellas regiones pasaron al domino de los españoles ocupantes por el Derecho de gentes, no porque no fueran de nadie, sino porque aquellos mortales que las ocupaban estaban faltos por completo del gobierno de los cristianos y de pueblos civilizados [...] por muchas razones, pues, y con el más legítimo Derecho divino y natural, pueden ser sometidos esos indios con las armas a dominio de los españoles si rehúsan su poder (101).

La concepción antropológica sobre el indígena en esta primera bula alejandrina (hay una segunda bula del 4 de mayo[12]) es subsidiaria de los informes colombinos que, como vimos en el capítulo anterior, presentan ambigüedades y especulaciones que incluyen tanto la inocencia como la monstruosidad (canibalismo) de los indígenas. Así, la visión antropológica del texto papal sostiene que, en las nuevas tierras encontradas, "vive una inmensa cantidad de gente que según se afirma van desnudos y no comen carne y que, según pueden opinar vuestros enviados, creen que en los cielos existe un solo Dios creador, y parecen suficientemente aptos para abrazar la fe católica y para ser imbuidos en las buenas costumbres, y se tiene la esperanza de que si se los instruye se introduciría fácilmente en dichas islas y tierras el Nombre de Nuestro Señor Jesucristo" (Cuevas, *Documentos inéditos* 85-86). Varios puntos llaman la atención de este pasaje. En primer lugar, ¿cuál es la importancia de que estas gentes coman o no coman carne? A primera

---

[12] Según indica Paulino Castañeda Delgado, la segunda bula *Inter caetera*, del 4 de mayo de 1493, "reproduce a la letra, con leves variantes, la primera parte de la *Inter caetera* primera, y establece un línea de demarcación a cien leguas, dirección norte-sur, al oeste de las Azores y Cabo Verde. Es la más completa: de donación y partición de tierras de Indias. Omite los privilegios" (322). Más tarde, el 26 de setiembre del mismo año, el papa otorgó en la bula *Dudum Siquidem*, "(pues la segunda *Inter caetera* dejaba imprecisa la demarcación en las partes de la India) las tierras que se descubrieran al este, al sur y al oeste de la India, con tal de que no estuvieran ocupadas de hecho por otro príncipe cristiano. Es por tanto la bula de *ampliación de dominio* en Indias" (322; énfasis en el original).

vista, este rasgo cultural es tan arbitrario como cualquier otro; ¿cuál es la importancia de su desnudez? y ¿cómo saben los "enviados" de la Corona que no hablan ninguna lengua indígena, que estas gentes creen en un "solo Dios"? La bula está informada por un conocimiento etnográfico subsidiario de la crónica conquistadora que crea el saber sobre el Otro (tipo de vestimenta, alimentación, prácticas religiosas, etc.). Según esta información etnográfica, estos "nuevos" sujetos pertenecen a "naciones bárbaras" que deben ser "abatidas y reducidas", sin embargo, más abajo, en el mismo documento se les requiere literalmente a los reyes que deben "persuadir" a los indígenas. Todos estos enunciados, por momentos contradictorios entre sí ("abatir", "persuadir", "reducir", "convertir") no sólo muestran las dudas y confusiones del colonialismo emergente, sino que además implican que el indígena, tal como es, no puede ser aceptado, su aspecto moral y religioso debe ser modificado y sus rasgos culturales transformados. Estas ambigüedades clasificatorias durarán décadas y se irán modificando, en medio de etnocidios y prolongados debates jurídico-teológicos, de acuerdo con las necesidades de la expansión colonial y los diversos modos de resistencia indígena.

Pero si por un lado, como vimos, había una extensa jurisprudencia que avalaba la donación, por otro lado también existía un complemento muy utilitario basado en una interpretación teológica que igualmente legitimaba el acto papal, esto es, la conversión del "infiel" y la predicación de la palabra de Dios. Un defensor de los indígenas como Bartolomé de Las Casas, quien llegó a pedir en su tratado de las *Doce dudas* (1566) la "restitución" total y absoluta de las Indias y el restablecimiento de la soberanía indígena, publicó, años antes, un texto en el cual justificaba los legítimos títulos basados en la donación papal.[13] Dicho texto se conoce como el *Tratado comprobatorio del imperio soberano y principado universal que los reyes*

---

[13] En el tratado titulado *Doce dudas*, presentado por Las Casas a Felipe II y al Consejo de Indias en 1565, un año antes de su muerte, el fraile respondía a las dudas "morales" sobre la conquista que había traído ya formuladas desde el Perú el fraile Bartolomé de Vega como representante de un grupo de monjes organizados por fray Domingo de Santo Tomás. En el mismo tratado, Las Casas exigía, como condición *sine qua non* para la salvación espiritual y moral de España, la restitución total de las Indias a sus poseedores originarios. Afirmaba Las Casas: "El Rey católico de Castilla, nuestro Señor, es obligado, de necesidad de salvarse, a restituir en el reyno o reynos del Perú al susodicho Rey Tito [Cusi] y a los demás Señores Yngas lo que fuere suyo [...] Es, pues, obligado de derecho natural y divino, y aún humano, así de necesidad de salvarse, a restituir en sus reynos a los Reyes y Señores que, en aquellas tierras injustamente, están por los españoles despojados [...] Aunque este tratadillo parece que solamente se endereça a lo acaecido en los reynos del Perú, lo mismo

de Castilla y León tienen sobre las Indias (1552). Como expresa su título, en el tratado se intentará comprobar que los reyes españoles detentaban soberanía sobre el Nuevo Mundo y sus gentes, mediante una retórica escolástica basada en un gran número de autoridades eclesiásticas (santo Tomás de Aquino) y juristas medievales (san Bernardo, Juan de París, Guillermo de Occam, Bartola, Baldo, etc.), algunos teólogos contemporáneos del propio Las Casas (Francisco de Vitoria y Domingo de Soto) y, finalmente, con algunos libros de Aristóteles como la *Ética*, la *Política* y la *Metafísica*, entre otros. El *Tratado* lascasiano comienza con un prólogo dedicado a Felipe II, cuyo objetivo es probarle al rey cuáles títulos son falsos y cuáles verdaderos. Al mismo tiempo, intenta prevenirlo contra aquellos que en vez de servir e iluminar a su majestad, le ofrecen "poción venenosa y tan amarga e quiçá mortífera, que no sólo a los reynos corrompen e les son causa de angustiosas calamidades y dolorosa perdición, pero a las misma personas reales venir en manifiestos peligros e irreparables detrimentos" (22), todo ello en el marco inmediatamente posterior a las discusiones entre Las Casas y Sepúlveda, que habían tenido lugar en Valladolid (1550-1551) y que, para la fecha de publicación de éste y otros siete tratados, aún no tenía resolución firme.[14] En el comienzo mismo del tratado, en su conclusión primera, afirma Las Casas:

> Los reyes de Castilla y León tienen justísimo título al imperio soberano e universal o alto de todo el orbe de las que llamamos Océanas Yndias e son justamente príncipes soberanos y supremos y universales señores y emperadores sobre los reyes y señores naturales de ellas, por virtud de la auctoridad, concessión, y donación no simple y mera sino modal *id est ab interpositam causam* que la Sancta Sede Apostólica interpuso y les hizo. Y éste es y no otro el fundamento jurídico y substancial donde estriba y está colocado todo su título (24).

Las Casas admitía y justificaba la donación papal siempre que la misma quedara ajustada a los marcos de la evangelización, la cual no podía ejercitarse por la fuerza. En esto no coincidía enteramente con Francisco Vitoria,

---

dezimos, confesamos y afirmamos dever hacer, y ser Su Magestad obligado a poner en obra en todas las Yndias, de necesidad de salvarse" (11.2: 194-214).

[14] De acuerdo con Jáuregui: "El fallo que debía resolver la disputa fue inhibitorio, o lo que es lo mismo *no fue* [...] la falta de resolución de la polémica permitió un desentendimiento del problema de las 'justas causas' sabiéndolas precarias y la continuidad del colonialismo *bajo duda moral*" (*Canibalia* 134).

para quien el papa tenía una potestad relativa o restringida: "tiene potestad temporal en orden a las cosas espirituales, esto es, en cuanto sea necesario para administrar las cosas espirituales" (*De indis, Relección* primera 45). Siguiendo la tradición tomista, Las Casas afirmaba que la infidelidad de los indígenas no podía ser esgrimida como "causa justa" para despojar a los mismos de sus derechos naturales (derecho a gobierno, a policía y a organización social así como también la posesión de su propiedad). En esto sí coincidía Las Casas con Vitoria:

> La infidelidad no destruye el derecho natural ni el humano positivo, pero los dominios son o de derecho natural o de derecho humano positivo; luego no se pierden los dominios por carencia de fe [...] de lo cual se deduce que no es lícito despojar de sus cosas a sarracenos, judíos ni a cualesquier otros infieles, nada más que por el hecho de ser infieles, y el hacerlo es hurto o rapiña, lo mismo que si se hiciera a los cristianos (*De indis*, I: 31).

A diferencia de los moros y los judíos, las otras etnias sobre las que se ejercitaba la "guerra justa", los indígenas americanos no conocían ni rechazaban la doctrina de Cristo, ni tampoco invadían tierras cristianas y, por ello, no podían aplicarse los mismos principios bélicos y las consecuencias jurídicas derivadas de dichos principios contra ellos. Decía Vitoria: "el hereje, desde el día en que cae en ese crimen, incurre en la pena de confiscación de bienes" (*De indis* 32). Pero los indígenas, si bien eran "bárbaros", no podían ser catalogados como herejes. Varios años antes de que Vitoria escribiera su *De indis*, el también teólogo salamantino y dominico fray Matías de Paz (ca.1468-1519), consultor de las Juntas de Valladolid de 1512 y uno de los principales ideólogos de las *Leyes de Burgos*, escribía en su *Del dominio de los reyes de España sobre los indios* (1512) que los indígenas sólo podían ser acusados de una "infidelidad pasiva", por omisión, y no de una "positiva", o por comisión, como en el caso de los sarracenos, turcos, judíos y herejes:

> [...] hemos de explicar qué cosa sea la sobredicha nación de los indios. Para lo cual ha de advertirse que existen algunos infieles a cuya noticia ha llegado la fe verdadera de nuestro Redentor, como son los Judíos, Sarracenos, Turcos y herejes. Todos éstos tienen propiamente el pecado de infidelidad, no sólo privativamente, sino también positivamente, lo cual es el pecado mayor, según prueba Santo Tomás [...] hay otros a cuyo conocimiento aun no ha llegado acaso nuestra fe, o si alguna vez llegó, no recuerdan, sin embargo, en la actualidad, la existencia de esa fe

> sobre el orbe de las tierras [...] mi interpretación es que no hay
> en los tales pecado por omisión contra la fe, y que por razón pre-
> cisamente de dicha ignorancia, no tienen ningún pecado actual.
> De otro modo, existiría el pecado de infidelidad en los niños de
> los Cristianos antes del bautismo (220-221).[15]

Para un pensador como Las Casas, la justificación de la ocupación europea del Nuevo Mundo y de la donación papal tenían una base pura y exclusivamente religiosa fundamentada en la potencialidad de los indígenas para conocer y aceptar la doctrina cristiana. Al respecto, Jáuregui ha señalado que, "la encomienda como institución económica (diabólica) se contrapone a esta otra 'encomienda' de origen divino: la encomienda evangélica de las bulas papales, sobre cuya base se podía redefinir la protección del inocente. Éste es el sentido político de la defensa lascasiana de la justicia del título pontificio" (*Canibalia* 129). No obstante, si bien es cierto que reconocía el Derecho Natural indígena, Las Casas sostenía que cualquier sistema conformado con base en tal Derecho era imperfecto si no se supeditaba a la ley espiritual de Dios, como lo demostraba en la prueba de la segunda conclusión de su *Tratado comprobatorio*: "[...] toda potestad e jurisdicción humana es imperfecta e informe si por la spiritual no se informa y perfeciona [...] Porque la potestad e jurisdicción que tienen los infieles aunque es y tiene origen de la inclinación de la naturaleza e assí de ley natural y por tanto justa y legítima, empero es informe mientras por la spiritual no es aprovada y ratificada, porque: *ubi sana doctrina non est, non potest esse iustitia*" (127). Las Casas respetaba al indígena y creía en sus derechos, sin embargo, no podía aceptar que existiera otra "verdad" religiosa, histórica o filosófica que la cristiana. Aceptar dos verdades contrapuestas como la religión indígena y el cristianismo implicaba una pluralidad mental que no

---

[15] Más adelante agrega, citando un decreto de Graciano, que "Es muy distinto el caso de Judíos y Sarracenos. Lúchase justamente contra ellos cuando persiguen a los Cristianos y los expulsan de sus propias sedes. Estos indios, en cambio, doquiera están prestos a servir" (233). Luego continúa afirmando que el caso de los indios no "es caso igual [a] l de los Turcos y Sarracenos, que no sólo eran infieles privativamente, como únicamente éranlo los indios respecto de nuestra fe, según es fama, sino también positivamente; por eso luchan contra los Cristianos, por ser éstos reverenciadores de Cristo, Redentor de todas las criaturas. De donde se infiere que los indios convertidos a la fe, después de capturados, no deben ser gobernados con principado despótico. ¿Pero y el culto que daban a sus ídolos? Afirmo lo mismo, suponiendo siempre que ignoraban nuestra fe. Porque aunque con verdad se dijera entonces de ellos que habían incurrido positivamente en el pecado de infidelidad, este pecado no provino, sin embargo, de haber atacado a la fe católica o de haberla resistido explícita y directamente, como hacen los Sarracenos, Turcos, Judíos y herejes" (254).

podemos pedirle ni a Las Casas ni a ningún otro europeo del siglo XVI. He allí el límite del pensamiento lascasiano al reconocimiento de una alteridad irreductible, como bien ha señalado Luis Villoro:

> Las Casas cannot accept the possibility of multiple truths […] It will be unthinkable for Las Casas that the Indian could convince him of the validity, however limited, of his own vision of the world […] the life of the other can have no more sense or destiny than conversion to our own world. The real world cannot have the meaning the other believed he was assigning to it but, rather, only that which is acquired in our shape of the world. The dialogue admits the other as an equal only so that he will willingly choose the values of the only one who knows the true sense of history […] Recognition of the other as a subject of right before God and the law, is recognition of an abstract subject, determined by the legal order which governs our own world, without overcoming our frame of basic values and beliefs. The most irreducible otherness has not yet been accepted (6).

Las Casas sostenía en su *Apologética historia sumaria* que todos los hombres podían tener conocimiento de Dios, puesto que desde el nacimiento habían sido dotados por la divinidad de luz e inteligencia: "tanto quiso y amó Dios a las criaturas racionales, que son los hombres, que a su imagen y semejanza quiso criar [...] de aquí fue poner la benignidad divina en cada ánima de los hombres al instante de su creación [...] porque todas las cosas criadas tienen natural inclinación y apetito y deseo de se ayuntar como a su fin con su principio en cuanto les es posible" (I: 370). Sin embargo, este don divino no podía por sí solo y librado a la naturaleza alcanzar el conocimiento recto de la divinidad. Este conocimiento primigenio era "confuso", según Las Casas, si no se supeditaba a la fe: "Por esto decimos que aquel cognoscimiento que por la lumbre natural alcanzamos de Dios es muy confuso [...] así que haber Dios o alguna causa que gobierna el mundo, confusamente se cognosce [...] puesto que cuál sea o qué propiedades y excelencias tenga y le convengan, o si son mucho o uno, no se puede saber ni cognoscer sino por la lumbre de la fe, y algo dello después de mucho y grande estudio" (I: 370-71).

El fundamento de la justificación del título era, sin dudas, religioso (la conversión) pero la argumentación lascasiana tenía una lógica cuyo sustrato era etnográfico y antropológico, por ejemplo, en el tratado "Algunos principios que deben servir de punto de partida". Allí, Las Casas exponía, mediante cuatro principios, que a los indígenas no se les podía despojar de sus tierras porque eran legítimos poseedores y dueños, que tenían dominio, capacidad de gobernarse y jurisdicción sobre sus territorios, y que eran libres y no podían ser esclavizados. Sin embargo, la única razón por la que el título de soberanía era legítimo se debía a que el mismo servía para "corregir las costumbres" (¿canibalismo?), "guiar al bien" (¿idolatrías?) y "remediar sus defectos" (¿sacrificios humanos?). Entendamos bien, el dominio de los indígenas como el del rey es temporal y ese "ser temporal" del dominio siempre debe estar subordinado a una teleología espiritual, esto es, el conocimiento de Dios. Por ende, la función de la presencia europea en las Américas no es hacer guerras injustas, ni tampoco esclavizar a la gente, sino convertirlas a la religión católica. En este sentido, refiriéndose a los modelos teóricos que soportan la *Historia* de Las Casas, Karl Kohut ha señalado que éste "no escribe para pregonar la gloria de España sino, por el contrario, para revelar los crímenes perpetuados durante la conquista, paradójicamente, lo hace para reivindicar la grandeza de su país, que sólo se recobrará si se corrigen los errores del pasado" (42).

La lógica argumentativa de los discursos lascasianos es de naturaleza etnográfica dado que el aval del dominio espiritual se fundamenta en la alegada barbarie indígena, la cual, según Las Casas, sólo es tal por causa de su infidelidad. Una vez que se logre corregir la infidelidad se superará la barbarie temporal y relativa del indígena. Y esto es posible hacerlo dado que, "estas gentes indianas son por naturaleza humildísimas, muy pusilánimes y en gran manera pacíficas y mansas" ("Algunos principios" 1273). El indígena, por su naturaleza antropológica y por su forma de ser, estaría facilitando el ejercicio de la conversión y, sin saberlo, tendiendo "naturalmente" hacia el conocimiento del "verdadero" Dios. Por ello, afirma Las Casas:

> Y como los reyes de España, a favor de la fe, recibieron de la Sede Apostólica el cuidado y el cargo de procurar la predicación y la difusión, por todo este dilatado orbe de las Indias, de la fe católica y de la religión cristiana, lo cual *ha de hacerse necesariamente por la conversión de estas gentes a Cristo [carácter imperativo]*, a lo cual espontáneamente y por ofrecimiento propio, aceptado por la autoridad pontificia y corroborado por sus formales preceptos, se obligaron nuestros monarcas, por lo tanto, los *jefes superiores del mundo [superioridad eurocéntrica]* en cuestión han sido creados con miras al bienestar de sus naturales y habitantes y, en consecuencia, han contraído con Dios, con la Iglesia y con las mismas gentes y pueblos la obligación de regirlos y de gobernarlos con régimen bueno y óptimo, el consiste, según se ha visto en el segundo razonamiento, en diri-

gir a estos pueblos y gentes en todo lo que han de llevar a cabo, *remediando sus defectos, corrigiendo sus costumbres* y garantizándoles la conservación de su vida y libertad y el dominio, estado, jurisdicción, etc. ("Algunos principios" 1271; énfasis mío).

Es allí donde se justifica y se hace necesaria la intervención evangélica europea y el paradigma tutelar-paternalista de la Iglesia sobre los indígenas americanos; es en esta doctrina donde encuentra apoyo y sustento la donación papal. El fundamento es eurocéntrico y monoteísta: todos los infieles tienen un Dios equivocado, pero la lógica que argumenta el fundamento es etnográfica: tienen "malas costumbres" —que Las Casas hábilmente se cuida de no mencionar— como el canibalismo, los sacrificios humanos, la adoración de los ídolos. Frente a esta situación, la "misión civilizadora" de los "jefes superiores" es la de "erradicar" estas costumbres, fomentar la conversión y asegurar que todos los fines políticos se subordinen al fin espiritual, esto es, el conocimiento del Dios "único y verdadero". Si la conversión requería el consentimiento indígena y una vez predicada la palabra éstos no querían aceptar la religión, como sucedió repetidamente durante el período colonial, entonces ¿qué hacer? El principal enemigo político de Las Casas, Juan Ginés de Sepúlveda, también justificaba la legitimidad de la donación papal. Pero si para Las Casas el título era justo y su principal objetivo era la evangelización pacífica del indígena, para Sepúlveda, en cambio, servía para la justificación de la guerra frente a la posibilidad del rechazo indígena ante la invitación al "banquete evangélico":

> Alejandro VI, Pontífice máximo, por voluntad de los reyes de Castilla, que por derecho propio reclamaban esta empresa para sí, en el año 1493 del nacimiento de Cristo, les dio el encargo de someter a su dominio a esto indios, y no sólo invitarles al banquete evangélico, esto es, a la fe de Cristo, sino *caso de rechazarlo, obligarles a entrar del modo que dijimos. Declarada la justicia de esta guerra con el decreto y juicio imparcial del Sumo Sacerdote* (*Demócrates Segundo* 99; énfasis mío).

El único teólogo que se negó a reconocer la legitimidad de la donación de Alejandro VI fue Francisco de Vitoria que, rebatiendo las posturas teocráticas medievalistas sobre la soberanía tanto espiritual como temporal del papa, concluía que era imposible que éste pudiera tener soberanía sobre los bienes temporales de los "bárbaros" y, por ende, no podía donar "territorios".[16] Pero Vitoria, como veremos, inventó otras justificaciones para la Conquista española.

Francisco de Vitoria era un humanista español que había recibido su educación en Francia. A su regreso del país galo había enseñado tres años en el Colegio de San Gregorio de Valladolid, por entonces el lugar más candente de España con relación a sus colonias ultramarinas, lugar en el que se reunía a menudo la corte de Carlos V y en donde funcionaba el Consejo de Indias. Como señala Agostino Iannarone, es probable que el origen de sus meditaciones coloniales proviniera de este ambiente saturado de discusiones abstractas y prácticas sobre el "problema" colonial y donde el presidente del Consejo de Indias, García de Loaysa, "se asesoraba en sus dudas con los hombres doctos que tenía a su alcance y sobre todo con los Dominicos que conocía mejor" ("Introducción" xxxi). Antes de sus dos conferencias o *relectiones* exclusivamente dedicadas a la cuestión indiana, Vitoria ya había adelantado y sintetizado su pensamiento sobre la potestad del papa en sus comentarios académicos a la *Secunda Secunadae* de santo Tomás y en su *De temperantia* (1537).[17] Sin embargo, es en sus conferencias sobre cuestiones coloniales, tituladas *De Indis y de Iure Belli* (1539), en donde Vitoria expondrá en forma completa y detallada los problemas relacionados con las posesiones coloniales de España, y donde, a partir de fundamentos etnográficos *de hecho*, formulará una serie de consecuencias jurídicas *de derecho*.[18]

---

[16] Al respecto, Zavala confirma que Vitoria "Desechaba como títulos ilegítimos el domino temporal universal del Papa y el del Emperador. Y afirmaba, dentro de la tradición tomista, que las organizaciones políticas y el dominio, sobre los bienes provienen de la razón natural y del derecho humano, no del divino, por lo cual son compatibles con la distinción entre fieles y gentiles" (*La filosofía* 35).

[17] La *relectio* era una conferencia que versaba sobre un tópico específico y que tenía lugar, por lo general, hacia el final del año académico. En la *relectio* el profesor titular de una materia (en el caso de Vitoria, de Teología) volvía a retomar algún punto de importancia trabajado durante las clases de ese año en la universidad y lo desarrollaba con mayor precisión o adelantaba una hipótesis o señalaba la conclusión de una. Formaban parte de un género académico de exposición argumental sobre alguna materia en particular, "no era precisamente una recapitulación de la materia del curso, sino una disertación en que el autor volvía a tratar o repetir un punto concreto esbozado ya someramente en las lecciones ordinarias de aquel curso [...] la relección es, en efecto, un género literario de índole académica que existía ya en Bolonia y en algunas universidades de Francia (Montpellier, Aviñón, Orleans), de donde lo tomó Salamanca, pero que no llegó a generalizarse en España" (Beltrán de Heredia xxiii).

[18] En la edición de las *Relecciones* de la editorial Porrúa, las dos *De Indis* aparecen tituladas, la primera como "De los indios recientemente descubiertos", y la segunda como

Vitoria consideraba en su *relectio De Indis* (parte primera) la existencia de siete títulos ilegítimos y siete legítimos para "que los españoles pudieran someter a los bárbaros" (38), reconociendo explícitamente que, en cualquier caso, se trataba de una acción de sometimiento. Recordemos que además de negar la soberanía temporal *absoluta* del papa (puesto que sí reconocía soberanía temporal restringida o relativa en orden al fin espiritual [*in ordine ad finem supernaturalem*]), Vitoria también negaba la soberanía universal del emperador. De ahí el primer título ilegítimo: "El emperador no es señor de todo el orbe [...] se prueba porque el dominio no puede provenir sino del derecho divino, del natural o del humano positivo. Mas por ninguno de estos derechos hay un señor del orbe [...] luego nadie hay que por derecho natural tenga el dominio del mundo" (39). El segundo título negaba la autoridad temporal o soberanía pontificia, alegando que "El papa no es señor civil o temporal de todo el orbe, hablando de dominio y potestad civil en sentido propio" (44). Pero, más importante aún, negaba también la soberanía espiritual: "el Papa no tiene jurisdicción espiritual en los infieles, como confiesan los mismos adversarios, y parece sentencia expresa del Apóstol: ¿Qué tengo yo que juzgar de aquellas cosas que están fuera de la Iglesia? Luego tampoco en las cosas temporales" (44). Entendamos bien, el papa podría tener soberanía espiritual sobre un pueblo cristiano (España, Francia, Italia, etc.), pero no sobre una nación infiel y no convertida "voluntariamente" al catolicismo. Esta concepción teológico-jurídica —la ilegitimidad de la donación— tenía vital importancia, dado que señalaba como errónea e injustificada la actuación del Papado y, por ende, deslegitimaba las acciones de la Corona española basadas en dicha donación. Sin embargo, no debemos conceder a la actitud de Vitoria un énfasis libertario. Recordemos que durante el siglo XVI, en la Iglesia católica, la opinión del pontífice no era considerada como dogma "infalible" y que por ello los teólogos y juristas actuaban de acuerdo con el Derecho Canónico toda vez que criticaban las decisiones y bulas papales.[19]

"De los indios o del derecho de guerra de los españoles sobre los bárbaros". En líneas muy generales, la primera parte trata de los títulos legítimos e ilegítimos que España posee sobre el Nuevo Mundo. En la segunda parte, Vitoria encuentra causas para justificar la guerra contra los "bárbaros".

[19] Jacques Lafaye ha señalado al respecto que "la infalibilidad papal no se transformó en dogma hasta el siglo XIX (y sólo se aplica por lo demás a aspectos de la fe, y en circunstancias particulares), y que los teólogos y juristas del siglo XVI y del siglo XVII podían discutir la validez de las bulas alejandrinas, sin caer en sanciones eclesiásticas" (*Quetzalcóatl* 84).

Estos dos primeros títulos causaron un revuelo en la corte e irritaron profundamente la sensibilidad del emperador Carlos V quien, según Vitoria, además de no ser el *verus dominus* del mundo había recibido una donación ilegítima de sus posesiones ultramarinas por parte del papa. Esta evidencia se confirma si nos atenemos a una carta que el propio Carlos V envió al prior de San Esteban de Salamanca amonestando o, mejor dicho, amenazándolo para que frenara el proceso de discusión que los intelectuales de la universidad estaban llevando a cabo con relación a las Indias. Recordemos que estas conferencias de Vitoria fueron pronunciadas en 1539 y que Carlos V, en carta al prior de Salamanca, comentaba que se había enterado de "que algunos maestros religiosos de esa casa han puesto en plática y tratado en sus sermones y en repeticiones del derecho que nos tenemos a las yndias e tierra firme del mar oceano y también de la fuerça y valor de las conpusiciones que con autoridad de nuestro muy santo padre se han hecho y hacen en esto reynos" (152).[20] Y agregaba que "tratar de semejantes cosas sin nuestra sabiduría e sin primero nos abisar dello más de ser muy perjudicial y escandaloso podría traer graves inconvenientes en deservicio de Dios y desacato de la sede apostólica e bicario de christo e daño de nuestra Corona Real destos reynos" (152). Carlos V amenazaba con el "desacato", el "deservicio", el "escándalo", el "perjuicio" y le pedía al prior que comenzara una paradójica "caza de brujas" entre sus teólogos, dando por escrito los nombres de quienes habían discutido tales asuntos y pidiéndole que confiscara y entregara todos los papeles que versaran sobre el asunto. Al mismo tiempo, mandaba que, de ese momento en adelante, "ni en tiempo alguno sin espresa licencia nuestra no traten ni prediquen ni disputen de los susodicho ni hagan ymprimir escriptura alguna tocante a ello porque de lo contrario yo me terne por muy deservido y lo mandare proueer como la calidad del negocio lo requiere" (153).[21]

---

[20] Todas las citas de esta carta provienen del "Apéndice documental" a la edición crítica y bilingüe de la *Relectio de Indis* hecha por Pereña y Pérez Prendes, y editada por el Consejo Superior de Investigaciones Científicas de Madrid (1967).

[21] De acuerdo con Beltrán de Heredia, ya existían antecedentes de los roces de Vitoria con los poderes de turno, suscitados al pronunciar éste su *De temperancia*, en el que planteaba o adelantaba ya sus tesis principales con respecto al problema indiano: "El catedrático lo venía rumiando desde atrás [el tema indiano] pero temía encontrarse con los interesados en aquel negocio sucio. Se da la relección con un título inofensivo en apariencia, ingiriendo en ella de paso como presagio de las Nuevas Leyes de Indias, por las que muchos suspiraban, algunas consideraciones que deberían tenerse en cuenta para la buena administración y gobierno de aquellas gentes. Y se armó tal revuelo que el autor, para evitar complicaciones, retiró de la circulación ese cuerpo del delito, que falta en toda la tradición manuscrita e

Un tercer título que Vitoria descalificaba era el *derecho del descubrimiento*. Este título se basaba en el *ius gentium* romano, el cual afirmaba que si un territorio estaba despoblado aquél que lo encontrara podría reclamar para sí la pertenencia y usufructo del mismo. El problema con América era la gran cantidad de gente que la habitaba, a la cual Vitoria consideraba como legítima poseedora y, por eso, España no podía reclamar el territorio. Decía poéticamente Vitoria: "lo mismo que si descubrieran deshabitada soledad" (I: 47); y agregaba: "y aunque dicho título pueda valer algo unido a algún otro, por sí solo no justifica la posesión de aquellos bárbaros, no más que si ellos nos hubieran descubierto a nosotros" (48).

El cuarto título se basaba en el rechazo de los indígenas a recibir la doctrina católica. En primer lugar, Vitoria refutaba la idea de que los indígenas eran pecadores mortales o conscientes aduciendo la *ignorancia* de la doctrina por parte de éstos: "su ignorancia no es pecado" (50). En segundo lugar, derrumbaba la posibilidad de entablar una guerra "justa" cuya causa fuera, precisamente, la infidelidad, aunque más tarde justificara otras. En tercer lugar, la deslegitimación de este cuarto título funcionaba como una crítica encubierta al *Requerimiento*, en el cual se exhortaba a los indígenas, bajo amenaza de muerte, para que abrazaran la fe católica y así evitar una guerra justa en su contra. El *Requerimiento* fue un instrumento de justificación de guerra aprobado en 1513 y fue Pedrarias Dávila (1440-1531) el primer conquistador en implementarlo en Tierra Firme, en la zona del Darién (Santa María la Antigua, actual Colombia) y en Castilla del Oro (actual Panamá). El *Requerimiento* era un instrumento legal de guerra cuya enunciación debía realizarse *in situ*, en el instante que precedía a la invasión y ocupación de los europeos. Por orden real, un escribano debía pararse frente a los indígenas y leerles una farragosa explicación teológica sobre la naturaleza y origen del Dios católico, la historia de la Iglesia y sus herederos (Cristo, san Pedro, el papa), la concesión que el papa en nombre Dios hacía de las tierras aborígenes a los Reyes Católicos, y del amor, caridad y bienes que seguirían de aceptar los indígenas su conversión al catolicismo. El documento que mentaba la "caridad" y el "amor" cristianos finalizaba, no obstante, con una amenaza de guerra, eventual asesinato y/o posterior esclavitud y saqueo de los bienes indígenas.[22] Este cuarto título constituía

---

impresa de las relecciones. Afortunadamente había remitido a su amigo, el padre Miguel de Arcos [...] una copia de aquel fragmento" (xxvi).

[22] De acuerdo con Patricia Seed: "Unlike French practices of seeking an alliance and watching the faces and gestures of indigenous peoples for signs of assent, Spaniards created their rights to the New World through conquest not consent. While English rules governed

una crítica del *Requerimiento* en el sentido de que el "rechazo" de la doctrina, siendo la fe un acto voluntario, no podía funcionar como causa ni de posesión territorial ni de guerra contra los indígenas, así concluía que "la guerra no es argumento a favor de la verdad de la fe cristiana; luego por las armas los bárbaros no pueden ser movidos a creer, sino a fingir que creen y que abrazan la fe cristiana, lo cual es abominable y sacrílego" (54). No obstante, en su segunda *Relección* sobre los indígenas, en la que se aborda el espinoso y problemático tema del derecho de guerra y sus causas justas, Vitoria, a través de sus vericuetos escolásticos, encontrará una forma de legitimar la guerra a los indígenas, aduciendo la injuria como "la única y sola causa justa de hacer la guerra" (*Segunda Relectio, De Iure Belli* 82). A la vez afirmaba, en el mismo sentido en que lo harán más tarde Sepúlveda y Acosta, que era lícito responder a la fuerza con la fuerza, tomar el botín como compensación de la guerra, asesinar al enemigo en la batalla (incluso a los niños) y vengar la injuria infligida:[23]

> En la guerra es lícito hacer todo lo que sea necesario para la defensa del bien público [...] es lícito recobrar todas las cosas perdidas y sus intereses [...] es lícito resarcirse con los bienes del enemigo de los gastos de la guerra y de todos los daños causados por él injustamente [...] No sólo es lícito esto, sino que después de obtenida la victoria, recobradas las cosas y aseguradas la paz y la tranquilidad, se puede vengar la injuria recibida de los enemigos, escarmentarlos y castigarlos por las injurias inferidas (*Segunda Relectio, De Iure Belli* 82-83).

Un quinto título ilegítimo se basaba en el sometimiento de los indígenas aduciendo los pecados cometidos por los mismos. Aquí la crónica etnográfica funciona nuevamente como el sustrato informativo que aportaba la evidencia sobre el supuesto comportamiento de los indígenas, "ya que cometen muchos y gravísimos [pecados], según cuentan" (54). Vitoria aducía pecados *contra naturam* como el comer carne humana y el incesto; sin embargo, su conclusión lógica, derivada de la falta de soberanía temporal del papa, era terminante: "los príncipes cristianos, aun con la autoridad del papa, no pueden apartar por la fuerza a los bárbaros de los pecados contra

---

the planting of fences, gardens, and houses, and French rulers governed the conduct of ceremonies, Spanish rules governed the procedures for declaring war" (70).

[23] Sin embargo, para Vitoria no era posible declarar una guerra aduciendo cualquier tipo de injuria, la misma no puede ser "leve" para no violar un principio de compensación, a saber: "la dureza de la pena debe ser proporcional a la gravedad del delito" (II: 82).

naturaleza ni por causa de ellos castigarlos" (55). La razón era muy simple, la intención de castigar por sus pecados a los infieles se fundamentaba en un "supuesto falso", la jurisdicción pontificia que Vitoria negaba.

El sexto título que alegaba era la *elección voluntaria*, esto es, la aceptación por parte de los indígenas de las condiciones expresadas en el *Requerimiento* y el asentimiento sobre la soberanía (temporal y espiritual) del papa. El problema de legitimar este título era, según Vitoria, de culpa compartida entre indígenas y españoles. Por una parte, los indígenas no podían aceptar voluntariamente lo que no entendían ni conocían debido a su "ignorancia", y por otra parte, los españoles no podían pretender que la aceptación indígena hubiera sido voluntaria si para ello se habían utilizado mecanismos de terror y violencia que viciaban el acto de la libre elección. Para que la elección voluntaria fuera legítima, decía Vitoria, "debían andar ausentes el miedo y la ignorancia que vician toda elección [...] pues los bárbaros no saben lo que hacen, y aun quizá ni entienden lo que les piden los españoles. Además, esto lo piden gentes armadas que rodean a una turba desarmada y medrosa" (57). La "inferioridad" del salvaje impedía la libertad consciente de sus actos y lo convertía en un agente responsable por su propia victimización. Sin duda, ésta es una concepción que daba lugar a la acción tutelar de Europa sobre las gentes de América, esto es, que como a los locos (*amentes* dirá Vitoria), o a los niños, era preciso guiarlos, enseñarles, sacarlos del error y la ignorancia para que finalmente fueran capaces de "elegir voluntariamente". Pero para Vitoria, según lo dicho por él en la introducción de la *Relección* primera, si bien los indígenas tenían una alta semejanza con las bestias no eran, en sí mismos, ni "bestias" (*ferae*), ni "locos" (*amentes*), ya que al contrario de estos últimos poseían, aunque en forma muy limitada, uso de razón. Aquí debemos preguntarnos ¿cómo elabora sus juicios de valor el teólogo que nunca ha estado en América? ¿Cómo sabe sobre el "uso de razón" que ejercen o no los indígenas? La respuesta es concluyente, está leyendo (y creyendo) las clasificaciones etnográficas del discurso conquistador; información etnográfica que el propio Las Casas consideraba como "cosas falsísimas" (*Apología* 375-376).

Existe un aparente hálito de irresolución, tensión y contradicción que sobrevuela las dos *Relecciones* sobre los indígenas de Vitoria y que sólo se resuelve eficazmente, como veremos, hacia el final de la primera *Relección*. Esta aparente contradicción se basaba en que si los indígenas no podían ejercer la voluntad por ignorancia, entonces ¿cómo lograr entonces que abrazaran "voluntariamente" la fe católica sin forzarlos? En la introducción había declarado que los indígenas eran dueños y señores de sus posesiones y que ejercían tal dominio, justamente, por causa de tener "razón": "Ello es manifiesto, porque tienen establecidas sus cosas con cierto orden. Tienen, en efecto, ciudades, que requieren orden, y tienen instituidos matrimonios, magistrados, señores, leyes, artesanos, mercados, todo lo cual requiere el uso de razón" (35).[24] He ahí la visible tensión, contradicción y ambivalencia que construye el discurso deliberativo de Vitoria: o bien eran bestias inferiores (ignorantes) y siervos por naturaleza como se fundamentaba en la época siguiendo la postura aristotélica, o bien poseían razón y sólo era necesario enseñarles la doctrina para que se inclinaran voluntariamente a la religión cristiana. Este problema no produjo una tensión aislada en el pensamiento teórico de Vitoria, que como veremos termina liquidando la ambivalencia, sino en el del entero aparato jurídico y teológico de España durante todo el siglo XVI, que si bien no clausura la ambivalencia y contradicción de sus posturas antagónicas encuentra el modo sutil y utilitario para combinarlas y suplementarlas entre sí, justificando de este modo la ocupación del mundo indígena americano y la "misión civilizadora".

El último título ilegítimo señalado por Vitoria se basaba en una supuesta *donación especial de Dios* (57) fundamentado en que "Dios condenó a todos estos bárbaros a la perdición por sus abominaciones, y les entregó en manos de los españoles" (57). El concepto providencialista de esta argumentación chocaba con el racionalismo del teólogo salamantino. Dicho concepto providencialista, sin embargo, hará carrera en la justificación de la razón imperio-colonial y será sostenido, al igual que muchos de los conceptos del discurso colonial, tanto para defender a los indígenas (fundamentalmente Las Casas) como para atacarlos y justificar la ocupación del Nuevo Mundo. Vitoria desestimaba este título y colocaba a sus autores muy próximos a la herejía, señalando la peligrosidad de adjudicar milagros a la divinidad sin que puedan éstos ser probados: "de esto no quiero disputar mucho, porque es peligroso creer a aquel que afirma una profecía contra la ley común y contra las reglas de la Escritura, si no confirma sus doctrinas con milagros, los cuales en esta ocasión no se ven por parte alguna" (57). Y agregaba: "aun dado que el Señor hubiera decretado la perdición de los bárbaros, no se sigue de ahí que aquel que los destruyere quede sin culpa" (57-58). De este modo, concluía Vitoria la desarticulación meticulosa (aunque en tensión) de los títulos ilegítimos y no idóneos para la ocupación española de América.

---

[24] Coincido con Rolena Adorno cuando afirma que "Aunque Vitoria opina que los indios eran verdaderos dueños de sus dominios antes de la llegada de los españoles y Sepúlveda reconoce que los aztecas tienen instituciones y leyes, no existe para el uno ni para el otro la idea de que los indios formaban un *Polis* auténtico" ("Los debates" 62).

Ahora bien, si todo lo argumentado en la primera conferencia servía como fundamentación de una posesión ilegítima de América por parte de España, ¿significaba esto que para Vitoria España debía retirarse y restituir las tierras a los indígenas? La respuesta de Vitoria era contundente al respecto: "De lo dicho en toda la cuestión parece deducirse que si cesaran todos estos títulos, de tal modo que los bárbaros no dieran ocasión ninguna de guerra ni quisieran tener príncipes españoles, etc., debían cesar también las expediciones y el comercio, con gran perjuicio de los españoles y grande detrimento de los intereses de los príncipes, lo cual no sería tolerable" (71). El razonamiento geométrico de la teología de Vitoria construía, paralelamente a los siete títulos no idóneos o ilegítimos, otros siete que según su criterio justificaban la ocupación y el sometimiento de los indígenas americanos. No obstante, es necesario aclarar que siempre se pasa por alto un octavo título de legitimación que si bien se presenta como "duda" por parte del teólogo salamantino, sin embargo anula prácticamente la ilegitimidad de gran parte de aquellos títulos que previamente había considerado como tales y cuyo sustrato es antropológico por excelencia. Asimismo, si bien los títulos legítimos se dividen en siete, los ejes de legitimación pueden dividirse en tres fundamentales, de los cuales, los restantes son derivados lógicos.

El primer título con el que Vitoria justificaba la ocupación era el de la *sociedad y comunicación natural*, título por el cual el autor ha sido considerado como uno de los precursores del Derecho Internacional. En este sentido, Rigoberto Ortiz Treviño, siguiendo a Ricardo Zorraquín Becú, señalaba que las ideas de Vitoria podían ser tomadas como un claro antecedente del Derecho Internacional: "en efecto, así se ha considerado prácticamente con unanimidad. Basta recordar lo dicho por Gómez Robledo: 'Vitoria mantiene su título bien ganado de fundador del Derecho Internacional moderno'" (34). Esta conceptualización de Vitoria se relaciona principalmente con su *primer título* de justificación y legitimación de la conquista española de América, a saber, el derecho de comercio o *ius negotiandi*. Agregaba Ortiz Treviño: "El primer título de Vitoria es el que más fama le granjeó, y se refiere a la sociedad y comunicación naturales entre los hombres. Éstos, en razón de que los bienes son escasos y se hallan distribuidos por el mundo, tienen derecho a acudir de unas partes a otras para intercambiar bienes, constituyendo ello un derecho que nadie —ni los indios— puede pisotear [sic]" (36). Según Vitoria, los españoles tenían derecho de "recorrer aquellas provincias y de permanecer allí, sin que puedan prohibírselo los bárbaros, pero sin daño alguno de ellos" (60). De este título se derivaba el derecho a comerciar y a circular libremente por el Nuevo Mundo fundamentado teóricamente en el *ius gentium*. En la quinta proposición sostenía Vitoria que los indígenas no podían oponerse al derecho de libre circulación y comercio y que, de hacerlo, los españoles tendrían causas justificadas para declararles la guerra. Aunque Vitoria aclaraba que esa guerra debía ser moderada y ajustarse a ciertas condiciones específicas, fundamentalmente porque los indígenas no ejercían una *agencia consciente* de "resistencia", sino que actuaban por ignorancia y temor:

> [...] como dichos bárbaros sean por naturaleza medrosos, y muchas veces imbéciles y necios, aun cuando quieran los españoles disipar su temor y asegurarles de sus intenciones pacíficas, pueden aquéllos con cierto fundamento andar temerosos viendo hombres de porte extraño, armados y mucho más poderosos que ellos. Y, por tanto, si movidos por este temor se lanzan a expulsar o matar a los españoles, les es ciertamente lícito a éstos el defenderse, pero sin excederse y guardando la moderación de una justa defensa, y sin que puedan usar de los demás derechos de la guerra, como sería, obtenida la victoria y seguridad, el matarlos, despojarlos y ocupar sus ciudades. Y es que en dicho caso son inocentes y temen con fundamento, como suponemos. Y, por lo tanto, deben los españoles defenderse; pero en cuanto sea posible, con el mínimo daño de ellos, pues es guerra defensiva solamente (64).

El segundo título era evangélico, esto es, la *propagación de la religión cristiana*. Así como los españoles tenían el derecho de comerciar y navegar libremente por territorio indígena, también "tienen derecho de predicar y de anunciar el Evangelio en las provincias de los bárbaros" (65). Nuevamente, si los indígenas se negaban a la predicación del Evangelio, los españoles estarían asistidos por el derecho de evangelizarlos a la fuerza y, de ser necesario, declararles la guerra:

> Si los bárbaros, ya sean sus jefes, ya el pueblo mismo, impidieran a los españoles anunciar libremente el Evangelio, pueden éstos, dando antes razón de ello a fin de evitar el escándalo, predicarles aun contra su voluntad y entregarse a la conversión de aquella gente, y, si fuere necesario, aceptar la guerra o declararla, hasta que den oportunidad y seguridad para predicar el Evangelio [...] ello es claro, porque en esto hacen los bárbaros injuria a los cristianos, como se desprende de lo ya dicho: luego tienen ya éstos justa causa para declarar la guerra (67).

El tercer título y el cuarto son derivados del anterior. El tercero proponía que si algunos indígenas quisieran convertirse voluntariamente y sus jefes se lo impidieran, los españoles tendrían el derecho de salvaguardar al inocente y de protegerlo contra las injurias de sus príncipes. Es un título que Vitoria conceptualizaba no sólo como perteneciente a la religión, sino también "de amistad y sociedad humanas" (68). El cuarto título afirmaba que si los indígenas se habían convertido, ya voluntariamente ya por la fuerza, el papa sí tenía derechos sobre ellos y podía, por ende, declarar que los mismos fueran gobernados por un príncipe cristiano y "quitarles los otros señores infieles" (68). El quinto título, antropológico por excelencia, tenía una doble fundamentación y su objetivo era la defensa del inocente (proteger al indígena del indígena) y la condena del canibalismo. Por un lado, se basaba en la tiranía de los jefes indígenas, a la cual era justo combatir y, por el otro, apelaba a la aplicación y práctica de leyes: "inhumanas que perjudican a los inocentes, como el sacrificio de hombres inocentes o el matar a hombres inculpables para comer sus carnes. Afirmó también que sin necesidad de la autoridad del Pontífice, los españoles pueden prohibir a los bárbaros toda costumbre y rito nefasto. Y es porque pueden defender a los inocentes de una muerte injusta" (69). Nuevamente, Vitoria esgrimía la incapacidad del indígena para comprender el "horror" de sus propias prácticas y justificaba la intervención como beneficio a favor de éstos, "pues no son en esto dueños de sí mismos" (69).

Inmediatamente negada la capacidad indígena de comprensión de sus propios actos, Vitoria colocaba el sexto título de legitimación cuyo sustrato era, por más contradictorio que parezca, la *voluntad* y *libre elección*. En efecto, en el sexto título afirmaba Vitoria: "puede surgir por una verdadera y voluntaria elección, a saber: si los bárbaros, comprendiendo la humanidad y sabia administración de los españoles, libremente quisieran, tanto los señores, como los demás, recibir por príncipe al rey de España" (69). Este título, que no parece digno de la inteligencia teologal y argumentativa de Vitoria, es doblemente contradictorio, no sólo por la afirmación inmediatamente anterior, en la que se propone la defensa del inocente por carecer éste de capacidad intelectual y por no estar en entera posesión de sí mismo, sino, además, porque el sexto título ilegítimo consideraba que la libre elección era imposible, ya que estaba viciada desde el principio por el "temor" y la coacción de los soldados armados. El séptimo título de legitimación retomaba la noción internacionalista del primero afirmando como razones los fines de *amistad* y *alianza*. Al mismo tiempo se emparentaba con el tercero, dado que perseguía como fin *defender al indígena del indígena*. Aquí Vitoria, en vez de recurrir a la etnografía, utilizaba el hecho histórico (la invasión de Cortés de México-Tenochtitlán) como ejemplificación de legitimidad del título: "los mismos bárbaros guerrean a veces entre sí legítimamente, y la parte que padeció injuria tiene derecho a declarar la guerra, puede llamar en su auxilio a los españoles y repartir con ellos los frutos de la victoria, como se cuenta que hicieron los tlascaltecas, los cuales concertaron con los españoles que les ayudaran a combatir a los mexicanos" (70).

Así, llegamos finalmente al problemático y, utilitariamente "puesto en duda", título octavo, que aproxima de manera asombrosa a Francisco de Vitoria con las ideas de Juan Ginés de Sepúlveda.[25] Aquí decía convenientemente Vitoria que no podía "afirmar" las razones para este título, pero que sí podía ponerlas "a estudio" (70), y agregaba que "Yo no me atrevo a darlo por bueno ni a condenarlo en absoluto" (70). La proposición del título afirmaba que

> Esos bárbaros, aunque, como se ha dicho, no sean del todo faltos de juicio, distan, sin embargo, muy pocos de los amentes, por lo que parece que no son aptos para formar o administrar una república legítima dentro de los términos humanos y civiles. Por lo cual no tienen una legislación conveniente, ni magistrados, y ni siquiera son suficientemente capaces para gobernar la familia. Por eso carecen también de ciencias y artes, no sólo liberarles, sino también mecánicas, y de cuidada agricultura, de trabajadores y de otras muchas cosas provechosas y hasta necesarias par los usos de la vida humana (70-71).

La importancia de este "incierto" título, que ha sido desatendido por una considerable parte de los críticos del colonialismo, reviste una importancia contundente, puesto que su ubicación, hacia el final de la *Relección* primera, permite hacer una relectura en clave de toda la conferencia, no sólo para marcar las contradicciones y pasos en falso del autor, sino para develar la verdadera postura ideológica de Vitoria. Este título "en duda" borra, descalifica y elimina los supuestos principios humanitarios que hacían ilegítimos algunos de los títulos de la primera parte de la conferencia. Aun no estando garantizado como título en sí, sino "en estudio", abría una posibilidad de interpretación antihumanista y a favor de la *guerra justa* que veremos desplegada más tarde en todo su esplendor en la segunda *Relección*. Para fundamentar este título, volvía a esgrimir Vitoria el repetido argumento del

---

[25] Ya Rolena Adorno ha señalado que "en nuestros días, ha sido común proyectar una larga distancia ideológica entre Sepúlveda y Vitoria, pero en realidad las semejanzas y diferencias exigen una matización de los conceptos" ("Los debates" 55).

"beneficio" para los indígenas. Esto es, si fuera cierto y pudiera comprobarse que los indígenas eran semejantes a los *amentes* (locos) y a los niños, lo cual según Vitoria "aparentemente" se confirma (71), luego "Podría decirse que para utilidad de ellos pueden los reyes de España tomar a su cargo la administración de aquellos bárbaros, nombrar prefectos y gobernadores para sus ciudades y aun darles también nuevos príncipes si constara que esto era conveniente para ellos" (71). El fundamento antropológico principal de Vitoria es la degradación o equiparación de los indígenas con los locos y los niños, esto es, con los sujetos jurídicos que no tienen razón según el Derecho y que por lo tanto necesitan el servicio tutelar de un mayor responsable.[26] Pero Vitoria va más lejos aún al animalizar a los indígenas comparándolos con fieras y bestias:

> Esto digo que puede ser legítimo, porque si todos fueran amentes, no hay duda que ello sería lícito y convenientísimo y hasta estarían a ello obligados los príncipes, lo mismo que si se tratara simplemente de niños. Mas parece que hay la misma razón para estos bárbaros que para los amentes, porque nada o poco más valen para gobernarse que los simples idiotas. Ni siquiera destacan más que las mismas fieras y bestias, pues ni usan alimentos más elaborados ni casi mejores que ellas. Luego de la misma manera pueden entregarse al gobierno de los más inteligentes (71).

Existía según Vitoria una obligación ética y católica para proteger al indígena del indígena fundamentada en el precepto cristiano de la *caritas* (caridad): "puesto que ellos son nuestros prójimos y estamos obligados a procurarles el bien" (71). En la introducción a esta primera conferencia, Vitoria había utilizado la postura aristotélica de la *servidumbre por naturaleza* y había explicado en qué consistía la misma:

> [...] como elegante y atildadamente enseña Aristóteles, algunos son por naturaleza siervos, para quienes es mejor servir que mandar. Son éstos los que no tienen la suficiente razón para re-

---

[26] Rolena Adorno, hasta donde he podido informarme, ha sido una de las pocas críticas que llamó la atención sobre este título octavo de Vitoria, señalando la irritación de Las Casas en relación con el mismo. Es más, según Adorno, Las Casas intentó por todos los medios llevar a cabo una separación entre Vitoria y Sepúlveda que gracias a este título octavo "en estudio" y "en duda", se acercaban peligrosamente. Las Casas creía que Vitoria cometía el error que cometía por haber recibido "informaciones falsas", un recurso insistentemente utilizado por Las Casas toda vez que algún amigo o los reyes cometen equivocaciones o fallan en contra de los indígenas. (Véase Adorno, "Los debates" 56-57).

199

gir ni aun a sí mismos, sino que sólo les vale su entendimiento para hacerse cargo de lo que les mandan, y cuya virtualidad más está en el cuerpo que en el ánimo. Pero verdaderamente que si hay algunos que así sean, nadie como estos bárbaros, que realmente bien poco parece que disten de los animales brutos, totalmente inhábiles para gobernar, y sin duda que más les conviene ser regidos que regirse a sí mismos [...] lo que quiere enseñar [Aristóteles] es que hay en ellos [los siervos por naturaleza] una necesidad natural de ser regidos y gobernados por otros, siéndoles muy provechoso el estar a otros sometidos, como los hijos necesitan estar sometidos a los padres y la mujer al marido (36).

Además, Vitoria adelantaba que de la conceptualización de los indígenas como siervos por naturaleza "puede nacer algún derecho para someterlos como se dirá después" (36). Efectivamente, hacia el final de la conferencia, en un impecable ejercicio de la práctica retórica e ilación del género deliberativo, Vitoria volvía sobre el tema que había dejado pendiente y justificaba la servidumbre por naturaleza de los indígenas (siempre afirmando que el título estaba "en estudio"): "para esto puede valer lo que se dijo antes, que algunos son siervos por naturaleza. En efecto, tales parecen ser estos bárbaros, por lo que pueden ser gobernados como siervos" (71). Es cierto, como ha señalado Adorno, que "el concepto del indio sujeto de razón y de voluntad que al fin prevaleció en la teoría indiana creó un *gran obstáculo teórico* para la colonización de América" ("Los debates" 63; énfasis mío). Este obstáculo, lamentablemente, sólo fue "teórico". La realidad de la encomienda y de otras formas de esclavitud disfrazadas bajo otros nombres persistió en América, como lo señaló José Carlos Mariátegui en sus *Siete ensayos*, aun después de promovidos los llamados "procesos de emancipación nacional" del siglo XIX.[27] Tanto en Vitoria como en Sepúlveda es posible leer la ideología del contradictorio y paradójico Humanismo español, fundamentado en un universalismo eurocéntrico, en la razón imperial y alimentado, como diría Las Casas, por la "falsa" etnografía conquistadora.

---

[27] Mariátegui denuncia el "gamonalismo" peruano; una forma feudal de explotación que se continúa desde el período colonial y al respecto afirma: "El gamonalismo invalida toda ley u ordenanza de protección indígena. El hacendado, el latifundista, es un señor feudal. Contra su autoridad, sufragada por el ambiente y el hábito, es impotente la ley escrita. El trabajo gratuito está prohibido por la ley y, sin embargo, el trabajo gratuito y aun el trabajo forzado, sobreviven en el latifundio" (*Siete ensayos* 36).

2. Ocio indígena y encubrimiento esclavista. Las *Leyes de Burgos*

> [E]l humanismo renacentista, que tendía a buscar causas naturales para descifrar la diversidad humana, renunciaba implícitamente a los ideales comunitarios cristianos, al justificar el sometimiento y la servidumbre de los pueblos salvajes y bárbaros por los requerimientos de la moderna razón de Estado.
>
> Roger Bartra. *El salvaje artificial* (64)

Como se puede apreciar, la importancia de la clasificación de la diferencia (distintos grados de humanidad) fue instrumental a la maquinaria de guerra colonizadora, dado que, como señala Palencia-Roth: "In any intercultural encounter, the way people are viewed has a great deal to do with the way they are treated" ("The Caníbal Law" 22). De hecho, a partir de la invención de la *identidad caníbal* organizada fundamentalmente en torno a la resistencia contracolonial indígena, se crearon un conjunto de leyes y ordenanzas cuyo objetivo era capturar y vender a estos llamados "enemigos de Dios" y, fundamentalmente, servirse de mano de obra esclava y disponer de la explotación del trabajo indígena (Jáuregui, *Canibalia* 106-121). Así, en 1503, la reina Isabel dictó una cédula real a la cual Palencia-Roth denominó como "la ley caníbal", con la cual se daba licencia y facultad:

> A todas e cualesquier personas que con mi mandato fueren, así a las Islas e Tierra firme del dicho mar Océano que fasta agora están descubiertas, como a los que fueren a descobrir otras cualequier Islas e Tierra firme, para que si todavía los dichos Caníbales resistieren, e non quisieren recibir e acoger en sus tierras a los Capitanes e gentes que por mi mandato fueren a facer los dichos viages, e oirlos para ser dotrinados en las cosas de nuestra Santa Fe Católica, e estar en mi servicio e so mi obediencia, los puedan cautivar e cautiven para los llevar a las tierras e Islas donde fueren...pagándonos la parte que dellos nos pertenesca, e para que los puedan vender e aprovecharse dellos, sin que por ello cayan nin incurran en pena alguna, porque trayéndose a estas partes e serviéndose dellos los Cristianos, podrán ser mas ligeramente convertidos e atraidos a nuestra Santa Fe Católica (citado por Palencia-Roth, "The Caníbal" 26).[28]

---

[28] Jáuregui observa que "este documento [la cédula de la reina Isabel] simplemente le asigna consecuencias jurídicas al canibalismo; sin embargo, el campo semántico del significante "caníbal" es más amplio que el del consumo de carne humana; de hecho, los

Las protestas del dominico Montesinos, a ocho años de promulgada la "ley caníbal", generaron malestar en la corte de los Reyes Católicos a quienes se les había donado las nuevas tierras a condición de evangelizar a las gentes encontradas con "varones probos y temerosos de Dios". Pero la Corona, en vez de despachar hombres "probos y temerosos de Dios", de acuerdo con Hanke, envió

> [E]x soldados licenciosos, nobles arruinados, aventureros o presidiarios. Se indultaba de la pena a criminales de toda laya que estuvieran dispuestos a servir en las Indias [...] Las Casas, que vino por vez primera a América con Ovando después de licenciarse en leyes en la universidad de Salamanca, diría más tarde en su *Historia de las Indias* que en aquellos primeros días podía verse cualquier gentuza azotada o desorejada en Castilla señoreando sobre los caciques indígenas (*La lucha* 28).

El revuelo causado por el sermón de Montesinos y su posterior entrevista con el rey, sí agitó la "mala conciencia" católica de los reyes y su resultado, más o menos inmediato y poco tranquilizador, fue la creación de una junta de teólogos y juristas que debía aportar fundamentos filosóficos, jurídicos y religiosos para sostener la invasión y ocupación del territorio americano y, simultáneamente, apaciguar las "dudas morales" y antropológicas de la Corona. Los encomenderos de la isla de La Española, alarmados por la situación generada luego del sermón, enviaron a un viejo fraile franciscano (fray Alonso del Espinal), para que los defendiera ante la corte y para que presentara ante ella sus alegatos. La estrategia encomendera era en extremo inteligente puesto que enviaban a un religioso encargado de la tarea evangelizadora para que los defendiera contra los otros religiosos "difamadores". Los dominicos, enterados del asunto, enviaron también a su orador más "aspérrimo", el propio Montesinos, para contrarrestar el informe de los encomenderos. Los porteros de la corte y de la cámara real, alertados sobre el peligro que representaba Montesinos, le hicieron imposible a éste la audiencia con el rey. Según refiere Las Casas: "en llegando a la puerta, dábale el portero con la puerta en los ojos, y, con palabras no muy modestas, diciendo que no podía hablar al rey, le despedía" (*Historia* II: 450). Montesinos insistió una y otra vez, y al ver que le era imposible entrar por

---

considerandos de la autorización de la reina apuntan principalmente a la resistencia de ciertos indios a los españoles y a la evangelización, y al ya referido argumento de Colón en el sentido de la necesidad de protección de los indios buenos que se arroga la Corona" (*Canibalia* 109).

las buenas, literalmente se coló, esquivó al portero y entró a la cámara real yendo a dar de frente con el mismísimo rey. El rey debió de haberse desconcertado ante tal espectáculo y ante las palabras del "infiltrado": "Señor, suplico a Vuestra Alteza que tenga por bien de me dar audiencia, porque lo que tengo que decir son cosas muy importante a vuestro servicio" (*Historia* II: 450). El rey le concedió permiso para hablar y Montesinos, arrodillado frente a Fernando, sacó su memorial y comenzó a leer la lista de atrocidades que se cometían contra los indígenas. De esta audiencia da cuenta Las Casas:

> [...] comiénzalo a leer y refiere cómo los indios, estando en sus casas y tierras sin ofender a ninguno desta vida, entraban los españoles y les tomaban las mujeres y las hijas y los hijos, para servirse dellos, y a ellos, llevan los cargados con sus camas y haciendas, haciéndoles otros muchos agravios y violencias, los cuales, no pudiéndolos sufrir, huíanse a los montes, y cuando podían haber algún español demasiado, matábanlo como a capital y verdadero enemigo; iban luego a hacelles guerra, y para metelles el temor en el cuerpo, hacían de ellos, desnudos, en cueros y sin armas ofensivas, estragos nunca oídos, cortándolos por medio, haciendo apuestas sobre quién le cortaba la cabeza de un piquete, quemándolos vivos y otras crueldades exquisitas (II: 451).

El rey se alarmó ante la pregunta directa y corajuda del fraile: "¿Vuestra Alteza, manda hacer esto?" (II: 451). Horrorizado, según cuenta Las Casas, respondió: "No, por Dios, ni tal mandé en mi vida" (II: 451), y convocó a una junta de juristas y teólogos. Se formó un consejo integrado por el obispo de Burgos, Juan Rodríguez de Fonseca, Hernando de Vega, Luis Zapata, el licenciado Santiago, el doctor Palacios Rubios, el licenciado Móxica, el licenciado de Sosa, los teólogos fray Tomás Durán, fray Pedro de Covarrubias, el licenciado Gregorio, fray Matías de Paz y el propio Montesinos. De esta junta consultiva salió el documento madre conocido como las *Siete proposiciones* que más tarde serviría como base para las *Leyes de Burgos*. Según nos refiere Las Casas: "Determinadas estas proposiciones, dijeron de partes del rey a los dichos letrados, teólogos y juristas, que hiciesen y ordenasen leyes, explicándolas, porque eran como principios que incluyen dentro de sí muchas particulares reglas" (*Historia* II: 458). Quiero resaltar la importancia de los informes etnográficos, puesto que la junta consultiva se sirvió de ellos para decretar sus "principios", como explícitamente se lee en la introducción a las *Siete proposiciones*: "oído todo lo que nos quisieron decir, y aun habida más información de algunas personas que habían estado en las dichas Indias y sabían la disposición de la tierra y la capacidad de las personas, lo que nos parece a los que aquí firmamos es lo siguiente" (*Historia* II: 457). Esto muestra la relevancia del informe y la funcionalidad e instrumentalidad del *discurso etnográfico* y, al mismo tiempo, señala las relaciones utilitarias entre los diferentes discursos del aparato colonizador (teológico, jurídico, etnográfico).

De estas juntas consultivas y de sus documentos preliminares emergieron, como vimos, documentos fundacionales del colonialismo, como las mal llamadas *Leyes de Burgos*, que debieran llamarse, de acuerdo con su verdadero estatuto jurídico histórico, las "ordenanzas de Burgos" (promulgadas el 27 de diciembre de 1512 y enmendadas en Valladolid el 28 de junio de 1513)[29] y, más tarde, ese mismo año, uno de los documentos más sobrecogedores de justificación de la ocupación europea, conocido como el *Requerimiento* (1513). Según Jáuregui, ambos documentos "sostenían la división entre indios buenos y malos, y dos modelos coloniales: el *paternalista* y el *bélico*, respectivamente [e] indicaban las dudas morales que para entonces tenía la Corona" (*Canibalia* 114). Los dos modelos, que actuaron en forma complementaria, se articulaban en función de una particular concepción antropológica del indígena americano: la primera (paternalista) sobre la idea de la "inocencia" y la segunda (antipaternalista y probélica), sobre la idea de "barbarie" y "resistencia a la autoridad". En la visión maniquea de este colonialismo emergente y su legislación, el indígena americano participa de una duplicidad y ambigüedad desconcertante pero al mismo tiempo funcional: es "primitivo", pero vive en un "Mundo Nuevo"; no conoce religión, pero es "idólatra" e "infiel" y debe ser convertido; es "inocente" y "manso", pero al mismo tiempo es "belicoso" y se resiste; se le reconoce su "libertad" nominal, pero debe ser sujetado a la encomienda y al repartimiento.

En la primera de las *Siete proposiciones* —transcriptas en la *Historia de Las Casas* (II: 456-457)— se reconocía expresamente la libertad de los indígenas. Sin embargo, en la tercera proposición se daba como válida la

---

[29] Para comprender en su totalidad la historia del texto de las *Leyes de Burgos* es necesario remitirse al muy completo estudio histórico-filológico de Rafael Altamira. En este artículo de vital importancia, Altamira reproduce un *traslado* del texto original de diciembre de 1512, donde se lee: "Las ordenanças rreales que sus altezas mandaron fazer para el buen regimiento y tratamiento de los indios las quales por mandado de su alteza las fizieron ynprimir sus ofiçiales que rresiden en la casa de la contrataçion de seuilla para enbiar a la española y a todas las otras yslas donde fue menester e neçesarias" (22).

coerción de los indígenas por parte del rey: "Vuestra Alteza *les puede mandar que trabajen*, pero que el trabajo sea de tal manera que no sea impedimento a la instrucción de la fe" (*Historia* II: 457; énfasis mío). Es decir, los indígenas podían ser legalmente explotados por los encomenderos siempre y cuando éstos se ajustaran a los procedimientos de la evangelización. La última de las proposiciones consagra la extracción del plusvalor del trabajo indígena, y si bien se deja expresamente dicho que deben cobrar salario por sus labores —tratando de maquillar la situación esclavista—, dicho salario sólo podía ser obtenido en especie y no en dinero. Las Casas celebraba estas proposiciones que intentaban poner límite a la "infernal servidumbre" (II: 456), pero se mostraba al mismo tiempo disconforme con la no abolición del repartimiento, como afirmaba Hanke: "la junta finalmente estuvo acorde en siete proposiciones en las que, si bien reconociendo la libertad [siempre nominal] de los indios y su derecho a un tratamiento humano, se concluía que debían ser sometidos a coerción y estar cerca de los españoles a fin de fomentar su conversión" (*La lucha* 35).

Las *Leyes de Burgos*, que toman como base los fundamentos de las *Siete proposiciones*, constituyen una de las argucias jurídicas típicas del colonialismo europeo y de su maniquea conceptualización del indígena. Al mismo tiempo, forman el primer capítulo legislativo contundente sobre la historia de la esclavitud de los indígenas americanos.[30] Recordemos que el problema planteado por Montesinos y los dominicos no sólo se relacionaba con el trato cruel dado a los indígenas, sino que fundamentalmente abogaba por la libertad de los mismos y por el fin del trabajo esclavo y los repartimientos. Lejos de ratificar la liberación de los indígenas por parte de los encomenderos, las *Leyes* justificaban el repartimiento y su consecuencia jurídica (la encomienda) y volvían a introducir como condición la cláusula evangelizadora y el "buen trato". Esto es, no decretaban la ilegalidad del trabajo esclavo, sino que pretendían "subsanar" y "atenuar" el mal trato dado a los indígenas, pero ratificando la condición de inferioridad antropológica del Otro —haciendo uso del modelo paternalista— y, por ende, la necesidad de su sujeción a la institución encomendera.

Por dichas razones Las Casas consideraba que los puntos o "leyes" contenidos en las *Leyes*: "fueron [...] inicuas y crueles, y contra ley natural tiránicas, que con ninguna razón, ni color, ni ficción pudieron ser por alguna

---

[30] De acuerdo con Rolena Adorno: "las Leyes de Burgos suavizaron la carga de los indios, pero sin suprimir los repartimientos de ellos a los conquistadores y colonos. Bajo este sistema, los indígenas estaban obligados a pagar tributo y prestar servicio personal a los colonizadores" ("Los debates" 48).

manera excusadas; otras fueron imposibles, y otras irracionales y peores que barbáricas; finalmente no fueron leyes del rey, antes fueron de los dichos seglares, enemigos capitales, como se ha dicho, de los inocentísimos indios" (*Historia* II: 476). La condena de Las Casas a los encomenderos es evidente, sin embargo, la defensa del obispo de Chiapas de la Corona y la figura del rey es curiosa: de hecho, son los reyes los que dan el visto bueno a estas leyes. No nos olvidemos que el prólogo de las *Leyes* está firmado por la reina Juana y que tanto la encomienda como el repartimiento fueron instituciones implantadas con el permiso real, como señalaba Diego Colón en su queja al superior de los dominicos luego del sermón de Montesinos. La hipótesis, muy cristiana y poco convincente, del "perdónalos porque no saben lo que hacen" de Las Casas es que los reyes se hallan mal informados, que no saben, que han sido sistemáticamente engañados por los informes interesados de los encomenderos, que si supieran no permitirían que este tipo de maltrato se ejerciera contra sus súbditos.[31] De todas formas, es necesario comprender que acaso se trató de una táctica política y retórica de Las Casas, quien para conseguir un mejor trato de los indígenas mediante leyes no podía achacar al rey la culpa de estos acontecimientos so pena de hacer peligrar las relaciones políticas con la corte. Estas tácticas utilizadas por Las Casas parecen contribuir a la denominada "falta de coherencia" que algunos estudiosos de su obra le han achacado (como Pérez de Tudela, por mencionar un ejemplo); sin embargo, como ha sugerido Vidal Abril Castelló en su "Estudio preliminar" a la *Apologética historia sumaria*: "se trata de una actitud permanente, plenamente deliberada y consecuente; de una actitud reflexiva y auténticamente profesional de un *abogado en ejercicio* que pone de relieve —en cada momento del proceso— lo que conviene a su causa, y minimiza u olvida lo que puede perjudicarla" (35).[32]

---

[31] Las Casas sostendrá esta idea en repetidas oportunidades, como en el "Prólogo" a la *Brevísima relación de la destrucción de las Indias* (1542 [1552]): "Como la providencia divina tenga ordenado en su mundo que para dirección y común utilidad del linaje humano se constituyesen en los Reinos y pueblos, reyes, como padres y pastores (según los nombra Homero), y por consiguiente sean los más nobles y generosos miembros de las repúblicas, *ninguna dubda de la rectitud de sus ánimos reales se tiene, o con recta razón se debe tener, que si algunos defectos, nocumentos y males se padecen en ellas, no ser otra la causa sino carecer los reyes de la noticia dellos.* Los cuales, si les contasen, con sumo estudio y vigilante solercia extirparían" (71; énfasis mío).

[32] En relación con este punto, el tono atenuado del discurso lascasiano contra la Corona, Jáuregui sugiere que "Las Casas fue el portador de un discurso tolerado de derechos humanos que disociaba al Imperio del conquistador y facilitaba el tránsito hacia un discurso de la colonialidad pacífica" (*Canibalia* 136).

El corpus de las *Leyes* está constituido por 35 puntos, algunos de los cuales fueron luego modificados en Valladolid en 1513,[33] y su objetivo es, si nos atenemos al título, "el buen regimiento y tratamiento de los indios" (Altamira 22). Los puntos centrales que hace la reina Juana en el "Prólogo" a las *Leyes* se fundamentan en el hecho de que, por estar los indígenas muy alejados de los asentamientos de los españoles, 1) los mismos sufren en el trayecto a sus poblados y se enferman por el camino, 2) que como aprenden la doctrina lejos de su hogar una vez en éste se la olvidan y vuelven a sus "vicios" y "ociosidad", y 3) que el problema de la lejanía dificulta que los "encomenderos" puedan curarlos cuando estos enferman. Estas causas son las que imposibilitan la "conversión" cabal y el mantenimiento de estos súbditos al orden doctrinal y por ello la reina pide que se cumpla con los puntos incluidos en las ordenanzas. Veamos el texto del "Prólogo" y sus lineamientos antropológicos:

> Doña Joana por la graçia de dios Reyna de catilla & Por quanto el Rey mi señor e padre e la Reyna mi señora madre que aya santa gloria siempre tovieron mucha voluntad que los caçiques e yndios de la ysla española viniesen en conoçimiento de nuestra santa fee catolica y para ello mandaron fazer es se fizieron algunas ordenanças asy por sus altezas como por su mandado el Comendador bouadilla y el Comendador mayor de alcantara governadores que fueron de la dicha ysla española e despues don diego colon nuestro almirante visorey e governador della e nuestros ofiçiales que alli rresyden y segund se a bisto por luenga yspiraçion diz que todo no basta para que los dichos casyques e yndios tengan el conoçimiento de nuestra fee que seria neçesaria para su salvaçion *porque de su natural son ynclinados a oçiosidad e malos visyos* / de que nuestro señor es deseruido y no a ninguna manera de virtud ni dotrina y el prençipal estoruo que tyenen para no se henmendar de sus viçios e que la dotrina no les aprovecha ni en ellos ynprima ni la tomen es *tener sus asyentos y estançias tan lexos* como los tienen e apartados de los lugares donde biuen los españoles que de aca an ydo y ban a poblar a la dicha ysla porque puesto que el al tiempo que les

---

[33] Con respecto a las enmiendas que se hicieron al documento original de diciembre de 1512, Altamira aclara que "Promulgadas las leyes en la citada fecha, constituyeron las reglas vigentes en la materia hasta 28 de julio de 1513, en que, por nuevas gestiones de los amigos de los indios, se añadieron al cuerpo de aquéllas cuatro leyes más, que acentuaron las medidas protectoras, pero dentro del sistema [de repartimiento] fijado en 1512" (68).

viene a seruir los dotrinan y enseñan las cosas de nuestra fee como despues de aver seruido se buelven a sus estançias *con estar apartados y la mala yntecion que tyenen olbidan luego todo lo que les an enseñado e tornan a su acostumbrada oçiosidad e biçios* e quando otra vez buelven a seruir estan tan nuebos en la dotrina como de primero (Altamira 23; énfasis míos).

El texto, tanto el "Prólogo" de la reina como los incisos de la ley, no hace ninguna referencia, como hubiera querido Montesinos, al trabajo esclavo. Más bien se concentra en señalar lo poco que dura viva en los indígenas la doctrina cristiana y en el peligro de su retorno a una supuesta "ociosidad". De este modo se encubre, bajo el pretexto del *telos evangelizador*, el verdadero fundamento de estas ordenanzas, esto es, la legislación del trabajo esclavo y el servicio personal de los indígenas. Como señala Romano:

La encomienda suponía la entrega de un grupo de personas (decenas o miles) a un encomendero, a quien debían pagar un tributo (que no hay que confundir con el tributo real pagado al soberano) en la forma de servicios personales o productos naturales, e incluso a veces en dinero [...] Para legitimar su estructura se argumentaba que el tributo (en especie, en servicios o más raramente en dinero) debía contribuir a pagar los gastos de la evangelización, única obligación real —aunque no siempre respetada— del encomendero. (164-165).

Los indígenas de la isla de La Española fueron exterminados, precisamente, por el trabajo al que fueron sometidos. No hay sujetos, a excepción de los esclavos africanos, a los cuales les convenga con mayor precisión el mote de "trabajadores" que a los indígenas americanos y, sin embargo, uno de los estereotipos del discurso etnográfico colonial que perdurará por varios siglos es el de su supuesta ociosidad.[34] El propio Las Casas, invirtiendo los argumentos que Gregorio y Bernardo de Mesa, creadores de las *Siete proposiciones*, intentaron esgrimir sobre la "ociosidad" de los indígenas de La

---

[34] Este estereotipo se puede leer incluso en la obra de Alexander von Humboldt, una obra que intenta transformar la experiencia personal en un conocimiento de tipo "científico" basado en la objetividad. Apenas llegado con su compañero de viaje Bonpland a las costas de Venezuela, comienza a hacerse servir y guiar por indígenas y a veces por mulatos, sobre los cuales se queja en reiteradas oportunidades: "el hijo de nuestro anfitrión, joven y robusto indio, nos condujo al pueblo de Maniquarez [...] Aún no habíamos andado cinco kilómetros, y ya nuestro guía comenzaba a sentarse a descansar a cada momento [...] Destaco este rasgo de carácter, observado siempre que se viaja en compañía de indios" (73).

Española, decía: "ninguna gente del mundo jamás se vio tan ociosa, inútil, ni holgazana, que los españoles que a esta isla vinieron" (*Historia* II: 463). Y agregaba que los indígenas sólo podían ser concebidos como "ociosos" en el sistema relacional de la codicia española y no para la ley y el Derecho Natural: "concedemos que, según la diligencia y solicitud ferviente y infatigable cuidado que nosotros tenemos de atesorar riquezas y amontonar bienes temporales por nuestra innata ambición y codicia insaciable, que podrán ser aquestas gentes por ociosas juzgadas, pero no según la razón natural y la misma ley divina y perfección evangélica" (II: 463-464). Muchos años más tarde, el jesuita Francisco Javier Clavijero (1731-1787), en su *Historia Antigua de México* (1780-1781), a pesar de acusar a Las Casas de "alterar" y "exagerar" los hechos de la historia mexicana, coincidía, no obstante, con este último al refutar el estereotipo de la "ociosidad" indígena afirmando que "su desinterés [el de los indígenas] y su poco amor a los españoles les hace rehusar el trabajo a que éstos los obligan, y esta es la decantada pereza de los americanos. Sin embargo, no hay gente en aquel reino que trabaje más, ni cuyo trabajo sea más útil ni más necesario" (46). La viabilidad del estereotipo (ociosos, idólatras, bárbaros, etc.) y su arbitrariedad deben, sin embargo, ser comprendidas dentro de los marcos utilitarios de la extracción y saqueo del aparto económico colonial para el cual nunca es "suficiente" el trabajo de sus esclavos. Un sistema, como afirmaba Las Casas, "sin piedad ni misericordia, sólo teniendo respeto a hacerse ricos con la sangre de aquellos míseros" (*Historia* II: 438).

El *a priori* antropológico del "Prólogo" a las *Leyes* apuntaba hacia la naturaleza de estos indígenas, que de ser dejados en libertad y, "con estar apartados y la mala yntecion que tyenen olbidan luego todo lo que les an enseñado e tornan a su acostumbrada oçiosidad e biçios". Así va emergiendo, dentro de las líneas conceptuales etnográficas, el oximorónico *paternalismo exterminador* del colonialismo. El Otro no puede ser librado a su suerte —como los niños— puesto que tiende "naturalmente" al vicio y a la ociosidad.[35] Por ello, según este argumento, era necesario traerlos junto a los españoles para que no se "olvidaran" la doctrina y para que trabajaran sin entregarse a su "natural" inclinación a la "ociosidad". A pesar de ello, la imagen estereotípica del indígena no es, en esta versión, absolutamente

---

[35] El creador de *Requerimiento*, Palacios Rubios, afirmaba que "Algunos de estos isleños, seducidos por los demonios, adoraban y daban culto a uno llamado 'Cemí', el cual se les mostraba algunas veces bajo la figura de un cachorrillo. Otros, holgazanes y viciosos, se daban por entero a la gula y a los placeres, reputándolos por cosa permitida" (*De las islas del mar Océano* 11).

pasiva porque se les reconoce como agencia a estos indígenas la "mala yntención". Esa "mala yntencion" es subsidiara, como vimos en los capítulos precedentes, de la resistencia contracolonial, como la de los indígenas del Caribe (los supuestos caníbales) desde la llegada de Colón. Para proteger a los indígenas de sus "propias" inclinaciones al vicio y la ociosidad, en el primer punto o "Ley primera" de las *Leyes*, los reyes mandan quemar los poblados indígenas y ordenan a los encomenderos que les construyan nuevas casas (bohíos) cerca de su propia residencia para mejor poder, usando un sintagma foucaultiano, "vigilar y castigar" a sus esclavos:

> Primeramente hordenamos e mandamos que por quanto es nuestra determinaçion de mudar los yndios y hazerles sus estançias juntas con las de los españoles que ante todas las cosas las personas a quien estan encomendadas o se encomendaren los dichos yndios para cada synquenta yndios hagan luego quatro bohios cada uno de a treynta pies de largo y quinze de ancho [...] despues que las tales personas ayan sacado el fruto dellos [sus hogares originales] vos el dicho almirante e juez e ofiçiales hagais quemar los bohios de las dichas estançias pues dellos no se a de aver mal provecho porque los dichos yndios no tengan causa de bolverse allí donde los traxeron (Altamira 25-26).

Este desplazamiento territorial fue concebido por Las Casas como la causa misma, junto con el trabajo forzado, de la muerte de las poblaciones del Caribe: "en sacando o mudando estas gentes de donde nacieron y se criaron a otra parte, por poca distancia que sea, luego enferman y pocos son los que de la muerte se escapan" (*Historia* II: 478). En muchas de las leyes contenidas en las ordenanzas se repite la fórmula "porque hemos sido informados que". Gran parte de las leyes se basan en estos informes etnográficos porque lógicamente ni los reyes ni la mayor parte de los teólogos, juristas e intelectuales de la corte viajaron nunca al Nuevo Mundo. Por ello, estos actores sociales dependían de los reportes de los conquistadores. Los indígenas, gracias a los informes etnográficos y a las leyes que supuestamente habían sido hechas para protegerlos, son saqueados, castigados, esclavizados y desplazados "legalmente", sus casas son incendiadas y sus familias obligadas a vivir en el hacinamiento de cuatro bohíos para cada "synquenta yndios".[36]

---

[36] Según lo que nos refiere C. L. R. James en su obra *The Black Jacobins*, del mismo modo serán tratados más tarde los negros esclavos en las plantaciones azucareras de Haití, bajo el comando de otra ley colonial igualmente perversa: el *Código Negro* de Luis XVI. De

Los reyes mandaban en la segunda de las *Leyes* que, luego de quemar los poblados de los indígenas, se procediera en orden a rebajar el "trauma" de los mismos mediante el "buen tratamiento" (sic): "que los traygan segund e como e de la forma e manera que a ellos les pareçiere que con menos pena e daño de los dichos caçiques e yndios se pueda hazer animandolos e trayendolos con halagos para ello a los quales encargamos e mandamos que encaresçidamente podemos que lo hagan con mucho cuydado e fidelidad e diligençia teniendo mas fin al buen tratamiento e consolaçion de los dichos yndios" (Altamira 27). Éste es el esquema contradictorio que sostiene el paternalismo colonial y que veremos repetirse una y otra vez durante la ocupación colonial, primero se queman los poblados y luego se ordena el "buen tratamiento" y conversión de los desplazados. No se debe perder de vista que para el momento en que se dictan estas ordenanzas pesaba sobre los indígenas de La Española una clasificación jurídica diferencial: algunos eran considerados como esclavos de hecho y de derecho —recordemos la "ley caníbal", esto es, los esclavos de guerra— y otros, que eran igualmente obligados a trabajar, de hecho, se hallaban, sin embargo, bajo una clasificación de libertad nominal.[37] Ello se debe a que el estatuto legal de los

---

acuerdo con James, los esclavos negros eran alojados como animales en pequeñas chozas construidas alrededor de las plantaciones. Cada una de estas chozas tenía entre 20 y 25 pies de largo, 12 de ancho y quince de alto, y se las dividía con separadores en tres habitaciones. No tenían ventanas y la poca luz que entraba sólo podía hacerlo por la puerta. El suelo era de tierra; la cama, de paja, y sobre ellas dormían juntos sin discriminación alguna padres, madres e hijos. El *Código Negro* de Luis XVI, que supuestamente intentaba brindar un trato "humanitario" a los esclavos (ironía dolorosa del poder), decía que los mismos debían recibir dos potes y medios de mandioca, tres calabazas, dos libras de carne salada o tres de pescado salado (comida suficiente para mantener a un hombre sano por tres días). En vez de darles lo convenido por el *Código*, los dueños de la plantación les entregaban una pinta de harina ordinaria, arroz y seis arenques. Extenuados por las casi 18 horas de labor cotidiana, muchos de ellos se negaban a cocinar y comían su comida cruda. De acuerdo con James: "The ration was so small and given to them so irregularly that often the last half of the week found them with nothing" (10-11).

[37] Como señala Pagden: "[…] había una distinción en la ley, aunque sólo fuera allí, entre la encomienda y la verdadera esclavitud civil. Pues el indio que había sido encomendado técnicamente era un hombre libre. Es cierto que no podía ejercer su libertad marchándose o negándose a trabajar para los españoles. Pero no pertenecía a su dueño ni podía ser vendido o incluso intercambiado por otro indio legalmente. Sin duda, estas distinciones no estaban más claras para él que para Las Casas, que consideraba a la encomienda como 'pestilencia mortal que aquellas gentes consumía'; un plan 'inventado…por Satanás y sus ministros y oficiales, para echar a los infiernos a los españoles y destrucción de toda España" (*La caída* 63-64).

indígenas era el de "vasallos del rey". Es por ello que se da una situación maniquea del sistema legal de la monarquía, puesto que

> Si bien la Corona acepta el principio del trabajo compulsivo, ello no excluye el principio de la libertad, dado que el vínculo forzoso supone la concesión de indios por un período limitado de dos a tres años, para luego ser asignados a otro español. Una rotación, en otros términos, ya que la Corona rechaza por principio la idea de que el indio pueda ser entregado "de por vida" a una misma persona; lo que no obedece a sentimientos humanitarios o a meros formalismo, o mejor dicho, se trata de formalismo con un importante matiz: al ceder temporalmente la fuerza de trabajo de los indios, éstos seguirán siendo vasallos del rey, mientras que entregándolos "de por vida" se convertirán en siervos (o incluso en esclavos) de un señor (Romano, 165-166).

Incluso la palabra "esclavo" es difícil de encontrar en estos escritos oficiales. El trabajo forzado aparece conceptualizado de muchas maneras como: *encomienda, repartimiento, mita, servicio personal, naboría* y *servidumbre*. Las únicas excepciones a estos eufemismos legalistas la hallamos en fray Matías de Paz, Las Casas y Sepúlveda.[38] El primero en analizar los diversos sentidos de la palabra siervo y esclavo fue fray Matías de Paz en su obra *Del Dominio de los reyes de España sobre los indios* (1512). Allí Paz postulaba que "la palabra servidumbre y, de análogo modo, el término siervo, pueden emplearse de varias maneras" (219), y proponía tres sentidos diferenciales. El primero era genérico y se aplicaba a todo aquél que estaba sujeto a una jurisdicción o a un señor, "aunque no se le retenga de modo especial en ningún servicio [...] en este sentido general puede denominarse siervos a los habitantes de un reino, por libres que sean" (219). El segundo sentido, derivado del primero, se aplicaba cuando los ciudadanos de un Estado eran siervos con relación, por ejemplo, a los obispos, esto es, cuando un sujeto es siervo de una diócesis. En tercer lugar: "dícese propia y estrictamente que alguien es siervo cuando no es dueño de su persona, sino de condición servil" (219-220). Ese último sentido transformaba al siervo en "esclavo", esto es, en una persona que "carece totalmente de libertad, y trabaja y lucra, no para sí, sino para su amo" (220). Luego de este

---

[38] Dice Las Casas: "naborías eran los indios de quien de contino, noches y días, perpetuamente se servían, que no les faltaba sino sólo el nombre esclavos, porque los de repartimiento, aunque no menos que esclavos y mucho peormente eran tractados" (*Historia*, III: 23).

deslinde semántico, Paz concluía que los indígenas de América eran, en efecto, esclavos: "los indios de aquellas partes están sujetos a una como perpetua servidumbre, por más que se les conceda, con arreglo a medida, algún tiempo en el año, durante el cual pueden trabajar para sí mismos, aunque esto, en realidad de verdad, sea casi nada, dados los duros servicios que en el restante tiempo realizan" (220). Dado que las *Leyes* proponían la regulación de la esclavitud en forma encubierta, la cual no podía admitirse como principio jurídico, debían organizar la rotación del trabajo esclavo a partir de esa argucia legal que señalaba Romano, de ahí que no sea casual la no utilización de la palabra en los documentos legales.

En la ordenanza décimo tercera de las *Leyes*, que regulaba el trabajo en las minas y la recolección y fundición del oro, se manda que los indígenas "cojan oro [...] çinco meses del año y que cumplidos estos çinco meses huelgan los dichos yndios quarenta dias" (32). Durante ese período de gracia se prohibía terminantemente que "ninguno pueda bolver a coxer oro", con una excepción, "con ningund yndio si no fuere esclavo" (33). Más adelante, en la ley vigésimo séptima, en la cual se regula el traslado de indígenas desde otras islas, esto es, de los indígenas secuestrados fuera de La Española, la ley declara que los indígenas debían ser tratados con los mismos derechos que el resto: "salbo sy los tales yndios fueren esclavos porque a estos tales cada uno cuyos fueren los pueden traher como el quisiere [el encomendero] pero madamos que no sean con aquella rreguridad e aspereza que suelen tratar a los otros esclavos syno con amor e blandura e mas que ser pueda para mejor domallos" (40). En el período de cuarenta días de "descanso" los indígenas no eran totalmente liberados puesto que se obligaba a los encomenderos a utilizar ese tiempo para "doctrinar en las cosas de nuestra fee mas que en los otros dias" (33). Luego volvían a ser repartidos, dentro de la misma isla, entre la misma comunidad encomendera, salvo que cada vez a un encomendero diferente, un verdadero círculo esclavista disfrazado de evangelización.

Ordenanza tras ordenanza, las *Leyes* prescribían lo que podría denominarse como una *conversión militarizada* y carcelaria del indígena, esto es, la aplicación de prácticas disciplinarias que acarreaba tanto premios como castigos. No sólo se organizaba el ritual que los indígenas debían "cumplir" hora por hora (día, noche y festividades), sino que además se disponía la creación de iglesias en las cercanías de las minas donde se realizaba el trabajo esclavo, como mandaba la ley octava: "mandamos que en las minas donde oviere copia de gente se haga una yglesia [...] que todos los yndios que andubieren en las dichas minas puedan alcansar a oyr misa" (30). En la ley tercera se mandaba que en los nuevos campamentos de desplazados se construyeran iglesias y se emplazaran imágenes de la virgen y "una campanilla para los llamar a rezar" (Altamira 27). Al mismo tiempo, el encargado del campamento debía "les hazer llamar en anocheziendo a la campana yr con ellos a la tal yglesia a hazerles sygnar e santyguar e todos juntos dezir el ave maria y el pater noster y el credo y salve rregina de manera que todos ellos oygan a la persona y la tal persona oyga a todos porque sepa qual açierta o qual yerra" (27). Es un control minucioso del cuerpo y la mente del indígena y de sus acciones, sobre los cuales se pretendía ejercer una vigilancia constante y al mismo tiempo se castigaba su desobediencia: "sy alguno de los dichos yndios dexare de venir a la iglesia [...] quel dia siguiente no le dexen holgar el dicho tiempo y todavia sean apremiadas a yr arrezar la noche siguiente" (27). La ley quinta también otorgaba "recompensa" a los indígenas "buenos" que se presentaran a misa los días festivos y se recomendaba al encomendero que luego de la misa, en dichos días "los torne a traher todos juntos a sus estançias e les hagan tener su olla de carne gisada por manera que aquel dia coman mejor" (29).

Las *Leyes* no sólo legislaban sobre el trabajo y la religión, sino también sobre una amplia gama de asuntos de la vida cotidiana que incluían aspectos muy diversos dentro del círculo encomendero, como por ejemplo la alfabetización de los indígenas, mediante la cual se obligaba a los encomenderos a enseñar a leer y a escribir a "uno" de cada cincuenta indígenas, fundamentalmente a los pajes e hijos de caciques: "para que aquel les muestre despues a los otros yndios" (ley novena, 30).[39] Las *Leyes* también hacían especial énfasis en la aplicación de los sacramentos, tales como la confesión y las disposiciones de extremaunción y enterramiento en caso de muerte (ley décima). Se prohibía utilizar a los indígenas como "bestias de carga" en el traslado de los encomenderos de un lado a otro: "que ninguna persona que tenga yndios en encomienda en otra persona alguna heche carga a cuestas a los yndios" (ley décimo primera, 31), ley harto compleja de poner en práctica si tenemos en cuenta el trabajo de extracción minera.

En la ley décimo segunda se obligaba a los encomenderos a bautizar a los indígenas dentro de los primeros ocho días de su nacimiento y de no haber clérigo se confería la tarea al propio encomendero (32). Se les permitía a los indígenas realizar sus areitos, suerte de danza ritual y religiosa, en días festivos, domingos y laborales, siempre que esto no estorbara el trabajo: "como lo tienen por costumbre e asymesmo los dias de labor no dexando de trabajar por ello lo acostumbrado" (ley décimo cuarta, 33). En la ley décimo sexta se legislaba sobre conducta sexual, impidiendo la poligamia

---

[39] Véase también la ley décimo séptima sobre la educación de los hijos de caciques (35).

y el incesto, y obligando a los indígenas a casarse: "sea hazerles entender como no deben tener mas de una muger [...] procuren que se casen a ley [...] a los caciques que les declaren que las mugeres que tomaren no an de ser sus parientes [...] que haziendolo asy salbaran sus animas" (34-35). Las leyes también obligaban a los encomenderos a no enviar a las minas a las mujeres embarazadas de más de cuatro meses, y se recomendaba que las mismas permanecieran trabajando "en las estançias e se syrban dellas en las cosas de por casa que son de poco trabaxo" (ley décimo octava, 35). En la ley décimo novena se exigía a los encomenderos dar hamacas a los indígenas para que no durmieran en el piso y, al mismo tiempo, se obligaba a amonestar a los indígenas que quisieran trocar o intercambiar las hamacas, esto es, se les daban bienes pero sin el derecho de enajenación (36). La ley vigésima obligaba a los indígenas a vestirse, para lo cual se pedía a los encomenderos que les pagaran un peso en oro. La salvedad era con los caciques, los más privilegiados por las leyes. A éstos se le otorgaba más dinero, que a su vez se sacaba de un porcentaje del peso oro destinado a la vestimenta de los otros indígenas, puesto que "dichos casyques e sus mugeres es razon que anden mejor tratados e bestidos que los otros yndios" (36). La ley vigésimo primera intentaba infructuosamente poner fin al saqueo y rapiña de indígenas entre los propios encomenderos impidiendo que cualquiera de ellos intentara retener a un indígena que no le hubiese sido previamente dado en repartimiento: "la persona que ansy no lo cumpliere e toviere detenido algund yndio que no le sea dado en repartimiento cayga y encurra en pena de perdimiento de otoro yndio de los suyos propios que toviere en repartimiento por cada uno de los dicho yndios que ansy toviere ageno" (37).

La ley vigésimo tercera obligaba a los encomenderos a llevar contabilidad de los indígenas, además de los nacimientos, muertes y de los nuevos cautivos traídos de otras islas (38). Por su parte, la ley vigésimo cuarta prohibía a los encomenderos, so pena del pago de una multa de 5 pesos oro, castigar con palos a los indígenas y llamarlos "perros" (39). La ley vigésimo novena creaba el puesto de visitador, dos por pueblo, a cargo de los cuales se dejaba el contralor de estas *Leyes*. En la ley trigésima se dictaminaba la forma de elección de los visitadores, quienes en vez de ser nombrados por el rey debían ser elegidos según la voluntad y deseo de Diego Colón. La ley también disponía que dichos visitadores: "sean elegidos e nombrados por vos el dicho nuestro almirante e juezes e ofiçiales por la forma e manera que mejor a ellos pareçiere con tanto que los tales elegidos sean de los vecinos mas antyguos a los pueblos donde an de ser visitadores" (41). Esto implicaba que, de acuerdo con las disposiciones de estas dos leyes, los encomenderos, los "lobos hambrientos despedazadores" (*Historia* II: 463) que describía Las Casas, eran los responsables de controlarse y, llegado el caso, de sancionarse a sí mismos. En las leyes trigésimo primera, segunda, tercera y cuarta se regulaban las funciones, los derechos y las obligaciones de los visitadores. Finalmente, la ley trigésimo quinta determinaba la cantidad de indígenas disponibles para cada habitante encomendero de la isla: "hordenamos e mandamos que ningund vecino ni morador de las villas e lugares de la dicha ysla española ni de ninguna dellas pueda tener ni tenga por repartimiento ni / por merced ni en e otra manera mas cantidad de çiento e çincuenta yndios ni menos de cuarenta yndios" (43). En último lugar, el rey ordenaba que estas *Leyes* se pregonaran públicamente en la isla bajo el escrutinio de escribano público.[40]

Las *Leyes de Burgos* implicaron una clara derrota a las pretensiones humanitarias de los dominicos y un triunfo para los encomenderos, a quienes se les aseguraba la posesión y el repartimiento de indígenas a cambio de cumplir con ciertas obligaciones de "buen tratamiento" que ellos mismos se encargarían de controlar. Como señala Altamira: "el sistema de pueblos no prosperó; las quejas por los abusos cometidos con los indios repartidos entre los españoles, y en sus trabajos forzados, siguieron llegando a la Corte" (72). Estas leyes fueron implementadas teniendo como sustento el informe etnográfico de evangelizadores y encomenderos, y de allí la instrumentalidad política que emana de las representaciones y clasificaciones antropológicas del indígena en estos escritos. La Corona intentó llegar a un equilibrio político entre el apetito colonial encomendero, del cual en definitiva dependían sus propios ingresos en oro, y la obligación evangélica que le había conferido el Papado. Un equilibrio que nunca se pudo lograr porque, en esencia, estas ordenanzas no prohibían la esclavitud, sino que regulaban su "intensidad" para hacerla "extensiva" en el tiempo y por ende, más provechosa en términos económicos. A la larga, estas ordenanzas habilitaron un desequilibrio y generaron la despoblación o "destrucción" de las islas del Caribe. La rapiña encomendera, a pesar del esfuerzo de algunos frailes como Montesinos, terminó por aniquilar su propia mano de obra esclava bajo la regulación jurídica de la Corona española. De este modo, el África se abría como el nuevo reservorio y repositorio de la exterminada esclavitud indígena.

---

[40] El documento finalizaba diciendo: "e porque venga a notiçia de todos e ninguno pueda pretender ynorançia mandamos questa mi carta y las hordenanças en ellas contenidas sean pregonadas publicamente por las plaças e mercados e otros lugares acostumbrados desa dicha ysla por pregoneros e ante escriuano publico" (44).

3. Barbarie y guerra colonial: Las Casas discute a Demócrates

> "LEOPOLDO- Así es como dices Demócrates; yo, no obstante, creo que las causas que justifican las guerras, o no existen o por lo menos son rarísimas.
>
> DEMÓCRATES- Yo, al contrario, creo que son muchas y frecuentes [...] el príncipe bueno y humano no debe obrar jamás con temeridad o codicia. Debe agotar todas las soluciones pacíficas [...] si, después de haberlo intentado todo, nada consiguiera y viera que su equidad y moderación son desbordadas por la soberbia y maldad de hombres injustos, no ha de tener reparo en tomar las armas ni en parecer que hace una guerra temeraria o injusta".
>
> Juan Ginés de Sepúlveda. *Demócrates segundo, o sobre las justas causas de la guerra.*

El diálogo renacentista y ficcional que leemos en el epígrafe entre Leopoldo y Demócrates a orillas del río Pisuerga (Castilla) nunca fue publicado en la España de Las Casas, principalmente por la férrea oposición que ejerció el obispo de Chiapas en contra de las publicaciones de su principal enemigo político, el teólogo Juan Ginés de Sepúlveda.[41] Más aún, el manuscrito de Sepúlveda recién conocerá la luz pública en 1892 gracias a la gestión de Marcelino Menéndez Pelayo. Estos dos personajes literarios, Demócrates y Leopoldo, ya habían discurrido años antes sobre las virtudes religiosas y militares en otro escenario rodeado por la tranquilidad de los jardines del Vaticano, en un texto que sí se publicó y que llevaba por título *Demócrates* (1535), dedicado al duque de Alba. Por entonces, la ocasión histórica no

---

[41] Sepúlveda encontró resistencia a la publicación de su *Demócrates segundo* no sólo por la oposición incansable de Las Casas, sino también porque el libro no encontraba apoyo ideológico en el contexto de las discusiones teológicas de Salamanca, que ya habían adoptado, digamos así, una posición pseudo-lascasiana que inspiró la redacción de las *Leyes Nuevas* de 1542. A consecuencia de ello, Sepúlveda decide revisar las impugnaciones de sus detractores al *Demócrates Segundo* y escribe su *Apología pro libro De Justis Belli Causis*, que sí obtiene permiso para publicación en Roma en 1550, y que repite la misma doctrina de su *Demócrates Segundo* pero eliminando el formato literario del diálogo. Según informa Brufau Prats, "esta edición romana de 1550 llegó prontamente a España. Los adversarios de las tesis de Sepúlveda, sobre todo Bartolomé de Las Casas, se movieron eficazmente para evitar que se divulgara y obtuvieron del emperador Carlos que, por Real Cédula, mandara que se recogieran con gran diligencia todos los ejemplares" (xxiv).

ameritaba mayores problemas para la publicación.[42] No obstante, las circunstancias que rodean la reaparición de Leopoldo, "un alemán con resabios luteranos" (Brufau Prats xvi), y Demócrates, sabio griego que justifica la necesidad de la guerra cuando la misma obedece a lo que él considera "causas justas", en el contexto político de 1547, son harto diferentes y se corresponden con la rebelión masiva y simultánea de los encomenderos luego de publicadas las *Leyes Nuevas* de 1542 que impedían la perpetuidad de la esclavitud indígena.[43] Como sugiere Brufau Prats:

> El diálogo respondía, como anillo al dedo, a las demandas de los españoles de ultramar para que se anularan las Leyes Nuevas de 1542. Cubría uno de los objetivos que éstos se habían propuesto: encontrar quien defendiera con eficaz argumentación la forma como se llevaba adelante la conquista y los resultados de la misma en cuanto a las personas y los bienes de los indios, y así apoyar mejor su pretensión de lograr que la normativa legal y la práctica de gobierno se ajustaran a sus pretensiones (xxi-xxii).

El *Demócrates* de Sepúlveda clausuraba toda posibilidad de idealismo utópico, de una Edad de Oro, al referirse a América como el lugar del salvajismo, el canibalismo, la idolatría y los sacrificios al demonio [ver fig. 3]:

> Y a propósito de sus virtudes [de los indígenas], si quieres informarte de su templanza y mansedumbre, ¿Qué se va a esperar de hombres entregados a toda clase de pasiones y nefandas liviandades y no poco dados a alimentarse de carne humana? No creas

---

[42] Según Jáuregui: "El teólogo Francisco de Vitoria (c. 1486-1546) estaba poco convencido de la defensa de la Conquista del Nuevo Mundo en los términos en que había sido hecha hasta entonces [...] en su *De Temperancia* refutaba la tesis según la cual un príncipe cristiano podía castigar a otro por el hecho de ser éste pagano, o el Papa hacer u ordenar una justa guerra contra quienes cometían 'bárbaros pecados contra la naturaleza' [...] conforme a la tesis iusnaturalista de Santo Tomás, Vitoria sostenía que los pecados no privaban a la humanidad de sus derechos inherentes [...] para Vitoria [...] la autorización papal que suscribía la legitimidad del dominio de América era frágil" (*Canibalia* 122-123).

[43] De acuerdo con Brufau Prats: "El descontento de los encomenderos se hizo sentir muy inmediatamente y de forma clamorosa. Constituía un paso más en el proceso abierto años antes con el revulsivo sermón del dominico P. Montesinos. Se temió, con fundamento, una oposición frontal y violenta ante la nueva regulación; y se hizo valer este peligro para presionar a la Corona. Antes de llegar al rompimiento, los descontentos pusieron en marcha acciones tendentes a neutralizar la innovadora regulación que modificaba tan profundamente la consolidación del sistema de explotación de la mano de obra india iniciado años antes" (xv).

que antes de la llegada de los españoles vivían en la paz saturnina que cantaron los poetas; al contrario, se hacían la guerra casi continuamente entre sí con tanta rabia que consideraban nula la victoria si no saciaban su hambre prodigiosa con las carnes de sus enemigos (66).

Si las juntas de teólogos y juristas que produjeron documentos como las *Siete proposiciones* y las *Leyes de Burgos* en 1512-1513 intentaron tranquilizar la conciencia y las dudas morales de la Corona, por su parte el *Demócrates segundo, o sobre las justas causas de la guerra* (ca. 1547) [*Democrates secundus, sive de iustis belli causis*], justificaba el accionar encomendero, patrocinaba el terrorismo de Estado, avalaba teóricamente la reforma de las *Leyes Nuevas* e intentaba probar, con Aristóteles, la *inferioridad* antropológica del indígena americano esgrimiendo como fundamentos, en primer lugar, los actos *contra naturam* (canibalismo y sacrificios humanos), y en segundo lugar, las prácticas idolátricas y la condición de esclavos (siervos) naturales de los mismos. En tal sentido comentaba Demócrates:

Me he referido a las costumbres y carácter de los indios. ¿Qué diré ahora de la impía religión y nefandos sacrificios de tales gentes, que al venerar como Dios al demonio no creían aplacarse con mejores sacrificios que ofreciéndoles corazones humanos? [...] pensaban que debían sacrificar víctimas humanas y abriendo los pechos humanos arrancaban los corazones, los ofrecían en las nefandas aras y creían haber hecho así un sacrificio ritual con el que habían aplacado a sus dioses [...] Así pues, ¿dudaremos en afirmar que estas gentes tan incultas, tan bárbaras, contaminadas con tan nefandos sacrificios e impías religiones, han sido conquistada por rey tan excelente, piadoso y justo como fue Fernando y lo es ahora el César Carlos, y por una nación excelente en todo género de virtudes con el mejor derecho y mayor beneficio para los indios? [...] Testimonios y juicios de Dios son estos tantos y tan importantes que no dejan lugar a dudas a los hombres piadosos, de que estos dos crímenes, el culto a los ídolos y las inmolaciones humanas, que consta eran familiares a esos bárbaros, son castigados con suma justicia con la muerte de quienes los cometieron, y con la privación de sus bienes (68-71).

8. De los sacrificios humanos de los indios
en México

Figura 3. Libro 9 de *América* del editor Theodorus De Bry titulado:
"costumbres y ceremonias de los pueblos". Esta ilustración lleva
por título: "De los sacrificios humanos de los indios en México" (293).

Rolena Adorno ha señalado que para Sepúlveda los indígenas americanos
no carecen de razón y que "la barbarie de los indios" no es "innata sino
como producto de la costumbre" ("Los debates" 53), como afirma el propio
Demócrates:

> Aunque yo digo que han de ser dominados los indios no sólo
> para que escuchen a los predicadores, sino también para que a
> la doctrina y a los consejos se unan además las amenazas y se
> infunda el temor [...] cuando se añade, pues, al *terror útil* la doc-
> trina saludable, para que no sólo la luz de la verdad ahuyente las

tinieblas del error, sino también *la fuerza del temor rompa los vínculos de la mala costumbre* (94; énfasis mío).[44]

De aquí deriva la importancia del informe etnográfico desde el cual Sepúlveda infiere la barbarie indígena: sin descripción etnográfica Demócrates se quedaría sin argumentos. El *Demócrates Segundo*, estructurado en dos libros de irregular extensión, obedece a un género literario que fue muy practicado durante el Renacimiento (el diálogo) y cuyo modelo, según el propio autor, reproducía el clásico intercambio dialéctico entre Sócrates y algún ocasional interlocutor. Desde el punto de vista estilístico, si bien el texto responde a la forma del diálogo, se trata sobre todo de un texto híbrido, cuyo sustrato se basa en el Derecho Canónico, la patrística, el uso de textos intercalados (Evangelios, Antiguo Testamento, filósofos griegos y romanos), y su modo de exposición se corresponde tanto con la estructura del silogismo como con la *disputatio* teológica, las cuales favorecen ciertos procedimientos de retórica clásica, mayormente la *repetición* y la *digresión*, que buscan apoyar las proposiciones mediante el uso de la cita de autoridad (san Agustín, santo Tomás, los Evangelios, filósofos y juristas) y convencer al interlocutor figurado y, obviamente, al lector.[45]

Leopoldo es un cándido, ingenuo y tímido preguntón, al menos así es tratado por su interlocutor, el cual es alumbrado por las "sabias" palabras de Demócrates, un evidente álter ego del propio Sepúlveda. No obstante, Leopoldo, además de funcionar como el personaje ayuda memoria de Demócrates y ser la coartada hacia la pregunta que ya está respondida de antemano, también puede pensarse como representación o *alegoría* de la conciencia de la Corona española y sus dudas morales. Demócrates, por su parte, estaría funcionando como el sabio (teólogo y jurista) que resuelve la culpa católica de la Corona, iluminándola a través de los silogismos esco-

---

[44] Más adelante agrega: "El imperio, pues, debe templarse de tal manera que los bárbaros, en parte *por el miedo y la fuerza*, en parte por la benevolencia y equidad, se mantengan dentro de los límites del deber, de tal suerte que ni puedan ni quieran maquinar sublevaciones contra el dominio de los españoles y amenazar su bienestar" (132; énfasis mío).

[45] Estas digresiones y el modo literario que asume el tratamiento de temas considerados para la época, como de abordaje exclusivo por doctores versados en cuestiones teologales, parece haber irritado a los lectores salamantinos (Melchor Cano, Bartolomé de Carranza y Diego de Covarrubias), que finalmente censuraron el libro. Como sugiere Pagden: "Pues si la obra de Sepúlveda se lee como teología, su tono es histérico, y sus juicios —como declararon los jueces de Alcalá y Salamanca— 'heterodoxos' y formulados incorrectamente" (*La caída* 160).

lásticos y la doctrina aristotélica: "cuando surge una controversia dudosa [aclara Demócrates], el príncipe debe solicitar de sus adversarios que por ambas partes se elijan, como jueces, varones probos y peritos en derecho, para discutir jurídicamente la cuestión" (127). Acaso las ya célebres Juntas de Valladolid en 1550-1551 no fueron sino el más claro ejemplo de la puesta en práctica de esta obligación moral del príncipe que señalaba Demócrates.[46]

Una de las primeras dudas que inquietaban a Leopoldo en forma insistente, además de saber si existían causas justas para declarar una guerra, era saber si las acciones españolas en ultramar se correspondían con la "piedad" y la justicia cristianas. Apenas empezada la obra, Leopoldo le comenta a Demócrates que, deambulando con sus amigos por el palacio del príncipe Felipe, vio pasar a Hernán Cortés y que, luego de reflexionar por un momento con sus amigos sobre las "hazañas" de los caballeros de Carlos, ciertos pensamientos comenzaron a importunarlo: "me asaltaba insistentemente la duda y el temor de que no estuviera suficientemente conforme con la justicia y la piedad cristiana la guerra que los españoles hacían a aquellos inocentes mortales" (44). Demócrates no responderá en forma directa la pregunta de Leopoldo, por el contrario, creará una larga digresión haciendo gala de su erudición patrística y evangelista citando ejemplos de san Agustín, de Graciano y de san Pablo. Comienza por atemperar las palabras de Cristo según las cuales, si alguien intenta agredirnos, es necesario poner "la otra mejilla". Recordará a Leopoldo que la frase de Cristo no clausura el Derecho Natural según el cual "a todo hombre le está permitido repeler la fuerza con la fuerza dentro de los límites de la justa defensa" (44).

De esta argumentación emerge el primer móvil y "más importante y natural" (51) de acuerdo con Demócrates para la justificación de la guerra, a saber: que *es lícito responder a la fuerza con la fuerza*; motivo que será eje doctrinario fundamental de la penetración colonial frente a cada acto contracolonial de los indígenas. El principio de este motivo de justifica-

---

[46] Las Casas también era partidario de esta misma posición y un ferviente convencido de que las reuniones y noticias aportadas por él y otros teólogos podían realmente subsanar o, al menos, parar el maltrato indígena. De acuerdo con Hanke: "Las Casas sostenía ante el Consejo de Indias que no deberían autorizarse más conquistas hasta que una junta de teólogos pudiera determinar si esas conquistas eran justas y pudiera redactar una ley para la conducta de los futuros conquistadores que protegiera mejor a los indios contra cualquier mal trato. El 3 de julio de 1549 el Consejo de Indias aconsejó formalmente al rey que se diese semejante paso, y en diciembre del mismo año una real orden hizo saber esta notable decisión a los oficiales de las Indias" (*La lucha* 284).

ción ya lo hemos visto operando en el *Requerimiento* —en la respuesta de Atahualpa a Vicente de Valverde, en la resistencia del palenque de Victoria o de los indígenas Cenú— y en la legislación que posibilitaba esclavizar y vender a los supuestos caníbales (1503) bajo el pretexto, precisamente, de su violencia y resistencia al poder conquistador. Después del debate en Valladolid entre Las Casas y Sepúlveda, el franciscano fray Toribio Benavente (Motolinía), en una carta enviada a Carlos V (1555) en la que fustigaba a Las Casas por su entrometimiento en la tarea evangelizadora, retomará el argumento de Sepúlveda y justificará el uso de la fuerza contra el indígena mexicano invocando la "protección del inocente" y el destierro de las prácticas idolátricas.[47]

Al mismo tiempo, Demócrates explicará a Leopoldo las bases del Derecho Natural, en sus propias palabras, la que en todas partes: "tiene la misma fuerza, sin depender de apreciaciones circunstanciales [...] es la participación de la ley eterna en la criatura dotada de razón [...] de esta ley eterna es partícipe el hombre por la recta razón e inclinación al deber y a la virtud; pues aunque el hombre sea arrastrado al mal por el apetito, sin embargo por la razón es propenso al bien" (47). Sepúlveda estaba, al igual que Las Casas aunque por diferentes motivos, fijando las bases del *universalismo humanista*, pero de un universo en el que había grados de humanidad diferenciados. Al mismo tiempo, Demócrates argüía como justificación colonial la tutela de los inocentes inmolados en los sacrificios rituales, así como la protección de los predicadores evangélicos y de los indígenas que querían oír el mensaje evangélico y que eran interrumpidos o agredidos por la resistencia indígena. Demócrates afirmaba al respecto:

> Y si a los príncipes les es lícito y loable castigar con la guerras las injurias hechas a sus amigos y parientes aun en pueblos fuera de su dominio, según el ejemplo de Abraham, que castigó a los cuatro reyes por las ofensas que habían hecho a Loth y a sus amigos, ¿cuánto más les será el vengar las cometidas contra Dios, sea quien fuere el que las hace [ya pagano, ya hereje]? Sobre todo, si al mismo tiempo (lo que ya de por sí es causa

---

[47] Dice Motolinía: "las guerras eran muy continuas, porque para cumplir con sus crueles dioses y para solemnizar sus fiestas y honrar sus templos, andaban por muchas partes haciendo guerra [los mexicanos] y salteando hombres para sacrificar a los demonios y ofrecerles corazones y sangre humana. Por la cual causa padecían muchos inocentes, y no parece ser pequeña causa de hacer guerra a los que ansí oprimen y matan los inocentes [...] y esto es una de las causas, como vuestra majestad sabe, por la cual se puede hacer guerra" ("Carta" 419).

bastante justa para la guerra) se libra con ella de las más injustas opresiones a muchos inocentes, como les ocurre a esos bárbaros al pasar a nuestro dominio, de quienes consta que anualmente en una sola región, llamada Nueva España, solían inmolar a los demonios más de veinte mil hombres sin merecerlo (85).

Demócrates basaba su interpretación del Derecho Natural en función de la "razón", que a diferencia del *universalismo humanista* sí se conceptualizaba en términos puramente eurocéntricos (particularistas), esto es, dicha "razón" se definía en relación con los parámetros culturales exclusivamente europeos y cristianos. El problema de quién poseía "razón" en tanto facultad intelectiva y de discernimiento era importante, puesto que dicha atribución era directamente proporcional al grado de "inferioridad" de los sujetos. Es necesario remarcar que las consecuencias legales derivadas del triunfo del vencedor van a aplicarse con relación a la condición de la "naturaleza" del Otro:

> [...] si es lícito y justo que los mejores y quienes más sobresalen por naturaleza, costumbres y leyes imperen sobre sus inferiores, bien puedes comprender, Leopoldo, si es que conoces la naturaleza y moral de ambos pueblos, que con el perfecto derecho los españoles ejercen su dominio sobre esos indios del Nuevo Mundo e islas adyacentes, los cuales en prudencia, ingenio y todo género de virtudes y humanos sentimientos son tan inferiores a los españoles como los niños a los adultos, las mujeres a los varones, los crueles e inhumanos a los extremadamente mansos, los exageradamente intemperantes a los continentes y moderados (*Demócrates* 64).

Luego agregaba:

> Compara ahora estas dotes [las de los españoles] de prudencia, ingenio, magnanimidad, templanza, humanidad y religión con las de esos *hombrecillos [humunculos] en los que apenas se pueden encontrar restos de humanidad,* que no sólo carecen de cultura, sino que ni siguiera usan o conocen las letras ni conservan monumentos de sus historia, sino cierta oscura y vaga memoria de algunos hechos consignada en ciertas pinturas, carecen de leyes escritas y tienen instituciones y costumbres bárbaras (65-66; énfasis mío).

Del motivo citado arriba (repeler la agresión con agresión), surge un segundo motivo que consiste en "la recuperación del botín injustamente arrebatado" (51).[48] Para ello, Demócrates justificaba su argumento en el Antiguo Testamento y en la acción de Abraham contra el rey de los elamitas, de dicha acción concluye que "es lícito hacer la guerra no sólo para recuperar nuestras propiedades, sino también las de nuestros amigos, injustamente arrebatadas" (52). Esta interpretación también hizo carrera en el avance militar de la Conquista y fue parte fundante de la *defensa del inocente* y del *paradigma tutelar* del que habla Jáuregui (*Canibalia* 121-139). Los invasores pretextaron en repetidas oportunidades que Atahualpa o Moctezuma tenían sometidos a otros pueblos, recordemos a modo de ejemplo la relación entre Cortés y los tlaxcaltecas,[49] o que los caníbales saqueaban las islas del Caribe y se quedaban con las mujeres de los taínos como botín. Pues bien, esta segunda causa apoyaba la defensa de los que supuestamente habían sido saqueados ya por los caníbales, ya por algún cacique "tirano".[50]

Derivada de esta causa se seguía una tercera basada en "la imposición del castigo a quien a cometido la ofensa [el saqueo]" (52). Frente a esta nueva causa esgrimida, Leopoldo, un tanto aterrado, preguntaba: "¿Asegu-

---

[48] Más adelante, refiriéndose a esta misma causa, Demócrates la sustenta con la autoridad de san Isidoro, el cual "se refiere al castigo de las injurias en la reclamación de las cosas hurtadas, pues aunque el castigo a veces se exige por sí mismo, corrientemente va unido a la recuperación de las sustracciones" (53).

[49] En la *Segunda carta de relación*, Cortés refiere que, luego de la expulsión que sufriera de México-Tenochtitlán en lo que se conoce como la Noche Triste, se refugió en la ciudad de Tacuba. Allí, según refiere el conquistador, los indígenas tlaxcaltecas le ofrecieron sus condolencias, su alianza y ayuda: "En este pueblo estuve tres días, donde me vinieron a ver y hablar Magiscacin y Singutecal y todos los señores de la dicha provincia y algunos de la de Guasucingo, los cuales mostraron mucha pena por lo que nos había acaecido, y trabajaron de me consolar diciéndome que muchas veces ellos me habían dicho que los de Culúa eran traidores, y que me guardase de ellos, y que no lo había querido creer; pero que pues yo había escapado vivo, que me alegrase, que *ellos me ayudarían hasta morir para satisfacerme del daño que aquellos me habían hecho*, porque, demás de les obligar a ello ser vasallos de vuestra alteza, se dolían de muchos hijos y hermanos que en mi compañía les habían muerto y de otras muchas injurias que los tiempos pasados de ellos habían recibido. *Y que tuviese por cierto que me serían muy ciertos y verdaderos amigos hasta la muerte*" (107-108; énfasis mío).

[50] Gonzalo Fernández de Oviedo, años antes que Sepúlveda, utilizaba este mismo razonamiento para referirse a la "pacificación" del Reino de Nueva Granada y al asesinato del cacique Bogotá a manos Gonzalo Jiménez de Quesada: "dice el licenciado Gonzalo Jiménez que, estando en su real en el pueblo de Bogotá, los indios de aquella provincia comenzaron a servir bien, y con tanta voluntad e afición, cuanto eran mejor tratados de los cristianos que de Bogotá, su señor, ya muerto [...] era muy cruel e muy temido y no armado; y el día que se supo cierto que era muerto, fue general el alegría en toda su tierra, porque todos los caciques y señores quitaron de sí una tiranía muy grande" (BAE III, 122).

ras que la venganza de las injurias está permitida a los buenos y virtuosos varones? Según eso ¿qué fuerza tienen para ti aquellas divinas palabras del Deuteronomio: "para mí la venganza y yo daré la retribución"? ¿Acaso no indican que este derecho es privativo exclusivamente de Dios?" (52). La respuesta de Demócrates era simple, afirmaba que muchas veces Dios ejercía su propia venganza a través de sus ministros, príncipes y magistrados.

A estos motivos principales, opinaba Demócrates, era necesario sumar los considerados "secundarios" o "no de tanta aplicación ni tan frecuentes" (53), pero que en última instancia definían los fundamentos de la invasión y revestían fundamental importancia dentro del contexto colonial y las discusiones teológicas y jurídicas de la época, esto es, la naturaleza antropológica del indígena americano: "[…] aquéllos cuya condición natural es tal que deban obedecer a otros, si rehúsan su gobierno y no queda otro recurso, sean dominados por las armas; pues tal guerra es justa según opinión de los más eminentes filósofos" (53). Proposición que Leopoldo consideraba como "extraña doctrina" y "apartada de la opinión común de los hombres" (53) a lo que Demócrates le replicaba que sólo era "extraña" para los legos, los que no han pasado más que por el umbral de la filosofía. Naturalmente, el filósofo al que hacía alusión era Aristóteles, quien en el libro I de su *Política* sostenía el principio de la servidumbre fundamentándolo en la inferioridad de algunos pueblos (bárbaros) e, incluso, de las mujeres y los niños.[51] A propósito de esta cuestión argumenta el Estagirita:

> En efecto, el que es capaz de prever con la mente es un jefe por naturaleza y un señor natural, y el que puede con su cuerpo realizar estas cosas es súbdito y esclavo por naturaleza [...] Así pues, por naturaleza está establecida una diferencia entre la hembra y el esclavo [...] pero entre los bárbaros, la hembra y el esclavo tienen la misma posición, y la causa de ello es que no tienen el elemento gobernante por naturaleza, sino que su comunidad resulta de esclavo y esclava. Por eso dicen los poetas justo es que los helenos manden sobre los bárbaros (47).

---

[51] Como ha señalado Pagden: "No obstante, el esclavo natural no es la única criatura defectuosa psicológicamente en la jerarquía humana de Aristóteles. Porque tanto la mujer como el niño ocupan posiciones similares. Como el esclavo natural, ambos son, en cierto sentido, hombres incompletos (GA 737 a 28), poseen la capacidad de razonar, pero carecen de autoridad (*ákuron*). El niño también posee una capacidad deliberativa, pero la suya sólo está formada parcialmente, porque el alma irracional se genera antes que la racional (*Pol.* 1324 b)" (*La caída* 72).

Recordemos que la utilización de la filosofía pagana constituía un gran problema para la teología del cristianismo, esto es, cómo utilizar autores y obras anteriores a la venida de Cristo para explicar, definir o conceptuar problemas esencialmente cristianos como la evangelización de los indígenas. Esto implicó un enorme trabajo de reacomodación y justificación por intrincados mecanismos retóricos de todo el saber intelectual de la filosofía de la Antigüedad al presente humanista del siglo XVI. De acuerdo con Zavala: "Fray Juan de Zumárraga (primer obispo de México), en la conclusión exhortatoria de su *Doctrina breve*, afirmaba que sería una impía locura querer comparar la doctrina de Jesucristo con la de Aristóteles o con los preceptos filosofales" (*La filosofía* 81). El propio Las Casas que se sirvió de la filosofía aristotélica, tanto en sus trabajos historiográficos como en sus tratados políticos y antropológicos —fundamentalmente en su *Apologética historia sumaria*—, opinaba sin embargo que "el Filósofo era gentil y está ardiendo en los infiernos, y por ende tanto se ha de usar de su doctrina, cuando con nuestra sancta fe y costumbre de la religión cristiana conviniere" (*Historia* III: 343). Tengamos presente que el Renacimiento fue, justamente, una etapa en donde los europeos volvieron sobre su propia historia cultural con el objetivo de rescatar y hacer "renacer", precisamente, toda su tradición olvidada o descuidada.[52] El propio Demócrates tiene que justificar puntillosamente el uso que hace de Aristóteles:

> [...] el juicio sobre las leyes naturales hay que buscarlo no sólo en los autores cristianos y tratados evangélicos, sino también en aquellos filósofos, considerados como los mejores y más sagaces tratadistas de filosofía natural y moral y de todo género de Política [...] es opinión general que a la cabeza de los filósofos están Platón (preferido a todos por San Agustín) y Aristóteles, cuyos preceptos [...] han sido recibidos por la posteridad con tan unánime aprobación, que ya no parecen palabras de un solo fi-

---

[52] Ni Dante Alighieri (1265-1321) en el canto IV de su *Divina Comedia* se animó a condenar al suplicio en el infierno a los literatos clásicos (Homero, Horacio, Ovidio) y a los filósofos de la Antigüedad (Platón, Sócrates, Demócrito, Diógenes, Anaxágoras, Tales, Empédocles, Heráclito, etc.). Prefirió colocarlos en una "antesala" o "castillo", dentro del primer círculo infernal, junto con las almas buenas que no poseyeron la verdadera fe por haber nacido antes del advenimiento de Cristo. Dante los coloca dentro de un castillo rodeado de jardines y arroyos, más parecido al paraíso que a un círculo infernal. Es más, quien guía a Dante a través de dichos círculos es un pagano célebre, Virgilio. Esto de por sí habla del lugar incómodo que representaba el pensamiento pagano para el aparato escolástico del cristianismo tanto medieval como renacentista.

lósofo, sino sentencias y decisiones comunes a todos los sabios. Pues no sin razón nuestro San Jerónimo escribió que "Aristóteles sin ninguna duda fue el primer filósofo, prodigio y milagro estupendo en toda la naturaleza" (48).

Ahora bien, ¿cómo se determinaba la inferioridad de otros bárbaros-esclavos? Para responder, Demócrates realizaba una distinción entre las razones que proponían los jurisconsultos y las que sugerían los filósofos: los primeros sustentaban la inferioridad en la fuerza y en el *ius gentium* romano, en cambio los filósofos determinaban la inferioridad y por ende la servidumbre en "la torpeza ingénita" y en las "costumbres inhumanas y bárbaras" (54). Esto implicaba que existía una doble diferenciación de la inferioridad ligada, por un lado, a la "torpeza ingénita" y, por otro, asociada con "prácticas" específicas que en la ejecución de sus mecanismos y procedimientos transforman al indígena en un Otro bárbaro e inhumano (canibalismo, sodomía, idolatría, sacrificios humanos). Como ha señalado Anthony Pagden, los métodos para la clasificación de la alteridad que solían utilizarse desde el final del siglo xv se asociaban con un número indeterminado de 'atributos' humanos que no sólo hacían referencia a las características psicológicas de los Otros, sino también a la ubicación geográfica (recordemos el discurso orientalista de Colón). Sin embargo, Pagden concluye que el método más común para la clasificación y distinción de la alteridad era el análisis de la conducta, esto es, los actos realizados por esos otros (*La caída* 33).

Esta distinción antropológica doble en el discurso de Demócrates era importante debido a sus consecuencias totalizantes. Para él, no existía la posibilidad de que un indígena americano no fuera "inferior" ya que, o bien lo era naturalmente, o bien lo era por las prácticas que definían su vida cotidiana. Así, el principio de inferioridad se basaba, para Demócrates, en que si unos hombres eran más inteligentes y se regían por la "recta razón", no había ninguna causa que impidiera que estos últimos gobernaran y protegieran a los considerados como inferiores. Como afirma Pagden:

> Lo acerbo de este lenguaje —el uso de imágenes de inversión, reservadas normalmente para las brujas y otros seres anormales, y de términos descriptivos como *homunculus*, que sugiere no sólo un crecimiento atrofiado, sino que como los *homunculi* eran cosas creadas por la magia, también unos orígenes biológicos antinaturales, las continuas referencias al simbolismo animal, a los monos, cerdos y bestias en general— tenía el objetivo de crear la imagen de una criatura medio humana cuyo mundo era el opuesto del mundo humano de los que por su 'magnanimidad,

templanza, humanidad y religión' eran los señores naturales de los indios (*La caída* 166-167).

Es decir, la "perfección" (europea) rige a la "imperfección" (americana), la fortaleza (el poder bélico del imperio) se impone sobre la "debilidad" de la resistencia indígena y, finalmente, la "virtud" de los conquistadores supera los "vicios bárbaros" del indígena. Continúa Demócrates: "tan conforme a la naturaleza es esto, que en todas las cosas que constan de otras muchas, ya continuas, ya separadas, observamos que una de ellas, a saber, la más importante, tiene el dominio sobre las demás" (54).

Las Casas, que fue el principal opositor de Sepúlveda y el encargado de rebatir punto por punto las acusaciones que hacía éste sobre la naturaleza de los indígenas, nos legó un libro llamado la *Apologética historia sumaria*, que según Edmundo O'Gorman, fue su obra más importante,[53] cuya finalidad era, según expresa el propio autor en su "Argumento de toda ella", "cognoscer todas y tan infinitas naciones deste vastísimo orbe infamadas por algunos, que no temieron a Dios […] publicando que no eran gentes de buena razón para gobernarse, carecientes de humana policía y ordenadas repúblicas" (3). La finalidad era sacar de la "infamia" a los indígenas y demostrar que el pretendido "vacío utilitario" del discurso colonial, el del salvaje deficitario, era falso, probando que los indígenas americanos tenían capacidad para gobernarse y dirigir sus repúblicas, entre otras cosas. De acuerdo con Santa Arias:

> En la *Historia de las Indias* y en la *Apologética historia sumaria* se incorpora un discurso etnológico comparativo con dos pro-pósitos: primero, la taxonomía y la descripción empírica sirven para describir las culturas encontradas y, segundo, establecen una comparación entre los amerindios y los cristianos españo-les […] Las anécdotas y los episodios que sirven para describir las culturas amerindias funcionan para denunciar la injusticia de

---

[53] Dice O'Gorman en su "Estudio preliminar" a la *Apologética*: "Cuanto acabamos de afirmar no resulta extraño si no olvidamos la finalidad de la *Apologética*, porque, por más interés que se suponga en Las Casas por completar la crónica de los sucesos de Indias, necesariamente le parecería secundario frente al interés de atender al problema que motivó todos sus afanes y que fue la razón de ser de su vida: el interés supremo de combatir la opinión acerca de la incapacidad racional de los indios, que, no se olvide, es el propósito de aquel libro […] Nos parece que estas consideraciones permiten concluir que la *Apologética*, no la *Historia*, fue en la estimación del propio Las Casas su obra fundamental; la corona de todos sus afanes y la expresión más madura y acabada de su pensamiento respecto a las cuestiones que ocuparon sus existencia" ("Estudio preliminar" LIX).

las guerras de los españoles y, asimismo, para apelar a las conciencia del lector, sujeto que reside adentro del orden colonial e imperial (87).

Para ello, Las Casas proponía exponer la "verdad" a partir de la demostración de seis causas naturales y de cuatro accidentales que sacaban al indígena de la infamia, lo mostraban en su justa medida y aniquilaban la "falsa etnografía" conquistadora/encomendera. Estas causas eran: 1) la influencia del cielo (determinismo climático), 2) la disposición de las regiones (determinismo geográfico), 3) la compostura de los miembros y órganos de los sentidos exteriores e interiores (determinismo anatómico), 4) la clemencia y suavidad de los tiempos (vuelta al determinismo climático), 5) la edad de los padres (longevidad como consecuencia) y, 6) la bondad y sanidad de los mantenimientos (la virtud y calidad de los alimentos y de los modos de su preparación, ¿determinismo culinario?). Por otra parte, las cuatro causas accidentales son: 1) sobriedad del comer y del beber (vuelta al determinismo culinario), 2) la templanza de las afecciones sexuales, 3) la carencia de la solicitud y cuidado cerca de las cosas mundanas y temporales y, 4) el carecer de las perturbaciones causadas por las pasiones del alma (ira, gozo, amor, etc.).

Sobre estas cuatro últimas causas "accidentales" (culturales no innatas) se basó gran parte de la etnografía colonial que refutó Las Casas; una etnografía que condenaba en forma espectacular y sistemática la borrachera indígena (Sahagún, Motolinía, Acosta), la lujuria (Vespucci, Oviedo, Motolinía, etc.), así como el carácter belicoso e irascible del indígena (Cuneo, Colón, Cortés, Pané, Sepúlveda, Oviedo, Gómara, etc.). La etnografía colonial también utilizó hasta el cansancio el tropo culinario del caníbal para hablar sobre el apetito indígena como una forma de salvajismo que incluso avalaba la guerra justa (Vitoria, Sepúlveda). De este modo, Las Casas, en el "Argumento" de la *Apologética* nos adelantaba sus conclusiones, basadas en "pruebas" y "evidencia", según las cuales, los indígenas americanos eran "de muy buenos, sotiles y naturales ingenios y capacísimos entendimientos; ser asimismo prudentes y dotados naturalmente de las tres especies de prudencia que pone el Filósofo: monástica, económica y política" (4). Se refería Las Casas a Aristóteles, que puede ser entendido como el espectro que atraviesa y da unidad tanto argumental como conceptual a toda la *Apologética*. Según Aristóteles, la prudencia se demuestra a partir de seis prácticas (comportamientos u oficios) que Las Casas también se va a encargar de analizar y dejar asentadas para llenar el vacío utilitario de la etnografía encomendera; éstas son: 1) son labradores, trabajan la tierra, 2) son artesanos, 3) son gente de guerra (organizados militarmente), 4) tienen riquezas materiales (desmintiendo el supuesto desconocimiento indígena de la propiedad), 5) tienen sacerdocio (religión y culto divino) y, 6) tienen jueces, ministros y gobernantes. Finalmente, el "argumento" lascasiano terminaba reiterando la capacidad de organización política indígena mediante un procedimiento *sui generis* e implementado metodológicamente por primera vez, esto es: la etnografía comparada. Como señala Hugo Hernán Ramírez: "El prólogo de la *Apologética historia sumaria* cuenta con un *enfoque etnográfico* que sólo se comprende en sus verdaderas dimensiones después de la controversia de Valladolid y de la necesaria reflexión filosófica y jurídica que sirvió de base a la polémica de Bartolomé de Las Casas con Juan Ginés de Sepúlveda" (85; énfasis mío).

Las Casas, tanto en el "Argumento" como en la mayor parte de la *Apologética*, se encargará de hacer un contrapunteo entre el mundo de la Antigüedad clásica y el presente colonial, comparando las costumbres de los griegos, los romanos, los egipcios, etc.; comparativismo que más tarde seguirá Acosta en su *Historia natural y moral*. Por este modo específico de articular su lógica argumental y sus fundamentos epistémicos se ha considerado la escritura lascasiana (también la de Sahagún) como un punto de partida (una de sus tantas genealogías coloniales) de la disciplina antropológica. Este juicio ha sido expresado por muchos historiadores y estudiosos de la obra de Las Casas (O'Gorman, Hanke, Cárdenas Bunsen, entre otros).[54]

En la *Apologética*, Las Casas desmontaba la noción de "barbarie" de sus enemigos políticos (Sepúlveda, Oviedo y los encomenderos, entre otros) quebrando la fijeza ideológica, unidireccional y generalista del término, lo cual implicaba que el mismo debía ser comprendido en relación a maneras, tipos y grados, en pocas palabras, proponía una visión relativista del concepto.[55] Para Las Casas no existía "un bárbaro", sino varios, y no todos los tipos de barbarie eran esencialmente pecaminosos o inmodificables. La intención del obispo de Chiapas era corregir las "equivocaciones" derivadas del uso del concepto:

---

[54] En un reciente libro de Cárdenas Bunsen (*Escritura y Derecho Canónico en la obra de fray Bartolomé de Las Casas*, 2011) se propone, en el capítulo 4, pensar la *Apologética* partiendo de relacionar el Derecho de Gentes y la filosofía aristotélica de la prudencia, justamente, como un tratado protoantropológico. El libro de Cárdenas Bunsen es importante para conocer las fuentes jurídicas utilizadas por Las Casas en sus escritos.

[55] Como nos recuerda Santa Arias, Fernández de Oviedo: "subraya el canibalismo, la sodomía y la idea de que el cráneo de los indígenas era excesivamente grueso en comparación al de los europeos, tres aspectos donde el cuerpo es el elemento transgredido o evidencia de la inferioridad y la barbarie" (94).

> [...] munchas veces veo errar cuando se habla, tomando unos bárbaros por otros, equivocando; por tanto, para evitar esta impropiedad y confusión quiero aquí explicar qué cosa es ser bárbaro y qué naciones propiamente se pueden llamar bárbaros, para declaración de lo cual conviene hacer aquesta distinción de cuatro miembros, conviene a saber, que por vía de cuatro maneras se puede una nación o gente, o parte della, decir bárbara (*Apologética historia* 8: 1576).

El primer tipo de barbarie podía corresponder, en términos generales, a cualquier nación que perdiera el uso de la "razón" por disensiones internas: "como cuando un pueblo se divide en diversas parcialidades, siguiendo con furor y clamores sus pareceres no racionales, que parecen haber perdido todo el seso y se tornan como estólidos y fantochades" (8: 1576-77). En términos individuales, se trataba de una barbarie asociada con un estado particular de la conducta (una barbarie psicológica), esto es, causada por la pérdida de la razón o por su alteración momentánea, ya por la violencia emocional ya por la confusión en el juicio de alguna causa:

> [...] por cualquiera extrañez, ferocidad, desorden, exorbitancia, degeneración de razón, de justicia y de buenas costumbres y de humana benignidad, o también por alguna opinión confusa o acelerada, furiosa, tumultuosa o fuera de razón. Así como algunos hombres, dejadas y olvidadas las reglas y orden de la razón y la blandura y mansedumbre que deben tener por su naturaleza los hombres, ciegos de pasión, se convierten en alguna manera o son feroces, duros, ásperos, crueles, y se precipitan a cometer obras tan inhumanas que no las harían peores las bestias fieras y bravas del monte, que parecen haberse desnudado de toda naturaleza de hombres (*Apologética historia* 8: 1576).

El segundo tipo de barbarie era considerada por Las Casas como producto de una carencia específica o falta de una cualidad, por lo tanto, la clasificaba como una "barbarie relativa" o *secundum quid*, esto es, con relación a algo. Las Casas ubicaba dentro de este grupo a todos aquellos que carecían de "literal locución que responda a su lenguaje, como responde a la nuestra la lengua latina; finalmente, que carezcan de ejercicio y estudio de las letras" (8: 1577). Aquí seguía Las Casas la noción griega tradicional de "bárbaro", esto es, aquellos que eran considerados como tales por no hablar la lengua griega. Sin embargo, el giro de Las Casas en este punto se basaba en un relativismo lingüístico: el hecho de que un pueblo X no entienda a un pueblo Y, no significa que Y no tenga un lenguaje. De ahí se seguía que igual derecho tenía Y de considerar como bárbaro a X en el eventual caso de no entender su lenguaje: "así, estas gentes destas Indias como nosotros las estimamos por bárbaras, ellas también, por no entendernos, nos tenían por bárbaros, conviene a saber, por extraños" (8: 1577). De este modo, Las Casas ponía de cabeza la lógica de la barbarie unidireccional-eurocéntrica de Sepúlveda: "podemos afirmar haber visto en nosotros, ellos [los indígenas], obras y costumbres no pocas para que, con recta razón, podamos dellos ser por barbarísimos estimados; no tanto por bárbaros desta especie segunda que quiere decir "extraño", sino de la primera, por ferocísimos, durísimos aspérrimos y abominables" (8: 1578). La tercera forma que adoptaba la "barbarie" lascasiana era utilizada pedagógicamente para "explicar" que la diferenciación entre bárbaros ya existía en Aristóteles. Las Casas no desmentía el concepto aristotélico de "servidumbre natural" que utilizaba Sepúlveda para justificar la guerra contra el indígena, ya que el mismo era esencialmente correcto según Las Casas, sino que explicaba muy detalladamente a qué tipo de bárbaros se refería Aristóteles cuando pensaba en la servidumbre natural. Los bárbaros "esclavos por naturaleza" son los denominados *simpliciter*, esto es:

> [...] los que por sus extrañas y ásperas y malas costumbres o por su mala y perversa inclinación salen crueles y feroces y extraños de los otros hombres y no se rigen por razón, antes son como estólidos o fantochazos, ni tienen ni curan de ley ni derecho, ni de pueblo ni amistad ni conversación de otros hombres, por lo cual no tienen lugares ni ayuntamientos ni ciudades porque no viven socialmente, y así no tienen ni sufren señores ni leyes ni fueros ni político regimiento, ni comunican en usar de las comunicaciones a la vida humana necesarias, como son comprar y vender y trocar, alquilar y conducir, hacer compañía unos vecinos con otros (8: 1580).

De acuerdo con esta conceptualización, era más que claro que los indígenas americanos no podían participar de esta categoría ya que, según el trabajo etnográfico del fraile, éstos tenían organización política, comercio, ciudades, señores, leyes, gobierno, religión, etc. Según Las Casas, las causas para la existencia de tales bárbaros eran dos: la primera, la tierra en donde habían nacido, la hipótesis natural-determinista; y la segunda, las costumbres. Ahora bien, los primeros veinte capítulos de la *Apologética* los había usado Las Casas para argumentar sobre la benevolencia del clima americano y para demostrar que, por dicha benevolencia climática, los indígenas estaban predispuestos naturalmente a costumbres sanas y moderadas y que, por ende, eran aptos para recibir la palabra de Dios. Además, Las Casas agregaba que no se seguía como consecuencia lógica de este tipo de barbarie que cualquiera, por prudente que fuera, "sea luego señor del otro que no es para tanto" (8: 1582) y llegaba a la conclusión de que "no todos bárbaros carecen de razón ni son siervos por naturaleza, ni pueden ser, por aquesta razón de ser bárbaros, sojuzgados por fuerza, porque son reinos y libres" (8: 1582). Quebraba de este modo la *tabula rasa* que intentaba explicar Sepúlveda desde su interpretación particular de la servidumbre natural que proponía Aristóteles. Es cierto que el esfuerzo interpretativo de Las Casas intentaba desestimar la "barbarie" indígena como razón del exterminio o servidumbre natural de los mismos, sin embargo, independientemente de los esfuerzos teóricos de Las Casas, los indígenas americanos eran "bárbaros" en su cuadro interpretativo. Esta cuarta categoría de barbarie respondía a una categoría creada por él mismo[56]:

> Síguese luego que todas estas gentes [los indios] son bárbaras *largo modo* según alguna cualidad, y ésta es, la primera, en cuanto son infieles, y esto sólo por carecer de nuestra sancta fe, que se dice infidelidad *pure negativa* (o según pura negación), que no es pecado como queda declarado, y así se contienen cuanto a esto dentro de la especie cuarta. Compréndase también dentro de la segunda por tres cualidades: la una, en cuanto carecían de letras o de literal locución, como los ingleses; la segunda, porque son gentes humílimas, que obedecían en extraña y admirable manera a sus reyes; la tercera, por no hablar bien nuestro lenguaje ni nos entender; pero en ésta tan bárbaros como ellas son, somos nosotros a ellas (8: 1591).

A diferencia del tipo de barbarie que proponía Demócrates, aquella que Las Casas atribuía a los indígenas —el cuarto tipo— no avalaba la "guerra justa". La barbarie indígena, según Las Casas, provenía de su "infidelidad":

> […] todos aquellos que carecen de verdadera religión y fe cristiana, conviene a saber, todos los infieles, por muy sabios y prudentes philósofos y políticos que sean […] no hay alguna nación —sacada la de los christianos— que no tengan y padezcan mun-

---

[56] Según Cárdenas Bunsen: "La cuarta especie de bárbaros representa la contribución propia de Las Casas a su distinción cuatripartita […] la cuarta especie de bárbaros se restringe enteramente al dominio del Derecho Canónico en tanto versa sobre la condición de infidelidad que constituye una especie de barbarie *secundum quid* en la terminología tomista" (260-261).

chos y muy grandes defectos y barbaricen en sus leyes, costumbres, vivienda y policías; las cuales no se enmiendan ni apuran y reforman en su vivir e manera de regimniento, sino entrando en la Iglesia, rescibiendo nuestra sancta y católica fe, porque sola ella es la ley sin mancilla, que convierte las ánimas, limpia las heces de toda mala costumbre, desterrando la idolatría y ritos supersticiosos, de donde todas las otras suciedades, vicios e máculas privada y públicamente proceden (8: 1583).

Utilizando el mismo procedimiento de la gradación y tipificación del concepto de *barbarie*, Las Casas volvía a relativizar la infidelidad y la dividía en causas diferenciales. La peor de las infidelidades era la de aquellos que conociendo la doctrina se oponían a ella y, además, luchaban contra ella (los turcos y los moros). En este caso particular, en el de los infieles voluntarios o militantes, Las Casas sí justificaba el derecho a la guerra. Al mismo tiempo, creaba un tipo de fidelidad en la que el infiel era tal no por su voluntad, sino por desconocimiento de la palabra divina. En esta categoría entraban los indígenas americanos y por lo tanto, la barbarie relativa y suavizada de los mismos hacía imposible aplicar el criterio bélico que pretendía utilizar Sepúlveda.

En su *Demócrates*, Sepúlveda también consideraba que la fe era un factor determinante al momento de aplicar la fuerza y justificar la guerra. En tal sentido, proponía un cuarto motivo o causa derivada de las anteriores, esto es, la conversión del indígena a la "verdadera" fe: "De esta religión privadamente *se origina una cuarta* causa que justifica sobremanera la iniciación de la guerra contra los indígenas, pues atañe al cumplimiento de un precepto evangélico de Cristo y se dirige a atraer por el camino más próximo y corto a la *luz de la verdad* a una infinita multitud de *hombres errantes entre perniciosas tinieblas*" (87; énfasis mío). De estas causas que justifican la ocupación colonial, la guerra contra el indígena y el saqueo del imperio sobre América, se seguían consecuencias teóricas que, según Demócrates, eran "beneficiosas" para el Otro conquistado, esto es:

A éstos [los indios] les es beneficioso y más conforme al derecho natural el que estén sometidos al gobierno de naciones o príncipes más humanos y virtuosos, para que con el ejemplo de su virtud y prudencia y cumplimiento de sus leyes abandonen la barbarie y abracen una vida más humana, una conducta morigerada y practiquen la virtud. Y si rechazan su gobierno, pueden ser obligados por las armas, y esta guerra los filósofos enseñan que justa por naturaleza [...] en suma, [los filósofos] nos enseñan que es justo naturalmente y beneficioso para ambas partes, el que los hombres buenos, excelentes por su virtud, inteligencia y prudencia, imperen sobre sus inferiores (55-56).

El texto de Sepúlveda fue responsable de la emergencia de una nueva línea ideológica característica de la Modernidad colonial que Dussel ha denominado como "emancipatoria", esto es, la Modernidad es un "beneficio" que el "civilizado" le aporta al "bárbaro" para sacarlo del salvajismo y reubicarlo en la temporalidad europea (*1492* 99-107). La misión "emancipatoria" de Europa sobre su periferia será altamente productiva y duradera, y dará lugar a un conjunto de prácticas pedagógicas de conversión, educación y transformación de la cultura del Otro. Como afirma Dussel en su crítica a Sepúlveda:

> El que las otras culturas 'salgan' de su propia barbarie o subdesarrollo por el proceso civilizador constituye, como conclusión, un progreso, un desarrollo, un bien para ellas mismas. Es entonces un proceso emancipador que es obviamente el ya recorrido por la cultura más desarrollada. En esto estriba la "falacia del desarrollo" [desarrollismo] [...] la dominación que Europa ejerce sobre otras culturas es una acción pedagógica o una violencia necesaria (guerra justa), y queda justificada por ser una obra civilizadora o modernizadora; también quedan justificados eventuales sufrimientos que puedan padecer los miembros de otras culturas, ya que son costos necesarios del proceso civilizador (*1492* 104-105).

El "beneficio" para los indígenas, al menos para los que no murieron como consecuencia de la invasión, no sólo sería el pasar de un estado de "imperfección" a otro de "perfección", de la "barbarie" a la "civilización", del "vicio" a la "virtud". Afirmaba Demócrates:

> ¿Qué mayor beneficio y ventaja pudo acaecer a esos indios que sin sumisión al gobierno de quienes con sus prudencia, virtud y religión los han de convertir de bárbaros y apenas hombres, en humanos y civilizados en cuanto pueden serlo, de criminales en virtuosos, de impíos y esclavos de los demonios en cristianos y adoradores del verdadero Dios dentro de la verdadera religión, como lo son ya hace tiempo, pro previsión y disposición de un príncipe tan bueno y religioso como lo es el César Carlos, quien les ha concedido preceptores de letras y de ciencias y maestros de moral y de la verdadera religión? (87).

El saqueo de los metales preciosos a los indígenas también era considerado como un "beneficio" para éstos, dado que el oro y la plata: "[E]ntre ellos tenían muy poco valor, puesto que no los utilizaban como monedas, y en su compensación recibieron de los españoles el metal del hierro, que es con mucho de más aplicación en la vida para infinidad de ocasiones [...] así pues, solamente con el hierro se compensan los demás metales que los españoles toman de los bárbaros y se les devuelve con creces un beneficio" (97-98). A los beneficios derivados del hierro, Demócrates sumaba "los caballos, las mulas, los asnos, los bueyes, las ovejas, las cabras, los puercos, las vides e infinita clase de árboles" (98). De este modo quedaba justificado el saqueo y se invertía su función: lo que era sustraído (el botín) era devuelto con "creces". Incluso, Demócrates llega a plantear que los indígenas estaban en deuda con el rey, dado que lo que había sido rescatado como botín para la Corona era infinitamente menor, en términos utilitarios, que lo que la Corona les había aportado: "¿con qué obsequios, con qué favores, con qué honores podrían los indios devolverles [a los reyes] beneficio igual por tantos y tan inmensos favores recibidos? (98).[57]

Hacia el final del primer libro, Leopoldo comentaba que luego de haber seguido atentamente las palabras de Demócrates se había liberado de "todas las dudas y escrúpulos" (101) que lo acuciaban. Al mismo tiempo, proponía un resumen de los motivos o causas que justificaban la guerra contra el indígena. Si leemos con atención el resumen de Leopoldo, podemos dividir las causas alegadas en cuatro tipos diferentes, siendo que la principal era la degradación del estatuto humano del indígena: 1) *causa antropológica*: "siendo por naturaleza siervos, bárbaros, incultos e inhumanos, rechazan el gobierno de los más prudentes, poderosos y perfectos, el cual deben admitir para gran beneficio suyo" (102); 2) *causa represiva y correctiva* (punición del canibalismo y expulsión de la idolatría): "desterrar el crimen portentoso de devorar carne humana, con el que de modo especial se ofende a la naturaleza, y además el evitar que los demonios sean ado-

---

[57] Gonzalo Fernández de Oviedo fue uno de los españoles que tuvo muy claro las ventajas del hierro de las que habla Demócrates y de cómo podían extraerse "beneficios" del mismo vendiendo hachas maltrechas hechas de hierro viejo a los caciques del Darién. Según Juan Pérez de Tudela Bueso en su introducción a la *Historia* de Oviedo en la edición de la BAE: "Recurrió, pues, Oviedo a fundir los aros de las pipas 'e otro hierro viejo', con el que se forjaron quinientas hachuelas de ruin calidad, 'así por ser sin acero, que no le tenían ni lo había para se lo echar, como por ser mal templadas'. Las tomaron, sin embargo, los indios con gran contento, por ser manejables con una sola mano, y la expedición resultó altamente rentable (más de 1.600 castellanos, libre de costas, para el empresario capitalista, Oviedo)" (lxxxi).

rados en lugar de Dios [...] sobre todo con ese rito monstruoso de inmolar víctimas humanas" (102); 3) *causa tutelar* (defensa del inocente): "librar de graves injurias a muchísimos inocentes mortales a quienes los indígenas todos los años inmolaban" (102) y; 4) *evangelización cristiana* (si es necesario por la fuerza):

> En cuarto lugar [continua Leopoldo] propusiste el hecho de que la religión cristiana se propagase por dondequiera que se presentase ocasión en gran extensión y por motivos convenientes, por medio de la predicación evangélica después de abrirse el camino a los predicadores y maestros de la moral y la religión, y ser éste defendido, y de tal modo defendido que no solamente ellos puedan con seguridad predicar la doctrina evangélica, sino también se libre a los bárbaros del pueblo de todo temor a sus príncipes y sacerdotes, para que, después de convencidos, puedan libre e impunemente recibir la religión cristiana; en suma, siempre que sea posible, se harán desaparecer todos los impedimentos y el culto a los ídolos, renovándose la piadosa y justísima ley del Emperador Constantino contra los paganos y la idolatría. Todo esto [...] no puede llevarse a cabo sino después de pacificados los indios con la guerra (103).

La conceptualización antropológica contenida en el *Demócrates segundo* coincide con la descripción que hace Dussel sobre los procedimientos ideológicos y políticos que fundan la Modernidad: "[...] se autodefine la propia cultura como superior, más 'desarrollada' [...] por otra parte, se determina a la otra cultura como inferior, ruda, bárbara, siendo sujeto de una culpable 'inmadurez'. De manera que la dominación (guerra, violencia) que se ejerce sobre el Otro es, en realidad, emancipación, 'utilidad', 'bien' del bárbaro que se civiliza, que se desarrolla o 'moderniza'" (100). Dussel pareciera estar haciendo una síntesis de toda la doctrina de Sepúlveda y sus silogismos, los cuales suponían que el fin de la guerra justa era "reportar un gran bien a los vencidos para que aprendan de los cristianos el valor de la dignidad humana, se acostumbren a la práctica de las virtudes y preparen sus almas con sana doctrina y piadosos consejos para recibir de buen grado la religión cristiana" (59). Como señalaba Adorno: "Sepúlveda defendió la ética de la fuerza y de la presión política antes de la plena incorporación del indígena al imperio; Las Casas defendió la ética de la captación pacífica" ("Los debates" 60). Si nos atenemos a los violentos resultados de la Conquista, no es del todo arriesgado afirmar que existió un triunfo material de la hipótesis de Sepúlveda. Un triunfo material en abierta oposición al pensamiento —y al triunfo simbólico o burocrático— de la escuela salmantina encabezada por Vitoria y por los tratados políticos, filosóficos e historiográficos de Las Casas. No debemos olvidar que la "prohibición" para hacer la guerra a los indígenas llegaría, muy tarde, recién a 188 años de la llegada de Colón.[58]

Hemos visto a lo largo de este capítulo las relaciones de instrumentalidad del *discurso etnográfico* en relación con el aparato legal de la Corona española y sus constantes modificaciones, retrocesos, cancelaciones, contradicciones y efectos materiales. Una de las conclusiones más importantes que podemos sacar de esta lectura histórica es la no compatibilidad entre los sistemas jurídicos —sobre todo de los sistemas tutelares— y su aplicación concreta. De ahí que realmente no tenga mucha importancia remarcar el hecho de que España haya desarrollado un amplio sistema legal sobre sus dominios en ultramar a diferencia de otros poderes coloniales, sino más bien mostrar los resultados finales de los procesos de apropiación violenta de la vida y la tierra de los Otros, así como también la aniquilación eurocéntrica de sus sistemas culturales. Al estudiar y desmenuzar críticamente los sistemas discursivos legales podemos apreciar la interrelación dialéctica que se produce entre las concepciones antropológicas sobre el indígena y la formulación jurídica del colonialismo. En el siglo en el que se construyen los fundamentos legales que darán forma a los "derechos humanos" (Las Casas) y al Derecho Internacional (Vitoria) se produce, simultáneamente, uno de los genocidios más grandes y con mayores consecuencias (políticas, económicas, religiosas, culturales) para la historia de la humanidad y el ulterior desarrollo del sistema capitalista.

---

[58] Dice Zavala: "Algo más tarde [sic], la Recopilación de las Leyes de Indias de 1680, en la ley 9, título 4, libro III, redactada sobre la base de disposiciones anteriores ahora puestas en lenguaje más terminante, mandó: 'que no se pueda hacer, ni se haga la guerra a los indios de ninguna provincia para que reciban la santa fe católica o nos den la obediencia, ni para otro ningún efecto'" (*La filosofía* 37-38).

Capítulo IV

América como traslado del infierno. Etnografías evangélicas y paranoia satánica

> Era esta tierra *un traslado del infierno*, ver los moradores de ella de noche dar voces, unos llamando al demonio, otros borrachos, otros cantando y bailando; tañían atabales, bocinas, cornetas y caracoles grandes, en especial en las fiestas de sus demonios.
>
> Toribio de Benavente (Motolinía).
> *Memoriales* (32).

> [N]inguna región ni habitación de hombres hobo en el mundo donde los demonios no cegasen las gentes infieles con aquestos y otros muchos engaños y sacrílegos abusos, por permisión divina, antes que la predicación del Evangelio diese al mundo luz.
>
> Bartolomé de Las Casas.
> *Apologética historia sumaria* (7: 723).

> ¡Dios guarde y lo tenga en su mano a los cristianos! Jesús, María, sea con[m]igo. Amén. Esto se escribe para castigar y preguntar por ello a los ydúlatras contra *nuestra* sancta fe católica.
>
> Guaman Poma de Ayala. *El primer nueva corónica y buen gobierno* (251; énfasis mío)

Hoy conocemos, gracias a los minuciosos estudios de Fernando Cervantes (1994), Roger Bartra (1997) y Jaime Humberto Borja (1998), que una de las figuras conceptuales más utilitarias en los textos de los conquistadores y evangelizadores, fue la de Satán. Este personaje y las prácticas y rituales (idolatrías) asociadas a él, serán los principales elementos etnográficos del discurso evangelizador en la explicación de la resistencia contracolonial indígena y en la justificación misional y evangélica sobre el Nuevo Mundo. La mayoría de las prácticas culturales indígenas desde las danzas rituales como el areito y las esculturas taínas de los *cemíes*[1] o los códices de la

---

[1] Serge Gruzinski señala una paulatina transformación en la interpretación del significado de los *cemíes* entre los intelectuales españoles. El primero en dar una interpretación sobre los mismos, luego de fray Ramón Pané, fue Pedro Mártir de Anglería, para quien los *cemíes* debían ser pensados como un simulacro de los espectros nocturnos, como representaciones

cultura mexica, pasando por las prácticas médicas nativas de los chamanes, los rituales de las religiones africanas traídas por los esclavos, las huacas incaicas, hasta las prácticas sexuales como la sodomía y la poligamia, y otras prácticas religiosas como el politeísmo, los sacrificios y el canibalismo ritual, encontraron su causa eficiente en el accionar y la influencia satánica.[2] Como puede leerse en los epígrafes que abren este capítulo, algunos misioneros, evangelizadores y cronistas creían que el Nuevo Mundo podía entenderse como un traslado del infierno. Otros intelectuales, como Las Casas o Acosta, en cambio, no suscribían esta exageración, aunque no negaban ni discutían la presencia del demonio en las Indias. Los rituales religiosos y culturales de los indígenas eran considerados como un conjunto de prácticas que tendían a la adoración demoníaca y a la idolatría; como actos violentos y sanguinarios influenciados y hasta dirigidos, como señala Borja Gómez, por las huestes de Satán.[3]

Este capítulo analiza los modos en que se utilizó el discurso demonológico (principalmente en Nueva España) para pensar la diferencia cultural y religiosa indígena. Este análisis se lleva a cabo mediante una separación en tres acápites: 1) Demonios por doquier: horror, sangre y sacrificios humanos,

---

de fantasmas. Más adelante, los *cemíes* fueron asociados directamente con el demonio y así, según Gruzinski: "El zemí cae en lo demoníaco y lo monstruoso; se disuelve en la figura del diablo [...] la demonización —que, de hecho, está emparentada aquí con una especie de neutralización cultural— termina haciendo del zemí un ídolo, deidad de madera o de algodón relleno [...] el zemí perdió toda singularidad. Se le redujo a lo conocido y lo familiar, a lo más burdo de la imaginería diabólica" (*La guerra* 28-30). Fernández de Oviedo fue uno de los que asimiló directamente al dios taíno, "al qual ellos llaman çemí, y á este tienen por su Dios", con el demonio, "en esta isla Española çemí, como he dicho, es el mismo que nosotros llamamos demonio" (*Historia* I: 229-30).

[2] De acuerdo con Borja Gómez: "España tenía la conciencia de ser la fortaleza de la recta doctrina en cuyo catolicismo se estrellaban los infieles, los herejes, los endemoniados y todos los demás asaltos del mal [...] El mal y lo que ello representaba los esperaba detrás de los ídolos, detrás de cada indígena, detrás de cada cultura que encontraban a su paso" (47).

[3] Como señala Jáuregui: "Se llegó a ver en la labor evangélica una batalla cósmica entre Dios y el Diablo. Dicha visión tenía raíces en ciertas variaciones en la concepción teológica del demonio, de la idolatría y del pecado durante la Edad Media tardía y, especialmente, en las frustraciones de la evangelización y en la lectura contrarreformista que se hizo de la diferencia religiosa. La conversión o *translatio* del Otro a la mismidad de que habla François Hartog (1988, 237) fracasa asediada por lo irreducible y suplementario que la rebasa y contamina. La alteridad persiste de diversas maneras que van desde la resistencia abierta hasta la ocultación, la mímesis y la mezcla sincrética. El Otro no deja de ser ajeno y su *suplementariedad* tiene un estatuto amenazador para el orden "colonial" ("El plato más sabroso" 200).

2) Pensamiento analógico, copia diabólica y agencia indígena y, 3) Quemar, destruir y reemplazar: la extirpación de las *indolatrías*. Desmenuzo en estos acápites porciones del discurso etnográfico evangélico para mostrar el funcionamiento de ciertos dispositivos retóricos y discursivos (analogía, alegoría, hipérbole) que colaboraron en la configuración de una trama etnográfica de tipo comparativista. El funcionamiento tropológico de estos dispositivos sirve como eje analítico del capítulo para comprender los procesos semióticos a través de los cuales la cultura indígena fue puesta dentro de un orden descriptivo y acomodada a los parámetros clasificatorios europeos. Asimismo, se intenta explicar cómo el discurso demonológico, fundamentado en la analogía, dará lugar a una actitud generalizada de paranoia colonial que afectó no sólo a los colonizadores y su horror al sincretismo religioso, sino también a los indígenas frente al temor de ser enjuiciados y criminalizados por el ejercicio de sus rituales religiosos.

1. Demonios por doquier: horror, sangre y sacrificios humanos

> Otras veces hacían un sucio y penoso sacrificio, juntándose en el templo los que lo hacían y puestos en regla se hacían sendos agujeros en los miembros viriles, al soslayo, por el lado y, hechos, pasaban toda la mayor cantidad de hilo que podían, quedando así todos asidos y ensartados; también untaban con la sangre de todas estas partes al Demonio, y el que más hacía era tenido por más valiente y sus hijos, desde pequeños, comenzaban a ocuparse de ello y es cosa espantable cuan aficionados eran a ello.
>
> Diego de Landa. *Relación* (127)

Hacia finales del siglo XVI, en el marco de la Contrarreforma, el editor Theodorus De Bry (1528-1598), para ilustrar la cuarta parte de su *América*, utilizaba un grabado que representaba un arco alegórico encabezado por la figura de un demonio bajo el cual aparecían algunos indígenas rindiéndole tributo y pleitesía [ver fig. 4].[4] El grabado sugería, sin sutilezas, que ingresar en tierras

---

[4] Carlos Jáuregui explica que el publicista y editor Theodorus de Bry (1528-1598) "editó ocho tomos en francés, alemán, inglés y latín dedicados a los viajes y exploraciones europeas en América, que llegaron a catorce volúmenes después de su muerte, bajo la dirección de sus dos hijos Juan Teodoro y Juan Israel. De Bry fue víctima de la persecución religiosa contrarreformista y del imperialismo español en los Países Bajos; en 1560 tiene que huir de Lieja y se instala en Estrasburgo, de donde se traslada posteriormente a Frankfurt en 1570, fecha en que comienza la serie americana" (*Canibalia* 193).

Figura 4. "Portada" de la "Pars Quarta"
de *América* del editor Theodorus De Bry (151).

americanas era como adentrarse en un mundo completamente regido por el demonio.[5]

Del mismo modo que el *hombre silvestre* de los relatos medievales fue revitalizado y traído al Nuevo Mundo por la imaginería colonial europea,[6] la figura del demonio también bajará del barco conquistador y hará carrera en las letras de la Conquista, como señala Bartra:

> En el siglo XVI el más extendido símbolo para comprender o designar al Otro no era el salvaje: era la figura maligna del demonio. Ello implicaba que la definición de la alteridad, la externidad y la anormalidad dependía conceptualmente de un eje vertical que tenía como polos opuestos el inframundo infernal y el supramundo celestial. Esta noción, consagrada por la teología, adjudicaba automáticamente a los fenómenos extraños y anormales una connotación negativa y diabólica. Así, los seres humanos dotados de características anormales, sea en su conformación espiritual o en su aspecto físico, eran sospechoso de mantener algún vínculo con el demonio y con las fuerzas del inframundo [...] la idea del salvaje, aun en los cronistas que se enfrentaron directamente a la necesidad de explicar la existen-

---

[5] Es importante señalar que las ediciones de De Bry fueron ampliamente populares y que, como señala J. H. Elliott: "Durante unos doscientos años, un buen número de europeos protestantes, vieron la historia y los pueblos del Nuevo Mundo a través de los ojos de un hombre, Theodor De Bry [...] Era a De Bry a quien los lectores de la época acudían para descubrir la apariencia y las costumbres de los indios americanos; y era también a De Bry a quien acudían para obtener descripciones pormenorizadas de los primeros encuentros entre los europeos y los pueblos autóctonos del Nuevo Mundo, y pavorosas imágenes de la conquista española de las Indias" ("Prólogo" a la edición de De Bry 7).

[6] Roger Bartra en el "Prólogo" a su libro *El salvaje en el espejo* nos cuenta, siguiendo el relato de Bernal Díaz del Castillo, que los españoles de México, para celebrar el tratado de paz entre Carlos V y Francisco I en 1538, montaron una obra de teatro con un bosque artificial en el que representaron al salvaje occidental y europeo, el *hombre silvestre* de las crónicas de la Antigüedad. Bartra afirma que "Durante el siglo XVI, acompañando a los conquistadores, llegaron a América unos seres extraños cuya identidad es intrigante. Aunque parecen simples comparsas en el gran teatro de la conquista, al detenernos a estudiarlos descubrimos que son portadores de una inmensa carga simbólica [...] a todas luces no son una imagen de los indígenas americanos: son auténticamente europeos, originarios del Viejo Mundo. Son hombres barbados desnudos, con el cuerpo profusamente cubierto de vello, armados de unos garrotes similares a los bastos del antiguo juego de naipes. ¿Qué hacían estos salvajes europeos en la tierra de los salvajes americanos? ¿Por qué los conquistadores europeos llegaron acompañados de un hombre salvaje?" (7-8).

cia de los habitantes del Nuevo Mundo, fue marginal y poco desarrollada en comparación con la gran importancia que tuvo la figura del demonio en el siglo XVI para explicar la otredad (*El salvaje artificial* 67-79).

Las mismas gentes y tierras americanas que darán lugar en la imaginación europea renacentista a la reinvención del paraíso terrenal y a la utopía de un mundo igualitario, como vimos en el segundo capítulo, simultáneamente dispararán las antiguas pesadillas morales y teológicas más profundas de Occidente y harán emerger la utilitaria figura de Satán de los archivos de la cristiandad.[7] Desde el final de la Edad Media, la Iglesia católica en Europa comenzó a perseguir un gran número de personas acusándolas de herejía y paganismo. Esta persecución que derivó en una gran cantidad (el número es sin dudas incierto) de personas torturadas, asesinadas, quemadas y presas, fue alentada entre otras circunstancias, por la redacción de un libro singular, el *Malleus Maleficarum* (*Martillo de los brujos*). Fue compilado por dos monjes inquisidores dominicos: Heinrich Kramer, conocido bajo el nombre latino de Henricus Institoris (ca. 1430-1505) y Jacobus Sprenger (1435-1495), y publicado por primera vez en lo que hoy es Alemania, en 1486, y luego tuvo muchísimas reediciones.

Luego de una serie de preguntas (retóricas) que buscaban esclarecer dudas teológicas sobre la posible existencia o inexistencia de las brujas y los pactos satánicos (respuestas dadas a partir de la ley canónica, los Padres de la Iglesia, la Biblia y Aristóteles, entre otros), la primera parte del libro

---

[7] La tradición del demonio asociado al 'mal' y al 'enemigo' es muy antigua en Occidente, como ha señalado Jaime Borja: "El concepto occidental del mal y su expresión sensible, el demonio, es una construcción histórica: creció y se consolidó al mismo ritmo que se asentó la cristiandad europea. Esto no quiere decir que es un elemento original de su pensamiento. Sus raíces son tan viejas como la misma civilización: apareció por primera vez en Sumer en el tercer milenio a.C. [...] el cristianismo como religión nacida en el Cercano Oriente, no fue ajeno a estas ideas. En sus tres primeros siglos, período correspondiente a su formación y expansión dentro del Imperio Romano, fue integrando a su corpus doctrinario y dogmático las imágenes del demonio que circulaban en la región [...] en un ambiente hostil, donde el hombre estaba sometido a los embates de la naturaleza, las invasiones y las pestes, Satanás se volvió cada día más peligroso: los enemigos del cristiano se convertían en sus agentes. Así floreció una forma de pensamiento que tendía a demonizar todo aquello que se escapaba a su comprensión de la realidad: los males naturales, como las enfermedades y las calamidades; o los 'males sociales' y coyunturales, como los judíos, los musulmanes, las mujeres, los gitanos y los herejes. Estos eran algunos de los tantos agentes de Satanás, cada uno de ellos daba respuesta a las inquietudes y problemas de un momento histórico" (21-22).

terminaba con la siguiente conclusión: "Es opinión cierta y muy católica que existen encantadores y brujos que, con el auxilio del diablo y en virtud de una alianza con él establecidas, son capaces, ya que Dios lo permite, de producir maldades y daños reales y verdaderos, lo cual no obsta para que también puedan causar ilusiones y visiones por medio de algún artilugio extraordinario y peculiar" (55). En la primera parte se aseguraba que la brujería o los actos demoníacos sólo eran posibles con la anuencia de Dios. Del mismo modo que san Isidoro de Sevilla afirmaba que ningún ser podía ir en contra de la naturaleza divina por monstruoso que fuera, así, las brujas y los hechiceros sólo podían producir su magia por permiso o anuencia divina.

Al mismo tiempo, de la lectura se desprende que existe una mediación entre Dios, los demonios, los hechiceros y la humanidad en general. Los hechiceros no son sino un instrumento del demonio para confundir y hacer pecar a la humanidad. Los demonios, además, tienen un poder que es mayor al de los hombres; esto quiere decir que los demonios pueden ejercer transformaciones tanto físicas como morales sobre la humanidad, valiéndose para ello de los hechiceros (categoría general que engloba brujas, videntes, nigromantes, adivinos, etc.). Dice el texto: "En efecto, la autoridad de las Sagradas Escrituras nos dice que los demonios tienen poder sobre los cuerpos y las mentes de los hombres sólo cuando Dios lo permite, tal como se lee claramente en varios pasajes de las Escrituras. Por ende, se equivocan quienes sostienen que la brujería no existe" (49)

El libro no sólo afirmaba de manera enfática la existencia de la brujas, de demonios y de pactos con Satán, sino que afirmaba que quien sostuviera una opinión contraria a la existencia de estas entidades podía ser calificado de hereje: "negar la existencia de los brujos es contrario al entendimiento del Canon" (52). El libro justificó la persecución de miles de inocentes y colaboró en crear el caldo de cultivo apropiado para perseguir personas, en su mayoría mujeres.[8] El *Malleus* prescribía la persecución y el tipo de trato que había que tener con los hechiceros, incluyendo la tortura entre otros métodos: "La ley divina manda que no sólo debemos evitar a los brujos, sino que también estos tienen que ser ejecutados, y en realidad la ley no impondría esta pena defini-

---

[8] Dice el libro: "¿Pues a cuántas mujeres dejamos prestas para su castigo en diversas diócesis, en especial en Constanza y en la ciudad de Ratisbona? Porque durante muchos años se dedicaron a estas torpezas, algunas desde los veinte años, otras desde los doce o trece, habiendo renunciado en forma total o parcial a la fe [...] en cinco años fueron quemadas no menos de cuarenta y ocho. Y no se trató de aceptar sus confesiones sin rigor, pues se arrepintieron libremente y todas convinieron en que debían dedicarse a estas prácticas lascivas para que se incrementaran las huestes de su perfidia" (*Malleus* 244).

tiva si los brujos no hicieran reales y auténticos pactos con los demonios para provocar verdaderos daños y maldiciones" (51).

Existían, según el *Malleus*, varias penas o formas de castigar la hechicería, dado que la misma tenía diferentes grados. Estas penas podían ir desde la suspensión de la comunión y una prolongada penitencia, hasta la tortura y la ejecución, mediante fuego (hoguera), por la espada del verdugo o arrojando el culpable a las bestias salvajes. La confesión del criminal era lícito buscarla mediante la tortura: "Porque la brujería es alta traición contra la majestad divina. Y deben ser sometidos a tortura para que confiesen. Cualquier persona, sea cual fuere su rango o profesión, puede ser torturado mediante una acusación de esta clase" (54). En el libro también se hablaba del destierro y la confiscación de propiedades. Todas estas sentencias se justificaban con los libros del Deuteronomio, el Levítico y el Éxodo, que avalaban, en términos divinos o sagrados, la muerte de los hechiceros y las brujas. Este libro, de algún modo, preparó la conciencia europea para el futuro encuentro con la diferencia religiosa indígena en América, abrió el camino a posibles soluciones frente a la herejía y ratificó la presencia del demonio en la tierra como un agente que influía y entorpecía la relación natural entre los seres humanos y Dios.[9]

La razón renacentista necesitaba apoyarse en explicaciones creíbles y verosímiles para caracterizar la humanidad americana y sus particularidades diferenciadoras con el objetivo más concreto de justificar el usufructo económico basado en la servidumbre y el vasallaje, y el religioso basado en la conversión. Explicaciones que se tensionaban, según Roger Bartra, entre dos tendencias: "[L]a explicación natural de la existencia de hombres salvajes y la búsqueda de influencias infernales en las costumbres extrañas [...] Podemos apreciar la gran diferencia entre considerar al extraño y al diferente como un emisario de un proyecto satánico, a considerarlo —en el peor de los casos— como una bestia, un animal o una fiera bajo forma humana" (*El salvaje artificial* 74).

Como ha mostrado Luis Villoro, si el significado último de la Historia (con mayúscula) para gran parte de la Europa renacentista era el triunfo del cristianismo, todo lo que fuera irreductible a él era por ende considerado como una acción de oposición a ese diseño providencial: "And the one who contradicts it has, in our cultural tradition, a name: Satan. The other's culture, insofar as it cannot be translated to ours, cannot be but devilish. This is

---

[9] Como ha señalado Cervantes, para la concepción implícita en el *Malleus*, la brujería es "first and foremost an offense against nature, charity and the human race, whereas in subsequent works it becomes much more and offense against God and his Church" (21).

the most common interpretation amongst the missionaries and chroniclers" (5). Pero no sólo eran los evangelizadores que estaban en territorio americano los que veían en América una morada infernal; a ellos se sumaban los historiadores oficiales de la Corona, como Gonzalo Fernández de Oviedo (1478-1557) y Francisco López de Gómara (ca. 1511-ca. 1562). El primero de ellos afirmaba en su *Historia natural y general de las Indias* ([1535] 1881-1855):

> [N]o he hallado en esta generaçión [de indios] cosa entrellos mas antiguamente pintada ni esculpida ó de relieve entallada, ni tan principalmente acatada é reverençiada como la figura abominable é descomulgada del demonio, en muchas é diversas maneras pintado ó esculpido, ó de bulto con muchas cabeças é colas é difformes y espantables é caninas é feroçes dentaduras, con grandes colmillos, é desmessuradas orejas, con ençendidos ojos de dragon é feroz serpiente, é de muy diferençiadas suertes; y tales que la menos espantable pone mucho temor y admiración (V: 229).

Por su parte, en la dedicatoria de su *Historia general de las Indias* (1552), López de Gómara, años después de publicadas las *Leyes Nuevas* de 1542, luego de los debates de Valladolid (1550-1551) y, luego de producida en 1537 la confirmación del Papado que oficializaba la "libertad" de los indígenas americanos (véase capítulo 3, acápite primero), afirmaba que el Nuevo Mundo era "nuevo" por la diferencia de la flora y de la fauna pero que, sin embargo, los habitantes de América eran "como nosotros fuera del color, que de otra manera bestias y monstruos serían y no vendrían como vienen de Adán" (I: 7). Sin embargo, a pesar de la "igualdad" entre el hombre europeo y el indígena —a pesar del "color"— existían algunos aspectos etnográficos que perturbaban al cronista oficial y que lejos de confirmar las similitudes ratificaban las diferencias: "Mas no tienen letras, ni moneda, ni bestias de carga; cosas principalísimas para la policía y vivienda del hombre; que ir desnudos, siendo la tierra caliente y falta de lana y lino, no es novedad. Y como no conocen al verdadero Dios y Señor, están en grandísimos pecados de idolatría, sacrificios de hombres vivos, comida de carne humana, *habla con el diablo*, sodomía, muchedumbre de mujeres y otros así" (I: 7; énfasis mío). Es decir, "son como nosotros" pero no tanto, puesto que comen carne humana, son idólatras y, como si ello no fuera suficientemente horroroso, además, "hablan con el diablo". Para 1552, a sesenta años de la Conquista, y luego de desembarcadas las milicias evangelizadoras y de producidos los bautismos y conversiones masivas, quemas de códices y destrucción de templos e ídolos, el demonio andaba aún, de acuerdo con la versión del historiador oficial del emperador Carlos V, suelto por América y conversando con los indígenas.

De hecho, esta visión demoníaca generalizada atraviesa el siglo XVI y se perpetúa hasta el XVII. En el Nuevo Reino de Granada (actual Colombia), el tratado militar de Bernardo de Vargas Machuca, ya a las puertas del siglo XVII, *Milicia y descripción de las Indias* (1599), destinado al entrenamiento de soldados y pensado para la "pacificación" de "zonas peligrosas", repetía con cambios sutiles la visión de Gómara. El tratado de Vargas Machuca puede ser clasificado como un manual de etnografía bélica cuya finalidad es el conocimiento de las costumbres del "enemigo" indígena. El tratado presenta temas específicos como la formación y entrenamiento de los soldados coloniales y del caudillo (carácter, valores morales y conductas prácticas); la descripción de las costumbres indígenas, fundamentalmente, sus formas de combatir y sus armamentos y hace especial mención de los dispositivos bélicos (uso de perros cebados, entrenamiento de milicia, tipos de armamentos) pensados para la llamada "pacificación" de la resistencia indígena. El tratado de Vargas Machuca demuestra que el conocimiento de las costumbres indígenas fue fundamental para lograr el éxito en la guerra, la captura del botín colonial y la mal llamada "pacificación" y ordenamiento de las zonas rebeldes.[10] Con respecto a la idolatría, Vargas Machuca afirmaba que los indígenas tenían comercio verbal con el demonio y que, además, lo representaban en figuras de oro, de barro y de algodón. Según el autor, lo más grave de la idolatría era que los indígenas que ya habían sido convertidos al catolicismo continuaban realizando prácticas demoníacas ocultas: "y hoy pasa mucho de esto de secreto entre la gente que es ya cristiana, que entre la idólatra es muy público. Estos saben muchas cosas que el diablo se las dice, y es para mayor daño suyo, que los mete en el caso y no los saca de él" (235). Si bien Vargas Machuca atribuía prácticas idolátricas mayoritariamente a los hechiceros, mohanes y santeros, no obstante consideraba que este tipo de prácticas demoníacas estaban más o menos generalizadas entre los indígenas americanos:

> Son en general, grandes noveleros, vocingleros y ceremoniáticos; adoran y sacrifican diferentemente en cada provincia y reino y al demonio generalmente en todas las Indias [...] Tienen santuarios

---

[10] Como señala Kris Lane: "Many of the indigenous groups he fought were soon after annihilated by disease and abuses [...] Worse, some of Vargas Machuca's own deadly attacks were describe by contemporaries as unprovoked or misdirected, and he himself admitted participating in what would today be called war crimes" ("Introductory Study" xxiv).

o guacas [...] en las cuales hacen sus ofrecimientos y limosnas [...] echan sahumerios hediondos a sus ídolos, usan tener en ellos mucha y varia plumería por adorno [...] Sacrifican por víctimas a esclavos, y en otras partes de su propia gente parientes e hijos (328).

El cronista Guaman Poma de Ayala, desde el punto de vista indígena ya transculturado y converso, también confirmaba este dato en su gran crónica etnográfica *El primer nueva corónica y buen gobierno* (1615). Incluso es posible ver en sus dibujos una representación absolutamente convencional y occidental del demonio [ver fig. 5]. En la parte de su crónica referida a los ídolos y a los hechiceros, relata:

Los pontífeces hichezeros laycaconas, umoconas, uizaconas, camascaconas que tenía el Ynga y lo adorauan y respetauan: A estos hichezeros dizen los quales toamuan una olla nueua que llaman ari manca, que lo cuesen cin cosa nenguna y toma sebo de persona y mays y zanco y plumas y coca y plata, oro y todas las comidas. Dizen que los echan dentro de la olla y los quema muy mucho *y con ello habla el hechizero, que de dentro de la olla hablan los demonios.* Y preguntan los pontífises para ajuntar los hombres con las mujeres o para matalle a qualquier persona, para dalle bocado ponzoña. Y sauen lo que an de pasar y suseder, que ellos lo sauen. *Que todo hichezero, hombre o mujer, sauen y hablan primero con los demonios del ynfierno para Sauer lo ay y pasa en el mundo* (251; énfasis míos).

Guaman Poma insiste una y otra vez con que los hechiceros hablan con el demonio (*zupay*), señala la crueldad de los sacrificios que, en la mayoría de los casos, implicaba la matanza de niños [ver fig. 6]; rituales que lo mostraban indignado en su propia narración:

De cómo el Ynga sacrificaua a su padre el sol con oro y plata y con niños y niñas de dies años que no tubiesen señal ni mancha ni lunar y fuesen hermosos. Y para ello hazía juntar quinientos niños de todo el rreyno y sacrificaua en el templo de Curi Cancha, que todas las paredes alto y bajo estaua uarnecida de oro finícimo y en lo alto del techo estaua colgado muchos cristales [...] Y allí en medio se ponía el Ynga, hincado de rrodillas, puesta las manos, el rrostro al sol y a la ymagen del sol y decía su oración. Y rrespondía los demonios lo que pedía y detrás sus ycheseros pontífeses ualla uiza, conde uiza, haziendo serimonias de los demonios (236).

Figura 5. "El gran hichecero que abía".[11]

---

[11] Ilustración tomada de The Royal Library and Copenhagen University Library. Dibujo 108, "Pontífices, *walla wisa, layqha, umu*, hechicero que. (277 [279])", "PONTÍFISES, *VALLA VIZA, LAICA, VMV*, HICHEZERO / el gran hichesero que abía / / *walla wisa / layqha / umu /*", en <http://www.kb.dk/permalink/2006/poma/279/es/image/?open=id2686694>. [9 de julio, 2013].

Figura 6. Sacrificios de niños en la *Nueva corónica*.[12]

---

[12] Ilustración tomada de The Royal Library and Copenhagen University Library. Dibujo 104. "Ídolos y *waqa*s de los Chinchaysuyos en Paria Caca; *Pacha Kamaq*, creador del universo (266 [268]) ÍDOLOS I *VACA*S DE LOS CHINCHAI SVIVS [*sic*] / Paria Caca *Pacha Camac* [creador del universo] / *Pacha Camac* / en Paria Caca / *waqa* / *Pacha Kamaq* /", en <http://www.kb.dk/permalink/2006/poma/268/es/image/?open=id2686694> [9 de julio, 2013].

Guaman Poma cuenta que conoció personalmente los hechos que relata, no por ser indígena o por haber participado de algunos de estos rituales, sino por haber sido colaborador de un cura extirpador de idolatrías llamado Cristóbal de Albornoz. Al respecto señala que "Todo lo escrito de los pontífeses lo sé porque fue serbiendo a Cristóbal de Albornós, uecitador general de la santa madre yglecia, que consumió todas las uacas ydolos y hecheserías del rreyno. Fue cristiano jues" (253), y agrega hacia el final del capítulo sobre las idolatrías: "Todas las dichas maldiciones se echauan y se echan agora en este tiempo como poco temor de Dios Nuestro Señor y Criador [...] Y en este tiempo lo usan dixno de castigo. Todo lo dicho de los hicheseros lo uide quando el señor Cristóbal de Albornoz, uecitador de la santa yglecia, castigó a muy muchos indios. Fue muy cristiano juez, castigaba a los padres y a todos" (256-257). Aquí Guaman Poma se coloca del lado del evangelizador, habla sobre la "dignidad" del castigo hacia los indígenas idólatras y termina haciendo un encomio y una apología de la obra de extirpación llevada a cabo por Albornoz.[13] En este punto, la etnografía del cronista indígena ya no lo incluye sino como observador no participante del ritual que describe: la mismidad indígena se ha transformado en una alteridad radical que debe ser vigilada y castigada.

Antes que Guaman Poma y en otro territorio (Nueva España), fray Toribio Benavente, alias Motolinía, en su famosa "Carta" al emperador Carlos V, de 1555, fue muy explícito al hacer coincidir la llegada de los españoles a México-Tenochtitlán con la entrada a un verdadero infierno de masacres y carnicerías presididas por el demonio:

> Y cuando los cristianos entraron en esta Nueva España, por todos los pueblos y provincias de ella había muchos sacrificios de hombres muertos, más que nunca, que mataban y sacrificaban delante de los ídolos; y cada hora y cada día ofrecían a los demonios sangre humana por todas partes y pueblos de toda esta tierra, sin otros muchos sacrificios y servicios que a los demonios siempre y públicamente hacían, no solamente en los templos de los demonios, que casi toda la tierra estaba llena de ellos, más por todos los caminos y en todas las casas y toda la gente vacaba al servicio de los demonios y de los ídolos (404).

---

[13] De acuerdo con Rolena Adorno, en 1609, "encabezados por el doctor Francisco de Ávila, se emprendieron activamente las campañas de extirpación de idolatrías en la sierra peruana. Se trataba de eliminar por la fuerza las creencias y prácticas nativas" ("La ciudad" 7).

Los sacrificios mexicas, la medicina indígena, los cuerpos tatuados y pintados de los caribes, las danzas colectivas, todo formará parte de esa *maquinaria semiótica*,[14] maniquea y paranoica del aparato ideológico, político y religioso del colonialismo y, al mismo tiempo, hará posible las múltiples elucubraciones, interpretaciones y justificaciones de la ocupación, invasión, conversión y "guerra justa" contra el indígena americano. Una semiótica que se disemina en el *discurso etnográfico* de estos evangelizadores y en sus clasificaciones culturales de la alteridad. No obstante, esto no significa que el demonio haya sido una mera excusa para la justificación política de la ocupación europea; es preciso reconocer que los hombres religiosos del Renacimiento español se hallaban firmemente convencidos de la existencia del demonio y de su influencia sobre la vida cotidiana de los pobladores no sólo de América, sino también del Viejo Mundo.[15] En este sentido, Georges Baudot señalaba, con relación a la obra del franciscano Andrés de Olmos (ca. 1480/1485-1571), uno de los primeros etnógrafos de la colonia, titulada *Tratado de hechicerías y sortilegios* (1533), cómo el fraile veía demonios indígenas por doquier:

> [T]odas las apariciones diabólicas alegadas por Olmos revisten los aspectos de una lucha contra posibles resurgencias prehispánicas. En resumidas cuentas, el diablo es un personaje, indígena, prehispánico, cuando hace alguna aparición por México. Su apariencia es entonces, siempre, la de un señor de la nobleza aborigen de la época precolombina, vestido con la indumentaria propia tal y como aparece en los códices, con la galas y vestiduras de tiempo anteriores a la llegada de los españoles, y que reclama cultos, ritos y ofrendas desterrados por los conquistadores ("Introducción" xxv).[16]

---

[14] Utilizo el término "semiótica" en el sentido foucaultiano, esto es, como un "conjunto de conocimientos y técnicas que permiten saber dónde están los signos, definir lo que los hace ser signos, conocer sus ligas y las leyes de su encadenamiento: el siglo xvi superpuso la semiología y la hermenéutica en la forma de la similitud. Buscar el sentido es sacar a luz lo que se asemeja. Buscar la ley de los signos es descubrir las cosas semejantes" (*Las palabras* 38).

[15] Señala Bartra que "El mismo Bernardino de Sahagún, que tenía una enorme simpatía por los indios, declara que su empresa de investigar la historia de la cultura mexicana está guiada por el deseo ferviente de arrebatar a Satanás el dominio que tiene sobre los idólatras de la Nueva España" (*El salvaje artificial* 76).

[16] De acuerdo con Cervantes: "the first work written in Mexico dealing strictly with diabolism, Fray Andrés de Olmos's *Tratado de hechicerías y sortilegios*, was inspired almost entirely by the influential demonological treatise of the Basque Franciscan Fray

La tarea de evangelización encomendada al reino de España, esto es, la misión papal emanada tanto de las bulas como de las obligaciones derivadas del Patronato Real, hacían efectiva y utilitaria la presencia del demonio.[17] No obstante, como ha señalado Fernando Cervantes, esta interpretación tan unidireccional y teleológica contiene el peligro de reducir "the figure of the devil to a mere instrument of political expedeiency, and to underestimate the genuine belief of most contemporaries in the reality of diabolism" (9). A tal punto creían en el demonio los religiosos españoles del siglo XVI que un pensador como Las Casas, al explicar el origen de la idolatría y el politeísmo —que según su opinión eran naturales y se basaban en la búsqueda y el amor a Dios— en su *Apologética historia sumaria*, agregaba como factor de confusión y error en las creencias de los indígenas la influencia demoníaca:

> Ayuda eficacísimamente a estos errores [idolatría y politeísmo] la malicia y astucia de los demonios, los cuales cognosciendo la natural inclinación de la naturaleza humana y los hombres arder naturalmente en deseo y hambre de buscar y hallar a Dios y no poder vivir sin adorallo y servillo y sacrificalle, para atajalles el camino que llevan buscando a Dios por el ansia que siempre tienen de usurpar para sí los divinos honores y por la envidia mortal de que abundan contra los hombres, pónenseles delante mintiéndoseles ser aquél en cuyo deseo arden y en cuya busca fatigados andan, como si tomase alguno por la mano al ciego para lo guiar y al cabo diese con él de grandes barrancos y peñascos abajo, para lo cual se ayuda de anunciarles algunas cosas por venir que él alcanza por natura, así como que desde a tantos días ha de llover cuando tienen necesidad de agua (7: 646).[18]

Martín de Castñega, where idolatry and devil-worship are the central objects of concern. Written in Nahuatl, the aim of Olmo's treatise in paraphrasing Castañega's work was to convince missionaries and Indians alike that diabolism was not primarily maleficent but idolatrous" (25).

[17] Según Ricard: "El 6 de mayo del año siguiente [1522], Adriano VI, en su bula *Exponi nobis fecisti*, dirigida a Carlos V, completaba las disposiciones de su predecesor [papa León X]. En ella daba a los frailes franciscanos y a los de las otras órdenes mendicantes su autoridad apostólica, en dondequiera que no hubiera obispos, o se hallaran éstos a más de dos jornadas de distancia, salvo en aquello que exigiera la consagración episcopal, para cuanto les pareciera necesario para la conversión de los indios" (84).

[18] En relación a Las Casas dice Cervantes que "It is no great surprise that the writings of Las Casas should be filled with devils deemed constantly to be transporting men and women through the air, tempting witches to obtain unbaptized infants for their cannibalistic

Sin embargo, más allá de esta afirmación, Las Casas fue uno de los pocos, exceptuando a los propios indígenas como el cronista Guaman Poma,[19] que invirtió durante el siglo XVI la figura del demonio y el paganismo, acusando a los propios conquistadores de encarnar con sus conductas verdaderos actos influenciados por Satanás: "Tuvieron siempre nuestros christianos, si lo fueron con todo, un propósito muy ordinario, y en cada parte que entravan, que Sathanás les revistió en sus ánimas de hazer señalado y cruel estrago y matança por engendrar y arraygar su temor en las ánimas de aquellas ovejas y corderos mansos" (*Doce dudas* 11.2: 81). Recordando las palabras de una carta que le había enviado un obispo de Santa Marta, Las Casas reproducía el temor de los indígenas frente a los conquistadores y mostraba que estos últimos eran considerados como demonios:

> E yo tengo en mi poder hoy una destas cartas, donde dize así: "... no había indio que no fuese christiano y vasallo de su Magestad, si no fuese por las vexaciones y fatigas y tormentos que los españoles les hacen. Por lo cual ninguna cosa les es más odiosa // ni aborrecible que el nombre de christiano, y *así los llaman en su lenguaje diablos*, y sin ninguna duda les sobra razón, porque las obras que les ven obrar no son de christianos, ni tampoco de hombres que tienen uso de razón, sino de demonios" (*Doce dudas* 11.2: 83; énfasis mío).[20]

---

rites, turning men into beasts, faking miracles and appearing in human and animal forms. Yet all these demonic actions were set by Las Casas unquestionably in the context of malefic, and his demonology was more in tune with the Thomist tradition that had inspired the authors of the *Malleus Maleficarum* than with the nominalist tradition at the root of the demonology that became prevalent after the Reformation" (32-33).

[19] Dice Adorno que Guaman Poma se sirvió en reiteradas oportunidades del símil de Lucifer para conceptualizar a los conquistadores, acusándolos insistentemente del pecado de soberbia (*Guaman Poma* 99).

[20] Del mismo modo, en su *Apologética historia*, Las Casas, con una actitud relativista, insistía en que los indígenas adoraban a sus dioses por una tendencia natural que tenía el alma de buscar a Dios y que en sus idolatrías, templos y religiosidad habían sido tan o más racionales que los pueblos antiguos, incluso que los romanos: "Queda, pues, con esto averiguado que, aunque tuvimos no mucha noticia de la orden y distinción, número y grados y dignidad del sacerdocio y ministros de los templos y dioses con que aquestas gentes su religión adornaban y conservaban, no ha sido tan poco que si, cotejándolos con los sacerdotes de las otras antiguas infieles naciones, hallaremos algunas con quien no se deban igual, al menos con munchas de otras y no pocas, y entre ellas los romanos, manifiestamente se igualan y a otras numerosas, y entre ellas España, pueden con justo título en esta materia hacer callar. Y así parece que, como ni en los dioses ni en los templos,

Para Palacios Rubios, el redactor del *Requerimiento*, los indígenas del Caribe se hallaban literalmente entregados al maligno y sus seducciones, viviendo en un mundo de pecado e idolatría: "Algunos de estos isleños, seducidos por los demonios, adoraban y daban culto a uno llamado 'cemí', el cual se les mostraba algunas veces bajo la figura de un cachorrillo. Otros, holgazanes y viciosos, se daban por entero a la gula y a los placeres, reputándolos por cosa permitida" (*De las islas* 11).[21] Gonzalo Fernández de Oviedo, absolutamente convencido del poder que la influencia demoníaca ejercía sobre los indígenas del Caribe y Tierra Firme, aun cuando para el momento en que escribió y publicó el *Sumario* de su *Historia universal y natural de las Indias* (1535) los indígenas del Caribe habían sido prácticamente exterminados, sostenía que "estos indios (por la mayor parte de ellos), es nasçion muy desviada de querer entender la fé cathólica; y es machacar hierro frio pensar que han de ser chripstianos, sino con mucho discurso de tiempo" (I: 228). La desconfianza de Oviedo sobre la posibilidad de conversión de los indígenas se basaba en los datos recabados por su propia tarea etnográfica, primero en tierras del Darién y luego en la isla de La Española. En la versión anticipatoria de su *Historia*, titulada *Sumario de la natural historia de las Indias* (1526), remarcaba claramente los mecanismos a partir de los cuales actuaba la influencia demoníaca y cómo los indígenas del golfo de Urabá (actual Colombia) eran engañados por éste:

> Para comenzar sus batallas, o para pelear, y para otras cosas muchas que los indios quieren hacer, tienen unos hombres señalados, y que ellos mucho acatan, y al que es de estos tales llámanle tequina [...] así que el que es maestro de sus responsiones y inteligencias con el diablo, llámanle tequina; y este tequina habla con el diablo y ha de él sus respuestas, y les dice lo que

---

ningunas naciones les excedieron en aquello que convenía según el instincto de la razón natural, antes éstas a cuasi todas se aventajaron y fueron delante, como queda muy bien probado, tampoco en los ministros del sacerdocio no se quedaron muy atrás. Esto basta y aun sobra para mostrar no ser menos que otras naciones del mundo racionales" (7: 967).

[21] Para Gruzinski: "A diferencia de los ídolos que representan al diablo o a falsos dioses, los cemíes son esencialmente cosas, dotadas de existencia o no: cosas muertas formadas de piedra o hechas de madera, un trozo de madera que parecía una cosa viva; cosas que traen a la memoria el recuerdo de los antepasados; piedras que favorecen los partos, que sirven para obtener lluvia, sol o cosechas, análogas a las que Colón envió al rey Fernando de Aragón; o, asimismo, parecidas a esos guijarros que los isleños conservaban envueltos en algodón, en unas pequeñas cestas y a los que dan de comer de lo que ellos comen" (*La guerra* 21)

han de hacer, y lo que será mañana o desde a muchos días; porque como el diablo sea tan antiguo astrólogo, conoce el tiempo y mira adónde van las cosas encaminadas, y las guía la natura; y así, por el efecto que naturalmente se espera, les da noticia de lo que será adelante, y les da a entender que por su deidad, o que como señor de todos y movedor de todo lo que es y será, sabe las cosas por venir y que están por pasar; y que él atruena, y hace sol, y llueve, y guía los tiempos, y les quita o les da los mantenimientos: los cuales dichos indios, engañados por él de haber visto que en efecto les ha dicho muchas cosas que estaban por pasar y salieron ciertas, créenle en todo lo demás y témenle y acátanle, y hácenle sacrificios en muchas partes de sangre y vidas humanas (81-82).

El franciscano Diego de Landa, que persiguió con singular afán a los indígenas idólatras de Yucatán y que también quemó códices y realizó autos de fe, estaba particularmente obsesionado con los rituales religiosos de los mayas. El fraile veía con horror la devoción de los indígenas para con sus dioses y estaba escandalizado por los ritos sacrificiales y con la innumerable cantidad de ídolos que se encontraban por doquier en lo que hoy es Guatemala. El fraile relata estos detalles sobre la idolatría en su *Relación de las cosas de Yucatán* (1566), allí afirma:

Tantos ídolos tenían que aun no les bastaban los de sus dioses, pero no había animal ni sabandija a los que no les hiciesen estatua, y todas las hacían a la semejanza de sus dioses y diosas. Tenían algunos pocos ídolos de piedra y otros de madera y de bultos pequeños, pero no tantos como de barro [...] Los más idólatras eran los sacerdotes, chilanes, hechiceros y médicos, chaces y nacones. El oficio de los sacerdotes era tratar y enseñar sus ciencias y declarar las necesidades y sus remedios, predicar y echar las fiestas, hacer sacrificios y administrar sus sacramentos. El oficio de los chilanes era dar al pueblo las respuestas de los demonios y eran tenidos en tanto que acontecía llevarlos en hombros (126-127).

Como vemos, América fue considerada desde las primeras etnografías evangélicas, la del fraile Ramón Pané (ca. 1498) es un buen ejemplo, como un mundo dominado por la pestilente presencia demoníaca, sujetado a sus fuerzas y acosado por sus múltiples manifestaciones de horror y sangre (sacrificios y canibalismo). En este sentido, el enemigo construido por Pané en el Caribe, como más tarde lo será de Motolinía (1490-1569), Sahagún (1499-1590), Landa (1524-1579), y Acosta (1540-1600), era el chamanismo y las prácticas idolátricas, las cuales tenían su origen, según Pané, en la ignorancia y el influjo del demonio: "Hay algunos hombres, que practican entre ellos, y se les dice behiques, los cuales hacen muchos engaños, como más adelante diremos, para hacerles creer que hablan con ésos [los muertos], y que saben todos sus hechos y secretos; y que, cuando están enfermos, les quitan el mal, y así los engañan" (33). Los *behiques* o chamanes eran portadores de un saber curador, reconocido por Pané, que servía para "quitar el mal"; sin embargo, este saber constituía para el fraile catalán un engaño que sólo podía funcionar gracias a la ignorancia del conjunto de la población taína, al desconocimiento del catolicismo y por influencia del demonio: "Las cuales cosas creen aquellos simples ignorantes que hacen aquellos ídolos, o por hablar más propiamente, *aquellos demonios*, no teniendo conocimiento de nuestra santa fe. Cuando alguno está enfermo, le llevan el behique, que es el médico sobredicho" (35; énfasis mío). Pero no era solamente el desconocimiento de la doctrina católica lo que sustentaba la pretendida "ignorancia" del indígena sino, además, el rechazo a esa doctrina, la resistencia contracolonial que representaba para la mentalidad eurocéntrica la idolatría. La presencia del demonio borraba la gestualidad política de la insurrección, desestimaba la resistencia y ponía la agencia no del lado del indígena, sino del lado del demonio.

El texto de Pané es modélico puesto que funda una línea productiva para la interpretación etnográfica que será utilizada recurrentemente por los evangelizadores-etnógrafos durante todo el siglo XVI.[22] Uno de ellos, fray Bernardino de Sahagún, en su descripción de los tipos sociales que integraban la Nueva España se refiere a la mujer curandera en términos casi idénticos a los que había utilizado Pané: "La que es mala médica usa de la hechicería supersticiosa en su oficio y tiene pacto con el demonio, y sabe dar bebedizos con que mata a los hombres; y por no saber bien las curas, en lugar de sanar enferma y empeora, y aun pone en peligro de la vida a los enfermos, y al cabo los mata, y así engaña a las gentes con su hechicería [...] dice que sana a los enfermos, siendo ello falsedad superstición notoria" (*Historia* III: 129). El fraile Motolinía en su descripción de los rituales sacrificiales que hacían los mexicas en honor a su dios Tláloc (divinidad del agua), también llamaba la atención sobre estos "ministros carniceros" a los cuales consideraba como feos, sucios y parecidos al mismísimo demonio:

---

[22] Para una información ampliada sobre el texto de Pané, el lector interesado puede consultar mi artículo publicado en la *Revista de Estudios Hispánicos* titulado "Fray Ramón Pané y el telos evangelizador: matrices etnográficas, violencia y ficcionalización del Otro Americano" 42-2 (2008): 237-259.

Estos ministros o carniceros del demonio, que en su lengua, como está dicho, se llama *tlenamacazque*, que eran los mayores sacerdotes de los ídolos, a manera de nazareos criaban unos cabellos muy grandes, y muy feos y sucios, que nunca los cortaban, ni lavaban ni peinaban, y ansí andaban engradejados, y ellos que muchas veces se tiznaban de negro, que no solamente parecían ministros del demonio, más ese mesmo demonio (*Memoriales* 67).[23]

En su obra *De procuranda indorum salute* [*Sobre cómo procurar la salvación de los indios*] (1588), José de Acosta convocaba a los evangelizadores a luchar más duramente contra los hechiceros y a "descubrir sus engaños y fraudes, demostrar su ignorancia, ridiculizar sus necedades y refutar sus astucias. Y si de ninguna manera quieren enmendarse y hay posibilidad, hay que separarlos de los demás y castigarlos a veces duramente, con tal de que no provoquen mayor desorden en el resto de la plebe" (I: 375). El propio Las Casas, defensor de los indígenas, establecía la correlación entre el demonio y los nigromantes y hechiceros:

Todas estas susodichas execrables hazañas y daño que en los hombres y en sus cosas pueden hacer los demonios, permitiéndolas Dios, pueden también hacer los nigromantes, encantadores y hechiceros con ayuda de los demonios, o los demonios en compañía y siendo provocados por los hechiceros, por el pacto y compañía que con ellos tienen celebrado. A lo cual los mismos malignos espíritus les despiertan y avivan e inducen, como dicho es. Así lo determinan los teólogos en los lugares alegados (*Apologética historia*, 7: 711).

Incluso fuera del ámbito de la Nueva España, en el Perú, un cronista mestizo como el Inca Garcilaso de la Vega (1539-1516) también reproducía el modelo paranoico y generalizado de la idolatría (las guacas) para describir

---

[23] Motolinía hace una descripción muy detallada de las funciones que cumplían estos supuestos ministros del demonio. En el capítulo 25 de los *Memoriales*, en que se describen los ayunos en honor del dios Tlamacazque, el fraile nos cuenta que la ocupación de estos ministros era "estar siempre en la casa y presencia del demonio, y para velar toda la noche, repartíanse de en dos [...] ocupábanse cantando al demonio muchos cantares, y a tiempos sacrificábanse sangre de diversas partes del cuerpo, que ofrecían al demonio, y cuatro veces en la noche ofrecían incienso, y de veinte en veinte días hacían este sacrificio: que hecho un agujero en lo alto de las orejas, sacaban por allí sesenta cañas, unas gruesas y otras delgadas como los dedos, y unas como el brazo, y otras de braza, y otras como varas de tirar, y todas ensangrentadas poníanlas en un montón ante los ídolos, las cuales quemaban acabados los cuatro años" (73).

al mundo indígena preincaico; gente que el Inca consideraba como "bestias mansas" o "fieras bravas" (*Comentarios* I: IX, 28). Al respecto decía Garcilaso:

> Y así adoraban hierbas, plantas, flores, árboles de todas suertes, cerros altos, grandes peñas y los resquicios de ella, cuevas hondas, guijarros y piedrecitas [...] En fin, no había animal tan vil ni sucio que no lo tuviesen por dios, sólo por diferenciarse unos de otros en sus dioses [...] Mas no hay que admirarnos que gente tan sin letras ni enseñanza alguna cayesen en tan grandes simplezas, pues notorio que los griegos y los romanos—que tanto presumían de sus ciencias tuvieron, cuando más florecían en su imperio, 30 mil dioses! (*Comentarios* I: IX, 29).[24]

Como se puede apreciar, en estos autores es posible notar la continuidad de una cadena enunciativa totalizante que se irá complejizando dentro del discurso etnográfico religioso y en la historiografía oficial a medida que avanzaba la Conquista de América. Una cadena enunciativa que se sustentaba en la representación del indígena a partir de la idolatría, la influencia demoníaca y el desconocimiento de la doctrina católica.

2. Pensamiento analógico, copia diabólica y agencia indígena

> Él, el Diablo, mucho quiere remedar en todo a la Sancta Yglesia, quiere falsificarlo todo; por eso él hace a menudo Execramentos que se hacen bajo forma de unciones. Como quiere hacerlos parecer, hacerlos aparentar a los Sanctos Sacramentos, contrahace las unciones benditas, porque Cristo significa ungido.
>
> Fray Andrés de Olmos. *Tratado* (35)

Michel Foucault ha señalado que el pensamiento analógico era el modo principal a partir del cual se organizaba el saber (episteme) europeo durante

---

[24] Garcilaso también comentaba con lujo de detalle los "sanguinarios" sacrificios preincaicos: "Conforme a la vileza y bajeza de sus dioses era también la crueldad y barbaridad de los sacrificios de aquella antigua idolatría. Pues sin las demás cosas comunes —como animales y mieses— sacrificaban hombres y mujeres [...] La manera de este sacrificio de hombres y mujeres, muchachos y niños era que vivos les abrían los pechos y sacaban el corazón con los pulmones [...] Y comían al indio sacrificado, con grandísimo gusto y sabor y no menos fiesta y regocijo, aunque fuese su propio hijo" (*Comentarios* I: XI, 31).

el siglo XVI.[25] Sin embargo, por extraño que pueda parecer, la comprobación de la hipótesis foucaultiana puede medirse y analizarse con un alto grado de precisión muy lejos de Europa, en tierras mexicas durante la implantación colonial del catolicismo a través del análisis del *discurso etnográfico* de los primeros evangelizadores a lo largo del siglo XVI. Tanto la semiótica como la hermenéutica evangélica son procedimientos que no cesan de articular las *figuras* que proponía Foucault en *Las palabras y las cosas* (1966) para el estudio del pensamiento analógico y las semejanzas. En el *discurso etnográfico* de los evangelizadores vemos el uso reiterado de la *convenientia*, la *aemulatio*, las *simpatías* y las *signaturas*. Por intermedio de la presencia de estas figuras nos es posible analizar las ansiedades culturales asociadas con la catalogación de la diferencia religiosa indígena, con el desvelamiento de las influencias diabólicas y con la compleja tarea de conversión del indígena americano. Entre otras cosas, la analogía como procedimiento retórico y representacional es funcional en la descripción etnográfica porque esta figura produce orden, acomoda contenidos, distribuye la diferencia y construye principios de identidad, como sostiene Edgar Morin:

> [L]os razonamientos analógicos sobre las formas pueden abstraerse como isomorfismos y homeomorfismos, que suscitan modelos verificadores de identidad o parentesco. Las analogías organizadoras permiten la formación de homologías, que suscitan principios organizadores. El razonamiento por analogía forma parte, pues, del camino que conduce a la modelización y a la formalización (156).[26]

---

[25] Según Foucault, "Hasta finales del siglo XVI, la semejanza ha desempeñado un papel constructivo en el saber de la cultura occidental. En gran parte, fue ella la que guió la exégesis e interpretación de los textos; la que organizó el juego de los símbolos, permitió el conocimiento de las cosas visibles e invisibles, dirigió el arte de representarlas" (*Las palabras* 26).

[26] Y agrega Morin: "El conocimiento por analogía es un conocimiento de lo semejante por lo semejante que detecta, utiliza, produce similitudes de tal suerte que identifica los objetos o fenómenos que percibe o concibe [...] La analogía puede estar en las proporciones (similares) y en las relaciones (iguales) [...] la analogía puede ser de formas o configuraciones. A partir de estas analogías, se pueden establecer isomorfismos y homeomorfismos [...] la analogía puede ser organizacional y funcional [...] los múltiples modos de reconocimiento y de conocimiento por analogía son inherentes a toda actividad cognitiva y a todo pensamiento. Aun más: el espíritu no hace más que servirse de analogías; el fin mismo de la actividad cognitiva es "simular" lo real percibido construyendo un *analogon* mental (la representación), y simular lo real concebido elaborando un *analogon* ideal (la teoría)" (152-153).

Eran tales las homologías y similitudes que el aparato interpretativo de la Conquista había diseminado a través de sus escritos que resultaba imposible para los intelectuales españoles del siglo XVI no pensar, vivir y leer América como un verdadero *traslado del infierno* e interpretar los hechos de la Conquista como una reposición de algunos acontecimientos bíblicos.[27] En tal sentido, utilizando un procedimiento usual de la historiografía del siglo XVI y XVII, el franciscano Toribio Benavente (Motolinía),[28] uno de los primeros misioneros etnógrafos junto con fray Andrés de Olmos, en el comienzo mismo de sus *Memoriales* (1556-1560)[29] hacía una analogía o extrapolación entre la historia bíblica y la de la Nueva España, comparando Anáhuac con Egipto, a Moctezuma con el Faraón y a los dioses mexicas con el panteón de las idolatrías egipcias: "Vista la tierra y contemplada con los ojos interiores, era llena de grandes tinieblas y confusión de pecados, sin orden ninguna, y vieron y conocieron morar en ella horror espantoso, y cercada de toda miseria y dolor, en sujeción de faraón, y renovados los dolores con otras más carnales plagas que las de Egipto" (21).[30] Este procedimiento, como ha señalado Villoro, intentaba borrar la diferencia y la alteridad radical de la cultura indígena traduciéndola al sistema eurocéntrico del misionero:

---

[27] Como afirma Lafaye: "En el espíritu de los misioneros de entonces, que representaban la tendencia más avanzada de la Iglesia de España, la búsqueda de la verdad, en primer lugar, debía consistir en un esfuerzo exegético. Por tanto, se pusieron a indagar en el *Apocalipsis* y en los *Profetas*, para encontrar en ellos el anuncio del descubrimiento del Nuevo Mundo" (*Quetzalcóatl* 83).

[28] De acuerdo con Baudot, Motolinía: "was born at the end of the fifteenth century, about 1490, in Benavente or in Paredes, in the ancient realm of León. Nothing definite is known about his youth, his admission into the Franciscan Order, his vows, or his studies before his name appears on the official document that list him as the sixth apostle of the Mexican expedition. Due to the lack of satisfactory documentation, everything else must be arrive at by deduction or supposition" (*Utopia* 248-249).

[29] Ésta es la fecha aproximada de finalización del manuscrito que ha calculado Georges Baudot (véase *Utopía* 376).

[30] Dice Lafaye con relación al proceso de exégesis y hermenéutica bíblica que conduce a la construcción de la analogía en la escritura de los misioneros: "No es posible pretender que se trata de un juego retórico; reconozcamos más bien aquí la tendencia (ya observada en Joaquín de Fiore y muy extendida en el siglo XVI entre los religiosos) a poner en claro la Escritura, a descubrir signos por todas partes, a establecer correspondencias entre las edades históricas. Bajo la pluma de los cronistas y de los historiadores primitivos del Nuevo Mundo, las analogías bíblicas no son figuras de estilo o reminiscencias escolares, sino el sentimiento de revivir antiguas hazañas o momentos de la historia de Israel" (97).

> Understanding the other through the categories in which our own interpretation of the world is expressed, presupposes establishing analogies of traits of the other culture with those similar to ours, thus banning the difference. Since Columbus and Cortés, this is what the Europeans have done. The unfaithful Americans resemble the Moors, and their conquest extends the Christian crusade; a "cacique" is a king, when not a messenger of the Great khan; the "Tlatoani" is an emperor in the Roman style; an Aztec temple is a mosque; its idols, other Moloch; its cities, new Venices and Sevilles (4).

Asimismo, Motolinía trasladaba las diez plagas que de acuerdo con la Biblia habían azotado Egipto hacia el México conquistado. En estas diez plagas que flagelaron Anáhuac a la llegada de los españoles, hacía concurrir Motolinía causas de orden bacteriológico (sarampión y viruela) junto con causas providenciales-teológicas (castigos divinos). Motolinía sostenía que las causas para algunas plagas se hallaban directamente relacionados con el accionar indígena y con "la dureza y obstinación de sus moradores" (21), es decir, con sus idolatrías: "[E]n esta tierra había mucha crueldad y derramamiento de sangre humana ofrecida al demonio, ángel de Satanás, bien ansí el segundo ángel derramó sobre ella su vaso como sobre otra mar amarga fluctuosa, y fue hecho el mar, esto es, esta tierra, como sangre de muerto [...] la sangre del vivo es hedionda y mala, cuánto más la del muerto; y éstos que derramaban y ofrecían al demonio sangre de muertos [fueron] en esta tribulación puestos" (22). Y agregaba: "pues estos señores y ministros principales no consentían la ley que contradice a la carne, lo cual remedió Dios, matando muchos de ellos con las plagas y enfermedades ya dichas" (34). Motolinía también acusaba a los españoles de ser responsables de las plagas por su codicia: "La sexta plaga fue las minas de oro, que demás de los tributos y servicios de los pueblos a los españoles encomendados, luego comenzaron a buscar minas, que los indios que hasta hoy en ellas han muerto no se podrían contar; y fue el oro de esta tierra como otro becerro por dios adorado, ansí en las islas como en la Tierra Firme" (26). La devastación producida por la conquista militar de México, a la cual Motolinía describía como "las diez plagas", dejó el camino preparado para la *conquista espiritual*.[31] En efecto, "para poner remedio" (31) a tanto "dolor y llanto" (31),

---

[31] Para hablar sobre el desastre demográfico, el historiador John Phelan hace mención de los estudios de Borah, Cook y Simpson, y señala que, según estos autores, "la población indígena del centro y sur de México disminuyó aproximadamente de 6.300.000 en 1548 a

los frailes comenzaron una febril labor de bautismos y catequesis entre los indígenas. De acuerdo con Baudot en su "Introducción" a la *Historia de los indios de la Nueva España*, Motolinía reconocía en una carta de 1532 a Carlos V "haber bautizado ya a más de cien mil indios durante los ocho años de su presencia por tierras americanas" (21). En el capítulo 35 de los *Memoriales*, en un acápite titulado "De la prisa que los indios tienen en venir al bautismo...", Motolinía anotaba que para el año de 1537 se habían bautizado nueve millones de indígenas:

> El número de los bautizados cuento por dos maneras; la una por los pueblos y provincias que se han bautizado, y la otra por número de los sacerdotes que han bautizado [...] en especial nuestro padre fray Martín de Valencia, que fue el primer prelado que en esta tierra tuvo veces del Papa, y fray García de Cisneros, y fray Juan Caro, un honrado viejo [...] fray Juan de Perpiñán y fray Francisco de Valencia, los que cada uno de éstos bautizó pasaron de cien mil [...] de los cuarenta [frailes] que quedan echo a cada uno de ellos a cien mil o más, porque algunos de ellos hay que han bautizado cerca de trescientos mil, otros hay a doscientos mil, y a ciento cincuenta mil [...] esta cuaresma pasada del año 1537, en sola la provincia de Tepeaca se han bautizado por cuenta más de sesenta mil ánimas; por manera que, a mi juicio y verdaderamente, serán bautizados en este tiempo que digo que serán quince años, más de nueve millones de ánimas de indios (*Memoriales* 121-122).[32]

Fray Bernardino de Sahagún, al igual que Motolinía, también utilizaba la analogía bíblica para explicar la devastación acaecida a los indígenas de la Nueva España y, en ambos casos, el texto base servía no sólo como fundamentación epistémica de una historiografía occidental, sino además como justificación moral de la devastación indígena producida por Europa. En el "Prólogo" a su *Historia general*, afirmaba Sahagún que

---

1.076.000 para 1605 [...] el contagio de las enfermedades como la viruela y el sarampión fue un factor decisivo en esta revolución demográfica. Otro factor fue el cambio del sistema precolombino de agricultura sedentaria, basada en el cultivo del maíz, a una economía pastoril" (131).

[32] El lector interesado en grabados de bautismos durante el siglo XVI, puede revisar la pintura N° 9 en *Descripción de la ciudad y provincia de Tlaxcala* de Diego Muñoz Camargo. Edición de René Acuña: "Bautismo General y conversión de los naturales de nuestra santa fe católica por predicación de estos religiosos / quin quay atequique tlatoque [en esta forma en la testa les echaron agua]".

[...] vino sobre ellos [los indígenas] aquella maldición que Jeremías de parte de Dios fulminó contra Judea y Jerusalén, diciendo, en el Cap. 5°: yo haré que venga sobre vosotros, yo traeré contra vosotros una gente muy de lejos, gente muy robusta y esforzada [...] toda gente fuerte y animosa, codiciosísima de matar. Esta gente os destruirá a vosotros y a vuestras mujeres e hijos, y todo cuanto poseéis, y destruirá todos vuestros pueblos y edificios. Esto a la letra ha acontecido a estos indios con los españoles (I: 29).

Existían dos problemas centrales asociados al trabajo evangelizador. El primero era cómo transmitir la doctrina a la lengua náhuatl para que pudiera ser entendida por los indígenas. Al respecto expresaba Motolinía: "[...] fue menester decirles, fue darles a entender quién es Dios [...] y luego junto con esto fue menester darles también a entender quién era Santa María, porque hasta entonces solamente nombraban María, o Santa María, y diciendo este nombre pensaban que nombraban a Dios, y a todas las imágenes que veían llamaban Santa María" (37). El segundo problema, también asociado a la incomprensión de la lengua, era cómo obtener el conocimiento necesario sobre las supuestas idolatrías y prácticas religiosas de los mexicas para poder extirparlas con una mayor efectividad. Por ello, la instrumentalidad del informe etnográfico en Motolinía y en Sahagún debe ser comprendida en relación con estos dos problemas. Una de las metodologías que se utilizaron para llevar a cabo esta tarea fue, según refiere el propio Motolinía, la de indoctrinar a los niños: "Estos niños, que los frailes criaban y enseñaban, salieron muy bonitos y muy hábiles, y tomaban tan bien la buena doctrina, que enseñaban a otros muchos; y demás ayudaban mucho, porque descubrían a los frailes los ritos e idolatrías, y muchos secretos de las ceremonias de sus padres; los cual era muy gran materia para confundir y predicar sus erres y ceguedad en que estaban" (31). Estos niños pueden ser considerados como los primeros *informantes* etnográficos de México, cuyos conocimientos fueron utilizados en un proceso de "desvelamiento de lo oculto", en un acto que pretendía descubrir los ritos y las idolatrías de sus padres.[33] En uno de los primeros juicios por idolatrías llevados a cabo por el tribunal del Santo Oficio en Nueva España, en 1536, contra los indígenas Tacatetl (An-

---

[33] Más adelante, Motolinía vuelve a hacer mención de la importancia instrumental en la utilización de los niños: "y ansí muchos de ellos que agora hay no sólo deprendieron aquellas oraciones, más otras muchas que agora saben, y la doctrina cristiana, y la enseñaron y enseñan a otros, y en esto y en otras cosas [los niños] ayudan mucho" (38).

tonio) y Tanixtetl (Alonso), leemos en el descargo de uno de los dos acusados (Tacatetl), el papel de que desempeñaban estos niños informantes:

> Mandó su señoría le truxesen [al indígena acusado] presentes los ídolos que habían tomado é una piedras ensangrentadas, y fuéle preguntando, si conocía a los dichos ídolos, los cuales eran ocho, é los tres de ellos grandes, en figuras de hombres, que parecían ellos ser recién fechos, ensangrentados en los otros, dixo: que los conocía, é los nombró a todos por sus nombres, de sus dioses; fuéle preguntado, que con cargo del juramento que tiene fecho, diga é declare, si sabe qué otros caciques é personas haya que tienen ídolos é sacrificios, é adónde é como les tienen, dixo: que al tiempo que hizo esconder los dichos ídolos, todos los indios señores y comarcanos habían escondido sus ídolos; fuéle preguntado, si sabe dónde pusieron escondidos los otros ídolos, que así dice que escondieron, é si los sacrifican é adoran al presente, dixo: que después que así fueron escondidos los dichos ídolos, que *los muchachos que dotrinan en los monasterios los han buscado é hallado, é los han á todos quemado* (*Procesos* 11; énfasis mío).

De hecho, la utilización de los niños por parte de las órdenes mendicantes tuvo efectos trágicos que el mismo Motolinía dejó anotados en sus *Memoriales*. Los primeros frailes sacaban a los niños de sus casas, principalmente a los herederos de los grandes señores, y los internaban en los monasterios para adoctrinarlos. Esto perseguía como objetivo una política de asimilación y aculturación de la elite mexica, como ha señalado Lafaye: "se intentó también promover una minoría selecta indígena, según los criterios aristocráticos que prevalecían en la Europa de ese tiempo. De esa preocupación nacieron los colegios y conventos destinados a recibir y a formar, en un espíritu de asimilación, a los herederos de la aristocracia indígena" (*Quetzalcóatl* 55). El continuador de Motolinía, fray Bernardino de Sahagún, cuenta en su *Historia* cómo los frailes entrenaban a los niños para convertirlos en "espías" de sus propios familiares y nos muestra cómo las prácticas de adoctrinamiento y catecismo hacen explícita la función policíaca, represiva (a través de tortura) y disciplinaria que instrumentaron los frailes para el "control" de la fe:

> Estos muchachos sirvieron mucho en este oficio, los de dentro de casa ayudaron mucho más, para destripar los ritos idolátricos que de noche se hacían, y las borracheras y areitos que secretamente y de noche hacían a honra de los ídolos, porque de día *estos espiaban en dónde se había de hacer algo de esto de noche,*

> *hay de noche, a la hora conveniente iban con un fraile o con dos, sesenta o cien de estos criados de casa, y daban secretamente sobre los que hacían alguna cosa de las arriba dichas*, de idolatría, borrachera o fiesta, y prendíanlos a todos y atábanlos y llevánbanlos al monasterio, donde los castigaban y hacían penitencia, y los enseñaban la doctrina cristiana, y los hacían ir a maitines a la media noche, y se azotaban, y esto por algunas semana, hasta que ellos estaban y a arrepentidos de lo que habían hecho y con propósito de no lo hacer más, y así salían de allí catequizados y castigados, y de ellos tomaban ejemplo los otros y no osaban hacer semejante cosa, y si la hacían luego caían en el lazo y los castigaban como dicho es (III: 163; énfasis mío).

Sahagún se mostraba orgulloso y satisfecho de su tarea de entrenamiento de los espías infantiles indígenas a quienes la crítica culturalista no ha considerado como los "otros informantes" de Sahagún, tema sobre el cual volveremos en el capítulo V. Éste señalaba la alta efectividad que este mecanismo de terror inspiraba en la población adulta y cómo a través de estos "informantes" se había logrado eliminar gran parte de los rituales idolátricos:

> Fue tan grande el temor que toda la gente popular cobró de estos muchachos que con nosotros se criaban, que después de pocos días no era menester ir con ellos, ni enviar muchos, cuando se hacía alguna borrachera de noche, que enviando diez o veinte de ellos prendían y ataban a todos los de la fiesta o borrachera, aunque fuesen cien o doscientos, y los traían al monasterio para hacer penitencia, y de esta manera se destruyeron las cosas de la idolatría o de borrachera o fiesta (*Historia* III: 164).

Esto causaba gran conmoción en la sociedad mexica, puesto que los padres se veían obligados a entregar forzosamente a sus hijos (según Motolinía por disposición de Cortés), y muchos se vieron compelidos a ocultar sus hijos del furor evangelizador. En los *Memoriales* de Motolinía, en el capítulo 61, titulado "De la muerte de tres niños que fueron muertos por los indios porque les predicaban y destruían sus ídolos, y de cómo los niños mataron a el que se decía ser dios del vino" (249), el fraile nos entrega su versión de los asesinatos de los niños conversos, siendo el más resonado el caso del pequeño Cristóbal. En 1527, en la ciudad de Tlaxcala, uno de los señores principales (Axutecatlh), que había escondido a su hijo (Cristóbal), fue denunciado por sus otros hijos y se vio forzado a entregarlo a los frailes: "Este niño [...] mostró principios de ser buen cristiano, porque de lo que él oía y aprendía enseñaba a los vasallos de su padre; y a el mismo padre decía, que dejase los ídolos y los pecados en que estaba, en especial el de la embriaguez, porque todo era muy gran pecado, y que se tornase y conociese a Dios del cielo y a Jesucristo su Hijo, que Él le perdonaría, y que esto era verdad, porque así lo enseñaban los padres que sirven a Dios" (*Memoriales* 251-252). El padre del niño, que de acuerdo con Motolinía era "un indio de los encarnizados en guerra y envejecido en maldades y pecados" (252), cansado de que su hijo le estropeara los ídolos y les quebrara las tinajas con bebida, masacró cruelmente al niño, primero con patadas, luego con palazos, luego con una espada y finalmente tirándolo al fuego (252-253). Aquí observamos una doble instrumentalidad de la práctica evangélica-etnográfica. En primer lugar se sirve de un conocimiento instrumental mediante el cual se pretende borrar los saberes y las prácticas del Otro, y en segundo lugar, es un proceso que se realiza mediante un acto de traición involuntaria en donde los sujetos de una cultura (los niños) obran contra su propia familia (los padres).[34]

A pesar de los repetidos intentos de conversión y de la novedad de sus métodos etnográficos policíacos, la tarea no les resultaba fácil a los frailes mendicantes, ya que la misma estaba realmente dificultada por la resistencia indígena y por el encubrimiento, señalado una y otra vez en los textos de los misioneros, que estos hacían de sus propios rituales. Motolinía refería que "a ellos les era gran fastidio oír la palabra de Dios, y no querían entender en otra cosa sino en darse a vicios y pecados, dándose a sacrificios y fiestas, comiendo y bebiendo y embeodándose en ellas, y dando de comer a los ídolos de su propia sangre, la cual sacaban de sus propias orejas, lengua y brazos, y de otras partes del cuerpo" (32). Motolinía también ofrecía una descripción de estas fiestas, de las bebidas (el pulque) y de los hongos alucinógenos utilizados por los indígenas para invocación de su principal "demonio", Tezcatlipoca, bebidas que les producían "mil visiones, en especial culebras, y como salían fuera de todo sentido, parecíanles que las piernas y

---

[34] En el mismo capítulo Motolinía narra la historia del asesinato de otros dos niños (Antonio y Juan) que también fueron apaleados y muertos por destruir imágenes religiosas indígenas. La salvedad de este caso es que Antonio y Juan —a diferencia de Cristóbal, quien supuestamente por voluntad propia trató de adoctrinar a su padre— fueron enviados y utilizados por un tal fray Bernardino para robar las estatuillas en las casas de los indígenas: "Luego aquel fray Bernardino Minaya envió a aquellos niños a que buscasen por todas las casas de los indios los ídolos y se los trajesen, y en esto se ocuparon tres o cuatro días, en los cuales trajeron todos los que pudieron hallar" (256). Georges Baudot, en su "Introducción" a la *Historia de los indios de la Nueva España*, señala que "la encuesta judicial [que siguió a las muertes de los niños] permitió conocer las dolorosas circunstancias de estas muertes y fray Toribio decidió entonces dar sepultura común a los tres niños mártires" (26).

el cuerpo tenían lleno de gusanos que los comían vivos" (32). De acuerdo con el fraile los indígenas hacían un "bollo de masa" (32) con estos hongos con el cual se "comulgaban" (32), construyendo de este modo una analogía (similitud) entre la eucaristía católica y el rito indígena:

> En muchas de sus fiestas tenían costumbre hacer bollos de masa, y éstos de muchas maneras, que casi usaban de ellos en lugar de comunión de aquel dios cuya fiesta hacían; pero tenían una que más propiamente parecía comunión, y era que por noviembre cuando ello habían cogido su maíz y otras semillas, de la simiente de un género de *xenixos*, con masa de maíz hacían unos tamales, que son bollos redondos, y éstos cocían en agua en una olla [...] cantaban y decían, que aquellos bollos se tornaban carne de Tezcatlipuca, que era el dios o demonio que tenían por mayor, y a quien más dignidad atribuían (*Memoriales* 33).

La función de la analogía como procedimiento etnográfico explicativo fue altamente productiva en los escritos de Motolinía: un instrumento hermenéutico subsidiario de una tradición que había sido utilizada por otros etnógrafos evangelizadores como fray Andrés de Olmos. En la cita anterior, podemos leer la utilización de la eucaristía como réplica deformada y diabólica de la comunión cristiana.[35] Como ha señalado Jáuregui: "El discurso demonológico reconocía la similitud, pero insistía en la diferencia, con el argumento del plagio; convertía la diferencia religiosa en idolatría y culto a Satanás, y al canibalismo teofágico mexicano en una mímica siniestra del sacramento eucarístico" (*Canibalia* 227). Ya el dominico Diego Durán, en su *Historia de las Indias de Nueva España e islas de Tierra Firme*, alertaba sobre la "endemoniada" y "contrahecha" copia de la eucaristía por parte de los indígenas:

---

[35] Fray Bernardino de Sahagún también se refería a estas plagas en su *Historia*, y al igual que Motolinía pensaba que las "pestilencias" eran enviadas por Dios para castigo de los pecados y la resistencia indígena: "Después que esta tierra se descubrió ha habido tres pestilencias muy universales y grandes, ni universales; la primera fue el año de 1520 cuando echaron [los indios] de México por guerra a los españoles, y ellos se recogieron a Tlaxcalla, (que) hubo una pestilencia de viruelas donde murió casi infinita gente; después de esta, y de haber ganado los españoles esta Nueva España, y teniéndola ya pacífica y que la Predicación del Evangelio se ejercitaba con mucha prosperidad, el año de 1545, hubo una pestilencia grandísima y universal, donde, en toda esta Nueva España, murió la mayor parte de la gente que en ella había. Yo me hallé en el tiempo desta pestilencia en esta ciudad de México, en la parte de Tlatilulco, y enterré más de diez mil cuerpos, y al cabo de la pestilencia dióme a mí la enfermedad y estuve muy al cabo" (III: 356).

> Acabadas las cerimonias, bailes y sacrificios, entremeses y juegos que entre los dioses había —digo entre aquellos que los representaban— íbanse a desnudar, y los sacerdotes y dignidades del templo tomaban el ídolo de masa y desnudábanle aquellos aderezos que tenía, y ansí a él como a los trozos que estaban consagrados en huesos y carne suya, hacínalos muchos pedacitos y, empezando desde los mayores, los comulgaban con ellos a todo el pueblo, chicos y grandes, hombres y mujeres, viejos y niños, y recibíanlo con tanta reverencia y temor y lágrimas que era cosa de admiración, diciendo que comían la carne y huesos del dios [...] Note el lector qué propiamente *está contrahecha esta cerimonia endemoniada la de nuestra iglesia sagrada* que nos manda recibir el verdadero cuerpo y sangre de nuestro señor Jesucristo (I: 35; énfasis mío).

Como ha señalado Lafaye: "Todo lo que, en las creencias indígenas, podía evocar lejanamente la verdadera fe, no era a sus ojos sino parodia demoníaca, inventada por el enemigo para perder mejor a los indios" (95). Estos procedimientos significaban un borramiento de las prácticas religiosas y culturales del indígena: un eurocentrismo que al contemplar las costumbres de los indígenas sólo podía reconocer una deformación de las prácticas propias como consecuencia de la influencia demoníaca. Es una mirada especular que devuelve al ego europeo una visión deformada de sí mismo y que es por lo tanto una visión perturbadora, pero, al mismo tiempo, corregible.

La "imagen y semejanza" con Dios que de acuerdo con la Biblia representa todo ser humano, no alcanza a plasmarse en forma completa en los indígenas americanos sino hasta el advenimiento de la conversión de los mismos al catolicismo. Motolinía hacía explícita esta relación especular deformada entre los planes de la divinidad y el estado de corrupción diabólica en el que se encontraban, según su opinión, los indígenas: "era cosa de gran lástima ver los hombres criados a la imagen de Dios vueltos peores que brutos animales" (*Memoriales* 32).

En este mismo sentido, fray Andrés de Olmos, el primer etnógrafo y extirpador de idolatrías de Nueva España, aterrado frente a las artimañas del demonio para seducir a los indígenas, en su *Tratado de hechicerías y sortilegios* (1553) les recomendaba a éstos, en su propia lengua, maneras de protegerse y prevenirse de las hábiles estratagemas del maligno.[36] Entre

---

[36] Ángel María Garibay nos ofrece una muy buena síntesis de los temas incluidos en el *Tratado* de Olmos: "una enfática exhortación al indiano lector, seguida de los capítulos

los consejos que daba a los indígenas ocupaba el primer lugar el de rechazar voluntariamente al demonio y, en segundo lugar, oír con mucha atención al evangelizador y no dejarse engañar por embusteros que asumieran el rol de estos últimos:

> Y ahora si de verdad de buen corazón, perteneces a Dios allá, detrás de ti, detrás de tu espalda, de tu hombro, relegarás al espantoso, al horroroso, al desgraciado, al funesto, al mal, al injusto mundo diabólico. Pero ahora, observa bien, escucha bien, mira bien la brujería, el robo, la seducción o las cosas del Diablo, cómo se han engañado los que no son buenos cristianos, los que no tienen buena creencia, que no se entregan a Nuestro Señor Iesu Christo, verdadero Dios. No vayas a escuchar lo que te digan, no te vayas a turbar. Si algo no entiendes bien, interroga al instante al padre y tampoco te vayas a inclinar ante alguien si primero no lo has entendido, porque él es representante de Nuestro Señor Iesu Christo: si un ciego guía a otro ciego, los dos caerán en el hoyo, en el precipicio, en el abismo. Así, si alguien viene a interrogar a uno que no escuchó bien, por ello será muy engañado, muy burlado por el Diablo (9).

Fray Andrés de Olmos, de acuerdo con Baudot, desplegó una tarea incansable persiguiendo demonios e indígenas idólatras por múltiples lugares de la Nueva España (Tlatelolco, Texcoco, Tlaxcala, Huexotzinco, Cholula, Tepeaca, Tlalmanalco, Hueytlalpan, entre otros). Fue responsable también de la persecución y posterior castigo inquisitorial del señor de Matlatlán (1540), quien al parecer vivía conjurando a los cristianos con rituales satánicos, además de estar en una borrachera continua, rodeado de un gran número de mujeres que oficiaban como esposas. De acuerdo con Baudot, en un posicionamiento completamente eurocéntrico, el castigo que recibió

1° De cómo el demonios desea ser honrado. 2° De las dos iglesias y congregaciones. 3° Del templo y naturaleza y potencia y astucia del demonio. De los execramentos diabólicos. 4° Sobre los ministros de los demonios. 5° Por qué de estos ministros del demonio hay más mujeres que hombres. 6° Cómo los consagrados al demonio pueden andar por los aires. 7° De las diversas figuras en que pueden aparecer los ministros del demonio. 8° De la reverencia que hacen al demonio sus ministros. 9° De los sacrificios que se ofrecen al demonio. 10° De cómo se puede heredar la familiaridad con el demonio. 11° De la participación diabólica. Aquí termina el Ms., [manuscrito] y probablemente es poco lo que nos falta. Si es un verdadero tratado religioso para poner en guardia a los neófitos contra los ardides de Satanás, tiene particular valor para el conocimiento de sus ideas sobre temas como estos de la intervención de seres no humanos" (*Historia de la literatura* II: 35).

este señor fue bastante "benigno": "un acto de arrepentimiento público, unos cuantos latigazos, un arresto público con los ídolos colgados del cuello y un encarcelamiento breve, justo el tiempo para aprenderse el Creo" ("Introducción" xiv). Olmos también se encargó, con el ferviente apoyo e intervención de Las Casas, de expandir la religión católica hacia el norte de la Nueva España y de intentar infructuosamente convertir a los chichimecas, indígenas nómades famosos por sus reportados actos de resistencia contracolonial.

Un punto muy interesante de este *Tratado* de Olmos es que el fraile lo escribe en ambas lenguas y por lo tanto, las metáforas que exhortan al indígena a la conversión y al abandono de la senda demoníaca se hacen con los referentes materiales de la cultura mexica. En este caso se da una intersección cultural en el que los dos mundos son puestos en contigüidad con el objetivo de subsumir y reemplazar una religiosidad local por una global. Nuevamente, vemos el valor instrumental de la etnografía y los modos efectivos en que el conocimiento de la lengua del otro sirvió al evangelizador para su tarea de conversión. Veamos, a modo de ejemplo, un pasaje del *Tratado* en donde Olmos explica al potencial oyente indígena, el advenimiento de Cristo el día del Apocalipsis y de cómo Cristo disipará la niebla demoníaca y elevará a los justos al cielo:

> Y entonces ante ti, aquí, vino mandado, enviado por Él, su rostro, su cabeza, su *pluma de quetzal*, aquí sobre la tierra, *su jade precioso*, para que lo escuches, lo honres si de verdad eres tú un buen cristiano [...] te ha liberado, él, tu padre espiritual, te ha dado entonces el *barro pesado*, la pluma espesa, entonces sobre tu cabeza, sobre ti, pasó las manos, te concedió los cabellos en el cuello, la manta, el petate, de alguien noble bien nacido, acaso se acerque a ti, se vincule a ti para darte el *soplo*, la palabra, la buena flor, la *fruta* del verdadero Dios (9; énfasis mío).

Aquí vemos el gran trabajo y la gran dificultad de estos frailes para poder trasmitir la doctrina y hacerla compresible mediante la utilización de referentes culturales mexicas: las "plumas de quetzal", el "jade", la descripción del alma como un "barro pesado", el "soplo", la "buena flor" y la "fruta verdadera". No obstante, el modelo etnográfico que utilizó Olmos para pensar las acciones del demonio en América y para clasificar los rituales religiosos indígenas fue tomado de los manuales para cacería de brujas que desde hacía tiempo se estaban llevando a cabo en España. De hecho, según Baudot, el tratado se nutre y toma su forma, por no decir copia casi literalmente, una manual para persecución de brujas de Martín de Castañega, fraile que había sido comisionado por el Santo Oficio de Logroño para redactar un manual de persecución de la brujería en Navarra (Baudot, "Introducción" x). Como afirma el mismo Baudot, el demonio de Olmos es básicamente cristiano y tiene muy pocos rasgos indígenas. La religión indígena es entonces pensada como parte de una red más amplia de influencia satánica en que las brujas del Viejo Mundo tienen mucho que ver y funcionan como modelo. Éste fue otro modo de occidentalizar las prácticas indígenas, dado que, al asimilar por analogía las prácticas heréticas de Europa con las de América, se logró extender la soberanía epistémica del imperio. El indígena se incorpora, como engranaje, al mecanismo general que da forma a la paranoia católica y a la etnografía evangélica que hace posible la conversión.

En relación con la analogía, Olmos presenta un capítulo de su *Tratado* en donde afirma que así como la Iglesia católica creó los sacramentos para el ordenamiento de la vida religiosa, el demonio, por su parte, creo los "execramentos", neologismo escatológico que liga a los sacramentos demoníacos con el excremento, dice Olmos:

> Así como dentro de la Sancta Yglesia Cathólica, Nuesto señor Iesu Cristo, verdadero Dios y verdadero varón, otorgó Sanctos Sacramentos, así también él, el Diablo, ni más ni menos depositó, encerró en su morada lo que se llama Execramentos, para embaucar, embrujar, desconcertar a la gente [...] Aquel que recibe los Execramentos no hace nada bueno, cae más bien en la decreencia que se llama infidelidad, un grandísimo pecado mortal [...] Y él, el Diablo, así será considerado, alabado, nombrado, honrado como un dios, y viniendo a ser así como sus hombre del pueblo, ellos huirán de Dios y ya no vivirán en su seno, sólo desearán al Diablo, a su lado se afiliarán en su corazón a al mentira, a al vida de impostor, a la superchería; entonces no echarán de ver su hipocresía, sus mentiras, sus mañas, y en ellos irá aumentando la maldad que sola le importa (33-35).

El marco de la evangelización y el combate contra la idolatría tuvo el soporte de algunas leyes importantes, como la famosa *Ordenanza* del virrey Mendoza contra la idolatría de los indígenas de Nueva España. Un documento altamente significativo, no tanto por su espíritu disciplinario y represivo, sino porque a través de él es posible leer las prácticas que los indígenas seguían realizando hacia 1539. Este documento, en su artículo primero, muestra de forma contundente la "imposición" de la religión católica y las represalias para todos aquellos indígenas que no se atuvieran al culto cristiano:

> Lo primero que han de creer y adorar es un solo dios verdadero y
> dejar sus ídolos y las adoraciones de las piedras, sol, luna, palos y
> otra criatura sin hacer sacrificios en su ofrecimiento, con aperci-
> bimiento que el que fuere cristiano e hiciere lo contrario le darán
> por la primera vez cien azotes y será trasquilado, y por la segunda,
> sea llevado a la Real Audiencia con la información de sus delitos;
> y no siendo cristiano sea preso, azotado y llevado ante el guardián
> o la iglesia más cercana donde hubiere persona eclesiástica que lo
> imponga en lo que debe saber para conocer a dios e instruirse en
> la santa fe, lo cual cuiden los gobernadores, alcaldes y alguaciles
> (citado por Lafaye, *Los conquistadores* 192).

En este documento, además de las prácticas idolátricas, se condenan los
siguientes puntos: el incesto, la bigamia, el casamiento consanguíneo, el
doble bautismo, las prácticas no heterosexuales (tanto del hombre como
de la mujer),[37] la borrachera, el envenenamiento, etc. Al mismo tiempo se
proscriben ciertas prácticas como el travestismo, el robo de la propiedad
privada y la danza de areitos. Esta ordenanza debía además ser leída en
lengua indígena "para su ejecución a los alguaciles en los pueblos y éstos
a los naturales y maceguales" (Lafaye 195). También se impedía, luego
de lo que debe haber sido la interpretación etnográfica de las vestimentas
indígenas, que los "dichos naturales no pongan a sus hijos nombres, divisas
ni señales en los vestidos o cabezas por donde se represente que los ofrecen
a los demonios, so pena de prisión y de cien azotes y les sean quitadas las
dichas insignias y divisas" (Lafaye 195).

Es preciso entender que la *similitud*, en tanto que procedimiento de interpretación etnográfico, no se encuentra como algo "dado" en la naturaleza. Ella forma parte de una técnica de reconocimiento, de una construcción
ideológica y de un modo específico de percepción guiado por los conocimientos previos del etnógrafo. La *similitud* actúa por intermedio de lo que
Foucault denominaba "simpatías":

> La simpatía juega en estado libre en las profundidades del mun-
> do [...] su poder es tan grande que no se contenta con surgir de
> un contacto único y con recorrer los espacios; suscita el movi-
> miento de las cosas en el mundo y provoca los acercamientos

---

[37] Dicen el ítem 24 y el 25 de la ordenanza: "que ningún indio ande en ábito de india, ni
india en ábito de indios; y si se cogieren en tales ábitos sean presos, trasquilados y azotados y
puestos con dicho ábito por tres horas en la picota"; "Que ninguna india sea osada de echarse
sobre otra como varón y si lo hiciere la azoten y trasquilen públicamente" (Lafaye 194).

más distantes [...] La simpatía es un ejemplo de lo *Mismo* tan fuerte y tan apremiante que no se contenta con ser una de las formas de lo semejante; tiene el peligroso poder de asimilar, de hacer las cosas idénticas unas a otras, de mezclarlas, de hacerlas desaparecer en su individualidad —así, pues, de hacerlas extrañas a lo que eran. La simpatía transforma. Altera, pero siguiendo la dirección de lo idéntico, de tal manera que si no se nivelara su poder, el mundo se reduciría a un punto, a una masa homogénea, a la melancólica figura de lo Mismo: todas sus partes tenderían unas a otras y se comunicarían entre sí sin ruptura ni distancia [...] La identidad de la cosa, el hecho de que puedan asemejarse a las otras y aproximarse a ellas, pero sin engullirlas y conservando su singularidad —es el balance continuo de la simpatía y la antipatía que le corresponde (*Las palabras* 32-33).

Esto implica que en la construcción de toda semejanza anida al mismo tiempo un *elemento diferencial* que permite tanto el reconocimiento de la semejanza como su distinción con las otras semejanzas. Así, al describir las fiestas de Tlaxcala, y más adelante las de los cholultecas en honor a Quetzalcóatl, Motolinía asociaba (asimilaba) el día llamado *teuxiuitl* con la Pascua cristiana: "En este mismo día o pascua, llamado *teuxiutl* [*teuxiuitl*] o año de dios, morían sacrificados otros muchos en las provincias de Huexucinco, Tepeyacac, Zacatlan y Zacotlan [Zocotlan], en las mayores más, y en las menores menos, ca honraban al demonio *Camaxtle* en estas provincias, y le tenían por principal dios suyo" (79). Durante la Pascua cristiana se rememora, precisamente, el "sacrificio" de Cristo, su pasión y posterior resurrección. El Cristo de la Pascua es un sujeto que se sacrifica en sangre para la redención de la humanidad y para el perdón de los pecados. Es a través de esta "entrega sacrificial" y "sangrienta" como se constituye un dogma central del catolicismo. Por ello, no es casual la asimilación que realiza Motolinía entre las fiestas de Tlaxcala y la Pascua cristiana, pues el ritual indígena (mediante el sacrificio) también se realizaba con fines redentores para la continuidad y supervivencia material y espiritual de la "humanidad mexica" (renovación del ciclo de cosechas, fertilidad reproductiva, etc.).

La analogía entre ciertos aspectos rituales de ambas culturas tenía también alguna base y fundamento en la asociación empírica que hacían los frailes, por ejemplo la coincidencia entre algunas celebraciones y ritos e, incluso, de ciertas cosmovisiones escatológicas específicas (cielo, infierno, alma eterna) como la del "fin de los tiempos", presente tanto en la cosmovisión religiosa cristiana como en la mexica. El historiador francés Robert Ricard, a pesar de que su libro sobre la evangelización misionera de la Nueva España constituya un recalcitrante y por momentos irritante compendio eurocéntrico,[38] aporta datos sustanciales con relación a estas "analogías" o aparentes "paralelismos" religiosos entre la cultura invasora y la mexica:

> Creían los aztecas en la vida eterna, sin embargo: para ellos, el alma era inmortal y, una vez salida de este mundo, continuaba viviendo en el cielo o en el infierno. Pero esta vida no era resultado de una sanción: ni el cielo era recompensa, ni el infierno castigo [...] ¿había otros elementos que el predicador del Evangelio pudiera utilizar mejor que esta creencia? [...] los aztecas conocían la cruz, como símbolo de las cuatro direcciones del universo y como atributo de las divinidades de la lluvia y del viento. Creían también que su gran dios Huitzilopochtli había nacido de una virgen, la diosa Teteoinan [...] Practicaban ellos también la comunión bajo diversos aspectos: una de sus formas, la absorción del corazón de la víctima asimilada a la sustancia del dios [...] dos veces al año comían imágenes hechas de pasta de alimentos que representaban al dios Huitzilopochtli [...] había, finalmente, entre ellos una manera de bautismo y una especie de confesión (98-99).

Como se puede observar fueron estos procesos de ordenamiento analógico, los que hicieron posible el trazado de paralelismos que, a modo de red, sirvieron para codificar las manifestaciones de la cultura indígena hacia el interior de una trama demoníaca. Una vez que las identificaciones fueron posibles, una vez que el ojo etnográfico creyó haber develado lo oculto, sólo restaba preparase para la batalla final: la destrucción de los ídolos.

---

[38] Para Ricard los indios de la Nueva España eran "salvajes indómitos", sus ritos y su religión no estaba subordinada a un "fin moral", sus calendarios y escritura eran "imperfectos", y los mismos son conceptualizados como "enemigos" a la par de los insectos, los reptiles y las fieras. A pesar del engañoso título que da a su obra, al autor en ningún momento del libro hace alusión al significado de la palabra "conquista", esto es, una "invasión", en el caso de México muy violenta, en la cual se exterminó, saqueó y devastó una cultura entera. En este libro hay párrafos verdaderamente insultantes contra la cultura indígena (véanse pp. 88, 97, 100, 100 y 129).

3. Quemar, destruir y reemplazar: la extirpación de las *indo-latrías*

> When we turn to the specific concepts of evil and
> the devil, we are faced with the further difficulty that
> such concepts were alien to the Mesoamerican mind.
> Fernando Cervantes. *The Devil* (40)

En este acápite me interesa analizar la extirpación de idolatrías, principalmente en Nueva España. Sin embargo, es preciso aclarar que estos procesos de extirpación fueron comunes a todos los virreinatos. En el Perú también se trabajó fuertemente en la extirpación de la religión local y recordemos que el propio Guaman Poma se desempeñó como colaborador de Albornoz en estos procesos.[39] No obstante, cabe aclarar que la oportunidad de estos procesos, así como los modos en los que fueron llevados a cabo, difieren significativamente dependiendo no sólo del lugar geográfico, sino también de los tipos y formas de los rituales religiosos que se practicaban en cada lugar específico y también de las concepciones teológicas de las ordenes que llevaban a cabo el proceso.[40] En el reconocimiento de estas diferencias locales, la clasificación etnográfica tuvo un alto impacto y condicionó ampliamente las metodologías específicas para llevar a cabo estos procesos de extirpación.

Combatir a Satán implicaba un trabajo de contrainteligencia y de contrapropaganda. El trabajo para frenar la diseminación diabólica y aminorar su presencia icónica se fundamentaba precisamente en minar las bases de la presencia representacional del demonio: quemar libros, borrar imágenes, destruir templos, como podemos apreciar en la ilustración incluida más abajo, extraída del libro *Descripción de la ciudad y provincia de Tlaxcala*, de Diego Muñoz Camargo (ca. 1529-1599) [ver fig. 7]. Uno de los más grandes fanáticos destructores de estas supuestas "idolatrías" de la cultura indígena del siglo XVI fue Diego de Landa (1524-1579). Como señala Cañizares-Esguerra:

---

[39] Como señala Adorno: "La reacción del cronista peruano al proyecto de Albornoz en Lucanas fue positiva. Él confesó su admiración por el inspector llamándolo 'llano santo hombre' y 'brabo jues'. Su insistencia en que los practicantes de la idolatría debían ser castigados 'cin misericordia' confirma su aceptación de los juicios y castigos de Albornoz como firmes y rigurosos aunque justamente aplicados" (*Cronista* 39).

[40] Para comprender estas diferencias es importante remitirse al libro de Fernando Cervantes titulado *The Devil in the New World*. Allí, Cervantes, que dedica su libro al estudio pormenorizado de los procesos de demonización en Nueva España, afirma que las campañas de extirpación en el Perú fueron más furibundas que en Nueva España y que, además, estuvieron apoyadas con recursos oficiales (36).

> As a Franciscan provincial, he carried out one of the harshest
> extirpation campaigns against Amerindian idolatry ever witnes-
> sed in sixteenth-century Spanish America [...] Landa unleashed
> all the power of the Church to prosecute the culprits, including
> the use of systematic torture to extract confessions, causing 158
> Mayans to die and some 30 others to commit suicide. Landa, to
> be sure, collected and burned all the Maya ritual books that he
> managed to lay his hands on, twenty-seven in all (66-67).

Tanto Gordon Brotherston como más recientemente Pablo Escalante Gonzalbo, han señalado los procedimientos estratégicos de esta destrucción, así como también sus efectos en la cultura indígena. De acuerdo con Brotherston:

> Los primeros misioneros cristianos quemaron bibliotecas ente-
> ras de estos textos mesoamericanos precisamente debido a que
> percibieron el peligro que significaban para la versión bíblica
> de la historia planetaria, y enviaron unos cuantos ejemplares a
> Europa con la vana esperanza de que su código se resquebrajara.
> Por la misma razón quemaron bibliotecas de quipus en Tahuan-
> tinsuyu, otro signo del poder efectivo de estos textos hechos
> a base de cuerdas. Más tarde, en la parte norte de Isla Tortuga
> confiscaron "bibliotecas paganas" de rollos Mide (80).[41]

Sin embargo, para un autor declaradamente eurocéntrico como Ricard, "no cabe reprobarles su conducta [la de los misioneros]: era lógica y ajustada a la conciencia" (105-106). Éste insiste en que la destrucción de los artefactos religiosos de la cultura mexica (a la cual llama azteca) se justificaba puesto que no se podía impedir "el derecho de la Iglesia a establecerse de manera visible" (106). Los misioneros, según el autor:

> *[N]o podían tolerar* que prosiguieran en paz las ceremonias
> paganas en el mismo lugar en que era predicado el cristianis-
> mo; *era forzoso, entonces, arrasar los templos y expulsar a los*

---

[41] Dice Escalante Gonzalbo: "Durante su avance a México-Tenochtitlán, los españoles destruían los templos y los altares que encontraban a su paso, y les prendían fuego a los códices, cuyas figuras juzgaban espantosas, como cosa del demonio [...] A la quema nerviosa de los primero días y a la destrucción ocurrida cuando las bibliotecas de los palacios sucumbieron, en el asedio a las zonas urbanas, hay que agregar la destrucción que practicaron los frailes en su empeño por sacar de raíz la idolatría Toda esta torpe, furiosa o metódica destrucción no alcanzó para borrar los códices de la faz de la tierra" (9).

sacerdotes. En lo cual no hacían sino llevar a la práctica las instrucciones de la Corona, que con la mayor energía mandaba extirpar cualquier manifestación idolátrica. *Más necesaria era la destrucción de los ídolos* que la de los templos: a un ídolo es fácil esconderlo, no así a un templo. Conservar algunos ídolos, algunos templos, a título de curiosidad, como pensó Cortés, hubiera parecido locura; fundar un museo, algo más extravagante aún; como que para la época tal modo de obrar se hubiera tenido como una muestra de respeto, y hubiera sido, por cierto, un medio de *hacer a los indios más adictos* a su vieja religión (Ricard 105; énfasis mío).[42]

En un ya famoso episodio de su *Historia*, Sahagún ilustraba claramente la metodología empleada en esta batalla de contrainteligencia entre Satán y el catolicismo:

> Una idolatría muy solemne se hacía en esta laguna de México en el lugar que se llama Ayauhcaltitlan, donde dicen que están dos estatuas de piedra grandes, y cuando se mengua la laguna quedan en seco, y parécense las ofrendas del copal y de muchas vasijas quebradas, que allí están ofrecidas; allí también ofrecían corazones de niños y otras cosas [...] hay otra agua o fuente muy linda en Xochimilco, que ahora se llama Santa Cruz, en la cual estaba un ídolo de piedra, debajo del agua, donde ofrecían copal. Yo vi el ídolo y entré debajo del agua para sacarle, y puse allí una cruz de piedra que hasta ahora está allí en la misma fuente (III: 351-352).

---

[42] Según Ricard, "No cabe dudar que los misioneros destruyeron muchas antigüedades indígenas. Ya en 1525 fray Martín de la Coruña destruyó en Tzintzuntzan, ciudad sagrada de Michoacán, todos los templos y todos los ídolos. En una carta del 27 de junio de 1529 declara que una de las mayores ocupaciones de sus discípulos era derrocar ídolos y arrasar templos, dirigidos por él mismo. El 31 de octubre de 1532 escribe aún que hace ya seis años trabaja, entre otras cosas, en la destrucción de los ídolos. En su famosa carta del 12 de junio de 1531, Zumárraga dice que se han destruido más de quinientos templos y veinte mil ídolos. Análogas indicaciones hallamos en la carta que dirige fray Martín de Valencia a Carlos V, junto con otros religiosos, el 17 de noviembre de 1532. Quedan corroborados y completados todos estos testimonios por los textos nada sospechosos de los siguientes autores, escogidos entre los principales: Sahagún, Durán, Mendieta, Dávila Padilla y Burgoa: todos ellos hablan de la destrucción de manuscritos. Es innegable que los religiosos destruyeron muchos monumentos y esculturas" (106).

Figura 7. "Quema e incendio de los templos idolátricos de la provincia de Tlaxcala por los frailes y españoles, y con consentimiento de los naturales / Yc quitlahtlatique naualcalli teopixque [en esta forma quemaron las casas de brujería los frailes]". Imagen reproducida del manuscrito Hunter 242, *Historia de Tlaxcala* (U.3.15) 240v, University of Glasgow.

Al mismo tiempo, y en la medida en que el enemigo (Satán proviene del hebreo *šātān*, que significa "oponente" o "adversario")[43] iba siendo borrado del mapa, se hacía necesario instituir la nueva iconología cristiana, todo el aparato ornamental renacentista cuya presencia tenía efectos milagrosos —según los frailes— y curativos sobre los indígenas contaminados de idolatría. Este proceso de imposición visual del aparato de propaganda católica ha sido denominado por Serge Gruzinski como "guerra de imágenes":

> Por razones espirituales (los imperativos de la evangelización), lingüísticas (los obstáculos multiplicados por las lenguas indígenas), técnicas (la difusión de la imprenta y el auge del grabado), la imagen ejerció, en el siglo XVI, un papel notable en el descubrimiento, la conquista y la colonización del Nuevo Mundo. Como la imagen constituye, con la escritura, uno de los principales instrumentos de la cultura europea, la gigantesca empresa de occidentalización que se abatió sobre el continente americano adoptó —al menos en parte— la forma de una guerra de imágenes que se perpetuó durante siglos (*La guerra* 12).

A tal efecto, cuenta Motolinía que los frailes procuraron "que se hiciesen iglesias en todas partes, y así ahora casi en cada provincia adonde hay monasterio hay advocaciones de los doce apóstoles, mayormente de San Pedro y de San Pablo, los cuales además de las iglesias intituladas de sus nombres, no hay retablo en ninguna parte adonde no estén pintadas sus imágenes" (34). A este frente de batalla, la ornamentación y diseminación de la iconografía católica, debemos sumarle otros como la persecución de hechiceros y los juicios por idolatría. El incidente de la persecución y posterior condena inquisitorial de los dos hermanos hechiceros Martín Océlotl y Andrés Mixcóatl, hace claros los modos en que se ejecutaron estas

---

[43] Como señala Russell: "the word "Devil" derives through Latin from the Greek *diabolos*, which is a rendition of the Hebrew *satan*. Conceptually, the Hebrew *Satan* is one manifestation of the Devil, not the Devil *par essence*" (174). Russel también aclara que la etimología de la palabra Satán deriva de la raíz hebrea "oponer", "obstruir" o "acusar" y que fue traducida al griego como *diabolos*, que significa "adversario" (189). El mismo autor muestra que "The Devil is the hypostasis, the apotheosis, the objectification of a hostile force or hostile forces perceived as external to our consciousness. These forces, over which we appear to have no conscious control, inspire the religious feelings of awe, dread, fear, and horror. The Devil is a much a manifestation of the religious sense as are the gods. Indeed, the emotions evoked by the experience of the Devil are at least as great as those evoked by the experience of a good god [...] but unlike the Judeo-Christian God (as he has developed), the Devil personifies deliberate destructiveness" (34).

batallas contra las fuerzas del mal por parte de los evangelizadores.[44] De acuerdo con Lafaye, estos dos hermanos fueron responsables de emprender una resistencia religiosa, una verdadera "batalla mágica" contra la evangelización cristiana:

> [U]no de estos hermanos, Andrés, iba "de pueblo en pueblo haciéndose pasar por un Dios [...] había conquistado la adhesión de los indios porque hacía los sacrificios rituales a Tláloc, para atraer la lluvia fecundante. Los fieles le daban, en cambio, el tributo anual de las mantas y también los hongos alucinógenos [...] Su hermano Martín Océlotl había encargado, además, a Andrés Mixcóatl recoger tres mil seiscientas puntas de flecha para combatir a los "cristianos" (*Quetzalcóatl* 62).

Los hermanos, según Lafaye, acusaban a los frailes y al dios cristiano de incapacidad para propiciar la lluvia y beneficiar las cosechas, a diferencia del dios mexica Tláloc (divinidad del agua). Los evangelizadores tuvieron entonces que inventar un modo de sustitución y reemplazo del dios de la lluvia mexica en la figura de la Virgen de los Remedios: "mientras que a la Virgen de Guadalupe se le atribuirá eficacia (complementaria de la precedente) contra las inundaciones" (Lafaye 63). Las consecuencias jurídicas para los dos hermanos brujos tuvieron efectos brutales, ambos fueron "Paseados a lomo de mula en una armazón infamante, azotados en público en las plazas de los pueblos donde habían dogmatizado, rapados y, en el caso de Martín Océlotl, enviado finalmente a los inquisidores de Sevilla para que dispusieran en última instancia de su persona" (Lafaye 63). Según la versión de Klor de Alva, Martín Océlotl, una vez embarcado, desapareció en el medio de la mar.[45]

Otro de los procesos por idolatría y hechicería, que mencionamos más arriba brevemente, fue llevado a cabo contra dos indígenas otomíes, Tacatetl (Antonio) y Tanixtetl (Alonso), en 1536. Se trata de un proceso significativo que muestra cómo luego de dieciséis años de la penetración colonial

---

[44] Según Lafaye, "La lucha contra las supervivencias idolátricas o su rebrote ofensivo se asemejó por sus fines y sus métodos al combate librado por los inquisidores de la península contra la herejía. El primer obispo de México, el franciscano fray Juan de Zumárraga, parece haber dado prioridad a esa tarea de inquisidor" (58).

[45] Para una historia completa y bien detallada de los acontecimientos personales y políticos que rodean la genealogía y posterior desaparición del hechicero Martín Ocelotl es importante leer el artículo de Klor de Alva titulado "Martín Ocelotl: Clandestine Cult Leader" (1981). Allí se hace un recuento pormenorizado de la vida de Océlotl utilizando variadas fuentes primarias de la época.

y luego de extendida la tarea de evangelización, los indígenas seguían realizando en forma secreta, en cuevas y montes, sus sacrificios y rituales. Uno de los testigos y denunciantes del proceso, Pedro Borjas, declaraba que

> [L]o que sabe es que fue con el dicho Lorenzo Suárez a su pueblo, rogado, y en él supieron de uno indios idólatras, y que este testigo fue con el dicho Lorenzo Suárez, donde los tomaron haciendo sacrificios, con mucha sangre derramada en muchos palos, hierbas, papel, y en piedras, y que la sangre estaba fresca; y que de allí fué con el muchacho este testigo á una cueva, donde halló muchos ídolos y máscaras con sangre (*Procesos* 4).

Los propios sacrificados, aparentemente gente joven, afirmaban en su descargo ante el juez que "los llevaron a donde sacrificaban y les cortaron con una navaja las piernas, y la sangre de ellas ofrecían a sus ídolos; y que muchas veces les llevaban a estos declarantes al monte y les sacaban sangre de las orejas y de otras partes del cuerpo" (*Procesos* 7). Estos procesos por idolatría, basados en denuncias, en persecuciones secretas, en acusaciones de los propios indígenas, nos hablan no sólo de la atmósfera paranoica en la que se desenvolvía la tarea evangelizadora, sino también sobre un estado de terror generalizado de la población indígena. Temor asociado, en el caso de los frailes, al sacrificio ritual y a la continuidad encubierta de la adoración del panteón de la divinidades mexicas, y en el caso de los indígenas, a ser descubiertos y enjuiciados por el aparato legal. No olvidemos que Motolinía fue uno de los jueces inquisitoriales en Nueva España, como lo ha señalado Baudot: "Motolinía added to his duties the role of inquisitor of México. Without trying to clarify why his biographers remained silent on the subject" (*Utopia* 257). De este modo, el *informante*, en su calidad de "testigo" o de "espía", se convirtió en un valioso elemento de penetración cultural para los misioneros.[46]

Las sentencias y el suplicio que seguían, y a veces precedían, a estos juicios tenían por objetivo no sólo devolver el pecador a la senda del "buen camino", sino además ser una muestra o ejemplo para toda la comunidad. Las mismas servían como lo que Foucault denomina la "sombría fiesta punitiva" o la "ceremonia penal" (*Vigilar* 16). En tal sentido, la sentencia que

---

[46] En el capítulo 14 de los *Memoriales*, titulado "De cómo escondían los ídolos", Motolinía cuenta que "destruyendo Dios el poderío del demonio y su idolatría, no sólo la pública mas también las que ponían en lugares escondidos, so especie de alguna imagen o cruz; porque aunque algunos había malos, que escondían los ídolos, no faltaban otros de ellos ya convertidos que les parecía mal, y avisaban de ello a los frailes" (42).

prescribía el castigo del cuerpo del reo era llevada a cabo en el espacio público. La ofensa era purgada por intermedio de un suplicio que incluía azotes en la espalda y el rapado de la cabeza mientras que un pregonero declaraba, a viva voz y públicamente, el delito de los prisioneros. La "fiesta punitiva" finalizaba con el destierro y la reclusión en algún convento. En el caso de Tacatetl (Antonio) y Tanixtetl (Alonso), el juez los halló culpables y ambos fueron condenados a

> [...] que sean sacados de la cárcel de este Santo Oficio, donde están presos, y caballeros en sendas bestias de albarda, atados los pies y las manos, con voz de pregoneros que manifiesten sus delitos, desde la dicha cárcel sean llevados, el dicho Tacastecle y Tanistecle, desnudos dende la mitad arriba, y en las espaldas, por el verdugo, les sean dados muchos azotes, hasta que sean llevados al tianguis del Tatelulco de Santiago, de esta ciudad, y subidos á donde está la horca, puramente sean trasquilados, y en su presencia, sean quemados la mitad de los ídolos que le fueron tomados; y esto fecho, sean tornados a cabalgar en las dichas bestias de la manera que vinieron, y sean llevados al tianguis de México, azotándolos, y en el dicho tianguis, en su presencia, sean acabados de quemar los ídolos y sacrificios que les fueron tomados; é asimismo todo lo susodicho ejecutado, sean tornados los sobredichos á la cárcel de este Santo Oficio, para que dende allí los sobredichos sean llevados á un monasterio que por no les fuere señalado, para que en él estén haciendo penitencia de sus culpas y pecados, sin salir de él el dicho Tacatecle por espacio de tres años continuos, é más lo que fuere nuestra voluntas, y al dicho Tanistecle, por espacio de un año y más cuanto fuere nuestra voluntad, adonde aprendan la dotrina xpiana, haciendo la dicha penitencia de sus pecados; apercibiéndoles que si otra vez cometieren alguno de los pecados susodichos, é hicieren algún sacrifico ó rito, de lo por ellos acostumbrado, no se usará de misericordia con ellos, salvo serán habidos por relapsos, lo cual se les dé á entender por ser personas ignorantes; é desterrámoslos más á los sobredichos y á cada uno de ellos del pueblo de Tancopan (*Procesos* 15).[47]

---

[47] En la transcripción del texto original se mantienen los errores lingüísticos de los notarios españoles sobre los vocablos y nombres propios de la lengua náhuatl y por ello la grafía de los nombres propios de los condenados aparecen registrados de distintas formas.

El emplazamiento de la simbología y la ornamentación cristiana (catedrales, altares, cruces, imágenes de santos), según Motolinía, tuvo efectos sanitarios sobre la influencia demoníaca. Las prácticas de adoración de los dioses del panteón mexica eran intercambiadas, reemplazadas por la adoración de los íconos católicos: "también hicieron altas cruces y grandes cruces, a las cuales adoraban, y mirando sanaban algunos que aún estaban heridos de la idolatría. Otros muchos con esta santa señal fueron librados de diversas asechanzas y visiones que se aparecían" (34). Sin embargo, como afirma Lafaye, "[...] una represión tan implacable no impidió a las antiguas creencias ni a los ritos tradicionales subsistir y mezclarse a la religión cristiana; sobre todo porque el adoctrinamiento había sido demasiado rápido y el número de sacerdotes siguió siendo insuficiente para asegurar el control de la ortodoxia de los indios, hasta en la región más favorecida a este respecto, el Anáhuac" (63). Motolinía realmente creía estar inmerso en una verdadera "batalla" contra el demonio, una batalla en la que desconfiaba del accionar de los indígenas por creer que éstos adoraban en forma encubierta las imágenes católicas como a otro ídolo más.

> Ésta fue la primera batalla dada al demonio, y luego en México y sus pueblos y derredores, y en Coauthiclan [Cuautitlan]. Y luego casi a la par en Tlaxcallan comenzaron a derribar y destruir ídolos, y a poner la imagen del crucifijo, y hallaron la imagen de Jesucristo crucificado y de su bendita madre puestas entre sus ídolos a la hora que los cristianos se las habían dado, pensando que a ellas solas adorarían; o fue que, ellos como tenían cien dioses, querían tener ciento y uno; pero bien sabían los frailes que los indios adoraban lo que solían. Entonces vieron que tenían algunas imágenes con sus altares, junto con sus demonios y ídolos; y en otras partes la imagen patente y el ídolo escondido, o detrás de un paramento, o tras la pared, o dentro del altar, y por esto se las quitaron, cuantas pudieron haber, diciéndoles que si querían tener imágenes de Dios o de Santa María, que les hiciesen iglesias (35).

El combate contra el demonio, sin embargo, no debe ser entendido como un combate contra el indígena en la mentalidad evangélica del siglo XVI. Cuando Motolinía fustiga la codicia conquistadora ejercida en las islas del Caribe claramente deja asentado que los indígenas de esas islas han sido tratados peor que bestias: "y tuviéronlas en menos estima, como [si] en la verdad [no] fuesen criados a la imagen de Dios" (35).[48] El demonio era para la etnografía evangélica una *fuerza exterior* no voluntaria que poseía y engañaba a los indígenas. Es por ello que hablamos de *influencia* diabólica y no de *naturaleza* diabólica. Contrariamente a lo que suele pensarse, la figura de Satán era utilizada por los frailes para salvaguardar el supuesto "salvajismo" atribuido al indígena por muchos pensadores de la época. Satán servía para explicar la "deficiencia" indígena, él era la excusa para el "mal funcionamiento" de su cultura y la influencia perniciosa que, una vez extirpada, haría posible la transformación y el aprendizaje de la religión occidental de los nativos de América. Al respecto, Browne señala que

> For Europeans like Sahagún, the devil served as a vehicle for salvaging the dignity and humanity of the indigenous population. The indigenous population was viewed as emergin from an era of diabolic deception under the guidance of the missionaries rather than as remaining trapped in the chains of the inherent deficiencies most Spaniards attributed to the Nahuas by the end of the sixteenth century. Essentialy, and perhaps ironically, the devil became a diabolous ex machine —or hermeneutic wild card— for precisely those Europeans who felt a certain degree of sympathy for the plight of the indigenous population (189-190).

Las Casas, inspirado en las páginas del *Malleus Maleficarum* (1487), explicaba los modos en los que actuaban los demonios y los poderes que poseían para engañar a los hombres:

> Los demonios por sola su virtud natural pueden mover todas las cosas naturales cuanto al movimiento de lugar a lugar, Dios no se lo estorbando, y como los vientos y agua se hagan por el mo-

---

[48] Motolinía agrega que todos estos males derivan de la codicia conquistadora: "¡Oh, cuántos por esta negra codicia desordenada del oro de esta tierra están quemándose en el infierno!" (36). Sin embargo, apólogo confeso de la causa conquistadora, cree ver en los españoles de la Nueva España un cambio de actitud: "yo sé y veo cada día que hay algunos españoles que quieren ser más pobres en esta tierra, que con minas y sudor de indios tener mucho oro; y por esto hay muchos que han dejado las minas. Otros conozco, que de no estar bien satisfechos van modificando y quitando mucha parte de los tributos, y tratando bien a sus indios. Otros se pasan sin ellos, porque les parece cargo de conciencia servirse de ellos. Otros no llevan otra cosa más de sus tributos modificados, y todo lo demás de comidas, o de mensajeros, o de indios cargados, lo pagan, por no tener que dar cuenta de los sudores de los pobres" (36).

vimiento de los vapores resolvidos que de la tierra y agua salen, por tanto, ellos solos pueden las tormentas causar. Con estas tormentas y conmociones de aires, granizos, piedras y truenos, relámpagos, rayos y otras tempestades mataban hombres y bestias y destruían mieses y heredades de los que desamaban y querrían dañalles. Todo esto pueden hacer los demonios [...] Pueden matarlos, pueden turbarles los sentidos, privarlos del uso de la razón; pueden trasnportallos de un lugar en otro lugar; pueden transformallos de hombres en diversas bestias, por el modo que se declarará; pueden en los bienes temporales de fortuna y en la fama dañalles [...] De lo dicho se siguen que pueden los demonios solos por sí o a instancia de los hechiceros, sus aliados, entenebrecer y ahumar y cuasi del todo cegar los entendimientos humanos, por razón de que pueden mover y turbar y confundir las potencias interiores según está declarado (*Apologética historia*, 7: 710, 13).[49]

Por su parte, Motolinía, en más de una oportunidad, señalaba al demonio como a un "agente" que inducía y controlaba su propio culto. Más aún, el demonio de Motolinía exhibía toda una lógica organizacional para su propia adoración y beneficio: "Un día en el año llamado *quechulli*, salían los señores y principales, y los tlanamacazque o verdugos del demonio al campo para sacrificar en los templos del demonio que había en los montes: *en todas partes trabaja el demonio que hobiese su culto y servicio* [...] *el demonio trabajaba de mostrarse señor de las criaturas irracionales animadas*" (69; énfasis mío). Unos capítulos más adelante, Motolinía descri-

---

[49] Y agrega Las Casas: "Pueden también los demonios poner ante los ojos alguna cosa ya por natura formada o que ellos de nuevo formen, como cuando aparecen en algún cuerpo que toman, como abajo parecerá. Y lo mismo es del oír o del palpar o tocar y de los otros, exteriores sentidos. Porque vemos por experiencia que, turbados los espíritus y humores, se muda y engaña el sentido del gusto, como la lengua del enfermo, por estar llena de humor colérico, todo lo que gusta tiene por amargo [...] Y así, mucho mejor lo pueden causar los demonios trayendo diversas cosas que turben, para engañar los sentidos [...] Como asimismo, pues, ninguna cosa se ama si primero no es cognoscida, de allí es que, engañados los sentidos de fuera y turbados y ofuscados y desbaratados los de dentro y, por consiguiente, atenebrado y ahumado y cuasi todo o del todo el entendimiento cegado, de necesidad se ha de tenebrecer, ofuscar, turbar y desordenar en sus aficiones la voluntad y así amar lo feo por hermoso y lo hermoso por feo y aborrecer los verdadero y amar lo fingido, lo cual todo procede por haber el demonio los sentidos exteriores engañado y las potencias imaginativas y estimativa y las demás confundido y engañado y turbado" (*Apologética historia*, 7: 714).

bía los sacrificios conducidos por los *tlanamacazque* (ministros religiosos) y los ayunos, volviendo a señalar claramente la agencia demoníaca: "Tenía el demonio en ciertos pueblos y parroquias de la provincia de Tehuacan, capellanes perpetuos, que siempre velaban y se ocupaban en oraciones, ayunos e sacrificios" (72). Esta interpretación justificaba la tarea evangelizadora: todo el esfuerzo de los misioneros se hallaba concentrado en la extirpación de la influencia de esa fuerza exterior. De este modo, el indígena no era tomado por un demonio, sino por un hombre confundido y engañado por dichas influencias. De ahí que se produjera una doble justificación de la invasión europea: por un lado la Conquista militar abría el camino a la religión y, por otro, la presencia evangelizadora era la norma de corrección y el método de transformación y expulsión de las influencias demoníacas.

Para la interpretación teológico-etnográfica de Motolinía, las múltiples formas que asumía la idolatría mexica tenían su sustento en tres causas principales.[50] Las tres causas señaladas por el fraile se explicaban mediante una lógica de tipo relativista, de sentido común y de orden cuasi racional. La primera causa de la idolatría, según Motolinía, estaba estrechamente ligada a un procedimiento de *sustitución simbólica* de la ausencia del muerto por una imagen representativa de su presencia, y su objetivo era aliviar el dolor durante el duelo por la muerte de un ser querido: "La primera [causa] y principio de idolatría y de fabricar ídolos fue la afición desordenada de los hombres cerca de sus propinaos y de los difuntos, de los cuales hicieron imágenes para en ellas se consolar y rememorar la memoria, es suplir en la imagen la afición del difunto" (299). Esta explicación se estructuraba sobre una semiótica de los procedimientos funerarios que hoy sorprende por su aparente modernidad interpretativa. Pero no debemos engañarnos, esta hipótesis no era original de Motolinía sino del Libro de la Sabiduría y la misma fue utilizada tanto por Las Casas –quien sostenía en la *Apologética historia* que la idolatría tenía causas naturales–,[51] como por Acosta en

---

[50] En la palabra "idolatría" siempre se deben sobreentender las comillas: éstas implican que no comparto la noción aplicada sobre los rituales y los objetos de la cultura mexica por los evangelizadores. Como ha señalado Gruzinski: "La idolatría prehispánica, consciente o no, tejía una red densa y coherente, implícita o explícita de prácticas y saberes en los que se situaba y se desplegaba la integridad de lo cotidiano. Hacía plausible y legítima la realidad que construían, proponían e imponían aquellas culturas y aquellas sociedades" (*La colonización* 153).

[51] De acuerdo con Las Casas la idolatría surge de un deseo natural de las personas por encontrar a Dios, por amor a él y por la necesidad de su presencia. La idolatría surge entonces como una respuesta a esa búsqueda y ese deseo: "por la cual [la búsqueda de la divinidad] incurrió en una corrupción natural y universal todo el linaje humano, y por falta

su *Historia natural y moral* para explicar, al igual que Motolinía, los ritos funerarios.[52] La segunda causa se asociaba también con los procedimientos de sustitución simbólica, pero se correspondía más bien con una dimensión de orden político y con las estrategias del poder de los señores indígenas y sus tácticas de perpetuación: "fue la tiranía de algunos reyes y señores que quisieron ser honrados no sólo en su presencia, mas también en su ausencia, y a esta causa hicieron sacar y esculpir sus imágenes y llevarlas a lugares remotos para ser honrados y adorados en ellos" (299). Finalmente, la tercera causa para el surgimiento de la idolatría era tanto de orden teológico como político, y se relacionaba según Motolinía, con dos pecados, la vanidad (adulación) y la codicia, y del lado político con la manipulación popular: "fue la adulación y codicia de los artífices, los cuales, para agradar más a los poderosos y reyes, hicieron sus imágenes muy más hermosas y elegantes de lo que eran sus personas y por la tal hermosura los simples fueron más fácilmente traídos al servicio e adoración de los ídolos" (299-300).

La tarea de extirpación de las influencias satánicas era compleja porque implicaba procesos simultáneos que operaban en varios niveles de interconexión. Se trataba de un reconocimiento, esto es, de un señalamiento del demonio operando "ya ahí" frente a los evangelizadores (una semiología); de una interpretación del accionar diabólico y sus causas (una hermenéu-

---

de la guía susodicha necesaria en el camino que los hombres hacen de buscar al verdadero Dios, tuvo la idolatría su raíz y origen y así fue hecha natural, y tan natural y entrañada en los corazones de los hombres que se inficionaron en ella que si no les diéremos otro Dios en quien confíen, amen y esperen, ni cuchillo ni huego [fuego] ni otra medicina o pena y tormento alguno a extirpar sola no bastará [...] la señal evidente de ser natural la idolatría es la universalidad, la perpetuidad y la dificultad de apartalla o estripalla, porque [...] de tal manera está en los hombres y en todas las gentes arraigada, o en los troncos o en las ramas o en las reliquias, que ni con huego [fuego] ni con cuchillo ni por otra vía puede ser exterminada ni desarraigada" (*Apologética* 7: 644-645).

[52] En el libro V de su *Historia*, Acosta cita directamente el Libro de la Sabiduría para explicar el origen de la idolatría y su relación con los difuntos: "sucedió que sintiendo el padre amargamente la muerte del hijo mal logrado, hizo para su consuelo un retrato del defunto, y comenzó a honrar y adorar como a Dios, al que poco antes como hombre mortal acabó sus días; y para este fin ordenó entre sus criados, que en memoria suya se hiciesen devociones y sacrificios. Después, pasando días y tomando autoridad esta maldita costumbre, quedó este yerro canonizado por ley, y así por mandado de los tiranos y reyes, eran adorados los retratos e ídolos. De aquí vino que con los ausentes comenzó a hacer lo mismo, y a los que no podían adorar en presencia por estar lejos, trayendo los retratos de los reyes que querían honrar, por este modo los adoraban, supliendo con su invención y traza la ausencia de los que querían adorar [...] el origen de la idolatría fueron estos retratos y estatuas de los defuntos" (*Historia natural* 226).

tica) que constaba además de una interpretación histórica sobre el origen de la presencia demoníaca (una arqueología evangélica) y, paralelamente, de un trabajo de expulsión y de adoctrinamiento de la nueva religión (conversión). De este modo, Motolinía señalaba los problemas concretos en el proceso de adoctrinamiento: "fue menester decirles, fue darles a entender quién era Dios [...] y luego junto con esto fue menester darles también a entender quién era Santa María, y diciendo este nombre pensaban que nombraban a Dios, y a todas las imágenes que veían llamaban Santa María" (*Memoriales* 37). Asimismo, el reconocimiento de la presencia del demonio se producía en el nivel descriptivo de la práctica etnográfica e implicaba el ordenamiento detallado y la clasificación minuciosa de un conjunto de prácticas ejercitadas por los indígenas: sacrificios, fiestas, canibalismo ritual, adoraciones, cantos, pinturas, etc.; así como también la puesta en práctica de unos saberes teológicos, psicológicos y filosóficos: "Tenían asimismo unas casas o templos del demonio redondas, y de éstas unas grandes y otras menores, según los pueblos eran, hecha la boca como de infierno, y en ella pintada la boca de una espantosa serpiente con terribles colmillos y dientes, y en algunas partes los dientes eran de bulto, que verla y entrar dentro ponía grandísimo temor y espanto, en especial [el] que estaba en México, que parecía traslado del infierno" (*Memoriales* 37). La expulsión de la influencia diabólica como proceso complementario al reconocimiento, el acto semiológico, también precisaba de las utilitarias armas etnográficas, puesto que los frailes, para poder comunicar el Evangelio, practicar confesiones y bautismos, necesitaron penetrar la lengua, las prácticas rituales y la gestualidad de la cultura indígena.[53] Descripción, clasificación cultural, reconocimiento diabólico y extirpación de las influencias satánicas son procesos que se ajustan e interconectan en la gramática del control evangélico.

Al mismo tiempo, la cultura indígena era vista y descrita como un cuerpo *espiritualmente enfermo* que debía ser sanado, curado y mantenido en resguardo so pena de volver a caer víctima de la enfermedad propagada por la presencia e influencia diabólicas. En el comienzo de los *Memoriales* Motolinía describía, mediante el uso de la analogía bíblica, el estado general de México-Tenochtitlán como afectado por "plagas" directamente enviadas

---

[53] De acuerdo con Ricard: "No bien llegados al país los misioneros de México supieron advertir muy bien que el conocimiento de las lenguas indígenas era una condición esencial para una evangelización seria y efectiva. Vieron también que era el medio más eficaz para llegar al alma de los paganos y, principalmente, para conquistar su corazón. Desconocedores de las lenguas, no hubieran podido administrar más sacramentos que el bautismo y el matrimonio" (118).

por la divinidad para castigar los vicios, idolatrías y pecados. En su carta de 1555 a Carlos V, Motolinía desmentía las acusaciones de Las Casas sobre el maltrato indígena y sospechaba e intuía fuertemente que la devastación de los indígenas no había sido producida por el maltrato de los encomenderos, sino por las enfermedades que Dios había enviado para castigarlos por sus idolatrías. De este modo, Motolinía no negaba la destrucción de las Indias de la que hablaba Las Casas, más bien creaba una nueva línea de interpretación para explicarla. La culpa del masivo deceso de los indígenas no era de los encomenderos ni de la Conquista, sino de los propios indígenas, que se empecinaban en servir a Satán:

> De diez años a esta parte falta mucha gente destos naturales, y esto no lo han causado malos tratamientos, porque ha muchos años que los indios son bien tratados, mirados y defendidos; más halo causado muy grandes enfermedades y pestilencias que en esta Nueva España ha habido, y cada día se van mucho apocando estos naturales. Cuál sea la causa, Dios es el sabidor, porque sus juicios son muchos y a nosotros escondidos. Si la causan pecados e idolatrías que en esta tierra había no lo sé. Empero veo que la tierra de promisión que poseían aquellas siete generaciones idólatras por mandado de Dios fueron destruidas por Josué ("Carta" 418).

Estos esquemas alegóricos y teológicos funcionaban como el *a priori* etnográfico, tal como señalaba Foucault: "no existe, ni aun para la más ingenua de las experiencias, ninguna semejanza, ninguna distinción que no sea resultado de una operación precisa y de la aplicación de un criterio previo" (*Las palabras* 5). Simultáneamente, la sintomatología del cuerpo social indígena descripta por Motolinía se correspondía con un proceso de alegorización[54] de la tabla de pecados capitales cristianos, con una traducción simbólica (*traslatio*) de las prácticas culturales indígenas al lenguaje del pecado y el vicio, esto es, a la *mismidad* católica. La descripción de las comidas, como el festín caníbal, se traducía en la representación de la gula;

---

[54] Toda etnografía, como ha señalado James Clifford, se trama sobre una ficción alegórica: "La escritura etnográfica deviene en alegoría merced a dos niveles. Uno, por el contenido (lo que se dice acerca de las culturas y de sus ficciones); otro, por la forma (que es lo que se halla implicado en los modos de textualización). [...] la alegoría (del griego *allos*, otro, y *agoreuein*, hablar) denota, por lo general, una práctica en la cual una narrativa de ficción continuamente refiere una paternidad distinta en cuanto a las ideas y eventos referidos toca. Es una representación que se autointerpreta" ("Sobre la alegoría" 153).

las prácticas poligámicas indígenas eran asociadas a la lujuria; el rechazo a la tarea evangelizadora, con la ira y la soberbia; y, finalmente, la no adecuación, resistencia y rechazo del sistema esclavista colonial son asociadas con la pereza. Éste es el lente teológico-etnográfico con el cual el evangelizador mira, mide y clasifica la otredad.

Estos criterios previos, derivados de siglos de hermenéutica cristiana, organizaban y clasificaban las diferencias para ajustarlas a los parámetros semióticos del cristianismo, justificando la "misión evangelizadora" y los métodos para la extirpación de las enfermedades ocasionadas por la influencia del demonio. En el capítulo 14 de sus *Memoriales*, Motolinía hacía una descripción de las fiestas indígenas y su correspondencia con el calendario azteca de 18 meses compuestos por 20 días.[55] Todas las fiestas y los rituales realizados por los indígenas, desde los ritos que antecedían y precedían a la cosecha hasta las ceremonias de despedida de los muertos, eran considerados como una celebración a la figura del demonio. Motolinía señalaba que la idolatría no había podido ser fácilmente suprimida apelando a la simple expulsión de los demonios del templo, esto es, sustituyendo la iconología nativa por la cristiana, puesto que la adoración continuaba por las noches, fuera de los templos: "donde se ayuntaban y llamaban y hacían fiestas al demonio con muchos y diversos ritos que tenían antiguos" (38). La eliminación de los múltiples ritos "satánicos" se dificultaba, según el fraile, por la antigüedad de la práctica a la que los indígenas estaban acostumbrados, de allí el énfasis en la evangelización de los niños. En la descripción de los rituales indígenas que hacía Motolinía podemos apreciar la profunda religiosidad del mundo azteca. El propio fraile observaba con disgusto dicha devoción y hacía referencia a cómo los indígenas gastaban

---

[55] En el capítulo 16, Motolinía realiza una interpretación y descripción amplia y detallada —hasta donde sus conocimientos de las matemáticas y astronomía mexica se lo permitían— del calendario azteca comparándolo con otros sistemas calendáricos (judío, griego, romano) y poniendo como regla general y base de la interpretación al propio calendario cristiano (45). Gordon Brotherston ha descrito con gran exhaustividad la complejidad de los modos de funcionamiento de los diferentes sistemas calendáricos mesoamericanos. El lector interesado en la problemática de las mediciones del tiempo dentro de las poblaciones amerindias puede revisar el libro de Brotherston titulado *La América indígena: los libros del Cuarto Mundo* (1997 [1992]) y específicamente el capítulo IV, "Configuraciones del tiempo". En dicho capítulo —y en todo el libro— el autor, además de ofrecernos una descripción y explicación detallada de los sistemas calendáricos de Mesoamérica, realiza una crítica precisa e informada del eurocentrismo y de las tácticas ideológicas que se han utilizado para conceptuar históricamente los sistemas calendáricos de Mesoamérica por parte del invasor europeo.

todos sus dineros en estas fiestas y cómo se endeudaban y vendían como esclavos para poder realizarlas:

> [...] no sólo gastaban cuanto tenían, pero adeudábanse, que tenían otro año o dos que trabajar para salir de deuda; y otros, para hacer esta fiesta y no teniendo para acaba de hacer, para hacerla se vendían por esclavos. Gastaban en estas fiestas gallinas y perrillos y su pan y su vino, hasta que en todas ellas se embeodaban. Compraban muchas rosas y canutos de perfumen, cacao e otras frutas e cosas de comida, y en muchas destas fiestas daban mantas a los convidados, y demás de estas fiestas se hacían otras muchas con diversas cerimonias, las cuales se hacían de noche llamando al demonio, que no bastaban [poder y] saber humano par los destruir y destirpar" (39).

Así, en la etnografía de Motolinía leemos la permanente reinscripción de una paranoia que percibe al demonio incesantemente en toda obra y hacer indígena. Podría aplicarse al pensamiento de Motolinía a lo que Morin considera como el "principio semántico generalizado", esto es, que dentro del pensamiento mítico-analógico no existe la contingencia: "todos los eventos son de hecho signos y mensajes que piden y obtienen interpretación. El universo mitológico es un emisor de mensajes y cualquier cosa natural es portadora de símbolos. En este sentido, el pensamiento mitológico se caracteriza por una *proliferación semántica y un exceso de significaciones*" (175; énfasis mío). Incluso Ricard, quien no demostraba mucha simpatía por el mundo indígena, señalaba la obcecación que tenían las órdenes mendicantes con el tema de la idolatría: "La obsesión de la idolatría y de la herejía llegó a ser tan dominante en algunos misioneros que se hizo sospechoso todo cuanto tuviera que ver con la civilización del paganismo" (133). Hacia final del siglo XVI el jesuita Acosta se quejaba en su *Historia* del "fanatismo" de los misioneros y se lamentaba por la pérdida de materiales valiosos para el estudio de la historia del mundo indígena:

> En la provincia de Yucatán, donde es el Obispado que llaman de Honduras, había unos libros de hojas a su modo, encuadernados o plegados, en que tenían los indios sabios la distribución de sus tiempos, y conocimiento de planetas y animales [...] parecióle a un doctrinero que todo aquello debía de ser hechizos y arte mágica, y porfió que se habían de quemar, y quemáronse aquellos libros, lo cual sintieron después no sólo los indios sino españoles curiosos, que deseaban saber secretos de aquella tierra. Lo mismo ha acaecido en otras cosas que pensando los nuestros que

todo es superstición, han perdido muchas memorias de cosas antiguas y ocultas que pudieran no poco aprovechar. Esto sucede de un celo necio, que sin saber ni aun querer saber las cosas de los indios, a carga cerrada dicen que todas son hechicerías, y que éstos son todos unos borrachos, que qué pueden saber, ni entender (*Historia natural* 288-289).

Al mismo tiempo, el señalamiento de la presencia demoníaca colaboraba con la profunda desconfianza de los frailes sobre la posibilidad o incluso sobre la duración de la conversión indígena. Motolinía acusaba a los propios indígenas de venerar simultáneamente al Dios cristiano y a los demonios locales disimulando figuras de ídolos y ocultándolos debajo, detrás o al costado de la cruz o de las figuras de santos católicos. Más tarde, Sahagún, que también estaba preocupado por las estrategias de encubrimiento indígena, alertará a los misioneros para que no confundan la imagen de la Virgen María con la diosa mexica Tonantzin: "el nombre propio de la Madre de Dios Señora Nuestra no es Tonantzin, sino Dios ynantzin; parece esta invención satánica para paliar la idolatría debajo de la equivocación de este nombre Tonantzin, y vienen ahora a visitar a esta Tonantzin de muy lejos, tan lejos como de antes, la cual devoción también es sospechosa" (*Historia general* III: 352).[56] Esta paranoia y ansiedad colonial, como bien ha señalado Jáuregui, se relacionan con "la idea de que lo mexica se escondía bajo la apariencia engañosa de lo cristiano (el *Otro* se oculta en la semejanza). Se pensó que el *Otro*, antes que hacer una mímica de la religión del colonizador, se enmascaraba en ella" (*Canibalia* 220). Asimismo, Fernando Cervantes ha señalado un cambio de actitud entre la primera euforia evangelizadora y la segunda generación de evangelizadores indicando un punto fundamental que a menudo se olvida. Al principio de la Conquista, el indígena no conoce la doctrina cristiana y por ende no puede ser tratado como un hereje, ni ser castigado como tal, pero luego de 60 años de conquista y evangelización los indígenas ya eran cristianos, ya habían sido bautizados y convertidos y, por ende, toda práctica ritual que no fuera católica era considerada como herética. Para la segunda mitad del siglo XVI —si revisamos los escritos de los evangelizadores, y Sahagún es un buen ejemplo— era claro que la conversión de los indígenas no había resultado del todo exitosa. Para esa época, como afirma Cervantes:

---

[56] Como señala Lafaye: "La posición de Sahagún ante este ejemplo de sincretismo es típica de la espiritualidad de los primeros evangelizadores franciscanos, que ya hemos evocado. Para él era deseable una ruptura total con las creencias politeístas, ya que toda tentativa de asimilación introducía una ambigüedad perjudicial en la pureza de la nueva fe, utilizada por el maligno con fines de perversión" (*Quetzalcóatl* 310).

Idols were constantly being hidden in caves. Human sacrifice, although less frequent, lingered on , and it was very common to find young men with their legs cut open or with wounds in their ears and tongues inflicted with the purpose of providing human blood for the idols. More alarming were a number of similarities that could be detected between Christian practices and native rites. Fasting for instance, was an indispensable prelude to the sacrifices which, as a rule, ended in a communal banquet, often accompanied by the ingestion of hallucinogenic mushrooms, *teunanacatl* in Nahuatl (14).

En este sentido, Motolinía y sus contemporáneos europeos no hacían más que ser testigos de una aparente formación sincrética llevada a cabo por los indígenas, quizá como un modo de defender su tradición cultural religiosa, esto es, el ejercicio de una agencia negada por la etnografía misionera y, paradójicamente, revelada por ella.[57] Un sincretismo que perdurará en el tiempo y que a más de un siglo de la conquista de México tendrá aún efectos sobre el aparato semiótico y represivo del catolicismo. Tengamos presente que todavía en 1629, un autor como Hernando Ruiz de Alarcón (ca. 1583-1646) —hermano del famoso dramaturgo— escribía su *Tratado de las supersticiones y costumbres gentílicas que hoy viven entre los indios naturales desta Nueva España*. Como señala Elena de la Garza Sánchez:

> El desconocimiento inicial de la religión mesoamericana, en especial del área central, que fue en donde ocurrió el primer contacto con los religiosos españoles, originó que estos no percibieran que detrás de esta aceptación había una superposición de elementos de la religión indígena. Transcurridas aproximadamente tres décadas de la Conquista, los frailes empezaron a percibir la persistencia de prácticas religiosas indígenas, a veces coexistente con el ritual cristiano. ("Introducción" 12).[58]

---

[57] Según Lafaye: "En términos generales, el vacío creado por la desaparición del cuerpo sacerdotal mexicano permitió que las formas degradadas de la religión politeísta combinadas con las supersticiones populares, se manifestara más, apareciendo como la herencia espiritual del pasado" (*Quetzalcóatl* 59).

[58] De acuerdo con Elena de la Garza: "El *Tratado* de Ruiz de Alarcón obedece a este deseo de las autoridades de conocer la raíz y procedimientos de las supersticiones, hechicerías e idolatrías de los indígenas en la zona a su cargo. Realizó la investigación a petición del arzobispado de México, Juan Pérez de la Serna, y por órdenes del siguiente arzobispado, Francisco Manso de Zúñiga dio forma a sus pesquisas dando por resultado el *Tratado*" ("Introducción" 17).

La hipersensibilidad religiosa de Motolinía, alterada frente a las manifestaciones más cotidianas de la cultura indígena, junto a una conciencia convencida en su fanatismo de hallarse en una tierra infernal dominada por el demonio, colaboraron sin duda en una construcción hiperbólica de lo demoníaco y en una diseminación y proliferación constante de la imagen de éste en casi todos los aspectos de la cultura indígena:

> [...] de piedra y de palo y de barro, y los hacían también de masa y semillas, y de éstos unos grandes y otros mayores y medianos y pequeños y muy chiquitos: unos como figuras de obispos con sus mitras, y otros con un mortero en la cabeza, y éste creo que era el dios del vino, y allí le echaban encima vino. Unos tenían figuras de hombres, y otros de mujeres: otros de bestias fieras, como leones y tigres y perros y venados; otros como culebras, y de éstos de muchas maneras, largas y enroscadas, y con rostros de mujeres [...] otros de águila y búho y de otras aves, y del sol y la luna y las estrellas, otros de sapos y ranas y peces [...] Tenían por dios al fuego y al aire y al agua y a la tierra; y de éstos, figuras pintadas, y de muchos de sus demonios tenían rodelas y escudos, y en ellos pintadas las figura y armas de sus demonios y su blasón, y de otras muchas cosas tenían figuras e ídolos de bulto y de pincel, hasta de las mariposas y pulgas y langostas, y bien grandes y bien labradas (*Memoriales* 41-42).

Las representaciones pictóricas o escultóricas de los seres de la naturaleza, desde los mamíferos y los pájaros hasta los insectos, fueron interpretadas por Motolinía como pertenecientes al género de la idolatría. En esta representación y descripción etnográfica del culto religioso mexica, Motolinía se las ingenió para mostrar que el conjunto cultural del mundo indígena se hallaba contaminado por la influencia demoníaca. Las formas de representación (estatuillas, pinturas, rodelas, escudos, blasones) y sus diferentes tamaños (grandes, pequeños, medianos), los materiales utilizados (madera, arcilla, masa, semillas), los agentes naturales involucrados en la representación (leones, tigres, perros, venados, culebras, águila, búho, sapos, ranas, peces, mariposas, pulgas, langostas), los elementos o fuerzas de la naturaleza (fuego, aire, agua tierra) y, finalmente, los seres humanos (mujeres y hombres), todos reinscribían, representaban, celebraban y diseminaban las diferentes morfologías de lo demoníaco.[59] Es por ello que la afirmación de

---

[59] Más tarde, Gerónimo de Mendieta, en su *Historia eclesiástica indiana*, al describir los tipos de ídolos de los indígenas americanos volvería a insistir con esta lectura panóptica

Motolinía en el epígrafe que abre este capítulo ("era esta tierra un traslado del infiero") no debe entenderse como una mera alegorización religiosa, sino también como una traducción ideológica de los mecanismos de representación etnográfica totalizante; representación informada *a priori* por el fanatismo religioso en cuyo horizonte mental se inscribe la batalla del *bien* contra el *mal*, del infierno contra el reino de los cielos, la lucha de Dios contra el demonio y los esfuerzos de Europa por transformar y convertir las poblaciones indígenas americanas. Al mismo tiempo, esta actitud paranoica que se evidencia en los textos de Motolinía era la clara muestra de un pesimismo que inconscientemente reconocía las fallas y las dificultades en la tarea evangelizadora, como señala Cervantes: "The crumbling optimism of the second decade of Franciscan evangelization was a reflection of the growing conviction among the missionaries that Satanic intervention was at the hearth of Indian cultures. It had become clear to the friars that the deities of the Indians were not merely false idols but, in the words of Bernardino de Sahagún, 'lying and deceitful devils'" (15).[60]

Estas conceptualizaciones ponen en duda el supuesto optimismo en la tarea de evangelización que en forma general se le atribuye a los primeros doce franciscanos; no porque éstos no hubieran creído en las fuertes transformaciones culturales que ellos mismos estaban llevando a cabo, sino porque la resistencia de los indígenas y la persistencia de éstos en la conservación oculta de sus prácticas religiosas hacían más ardua la tarea de los catequistas. Por ello, cuando Motolinía, en muchos pasajes de sus *Memoriales* señala el "éxito" de la misión evangelizadora, lo hace más como un guiño al poder político, como un respaldo a sus compañeros, que como convencimiento efectivo de los resultados de la evangelización y prueba de esto es la obsesión con la idolatría que atraviesa su obra.[61]

---

e hiperbólica de la idolatría: "no dejaban criatura de ningún género ni especie que no tuviesen su figura, y la adorasen por Dios, hasta las mariposas, y langostas, y pulgas; y éstas grades y bien labradas, y unas figuras tenían de pincel, pero las más era de bulto" (I: 55).

[60] Al respecto, Gruzinski ha señalado que "Algunos observadores de la segunda mitad del siglo XVI tan perspicaces como Sahagún o Durán con dificultad se engañaron al respecto. Tras cantidad de rasgos casi insignificantes, sospechaban la persistencia de algo amenazante, aún irreductible. Pero, por más que el Concilio de 1585 volvió a reclamar —a decir verdad brevemente— la persecución de los "dogmatizadores", la destrucción de los templos y de los ídolos y la desaparición del "vómito de la idolatría", no por ello dejó de considerar el asunto desde la perspectiva de una posible recaída más que de una sorda continuidad" (*La colonización* 149-150).

[61] Walden Browne señala que "Motolinía's claim that the conversion of the Nahuas had been entirely successful might seem politcally expedient. But, initially at least, the first

Por momentos, las descripciones infernales de Motolinía alcanzan ribetes dantescos y literarios y las figuras hiperbólicas desempeñan un papel central apoyando, prefigurando y representando la continuidad del infierno en América. En el capítulo 68 de los *Memoriales*, titulado "De la extremada y muy espantosa boca del infierno que se muestra en la provincia de Nicaragua..." (282), Motolinía afirmaba que la boca de uno de los volcanes de Nicaragua era, en efecto, la puerta de entrada al infierno. Al respecto afirmaba Baudot: "Mendieta told us that Motolinía was attracted to Nicaragua by, among other things, his insatiable desire 'to see an active volcano in that land, an incredible sight.' It is possible to see in this ever present curiosity for the things of New Spain, things that astonished him (as shown by his journey to Nicaragua), the beginning of the systematic investigations that later led to his writing ethnography" (*Utopia* 259-260). La descripción del volcán que ofrecía Motolinía comenzaba en forma realista: "No está encima de muy alta sierra, como otros, más encima de un cerrejón redondo, al cual pueden subir cabalgando; terná de subida media legua escasa, y arriba se hace un llano redondo, y en medio está la boca de aquel espantoso vulcán, que también es redonda" (*Memoriales* 282). A medida que avanzaba la descripción, Motolinía agregaba al relato sugestivos pasajes de san Gregorio, construyendo una homología entre la boca del volcán y la entrada al infierno: "algunos han querido decir que sea aquella boca del Infierno, y fuego sobrenatural e infernal, e lugar a do los [naturales] condenados por manos de los demonios sean lanzados" (*Memoriales* 284). Repentinamente, comenzaba Motolinía una reflexión sobre el infierno hasta que su imaginación se transportaba hacia el corazón mismo del averno y enfrentaba a los lectores con la imagen de los demonios: "de los cuales es dicho que el fuego encendido que les sale con [de la] boca es comparado a las lámparas ardientes, y por las narices les sale humo intolerable [...] el resuello del demonio enciende las brasas, e por su boca procede llama ardiente y abrasante" (*Memoriales* 285). Finalmente, proponía que la presencia del volcán era una señal divina —un marca o *signatura* en términos foucaultianos—[62]

---

twelve Franciscan missionaries sincerely believed that they had wrought profund changes on the moral landscape of New Spain" (105).

[62] De acuerdo con Foucault las similitudes se señalan a partir de las *signaturas*: "Es necesario que las similitudes ocultas se señalen en la superficie de las cosas; es necesaria una marca visible de las analogías invisibles. ¿Acaso no es toda semejanza, a la vez, lo más manifiesto y lo más oculto? En efecto, no está compuesta de pedazos yuxtapuestos—unos idénticos, otros diferentes: es de un solo golpe, una similitud que se ve o que no se ve. Carecería pues de criterio, si no hubiera en ella—o por encima o a un lado—un elemento

299

que era leída por el fraile como *alegoría infernal* y como mensaje divino: "Las penas de nuestra amenaza, verdaderas son, mas no vistas; pero las que Dios allí en aquella hornaza ardiente muestra a todos los sentidos, espanta [...] pare ésta ser una y la más espantable boca de cuantas en el mundo se ven" (*Memoriales* 285).[63] Como afirma James Clifford: "la etnografía y sus procesos, pues, bien pueden asemejarse a una inscripción (más que a una

de decisión que transforma su centelleo dudoso en clara certidumbre. No hay semejanza sin signatura. El mundo de lo similar sólo puede ser un mundo marcado [...] El conocer las similitudes se basa en el registro cuidadoso de estas signaturas y en su desciframiento [...] El sistema de signaturas invierte la relación de lo visible con lo invisible. La semejanza era la forma invisible de lo que, en el fondo del mundo, hacía que las cosas fueran visibles; sin embargo, para que esta forma salga a su vez a la luz, es necesaria una figura visible que la saque de su profunda invisibilidad. Por esto, el rostro del mundo está cubierto de blasones, de caracteres, de cifras, de palabras oscuras —de "jeroglíficos", según decía Turner. Y el espacio de las semejanzas inmediatas se convierte en un gran libro abierto; está plagado de grafismos; todo a lo largo de la página se ven figuras extrañas que se entrecruzan y, a veces, se repiten. Lo único que hay que hacer es descifrarlas [...] Las semejanzas exigen una signatura, ya que ninguna de ellas podría ser notada si no estuviera marcada de manera legible. Pero ¿cuáles son estos signos? ¿En qué se reconoce, entre todos los aspectos del mundo y tantas figuras que se entrecruzan, que hay un carácter en el que conviene detenerse, porque indica una semejanza secreta y esencial? ¿Qué forma constituye el signo en su singular valor de signo?—La semejanza. Significa algo en la medida en que tiene semejanza con lo que indica (es decir, una similitud). No obstante, no señala una homología; pues su ser claro y distinto de signatura se borraría en el rostro cuyo signo es; es otra semejanza, una similitud vecina y de otro tipo que sirve para reconocer la primera, pero que es revelada, a su vez, por una tercera. Toda semejanza recibe una signatura; pero ésta no es sino una forma medianera de la misma semejanza" (*Las palabras* 35-37).

[63] Esta identificación entre los volcanes y el infierno no es sin embargo patrimonio exclusivo de la afiebrada imaginación de Motolinía, se trata más bien de una idea de larga trayectoria en Occidente que se remonta a los filósofos griegos (Empédocles), latinos (Georgius Agrícola) y a personajes de la patrística como san Isidoro. El padre Las Casas dedica tres capítulos (110, 111 y 112) del libro tercero de su *Apologética historia sumaria* para referirse a los volcanes de Europa y a los de América. A diferencia de Motolinía, el objetivo de Las Casas es refutar el mito de los volcanes-infiernos y tal vez, incluso, refutar al propio Motolinía, ya que sabemos que utilizó la obra de éste para documentar su *Apologética*. Las Casas, que estaba interesado en hacer una *antropología comparativa* entre el Viejo y el Nuevo Mundo con el objetivo de relativizar la alegada condición de inferioridad del indígena americano, explicaba, siguiendo a san Isidoro, la genealogía de este mito intentando racionalizarlo filosófica y etimológicamente: "Etna en griego suena encendimiento y propiamente significa "tierra ardiente", y de allí se derivó gehenna, el cual vocablo tomamos por el infierno. De donde nació el error que algunos tuvieron, aun católicos de nuestros tiempos [¿Motolinía?], a creer y decir que aquel huego de los volcanes y en especial aquel de Mongibel salir del infierno" (7: 826, en *Obra completa*).

transcripción o a un diálogo). Una inscripción en la cual quedan representados y establecidos los niveles de una estructura alegórica, la cual, no por fuerte, deja de ser cuestionable" ("Sobre la alegoría" 172). Aquí vemos el exceso del proceso analógico que lleva, como señala Morin, al delirio y a la poesía: "Librada a sí misma, la analogía yerra, vagabundea, viaja, atraviesa sin trabas fronteras, espacios y tiempos. Lleva en sí, potencialmente, error, delirio, locura, razonamiento, invención, poesía" (154).

Asimismo, Motolinía realizaba una exposición etnográfica detallada del conjunto de festividades (capítulos 17 al 32) que incluía fiestas, ofrendas, sacrificios, ayunos y cacerías como la fiesta de los "sacrificios y homicidios" Panquezaliztli (*Memoriales* 61), la fiesta en que "desollaba a los sacrificados" para vestirse con sus pieles, llamada Tlacaxipeualiztli (*Memoriales* 63), las fiestas del Fuego (64), las fiestas de ofrendas en las que "sacrificaban niños al dios del agua" (66), la fiesta de la "diosa de la sal" (68), la caza anual en los montes donde se "sacrificaban" las presas al demonio (69), de los dioses, ayunos y sacrificios (70-71), del ritual de las cabezas cortadas y del "servicio a los ídolos en el templo" (74), las fiestas de Tlaxcalla "de muchas cerimonias y homicidios" (75) y la celebración de una "cuaresma" satánica en honor al dios Camaxtle que se celebraba ciento sesenta días antes de la alegada "pascua" indígena o *teuxihuitl*;[64] de la fiesta principal de los cholultecas a su demonio (80), sobre los templos en donde se adoraban los demonios (82), y finalmente, de cómo con la tarea evangélica se eliminaron todas las idolatrías mencionadas.

La primera de las fiestas rituales descritas en detalle por Motolinía era la denominada Panquetzaliztli (fiesta de las banderas), que se correspondía con el mes número 15 del calendario mexica y en la cual se ofrecían sacrificios de sangre, principalmente a Huitzilopochtli, pero también a Tezcatlipoca, ambos dioses solares y guerreros del panteón de México-Tenochtitlán.[65]

---

[64] Cuenta Motolinía que "Esto se hacía la noche que comenzaban el ayuno de la gran fiesta, que era ciento y sesenta días antes de su pascua llamada teuxihuitl. Acabado esto, luego cantaba aquel viejo, que aun apenas no podía ni hablar, pero esforzábase mucho a cantar al demonio, y luego ayunaban ochenta días, y de veinte en veinte días, cuatro veces sacaban otros tantos palos por las lenguas, hasta cumplir los ochenta días, en fin de los cuales tomaban un ramo pequeño y poníanlo en el patio a do todos lo veían, y este ramo pequeño ansí puesto era señal que todos habían de comenzar el ayuno del año de su demonio Camaxtle" (*Memoriales* 77).

[65] De acuerdo con George Vaillant, Huitzilopochtli, cuyo significado en español es "Colibrí hechicero", era el dios de la guerra, del sol y se lo consideraba como dios tutelar de Tenochtitlán. Por su parte, Tezcatlipoca, que en español significa "Espejo humeante", era figura principal del panteón, con atributos solares y el dios tutelar de Texcoco (149).

La descripción de las fiestas rituales le servía a Motolinía para configurar una clasificación jerarquizada de los diferentes tipos de "demonios" del panteón mexica: "estos dos demonios [Tezcatlipuca y Huitzilopochtli] decían ser hermanos e dioses de la guerra, poderoso para matar, destruir y subjetar, el primero dicho hermano mayor, y el segundo hermano menor. A éstos tenían por principales dioses en México y en todas las tierras y provincias sujetas a México" (*Memoriales* 61). Sin embargo, en esta descripción ninguna de las tres causas que Motolinía utilizaba como explicación para el culto de los ídolos entre los mexicas se ajustaba muy bien como marco interpretativo para el caso específico de los sacrificios humanos y la antropofagia ritual. En estos ritos sacrificiales no veía Motolinía ninguna *sustitución simbólica* sino una *masacre siniestra* y sin lógica aparente, sólo practicada en forma "salvaje" para satisfacción de los demonios mayores de Tenochtitlán.[66] La descripción etnográfica, amplia en detalles, muestra una lógica altamente organizativa en la representación del ritual por parte de los chamanes mexicas y, claro está, la agudeza paranoica del ojo y del oído etnográfico del evangelizador:

> [...] tenían una piedra larga de obra de una braza y casi palmo y medio de ancho y un palmo de grueso; lo más de esta piedra o la mitad estaba hincada en tierra, arriba encima de las gradas del altar de los ídolos. En ésta tendían de espaldas al desventurado que habían de sacrificar, y el pecho muy teso, teniéndole o atándolo los pies y manos uno de los principales oficiales del demonio, que se llamaban *tlamacazque* o *tlenamacazque*, y en esto estaban tan diestros, que de presto con una piedra de pedernal [...] con aquél cruel cuchillo de pedernal, como el pecho estaban tan teso, y con mucha fuerza abrían al desventurado, y de presto sacábanle el corazón, y aquél oficial deste cruel oficio daba él encima del umbral del altar, de parte de fuera, a do dejaba hecha una mancha de sangre y caía el corazón en tierra, a do estaba un poco bullendo, y delante el altar poníanlo en un escudilla, y a las veces estos corazones los comían los sacerdotes o alfaquíes

---

[66] De acuerdo con Lafaye: "La evidencia de un pasado político y de notables realizaciones arquitectónicas y artísticas acarreó naturalmente la comparación con los pueblos más evolucionados de la antigüedad pagana de la cuenca mediterránea, como los fenicios y los cartagineses. Pero la práctica de los sacrificios humanos y otras costumbres bárbaras llevó más bien a pensar que los indios del Nuevo Mundo descendían de los bárbaros de Europa, por ejemplo, de los íberos. Esta última hipótesis tenía ventajas políticas para la monarquía castellana" (93).

> viejos; otras veces los enterraban y luego tomaban el cuerpo y echábanle por las gradas abajo a rodar, y allegando abajo, si era de los presos en la guerra, el que lo prendió, con sus amigos y parientes, llevábanlo y aparejaban aquella carne humana con otras comidas, y otro día siguiente hacían fiesta, y repartido por aquéllos lo comían (*Memoriales* 62).

La descripción es tan vívida que pareciera que el fraile estaba presenciando en forma personal una de estas ceremonias cuando en realidad sólo transcribe información de los indígenas y de otros evangelizadores. Esta celebración de Panquetzaliztli era central dentro del universo ritual y mítico mexica, dado que como ha señalado León-Portilla, en ella se celebraba: "el triunfo de Huitzilopochtli sobre todos los que a él se habían opuesto, sus hermanos los Huitznahua, las estrellas todas del cielo" (*México-Tenochtitlán* 65).[67] Como ha planteado Morin, la centralidad del sacrificio en cualquier sociedad —aun en las nuestras— se relaciona con un conjunto de factores que se han ido relacionando a través del tiempo y las necesidades de la comunidad que lo practica y por lo tanto no se puede comprender por fuera del marco de ritualidad que lo anima ni por fuera de la historia de la comunidad que lo requiere:

> El sacrificio es un nudo gordiano mitológico de una riqueza inaudita, que desafía al entendimiento racional, a pesar de los muy penetrantes *insights* de diversos antropólogos y pensadores [...] y es porque comprende tanto el sacrifico voluntario de sí cuanto el sacrificio impuesto a una víctima (que ella misma puede ser o bien propiciatoria o bien expiatoria). Puede ser sacrificio para la colectividad o sacrificio para los dioses. Lleva en sí a la vez la virtud regeneradora o fecundante de la muerte/renacimiento y la virtud de regocijar a los dioses. Profundamente inscrito en el universo empírico por el acto concreto de la muerte, profundamente inscrito en el universo mitológico como rito de renaci-

---

[67] León-Portilla, siguiendo los memoriales de los informantes de Sahagún y el texto de Diego Durán, recoge una breve descripción de la fiesta en honor al nacimiento y posterior triunfo de Huitzilopochtli: "Cuando al fin llegaba el día principal de la fiesta, muy de mañana, estando aún medio a oscuras, un sacerdote que traía consigo una imagen, la llamada Paynal, descendía con rapidez desde lo más alto del tempo de Huitzilopochtli [...] Descendía la imagen [del Paynal "el corredor"], estando ya los sacerdotes en el patio sagrado, lo primero que se hacía era colocar a Paynal en el *teotlachco*, lugar del juego de pelota. Allí sacrificaban cuatro víctimas. Sus corazones eran luego ofrecidos a Paynal" (60-61).

miento/fecundidad y como ofrenda a lo sobrenatural, el sacrificio se sitúa en la encrucijada de dos universos no formando más que uno, une a uno y otro en un acto sangrantes de *Brüderschaft*, en el que la sangre de la víctima renueva periódicamente y, si es preciso, con urgencia, el pacto de vida y muerte entre el mito y el hombre (178-180).[68]

Fray Diego Durán (ca. 1537-1588), uno de los primeros evangelizadores etnógrafos, en su *Historia de las indias de Nueva España e islas de la Tierra Firme* (1867-1880), hacía una detallada descripción de las fiestas en honor a Huitzilopochtli y expresaba su "horror" por la posible mezcla y "confusión" entre la ritualidad mexica y la católica:

> La fiesta más celebrada y más solemne de toda esta tierra, y en particular de los tezcucanos y mexicanos fue la del ídolo llamado Huitzilopochtli. En la cual fiesta habrá mucho que notar, por haber una mezcla de ceremonias tan diversas, que unas acuden a nuestra religión cristiana, y otras, a la de la ley vieja, y otras endemoniadas y satánicas, inventadas por ellos [...] informaré de lo más esencial y necesario al aviso de los ministros, lo cual es nuestro principal intento: *advertirles la mezcla que puede haber acaso de nuestras fiestas con las suyas*, que fingiendo estos celebrar las fiestas de nuestro Dios y de los santos, entremetan y mezclen y celebren las de sus ídolos, cayendo el mismo día, y en las ceremonias mezclarán sus ritos antiguos, lo cual no sería maravilla que se hiciese agora (I: 17; énfasis mío).

Durán definía con precisión la finalidad del informe etnográfico evangélico: hacer visible lo invisible y, al mismo tiempo, mostraba que dicho informe era instrumental en el señalamiento (denuncia) de la "emulación" y "mimesis" ejecutada por los indígenas para encubrir su ritual satánico dentro

---

[68] Y agrega Morin: "El sacrificio es una operación mágica tanto más esencial cuanto que comporta una verdad mitológica esencial. La eficacia del sacrificio, lo hemos visto, es polivalente: a) en conformidad con el mito de la muerte-renacimiento, renueva las fuerzas de vida o aporta la fecundidad: b) agradable a los espíritus y a los dioses, obtiene su protección o socorro; c) eventualmente permite transferir el mal y la culpabilidad sobre una víctima expiatoria y, al hacerlo, purifica a la colectividad. Por ello, en todas partes, en la prehistoria y en la historia, sacrificios animales y sacrificios humanos han derramado torrentes de sangre para salvar a los humanos de la carestía, la sequía, las inundaciones, la derrota, la incertidumbre, la infelicidad, la muerte y, lejos de haber decaído, la magia del sacrifico se ha perpetuado en formas patrióticas, políticas o ideológicas" (178-180).

de las festividades católicas. El horror a la mezcla, denunciada por Durán, nos permite conocer, al menos en forma sesgada, la puesta en práctica de la agencia indígena, sus maniobras contracoloniales (simulación, encubrimiento, mimesis) y los modos en los que las mismas eran llevadas a cabo. En un Mundo Nuevo plagado de demonios y habitado, según Motolinía, por "aquella insaciable bestia enemiga del humanal linaje" (*Memoriales* 79), el factor paranoico da forma y organiza la semiótica evangelizadora: el mundo mexica es un libro abierto lleno de figuras que se intercambian y se entrecruzan produciendo mezclas peligrosas; la tarea del etnógrafo evangelizador al describir y catalogar las prácticas indígenas tiene por objetivo leer (saber mirar y reconocer) esas figuras confusas y poner al descubierto y en orden la morfología precisa del ritual satánico para poder lidiar mejor con su expulsión y para evitar la mezcla entre rituales (el católico y el mexica) que presentaban varios signos de peligrosa similitud para los evangelizadores.[69] Recordemos que, como señalaba Bhabha, "El éxito de la apropiación colonial depende de una proliferación de objetos inapropiados que aseguren su fracaso estratégico, de modo que el mimetismo es a la vez parecido y amenaza" (113). En el "Prólogo" al "Libro de los ritos y ceremonias en las fiestas de los dioses y celebración de ellas" que abre la *Historia*, Durán dejaba en claro los objetivos que perseguía con su "ocupación de poner y contar" y, al mismo tiempo, señalaba la instrumentalidad del informe etnográfico como procedimiento sin el cual era imposible desterrar las idolatrías, borrar la cultura indígena y promover la tarea de evangelización:

---

[69] El mundo es un libro que mirado atentamente enseña la obra divina. El *mundo como libro*, según Ernst Robert Curtius, es un tropo con una larga tradición en las letras de Occidente que se puede hallar a lo largo de toda la Edad Media latina, según este autor: "Uno de los lugares comunes favoritos del concepto popular de la historia consiste en decir que el Renacimiento se sacudió el polvo de los viejos pergaminos a fin de leer en el libro de la naturaleza o del mundo. Pero aun esta misma metáfora proviene de la Edad Media latina" (*Literatura europea* 448). El objetivo de Curtius es mostrar la evolución y productividad de esta metáfora, así, por ejemplo, nos informa de que "En el pensamiento de Paracelso, las metáforas del libro desempeñan un papel fundamental. A los libros escritos —*codices scribentium*— opone Paracelso el libro 'dado, escrito, dictado y arreglado por Dios mismo'. Los enfermos deben ser el libro del médico. La naturaleza es una suma de libros completos" (451). Finalmente, según Curtius, es Galileo quien toma esta metáfora y revoluciona el campo científico: "El creador de la física exacta habla del gran libro del universo, que está constantemente frente a nuestros ojos, pero que no puede ser leído sino por los que han aprendido su escritura" (455).

> Hame movido, cristiano lector, a tomar esta ocupación de poner y contar por escrito las idolatrías antiguas y religión falsa con que el demonio era servido, antes que llegase a estas partes la predicación del santo Evangelio, el haber entendido que los que nos ocupamos en la doctrina de los indios nunca acabaremos de enseñarles a conocer al verdadero Dios, *si primero no fueran raídas y borradas totalmente de su memoria las supersticiones, ceremonias y cultor falsos de los falsos dioses que adoraban*, de la suerte que no es posible darse bien la sementera del trigo y los frutales en la tierra montuosa y llena de breñas y maleza, si no estuvieren primero gastadas todas las raíces y cepas que ella de su natural producía (I: 3; énfasis mío).

Al igual que en Motolinía, la paranoia de lo oculto y lo invisible movilizaban el gesto de alarma en Durán. Como señala Browne: "Durán's history is replete with references to the devil. His principle contention, like Sahagún's, is that idolatrous practices lurk just below the surface of the Nahuas' purportedly Christian acts of devotion" (190). Un gesto paranoico que funcionaba como denuncia y como prevención para el resto de los evangelizadores:

> Todo lo cual [prácticas idolátricas] nos es encubierto por el gran secreto que se tienen y para averiguar y sacar a la luz algo de esto es tanto el trabajo que se pasa con ellos [...] Adviertan, pues, los ministros que trabajan en su doctrina cuan grande yerro es no tener cuenta con saber esto, porque delante de sus ojos harán mil escarnios a la fe, sin que lo entiendan. Esto se ha bien experimentado en estos días, descubriendo muchas solapas de que no había recelo ninguno (Durán, *Historia* I: 6).

Los primeros franciscanos habían traído a América una visión milenarista y apocalíptica subsidiaria de la teología de Joaquín de Fiore (1130-1202).[70]

---

[70] De acuerdo con León-Portilla, uno de los personajes importantes que se encargó de hacer conocer la doctrina de De Fiore entre los franciscanos españoles fue Juan de Guadalupe: "cuyas ideas y actuación iban a influir de modo decisivo en la partida del grupo de doce franciscanos con destino a México en 1524. Estaba él movido, como otros de su Orden desde los tiempos de San Francisco, por el pensamiento de Joaquín de Fiore y en general por quienes insistían en la importancia capital de las Sagradas Escrituras, que debían armonizarse teniendo en cuenta a la vez al Antiguo y al Nuevo Testamento. Participaba asimismo en la persuasión de que la pobreza absoluta, la caridad y una cierta forma de milenarismo de inspiración apocalíptica, debían enfrentarse a las realidades corruptas y falsas de la sociedad civil y religiosa [...] Y ahora, en un contexto en que todo

Georges Baudot, en su introducción a la *Historia* de Motolinía, afirmaba que el fraile tenía un "inaudito proyecto político-espiritual que sueña con favorecer la venida del reino de mil años anunciado por las profecías del Apocalipsis, y que se propone nada menos que acelerar la llegada del fin de los tiempos y ayudar a redactar el prólogo del Juicio Final" (8). En el universo cultural indígena mexica, el mundo también se hallaba concebido mediante la finalización de "soles" o "eras" a partir de las cuales se destruía y regeneraba el universo. Como ha señalado Lafaye, la visión apocalíptica cristiana pudo ser transferida al mundo mexica "en la medida en que los indios creían en las grandes catástrofes periódicas en que la humanidad se hundía repentinamente; el año 1519 coincidió justamente con el término de una era o 'sol' (*Quetzalcóatl* 53).[71] Los frailes franciscanos habían tomado seriamente la reforma de su organización guiados por las ideas mesiánicas y milenaristas de Joaquín de Fiore. Este autor proponía una exégesis bíblica de corte histórico, la cual organizaba la historia del mundo cristiano en torno a ciclos o "etapas" cuyo desarrollo teleológico conducía hacia el fin del mundo y el advenimiento del Juicio Final.[72] Al respecto, Lafaye señala que

> [...] la renovación de la espiritualidad en el siglo XVI se manifestó en el límite, allende el cristianismo, especialmente en las órdenes mendicantes, llamadas por el profeta Joaquín a abolir la Iglesia carnal y a preparar una nueva revelación [...] Las victorias turcas en Europa, la decadencia de la Iglesia Romana, la aparición del *falso profeta* Lutero (también él identificado por

---

parecía requerir transformaciones, cuando se sabía, entre otras cosas, que el Viejo Mundo se había encontrado con uno nuevo, el franciscano Juan de Guadalupe retornaba con sus propias ideas al meollo del antiguo mensaje [...] los doce frailes que enviaría él a México basaron siempre su predicación en el libro por excelencia, es decir las Sagradas Escrituras [...] Tal manera de pensar y actuar perduraría entre los franciscanos en México hasta que, a raíz del Concilio de Trento, se prohibieron dichas traducciones y el acceso generalizado a la Biblia" (*Bernardino* 40).

[71] Más adelante agrega el autor: "Durante los siglos siguientes, la esperanza escatológica indígena se alimentó con el recuerdo de una cosmogonía donde el apocalipsis, la catástrofe final de una era, había sido siempre el horizonte del hombre. Eso explica, por los menos en parte, la adhesión entusiasta de los indios al culto de la Virgen de Guadalupe, protectora y garantía de salvación" (62).

[72] Para Phelan "El joaquinismo es el antecedente de la moderna idea de progreso, ya que la doctrina de las tres edades implicaba que el hombre se iría perfeccionando a medida que el tiempo histórico se desdoblaba. También es una de las fuentes de inspiración de la que derivaron no sólo las ideas bucólicas y utópicas del Renacimiento, sino también el paraíso terrenal de la era de los descubrimientos" (89).

algunos con el Anticristo) y la cosecha espiritual prometida y, al parecer, reservada por la Providencia a los pioneros franciscanos de la evangelización del Nuevo Mundo, eran otros tantos signos convergentes de la aproximación del *Milenio* y del cumplimiento de las profecías del abate Joaquín (78).

Las visiones de De Fiore rozaban la heterodoxia y proponían una visión radicalmente diferente a la organización canónica de la Iglesia católica, como ha señalado Baudot:

> [...] la esperanza milenaria que los análisis de Joaquín de Flora sacaban a la luz, era en sí una esperanza revolucionaria, antirromana, oponiendo la Iglesia material que debía destruirse a la Iglesia espiritual que los religiosos iban a edificar. El *Millenium*, reino de la caridad pura, igualitaria, pertenecía naturalmente a los pobres, a los más humildes, a todos los parias. La nueva Jerusalén sólo podía ser construida por los pobres, fuera de toda institución jerarquizada y los religiosos, sal de esta tierra, humildes y paupérrimos entre los pobres, eran los instrumentos elegidos para conducir así el fin del mundo (13).

El propio Motolinía, en su famosa carta al emperador Carlos V, de enero de 1555, donde fustigaba al padre Las Casas y lo acusaba de difamador y apostata,[73] le pedía al rey que se apurara a favorecer la evangelización y conversión de los indígenas de la Nueva España antes de que se diera la "consumación del mundo". En tal sentido, la obra de Las Casas y sus constantes pedidos de control, su intento por organizar el catecismo misionero a través de sus manuales de confesión eran vistas por Motolinía como peligrosas, ya que señalaban como negativo el furor militante por la conversión y el bautismo indígena por parte de los franciscanos.[74] Motolinía creía, como muchos de sus compañeros, que el fin

---

[73] Dice Motolinía: "Bastar debiera al de Las Casas haber dado su voto y decir lo que sentía cerca del encomendar los indios a los españoles, y que se quedara por escrito, y que no lo imprimiera con tantas injurias, deshonras y vituperios. Sabido está que pecado comete el que deshonra y disfama a uno, y más el que disfama a muchos; y mucho más el que disfama a una república y nación" (*Carta* 416). Y agrega que Las Casas cometió apostasía al dejar el obispado de Chiapas: "Cuando algún obispo renuncia al obispado para dejar una iglesia que por esposa recibió, tan grande obligación y mayor es el vínculo que a ella tiene que a otra profesión de más bajo estado [...] Y para dejar y desampararla, grandísima causa ha de haber, y donde no la hay, la tal renunciación más se llama apostasía" (410).

[74] Georges Baudot nos cuenta que las disputas entre franciscanos y dominicos por la administración del bautismo fueron interminables. Parte de la carta de Motolinía de

del mundo estaba cerca y que no importaban los medios de la conversión, sino el fin en sí mismo: "[P]orque dice el Señor: 'será predicado el Evangelio en todo el universo antes de la consumación del mundo'. Pues a vuestra majestad conviene de oficio darse priesa que se predique el santo Evangelio por todas estas tierras, y los que no quisieran oír de grado el santo Evangelio de Jesucristo, sea por fuerza; que aquí tienen lugar aquel proverbio 'mas vale bueno por fuerza que malo por grado'" (*Carta* 411). Por este motivo Motolinía le pedía desesperadamente al emperador que "se compadezca de aquellas ánimas y se duela de las ofensas que allí se hacen a Dios, e impida los sacrificios e idolatrías que allí se hacen a los demonios, y mande con la más brevedad y por el mejor medio que según hombre y ungido de Dios y capitán de su Santa Iglesia, dar orden de manera que aquellos indios infieles se les predique el santo Evangelio" (*Carta* 405). Motolinía fue sin dudas el más incansable batallador contra lo demoníaco en la Nueva España y uno de los que más se preocupó por destruir todo vestigio de religión indígena urgido por su mesianismo y por sus creencias apocalípticas. Creencias que lo llevaron a bautizar a miles de indígenas en forma colectiva, a destruir ídolos, códices y templos, pero, fundamentalmente, a construir una etnografía analógica que pudiera sacar a la luz los ocultos "engaños" del demonio.

A lo largo del capítulo vimos cómo el discurso demonológico, la paranoia y la analogía dieron forma y sustancia al relato etnográfico evangélico. He querido mostrar cómo la lógica demoniaca se hallaba diseminada en la mentalidad de los misioneros mendicantes tanto franciscanos como dominicos. Uno de los efectos que tuvo la hermenéutica demonológica sobre la etnografía fue la constante utilización de la hipérbole en la descripción y clasificación de la cultura y la conducta de los indígenas: ríos de sangre, volcanes infernales, sacrificios sanguinarios continuos, indígenas conspiradores, fiestas paganas. Imágenes que sólo pueden legarnos hoy la visión estereotipada de la América colonial del siglo XVI, al mismo tiempo que revelarnos los profundos temores en la tarea de conversión y occidentalización del indígena americano. Asimismo, pudimos ver cómo el funcionamiento del pensamiento analógico dio forma a la etnografía de lo satánico e hizo posible un estado de paranoia generalizado que tuvo su correlato en la

---

1555 al emperador se halla motivada por estos conflictos. De acuerdo con Baudot, estas disputas internas, "where finally taken to the pope. On June 1, 1537, Pope Paul III, in the bull *Altitudo Divini Consilii*, settled the affair, trying to cool the ardor of the Franciscan by requiring a complete liturgical ceremony for each baptism. An ecclesiastical synod on April 24, 1539, specified the details for Mexico" (*Utopia* 278).

persecución del chamanismo indígena y en la destrucción de sus rituales.[75] Señalo de este modo cómo la instrumentalizad del discurso etnográfico a la hora de convencer ministros eclesiásticos, tribunales inquisitoriales, virreyes y al emperador mismo, fue fundamental y condicionó muchas veces no sólo la toma de decisión desde los centros de poder, sino también la propia vida y cultura indígenas.

---

[75] Como ha mostrado Lafaye: "Los indios mexicanos padecieron en común el choque de la conquista militar, pero sin duda ése era el que estaban mejor preparados para soportar, dado su largo pasado guerrero. El verdadero 'traumatismo' fue el derrumbamiento de la organización social tradicional y la erradicación de las creencias religiosas que eran su fundamento" (*Quetzalcóatl* 53).

Capítulo V

Bernardino de Sahagún y la paradoja etnográfica

> *Huitzilopochtli*, no es dios, ni tampoco *Tláloc*, ni tampoco *Quetzalcóatl*; *Cihuacóatl* no es diosa, *Chicomecóatl* no es diosa, *Teteuínnan* no es diosa, *Tzapotlatena* no es diosa, *Cihuateteo* no son diosas, *Chalchiuhtlícue* no es diosa, *Uixtocíhuatl* no es diosa, *Tlazoltéotl* no es diosa, *Xiuhtecutli* no es dios; *Macuilxóchitl* o *Xochipilli* no es dios, *Omácatl* no es dios, *Ixtlílton* no es dios, *Opochtli*, no es dios, *Xipe Tótec* no es dios, *Yiacatecutli* no es dios, *Chiconquiáhuitl* no es dios, *Chalmecacíhuatl* no es diosa [...] ni ninguno de todos los otros que adorabais, ni son dioses, todos son demonios: así lo testifica la Sagrada Escritura diciendo, *omnes diigentium demonia*, que quiere decir todos los dioses de los gentiles son demonios.
>
> Bernardino de Sahagún. *Historia general de las cosas de Nueva España* (1: 86)

No importa cuál sea el posicionamiento ideológico y el balance crítico que se tenga sobre la extensa y compleja obra de fray Bernardino de Sahagún o Bernardino de Ribeira (1499-1590), ya sea éste positivo o negativo, tolerante o crítico. Lo que importa remarcar es que el acontecimiento histórico que justifica la labor misionera del franciscano y que posibilita su trabajo de recolección etnográfica en la Nueva España durante el siglo XVI es la invasión europea sobre la América indígena. Si bien es cierto que mi señalamiento puede parecer obvio, sin embargo, no lo es para muchos críticos, antropólogos e historiadores que analizan la obra de Sahagún pasando por alto el contexto de dominio, castigo y normalización cultural que ejercieron los evangelizadores sobre la población indígena. A menudo, cuando se discute el alcance de la obra de Sahagún, sus logros etnográficos y evangélicos, o cuando se señalan las buenas intenciones del fraile para preservar la cultura náhuatl (Todorov 235), es posible percibir un borramiento del telón de fondo colonial sobre el cual se realizó su obra y se simplifica un hecho de mayor importancia dentro del mundo religioso-colonial, esto es, la intención de convertir y transformar al indígena, el cual no podía ser tolerado mientras mantuviera su diferencia radical, su cultura y su religión.[1]

---

[1] El lector interesado en conocer las diferentes opiniones que han ofrecido los críticos e historiadores sobre Sahagún y su obra en los últimos 35 años, puede revisar: 1) la antología

Este capítulo no intenta llevar a cabo una crítica de la obra de fray Bernardino de Sahagún denunciando, simplemente, la ideología eurocéntrica y el celo religioso que la informa, ya que deconstruir la etnografía evangelizadora de los misioneros franciscanos a través de un mero señalamiento del eurocentrismo que las mismas implican constituye, de por sí, una tautología crítica. Mi interés es volver a revisar, brevemente, algunos aspectos generales de la extensa obra etnográfica de Sahagún para desmontar la persistencia del eurocentrismo en mucha de la crítica contemporánea: un eurocentrismo que no permite llevar a cabo una mirada crítica sobre los prejuicios que informan la obra etnográfica del fraile a quien se considera desde la *Historia de la literatura náhuatl* de Ángel María Garibay (1954) hasta el presente como el "precursor" (Garibay II: 67), el "padre" (Klor de Alva 39, 52) o el "gran pionero" de la antropología moderna (León-Portilla, *Bernardino* 14, 18).[2]

A partir de tres acápites: 1) preservar, destruir y convertir, 2) etnografía y control cultural y 3) la enciclopedia evangélica y el informante indígena: modos de interrogar y modos de clasificar, analizo en este capítulo los dispositivos de saber y control y las relaciones de dominación simbólica y material llevadas a cabo por la tarea etnográfica de fray Bernardino de Sahagún sobre la población indígena de la Nueva España durante la segunda mitad del siglo XVI. Para realizar tal labor, analizaré momentos específicos de dos textos sahagunianos, la *Historia general de las cosas de Nueva España* (terminada en 1569, revisada en 1585) y los *Primeros memoriales.*[3]

---

preparada por Munro S. Edmonson en 1974, 2) la serie de artículos recopilados por Klor de Alva, Nicholson y Quiñones Keber en 1988 y, finalmente, 3) la antología de Ascensión Hernández de León-Portilla y su "Estudio introductorio" (9-46) al libro *Bernardino de Sahagún. Diez estudios acerca de su obra*, 1990.

[2] De acuerdo con León-Portilla: "Atraído por el objeto de sus pesquisas, prosiguió hasta hacer suyo un nuevo método de investigación, que en los tiempos modernos le ha merecido el título de *pionero de la antropología*" (18; énfasis mío). Es un lugar común hoy —y desde hace más de medio siglo— entre los historiadores y estudiosos de la obra de Sahagún denominar al franciscano como el "padre", el "pionero" o el "primer antropólogo". Incluso Florencio Vicente Castro y J. Luis Rodríguez Molinero han publicado en España una biografía titulada *Bernardino de Sahagún, primer antropólogo en Nueva España* (1986).

[3] A este texto se lo conoce erróneamente así, sin embargo, este título no es el que propuso Sahagún en su versión original, sino "Historia universal de las cosas de Nueva España". El cambio es menor pero altamente significativo, se trata de cambiar el adjetivo "general" por "universal". De acuerdo con José Luis Martínez: "[...] por la única inscripción completa que conocemos, la de Sahagún hacia 1569-71, su obra iba a llamarse "Historia universal..."; el *Códice Florentino* carece de título, y en el *Manuscrito de Tolosa* ha desaparecido el principio del título" (18). De acuerdo con Martínez, debemos el cambio a la edición de

Me interesa señalar que en la obra del franciscano conviven impulsos antagónicos que se debaten entre la fascinación por la riqueza cultural del mundo indígena y, en forma paralela, por el horror a la diferencia, la idolatría y el sincretismo religioso.

Mi intención es señalar que la etnografía de Sahagún forma parte de un intrincado proceso de clasificación cultural que dio forma y sustancia a una paradoja eurocéntrica clásica del colonialismo: la preservación o protección de lo destruido y la cosificación de la cultura indígena en la *Enciclopedia* occidental. Finalmente, propongo que el problemático rescate de la palabra indígena en la obra de Sahagún no debe ser pensado por fuera de su valor religioso-instrumental dentro del marco histórico de la ocupación colonial europea. Estos argumentos me llevan a afirmar que la etnografía sahaguniana debe entenderse como un dispositivo estratégico de penetración y control cultural y, la palabra de los informantes indígenas, como una palabra sometida a la violencia de la interpretación eurocéntrica y filtrada por la epistemología religiosa, el archivo enciclopédico y los múltiples procesos de traducción que la envuelven.

1. Preservar, destruir y convertir

> Necesario fue destruir todas las cosas idolátricas, y todos los edificios idolátricos, y aún las costumbres de la república que estaban mezcladas con ritos de idolatría y acompañadas con ceremonias idolátricas, lo cual había casi en todas las costumbres que tenía la república con que se regía, y por esta causa fue necesario *desbaratarlo todo* y ponerles en otra manera de policía, que no tuviese ningún resabio de cosas de idolatría.
>
> Bernardino de Sahagún. *Historia general de las cosas de Nueva España* (III: 159; énfasis mío)

Fray Bernardino no fue parte de los famosos "doce" que arribaron en 1524 a Nueva España durante la capitanía de Hernán Cortés. Llegó un poco más tarde (1529) y desde su llegada se dedicó a la tarea misionera y al conocimiento y estudio de la lengua indígena. León-Portilla nos cuenta que sobresalió como uno de los principales "padres lengua" (*Coloquios* 18) por su capacidad y aptitud para aprender el náhuatl. Ejerció además como uno de

---

Bustamante del siglo XIX, de ahí en adelante, las ediciones que copiaron a Bustamante, repitieron el malentendido.

los nuevos profesores en el Colegio de Santa Cruz de Tlatelolco desde su creación en 1536. De allí data la relación con sus discípulos o informantes indígenas que luego asistirían al fraile en su tarea de recopilación etnográfica. Al parecer, también se conoció allí con otro etnógrafo reconocido del momento entre los frailes y las órdenes mendicantes que hacía ya varios años que venía trabajando en el relevamiento de los aspectos culturales de los indígenas mexicanos, el famoso fray Andrés de Olmos (ca. 1480-1571).[4] León-Portilla, en la introducción de los *Coloquios* nos entrega una apretada pero muy útil síntesis de la vida y obra del franciscano, que amplía luego en su libro *Bernardino* de 1999:

> Estando en 1534 en el convento de Tepepulco, se entrevistó repetidas veces con sabios indígenas que le mostraron viejos libros (códices) y le permitieron transcribir muestras de su "Antigua palabra", *Huehuehtlahtolli*. De esta primera pesquisa obtuvo un gran conjunto de textos: oraciones, discursos, consejos de los padres a sus hijos..., de valor inapreciable. Según parece, entre 1545 y 1551, sus indagaciones lo llevaron a compilar otros materiales asimismo de enorme interés: los testimonios nahuas acerca de la Conquista, "la visión de los vencidos" [...] A medida que avanzaba en sus investigaciones alteró su esquema original para volverlo más estructurado y más completo. Fue de hecho en la década de 1561-1570 en la que allegó la documentación más amplia, toda ella en náhuatl, sobre los más variados aspectos de la cultura prehispánica, incluyendo pinturas y textos sobre atributos de los dioses, oraciones e himnos, descripciones de las fiestas y sacrificios en función del calendario, saber astrológico y astronómico, organización social y política, comercio, plantas, animales, distintas naciones de Anáhuac, antiguas crónicas, partes del cuerpo, medicina, educación, agricultura, alimentación. Hacia 1569 Sahagún había distribuido sus textos nahuas en doce libros. El resto de su vida lo dedicó a revisar, corregir, completar sus manuscritos, guiar a sus discípulos indígenas hacia nuevas empresas que acometerían ellos por sí mismos y a escribir, sobre la base de sus fuentes en náhuatl, la obra más

---

[4] Una muy detallada información sobre la vida y la obra de fray Andrés de Olmos se puede encontrar en el muy importante libro de Georges Baudot titulado *Utopia and History in Mexico. The First Chroniclers of Mexican Civilization (1520-1569)*. Especialmente léase el capítulo III, titulado "Friar Andrés de Olmos, Pioner" (121-245).

personal suya en castellano, la *Historia universal de las cosas de la Nueva España* (*Coloquios* 19).[5]

Es interesante que León-Portilla termine esta semblanza del fraile afirmando que el mismo escribió "*sobre* [literalmente, 'arriba de'] la base de sus fuentes en náhuatl, la obra *más personal* suya". Interesante puesto que en repetidas oportunidades se asume que la obra de Sahagún no es propiamente suya (editada, traducida, compilada, estructurada por él), sino una transcripción, sin más, de los datos etnográficos aportados por sus informantes indígenas. De este modo se le adjudica a la obra del franciscano, como lo hace por momentos Todorov, una suerte de neutralidad semántica o una especie de transparencia que por sí misma se erige como testimonio de una supuesta fidelidad que estaría preservando la palabra indígena. Si bien es cierto que Todorov reconoce que Sahagún "impone su esquema conceptual al saber azteca, y éste se nos muestra como portador de una organización que viene en realidad del cuestionario" (245), no obstante, insiste en afirmar que el franciscano, "elige el camino de la fidelidad total, puesto que reproduce el discurso tal como se los dicen, y agrega su traducción, en vez de sustituir el discurso con la traducción" (238), lo cual no es enteramente cierto, como veremos más adelante.[6] Pero, al mismo tiempo, es necesario señalar que las contradicciones que nutren el análisis de Todorov son consecuencia de la paradoja eurocéntrica que animaba y definía el trabajo etnográfico del propio Sahagún: la *culpa colonial* europea asociada a la destrucción de un universo cultural y el ansia paternalista (conservacionista) que se afianza luego como resultado de dicha destrucción.

---

[5] El interesado en la biografía de Sahagún puede consultar tres libros fundamentales: Luis Nicolau D'Olwer, *Fray Bernardino de Sahagún (1499-1590)*; Vicente Castro y Rodríguez Molinero. *Bernardino de Sahagún: primer antropólogo en Nueva España (siglo XVI)* y Miguel León-Portilla. *Bernardino de Sahagún. Pionero de la antropología*. Este último es la biografía que consulto para el presente capítulo.

[6] De acuerdo con Todorov, Sahagún modera su juicio de valor sobre la religión mexica al utilizar, para referirse a las deidades o a los ministros religiosos, en forma intercambiable los términos "dios"/"diablo", "sacerdote"/"nigromante". Así, según el crítico, "los términos pierden sus matices negativos" (244). Sin embargo, en relación a la cuestión de "quién" escribió el libro, Todorov sí reconoce la falacia del informante como único hacedor de la *Historia* y afirma que "sólo podemos rechazar el intento, por parte de ciertos especialistas contemporáneos, de romper esta obra excepcional al declarar, menospreciando toda interacción, que los informantes son los únicos responsables del texto náhuatl del libro, y que Sahagún sólo es responsable del texto español; en otras palabras, de convertir en dos libros una obra cuyo interés está, en gran parte, en que es *uno solo*. Digan lo que digan, un diálogo no es la adición de dos monólogos" (252; cursivas del original).

Por esta misma razón, también es curioso que León-Portilla, junto con López Austin y Garibay, hayan designado los *Códices de Madrid*, parte de algunos de los manuscritos de los informantes de Sahagún, con el problemático título de "Textos de los informantes nativos de Sahagún". Esta idea fue duramente criticada en un artículo de Donald Robertson de 1996, donde se afirmaba que la obra de Sahagún no podía ser considerada como una realización de los informantes indígenas, sino como una planificación ejecutada por el propio fraile (véase Robertson 1996). De acuerdo con Robertson, aquello que se pasaba por alto al dar todo el crédito del trabajo de Sahagún a los informantes era que el mismo fraile era responsable de haber establecido el modo de trabajo: un verdadero formato enciclopédico que con sus preguntas había logrado extraer datos a través de las respuestas de los informantes. Agregaba Robertson que, en el principio, el rol de los informantes había sido pasivo en esencia mientras que el rol de Sahagún fue activo y dominante, en otras palabras: el papel de editor y controlador de toda la empresa (citado por León-Portilla, "The Problematics" 245). Esta situación obligó a León-Portilla a reconocer la autoridad de Sahagún sobre el texto y a aclarar que

> In calling the statements "texts of Sahagún's native informants" we are not denying the Fray Bernardino directed the final integration of all these documents; as far as the *General History of the Things of New Spain* in Spanish is concerned, he was the author. Such texts are attributed to "the informants of Sahagun" in order to point out with precision the source from which the friar obtained the narratives, and also to emphasize his method in his fieldwork ("The Problematics" 235).

De principio a fin. la obra etnográfico-evangélica *de* —y ese *de* como posesivo debe estar siempre en itálicas puesto que implica un enorme y complicado problema— Sahagún está atravesada por una paradoja de base, puesto que se trata de una obra que se propone la erradicación de aquello que quiere preservar o que intenta preservar aquello que erradica en forma simultánea. Como bien ha señalado Ignacio Sánchez-Prado: "we must not forget that Sahagún's work, as Luis Villoro has noted, lies in a paradox: it allowed the indigenous Other to enter the realm of 'universal' mankind while, at the same time, it became an instrument for his/her subalternization" (43). Es más, la otra paradoja que anima esta obra, como lo ha señalado Rabasa, es que los indígenas deben contar la historia de cómo han sido conquistados, de cómo sus dioses les han fallado, de cómo su cultura ha devenido en ruinas, pero este relato no puede hacerse sin que se reconstruya y preserve pictóricamente el mundo religioso y cultural de los indígenas que han sido "vencidos": "Thus, the telling of destruction preserves the object that was supposed to have been destroyed" (*Tell me* 117).

Traer al indígena al seno de la Iglesia universal implicaba que éste debía dejar de lado su propia cultura y sus tradiciones consideradas como idolátricas. Al mismo tiempo, sin la destrucción de las tradiciones culturales del indígena —los templos, los libros, los ídolos, las prácticas culturales en general— no era posible, según el punto de vista europeo, asentar en "tierras del demonio" las bases de la Iglesia católica.[7] Pero la paradoja de este movimiento evangélico es que no puede destruir ("desbaratarlo todo") la cultura indígena sin primero tratar de entender o interpretar, la mayoría de las veces en forma infructuosa y tendenciosa, aquello que destruía para mejor imponer el dogma y la catequesis. Esta actitud conduce a la utilización de una serie de tecnologías y dispositivos de penetración cultural y control social que incluyen, entre otras: 1) el informe etnográfico, 2) el cuestionario (interrogatorio), 3) la minuta, 4) la traducción de la doctrina católica a la lengua indígena y 5) la construcción de escuelas (la máquina de aculturación pedagógica). Así surge la etnografía sahaguniana, tratando de conciliar impulsos antagónicos que abarcan: la imposición religiosa, el ansia por penetrar las significaciones culturales del mundo mexica y las incertidumbres metodológicas y los problemas epistémicos que ambas tareas implicaban. León-Portilla ha sugerido que las pesquisas de este incansable denunciante de las idolatrías mexicas lo fueron conduciendo paulatinamente a una fascinación de lo que rechazaba, "se fue sintiendo cautivado, no ya sólo por los secretos y riqueza de la lengua indígena, sino por la cultura misma de esos mexicanos" (*Bernardino* 18).[8] Pero también aclara que Sa-

---

[7] Como señala Felipe Castañeda: "La pretensión evangelizadora española del siglo XVI se puede entender no sólo como un intento de aculturizar sistemáticamente a los pueblos indios descubiertos y conquistados, sino también como uno de *inculturización*, es decir, de hacerlos a otra cultura. Lo primero se explica en la medida en que la evangelización implica que el infiel tenga que dejar de lado todas las costumbres, pensamiento y actitudes propias que de alguna manera vayan en contra, obstaculicen o nieguen la posibilidad de convertirse al cristianismo. Lo segundo, puesto que este credo está estrechamente ligado con una determinada cosmovisión y con ciertos códigos de conducta: así el proceso de evangelización trae consigo un movimiento inculturizador" (110).

[8] Más adelante, León-Portilla habla sobre la fascinación de Sahagún por los *huehuehtlahtolli* (antigua palabra), discursos que, según León-Portilla, se pronunciaban en ocasiones muy especiales en la vida de la sociedad mexica: "Fray Bernardino, al recoger estos textos, *experimentó cómo crecía su admiración* por lo que se le presentaba como un espiritualismo insospechado en el pueblo vencido" (*Bernardino* 97; énfasis mío).

318

hagún "Comprendió, admiró y describió la cultura indígena en todo cuanto no se oponía o le parecía no oponerse a su fe católica y de franciscano misionero" (*Bernardino* 213). De este modo, en la obra de Sahagún conviven impulsos contrarios y en tensión entre la fascinación por la riqueza cultural del mundo indígena y su fervorosa devoción y, al mismo tiempo, por el horror a la diferencia, la mezcla y la heterogeneidad religiosa.

La obra etnográfico-evangélica de Sahagún se asienta sobre objetivos primarios claramente establecidos: describir e interpretar la cultura indígena para lograr de este modo una transición adecuada hacia la transformación y conversión de dicha cultura al occidentalismo católico, tal como afirmaba Villoro: "Erraría de medio a medio quien creyera a Sahagún un docto y erudito historiador dedicado exclusivamente a resucitar pasados extintos. No, Sahagún es, ante todo, un misionero, un soldado del señor en lucha constante contra la idolatría y el pecado" (*Los grandes momentos* 65). Uno de los estudiosos de la obra de Sahagún que ha planteado estas tensiones metodológicas en la obra del franciscano ha sido John Keber, autor que se ha preguntado si la obra de Sahagún se basaba simultáneamente en un reemplazo y preservación cultural de lo indígena o si, por el contrario, era un intento que oponía el reemplazo cultural a la preservación (62). El mismo autor sugería que si la obra de Sahagún se fundamentaba en un acto de preservación, nuestra pregunta en tanto que investigadores debía de ser: ¿preservado para quién y de qué forma? y agregaba:

> Aztecs religious beliefs, abandoned and replaced, will be preserved in a Christian book, out of their *Sitze-im-Leven* and ritual contexts, in which they properly functioned. There they will be shorn of their power to support meaning and direct action because the rituals will also have been abandoned [...] All will live in the reduced existence of a book, a trophy of a religious past overcome and transcended, a past preserved for a Christian reader who understands it precisely as past (62).

Otro de los críticos del discurso colonial que ha mostrado estas mismas tensiones en el discurso etnográfico de Sahagún ha sido José Rabasa. Con aguda inteligencia, Rabasa ha señalado el papel instrumental-detectivesco y el rol complementario de la etnografía de Sahagún en tanto que medio de penetración cultural y base para una pedagogía evangélica efectiva. También afirma Rabasa que la modernidad de la obra del franciscano, su "método científico" y la objetivación de la cultura indígena en su obra tenían mucho menos que ver con una intención epistémica y liberada de un juzgamiento *a priori* que con la tarea de reconstruir el texto cultural indígena para de este modo clasificar el comportamiento social y rastrear ciertas referencias simbólicas (léase idolatrías) durante el acto de la confesión (*De la invención* 163-164). Asimismo, Rabasa ha indicado que la lectura etnográfica de los franciscanos no podía ser sino *metonímica* y apoyarse en los fragmentos dispersos de una civilización en ruinas luego de la Conquista (*De la invención* 164).

Por ello, considero necesario matizar la idea sugerida por León-Portilla cuando afirmaba que el franciscano se había propuesto realizar un proyecto de "rescate de la palabra indígena" (*Bernardino* 87) y cuando, además, sostenía que "Por obra de Sahagún se mostró la posibilidad de rescatar el punto de vista de los otros, la que llamamos visión de los vencidos" (*Bernardino* 206). Tampoco considero que sea válida la idea de Todorov cuando afirma que "Sahagún había partido de la idea de utilizar el saber de los indios para contribuir a la propagación de la cultura europea; [sin embargo] acabó por poner su propio saber al servicio de la preservación de la cultura indígena" (250). En todo caso, el rescate de la palabra indígena no puede ser pensado por fuera de su valor etnográfico-instrumental, como elemento de penetración cultural, y la palabra indígena como una palabra sometida a la violencia de la interpretación eurocéntrica, filtrada por la epistemología occidental y los múltiples procesos de traducción que la contienen. Esta intención de apropiarse de la palabra indígena no implica, como ha señalado Rabasa, el triunfo logocéntrico de Occidente sobre el mundo cultural mexica y sus soportes de inscripción. El hecho de que Sahagún haya querido controlar los significados implícitos o explícitos en la palabra de los informantes no implica que lo haya logrado efectivamente, asumir esta postura implica darle un poder eurocéntrico y absoluto a la episteme renacentista por sobre los modos propios de inscripción y resistencia encubierta indígena, de este modo Rabasa señala que

> The neutrality of the alphabet would consist in the capacity to record speech events, to set down the informant's declarations as linguistic instances of Nahuatl. Again, the point is not that Sahagún's are authentic records of pre-Columbian forms of address but of multiple voices responding to Sahagún's queries [...] Spaniards never held a monopoly over the uses of alphabetical writing, and that reading and writing was a two-way street in New Spain (*Tell me* 121).

Aceptar la perspectiva de la mediación, traducción e intervención franciscana de la palabra indígena entraña, como ha señalado Sánchez-Prado, la imposibilidad de una apropiación ideológica del pasado prehispánico para la construcción, en primer lugar, de la causa de la identidad nacional mexicana como celebración del mestizaje y, en segundo lugar, para la reafirmación de la existencia de un corpus de "literatura náhuatl" y la construcción de una agenda indigenista:

> One has to remember that the dcfcnse of the indigenous people and the recovery of their cultural origins within a national state constructed and sustained by a *criollo/mestizo* ideology after the Mexican Revolution allowed the use of the Pre-Columbian imaginary in the different discourses that has sustained the revolutionary regime's ideology [...] A large intellectual tradition of recovery of the Pre-Columbian past as icon of the agendas of the revolutionary regime has led to a reading of León-Portilla's work as one of the bases for the constitution of a national ideology (Sánchez-Prado 49).

Entiéndase que esta conceptualización sobre la obra de León-Portilla no quiere ser un argumento *ad hominem*, un ataque contra él, un incansable académico que nos ha aportado un conocimiento más que considerable sobre la obra de Sahagún.[9] Lo que intento señalar es cómo la ideología nacionalista, en su tarea de rescatar la palabra indígena, finalmente, la termina encubriendo. Del mismo modo, mi crítica a Todorov se relaciona menos con su tarea crítica y su intento por comprender el problema de la otredad que con el modo eurocéntrico en el cual realiza dicha empresa.

En relación con lo anterior, Klor de Alva incurre en una suerte de contradicción al afirmar que la obra de Sahagún impuso categorías europeas al mismo tiempo que permitió la extracción detallada de información autóctona mediante descripciones objetivas y trabajo de campo sistemático.[10] La

---

[9] De acuerdo con Sánchez-Prado, las contribuciones de León-Portilla "range from the paleography of manuscripts to the construction of a theoretical apparatus used to approach the form, content, and context of the 'texts'. He is also one of the founders of the most important academic institution in the fiel (the Semminar on Nahuatl Cultue at the National University of Mexico, created in 1957) and of the most important publication in the fiel (*Estudios de cultura náhuatl*, a 32 year-old journal published by the Seminar). Moreover, León-Portilla is recognized as one of the most outspoken advocates for indigenous causes, which has earned him membership in and awards from many important institutions in Mexico and abroad. In short, the core of the discipline is centered on the work of this man and the critical school he has created" (41).

[10] Afirma Klor de Alva que "Thus, through their reliance on systematic fieldwork objective descriptions, these experiments gave birth in the sixteenth century to the first modern account of a native culture, genuinely earning for Sahagún the title of 'father of modern ethnography'" (52).

autoridad etnográfica de Sahagún, como se puede leer en el epígrafe que abre este acápite, tiene su base de sustento y su pilar fundamental en las Sagradas Escrituras.[11] Su proceder etnográfico se articula a partir de una negación: el saber indígena es declarado como falso y por ello, el impulso que define su práctica etnográfica se basa en la supresión paradójica de aquello que se propone relevar como información. Más aún, los dioses de los indígenas no son simplemente considerados como falsos dioses o como "no dioses", sino también como enemigos del Dios cristiano y de la humanidad, que no es otra cosa que la caracterización tradicional que define históricamente a Satanás (el enemigo, el adversario).[12] Una visión que, como ha señalado Luis Villoro, duplica o da un rostro doble a todos los dioses de la religión indígena, haciéndolos participar de una apariencia falsa, de un simulacro, que se descubre gracias a la intervención del misionero y de las Sagradas Escrituras:

> In the Indian mind Texcatlipoca and Huitxilopochtli appear as divine, gifted, and with sublime attributes, but were they so in fact? The law dictated by the true God tells us, on the contrary, that they were demons. The holy becomes nefarious according to the intention. Texcatlipoca is no longer covered now with the meanings which the Indian attributes to him, but rather with the traits which the Catholic reveals in his face. The same object is doubled; a distinction is made between the intentional object of the belief of the Indian and that same object as a reality outside of him, before the eyes of the Christian God. But both levels cannot be real. In order to save his own picture of the world, Sahagún declares the Indian's as an appearance, and as reality that which the scripture reveals ("Sahagún" 12).

Sahagún, en su confutación de la idolatría recogida en el Libro I de su *Historia general* presentaba a Huitzilopochtli, haciendo una hipérbole etnográfica,

---

[11] Más adelante agrega: "[...] para alumbrar en el conocimiento de la eterna verdad, que es Dios, y en el conocimiento de los falsos dioses que son pura mentira e invención del austro y padre de toda mentira que es el diablo, puse el texto de la Sagrada Escritura arriba escrito, donde clara y abiertamente se conoce el principio que tuvieron los ídolos, y los grandes males en que incurrieron los hombres por la adoración de ellos" (1: 85).

[12] Browne señala que "Sahagún shared with Augustine —and most people of the Middle Ages— the idea that the pagan gods were not just false, they were actual demons intent on deceiving human beings" (195).

como a un "enemigo de los hombres", instigador de sacrificios, de prácticas caníbales y de insurrecciones:

> [L]os antiguos mexicanos adoraron y tuvieron por dios a un hombre llamado Huitzilopochtli, nigromántico, amigo de los diablos, enemigo de los hombres, feo, espantable, cruel, revoltoso, inventor de guerras, y de enemistades, causador de muchas muertes y alborotos y desasosiegos. A éste tan pésimo hombre hacían grandes fiestas vuestros antepasados cada año; y en cada fiesta mataban por su honra y delante de sus imágenes y en su capilla muchos hombres, sacándoles los corazones y ofreciéndolos al mismo Huitzilopochtli, derramando delante de él su sangre y comiendo las carnes de ellos, así sacrificados. Estas son cosas horrendas, abominables, crueles y muy vergonzosas (1: 88).

La neutralización de este dios, y la permanente insistencia de los evangelizadores en relación con su eliminación y combate, obedecían quizás al temor hispánico de que por intermedio de este "dios de la guerra" los indígenas pudieran reconstruir el símbolo de la resistencia contra los europeos. Recordemos que Huitzilopochtli era el dios solar de la guerra y, como sugiere Sahagún, un dios "revoltoso" e "inventor de guerras". Éste no sólo representaba la acción bélica, sino que además se nutría de la sangre de los guerreros cautivados en la *xochiyaoyotl* o guerra florida.[13] Por lo tanto, la de Sahagún es una etnografía que escribe borrando y negando el material que recolecta, lo cual se produce a pesar de que intente nutrirse en forma sistemática del saber de informantes calificados y de la lengua indígena. En este sentido tiene razón Todorov cuando se refiere a los cuestionarios como modo de imposición cultural sobre el otro indígena: "Los cuestionarios no

---

[13] De acuerdo con Alfonso Caso: "El azteca, el pueblo de Huitzilopochtli, es el pueblo elegido por el Sol; es el encargado de proporcionarle su alimento; por eso para él la guerra es una forma de culto y una actividad necesaria, que lo llevó a establecer la *Xochiyaoyotl* o *Guerra Florida*, que no tenía por objeto apoderarse de nuevos territorios, ni imponer tributo a los pueblos conquistados, sino procurarse prisioneros para sacrificarlos al Sol" (10-11). Agrega información muy relevante sobre el tema Adela Fernández, quien nos aclara que "muchos de los mitos y su desarrollo parten primero de deidades que representan conceptos filosóficos, las cuales evolucionan de acuerdo a los más importantes hechos históricos. Se intercala en ello la deificación de personajes de tanta trascendencia que llegan a ser sublimados, ya como nuevos dioses o encarnación de antiguos númenes, por asociación de acciones y significados. Indiscutiblemente este es el caso de Huitzilopochtli cuyo desarrollo sigue la secuencia concepto-deidad-héroe cultural-deidad" (93).

sólo imponen una organización europea al saber americano, y a veces impiden el paso de la información pertinente, sino que también determinan los temas a tratar y excluye otros" (248).

Como ha señalado Mignolo, la alternativa enciclopédica que propuso Sahagún, en relación con los modelos de enciclopedia europea, fue la construcción de lo conocido por los indígenas desde parámetros culturales ajenos al conocimiento del compilador europeo: una construcción que resultó en la represión de las categorías que los indígenas tenían para organizar su conocimiento, su propia episteme: "Sahagún's *Florentine Codex* helped to save the known in Mexica culture from oblivion, at the same time that it repressed (although not suppressed) Mexica ways of knowing" (*The Darker* 199). Por ello, el intento voluntarista e historicista de transformar a Sahagún en una suerte de "padre de la antropología" (Klor de Alva 39 y 52, León-Portilla, *Bernardino* 212) es correcto sólo si admitimos que, en buena medida, el trabajo etnográfico en Occidente se ha basado históricamente en la descripción de culturas exóticas desde un punto de vista occidental y eurocéntrico, donde la interpretación antropológica ha implicado una *situación asimétrica* entre el investigador y su "objeto" de estudio, así como también una sobreimposición del archivo occidental sobre las categorías de pensamiento del grupo social analizado y colonizado. Si acordamos en dar a Sahagún el nombre de "padre" de la antropología moderna, entonces debemos señalar que es un padre *irónico* y *paradójico*, ya que en el mismo momento en el que funda la etnografía como una práctica descriptiva e interpretativa sobre la cultura indígena, simultáneamente realiza increíbles esfuerzos para que esa cultura desaparezca tal y como es para transformarse en otra cosa (en la cultura del evangelizador). Acto que, de haberse concretado, conduciría al fin de la etnografía como método puesto que implicaría la homogeneización cultural y, por ende, una utópica erradicación de la diferencia antropológica. En este sentido, Sahagún sería el responsable de un irónico movimiento que se acaba en sí mismo y que implica simultáneamente el comienzo y el fin de la práctica etnográfica mediante el borramiento, encubrimiento y aniquilación de su "objeto" de estudio.

La etnografía de Sahagún y su finalidad programática son instrumentales, represivas y disciplinarias. Es por esta razón que su trabajo no implica, bajo ningún punto de vista, "los primero esbozos del futuro diálogo" (Todorov 254). No debemos olvidar que Sahagún, al igual que Motolinía, participó como intérprete judicial en los procesos que tuvieron como acusados de ejercer prácticas idolátricas a Carlos Ometochtzin y Pochtécatl Tlailotlaqui, juicios que terminaron con la quema pública de los dos indígenas.[14] Como ha señalado Georges Baudot, su participación en estos juicios se debió, precisamente, a su conocimiento de la cultura y, fundamentalmente, de la lengua indígena.[15] Por estas razones, hablar del indigenismo de Sahagún en sentido positivo como lo hace León-Portilla (*Bernardino* 209-12) es problemático, salvo que encapsulemos la palabra indigenismo dentro una significación estrictamente paternalista y colonial y dentro de la lógica de la "misión civilizadora" de Europa sobre América.[16] No sólo esta postura de León-Portilla es problemática, sino que además, en cierto sentido, resulta contradictoria. El propio investigador mexicano es consciente de las dificultades para asignar o atribuir autoría a las múltiples producciones de Sahagún y sus informantes. Dice León-Portilla que es necesario tener presente "desde un principio, el problema crítico que plantea su obra. Responder equivaldrá a discernir —dentro del conjunto de ésta— qué puede tenerse como netamente indígena y qué lo debido al fraile o, de modo más amplio, lo atribuible a su bagaje cultural hispano, humanista y de evangelizador cristiano" (*Bernardino* 116).

Todo intento de *domesticación* y *conversión* religiosa es disciplinario y represivo; lo sorprendente en Sahagún es la clara conciencia metodológica de cómo llevar a cabo dicho disciplinamiento moral y cultural del indígena apoyado por la evidencia y la técnica clasificatoria etnográfica. Reconocimiento metodológico de la tarea del fraile que no implica que su objetivo se haya logrado, por el contrario, se trata de un esfuerzo fracasado. La obra

---

[14] Según León-Portilla, Sahagún participó "en procesos que abrió el obispo Juan de Zumárraga en contra de indios tenidos como relapsos, pues convertidos al cristianismo —al menos en apariencia— habían vuelto a su religión nativa. Famoso entre tales procesos fue el seguido en 1539 contra don Carlos Ometochtzin, señor de Tetzcoco, nada menos que hijo del afamado Nezahualpilli y nieto del más ponderado sabio señor Nezahualcóyotl. Zumárraga actuó entonces como obispo e inquisidor apostólico y tres frailes franciscanos como intérpretes. Uno fue Antonio de Ciudad Rodrigo, con quien Bernardino había viajado a México; otro, Alonso de Molina, el primer lexicógrafo de la lengua náhuatl, que sacó a luz su *Vocabulario* en 1555, y el otro precisamente Sahagún que para entonces debía sobresalir ya por su conocimientos del idioma indígena" (*Bernardino* 82).

[15] Según Baudot, "his competence in the Nahuatl language had been widely recognized. In two 1539 documents he is named as an interpreter in an inquisitorial trial against some Indians accused of idolatry" (*Utopia* 493).

[16] Dice León-Portilla: "Otra aportación también vinculada a su trabajo, puede calificarse de 'indigenista'. Además de sus propósitos de misionero empeñado en conocer la cultura de aquellos a los que se buscaba evangelizar, quiso abrir los ojos a quienes menospreciaban a los indios y les habían causado muy graves daños" (209).

de Sahagún nos propone una taxonomía, un ordenamiento, de la cultura indígena que nos recuerda la risa foucaultiana —producida por un texto de Borges— sobre la ironía que subyace a todo sistema de clasificación en el que se "nos muestra como encanto exótico de otro pensamiento [...] el límite del nuestro" (*Las palabras* 1). Rabasa ha mostrado que si bien la *Historia general* funciona como un arsenal para futuras batallas contra el demonio, sin embargo, esa batalla se presenta de una manera altamente racionalizada y arreglada en torno a una "taxonomía" (*De la Invención* 162). La *Historia general* puede entonces ser considerada en su conjunto como uno de esos "cuadros" de los que nos hablaba Foucault, cuadros que hacen posible al pensamiento: "llevar a cabo un ordenamiento de los seres, una repartición en clases, un agrupamiento nominal por el cual se designan sus semejanzas y sus diferencias —allí donde, desde el fondo de los tiempos, el lenguaje se entrecruza con el espacio" (*Las palabras* 3).

2. Etnografía y control cultural

Un claro ejemplo en la *Historia general* en el cual Sahagún articula el *telos* religioso, la corrección de las conductas indígenas "desviadas" y el frenesí clasificador, lo encontramos al comienzo del Libro XI. En el "Prólogo", Sahagún afirmaba que el objetivo pedagógico evangelizador de este libro era hacerles entender a los indígenas "el valor de las criaturas, para que no las atribuyan a divinidad; porque a cualquiera criatura que vían ser iminente en bien o en mal, la llamaban *téutl*; quiere decir "dios". De manera que al Sol le llamaban *téutl* por su lindeza; al mar también, por su grandeza y ferocidad" (edición Austin/Quintana 3: 983).[17] Luego de estas palabras del prólogo en su "Al sincero lector", Sahagún afirmaba, en forma caótica y desordenada, que en este libro se podían encontrar múltiples cosas:

> Tienes amigo lector, en el presente volumen, un bosque con gran diversidad de montañas, montes y riscos, donde hallarás árboles silvestres de todo género, y bestias fieras, y serpientes, cuanta demandares. Tienes un jardín poblado de todos árboles fructíferos y de todas maneras de yerbas, donde hay fuentes y ríos de di-

---

[17] Esta cita del "Prólogo" al Libro XI y la que sigue de "Al sincero lector" no provienen de la edición de Garibay simplemente porque éste, por alguna extraña razón que desconocemos, no las incluye en su recopilación de la *Historia* de la editorial Porrúa. Cito de la edición en tres volúmenes de Alfredo López Austin y Josefina García Quintana. Se trata de una versión facsimilar del *Códice Florentino* y por ello su castellano se corresponde al original del siglo XVI que utilizó Sahagún.

versas maneras [...] En ella hay aves de dulces cantos y de ricas plumas; hay también florestas edificadas a las mil maravillas. Tienes diversidades de caminos y edificios; tienes ansí mismo campos y llanuras donde hay toda manera de mantenimientos, donde hay charcos y lagunas, donde se crían cañas, espadañas y juncos, y diversas maneras de animales acuátiles y terrestres, donde hay minas de todas maneras de metales y todas maneras de piedras preciosas, y de muchas otras cosas provechosas a la vida humana (edición Austin/Quintana 3: 984).

Este inventario diseminado en un recuento más bien azaroso y asociativo, esta proliferación de elementos tan parecida al mundo real y desordenado de la experiencia humana no será, bajo ningún punto de vista, lo que la meditada taxonomía sahaguniana nos ofrecerá; por el contrario, nos dice el franciscano: "No procede la obra por la orden arriba puesta, sino por la que se sigue: el primero capítulo trata de los animales, contiene siete párrafos; el tercero capítulo trata de los animales del agua [...] contiene cinco párrafos; el cuarto trata de los animales fieros [...] el quinto trata de serpientes y otros animales ponzoñosos" (3: 984). Este pasaje nos muestra la conciencia de Sahagún frente al problema clasificatorio, así como su profundo convencimiento según el cual el control social y la pedagogía evangélica dependen de un orden y de una tipificación discursiva de la experiencia que haga coincidir, parafraseando a Foucault, las palabras y las cosas o, si se prefiere, el lenguaje y el espacio a colonizar. Como ha señalado Klor de Alva en un polémico ensayo sobre Sahagún:

> Since their [that of the missionary-ethnographers] central goal was to domesticate (make docile and predictable) the native other within a European regime of disciplinary practices, the focused their missionary efforts on the retraining of the indigenous through pedagogical and evangelizing techniques. Sahagún noted that these normalizing exercises required that the friars learn everything possible about pre-Contact religious customs so that fellows and future priests could identify and extirpate those that were subversive to the Christian mission (38).

En su artículo sobre Sahagún y la fundación de la etnografía, Klor de Alva expresa un claro optimismo en relación con la tarea etnográfica que lo impulsa a realizar una suerte de gesto celebratorio de la fundación de la disciplina. Lleva a cabo una valoración positiva de las aproximaciones eurocéntricas de la obra de Todorov, y parece acordar con éste sobre el carácter conservacionista de la obra de Sahagún. Este gesto celebratorio pasa por alto la violencia contextual e histórica del colonialismo y se inscribe en un no reconocimiento del hecho de que la etnografía es una invención occidental producto de la invasión colonial y la imposición religiosa. Sin embargo, para no ser injustos con Klor de Alva, es necesario señalar que éste también afirma que, para lograr que la conducta del indígena fuera dócil, esto es, que no se resistiera a la invasión, que aceptara la doctrina nueva, que abandonara sus prácticas religiosas y para que su cultura se transformara en algo "predecible", los misioneros utilizaron técnicas de recompensa, castigo, disciplina y vigilancia (40). En este sentido se equivoca Todorov al afirmar que uno de los objetivos centrales de la obra etnográfica de Sahagún era el "deseo de conocer y preservar la cultura náhuatl" (235), y que su preocupación central no era hallar una metodología adecuada para la conversión, sino los medios adecuados para representar "fielmente" el objeto descrito (235). Sahagún consideraba que sin el relevamiento etnográfico no era posible lograr la limpieza cultural y étnica de las tradiciones indígenas a las que consideraba como supersticiones e idolatrías. León-Portilla —a quien nadie calificaría como un detractor de Sahagún— señala con acierto la ambivalencia de la obra de Sahagún al mostrar que los fines investigativos antropológicos y el celo evangélico no siempre podían conciliarse: "Dijo que se proponía investigar 'las cosas humanas, naturales y divinas' del México antiguo y, corrigiéndose de inmediato, añadió 'o por mejor decir idolátricas'" (*Bernardino* 18). Es por ello que debemos considerar la obra del franciscano como una etnografía de anulación y de *control social* en la cual la *falsedad* en que se monta la cultura indígena tiene su origen, como en Motolinía, en la influencia demoníaca:

> Vosotros, los habitantes de esta Nueva España, que sois los mexicanos, tlaxcaltecas y los que habitáis en la tierra de Mechuacan, y todos los demás indios de estas Indias Occidentales, sabed: que todos habéis vivido en grandes tinieblas de infidelidad e idolatría en que os dejaron vuestros antepasados, como está claro por vuestras escrituras y pinturas, y ritos idolátricos en que habéis vivido hasta ahora [...] sabed que *los errores en que habéis vivido* todo el tiempo pasado os tienen ciegos y engañados [...] y esto es para que os escapéis de las manos del diablo en que habéis vivido hasta ahora, y vayáis a reinar con dios en el cielo (*Historia* 1: 77; énfasis mío).

De acuerdo con el franciscano, sin el conocimiento de las prácticas culturales del indígena era imposible extirpar la idolatría y realizar un adoctrinamiento exitoso.[18] Para Sahagún, la finalidad última del trabajo etnográfico, su teleología, consistía en hacer una semiología general, al modo de un médico, de la cultura indígena con el objetivo de develar no sólo las causas de las prácticas idolátricas, sino también su posible encubrimiento por parte de los indígenas; en otras palabras, se trata de una suerte de etnografía policial.[19] De este modo, en el "Prólogo" de su *Historia general de las cosas de la Nueva España* comparaba la tarea del misionero con la de un médico y a los indígenas con "enfermos". Sostenía que el médico-misionero no podía curar a su indio-enfermo sin hacer previamente un diagnóstico adecuado de las enfermedades —léase idolatrías— que lo afectaban. El objetivo central de su trabajo etnográfico consistía en determinar con precisión el conjunto de tradiciones que habían enfermado desde antiguo a los indígenas para extirparlas:

> El médico no puede acertadamente aplicar las medecinas al enfermo sin que primero conozca de qué humor o de qué causa procede la enfermedad, de manera que el buen médico conviene sea docto en el conocimiento de las medicinas y en el de las enfermedades, para aplicar conveniblemente a cada enfermedad la medecina contraria. Los predicadores y confesores, médicos son de las ánimas; para curar las enfermedades espirituales conviene tengan esperitia de las medecinas y de las enfermedades espirituales, el predicador de los vicios de la república, para enderezar contra ellos su doctrina, *y el confesor para saber preguntar lo que conviene y entender lo que dixesen tocante a su oficio, conviene mucho que sepan lo necesario para exercitar sus oficios.* Ni conviene se descuiden los ministros desta conversión con decir que entre esta gente no hay más pecados de borrachera, hurto y carnalidad, porque otros muchos pecados hay entre ellos muy más graves, y que tienen gran necesidad de remedio: los pecados de la idolatría y ritos idolátricos, y supersticiones idolátricas y agüeros y abusiones y cerimonias idolátricas no son

---

[18] De acuerdo con Roger Bartra, "Bernardino de Sahagún, que tenía una enorme simpatía por los indios, declara que su empresa de investigar la historia de la cultura mexicana está guiada por el deseo ferviente de arrebatar a Satanás el dominio que tiene sobre los idólatras de la Nueva España" (*El salvaje* 76).

[19] Como ha señalado León-Portilla: "Las idolatrías, que tantas veces le salían al paso, sólo podrían ser erradicadas cuando se conocieran en verdad las raíces más ocultas del modo de pensar, creer y vivir de los indígenas. Para ello había que hacer pesquisas" (*Bernardino* 76).

aún perdidas del todo. Para predicar contra estas cosas, y aun para saber si las hay, menester es de saber cómo las usaban en tiempo de su idolatría, que por falta de no saber esto en nuestra presencia hacen muchas cosas idolátricas sin que lo entendamos (1: 27; énfasis mío).

La enfermedad dependía de una sintomatología sólo reconocible a partir de una semiología previamente organizada por la práctica etnográfica.[20] De este modo, una vez descubiertas las prácticas demoníacas era posible extirpar la enfermedad indígena e inocular la doctrina cristiana. Volvamos al "Prólogo" de la *Historia general* para mostrar el sentido programático y la función instrumental que Sahagún le concedía a su práctica etnográfica, cuyo objetivo central era combatir la idolatría:

[...] los predicadores y confesores médicos [...] conviene (que) tengan experiencia de las medicinas y de las enfermedades espirituales [...] muchos pecados hay entre ellos muy más graves y que tienen gran necesidad de remedio: los pecados de la idolatría y ritos idolátricos, y supersticiones idolátricas y agüeros, y abusiones y ceremonias idolátricas, no son aun perdidos del todo. *Para predicar contra estas cosas, y aun para saber si las hay, menester es de saber cómo las usaban en tiempo de su idolatría, que por falta de no saber esto en nuestra presencia hacen muchas cosas idolátricas sin que lo entendamos*; y dicen algunos, excusándolos, que son boberías o niñerías, por ignorar la raíz de donde salen —que es mera idolatría, y los confesores ni se las preguntan ni piensan que hay tal cosa, ni saben el lenguaje para se los preguntar, ni aun lo entenderán aunque se lo digan—. Pues por que los ministros del Evangelio que sucederán a los que primero vinieron, en la cultura de esta nueva viña del Señor no tengan ocasión de quejarse de los primeros, por haber dejado a oscuras las cosas de estos naturales de esta Nueva España, yo, fray Bernardino de Sahagún, fraile profeso de la Orden de Nuestro Seráfico P. San Francisco, del observancia, natural de la

---

[20] Fray Diego Durán sostenía en su *Historia de las Indias de Nueva España* que "[...] jamás podremos hacerles conocer de veras a Dios, mientras de raíz no les hubiéremos tirado todo lo que huela a la vieja religión [...] todo el tiempo que les dure en la memoria han de acudir a ello, como lo hacen cuando algunos se ven enfermos o en alguna necesidad, que justamente con llamar a Dios acuden a los hechiceros y médicos burladores y a las supersticiones idolatrías y agüeros de sus antepasados" (1: 5).

Villa de Sahagún, en Campos, por mandato del muy Reverendo Padre el P. Fray Francisco Toral, provincial de esta Provincia del Santo Evangelio, y después Obispo de Campeche y Yucatán, escribí doce libros de las cosas divinas, o por mejor decir idolátricas, y humanas y naturales de esta Nueva España (1: 27-28; énfasis mío).

Hacia el final del primer libro de su *Historia*, libro en el cual hacía una descripción muy detallada sobre "los dioses que adoraban los naturales", Sahagún concluía con una apelación y un apóstrofe amenazante al lector:

Ruégote por Dios vivo, a quien quiera que esto leyeres, que si sabes que hay alguna cosa entre estos naturales tocante a esta materia de la idolatría, des luego noticia a los que tienen cargo del regimiento espiritual o temporal, para que con brevedad se remedie; y haciendo esto harás lo que eres obligado, y si no lo hicieres encargarás tu conciencia con carga de grandísimas culpas; porque así como este es el mayor de todos los pecados, y más ofensivo a la divina majestad, así también nuestro señor Dios castiga a los que en él ofenden, con mayor rigor que ninguno de todos los otros pecados. Y a los que encubren este pecado asimismo los castiga con gravísimos tormentos, en este mundo y en el otro. No se debe de tener por buen cristiano el que no es perseguidor de este pecado, y de sus autores, por medios lícitos y meritorios (1: 94).

Muchos críticos culturales e historiadores contemporáneos parecen olvidar este objetivo central y excluyente de la tarea etnográfica de Sahagún al definir y describir la tarea del fraile como un intento por salvar y resguardar la cultura náhuatl y preservar sus registros escritos y sus tradiciones. Los materiales que se conservan hoy, como los *Primeros memoriales* de Sahagún (*Códices matritenses*) procedentes de testimonios levantados en Tepepulco, son en verdad el resultado de una paradoja histórica del eurocentrismo católico, el cual pretendía destruir la religión indígena e inculcar una nueva.[21] Me importa señalar aquí que la penetración cultural y religio-

---

[21] De acuerdo con José Luis Martínez, "En tanto que los manuscritos anteriores del padre Sahagún y sus informantes indios (*Primeros memoriales, Memoriales complementarios, Memoriales en tres columnas, Memoriales con escolios* y *Memoriales en español*), que se designan en conjunto como *Códices matritenses*, y se guardan en las Bibliotecas de la Real Academia de la Historia y del Real Palacio, contienen sólo los esbozos, los informes en náhuatl de los informantes indios y los primeros intentos de traducción al español; y el

sa, la aniquilación y transformación radical de la vida indígena fue llevada a cabo en forma organizada y sistemática de acuerdo a modelos epistemológicos europeos. Estos modelos generales de clasificación social, cultural y religiosa se impusieron como los instrumentos idóneos de interpretación.

Para que el lector pueda tener una idea aproximada de los procesos de manipulación, interpretación y traducción que ha sufrido la palabra indígena, procesos que nos hacen sospechar profundamente de la supuesta preservación del testimonio de los informantes, basta con saber que los *Primeros memoriales* son, en primer lugar, producto de un interrogatorio a los miembros de una comunidad devastada psicológica y materialmente, según nos refiere León-Portilla: "A partir de un esquema y cuestionario —la minuta—, Bernardino se dirigió en busca de sus fuentes de información. Éstas fueron el testimonio oral de los conocedores de la cultura indígena y de su historia, y asimismo algunos códices o pinturas que, ganándose la confianza de los ancianos, logró le fueran mostrados" (*Bernardino* 122).[22] Asimismo, León-Portilla ha insistido en la presencia de unas "minutas" a partir de las cuales Sahagún interrogaba a los informantes.[23] Esta idea también ha sido confirmada por un artículo muy importante de Alfredo López Austin en el que el autor hace una recomposición hipotética —libro por libro de la *Historia*— de cuáles pudieron haber sido las preguntas formuladas a los informantes para la composición de cada libro individual de la *Historia*. Al respecto, dice Austin: "The method emerged from the contact between the

---

manuscrito verosímilmente posterior al *Códice florentino*, llamado *Manuscrito de Tolosa* —hoy también en la Biblioteca de la Real Academia de la Historia, en Madrid—, contiene sólo una versión casi completa del texto en español de la *Historia general de las cosas de la Nueva España*, el *Códice florentino* es la única versión completa y más extensa que se conserva en las últimas elaboraciones de los textos en náhuatl y en español, profusamente ilustrados, de la *Historia general*, obra de fray Bernardino de Sahagún y su equipo de informantes y colaboradores indígenas" (8).

[22] Agrega León-Portilla: "Desde otro punto de vista, el del origen último del conjunto de estos testimonios, contemplados críticamente, puede decirse que hay algunos que son respuesta a los cuestionarios propuestos por Sahagún [éste] obtuvo respuestas específicas a sus cuestionarios y escuchó otros relatos libremente comunicados por sus informantes. Inquirió sobre un gran número de vocablos, tanto con propósitos léxico-morfológicos como culturales" (*Bernardino* 131).

[23] De acuerdo con León-Portilla, Sahagún formuló "La preparación de un cuestionario o 'minuta' que hizo posible inquirir sobre la cultura de los pueblos nahuas, no fragmentariamente, sino con un enfoque integral. Dicha minuta tuvo como importante complemento la formulación de otros cuestionarios que, en muchos casos, permitieron inquirir sistemáticamente en diversos aspectos e instituciones de la antigua cultura" (*Bernardino* 206).

cultures. Nahuatl man, upon being questioned either about the history of his people, or about his ancient customs, or even, during confession, about his sins, brought forth, with a peculiar sense of authenticating his words, the pictographic document which was both a mnemonic device and a proof" ("The research" 119). Hacia el final de su artículo, en sus conclusiones, López Austin, luego de la reconstrucción hipotética de los cuestionarios de Sahagún, es lo suficientemente cauto como para afirmar que no podemos tener certeza de hasta qué punto los informantes respondieron en forma veraz a estos cuestionarios y hasta qué punto las respuestas pueden ser consideradas como un reflejo de la antigua cultura o, más bien, como respuestas personales informadas por la clase social —la más alta— a la cual pertenecían los informantes. Finalmente, ¿cuánta importancia y confianza les atribuyó Sahagún a estas respuestas? ¿Las manipuló? (148). En segundo lugar, estos *Primeros memoriales* fueron recogidos por el historiador mexicano Francisco del Paso y Troncoso durante el siglo XIX, quien al considerar que los memoriales incluidos en los *Códices matritenses* estaban "desordenados" decidió hacer una edición facsimilar en la que "reordenó los textos atendiendo a las que *le parecieron ser* las varias etapas de su elaboración" (*Bernardino* 125; énfasis mío).[24] Como si todo esto fuera poco, recordemos que los *Primeros memoriales* están escritos en náhuatl y que existen varias traducciones del náhuatl al español, entre ellas la de Ángel María Garibay (*Paralipómenos de Sahagún*, 1944), la cual ha sido ampliamente cuestionada por Wigberto Jiménez Moreno en su edición de los *Primeros memoriales* de 1974.[25] Afirmar después de toda esta gran confusión que la palabra indígena está preservada en la obra etnográfica de Sahagún resulta, al menos, problemático.

Podríamos decir que las ilustraciones de los *tlacuilos* (pintores-escribas mexicas) informantes de Sahagún, así como sus glosas en náhuatl, se conservan hoy a pesar de y no gracias al fanatismo religioso que intentó bo-

---

[24] El lector interesado en conocer cómo se fue reconstruyendo la obra de Sahagún puede consultar dos muy buenos artículos escritos en colaboración entre León-Portilla e Ignacio Bernal. El primero de ellos lleva por título: "Vida y obra de Fray Bernardino de Sahagún. Dos cartas de Paso y Troncoso a García Icazbalceta" y la continuación de este mismo artículo titulado: "La obra de Sahagún, otra carta inédita de Francisco del Paso y Troncoso". Ambos artículos se hayan incluidos en la antología preparada por Ascensión Hernández de León-Portilla (1990, 47-93 y 94-163).

[25] Para mayores datos sobre la disputa entre Garibay y Jiménez Moreno, véase el "Prólogo" de Jiménez Moreno a los *Primeros memoriales* (5). El autor hace, en la página 15, una lista de "diferencias entre la traducción del Dr. Garibay y la nuestra".

rrarlas, suprimirlas, ocultarlas y destruirlas.[26] Asimismo, como vimos, lo que queda registrado de esa palabra indígena —pero editada por Sahagún, y cuestionada por los múltiples intérpretes de Sahagún luego— es producto de una manipulación que no se puede atribuir en forma directa a los informantes. En este sentido no es correcto ni empíricamente justificable afirmar que Sahagún, como sugiere Klor de Alva, hubiese querido adecuar la cultura náhuatl dentro de categorías cristianas pero intentando mantener al mismo tiempo su singularidad (38). Es más, algo que muy pocos han notado en la obra de Sahagún —a excepción de Keber y León-Portilla— es la constante actitud pesimista del fraile sobre las verdaderas posibilidades evangelizadoras y sobre los beneficios de la conversión indígena. El fracaso en la conversión ordenada y consecuente de los indígenas se lo achacaba Sahagún a los propios conquistadores —y a algunos colegas de su propia orden—, a quienes consideraba responsables de haber degenerado las costumbres de los locales induciéndolos a vivir en la muy poco virtuosa forma de vida española. Esta idea de "contaminación" entre las costumbres de los cristianos y de los indígenas constituía un serio problema, sobre todo cuando los "vicios" españoles hacían mella en la comunidad nativa, como señala Lockhart: "Communities of humble Hispanic people, including small agriculturalists and stockmen, petty traders, and muleteers, son grew up inside many Indian towns. Over time, Spanish influence on indigenous patterns of alcohol use and homicide was appreciable, especially in those areas with the largest Spanish populations and most opportunities for personal interaction" (4).

Sahagún comentaba que los niños indígenas educados en la tradición militar indígena eran moralmente virtuosos ya que los muchos ejercicios a los que los sometían sus maestros los alejaban de las cosas sensuales y del alcoholismo: "Como esto cesó por la venida de los españoles, y porque ellos derrocaron y echaron por tierra todas las costumbres y maneras de regir que tenían estos naturales, y quisieron reducirlos a la manera de vivir de España, así en las cosas divinas como en las humanas, teniendo entendido

---

[26] En el Libro X de la *Historia* se define el oficio del buen *tlacuilo* y del mal *tlacuilo*: "El pintor, en su oficio, sabe usar de colores, y dibujar o señalar las imágenes con carbón, y hacer muy buena mezcla de colores, y sábelos moler muy bien y mezclar. El buen pintor tiene buena mano y gracia en el pintar, y considera muy bien lo que ha de pintar, y matiza muy bien la pintura, y sabe hacer las sombras, y los lejos, y follajes. El mal pintor es de malo y bobo ingenio y por esto es penoso y enojoso, y no responde a la esperanza del que da la obra, ni da lustre a lo que pinta, y matiza mal, todo va confuso, ni lleva compás o proporción lo que pinta, por pintarlo de prisa" (3: 115).

que eran idólatras y bárbaros, perdiese todo el regimiento que tenían" (3: 159). Entendamos bien el pasaje, esta declaración no implica que Sahagún haya estado en contra de la Conquista, sino que estaba en contra de las metodologías evangélicas con las cuales —gente muy ingenua y poco preparada— habían estructurado desde el principio la organización de la vida indígena.[27] En este mismo sentido, Keber afirma que no se puede pasar por alto la tristeza y la desilusión que expresa Sahagún en sus últimos escritos, en los cuales manifestaba su preocupación por el "fracaso misionero" y por la derrota frente a la imposibilidad de extirpar completamente la idolatría (61). En este sentido, Browne señala que

> Sahagún's *Arte adivinatoria* is the clearest statement that exists of his pessimism and despair concerning the mission in New Spain. After over fifty-five years in New Spain, Sahagún was convinced that the church in New Spain was rotten to the core because its foundations were never properly laid. Sahagún accuses the Nahuas of duplicity when, for example, they concealed their idolatry under a falsely expurgated calendar [...] Sahagún is haunted by the recent discovery of an internal Nahua psyche that does not coalesce with outward shows of Christianity and concludes [...] that everything about their conversion is false (105).

Por su parte, León-Portilla comenta la desilusión de Sahagún hacia el final de su vida con relación a los alcances de la evangelización ya que, tal como lo expresaba el propio fraile, "los intentos de arraigar el cristianismo habían terminado en fracaso en no pocos lugares del mundo" (*Bernardino* 200). Por ello, León-Portilla concluye que "un universo de incertidumbres y pesares debió agobiar a fray Bernardino" (*Bernardino* 201). En este sentido, Todorov afirma que el sueño de Sahagún era "la creación de un estado ideal nuevo: mexicano (y por lo tanto independiente de España) y cristiano

---

[27] Muchos años más tarde, el jesuita José de Acosta, en el ámbito virreinal del Perú, volvería a insistir en esta idea, y en el capítulo XI del libro I de su obra *De procuranda indorum salute*, titulado "Los obstáculos principales para la predicación del evangelio entre los indios derivan más bien de los españoles", afirmaba que "Los españoles son los responsables absolutos de que el establecimiento del cristianismo entre los indios no haya producido hasta la fecha ni siga produciendo hoy el resultado apetecido [...] Todo el mundo está de acuerdo en que los indios que más tratan con los españoles son los que tienen costumbres más depravadas. Y ahí están los hechos mismos, que dan clara fe de ello: es voz común que los llamados *yanaconas*, educados en las casas y al estilo de los españoles, aventajan a los demás en todo género de maldades" (1: 169-173).

a la vez, un reino de Dios en la tierra. Pero al mismo tiempo sabe que este sueño no está a punto de realizarse, y se conforma entonces con recoger los aspectos negativos del estado actual" (251). Sahagún sostenía que siendo Nueva España territorio propicio para las "cosas sensuales", una de las causas del fracaso había sido la imposibilidad de mantener a los indígenas alejados de la bebida:

> Pero viendo ahora que esta manera de policía cría gente muy viciosa, de muy malas inclinaciones y muy malas obras [...] será menester poner remedio; y parécenos a todos que la principal causa de esto es la borrachera, que como cesó aquel rigor antiguo, de castigar con pena de muerte las borracheras, aunque ahora se castigan con azotarlos, trasquilarlos y venderlos por esclavos, por años, o por meses, no es suficiente castigo este para cesar de emborracharse, y aun tampoco las predicaciones muy frecuentes contra este vicio, ni las amenazas del infierno bastan para refrenarlos (3: 159).[28]

En numerosas oportunidades se quejaba Sahagún no sólo de lo que pudiéramos denominar como las fallas técnicas en los métodos de evangelización y de la candidez de los primeros frailes, quienes creyeron que se podía extirpar la idolatría con la mera aplicación masiva de los sacramentos (bautismo, confesión, casamiento), sino también de las prácticas encubiertas de los indígenas —del miedo a la hibridación y al sincretismo— que no habían podido ser corregidas a pesar de los castigos y el catecismo. Sahagún refiere que cuando se intentó casar a los indígenas y hacerlos vivir en nuevas comunidades católicas junto a los conventos (Cholula y Huexotzingo), no se pudo extirpar la "infección de la idolatría":

> [P]ero duró poco, porque ellos hicieron entender a los más de los religiosos, que toda la idolatría, con todas sus ceremonias y ritos, estaba ya tan olvidada y abominada que no había para qué tener este recatamiento, pues que todos eran bautizados y siervos del verdadero Dios; y esto fue falsísimo, como después

---

[28] También preocupado por este problema, José de Acosta le dedica un capítulo entero del libro III (el 20) de su *De procuranda indorum salute* al "problema" de la ebriedad de los indígenas. Allí nos dice que "Estas taras y daños las encontrarás en todo tipo de embriaguez. *Pero en ninguna parte se dan tan en montón como en las descomunales francachelas [ingurgitationibus] de estos bárbaros*, en las que el cuerpo rezuma bebida como si fuera un odre o más bien un grifo siempre abierto [...] debería todo legislador y magistrado combatirla y extirparla con la máxima diligencia" (1: 559: énfasis mío).

acá lo hemos visto muy claro, que ni aun ahora cesa de haber muchas heces de idolatría y de borrachería, y de muchas malas costumbres, y lo cual se hubiera mucho remediado si aquel negocio fuera adelante como se comenzó [...] *ya casi está imposibilitado de remediarse* (3: 162; énfasis mío).

También contaba Sahagún cómo se intentó la experiencia de "hacerlos religiosos porque nos parecía entonces que serían hábiles para las cosas eclesiásticas y para la vida religiosa" (III: 160). Esta idea perseguía, según nos cuenta el propio franciscano, hacer un ejemplo vivo de y para los indígenas. Al parecer, el experimento fue desastroso: "hallóse por experiencia que no eran suficientes para tal estado, y así les quitaron los hábitos, y nunca más se ha recibido indio a la religión, ni aún se tiene por hábiles para el sacerdocio" (3: 160). Tanto el pesimismo de Sahagún sobre la conversión del indígena como sus acusaciones de "ingenuidad" a los frailes predecesores nos deja entrever que, para algunos frailes, los que en realidad hicieron fracasar la evangelización, fueron los propios indígenas. Ésa es la denuncia más honda del pesimismo de Sahagún, la de la agencia indígena, la de la profunda desconfianza del accionar de los conversos y la angustia del etnógrafo que no puede penetrar el significado último de la cultura del Otro porque es justamente el Otro quien lo confunde:

De esta manera ellos cantan cuando quieren y se emborrachan cuando quieren, y hacen sus fiestas como quieren, y cantan los cantares antiguos que usaban en el tiempo de su idolatría, no todos sino muchos, y nadie entiende lo que dicen por ser sus cantares muy cerrados; y si algunos cantares usan que ellos han hecho después acá de su convertimiento, en que se trata de las cosas de Dios y de sus santos, *van envueltos con muchos errores y herejías, y aun en los bailes y areitos se hacen muchas cosas de sus supersticiones antiguas y ritos idolátricos, especialmente donde no reside quien los entienda*; y entre los mercaderes más comúnmente pasa esto, cuando hacen sus fiestas, convites y banquetes. Esto va adelante, cada día se empeora, y no hay quien procure de lo remediar, porque no se entiende sino de pocos y ellos no lo osan decir; las cosas de la borrachería cada día se empeoran, y los castigos que se hacen no son de manera que el negocio se remedie, más antes de manera que se empeora (3: 164, énfasis mío).

Esto ejemplifica la relación de la que nos hablaba Homi Bhabha entre el mimetismo del discurso colonial y la burla. La mimesis como procedimiento produce, de acuerdo con Bhabha, un efecto de ambivalencia en el discurso colonial. Dicho efecto repercute luego no sólo en los modos de clasificación utilizados por este discurso para describir los comportamientos culturales, sino también en los comportamientos y las actitudes del Otro colonizado, un Otro que es "casi lo mismo pero no del todo" (112). Así, el comportamiento indígena sin el control religioso, como señala Sahagún, produce un sujeto parcial que es cristiano bajo la mirada del poder pero que vuelve a no ser o a "ser otro" (el mismo que era) bajo la presencia de sus cantos y el uso del alcohol. En esta dirección, Klor de Alva ha señalado que la estructura genérica de la obra de Sahagún y la trama de su narrativa se montan sobre la *tragedia* (44); una tragedia cuya trama cuenta la historia de un pueblo *engañado* por las fuerzas del demonio (45).

Es cierto que Sahagún era menos místico y mesiánico que su predecesor Motolinía y más empirista en su metodología etnográfica. Sin embargo, no es correcto afirmar que su trabajo estuviese anticipando ciertas actitudes del siglo xx —lo cual constituye un anacronismo y pasa por alto la epistemología humanista del siglo xvi— y que fuera consciente del hecho de que una investigación con verdadero sentido y significado debía regirse por una metodología empírica liberada de juicios de valor *a priori* (Klor de Alva 38; Todorov 228-232). Sahagún, al igual que el resto de los frailes mendicantes, antes que etnógrafo era evangelizador y participaba de una visión profundamente eurocéntrica en la cual el indígena, para ser ratificado y aceptado como miembro de la comunidad de la Iglesia, debía primero abandonar su propia cultura (una antropología de la violencia) y ser convertido (un disciplinamiento religioso) so pena de permanecer como un mero instrumento del demonio o, en el mejor de los casos, como un elemento más de las fuerzas primitivas y salvajes de la naturaleza. Como ha señalado Louise Burkhart, no es posible ni conveniente separar en forma tajante al Sahagún etnógrafo del Sahagún misionero ya que el propósito explícito de su *Historia general* era "la educación de sus colegas religiosos para que estos pudieran reconocer las idolatrías" (65). De hecho, el proceso de tipificación y clasificación etnográfica de todos los aspectos de la cultura indígena fue acompañado por otro proceso pedagógico que intentaba, mediante la educación de los jóvenes, borrar la memoria étnica y construir un nuevo sujeto occidentalizado. Los informantes de Sahagún son, precisamente, sujetos híbridos y transculturados por la pedagogía franciscana, que leen y escriben tanto en latín como en castellano. Al respecto, Charles Dibble señalaba que ya para 1540:

> Sahagún had been instrumental in training a group of native scribes and grammarians whom he and his colleagues could and

did utilize for two related but separate goals. One was to gather information about native culture and religion to guard against the emergence of heresy in Christian teaching. This led to the History of Sahagún as well as the writings of Olmos, Motolinía, and others. The second goal was to translate Christian doctrine and ritual into Nahuatl with the aid of the native helpers [...] how were Christian names and concepts unknown to the native to be rendered? Should a Nahuatl equivalent be given for *Espíritu Santo, ángel, alma*? Was God to be rendered as *teotl*? Sahagún tended to favor the use of the Spanish term (226).

Al mismo tiempo, convertir la cultura viva del indígena en un catálogo, compendio o, como lo ha llamado Rabasa, en una "enciclopedia" (125-179), implicó un acto de violencia a través del cual el indígena fue cosificado y expuesto al mundo del orden occidental. Una práctica asociada a un embrionario sueño totalizante: el museo de la cultura occidental. Museo que, como ha señalado Quetzil Castañeda, se relaciona íntimamente con la intención de crear un ordenamiento sistemático y exhaustivo del conocimiento universal (totalizante) mediante la intervención etnográfica, que no cesa de producir textos que son, a su vez, leídos e interpretados como culturas.[29]

La cultura indígena y sus ritos fueron fosilizados y catalogados en la frialdad del archivo etnográfico, sus vidas transformadas en un museo que celebraba en forma teatral los despojos del pasado (las ruinas) y que reflejaba una topografía ficticia de la alteridad. En todo caso, la enciclopedia sahaguniana ostenta un carácter altamente paradójico y así lo señala Mignolo cuando afirma que "the wonderful spectacle of Mexica civilization as known by Spanish Franciscan at the same time that *it hides from us the Mexica's own organization of their own ways of knowing*" (*The Darker* 202; énfasis mío). Así, la memoria colectiva indígena fue enterrada en la nomenclatura del libro occidental y confinada en los estantes de la erudita biblioteca metropolitana. Esto sucedió en parte, no sólo porque la situación colonial estuviera forzando el cuerpo del colonizado al trabajo, muchas veces forzado, sino además porque el andamiaje de la ideología letrada colonial —más allá de sus fases materiales represivas y extractivas— también

---

[29] Dice Castañeda: "Various (often conflicting) camps showed that culture was a text, not because it referred to what a collectivity "out there" feels, thinks, or does, but because the interpreter had constructed, that is, invented, 'the culture' —an ideal order and imaginary totality in the various guises of 'system,' 'structure,' 'logic,' 'habitus,' or 'mode of production,' —as a text in the representational form of a text, which otherwise is known as an 'ethnography'" (15).

imponía lo que Mignolo ha llamado una *semiosis colonial* (*The Darker* 213), esto es, unos modelos simbólico-semióticos para la interpretación de los diferentes hechos de la cultura local que tendían a reprimir, so pretexto de "comprender", los propios imaginarios indígenas.

3. La enciclopedia evangélica y el informante indígena: modos de interrogar y modos de clasificar

Este proceso de fosilización y cosificación de la cultura indígena que venimos describiendo en la obra de Sahagún se organizó a partir de la clasificación etnográfica; una tipificación arreglada en torno a las epistemes y las taxonomías europeas fundadas en la potencia metafórica del símil y la analogía. Pensemos que el *Códice florentino*,[30] a pesar de incluir la lengua náhuatl y sus dibujos, enmarcaba el saber indígena dentro del formato de edición libresca occidental y por lo tanto forzaba al pensamiento indígena a acomodarse en un molde que le era desconocido. Hoy no podemos saber a ciencia cierta cuánto se perdió o se ganó en este proceso de hibridación epistémica, aunque, como ha señalado Mignolo uno pueda percibir un "Glimpse at the silence behind the noise of the *Florentine Codex* allows one to perceive the hybrid cultural productions by Amerindians who learned the alphabet and, by writing, constructed a locus of enunciation different from the one carved by an Italian Humanist" (*The Darker* 202). Por otra parte, la máquina escolar disciplinaria que los franciscanos montaron en el Colegio de Santa Cruz de Tlatelolco da cuenta de los dispositivos institucionales pedagógicos que no sólo servían para la indoctrinación del indígena en materia religiosa, sino también para "formar" y "modelar" ejemplos de conducta social como las del "informante" y el "espía".[31] El propio Sahagún cuenta que

---

[30] Lo que hoy conocemos como *Códice florentino*, por estar resguardado en la Biblioteca Medicea Laurenciana de Florencia, es el producto de muchos años de trabajo de recopilación y traducción de Sahagún. De acuerdo con las informaciones aportadas por León-Portilla, "el trabajo [el armado del *códice*] se llevó a cabo en el Colegio de Santa Cruz de Tlatelolco; para ello contó Sahagún con el auxilio de sus escribanos indígenas [...] entre otras cosas, se tradujo, por primera vez, la mayor parte de los textos que habían permanecido sólo en náhuatl [...] La obra abarcó los doce libros de la *Historia universal* [...] En la columna izquierda se incluyó el texto en náhuatl, dividido en libros, capítulos y, algunas veces también en párrafos. En la columna derecha aparece también la versión castellana. Esta no es literal, sino que en ocasiones resume lo expresado en el texto indígena y a veces también lo comenta" (*Bernardino* 169).

[31] El Colegio de Santa Cruz de Tlatelolco, ubicado al norte de la Ciudad de México, se fundó con la idea de "erigir allí un centro de enseñanza para jóvenes indígenas,

> Luego que venimos a esta tierra a plantar la fe juntamos (a) los
> muchachos en nuestras casas, como está dicho, y les comenza-
> mos a enseñar a leer y escribir y cantar, y como salieron bien
> con esto, procuramos luego de ponerlos en el estudio de la Gra-
> mática, para el cual ejercicios se hizo un Colegio en la ciudad de
> México en la parte de Santiago del Tlatilulco, en el cual de todos
> los pueblos comarcanos y de todas las provincias se escogieron
> los muchachos más hábiles, y que mejor sabían leer y escribir,
> los cuales dormían y comían en el mismo Colegio sin salir fuera
> sino pocas veces (3: 165).

En la obra de Sahagún se interceptan ejes metodológicos y prácticas que funcionan en forma complementaria: 1) una pedagogía de la conversión, 2) una cosificación de la cultura indígena, 3) una colonización del imaginario indígena y 4) la puesta en práctica de una nueva subjetividad indígena "auto-controlada" que "descubre" y "explica" el funcionamiento de su propia cultura al invasor colonial. El trabajo etnográfico de Sahagún es mucho más sofisticado que el de su antecesor Motolinía; dado que el sucesor incorporará como elemento fundamental en su clasificación cultural la lengua náhuatl y el informe sistémico de indígenas entrenados tanto en castellano como en náhuatl y en latín.[32] León-Portilla ha señalado que para acometer la tarea de relevamiento de la información cultural indígena, Sahagún "trabajó en equipo con sus gramáticos o estudiantes trilingües, antiguos discípulos suyos en el Colegio de Santa Cruz de Tlatelolco [...] Con estos colaboradores e inquiriendo en náhuatl, con esos largos 'parlamentos' o diálogos, a los que los nahuas son tan inclinados, Sahagún fue adentrándose en un mundo de cultura que le era desconocido" (*Bernardino* 123). La incorporación de informantes y todo el trabajo etno-lingüístico

---

hijos de señores principales o escogidos por su talento [...] El colegio había funcionado tentativamente desde 1533, aunque al parecer no en Tlatelolco sino en el convento de San Francisco de México. Su inauguración solemne, ya en Tlatelolco, con asistencia de Zumárraga y Fuenleal, y del recién llegado primer virrey, Antonio de Mendoza, tuvo lugar en la fiesta de la Epifanía o Día de Reyes de 1536, para simbolizar que el colegio se abría para ilustración de los gentiles del Nuevo Mundo. Creado bajo la protección de Carlos V, fue llamado por esto imperial" (*Bernardino* 78).

[32] Dice Sahagún: "Los españoles y los otros religiosos que supieron esto, reíanse mucho y hacían burla, teniendo muy por averrugado que nadie sería poderoso para poder enseñar Gramática a gente tan inhábil; pero trabajando con ellos dos o tres años, vinieron a entender todas las materias del arte de la Gramática, (a) hablar latín y entenderlo, y a escribir en latín, y aún a hacer versos heroicos" (*Historia* 3: 165).

y de catequesis que acometió Sahagún abarca desde la escritura de *Coloquios y doctrina Cristiana* (1564), pasando por sermonarios (1563) en náhuatl, hasta la traducción de salmos (*Psalmodia Christiana*, 1583), entre otros artefactos de conversión.[33] Charles E. Dibble ha señalado que, junto con su labor etnográfica, Sahagún se hallaba simultáneamente "engaged in preparing 'Postillas' and 'Doctrinas' for the effective conversion and indoctrination of the natives" (225). Sahagún y sus colegas franciscanos estaban muy preocupados por la persistencia de unos cantos indígenas, cuyo significado e importancia ritual no podían comprender. Es por ello que Sahagún idea una *Psalmodia* —el canto de los salmos cristianos en náhuatl— para reemplazar las viejas canciones de los indígenas por otras con contenidos religiosos católicos. León-Portilla comenta que

> En su breve "Prólogo al Lector" recuerda Sahagún la importancia que tenían en la antigua cultura indígena los cantares que entonaban a honra de sus dioses, y para evocar las hazañas de los guerreros y otros relevantes aconteceres. Duélese en seguida de que, a pesar de los ya muchos años de evangelización, "porfían de volver a cantar sus cantares antiguos en sus casas o en sus tecpas [*tecpantli*, casas comunales o palacios]. Y a manera de comentario, expresa algo que vuelve a poner al descubierto una arraigada preocupación suya. El que perduren tales cantos pone "harta sospecha en la sinceridad de su fe chrisitana porque en los antiguos cantos, por la mayor parte, se cantan cosas idolátricas, en un estilo tan oscuro que no hay quien bien los pueda entender" (*Bernardino* 182).

---

[33] Arthur J. O. Anderson, especialista en el estudio de la *Psalmodia* y editor y traductor de la misma al inglés, nos cuenta que "Fr. Bernardino de Sahagún began to compose his *Psalmodia Christiana* in Tepepolco most likely in the years 1558-61 when he was compiling his *Primeros Memoriales*, the first of those ethnographical inquiries that culminated in his *General History of the Things of New Spain*. At that time, he tells us in his Prologue to Book II, he dictated his *Postilla* (or *Apostilla*), clarifying and interpreting the Epistles and Gospel Feasts of the year, and the *cantares* that eventually became the *Psalmodia Christiana*. The same trilingually educated Indians who acted as amanuenses, helpers, go-betweens, and interpreters during the compilation of the *Primeros Memoriales* wrote them down for him. Revisions, changes, and additions to his ethnographic compilations considerably modified his preliminary work in Tepepolco when he was transferred to the convent and school in Tlatelolco; and there were further major changes and expansions when he was again transferred to San Francisco de Mexico, where, along with the *Postilla*, the *Psalmodia* was corrected and clean copy was then written" (xv).

Estos dispositivos evangélicos indican una aproximación sistemática y programática a la cultura mexica desde una perspectiva plurilingüística en donde la escritura y el formato textual desempeñan un rol central.[34] No debemos olvidar que la formación de Sahagún era fundamentalmente la de un lingüista educado en la tradición salmantina de Nebrija.[35] En este sentido, el rol del lenguaje y los métodos de traducción eran fundamentales para su obra etnográfica y requerían de un notable esfuerzo para entrenar a los indígenas jóvenes en las técnicas occidentales de escritura. Por esta razón se fundó el Colegio de Santa Cruz de Tlatelolco en 1536. Sin embargo, no debemos confundir la funcionalidad del lenguaje como instrumento de penetración doctrinaria con una intención de coleccionista de antiguallas indígenas *á la* Sigüenza y Góngora. El conocimiento del lenguaje del indígena y la enseñanza del español y el latín no tenían por objetivo la preservación de la cultura indígena, sino más bien todo lo contrario, esto es, conocer con certeza los modos en los que el dogma católico y sus complejas nociones teológicas (Espíritu Santo, Trinidad, gracia divina, etc.) podían ser traspasados al náhuatl sin sufrir una disminución en su significado o sin causar confusión y mezcla entre las religiones rivales (el horror sincrético). Al respecto, dice Sahagún en el prólogo al primer libro de su *Historia general*: "Es esta obra como una *red barrendera* para sacar a luz todos los vocablos desta lengua con sus propias y metafóricas significaciones y todas sus maneras de hablar, y las más de sus antiguallas buenas y malas" (1: 29; énfasis mío). Por otra parte, un aspecto que no suele señalarse muy a menudo —aunque ha sido notado hace ya muchos años (1974) tanto por López Austin como por Edward Calnek— es la *pertenencia de clase* de los informantes de Sahagún. Si acordamos que en una sociedad, sea cual sea, el punto de vista y la ideología dependen en gran medida de la extracción social de los individuos, así como también de

---

[34] Según León-Portilla, mientras Sahagún confeccionaba su *Historia general*, lo que será luego el *Códice florentino*, también se dedicaba a la escritura de otros textos de corte religioso: "Eran éstos los que llamó *Adiciones y apéndices a la postilla*. Entre otras cosas abarcaban unos *Exercicios quotidianos en lengua meixicana*, una *Declaración breve de las virtudes teologales* y otros textos, concebidos como opúsculos aparte, entre ellos un *Manual del cristiano*" (*Bernardino* 165).

[35] Como ha sugerido León-Portilla, Bernardino de Sahagún estudió en Salamanca, lugar en donde Nebrija, además de haber elaborado la primera gramática de la lengua castellana (1492), inició una tradición lingüística y filológica para el estudio de las Sagradas Escrituras: "En la Universidad de Salamanca, donde estudiaba Bernardino, perduraba, entre otras muchas realidades del Renacimiento español, el recuerdo de las aportaciones de Nebrija y de modo particular su empeño por acercarse a las Sagradas Escrituras con el nuevo método lingüístico-filológico" (*Bernardino* 38).

las condiciones materiales en las que se desarrolla la conciencia individual y social, luego tenemos que acordar que tanto el rol como la clase social de los individuos son fundamentales al momento de dar forma a una cosmovisión. No debemos olvidar que la sociedad mexica estaba altamente jerarquizada y la división del trabajo, minuciosamente estructurada. Es una suposición eurocéntrica común entre las etnografías del siglo XVI y XVII asumir que "todos" los indígenas pensaban lo mismo, creían lo mismo y se relacionan con el mundo de la misma manera, sin hacer distinción de casta o de clase social. El *discurso etnográfico* construye una homogenización de la pluralidad para intentar silenciar la diferencia y controlar la proliferación del significado. En este sentido, Calnek ha probado con solvencia que la *Historia* de Sahagún puede ser considerada como una enciclopedia que refleja, *de facto*, la perspectiva social de un pequeño grupo indígena:

> [H]is informant, by his own testimony, were for the most part selected from the native elites, and the data they provided reflect an upper-class viewpoint [...] The information collected in Tenochtitlán-Tlatelolco was heavily based on the testimony of "leading merchants" and members of the highest strata of the Aztec nobility [...] The influence of informant bias extends far beyond the expression of personal sentiments; it accounts at least in part for systematic omissions and for the lack of interest in large groups not represented among Sahagun's informants. Book 8, for example, deals almost exclusively with the interests and activities of the inner circle of high-ranking noblemen and royal princes (*tlazopipiltin*) who were active within the highest echelons of the governmental system; it says relatively little about the situation of the thousands of *pipiltin* who had little direct connection with the imperial court (189-190).

No es de extrañar que los informantes escogidos por el fraile provinieran de la clase social más encumbrada teniendo en cuenta que la dirección de la función ritual entre los mexica implicaba poseer un estatus social elevado. Sahagún escogió cuidadosamente a sus informantes entre las diferentes poblaciones que iba visitando (Texcoco, Tlatelolco y Tepepulco). Muchos de estos informantes habían sido entrenados en los colegios de las órdenes religiosas justamente por ser hijos de nobles. El propio fraile nos cuenta en el "Prólogo" al Libro II de la *Historia* cómo recogía a sus informantes entre los nobles: "En el dicho pueblo [Tepepulco] hice juntar todos los principales con el señor del pueblo, que se llamaba don Diego de Mendoza, hombre anciano, de gran marco y habilidad, muy experimentado en todas las cosas curiales, bélicas y políticas y aun idolátricas. Habiéndoles juntado propúseles lo que pretendía hacer y les pedí me diesen personas hábiles y experimentadas, con quien pudiese platicar y me supiesen dar razón de lo que les preguntase" (1: 105). Además de este importantísimo aspecto social (la posición del informante en la jerarquía social de la época), también debemos tener en cuenta las manipulaciones editoriales del material indígena llevadas a cabo por el franciscano. Como afirma León-Portilla, muchas veces el texto indígena era sometido a una transformación editorial para que el mismo pudiera ser entendido por el eventual público europeo: "esto se logró [hacer accesible el material] preparando una versión, no literal sino parafrástica, algunas veces acortando lo que el texto indígena expresa y otras esclareciéndolo" (*Bernardino* 207). En este sentido, en la introducción al Libro X de la *Historia*, Ángel María Garibay afirmaba que "El capítulo XXVII es una nota mínima. Omitió el P. Sahagún todo su material. Para desencanto de los que creen que se halla en la edición castellana todo lo que se allegó en los documentos en náhuatl [...] Es uno de los pocos casos en que puedo inculpar a Sahagún su poca honradez literaria" (III: 88). En relación al *Códice florentino*, el propio León-Portilla aseguraba que el estilo de las muchas ilustraciones en color incorporadas al manuscrito reflejaba una "grande influencia europea renacentista. Podría decirse que en las dichas pinturas [...] el encuentro del Viejo y del Nuevo Mundo se torna patente" (*Bernardino* 169-170).[36] No sabemos si León-Portilla era consciente de la paradoja eurocéntrica que construía al afirmar que "Las pinturas son de influencia europea, pero aquello que representan es en alto grado indígena" (*Bernardino* 170), lo cual presupone y asume como premisa válida y funcional que la pintura occidental tenía la capacidad de representar efectivamente la complejidad del mundo indígena.

Si damos una breve mirada a la organización enciclopédica de los contenidos etnográficos de la *Historia* veremos que la misma se configura en torno a diferentes dimensiones o niveles culturales que abarcan desde lo religioso, la organización política, la medicina, el comercio, pasando por la historia (orígenes, gobernantes, conquista), hasta la fauna y la flora. Para describir tan sólo algunos de los tópicos que organizan la clasificación cul-

---

[36] En este mismo sentido, Pablo Escalante Gonzalbo afirma que "Los frailes querían que los indios siguieran haciendo obras de plumaria, pero querían que hicieran mitras y casullas; y querían que los indios siguieran pintando —había muchas iglesias que decorar—, pero les impusieron un canon de proporciones propio del Renacimiento y les indicaron nuevos caminos que conducían al paisaje y al retrato, que involucraban la perspectiva, la ilusión de volumen, el sombreado" (11).

tural de la *Historia* podríamos nombrar, por ejemplo: los dioses mexicas, sus funciones y orígenes, las fiestas y ceremonias del calendario, la astrología, los agüeros y las profecías, las medicinas y curaciones, los vicios y virtudes, la lengua y retórica náhuatl, etc. Este carácter holístico de la obra es lo que ha hecho decir a muchos investigadores, como Ángel María Garibay (1954), Alfredo López Austin (1974), Tzvetan Todorov (1982), Ascensión Hernández de León-Portilla (1990), Arthur Anderson (1990), Karl Butzer (1992), José Rabasa (1993), Donald Robertson (1996), Walter Mignolo (1995), León-Portilla (1999) y Cañizares-Esguerra (2001), entre otros, que estamos frente a una enciclopedia del conocimiento indígena.[37] Se trata, no obstante, de una enciclopedia peculiar, diferente y compleja, tanto para el momento de su compilación como para el presente. Tal peculiaridad se debe a la problemática mediación —indígena y europea— que afecta, no sólo al formato general, sino también a los contenidos de la *Historia*: orden, estructura, organización, formas de clasificación de lo conocido, etc. En otras palabras, podríamos decir que el problema constitutivo de la *Historia* es el del *autor*; sin embargo, mencionar la *autoridad etnográfica* como centro del conflicto semiótico e interpretativo sería descuidar otros problemas igualmente importantes y relacionados al de la autoridad, como son, por ejemplo, el de la traducción, la edición, los malos entendidos, las mezclas, los valores que asignan o quitan relevancia a ciertos acontecimientos o a ciertas conductas sociales y la propia censura que ejerció Sahagún sobre la información indígena.

Por otra parte, la *Historia* participa de un carácter heterogéneo, de un proceso de hibridación, no sólo desde el punto de vista del género, sino también desde la perspectiva plurilingüística y multicultural que la anima. Señalar este evidente proceso de hibridación —basta tan sólo con mirar el formato del *Códice florentino* para comprender este proceso— no implica una celebración del mestizaje cultural. Dicho proceso fue el resultado inevitable, consecuencia no deseada, de otro proceso histórico violento y ya

---

[37] Antes que los otros autores, en la introducción al Libro X de la *Historia general*, Ángel María Garibay también afirmaba: "Se ha dicho ya que la obra de Sahagún más debiera llamarse, si la usanza de aquella época en que se redactó lo hubiera permitido, 'Enciclopedia de la Cultura Náhuatl'" (3: 87). En su *Historia de la literatura náhuatl*, en el capítulo III del libro segundo, titulado "La obra de Sahagún como monumento literario", afirmaba que "Hoy día podríamos llamarla [a la *Historia general*] más bien: *Enciclopedia de la cultura de los nahuas de Tenochtitlán*. Porque se incluyen todo cuanto cabía en el dominio de la actividad humana, desde las ideas religiosas hasta la íntima pequeñez de los pormenores del saber popular y las ideas que regían la técnica y la artesanía de los grupos de Anáhuac y de los demás, pero vistos a través de los ojos de éstos" (2: 63).

imparable para la época en que Sahagún desarrolla su labor misional, en otras palabras, la colonización cultural del Nuevo Mundo. Aquí, siguiendo a Joshua Lund y su teoría crítica de la hibridación, me importa menos señalar el significado (la esencia) de lo híbrido que mostrar cómo esa hibridez fue un proceso que se desarrolló dentro de unas coordenadas históricas concretas (la invasión colonial) y a partir de unos métodos etnográficos muy específicos (véase Lund ix-xxi).[38]

Una definición aceptada del término "enciclopedia" y que ha sido anotada por Mignolo, autor que además brinda una explicación sobre la etimología de la palabra (198), es la de que esta designa: "a general collection and organization of knowledge" (194). De acuerdo con el *Diccionario* de la Real Academia Española, la palabra deriva del griego (ἐν, 'en', κύκλος, 'círculo', y παιδεία, 'instrucción') y aparece asociada a tres definiciones básicas y más o menos coincidentes: 1) conjunto de todas las ciencias, 2) obra en que se trata de muchas ciencias, 3) conjunto de tratados pertenecientes a diversas ciencias o artes (véase http://lema.rae.es/drae/).[39] El problema es, entonces, quién organiza el conocimiento y qué sucede cuando el conocimiento para catalogar no pertenece a la cultura del organizador: ¿cómo se puede componer el orden y armar una taxonomía de lo desconocido? Así, otra paradoja de la obra del franciscano es que su enciclopedia "previa" y su conocimiento del archivo occidental funcionarán como marco semiótico

---

[38] Como ha señalado tan claramente Joshua Lund, la dialéctica de la hibridez y el análisis de la ley del género de las que nos habla Derrida es importante puesto que ayuda a hacer consciente las paradojas sobre la pureza, el mestizaje y la raza: "If Derrida's account of genre is useful in this Latin American scene, it is because it confronts us with the dialectical relation by which the rule (law, pure genre, pure race) depends on its exception (transgression, hybrid genre, *mestizaje*). *Mestizaje*, in this model, rather than being an alternative to racial purity, instead reinforces it [...] to argue for the hybridity of mestizaje as the legitimizing mark of a kind of exceptional status or identity becomes a tacit recognition and admission of the preeminence of race. In other words, mestizaje as the exception to racial purity ultimately makes possible, legitimates, and reconfirms that purity [...] the persistent rearticulation of hybridity as exceptionalism, even as a gesture of contestation, is a structural necessity of Eurocentrism" (14-15).

[39] Mignolo ha señalado que se pueden distinguir dos modelos enciclopédicos: "an encyclopedia in which ways of knowing are organized, and an encyclopedia that organizes the know [...] a third alternative [is] the reconfiguration of the known coming from patterns of cultures alien to the knower's tradition, resulting in the repression of natives categories to perform the same classificatory operations. Such a move could have had at least two possible interpretations. The first is that in order to make the alien familiar, it has to be translated into the categories of one's own culture. The second is that by doing so, the risk of suppressing alternative organization of knowledge is difficult to avoid" (*The Darker* 199).

para la interpretación de lo desconocido. Lo nuevo de la cultura indígena se hará inteligible a partir de un movimiento de incorporación: el afuera indígena —afuera de la enciclopedia occidental— y todas las dimensiones de esta cultura serán organizadas y traducidas a categorías de lo "ya conocido" europeo. De este modo serán devueltas a una visibilidad, sacadas de la oscuridad y llevadas así a la estantería del museo universal de Occidente. Sin embargo, estos objetos iluminados por la enciclopedia europea —desde la palabra náhuatl hasta la pintura— permanecerán impenetrados, como objetos extraños y ominosos de la conciencia europea, como elementos exóticos de un mundo foráneo y anterior a la razón enciclopédica rodeados por capas interpretativas que pretenderán afinar su enigmática presencia. En fin, permanecerán dentro de la clasificación como objetos extrañados a esa clasificación, siempre excediendo el marco de la luz que los señala y los distingue, que los identifica para volver a perderlos. Así, los objetos culturales indígenas —pintura y palabra— quedarán incorporados en la enciclopedia etnográfica occidental como la marca del propio desequilibrio genérico, como señal de su propio límite y como signo de una grieta epistemológica contaminante y misteriosa.

Conozcamos la organización de la *Historia* directamente por medio de las palabras de su compilador, tal y cual las dejó asentadas en el "Prólogo" al primer libro:

> [E]scribí doce libros de las cosas divinas, o por mejor decir idolátricas, y humanas y naturales de esta Nueva España: El primero de los cuales trata de los dioses y diosas que estos naturales adoraban; el segundo, de las fiestas con que los honraban; el tercero, de la inmortalidad del ánima y de los lugares donde decían que iban las almas desde que salían de los cuerpos, y de los sufragios y obsequias que hacían por los muertos; el cuarto libro trata de la astrología judiciaria que estos naturales usaban, para saber la fortuna buena o mala que tenían los que nacían; el quinto libro trata de los agüeros que estos naturales tenían para adivinar las cosas por venir; el libro sexto trata de la Retórica y Filosofía Moral, que estos naturales usaban; el séptimo libro trata de la Filosofía Natural que estos naturales alcanzaban; el octavo libro trata de los señores y de sus costumbres y maneras de gobernar la república; el libro nono trata de los mercaderes y otros oficiales mecánicos, y de sus costumbres; el libro décimo trata de los vicios y virtudes de estas gentes, al propio de su manera de vivir; el libro undécimo trata de los animales, aves y peces, y de las generaciones que hay en esta tierra, y de los árboles, yerbas y flores y frutos, metales y

piedras y otros minerales; el libro duodécimo se intitula La Conquista de México (1: 28).[40]

La división organizacional de la *Historia*, en capítulos y por materias, obedece a la estructura del libro europeo, de acuerdo con Mignolo: "Besides the coincidental or symbolic implications of the twelve books, the fact remains that organizing knowledge in units called 'books' has strong implications for the complicity between writing and knowledge [...] It also assumes that the organization of knowledge should be in book form" (*The Darker* 194). El mentado carácter integral u holístico de la *Historia* —que, como veremos, es bastante fragmentario y por momentos caótico— le hizo pensar a León-Portilla que la obra del franciscano "pudo haber tomado como modelo la *Historia natural*, de Plinio o, al decir de otros, la obra de San Isidoro de Sevilla, sus enciclopédicas *Etimologías*, o la de Bartholomeus Anglicus, que en el siglo XIII escribió *De Proprietatibus Rerum* [*De las propiedades de las cosas*] y abarcó muchos de los temas que atrajeron a Sahagún" (*Bernardino* 118). Sin embargo, y a pesar de este formato europeo, podemos leer en la *Historia* de Sahagún un exceso con relación a la convención europea que demuestra los esfuerzos que hizo el franciscano por encajar el paradigma occidental sobre la tradición cultural indígena, tanto oral como escrita. La voz final que leemos a lo largo de los capítulos de la *Historia general* es una voz híbrida: ni plenamente la voz indígena ni plenamente la voz etnográfica europea, la una se vuelca sobre la otra, se filtra y se permea, y viceversa. Estamos frente a una enciclopedia *contaminada*, híbrida. Sin embargo, sí existe un claro intento de parte del franciscano por controlar la voz indígena y los significados culturales aportados por sus propios informantes. Esto se lleva a cabo, fundamentalmente, a través de la traducción o la no traducción (censura) de ciertas partes específicas de la obra

---

[40] Sahagún también nos cuenta la genealogía de casi toda su obra: "Habiendo hecho lo dicho en el Tlatelolco, vine a morar a San Francisco de México con todas mis escrituras, donde por espacio de tres años pasé y repasé a mis solas estas mis escrituras, y las torné a enmendar y las dividí por libros, en doce libros, y cada libro por capítulos y algunos libros por capítulos y párrafos. Después de esto, siendo provincial el padre fray Miguel Navarro y guardián de México el padre fray Diego de Mendoza, con su favor se sacaron en blanco, de buena letra, todos los doce libros, y se enmendó y sacó en blanco la apostilla y los cantares, y se hizo un arte de la agua mexicana con un vocabulario apéndice, y los mexicanos añadieron y enmendaron muchas cosas a los doce libros, cuando se iban sacando en blanco, de manera que el primer cedazo por donde mis obras cirnieron fueron los de Tepepulco; el segundo, los de Tlatelolco; el tercer los de México, y en todos estos escrutinios hubo gramáticos colegiales" (I: 106-07).

en náhuatl. A pesar de ello, la voz indígena logra por momentos filtrarse y contaminar el orden occidental mediante su presencia gráfica en contigüidad dentro del libro occidental a dos columnas (una para las pinturas y la palabra en náhuatl y la otra para su traducción al castellano). Presencia que a ratos desestabiliza la organización tanto del material gráfico (pinturas) como de los diversos contenidos y significados culturales.

La visión renacentista de la historiografía sostenía fuertemente la concepción de que los pueblos originarios de América no tenían historia puesto que carecían de escritura, como ha señalado Mignolo: "the idea that people without writing were people without history and that people without history were inferior human beings" (*The Darker* 127). En el capítulo sobre los modelos historiográficos que utilizaron los primeros historiadores europeos del Nuevo Mundo, irónicamente titulado "Record Keeping without Letters and Writing Histories of People without History" (125), Mignolo analiza las relaciones entre la historiografía occidental y los pueblos colonizados y cómo desde ella —desde Europa— se intentó interpretar la vida de las culturas conquistadas en América. Una historiografía que articuló una visión logocéntrica y eurocéntrica sobre la cultura indígena. De acuerdo con Mignolo, esta mirada logocéntrica de la historia era subsidiaria del Imperio Romano, cuyo soporte teórico imponía la idea de que la historia era una narración y que dicha narración era la parte central para la construcción de un texto: "the Works of Cicero and Quintilian shaped the minds of those who would write histories of the New World and colonized Amerindian memories" (135). El hecho de que los registros de "escritura" mexicas fueran en su mayoría picto-ideográficos (un lenguaje visual), con algunos pocos signos para representar sonidos, hizo que los mismos fueran considerados por los europeos como no pertenecientes al género de la escritura alfabética, sino más bien al de la pintura. Al respecto, Escalante Gonzalbo señala que "El lenguaje pictográfico es un lenguaje pictórico, es decir, un lenguaje de formas pintadas o talladas que sigue ciertas convenciones estilísticas. Pero se trata de un lenguaje pictórico sui generis, pues no busca solamente la representación visual de objetos, personajes, situaciones e ideas, sino también el registro preciso de acontecimientos y datos. Es entonces un lenguaje que cumple algunas de las funciones de la escritura, pero sin ser escritura" (19).

Aunque no reconociera a las pinturas indígenas como un tipo de escritura, Sahagún afirmaba que éstas sí tenían capacidad para registrar la memoria de las cosas pasadas: "Esta gente no tenía letras, ni caracteres algunos, ni sabían leer ni escribir, comunicábanse por imágenes y pinturas, y todas las antiguallas suyas y libros que tenían de ellas estaban pintados con figuras e imágenes, de tal manera que sabían y tenían memoria de las cosas que sus antepasados habían hecho" (3: 165). Como ha señalado Brotherston, el lenguaje mexica conocido bajo el nombre de *tlacuilolli* era inmensamente rico y desafiaba la lógica de pensamiento occidental:

> Al lenguaje visual más ingenioso del Cuarto Mundo, la escritura icónica mesoamericana, se le designa con el término náhuatl *tlacuilolli*, que significa "lo que produce el pintor-escriba (*tlacuilo*) con una pluma-pincel". Entre todos los tipos de escritura del mundo, ésta es quizá la que más ha desafiado las definiciones y análisis. Aunque no es fonética, puede registrar conceptos-sonidos, y así sucede en el náhuatl, mixteco y otras lenguas mesoamericanas. Sumamente flexible en su formato, puede amoldarse al relato en forma de crónica, a un icono, un mapa o una tabla matemática. En efecto, integrando en una afirmación holística lo que para nosotros son los conceptos separados de letra, pintura y aritmética, va en contra de las nociones occidentales de escritura (81-82).[41]

Además de indicar los modelos de la Antigüedad que sirvieron como base para los historiadores renacentistas (Heródoto, Tucídides, Tácito, Tito Livio), Mignolo incluye otro paradigma de gran influencia para la escritura del género como el de los santos Padres de la Iglesia (san Agustín, santo Tomás, san Isidoro de Sevilla), modelos muy importantes si tenemos en cuenta que muchos de los historiadores del Nuevo Mundo, durante el siglo XVI, eran sacerdotes de congregaciones católicas (Motolinía, Sahagún, Mendieta, Torquemada, entre otros). Ya veremos más adelante cómo el propio Sahagún justificaba el tercer libro de la *Historia* autorizándose en san Agustín y su *Ciudad de Dios*. Gordon Brotherston ha intentado mostrar cómo, a pesar de la innumerable cantidad de material y evidencia encon-

---

[41] Agrega Brotherston que "el formato privilegiado era el *amoxtli* o libro-biombo foliado, hecho generalmente de piel. Gracias al incendiarismo cristiano y a los estragos del tiempo, las bibliotecas de este tipo de libros, abundantes en una época, ahora comprenden no más de 30 textos, que por esa sola razón merecen la designación de clásicos [...] Elaborados con diferentes materiales (papel, piel), cortados en diversos tamaños de páginas y escritos en distintos estilos regionales, estos textos precortesianos constituyen sin embargo un corpus claramente definido y por esa razón representan una guía invaluable y un punto de referencia en cualquier análisis que se haga sobre el *tlacuilolli*. De acuerdo con el principio de lectura que observan, estos libros pueden clasificarse en anales (*xiuhtlapoualli*), que avanzan por años, o en libros cósmicos (*teoamoxtli*), que combinan intrincadamente las series de Números y Signos propios del ciclo anual y del *tonalámatl* del embarazo humano" (83-84).

trada que incluye desde calendarios, pasando por anales, hasta llegar a los quipus del Tawantinsuyo, y otras formas de registro indígena, los misioneros y los historiadores —incluso los antropólogos del siglo pasado como Lévi-Strauss— se hallaban incapacitados para comprender otro sistema para registrar la historia que no fuera el suyo propio, el de la letra occidental, posición ésta que se ha designado como logocentrismo/fonologismo.

La *Historia* de Sahagún se divide en doce libros, que fueron reunidos en su totalidad, dándole formato de obra, cuando estaba éste ya entrado en años. La obra fue entregada al padre Rodrigo de Sequera, quien se encargó de llevar el manuscrito a España.[42] De acuerdo con José Luis Martínez:

> Después de las tres etapas de recopilación de materiales y de elaboración, hincadas formalmente hacia 1558, de la que habrá de ser la *Historia universal de las cosas de Nueva España*, fray Bernardino de Sahagún recupera hacia 1575 sus manuscritos, que habían sido dispersados en los conventos franciscanos de la provincia de México por orden del provincial fray Alonso de Escalona (1570-1573), y gracias al interés que había mostrado Juan de Ovando, presidente del Consejo de Indias, por investigaciones de esta índole, el nuevo comisario de la Orden, fray Rodrigo de Sequera, estimula y ayuda a Sahagún para preparar una nueva copia completa de la *Historia general*, trabajo que se inicia probablemente hacia 1578. [...] A fines de 1579 o principios de 1580, el manuscrito terminado cuanto fue posible debió ser confiado a Sequera, que volvía a España, para que fuera entregado al rey. Ignoramos cuál haya sido el destino seguido por el manuscrito. Probablemente fue enviado a Roma para que los papas lo juzgaran, y de ahí pasó a la Biblioteca Medicea-Laurenziana en Florencia donde se guarda, en la Colección Palatina [...] Angelo María Bandini [...] le dio el nombre de *Códice florentino* (7).

El formato del manuscrito aparece dividido en columnas que reproducen tanto los testimonios de los informantes (*tlacuilo*) en lengua náhuatl y sus pinturas como la versión (traducción/interpretación) castellana. Es importante remarcar que la traducción al castellano de la columna en náhuatl no es literal, "sino que en ocasiones resume lo expresado en el texto indígena y a veces también lo comenta" (León-Portilla, *Bernardino*, 169). Cada uno de

---

[42] Dice León-Portilla que "La obra terminada se encuadernó en cuatro volúmenes" que fueron entregados a Rodrigo de Sequera quien "partió con rumbo a España a principios de 1580" (*Bernardino* 170).

352

los doce libros de la *Historia* aparece precedido por sus correspondientes prólogos, advertencias al lector y capítulos. El Libro I, titulado "En que se trata de los dioses que adoraban los naturales de esta tierra que es la Nueva España", versa exclusivamente sobre el panteón de los dioses y diosas mexicas; se trata de una *etnografía teológica* (etno-teología) que incluye la caracterización de dioses como Huitzilopochtli, Paynal, Tezcatlipoca, Tláloc Tlamacazqui, Quetzalcóatl, Cihuacóatl, Chicomecóatl, por sólo mencionar un puñado de ellos [ver fig. 8]. Sahagún realiza una descripción minuciosa de estos dioses, a los que a veces compara con los del panteón latino: a Chalchiuhtlícue (diosa del agua) la compara con Juno y a Tlazoltéotl (diosa de las cosas carnales), con Venus. En la primera ilustración del *Códice florentino* que contiene las imágenes y atavíos de los diferentes dioses, Sahagún anota, al lado de las figuras de algunas divinidades mexicas, el nombre correspondiente a la divinidad latina. Así, por ejemplo, al lado de la figura de Huitzilopochtli aparece el nombre "otro Hércules" y al lado del dios Tezcatlipoca dice "otro Júpiter" (*Códice florentino* fol. 1, p. 10). De acuerdo con Gruzinski, estos paralelismos entre el mundo clásico y el indígena sirven "tanto para organizar un panteón exótico como para ofrecer orientaciones familiares e inmediatas destinadas a los lectores europeos del *Códice*" (*El pensamiento* 158). Al respecto Browne ha señalado que "By identifying the Nahua gods with the gods of antiquity, Sahagún lends more credibility to the notion that the indigenous gods are actual demons capable both of demanding perverse honors and of possessing individuals" (196). El libro termina con 1) un apéndice o "Confutación", esto es, con la refutación de todos estos dioses, los cuales son declarados como "falsos", como se lee en el epígrafe que abre este capítulo; 2) con una condena a la idolatría y un ruego al lector para que si tiene conocimiento de prácticas idolátricas las denuncie, texto que configura el aspecto detectivesco del libro y, finalmente, 3) una invocación contra Satanás y un diálogo directo entre el franciscano y Dios —a modo de oración— que muestra claramente que, además de ser el fraile un muy inteligente y racional organizador de historias y etnografías era, principalmente, un misionero evangelizador fuertemente apegado a su celo religioso:

> ¡Oh infelicísima y desventurada nación, que de tantos y de tan grandes engaños fue por gran número de años engañada y entenebrecida, y de tan innumerables errores deslumbrada y desvanecida! ¡Oh crudelísimo odio de aquel capital enemigo del género humano, Satanás, el cual con grandísimo estudio procura de abatir y envilecer con innumerables mentiras, crueldades y traiciones a los hijos de Adán! ¡Oh juicios divinos, profundí-

simos y rectísimos de nuestro señor Dios! ¡Qué es esto, señor Dios, que habéis permitido, tantos tiempos, que aquél enemigo del género humano tan a su gusto se enseñoreasе de esta triste y desamparada nación, sin que nadie le resistiese, donde con tanta libertad derramó toda su ponzoña y todas sus tinieblas! ¡Señor Dios esta injuria no solamente es vuestra, pero también de todo el género humano, y por la parte que me toca suplico a V. D. Majestad que después de haber quitado todo el poder al tirano enemigo, hagáis que donde abundó el delito abunde la gracia, y conforme a la abundancia de las tinieblas venga la abundancia de la luz, sobre esta gente, que tantos tiempos habéis permitido estar supeditadas y opresa de tan grande tiranía! (I: 95).

El Libro II, "Que trata del Calendario, fiestas y ceremonias, sacrificios y solemnidades que estos naturales de esta Nueva España hacían a honra de sus dioses", describe con gran nivel de detalle los calendarios, fiestas y ceremonias y, según Ángel María Garibay, se trata de un libro fundamental, puesto que sus informes son de capital importancia para la etnografía, dado que los mismos contienen "desde los dioses hasta las comidas; desde los ropajes hasta las más plebeyas formas de esparcimiento que acompañaban la celebración de aquellas fiestas. Hallamos allí cuadros vivientes de la antigua sociedad; seguimos, paso a paso, la vida de cada año, de cada mes y aún podría decirse, de cada día" (*Historia* 1: 100).[43] El franciscano comienza el "Prólogo" a su segundo libro dejando en claro que conoce el modo de autorización del conocimiento occidental y reconociendo también la propia carencia de la *auctoritas*, esto es, de la fuente original de sabiduría que ratifica el conocimiento de todo nuevo texto. Esta "disculpa" anticipada de Sahagún se relaciona muy estrechamente con su "fuente" de información que ya no se basa ni en las Sagradas Escrituras ni en los santos Padres como san Agustín o santo Tomás, sino en los informantes indígenas de Tepepulco. Al respecto, indicaba Sahagún que "Todos los escritores trabajan de autorizar sus escrituras lo mejor que pueden, unos con testigos fidedignos, otros con

---

[43] De acuerdo con Ángel María Garibay K., "Este libro es ciertamente uno de los más valiosos que nos trasmitió el gran etnógrafo. Y en él se advierte la forma de elaboración gradual y segura, con que procedió en sus investigaciones. Que era el que primeramente tuvo en el pensamiento, lo vemos por la manera cómo comenzó a documentarse para redactarlo. En Tepepulco lo primero que hizo pintar y lo primero que les pidió que le comentaran fue la forma y disposición de las Fiestas que hacían en el curso del año los antiguos mexicanos. Vemos, por esta razón, que se inicia el Ms de Tepepulco, el más antiguo testimonio de sus indagaciones, con la pintura y breve relación de las Fiestas" (*Historia* 1: 97).

354

Figura 8. "Huitzilopochtli, Tezcatlipoca, Paynal y Tlaloc". Libro I, fol. 1v., p. 10, Vol. I. *Códice florentino*. Gentileza de la Nettie Lee Benson Latin American Collection, The University of Texas at Austin.

otros escritores que antes de ellos han escrito, los testimonios de los cuales son habidos por ciertos; otros, con testimonio de la Sagrada Escritura. *A mí me han faltado todos estos fundamentos para autorizar lo que en estos doce libros tengo escrito*" (1: 105; énfasis mío).

Sahagún afirmaba que el único modo que tenía de fundamentar su conocimiento sobre la materia era comentar cómo había obtenido y colectado sus testimonios. Refería que llegado a Tepepulco hizo juntar a todos los indígenas principales, les contó lo que pretendía hacer y les pidió que le dieran gente entendida en la materia y que supiera de la historia. Luego de un concilio entre los principales del lugar, le fueron recomendados al fraile un cierto número de "informantes" compuestos de "hasta diez o doce principales ancianos y dijéronme que con aquellos podía comunicar y que ellos me darían razón de todo lo que les preguntase" (1: 106). Pero, al parecer, también allí se encontraban unos cuantos "latinos" (luego *ladinos*), denominación que se les daba a los indígenas educados en los colegios franciscanos y que conocían latín y gramática castellana, indígenas que habían estudiado en el Colegio de Santa Cruz en Tlatelolco: "Con estos principales y gramáticos, también principales, platiqué muchos días, cerca de dos años, siguiendo *la orden de la minuta que yo tenía hecha*. Todas las cosas que conferimos me las dieron por pinturas, que aquella era la escritura que ellos antiguamente usaban, y los gramáticos las declararon en su lengua, escribiendo la declaración al pie de la pintura" (1: 106; énfasis mío). Esto implica que la información de Sahagún en la composición de este Libro II era de primera mano, acompañada por testimonios orales y materiales (pinturas y descripciones de las pinturas hechas en náhuatl). Lo que para el momento no constituía una autorización canónica en términos de la regla occidental (el testimonio y las pinturas indígenas), hoy es considerado por las ciencias sociales —principalmente la antropología— como la principal fuente de valor del trabajo de campo. Sin embargo, lo que se interpone entre el "material original" (las pinturas y descripciones en náhuatl) y lo que finalmente quedó consignado en la *Historia* de Sahagún es lo que debe ser entendido como el proceso de interpretación etnográfica, una mediación de la autoridad, una reescritura o, si se prefiere, una escritura otra que se apoya sobre, y muchas veces borra, la fuente original.

Muchos de los testimonios y temas que se incluyen en los *Primeros memoriales* fueron retomados más tarde por Sahagún para la composición de su *Historia*. A modo de comparación y de diferenciación entre el testimonio indígena y la interpretación etnográfica de Sahagún, examinemos un ejemplo concreto como la descripción de la fiesta de Panquetzaliztli para entender cómo se representa esta fiesta en el texto náhuatl de los *Primeros memoriales* y cómo lo reinterpreta el fraile mediante su traducción al castellano en el Libro II de la *Historia general*. En este segundo libro, que como señalamos está referido al calendario y a las fiestas mexicas, describía Sahagún con gran detalle los acontecimientos de esa suerte de fiesta "sanguinaria" que tenía lugar en el mes de Panquetzaliztli [ver fig. 9]. La descripción de la fiesta que nos entrega Sahagún, despojada de su significación ritual y vista a través de los ojos del evangelizador obsesionado por la extirpación de la idolatría, aparece enmarcada dentro de una clasificación etnográfica que habla de la "aspereza" del rito y de la consumación de una serie de muertes arbitrarias (una mera repetición) a las que se despoja de su significado religioso y a las que se asocia con un jolgorio de danzas, desnudez y borracheras:

> [...] hacían fiesta al dios de la guerra Huitzilopochtli; antes de esta fiesta los sátrapas de los ídolos ayunaban cuarenta días y hacían penitencias ásperas, como era ir a la media noche, desnudos, a llevar ramos a los montes [...] el segundo día de este mes comenzaban todos a hacer areito, y a cantar los cantares de Huitzilopochtli, en el patio de su cu; bailaban hombres y mujeres todos juntos [...] a los nueve días de este mes aparejaban, con grandes ceremonias, a los que habían de matar: pintábanlos de diversos colores [...] después de muchas ceremonias finalmente mataban cautivos en el cu de Huitzilopochtli, y también muchos esclavos; y en matando a uno, tocaban los instrumentos musicales, y en cesando tomaban otro para matarle, y en matándole tocaban otra vez, y así hacían a cada uno hasta acabarlos; acabando de matar estos tristes, comenzaban a bailar y cantar, a comer y a beber, y así se acababa la fiesta (1: 127-128).

Veamos la versión indígena de la descripción de la fiesta contenida en los *Primeros memoriales* (traducida al castellano por Jiménez Moreno) para comparar cómo la moral religiosa que aparecía fuertemente diseminada en la interpretación de la *Historia* queda, lógicamente, desplazada del relato:

> Panquetzaliztli, cuando nacía el Uitzilopochtli: en ésta (era) cuando se hacía penitencia (o se abstenían) ochenta (días), pero no se dejaba de comer, (sino que) solamente se comía, pero nadie se enjabonaba, nadie se bañaba, nadie dormía con mujer. Y cuando (era) el quinto día (de la veintena), toda persona comía (sólo) de día, y (también) los niños (o los muchachos comían sólo de día). Y también entonces se hacía todo lo que arriba se dijo, acerca de Tlacaxipeualiztli: también morían (gentes), así en cuanto a *Páynal*; y se cantaba, y ondulaba ochenta días, hacia acá tributaba

cantos todo morador allí en el interior del pueblo, y toda doncella (o) mancebo hacia acá bailaba ochenta días. Y la ofrenda entonces la ofrecía aquel que (era) grande, encorvado. Y como se dijo arriba, cuando pereció la su imagen (de) Uitzilopochtli, otra vez subían arriba del Teocalli, allí se bebía lo que se llamaba *matlaloctli*, (pulque azul) y *macuiloctli* (¿pulque quíntuple?) luego ya baja hacia acá el que se llama *choncháyotl*, imagen (de) el Uuitzilopochtli; así como va adornado Uitzilopochtli, así mismo iba adornado el *choncháyotl*; por esto se decía "*chonchayocàcaliuaya*" ("se tiraban flechas al *choncháyotl*"); porque se escaramuceaba, y cuando se hacía (esta ceremonia), a quien fue a salir por el camino, luego lo cogían, lo llevaban delante (de) el Huitzilopochtli: allí le perforaban las orejas con cuchillo de pedernal y le cogían (por) los cabellos. La fiesta salía (¿empezaba?) el mes de Noviembre, el 12 (día) (*Primeros memoriales* 56).

Aquí debemos hacer una separación entre la palabra indígena y la interpretación etnográfica y misionera de la palabra de esos indígenas. Muchas veces lo supuestamente preservado es juzgado por el filtro ideológico del evangelizador. Aquello que se muestra como una matanza arbitraria de "sátrapas" y como un mero baile, aparece descrito en el texto indígena como una manifestación de profunda religiosidad; un ritualismo asentado sobre la abstinencia y el recato y practicado de acuerdo con una serie precisa de ciclos y días dentro de un marco religioso complejo.[44]

---

[44] Fray Bartolomé de Las Casas describía en su *Apologética historia sumaria* esta fiesta en los siguientes términos: "En aquellos días de los meses que arriba quedan dichos, que se llamaban *panqueçaliztli*, que era su catorceno mes dellos y dedicado a los dioses principales de México, que habían por nombre Tezcatlipolca e Uicilopuchtli, se hacían nuevos y señalados sacrificios, porque era como principal pascua. Este día derramábase muncha cantidad de sangre, sajándose las orejas, las lenguas, y esto era muy común a todos; otros, los molledos de los brazos y de los pechos, dándose punzadas con navajas de piedra, que son lancetas de sangrar muy agudas, y también con las púas de maguey, y que tienen cuasi la forma de alesnas; otros, de los muslos y de otras partes del cuerpo. Todo esto generalmente se usaba en toda la tierra. Esta sangre que les salía cogíanla en papeles y con los dedos rociaban los ídolos, como quien rocía o esparce agua bendita. De la sangre que sacaban de las partes del cuerpo en cada provincia tenían diferente costumbre, porque unos de los brazos y otros de los pechos y otros de los muslos, etc., y en esto se cognoscián también de qué provincia eran" (8: 1165). También Gerónimo de Mendieta afirmaba que "Mayormente hacían este universal sacrificio y mortandad de todos los esclavos de guerra, en una muy grande y solemne fiesta, que tenían por la más principal d todas, y la llamaban Panquetzaliztli" (*Historia* 1: 62).

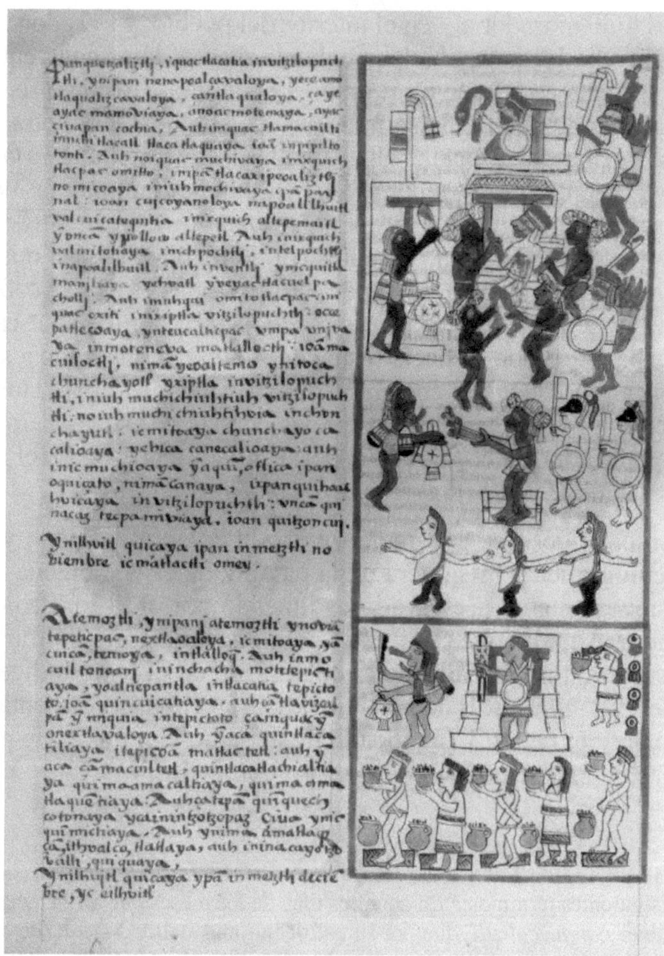

Figura 9. Panquetzaliztli, *Primeros memoriales*, en *Códice matritense*, Palacio Real de Madrid (fol. 252v).[45]

---

[45] De acuerdo con José Luis Martínez, las ilustraciones de los *Primeros memoriales* "tenían una importancia capital [...] en el manuscrito de estos *Primeros memoriales*, los folios se encuentran divididos en dos columnas, a la derecha las pinturas y a la izquierda el texto explicativo náhuatl [...] Las ilustraciones de las primeras cinco láminas correspondientes a las fiestas rituales [como la que se reproduce arriba], son composiciones en que intervienen numerosos personajes alrededor de pequeñas pirámides, casas y algunos glifos de lugar. En ocasiones, en una misma escena se muestran momentos sucesivos de una acción..." (34-35).

El Libro III, titulado "Del principio que tuvieron los Dioses", versa sobre la genealogía del panteón mexica y, según Garibay, es uno de los más incoherentes y mal organizados de todos por la mezcla de materias que incluye, razón por la cual su título es un poco engañoso (1: 265). Allí cuenta Sahagún el origen del nacimiento de Huitzilopochtli, la historia de Quetzalcóatl considerada por Garibay como "la base más importante de nuestros conocimientos acerca del misterioso Quetzalcóatl" (1: 266). Contiene asimismo las doctrinas y creencias de los indígenas sobre la muerte y el más allá y se completa con una descripción de los sistemas de educación del México precortesiano. En el "Prólogo", Sahagún se autoriza en la patrística al afirmar que este tercer libro, el cual narra el origen de los dioses indígenas, tiene por modelo al sexto libro de la *Ciudad de Dios* de san Agustín: "porque como él dice [san Agustín] conocidas las fábulas y ficciones vanas que los gentiles tenían acerca de sus dioses fingidos, pudiesen fácilmente darles a entender que aquellos no eran dioses, ni podían dar cosa ninguna que fuese provechosa a la criatura racional" (1: 269). Es decir, este libro se mantenía en concordancia con la teleología fundante de toda la obra: barrer y refutar las idolatrías y los falsos dioses indígenas. Este libro se proponía, además, servir como alerta ante un posible nuevo ataque de Satanás luego de convertidos los indígenas a la fe católica, es decir, era una nueva muestra del pesimismo de Sahagún y de algunos franciscanos que tenían una postura crítica frente a los logros del proceso de evangelización:

> A este propósito en este Tercer Libro se ponen las fábulas y ficciones que estos naturales tenían cerca de sus dioses, porque entendidas las vanidades que ellos tenían por fe cerca de sus mentirosos dioses, vengan más fácilmente por la doctrina evangélica a conocer al verdadero dios; y que aquellos que ellos tenían por dioses, no eran dioses, sino diablos mentirosos y engañadores; y si alguno piensa que estas cosas están tan olvidadas y perdidas, y la fe de un dios tan plantada y arraigada entre estos naturales que no habrá necesidad en ningún tiempo de hablar de estas cosas, al tal yo lo creo piadosamente, pero sé de cierto que el diablo ni duerme ni está olvidado de la honra que le hacían estos naturales, y que está esperando coyuntura para si pudiese volver al señorío que ha tenido; y fácil cosa le será para entonces despertar todas las cosas que se dice estar olvidadas cerca de la idolatría, y para entonces bien es que tengamos armas guardadas para salirle al encuentro (1: 269).

El Libro IV lleva por título "De la astrología judiciaria o arte de adivinar que estos mexicanos usaban para saber cuales días eran bien afortunados y cuales mal afortunados y que condiciones tendrían los que nacían en los días atribuidos a los caracteres o signos que aquí se pone, y parece cosa de nigromancia que no de astrología" [ver fig. 10]. De acuerdo con Garibay, este libro trata sobre "un género de conocimiento entre religioso y mágico: hecho que justifica la forma con que procedieron los religiosos, que no vinieron a este suelo a estudiar etnografía, sino a destruir la adoración de los falsos dioses, sustituyéndola por el Dios verdadero" (1: 311). Por momentos, la palabra de Garibay parece confundirse con la de Sahagún, no debemos olvidar que él también era un hombre de la Iglesia. Para Garibay, que era un profundo conocedor del náhuatl, en ningún libro "se nota tanto la desproporción entre el texto de los documentos en náhuatl y el escrito en lengua española que forma este Cuarto Libro" (1: 311). Esto es lógico si pensamos que frente a los temas mágicos o idolátricos se calla el etnógrafo clasificador y aparece el religioso militante —como lo denuncia el título del Libro, "parece cosa de nigromancia que no de astrología"— y, por lo tanto, se produce una proliferación interpretativa que silencia el texto madre por tratar el mismo de cosas satánicas o nigrománticas. Garibay afirma, en cambio, que este proceder se debió al temor que Sahagún tenía de que su obra fuera considerada como una ofensa ante el Santo Oficio: "bien sabido es, y lo cuenta con detención él mismo, que le fueron quitados sus escritos, enviados a España y aun amenazados con las llamas" (1: 311). Sin embargo, Garibay insiste en que este libro es muy importante, ya que "revela la amplitud de miras y la serenidad verdaderamente científica que animaba al padre Sahagún" (1: 311). Una afirmación que denuncia la paradoja mental del editor cuando hacia el final de la introducción al Libro IV refiere que "la materia tratada en este Libro Cuarto no será conocida en su integridad y precisión mientras no se llegue a los documentos en lengua mexicana en que está fundada la redacción presente" (1: 311). De este modo, Garibay admite que aquello que el franciscano tradujo no es correcto o, incluso, que no tradujo por temor. En el "Prólogo" al Libro IV, Sahagún nos cuenta que los indígenas eran aficionados a conocer su suerte o destino a partir de un sistema calendárico que se correspondía con las fechas de los nacimientos: "los que tenían este oficio se llamaban *tonalpouhque* a los cuales acudían como a profetas [...] Estos adivinos no se regían por los signos ni planetas del cielo, sino por una instrucción que según ellos dicen se la dejó Quetzalcóatl la cual contiene veinte caracteres multiplicados trece veces, por el modo que en el presente libro se contiene" (1: 315).

Del libro 4.

Día	1	2	3	4	5	6	7	8	9	10	11	12	13
Cipactli	1	8	2	9	3	10	4	11	5	12	6	13	7
Ehecatl	2	9	3	10	4	11	5	12	6	13	7	1	8
Calli	3	10	4	11	5	12	6	13	7	1	8	2	9
Cuetzpalin	4	11	5	12	6	13	7	1	8	2	9	3	10
Coatl	5	12	6	13	7	1	8	2	9	3	10	4	11
Miquiztli	6	13	7	1	8	2	9	3	10	4	11	5	12
Maçatl	7	1	8	2	9	3	10	4	11	5	12	6	13
Tochtli	8	2	9	3	10	4	11	5	12	6	13	7	1
Atl	9	3	10	4	11	5	12	6	13	7	1	8	2
Itzcuintli	10	4	11	5	12	6	13	7	1	8	2	9	3
Oçomatli	11	5	12	6	13	7	1	8	2	9	3	10	4
Malinalli	12	6	13	7	1	8	2	9	3	10	4	11	5
Acatl	13	7	1	8	2	9	3	10	4	11	5	12	6
Ocelotl	1	8	2	9	3	10	4	11	5	12	6	13	7
Quauhtli	2	9	3	10	4	11	5	12	6	13	7	1	8
Cozcaquauhtli	3	10	4	11	5	12	6	13	7	1	8	2	9
Olin	4	11	5	12	6	13	7	1	8	2	9	3	10
Tecpatl	5	12	6	13	7	1	8	2	9	3	10	4	11
Quiauitl	6	13	7	1	8	2	9	3	10	4	11	5	12
Suchitl	7	1	8	2	9	3	10	4	11	5	12	6	13

Figura 10. "Tabla de cálculo calendárico". Libro IV, fol. 79r., p. 326, Vol. I. *Códice florentino.* Gentileza de la Nettie Lee Benson Latin American Collection, The University of Texas at Austin.

Inmediatamente, luego de describir el procedimiento, el franciscano refuta este proceder, al que considera como una sarta de "adivinanzas". Afirma que este procedimiento no es lícito dado que "ni se funda en la influencia de las estrellas, ni en cosa ninguna natural, ni su círculo es conforme al círculo del año [...] Este artificio de contar, o es arte de nigromántica o pacto y fábrica del demonio, lo cual con toda diligencia se debe desarraigar" (1: 315). El fundamento policíaco de este libro queda claramente asentado cuando, en un breve texto que sigue al "Prólogo", titulado "Al lector", Sahagún les informa a sus potenciales lectores que ahora tienen entre sus manos "todas las fiestas movibles del año, por su orden, y las ceremonias, sacrificios y regocijos y supersticiones que en ellas se hacían, donde se podrá tomar indicio y aviso para conocer si ahora se hacen del todo o en parte" (1: 316).

El Libro V aparece rotulado de la siguiente manera: "Que trata de los agüeros y pronósticos que estos naturales tomaban de algunas aves, animales y sabandijas para adivinar las cosas futuras". Sahagún retoma en este libro testimonios indígenas que habían sido previamente levantados en lo que hoy se conoce como *Primeros memoriales*. Garibay indica que la transposición es defectuosa y que el texto que leemos en la *Historia* deja fuera mucha información contenida en el texto original: "No tendrá plena información el curioso, o el investigador, si no acude al mismo texto náhuatl. Y hallará, por cierto, temas que no pasaron para nada al castellano" (2: 8). Además de los 12 capítulos que incluye el libro, Sahagún incorpora un apéndice que, como señala Garibay, contiene "muchos curiosos modos de vida, que él llama "abusiones" y hoy día llamamos supersticiones" (2: 8). En el "Prólogo" del Libro V recurre Sahagún a la analogía con el libro del Génesis para refutar el arte adivinatorio. Sostiene allí que Adán y Eva fueron condenados justamente por el apetito de saber y que ello sucede toda vez que se intenta llegar al conocimiento por caminos "no lícitos y vedados [...] y esto, a las veces, por vía del demonio" (2: 13). La lista de agüeros incluye, entre otros, los de una "bestia fiera" (cap. I), "del hacha nocturna" (cap. III), "del búho" (cap. IV), "del conejo" (cap. VII) y de "otros fantasmas de la noche" (XIII).[46]

---

[46] Para que el lector tenga una idea aproximada del contenido de estos capítulos —que parecen ser fábulas populares o relatos anecdóticos— reproduzco el comienzo del XIII: "Había otra manera de fantasmas que de noche aparecían, ordinariamente en los lugares donde iban [los indígenas] a hacer sus necesidades de noche. Si allí les aparecía una mujer pequeña, enana, que llamaban *cuitlapanton*, o por otro nombre *centlapachton*, cuando esta tal fantasma aparecía luego tomaban agüero que habían de morir en breve o que les había de acontecer algún infortunio" (2: 28).

El Libro VI se halla compuesto a partir de un género o tipo de discurso indígena llamado *huehuehtlahtolli* o antigua palabra, que puede definirse, de acuerdo con Thelma D. Sullivan, como "the rhetorical orations in general —the prayers, discourses, salutations, and congratulatory speeches— in which the traditional religious, moral, and social concepts handed down from generation to generation were expressed in traditional language —that is, rhetorical language" (82).[47] El título que encabeza el libro es "De la Retórica y Filosofía moral y Teología de la gente mexicana, donde hay cosas muy curiosas, tocantes a los primores de su lengua, y cosas muy delicadas tocantes a las virtudes morales". De acuerdo con Garibay, éste es el libro que "mayor cantidad de problemas propone" (2: 41).[48] Además de los problemas de autenticidad que plantea y de dónde recogió Sahagún la información, también existen inconvenientes con la traducción que fueron señalados por Garibay: "Hay algunos capítulos traducidos con suma exactitud y muy ceñidos al estilo náhuatl; hay otros muy mediocremente vestidos y apenas con olor de la letra, como Sahagún solía llamar a sus originales de información; los hay en que apenas se da el sentido general, y *no son tan escasos los lugares en que el franciscano resueltamente no comprendió su texto y le da un sentido que*

---

[47] Agrega León-Portilla que "se pronunciaban en momento y circunstancias muy significativas en la vida del hombre y la sociedad indígenas [...] restando treinta años al de 1577 nos encontramos con el de 1547, que fue cuando recopiló los cuarenta *huehuehtlahtolli* en lengua náhuatl. La correspondiente investigación la llevó a cabo hallándose en Tlatelolco. Esto da fundamento a la idea de que el inicio de las investigaciones sahagunenses sobre la antigua cultura ocurrió en 1547 en el contexto del Colegio de Santa Cruz de Tlatelolco, en el que, por ese tiempo, se emprendían además otros trabajos también de rescate cultural en materia de medicina indígena y de elaboración de documentos, como uno de carácter cartográfico y otros relacionados con códices o libros al modo antiguo" (*Bernardino* 96). Cabe aclarar que estas hipótesis cronológicas ya las había planteado Ángel Garibay en la introducción al Libro VI de la *Historia general* (véase 2: 41-42). Para comprender la importancia de estos discursos rituales —y de los *Coloquios* de Sahagún— y la oralidad del mundo indígena mexicano como opuesta a una concepción logocéntrica de la palabra es muy conveniente leer el artículo de Walter Mignolo titulado "Anáhuac y sus otros: la cuestión de la letra en el Nuevo Mundo". Allí, Mignolo, entre otras cosas, sostiene que "Huehuetlatolli [...] sería el componente que destaca ciertas palabras por su tradición, por ser la memoria de conductas aprendidas que se transmiten a las generaciones futuras. De modo que vemos gestarse, en la conciencia discursiva azteca, un léxico que nos sitúa en el 'punto de vista nativo' y en su manera de ver sus propias formas y situaciones discursivas" (49).

[48] Uno de los problemas es que no se sabe si Sahagún utilizó el trabajo que previamente había compilado Andrés de Olmos (2: 43). Y el otro, como señala Garibay, el de "¿En dónde, de quién, cómo recogió Sahagún este material lingüístico e ideológico de los antiguos mexicanos?" (2: 44).

no tiene" (2: 47; énfasis mío). El Libro VI se divide, a grandes rasgos, en distintos tipos de oraciones no sólo a los diferentes dioses, sino también para pedir favores durante acontecimientos específicos de la vida (nacimiento, casamiento, sequía, etc.). Así, por ejemplo, tenemos capítulos que se corresponden con oraciones a "Tezcatlipoca en tiempo de peste" (cap. I), u "Oración a Tláloc en tiempo de sequía" (cap. VIII). También contiene capítulos sobre determinadas arengas a los políticos recién electos (cap. X) y las respuestas a dichas arengas por parte de los propios políticos (cap. XII). Hay asimismo otro género de discursos, como los que los reyes hacían al pueblo para alejarlos de los vicios (cap. XIV), o los que la madre o el padre hacían a los hijos para "persuadirlo de ser castos" (cap. XXI) o para "darle las normas de vida social y la etiqueta que ha de guardar" (cap. XXII). Se incluyen también consejos de las parteras a los recién nacidos (cap. XXX) y llamadas de los padres a los adivinos "para que digan su destino" a los niños recién nacidos (cap. XXXVI). Es decir, que el libro VI es un compendio de los discursos rituales que utilizaban los indígenas en diferentes circunstancias y etapas de su vida social. Al decir de Garibay, "Tenemos en este Libro la mentalidad indiana con todo su fulgor; los procedimientos de redacción oral, única que estaba en su mano; las formas estilísticas que ayudaban a la retención en la memoria; los modos delicados de afecto y de sentimiento" (2: 47). Aunque no lo dice explícitamente —habiendo previamente mencionado los "problemas" en la constitución de este Libro VI—, en la cita de arriba, Garibay se refiere al texto náhuatl y no al trabajo de traducción de Sahagún.[49] Afirmaba el fraile en el "Prólogo" al Libro VI —en un tono lascasiano— que no existía una nación, por más bárbara que fuera, que no hubiera recurrido a los sabios para persuadir a los hombres en las virtudes morales, religiosas y bélicas, y que los indígenas de la Nueva España no fueron una excepción a esta regla (2: 53). Hay en este prólogo de Sahagún una nota de admiración; es más, es uno de los pocos prólogos en los que no aparece el sustantivo idolatrías o el adjetivo "demoníaco". Señalaba el franciscano que al igual que las otras naciones, entre los indígenas de la Nueva España

> [L]os sabios y retóricos, y virtuosos, y esforzados, eran tenidos en mucho; y de éstos elegían para pontífices, para señores,

---

[49] Aunque Garibay reconoce los problemas de la obra del franciscano, nunca encubre su total admiración por la obra de Sahagún. Admiración que por momentos alcanza un tono panegírico: "Con todas las deficiencias que puedan señalarse, quedará este Libro Sexto de Sahagún como una de las empresas más dignas de conocimiento, no sólo de México, sino del mundo entero. Es una de estas obras geniales que hacen época y que deben pasar al tesoro de la literatura universal" (2: 48).

y principales y capitanes por de baja suerte que fuesen. Estos regían las repúblicas y guiaban los ejercicios, y presidían los templos. Fueron, cierto, en estas cosas extremados, devotísimos para con sus dioses, celosísimos de sus repúblicas, entre sí muy urbanos; para con sus enemigos, muy crueles; para con los suyos, humanos y severos; y pienso que por estas virtudes alcanzaron el imperio, aunque le duró poco, y ahora todo lo han perdido (2: 53).

El Libro VII comienza con el siguiente título: "Que trata de la Astrología Natural, que alcanzaron estos naturales de esta Nueva España". Un libro que según Garibay es "deficiente" y de "escasa importancia" (2: 251). Es un libro basado en la transcripción del mito de la creación del Quinto Sol que de acuerdo con el calendario indígena fue el sol que gobernaba el universo en el momento de la Conquista (véase Brotherston 211-213, 217-218, 341-346).[50] El parecer de Garibay es que Sahagún no comprendió cabalmente el sistema astronómico contenido en la "leyenda de los soles" ni sus correspondencias con el calendario (2: 252). Gordon Brotherston ha señalado que los problemas para la interpretación del los calendarios indígenas mesoamericanos —que no fueron sólo inconvenientes a los que se enfrentó Sahagún, sino todos los que vinieron después de él— se debe en parte a la sobreimposición que sobre ellos se ha hecho de la lógica temporal de occidente:

---

[50] En el capítulo 28 de sus *Memoriales*, titulado "En que se cuentan las edades del mundo, según los sabios desta tierra de Anauac, presuponiendo las que los católicos y santos dicen que ha habido, y las que dicen los poetas y otros gentiles que ha habido", Motolinía recoge esta cosmogonía de los soles y la encasilla dentro del engaño demoníaco y la ignorancia indígena: "En este mundo de Anauac, había mundo y gentes y después que el mundo es criado, dicen ellos cinco soles que las podemos decir cinco edades, con aqueste que agora es; y llámanlo estas gente soles, ora que el demonio así se lo[s] hizo entender, ora que ellos se engañan cuando acontecieron eclipses o algún gran diluvio o tempestad o terremotos, pestilencia o tales cosas que cuasi toda la gente o mucha perecía, y pasada aquella tribulación e infortunio comenzaba otro sol y nueva edad, y de hecho piensan que el sol perecía e comenzaba e nacía otro nuevamente criado. Estos soles o edades no saben cuántos años turaron cada uno de ellos: quedóles memoria de los nombres de ellos y cómo perecieron, y la gente también que toda dizque muría y perecía juntamente con el sol" (388). Luego continúa Motolinía nombrando los soles (edades) y la historia de cada uno. Para mayor información, el lector puede revisar mi traducción de un artículo de Brotherston titulado "América y la cuestión del colonizador: dos enunciados formativos del México antiguo." ["America and the Colonizer Question: Two Formative Statements from Early Mexico"]. *Colonialidad y crítica en América Latina*.

En cierta medida, correlacionar los calendarios cristiano y cuartomundista es asunto técnico. También es filosófico e ideológico. Y es que el sistema cristiano para calcular el tiempo tiende automáticamente a ser tomado como el estándar y universal, de modo que, cuando se cotejan textos indígenas contra él, a menudo se les ha tomado en aislamiento sin reintegrarlos a sus propias tradiciones de cronología dentro del ámbito, digamos, de Isla Tortuga o Mesoamérica [...] Decir que el sistema cronológico mesoamericano desafía toda traducción es una cosa: sus ciclos y su resonancia interna, sus proporciones y su contrapunto, mucho más ricos de lo que hasta hoy ha sido posible demostrar, no encuentran en realidad equivalente en el aparato calendárico cristiano. Sin embargo, afirmar que no tiene conexión alguna con la historia material es otra cosa. Decir eso ciertamente suprime la incomodidad psíquica de tener que reconocer la profundidad del tiempo, la continuidad y la memoria política en el Cuarto Mundo ("América" 168-169).

Dentro del libro se incluyen trece capítulos que tratan, en general, sobre la astronomía y su correlación con ciertas ceremonias y fiestas, sobre la meteorología y sobre la forma de contar los años [ver fig. 10]. Así, encontramos capítulos directamente relacionados con la astronomía: "Del sol" (cap. I), "De la luna" (cap. II), "De las estrellas llamadas mastelejos" (cap. III), "De los cometas" (IV). También hay capítulos que hacen referencia a los fenómenos meteorológicos: "Del viento" (cap. V), "De las nubes" (cap. VI), "De la helada, nieve y granizo" (cap. VII). Y finalmente, el libro incluye capítulos sobre el calendario, fiestas (la fiesta del Fuego Nuevo) y la manera de contar los años (capítulos que van del VII hasta el XIII).[51]

En el "Prólogo" a este libro, de forma ambivalente, Sahagún vuelve a relativizar lo que él considera como "ridículas fábulas" indígenas al hacer una comparación con los antiguos gentiles (griegos y latinos). Allí afirmaba que si gente de "tanta discreción" como los griegos y latinos tuvieron sus propias fábulas sobre la luna y el sol pues por qué no había de pasar lo mis-

---

[51] En el capítulo VIII, titulado "De la manera que tenían en contar los años", dice el franciscano: "Los de México, o los de esta Nueva España, en sus infidelidades solían contar los años por cierta rueda con cuatro señales o figuras, conforme a las cuatro partes del mundo, de manera que cada año se contaba con la figura que era de cada una de las dichas partes" (2: 267). Imaginemos la sorpresa occidental frente a este tipo de medición calendárica. Sorpresa y confusión que llevan a Sahagún a considerar tales medios como influenciados por Satán y propio de "infieles".

mo entre gente "tan párvula y tan fácil para hacer engañada" (2: 255) como los indígenas de la Nueva España. Sin embargo, más allá de esta nivelación cultural y comparativivista, insistía en la influencia demoníaca al señalar que "Esto [la invención de fábulas] provino en parte por la ceguedad en que caímos por el pecado original, y en parte por la malicia, y envejecido odio de nuestro adversario Satanás que siempre procura de abatirnos a cosas viles, y ridículas, y muy culpables" (2: 255). Asimismo, el fraile volvía a utilizar su metáfora rectora sobre la enfermedad de la cultura indígena y dejaba muy en claro el objetivo del Libro VII: "Pues a propósito que sean curados de sus cegueras, así por medio de los predicadores, como los confesores, se ponen en el presente libro algunas fábulas, no menos frías que frívolas, que sus antepasados les dejaron del sol y de la luna y de las estrellas, y de los elementos elementales" (2: 255). Sahagún, si tomamos las palabras que anteceden al Libro VII y que aparecen bajo el rótulo de "Al lector", estaba visiblemente irritado con los asuntos relativos al calendario indígena. Una hipótesis que propongo aquí es que, además de la coartada demoníaca que planteaba en el "Prólogo", lo que le irritaba profundamente al etnógrafo era no poder comprender el modo de funcionamiento y de correlación entre la astronomía y los complejos calendarios indígenas. En "Al lector" tenemos lo que podríamos considerar como uno de los pocos momentos en la *Historia* en el que se hace visible el conflicto interno entre el franciscano y sus informantes. Sahagún comenzaba el Libro VII endilgando su propia falta de comprensión de los sistemas calendáricos al tratamiento lingüístico que le habían dado al tema sus informantes, a quienes acusa además de utilizar un "bajo lenguaje":

> Razón tendrá el lector de disgustarse en la lectura de este séptimo libro, y mucho mayor la tendrá si entiende la lengua indiana justamente con la lengua española, porque en español el lenguaje va muy bajo y la materia de que se trata en este séptimo libro va tratada muy bajamente. Esto es porque los mismos naturales dieron la relación de las cosas que en este libro se tratan muy bajamente, según que ellos las entienden, y en bajo lenguaje, y así se tradujo en la lengua española en bajo estilo y en bajo quilate de entendimiento, pretendiendo solamente saber y escribir lo que ellos entendían en esta materia de Astrología y Filosofía Natural, que es muy poco y muy bajo (2: 256).

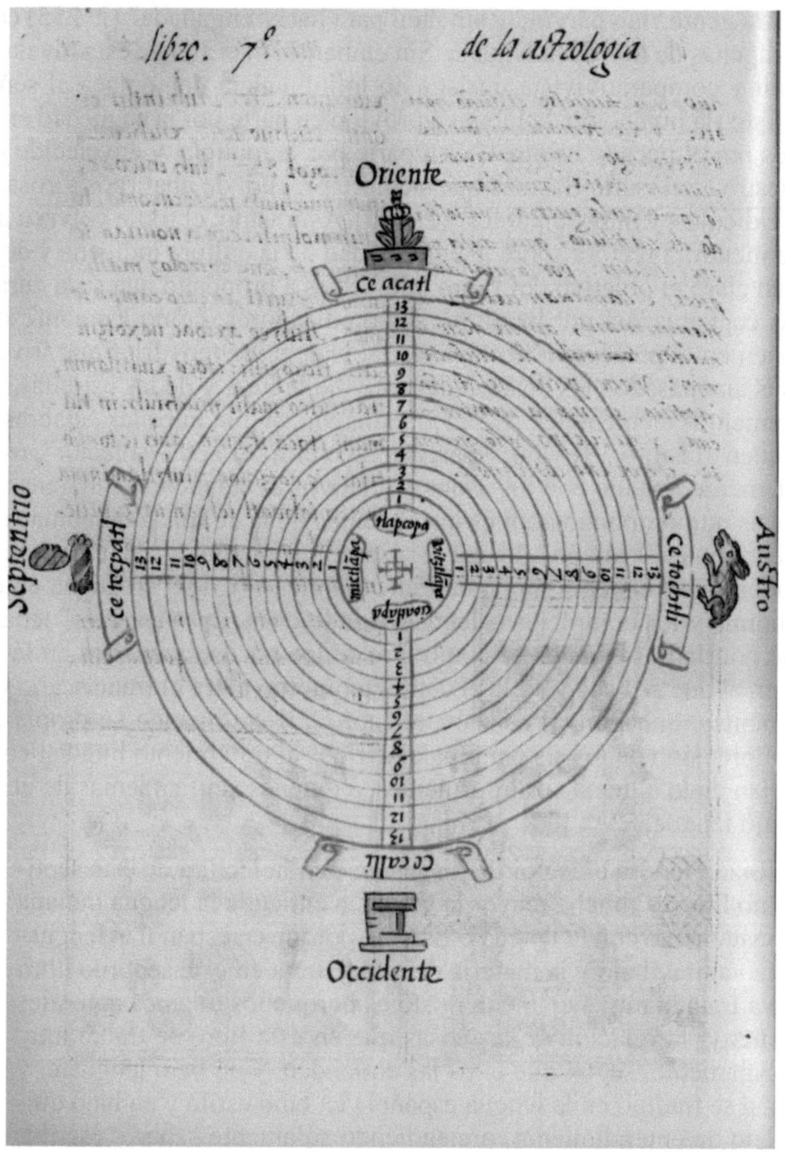

Figura 11. "De la astrología y filosofía natural". Libro VII, fol. 21r., p. 247, Vol. II. *Códice florentino*. Gentileza de la Nettie Lee Benson Latin American Collection, The University of Texas at Austin.

La irritación de Sahagún era tan profunda que terminaba por hacer extensiva su queja a toda la *Historia*, afirmando que la lengua misma "dará disgusto al que la entendiese, y es que de una cosa van mucho nombres sinónimos y una manera de decir, y una sentencia va dicha de muchas maneras. Esto se hizo aposta, por saber y escribir todos los vocablos de cada cosa, y todas las maneras de decir de cada sentencia, y esto no solamente en este libro, pero en toda la obra. Vale" (2: 256). López Austin ha señalado cuán injusto fue el franciscano en este pasaje con sus informantes, teniendo en cuenta que este libro es el resultado de un fracaso personal. Una obra que, según López Austin, sólo vale la pena cuando Sahagún no interfiere con sus cuestionarios (López Austin 135). La injusticia proviene de que el franciscano inquiere sobre el calendario con una visión y una expectativa absolutamente occidentales: "His intentions, however, were confronted with an unexpected cultural barrier. If he attacks the Indians for their low level of understanding, they must have felt the same way about his intelligence when confronted with question they considered ingenuous in their lack of knowledge" (López Austin 135). En estos pasajes podemos apreciar las angustias y los fracasos del etnógrafo —y los límites de la etnografía— al no poder traducir la complejidad cultural en la que el indígena habita, vive y piensa.

El Libro VIII contiene la descripción de los sistemas de organización política-administrativa del México prehispánico y la genealogía política de sus reyes y gobernantes, y fue titulado por Sahagún "De los Reyes y Señores, y de la manera que tenían en sus elecciones, y en el gobierno de sus Reinos". Es el tercero (junto con el III y el VII) considerado por Garibay como otro de sus "libros deficientes" (2: 275). Este libro se montó sobre uno de los modelos genéricos de la escritura mexica conocido como *tlaltocaamatl* o "libros de los reyes". Un tipo específico de *anales* en los que, de acuerdo con Garibay, "se ponía el año de su ascensión al trono [de cada rey], las conquistas por ellos realizadas, los acontecimientos más importantes durante su reinado y la fecha de su muerte. Con la cual se podía fijar la duración de su gubernatura. Muchas veces ésta se hallaba expresada con toda precisión" (2: 275). El libro recoge testimonios de los señores de Tlatelolco (cap. II), Tezcoco (cap. III) y de Huexotla (cap. IV) en un registro histórico que llega hasta el año 1560 y que, por ende, incluye la llegada de los españoles. Dentro de las materias de este libro, si bien se proponen hacer el recuento genealógico de los reyes, se incluyen también descripciones de tipo etnográfico como "Los bailes, los pasatiempos, el mueblaje y los aderezos de los gobernantes" (2: 277). Además, el libro contiene los pronósticos o profecías sobre la llegada de los españoles (cap. VI); testimonios

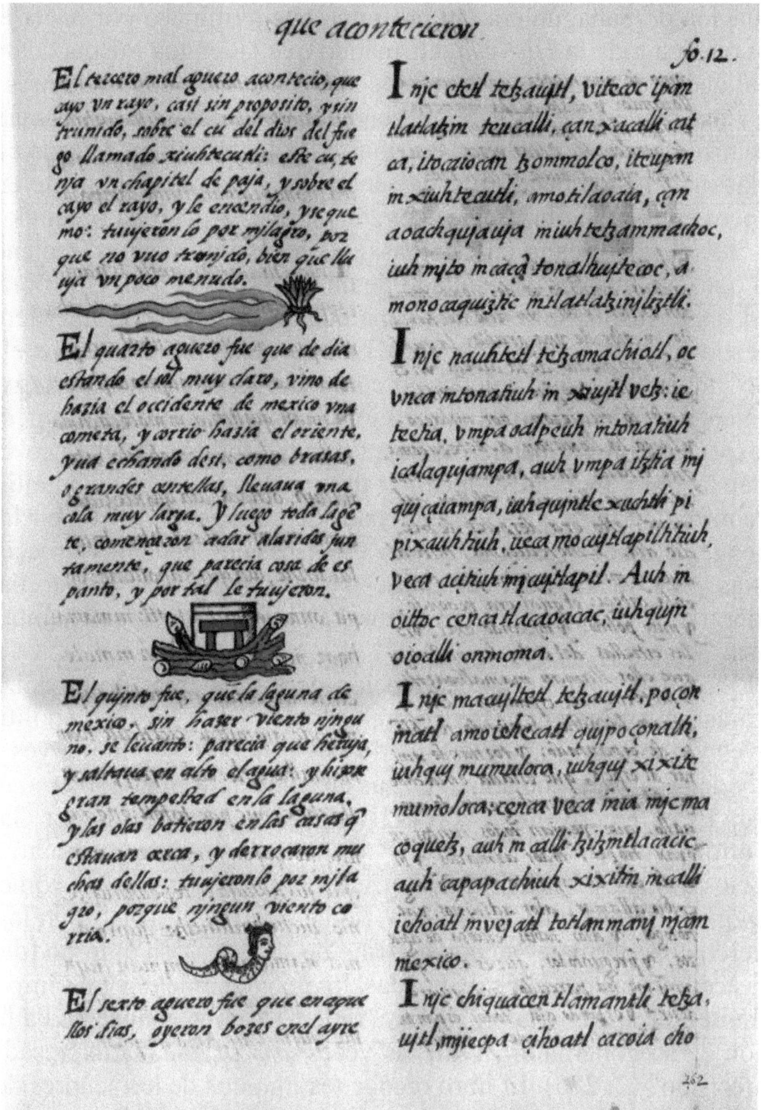
que acontecieron

fo. 12.

El tercero mal aguero acontecio, que cayo vn rayo, casi sin proposito, y sin trueno, sobre el cu del dios del fuego llamado xiuhtecutli: este cu, tenja vn chapitel de paja, y sobre el cayo el rayo, y le encendio, y se quemo: tuuieron lo por milagro, porque no vuo tronido, bien que llouja vn poco menudo.

Injc etetl tetzauitl, vitecoc ipan tlatlatzin teuacalli, can xiuacalli catca, itocaiocan tzonmolco, iteupan in xiuhtecutli, amo tlatlaoaia, can aoachqujiauja, mjuhtetzammachoc, iuh mjto in acaço tonalhujtecoc, amo no caquiztic in tlatlatzinjliztli.

El quarto aguero fue que de dia estando el sol muy claro, vino de hazia el occidente de mexico vna cometa, y corrio hasia el oriente, yua echando de si, como brasas, o grandes centellas, lleuaua vna cola muy larga. Y luego toda la gente, comenzaron a dar alaridos juntamente, que parecia cosa de espanto, y por tal le tuuieron.

Injc nauhtetl tetzamachiotl, oc vnca in tonatiuh in xiujtl vetz: ie techa, vmpa oalpeuh in tonatiuh icalaquijampa, auh vmpa itztia in quiçaiampa, iuhquin tlexochtli pipixauhtiuh, ueca mocuitlapilhuitiuh, veca acitiuh in jcuitlapil. Auh in oittoc cenca tlacaoacac, iuhqujn oioalli onmoma.

El quinto fue, que la laguna de mexico, sin hazer viento ninguno, se leuanto: parecia que heruja, y saltaua en alto el agua: y hizo gran tempestad en la laguna, y las olas batieron en las casas que estauan cerca, y derrocaron muchas dellas: tuuieronlo por milagro, porque ningun viento corria.

Injc macuiltetl tetzauitl, poçon in atl amo ehecatl quipoçonalti, iuhquj mumuloca, iuhquj xixitic mumoloca; cenca veca in ia mjc macoquetz, auh in calli tzitzintlan acic, auh capapachiuh xixitin in calli ichoatl in vej atl totlan manj ipan mexico.

El sexto aguero fue que en aquellos dias, oyeron bozes en el ayre

Injc chiquacen tlamantli tetzauitl, mjiecpa cihoatl cacoia cho

262

Figura 12. "De los pronósticos que acontecieron". Libro VIII, fol. 12v., p. 262, Vol. II. *Códice florentino.* Gentileza de la Nettie Lee Benson Latin American Collection, The University of Texas at Austin.

que volveremos a encontrar en el Libro XII de la *Historia*, que versa sobre la Conquista. Este libro duodécimo proveyó el material desde el cual León-Portilla armó el capítulo introductorio a su *Visión de los vencidos* (1959).[52]

El libro VIII también incorpora los comentarios sobre las *insignias guerreras* del antiguo Anáhuac (cap. XII), las comidas de los reyes (cap. XIII), los atavíos y ejercicios realizados por las mujeres (caps. XV y XVI) y, hacia el final, una descripción del régimen político y social (elecciones, regulación del comercio, educación de la nobleza) de Tenochtitlán (del capítulo XVII al XXI). Este libro es importante porque contiene la versión de los famosos ocho "presagios" que supuestamente anticiparon la llegada de los españoles y que serán reproducidos también en el Libro XII de la *Historia general* [ver fig. 12]. Asimismo, contiene la leyenda sobre cómo Hernán Cortés fue confundido por los indígenas con el dios exiliado Quetzalcóatl que, según el mito, regresaría a tomar posesión de la ciudad. Un hecho que relata Sahagún en el "Prólogo": "Y dicen que es vivo [Quetzalcóatl], y que ha de volver a reinar y a reedificar aquella ciudad que le destruyeron, y así hoy día le esperan. Y cuando vino don Hernando Cortés pensaron que era él, y por tal le recibieron y tuvieron, hasta que su conversación y la de los que con él venían les desengaño" (2: 282).

De acuerdo con el *Códice florentino*, antes de la venida de los españoles se sucedieron una serie de ocho prodigios o presagios que fueron interpretados a posteriori de la Conquista, entre los cuales se incluyen: 1) el avistamiento de un cometa, 2) el incendio de un templo en honor a Huitzilopochtli, 3) la caída de un rayo (sin sonido) sobre el templo del dios del fuego Xiuhutecutli que acabó incendiando el mismo, 4) la aparición de otro cometa "que corrió hacia el oriente, e iba echando de sí como brasas o grandes centellas; llevaba una cola muy larga, y luego toda la gente comenzó a

---

[52] El libro de León-Portilla se propone presentar al lector una antología de textos —de origen indígena pero insertos en el formato del libro occidental y traducidos al español— con el objetivo de acercarnos la percepción que los habitantes de Mesoamérica —principalmente aquellos cuyo idioma era el náhuatl de Tenochtitlán, Tlatelolco, Tezcoco, Chalco y Tlaxcala— tuvieron de los hechos violentos acontecidos como producto de la Conquista española y la posterior ruina de sus ciudades, cultura y civilización: "Los documentos indígenas que se presentan en los trece primeros capítulos de este libro comprenden hechos acaecidos desde poco antes de la llegada de los españoles a las costas del Golfo de México, hasta el cuadro final, México-Tenochtitlán en poder de los conquistadores. Los dos últimos capítulos, el XIV y el XV, ofrecen a manera de conclusión, la relación acerca de la Conquista, escrita en 1528 por varios informantes anónimos de Tlatelolco, así como unos cuantos ejemplos de célebres *icnocuícatl* 'cantares tristes' de la Conquista" (*Visión* 1).

dar alaridos, juntamente, que parecía cosa de espanto" (2: 292), 5) el quinto "fue que la laguna de México, sin hacer viento ninguno, se levantó, parecía que hervía y saltaba en alto el agua e hízose gran tempestad en la laguna" (2: 292), 6) la aparición de la "llorona" o de una voz de mujer que decía: "¡Oh hijos míos! Ya estamos a punto de perdernos" (2: 292), 7) La captura por parte de unos cazadores de un ave "del tamaño y color de un águila, la cual tenía en medio de la cabeza un espejo [...] y Moteccuzoma miró al ave, y miró al espejo que tenía en la cabeza, el cual era redondo y muy pulido, y mirando en él vio las estrellas del cielo, los mastelejos que ellos llaman *malhuaztli* y Moteccuzoma espantóse de esto [...] vio en él [espejo] gente de a caballo, que venían todos juntos, en gran tropel y todos armados" (2: 292) y 8) la aparición de hombres con dos cabezas que eran llevados a conferencias con Moctezuma y que luego desaparecían misteriosamente.

Matthew Restall ha señalado que algunos de estos portentos se corresponden con fenómenos naturales de fácil explicación: un cometa, un eclipse, etc. (114). Aunque Restall afirma también que no tenemos ninguna evidencia concreta de que dichos fenómenos acontecieron ni tampoco de que, a través de la interpretación de los mismos, Moctezuma hubiera decidido su accionar con relación a las tropas invasoras de Cortés. Esta falta de pruebas testimoniales y empíricas es sintomática, según Restall, de la creación de una de las tantas mitificaciones del discurso conquistador fundamentado en la ideología del providencialismo:

> The same Franciscans who spread the Quetzalcoatl myth also spread the story of the omens to further promote the idea that the Conquest was providential. Motolinía wrote of the portents in the 1540s and by the time of the Florentine Codex they seem to have become common currency among Nahuas and Spaniards, having evolved into a set of eight, complete with details drawn from mediaeval European literature. Omens were a part of both European and Native American cultures in the fifteenth centuries, so it is not surprising that the story was readily accepted. This acceptance was part of the spread of the myth of native desolation and the myth of Moctezuma's psychological collapse, but it is not evidence of that supposed collapse (114).

En su libro sobre la Conquista, Todorov nos entrega una interpretación eurocéntrica sobre los presagios, y de los signos en general, según la cual, el aparato semiótico imperial era más propicio que el sistema adivinatorio indígena a la hora de entender al Otro. Una tesis que propone la inferioridad o la incapacidad indígena tan mentada en la justificación de la ocupación colonial durante el siglo XVI. En el capítulo 2 de su libro, titulado "Las razones de la Conquista", Todorov afirma, siguiendo la doctrina de la "tiranía indígena", que Cortés se aprovechó de las disensiones internas entre Tenochtitlán y sus ciudades satélites, ciudades que, según Todorov, se hallaban "sometidas por los aztecas" (64). Por ello, Todorov afirma que Cortés, lejos de "encarnar el mal absoluto" (64) para los indígenas, fue considerado como un "libertador" que permitió "romper el yugo de una tiranía especialmente odiosa" (64). Para justificar sus juicios críticos sobre la cultura indígena y su capacidad de predicción o de adivinación, Todorov se basa en las etnografías de Durán y en el relato de Bernal Díaz, de las cuales toma total crédito, sin considerar el fanatismo religioso que animaba al primero y su afán por la extirpación de las idolatrías, y pasando por alto las motivaciones encomenderas del segundo. Por ejemplo, el rechazo de Moctezuma a relacionarse personalmente con los invasores es considerado por Todorov como una negación de éste a comunicarse y afirma que Moctezuma, según el *Códice florentino* desde el que cita los acontecimientos de la Conquista, "se nos muestra literalmente incapaz de comunicar" (77). De este modo, Todorov perpetúa un mito conquistador que ha sido señalado por Restall:

> One of the oldest definitions of the difference between civilization and barbarism is that of writing. The fourth myth-based explanation of the Conquest assumes a Spanish superiority in language, literacy, and reading "signs" [...] Thus despite Todorov's claim that his explanation of the Conquest as a native defeat "by means of signs" is one that "has hitherto been neglected," the myth of the superior communication skills of Europeans is both deeply rooted and still alive (137).

Asimismo, Todorov considera que los presagios descritos en el *Códice florentino* "fueron inventados después de los hechos" (82) y que en vez de funcionar como alertas sobre el futuro, tuvieron, en realidad, "un efecto paralizador en los indios", un efecto que disminuyó "proporcionalmente su resistencia" (83). Una interpretación que hace ineficiente la epistemología nativa. Otra forma de pensar el choque entre Cortés y Moctezuma es simplemente afirmar, como lo hace David Brading en su *Orbe indiano*, que los españoles "correspondieron a su hospitalidad [la indígena] apoderándose del monarca en su propio palacio. La paz fue rota cuando Cortés partió a enfrentarse a una recién llegada expedición de españoles y, aún más, por la matanza organizada por Pedro de Alvarado de la nobleza mexicana durante la fiesta de Huitzilopochtli, su deidad tutelar" (40). Incluso, otro modo de conceptual la diferencia indígena sin disminuir su capacidad cultural y sin enredarse en cuestiones semióticas sería afirmar, como lo hizo el historiador George Vaillant (a pesar de su eurocentrismo), que las capacidades y las técnicas militares eran disímiles, poniendo el énfasis en una diferencia bélica material y no en una supuesta superioridad antropológica:

> Los extranjeros [españoles] eran seres humanos, pues eran vulnerables, podían recibir heridas y morir cuando se les atacaba. Tenían armas nuevas y extrañas, ruidosas y mortales, ya que los cañones, los mosquetes, las ballestas y las espadas de acero, eran desconocidas para los aztecas. También eran nuevos y terribles auxiliares de guerra los caballos y los salvajes mastines de los españoles. En la batalla, los extranjeros eran invencibles y operaban de manera completamente distinta a los principios indígenas de guerra. Sus sencillos métodos de ataque en masa eran de poco resultado contra las maniobras de fuerzas bien instruidas, pues las tácticas nativas solamente podían poner una parte muy pequeña de las fuerzas en contacto directo con el enemigo (203).[53]

El Libro IX lleva por título "De los Mercaderes y Oficiales de oro, piedras preciosas y plumas ricas". Allí, Sahagún intentó hacer una suerte de descripción etnográfica del comercio entre los indígenas y sobre dos tipos de oficios manuales extremadamente importantes para la sociedad indígena como eran el manejo y labrado de piedras preciosas y el trabajo con plumas. El libro es importante puesto que presenta una suerte de caracterización o tipología de los agentes comerciales o *pochtecas* (mercaderes) y de sus modos de interacción. Como ha señalado Garibay, este libro es "la fuente más valiosa y segura para la historia de la producción y de la distribución económica en los tiempos prehispánicos para la zona del México central" (3: 7). Al comparar este libro con el *Códice matritense,* Garibay señala que Sahagún omitió voluntariamente muchos datos relevantes y que, a pesar de la importancia del libro, "el modo de ver las cosas y sus intentos

---

[53] En este mismo sentido, Restall señala cuatro factores que funcionaron como aliados para la "victoria" europea: las enfermedades que llevaron los conquistadores, las rivalidades internas entre los propios indígenas, el acero del armamento español y el modo de llevar a cabo la guerra por parte de los indígenas. En relación con este último punto señala: "the Mexica were hampered by certain battle conventions that the Spaniards ignored. Mexica methods of war emphasized the observation of prebattle ceremonies that eliminated the possibility of surprise attacks and the capture of Spaniards for ritual execution rather than the killing them on the spot" (144).

manifiestamente tendenciosos impidieron a Fr. Bernardino darnos la total información que había recogido" (3: 8). Es una de las pocas veces, a lo largo de la ingente tarea de edición de la *Historia*, en que Garibay acusa al etnógrafo de tendencioso y de manipulador de datos. En este libro, Sahagún intentó hacer una especie de genealogía del comercio, desde sus orígenes y su posterior desarrollo hasta el momento de la invasión española. Recordemos las vívidas impresiones de Hernán Cortés al ingresar a Tenochtitlán y su admiración por la gigantesca actividad comercial de la ciudad:

> Tiene esta ciudad muchas plazas, donde hay continuo mercado y trato de comprar y vender. Tiene otra plaza tan grande como dos veces la ciudad de Salamanca, toda cercada de portales alrededor, donde hay cotidianamente arriba de sesenta mil ánimas comprando y vendiendo; donde hay todos los géneros de mercaderías que en todas las tierras se hallan, así de mantenimientos como de vituallas, joyas de oro y de plata, de plomo, de latón, de cobre, de estaño, de piedras, de huesos, de conchas, de caracoles y de plumas. Véndese cal, piedra labrada y por labrar, adobes, ladrillos, madera labrada y por labrar de diversas maneras. Hay calle de caza donde venden todos los linajes de aves que hay en la tierra, así como gallinas, perdices, codornices, lavancos, dorales, zarcetas, tórtolas, palomas, pajaritos en cañuela, papagayos, búharos, águilas, halcones, gavilanes y cernícalos; y de algunas de estas aves de rapiña, venden los cueros con su pluma y cabezas y pico y uña. Venden conejos, liebres, venados, y perros pequeños que crían para comer, castrados ("Segunda carta de relación" 78).

El Libro IX de la *Historia* no sólo versa sobre el arte del comercio, sino también sobre la ritualidad y religiosidad que envolvía la práctica de intercambio comercial. Así, en el capítulo tercero se describen las complejas ceremonias que hacían los mercaderes cuando partían a alguna parte a tratar: "Y llegando a la media noche de este día en que se habían de partir, cortaban papeles como tenían costumbre, para ofrecer al fuego, al cual llamaban Xiuhtecutli" (3: 21). Ceremonias que incluían la práctica de rituales antes de salir al intercambio comercial y al llegar al punto de destino: "Cuando los mercaderes venían de mercadear de otras provincias, a su casa, no entraban de día en el pueblo ni en su casa, sino ya de noche, y aun esperaban el signo próspero como es el signo de *ce calli*, o *chicome calli*; tenían por próspero signo a este *ce calli*, una casa, porque decían que las cosas que traían entraban en casa de tal manera que allí habían de perseverar" (3:

33). La ritualidad incluida en el intercambio comercial nos indica que los *pochtecas* constituían una casta muy respetada entre los indígenas, de hecho, Garibay señala que "fueron los iniciadores de una etapa de elevación económica, y de penetración en las zonas más alejadas de la capital azteca. Su categoría social se iba elevando en Tenochtitlán al llegar Cortés" (3: 9). En lo que respecta a los labradores de oro (llamados *tolteca* y *tecuitlahuaque*) y de piedras preciosas (*chalchiuhtlatecque*) es interesante ver en la etnografía de Sahagún el alto grado de organización social y la estructura de la compleja división del trabajo en México-Tenochtitlán; complejidad que como vimos maravilló a Cortés en su ingreso a la ciudad. El propio Cortés señalaba la existencia de maestros herbolarios, barberos, ganapanes (muchachos de carga), hombres religiosos: "hay en todos los mercados, y lugares públicos de la dicha ciudad, todos los días, muchas personas, trabajadores y maestros de todos oficios, esperando quien los alquile por sus jornales" ("Segunda carta" 82). Sahagún ratifica el alto grado de organización y compartimentación de los oficios al explicar cómo, dentro de los oficiales labradores de oro, existía una división específica del trabajo por tareas: "los oficiales que labran oro son de dos maneras, unos de ellos se llaman martilladores amajadores, porque estos labran oro de martillo, majando el oro con piedras o con martillos [...] otros se llaman *tlatlalianime*, que quiere decir, que asientan el oro, o alguna cosa en el oro o en la plata (y) estos son verdaderos oficiales que por nombre se llaman *tolteca*; pero están divididos en dos partes, porque labran el oro cada uno de su manera" (3: 56). El libro concluye con una descripción de los maestros del "arte plumario" y de cómo surgió este arte de la ritualidad asociada a la veneración de algunos dioses.

El Libro X de la *Historia* se titula "De los vicios y virtudes de esta gente indiana; y de los miembros de todo el cuerpo interiores y exteriores; y de las enfermedades y medicinas contrarias; y de las naciones que han venido a esta tierra". En este Libro X, etnográfico por excelencia, no sólo se incluye un catálogo de las costumbres (vicios y virtudes), es decir, de la "moral", sino también una anatomía, una semiótica de las patologías, una práctica médica y una farmacopea que finaliza con una tipología de las diferentes tribus que habitaban el México antiguo. Como ha señalado Garibay, Sahagún nos entrega aquí "una Anatomía, una Terapéutica, [y] una Etnología" (3: 88). Tengamos en cuenta que el orden clasificatorio de la *Historia* se estructura desde lo religioso hacia lo humano y desde lo espiritual hacia lo material. Habiendo agotado Sahagún en los libros precedentes las materias divinas, construye este Libro X haciendo una muy exhaustiva descripción de las estructuras de parentesco ("calidades de los unidos en parentesco", cap. I, y "grados de afinidad", cap. II), y de las tipologías asociadas a las diversas funciones sociales: oficios y cargos (cap. IV), personas nobles (cap. V), varones fuertes (cap. VI), oficiales plateros, de la pluma y artesanos (caps. VII y VIII), hechiceros y "trampistas" (cap. IX), sastres y tejedores (X), personas viciosas (cap. XI), labradores y mercaderes (cap. XII), mujeres nobles, mujeres de baja condición y mujeres malas (caps. XIII, XIV y XV), tratantes vendedores de ropa, de cacao, de fríjoles, de pan, de tamales, de zapatos, de conejos, de fruta y cosas de comer, etc. (caps. XVII-XXVI). Hacia el final del Libro X, comienza a realizar una exposición anatómica sobre los "miembros exteriores e interiores" (cap. XXVII), a la que se suma una clasificación de las "enfermedades del cuerpo humano" (cap. XXVIII), construyendo una descripción biopolítica del cuerpo —individual y social— indígena. El libro finaliza con una tipología de las "generaciones" (léase etnias) que habían poblado históricamente la Nueva España: toltecas, chichimecas, nahuas, otomíes, cuacuatas, ocuiltecas, cuextecas, tlahuicas, olmecas, michoacanos, mexicanos (cap. XIX). Como se puede apreciar, es este carácter descriptivo y detallista de la mayoría de los aspectos de la cultura indígena lo que dio pie a muchos investigadores para clasificar la obra de Sahagún en términos de una *enciclopedia*. En el "Prólogo" a este Libro X, el fraile vuelve a insistir —como si tuviera temor que este libro apareciera a vista de sus colegas como un poco digresivo— en que el objetivo central que persiguen los distintos libros de la *Historia* es favorecer la predicación evangélica y apostólica:

> [H]a muy claro que la predicación de los católicos predicadores ha de ser vicios y virtudes, persuadiendo lo uno y disuadiendo lo otro; y lo más continuo ha de ser el persuadirlos a las virtudes teologales, y disuadirles los vicios a ellas contrarios [...] Y para dar mayor oportunidad y ayuda a los predicadores de esta Nueva Iglesia, en este volumen o libro he tratado de las virtudes morales, según la inteligencia y práctica y lenguaje que la misma gente tiene de ellas (3: 97).

Es también en el "Prólogo" donde Sahagún nos da cuenta del método empleado para la composición de este Libro en particular, excusándose por no utilizar el modo de disposición tradicional de las materias e insistiendo en que el orden usado es el indígena: "No llevo en este tratado el orden que otros escritores han llevado en tratar esta materia, mas llevo el orden de las persona, dignidades y oficios, y tratos que entre esta gente hay, poniendo la bondad de cada persona y luego su maldad" (3: 97). El propio Garibay excusaba al fraile haciéndose eco de las palabras de éste al señalar que "No promete Sahagún una Etnografía, ni siquiera en rudimento. Recoge lo que sabían, lo que opinaban y lo que decían tocante al tema los informantes suyos" (3: 93). El eurocentrismo habla por Garibay aquí y lo que esta ideología expresa es que si el libro parece "poco etnográfico" no es "culpa" de Sahagún: el fraile hizo lo que pudo con las "opiniones" de los indígenas. Aquí la opinión (*doxa*) del indígena se opone al conocimiento (episteme) occidental. El saber del Otro es encapsulado dentro de la categoría opuesta al saber, es decir, la opinión, el rumor, el chisme y la habladuría.

Debemos notar aquí dos cosas: la primera es que Sahagún era por momentos consciente de la presión que él mismo debía ejercer para hacer encajar formas de pensamiento y conocimiento occidental sobre los modos diferenciales y altamente complejos de la cultura indígena. Una conciencia que muchas veces se expresa como frustración al no poder penetrar, traducir, clasificar o entender los saberes del Otro. Lo segundo que debemos notar es el modo antagónico (antítesis), en espejo, o en oposiciones binarias en los que el franciscano presentará, como órdenes enfrentados, las virtudes y los vicios de los indígenas. Esto, sin duda, se corresponde con el *telos* pedagógico de la obra (enseñar las virtudes teologales y extirpar los vicios) y no con la supuesta —y muy difícil de comprobar— influencia de Teofrasto con la que especulaba Garibay.[54] En lo que sí parece ser más razonable la especulación de Garibay es en que el formato de oposición binaria que utilizó Sahagún para la descripción de las conductas sociales se relacionaba probablemente con el tipo de educación y con las fórmulas memorísticas que pudieran haber tenido los niños en el *calmécac*, esto es, en las escuelas prehispánicas en donde se educaban los hijos de los nobles indígenas.[55] En

---

[54] Afirma Garibay: "Fr. Bernardino en sus días de estudios clásicos en Salamanca pudo tener conocimiento de Teofrasto. Era la época en que los anhelos del conocimiento de los clásicos griegos y romanos invadían a Europa. Y, aunque en las listas de libros de la Biblioteca de Tlatelolco no he hallado el libro del autor helénico, no es remoto que se hallara en S. Francisco, o en alguno de los conventos de la Orden que el fraile había visitado" (3: 88).

[55] Al respecto de la enseñanza de los nobles en Tezcoco, José Luis Martínez nos informa que "se aplicaba fundamentalmente el sistema de educación azteca, en el cual existían dos tipos principales de escuelas: el *telpochcalli*, para la mayoría del pueblo, en el que se enseñaban elementos de religión y moral, pero sobre todo se adiestraba a los alumnos en las artes de la guerra, pues dichos centros estaban dedicados a Tezcatlipoca; y el *calmécac*, escuela de educación superior, para los hijos de los nobles y los sacerdotes, en el que se trasmitían las doctrinas y conocimientos más elevados, los himnos y cantos rituales, la interpretación de los 'libros pintados' y nociones históricas, tradicionales y calendáricas. Los primeros, los telpochcalli, permitían a sus alumnos costumbres más bien libres,

esta misma dirección apunta también la interpretación de Villoro al señalar que para Sahagún la causa de la mala conducta de los indígenas se debía a que los españoles habían roto el círculo virtuoso educativo que los indígenas mantenían en el *calmécac* y en el *tepochcalli* y que, por lo tanto, era necesario restituir ese orden educativo quebrado a causa de la Conquista: "Sahagún then fights for a return to a social regime analogous to the Aztec, within the educational and institutional means which could be equivalent to in Christianity [...] In his Monastery, Sahagún put this idea into practice, introducing similar practices to the ones the Indians had in their schools, the tepochcalli and the calmecac, translated, naturally, into Christian beliefs and uses. But it failed" (13).

El sistema de oposiciones de comportamientos sociales es estructurado a partir de la calificación/clasificación moral de las conductas. Así, por ejemplo, en el capítulo I, podemos leer la oposición entre la hija virtuosa, la cual "se cría en casa de su padre [...] es virgen de verdad, nunca conocida de varón; es obediente, recatada, entendida, hábil, gentil mujer, horada, acatada, bien criada, doctrinada, enseñada de persona avisada y guardada" (3: 99) y, por otro lado, la hija viciosa, que "es mala de su cuerpo, disoluta, puta, pulida; anda pompeándose, ataviáse curiosamente, anda callejeando, desea el vicio de la carne, ándase a la flor del berro, y esta es su vida y su placer; anda hecha loca" (3: 99). En este libro Sahagún también informa sobre la mujer honrada, la mujer popular, la tejedora de labores, la hija de buen linaje, la mujer de noble sangre y de señores, las hilanderas, las costureras, guisanderas, médicas, de las mujeres públicas, de las adúlteras, de la hermafrodita, de la alcahueta... Y la lista continúa. Pienso que un profundo estudio de género —el cual aún no se ha hecho— es necesario para comprender algunos aspectos muy importantes de la visión etnográfica y androcéntrica de los evangelizadores católicos en el Nuevo Mundo. Del mismo modo, presenta en esta etnografía pedagógica otros casos especulares como el "muchacho virtuoso"/"muchacho vicioso", el "tío virtuoso"/"tío vicioso", pasando así por toda la estructura de parentesco y de edades que incluye sobrinos, abuelos, suegros, nietos, yernos, nueras, cuñados, hermanos, entenados, madrastras, viejos, mancebos, mozuelos, niños, etc. Pero

---

bailes y amancebamientos, pues preparaban guerreros. Los *calmécac*, en cambio, tenían la advocación de Quetzalcóatl, que era la divinidad del auto-sacrificio y la penitencia, del conocimiento y del espíritu, y preparaban consiguientemente sacerdotes, sabios y gobernantes. De acuerdo con informaciones de la Relación de Pomar, en el *calmécac* o *tlacateo* de Tezcoco el adiestramiento militar completaba la formación moral e intelectual" (*Nezahualcóyotl* 44).

Figura 13., "Apéndice del libro 2" (sacrificio). Libro segundo, fol. 121r., p. 145, Vol. I. *Códice florentino*. Gentileza de la Nettie Lee Benson Latin American Collection, The University of Texas at Austin.

también se introducen ciertos roles sociales como el senador, el noble, el caballero, el hidalgo, etc., en una clara transposición de los tipos sociales de la metrópoli que obviamente no existían en el mundo indígena. La descripción continúa con los hechiceros, astrólogos, nigrománticos, sastres, tejedores, hiladores, carniceros, leñadores, pescadores, es decir, con la definición por oficios en la cual se mezclan conductas sociales y morales. Así, a estas descripciones sobre los oficios se suma la tipificación del cobarde, los valientes, embaucadores, ladrones, chocarreros, traidores, someticos (homosexuales), salteadores, etc. La división de los tipos sociales es hipercompartimentada y detallista; leemos la descripción de tipos sociales tales como el que "vende escobas", el que "vende engrudo", el que "vende resina", etc. La codificación extrema del detalle no sólo nos habla de las capacidades de observación del etnógrafo, sino que también funciona como un modo de *autorización etnográfica* y como ratificación del conocimiento del fraile sobre la cultura indígena. El Libro X continúa con la descripción detallada de las enfermedades "de la cabeza, ojos, oído, dientes y narices" (3: 168) y prosigue con las medicinas para curarlas, "medicinas para heridas, y huesos quebrados y desconcertados" (3: 182). El libro concluye con una especie de tratado "de todas las generaciones que a esta tierra han venido a poblar" (3: 184). Una suerte de genealogía de las diferentes etnias que fueron poblando sucesivamente la meseta central de México; genealogía que ya había sido presentada por Motolinía en sus *Memoriales*.

El Libro XI se titula "De las propiedades de los animales, aves, peces, árboles, hierbas, flores, metales y piedras, y de los colores". Su contenido se corresponde a aquello que en la historiografía tradicional se consideraba como la parte natural, descripción de la fauna, la flora, los minerales, etc., complementaria de la parte moral (descripción de las costumbres). Es un libro breve, en el que se ofrece una clasificación del reino animal por categorías como "cuadrúpedos" (cap. I), "aves" (cap. II), "animales de agua" (cap. III), "serpientes" (cap. V). Luego se ofrece la tipificación de la flora en tipos de "árboles" (cap. VI), "clases de hierbas" (cap. VII) y de los minerales como "piedras preciosas" (VIII), "metales" (IX). Incorpora también una descripción general de las "aguas y tierras" (cap. XII). El libro comprende además un "Apéndice sobre supersticiones" y un capítulo final sobre "todos los mantenimientos" (cap. XIII). En el muy breve "Apéndice" (dos páginas) describe Sahagún diversas clases de sacrificios, los dioses a los cuales se ofrecían los mismos, los lugares en los que se realizaban (lagunas, montes, templos, santuarios) y finalizaba anotando sus sospechas sobre el sincretismo indígena y sugiriendo que se realizara una investigación sobre el tema para desengañar a la población indígena [ver fig. 13]: "Bien creo que hay otros muchos lugares en estas Indias, donde paliadamente se hace reverencia y ofrenda a los ídolos, *con disimulación de las fiestas que la Iglesia celebra* a Dios y a sus Santos, lo cual sería bien investigarse para que la pobre gente fuese desengañada del engaño que ahora padece" (3: 354; énfasis mío).

Garibay define este libro como "la Botánica, la Zoología y la Mineralogía de los antiguos mexicanos" (3: 215), y considera que es un libro esencial sobre todo para aquellos que "tienen el prejuicio de la rudeza, de la barbarie, de la tosquedad de nuestros indios. El amor a la naturaleza en sus grados todos es signo de distinción intelectual y de delicadeza de emociones" (3: 215). Llama la atención leer esta afirmación sobre uno de los libros de la *Historia* que es, probablemente, el menos etnográfico de todos, esto es, un libro que se refiere a los animales, las plantas y los minerales, mas no a los indígenas. Por supuesto, Garibay dice esto considerando que el material del libro ha sido diagramado por los indígenas informantes, pero sin tener en cuenta el hecho de la edición europea, a cargo de Sahagún. Lo que se problematiza aquí es la noción misma de autor: ¿de quién es este libro?, ¿escrito por quién? Es, de más está decirlo, un problema difícil de solucionar pero, en última instancia, este libro fue organizado, editado, traducido, compilado, compaginado y diagramado por Sahagún y no por los informantes, quienes se limitaban a aportar datos, pinturas, fechas, genealogías, etc. Esto no implica negar agencia a los indígenas, quienes perfectamente se pudieron haber servido de Sahagún para perpetuar su propio conocimiento y no a la inversa. Sin embargo la autoridad que elige y selecciona, que permite o que censura fue Sahagún.

El último libro de la *Historia*, el XII, cuyo título es "Que trata de la conquista de México", merece ser revisado y analizado con mayor detenimiento, puesto que el texto original que le da sustento, en lengua náhuatl, representa la visión de una de las etnias (la de los indígenas informantes de Tlatelolco) sobre la Conquista española. Es un libro que contiene la narración indígena de los sucesos de la Conquista, texto que León-Portilla ayudó a popularizar bajo el sugestivo aunque muy problemático título de *Visión de los vencidos* (1959).[56] Por un lado, ese texto original indígena es una ver-

---

[56] Dice León-Portilla: "Como libro XII de su Historia incorporó Bernardino la relación que había obtenido hacia 1555, hallándose en Tlatelolco, acerca de la Conquista. Dicho testimonio fue aportado, según él lo expresa, por hombres que estuvieron presentes en ella. Ya vimos las razones que pueden aducirse en apoyo de su veracidad. Las palabras de esos testigos de los hechos de que hablan, en muchos momentos dramáticos, ofrecen lo que hoy se describe como el punto de vista del Otro. Dejan ver ellas lo que experimentaron los

sión autoetnográfica y, por el otro, una etnografía sobre el invasor europeo. Es, además, un texto que ha sido manipulado no sólo por Sahagún, quien en principio lo colocó como libro noveno y luego lo movió hacia el final modificando el contenido por considerarlo equivocado, sino también por los editores de la obra de Sahagún, como Carlos María de Bustamante, en el siglo XIX. En un agregado que antecede al "Prólogo", en la versión final de 1585 (la versión modificada del *Códice florentino*), una copia del original que se conserva en la Boston Public Library, editado por Mary W. Cline y por S. L. Cline (1989), dice Sahagún:

> Cuando escribí en este Pueblo del Tlaltilulco, los doce libros de la historia de esta nueva España; por los cuales enbió nuestro Señor el Rey D Felipe, y los tiene alla, el nono libro fue de la conquista de esta Tierra. Cuando esta escritura se escribio (que ha ya mas de treinta años) toda se escribió en lengua mexicana, y despues se romanció toda. Los que me ayudaron a esta escritura, *fueron viejos principales, y muy entendidos en todsas las cosas, asi de la Idolatría, como de la Republica, y oficios de ella: y tambien que se hallaron presentes en la Guerra cuando se conquistó esta Ciudad.* En el libro nono, donde se trata esta Conquista, *se hicieron ciertos defectos: y fue, que algunas cosas se pusieron en la narración de esta Conquista, que fueron mal puestas: y otras se callaron, que fueron mal calladas.* Por esta causa, este año de mil quinientos ochenta y cinco, enmende este libro. Y por eso va escrito en tres columnas: La primera es, el lenguaje indiano, asi tosco como ellos lo pronunciaron, y se escribió entre los otros libros: la segunda columna, es enmienda de la primera, asi en vocablos, como en sentencias: La tercera columna esta en romance sacado según las enmiendas de la segunda columna. Los que tienen este tratado en la lengua Mexicana tan solamente; sepan que estan enmendadas muchas cosas, en este, que va en tres columnas, en cada plana. También me movi á enmendar este tratado; porque tengo proposito, que en acabando el arte y vocabulario de la lengua mexicana (en que ahora voy entendiendo) leer á nuestros Religiosos el arte de esta lengua Mexicana, y también el vocabulario, y esta Conquista, siendo la lengua propia Mexicana, como alli está escrita,

---

mexica-tlatelolcas al contemplar a esos no conocidos ni antes imaginados que, tras súbita aparición, se mostraron decididos a imponerse a quienes por tanto tiempo habían imperado en México" (*Bernardino* 149).

y las fiesta que lleva enmendadas en la segunda columna: para
que todos entiendan que no se erró adrede (*Conquest* 147-148;
énfasis míos).

Este pasaje es muy significativo puesto que se trata de una suerte de descargo o explicación bastante *sui generis* dentro del marco general de la
Historia. La primera pregunta que se nos ocurre es: ¿alguien obligó al
franciscano a modificar la versión primigenia de los informantes indígenas, quienes no sólo dice Sahagún que eran muy sabios, tanto en temas de
idolatría como en cosas de la República, sino que además habían estado
presentes en la guerra? ¿Era la visión de los informantes incómoda para la
historia oficial y el trabajo de Sahagún comprometía políticamente a su propia orden al reproducir una visión conflictiva de la guerra? Por otra parte,
toda vez que el fraile no había estado en la guerra de invasión de México-
Tenochtitlán, ¿qué elementos tenía para afirmar que "algunas cosas se pusieron en la narración de esta Conquista, que fueron mal puestas: y otras
se callaron, que fueron mal calladas"? Nunca sabremos con exactitud qué
razones llevaron a modificar el texto original.[57] Lo que sí es seguro es que
la primera versión del *Códice florentino* había sido realizada desde la perspectiva de los indígenas informantes de Tlatelolco, quienes mantenían sus
diferencias con las gentes de Tenochtitlán. La última revisión de Sahagún,
si bien todavía mantenía una base de la de Tlatelolco fue, según nos informa Cline, doblemente modificada, primero desde una perspectiva española
y luego por un tlaxcalteca (97). Con lo cual, la enmienda "no enmienda",
sino que problematiza y pone en contrapunto las diferentes perspectivas de
los acontecimientos de la Conquista y no precisamente la de los *vencidos*.
Permítaseme citar en extenso el discurso de Cortés a Moctezuma que se
haya incluido en el capítulo XVII del libro sobre la Conquista de México de
1585 para ver cómo, la forma en que tanto la perspectiva hispánica como la
de sus aliados tlaxcaltecas han sido incorporadas y cómo esta versión justifica la "misión civilizadora" y la denominada "pacificación hispánica" por

---

[57] La hipótesis de S. L. Cline es muy clara, pero es solamente una hipótesis más que no
puede ser fehacientemente comprobada: "I suggest that the changes in the 1585 revision
are the product of a climate increasingly hostile to the early Franciscan. Sahagún no longer
had de luxury of presenting a 'pure' version of the Conquest, solely from the native's
reports. The 1585 revision is not, as Sahagún avows, an impersonal narrative to aid the
reader in learning Nahuatl. It is designed to persuade the reader of the importance of the
military conquest of New Spain led by Cortés and the contribution of the Franciscan order
to the spiritual conquest. Sahagún is implicitly calling for the continuation of the early
Franciscan's role in indoctrinating the Indias" (105).

sobre la supuesta tiranía que ejercía Moctezuma sobre las ciudades satélites de México-Tenochtitlán:

> [V]enimos [los epañoles] al reino de nuestros hermanos y amigos los Tlascaltecas; los cuales en su Ciudad Real que se llama Tlaxcala, nos recibieron con mucha humanidad, é hicieron con nosotros amistad y hermandad, y despues de otras cosas y buenos tratamientos, se nos quejaron de que vosotros los Mexicanos, los hacen grandes agravios y grandes daños, y les dan guerras muy continuas, de manera que ni gozan de la paz, ni de la Seguridad de sus personas, y Tierras y Haciendas, sino que siempre les ponen en grandes trabajos: habiendo oido esto yo, y mis hermanos los Españoles, juntamente con ellos *hemos venido aquí, á vuestra Ciudad, para saber de ellos y de vosotros, quien tiene la culpa de estos daños y desasosiegos, para poner remedio en ellos*, y que vivais en paz, y os trateis como hermanos y projimos: y hasta saber esto, y hacer esta paz, estaremos aquí con vosotros, como con Se[ñ]ores y amigos; y esto se irá haciendo poco a poco, sin ningun alboroto, no mal tratamiento de los unos, ni de los otros (*Conquest* 184-185; énfasis mío).

El Libro XII se nos presenta entonces como un ejemplo concreto de manipulación editorial e historiográfica por parte de Sahagún [ver fig. 14]. En esta segunda versión "corregida", el franciscano le da voz no sólo a los indígenas aliados (tlaxcaltecas) que colaboraron en la toma de Tenochtitlán, sino que nos entrega la visión "civilizadora" de Hernán Cortés donde antes (el Libro XII del *Códice florentino*) no existía. El movimiento de manipulación y corrección por parte de Sahagún es evidente: sabiendo a esa altura sobre la masacre de Cholula, el genocidio de Alvarado en el Templo Mayor y el saqueo de Tenochtitlán, pone sin embargo en boca de Cortés que la pacificación se irá haciendo, "sin ningún alboroto, no mal tratamiento de los unos, ni de los otros".

De acuerdo con Cline, Sahagún había incluido en la *Historia* una transcripción del *Libro* XII que "difiere sustancialmente en el punto de vista, en el énfasis y en el tono" ("Revisionist Conquest" 93; mi traducción), con una versión posterior y corregida del mismo libro, original hoy perdido, que fuera reproducido por el historiador mexicano Carlos María de Bustamante.[58] Según Cline, la versión de 1579 (*Códice florentino*), nos presenta

---

[58] De acuerdo con S. L. Cline: "Neither account of the Conquest was published [the *Florentine Codex* and the 1585 *Revision* of Book XII] in Sahagún's life. The information

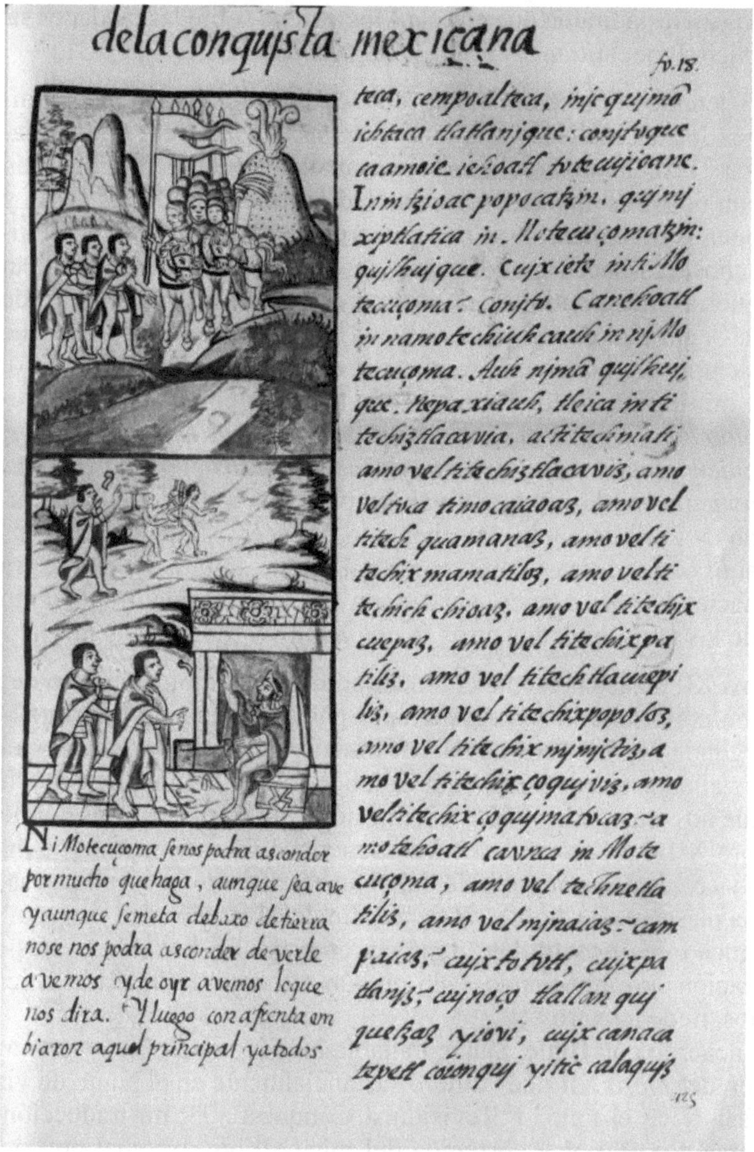

dela conquista mexicana

fo. 18.

teca, cempoalteca, inic quimo ichtaca tlatlanjque: conjtoque ca amo ie ichoatl in teuctli Motecuçomatzin. Inin itoca tzioacpopocatzin, quimjxiptlatica in Motecuçomatzin: quiljhujque. Cujx iehoatl in Motecuçoma? conjto. Ca nehoatl in namotechiuhcauh in nj Motecuçoma. Auh njman quiljhujque. Nepa xiauh, tleica in ti techiztlacavia, ac titechmati; amo vel titechiztlacaviz, amo vel tiva timocaiaoaz, amo vel titech quamanaz, amo vel titechix mamatiloz, amo vel titechich chioaz. amo vel titechix cuepaz, amo vel titechix patiliz, amo vel titech tlacuepiliz, amo vel titechix popoloz, amo vel titechix mjmjctiz, amo vel titechix çoquj viz, amo vel titechix çoquj matocaz. amo teoatl canveca in Motecuçoma, amo vel techmotlatiliz, amo vel mjnaiaz. can paiaz: cujx tototl, cujx patlaniz: cujx noço tlallan quj queztaz yiovi, cujx canaca tepetl coionquj yitic calaquiz

Ni Motecuçoma se nos podra asconder por mucho que haga, aunque sea ave y aunque se meta debaxo de tierra no se nos podra asconder de verle avemos y de oyr avemos lo que nos dira. Y luego con afrenta em biaron aquel principal y a todos

Figura 14. “De la conquista mexicana”. Libro XII, fol. 18v., p. 425, Vol. 3. *Códice florentino.* Gentileza de la Nettie Lee Benson Latin American Collection, The University of Texas at Austin.

los acontecimientos de la Conquista de México-Tenochtitlán desde la perspectiva de los indígenas de Tlatelolco sin ninguna intervención aparente de Sahagún. En cambio, la última versión del Libro XII, la de 1585, ha sido, según Cline, claramente manipulada por Sahagún con el objetivo de alabar la obra de Cortés y para justificar la victoria de los españoles (93). Además de estas manipulaciones es necesario notar que, desde el punto de vista del género que señala el título de la obra "Historia", este Libro XII es el único que puede ser pensado como una crónica de eventos del pasado dentro de la obra general (véase Cline 96). En el "Prólogo del autor" Sahagún es muy explícito en su glorificación de Cortés y se mantiene dentro de la hermenéutica franciscana según la cual se presentaba al conquistador como a un "Mesías" que había hecho posible la evangelización del Nuevo Mundo y la batalla contra la infidelidad:

> A este negocio muy grande y muy importante [la Conquista], tuvo nuestro señor Dios por bien de que hiciese camino y derrocase el muro con que esta infidelidad estaba cercada y murada, el valentísimo capitán D. Hernando Cortés, en cuya presencia y por cuyos medios, hizo Dios nuestro señor muchos milagros en la conquista de esta tierra, donde se abrió la puerta para que los predicadores del Santo Evangelio entrasen a predicar la fe católica a esta gente miserabilísima, que tantos tiempos atrás estuvieron sujetos a la servidumbre de tan innumerables ritos idolátricos, y de tantos y tan grandes pecados en que estaban envueltos, por los cuales se condenaban, chicos grandes y medianos, para que agora de esta tierra coja Dios nuestro Señor gran fruto de ánimas que se salvan (según su divina ordenación *ab aeterno* señalada, afijada y determinada en su mente divina)

he collected was used by other colonial religious, but direct publication of Sahagún's work did not begin until the nineteenth century. The 1578-79 account of the Conquest is better known and has been published in various editions, the earliest by Carlos María de Bustamante in 1829 from a sixteenth-century copy in Spanish of the *General History* (the Tolosano manuscript, itself an edited copy of the *General History*) [...] The Conquest of New Spain, 1585 *Revision* has been much less widely circulated no original manuscript exists. The only previously published edition, in 1840 by Carlos María de Bustamante, is rare" ("Introduction" 16). Según informa León-Portilla, Bustamante había luchado por la independencia mexicana. La publicación de la obra de Sahagún le servía para ratificar el valor de lo "local" y autóctono en oposición a la cultura española: "En su mente estaba el deseo de contraponerla [la *Historia* de Sahagún] como preciado legado frente a lo español, con lo que México debía romper todo vínculo" (*Bernardino* 8-9).

como agora lo vemos por nuestros ojos, que por lo menos los niños bautizados que mueren en su inocencia cada día y se salvan
(conforme nuestra santa fe) y de cada día las cosas de nuestra
santa fe católica van adelante (*Historia* 4: 18).

Por ello, Cline argumenta que las motivaciones para esta intervención fueron políticas y que las mismas obedecían a las luchas internas del orden colonial y religioso (94). Para hacer de una historia filológica larga y confusa
otra más simple y breve, basta con decir que la versión náhuatl del Libro
XII del *Códice florentino* es indígena. Por el contrario, la versión última
que Sahagún finalmente nos legó en castellano (la de 1585) es una interpretación reducida del franciscano, quien al considerar errónea la información
indígena, manipuló el texto para acomodarlo a la visión europea de la Conquista. Tal es así que el "Prólogo" enmarca el conjunto del texto dentro de
una perspectiva providencialista cristiana y se antepone a los presagios indígenas de la llegada del invasor: la letra indígena y su visión de los hechos
son ahora matizadas por el recuadro cristiano que contiene literalmente la
versión del Otro. Como señala S. L. Cline:

> There is a long prologue that places the Conquest in a Christian
> context. In addition, there is a completely new chapter recapitu-
> lating the Conquest from the Spaniard's point of view and jus-
> tifying their actions [...] the change in focus can be attributed to
> the first account being written by the defeated Indians, who had
> no reason to highlight the Spanish leader's role, and the second
> account being written by Sahagún, who had particular political
> ends to achieve in spotlighting Cortés. Sahagún's emphasis on
> Cortés is understandable and typical of the early Franciscan in-
> terpretation of the conqueror's role. As the first order to arrive
> in New Spain, invited by Cortés in 1524, the Franciscans were
> closely associated with him (99).

Las manipulaciones de Sahagún al texto indígena son groseras y desafían
cualquier visión de su obra como un intento de preservación de la cultura
indígena. En la versión de la Conquista de México de 1585, Sahagún justifica la misma, el saqueo del tesoro de Moctezuma y revisita la masacre de
Alvarado en la fiesta de Huitzilopochtli absolviendo al homicida. Con relación al saqueo de las casas reales nos dice Sahagún en el capítulo XVIII:
"Muchas veces los Capitanes permiten un daño menor, por no incurrir en
otro mayor: y de esta manera el Capitan D. Hernando Cortes, permitió que
sus Soldados saqueasen las Casas Reales de Mexico, y las casas propias
de Moctezuma, por no incurrir en desgracia y disgusto de sus Soldados"

(*Conquest* 185). Sin embargo, amén de justificar el robo, no pudo ocultar Sahagún en este mismo capítulo el pánico de los propios indígenas al observar el saqueo: "Como vieron los Mejicanos el destroso y desbarate que se había hecho en las Casas Reales [...] escondiéronse en sus casas, y en diversos lugares, por tener conjetura, que el negocio no [se] había de parar allí sino que habían de matar y robar, á muchos mas de los que habían robado" (185). El caso de la masacre del Templo Mayor durante una fiesta en honor al dios Tóxcatl, protagonizada por Alvarado y sus hombres mientras Cortés se hallaba fuera de Tenochtitlán, es aún más impresionante que la narración y justificación del saqueo. En la revisión del Libro XII de la *Historia*, la versión de 1585, más precisamente en los capítulos XIX y XX, Sahagún nos entrega una descripción mucho más breve, en extensión y en riqueza de detalles, de los acontecimientos que previamente habían sido registrados por los informantes en náhuatl en el *Códice florentino*. Además, aquello que se agrega a la visión indígena reformada de la versión de 1585 es una interpretación franciscana que si bien no aprueba lo sucedido, no obstante, lo justifica apelando a las nociones de "infidelidad" e "idolatría". Al parecer, con los españoles ya dentro de Tenochtitlán y con Moctezuma encarcelado, los indígenas pidieron permiso para hacer su fiesta en homenaje a uno de sus dioses principales:

> Luego pidieron (los mexicanos) la fiesta de Huitzilopochtli. Y quiso ver el español cómo era la fiesta, quiso admirar y ver en qué forma se festejaba. Luego dio orden Motecuhzoma unos entraron a la casa del Jefe, fueron a dejarle la petición. Y cuando vino la licencia a donde estaba Motecuhzoma encerrado, luego ya se ponen a moler la semilla de chicalote las mujeres que ayunaban durante el año, y eso lo hacen allá en el patio del templo (4: 113).

Este permiso fue concedido sin que los españoles tuvieran mucha idea de que ésta era una celebración central. Esto se ratifica en la versión reformada de 1585: "Así que por solicitación de aquel Alvarado que quedó en lugar del Capitán, se concertó entre él, y los Españoles, y Moctezuma y los Indios, que fuese hecha una fiesta muy solemne a honra de Uitzilupuchtli" (*Conquest* 186). En el *Códice florentino*, los informantes detallan paso por paso la muy compleja preparación de la fiesta y los horrores posteriores. Horrores que son muy vívidos por estar la narración en un presente histórico; los informantes describen la invasión, el saqueo y la posterior masacre, a varios años de los acontecimientos, utilizando el tiempo verbal presente. Tanto las narraciones de la preparación de los festejos como las de la masacre se hacen con una combinación de tiempos verbales que oscilan entre el pretérito imperfecto, esto es, con un aspecto durativo y no acabado, y el presente histórico. De seguro el lector tendrá la impresión de estar reviviendo los acontecimientos históricos en cada nueva lectura, como si los hechos de la Conquista aún estuvieran ocurriendo ante nosotros. Este tipo específico de narración se conecta con lo que Jáuregui llama "the indefinite continuous present of injustice" [el presente continuo de la injusticia] (*The Conquest*, "Introduction" 49).[59] Veamos algunos pasajes autoetnográficos sobre los preparativos de la ceremonia tal y como fueron traducidos del náhuatl por Miguel Ángel Garibay directamente del *Códice florentino*:

> [A]l caer la tarde, comenzaron a dar cuerpo, a hacer en forma humana el cuerpo de Huitzilopochtli, con su semblante humano, con toda la apariencia del hombre. Y esto lo hacían en forma de cuerpo humano solamente con semilla de bledos: con semilla de bledos de chicalote. Lo ponían sobre un armazón de varas y lo fijaban con espinas, le daban sus puntas para afirmar. Cuando ya estaba formado en esta figura, luego lo emplumaban y le hacían en la cara su propio embijamiento, es decir, rayas que atravesaban su rostro por cerca de los ojos. Le ponían sus orejeras de mosaico de turquesa, en figura de serpientes, y de sus orejeras de turquesa está pendiente el anillo de espinas. Es de oro, tiene forma de dedos del pie, está elaborado como dedos del pie. La insignia de la nariz hecha de oro, con piedras engastadas; a manera de flecha de oro incrustada de piedras finas. También de esta nariguera colgaba un anillo de espinas, de rayas transversales en el rostro. Este aderezo facial de rayas transversales era de color azul y de color amarillo. Sobre la cabeza le ponían el tocado mágico de plumas de colibrí [...] lo envuelven todo él también con su manto de abajo, que tiene pintadas calaveras y huesos. Y arriba le visten su chalequillo, y éste está pintado con miembros humanos despedazados; todo él está pintado de cráneos, orejas, corazones, intestinos, tóraces, tetas, manos, pies (4: 113-114).

---

[59] Esta idea sobre los tiempos verbales y el trauma siempre vivo de la Conquista en los informantes indígenas no es originalmente mía. Fue una brillante sugerencia, entre otras tantas, que me realizara en uno de sus cursos de posgrado sobre literatura colonial en la Universidad de Vanderbilt (Nashville, EE UU) el profesor Carlos Jáuregui, a quien agradezco enormemente por la misma.

La descripción continúa y es amplísima en finos detalles. Llama la atención que si Sahagún pretendía justificar la masacre de Alvarado basándose en la idolatría, no hubiera incluido toda esta riqueza de detalles "idolátricos" en su revisión de 1585. Luego de todo un día de preparativos, cuando llegó el amanecer, la figura de Huitzilopochtli estaba lista y los guerreros preparados para celebrar y honrar al dios:

> Pues cuando hubo amanecido, ya en su fiesta, muy de mañana, le descubrieron la cara [al dios] los que habían hecho voto de hacerlo. Se colocaron en fila delante del ídolo, lo comenzaron a incensar, y ante él colocaron todo género de ofrendas: comida de ayuno (o acaso comida de carne humana) y rodajas de semilla de bledos apelmazada. Y estando así las cosas, ya no lo subieron, y no lo llevaron a su pirámide. Y todos los hombres, los guerreros jóvenes, estaban como dispuestos totalmente, con todo su corazón iban a celebrar la fiesta, a conmemorar la fiesta, *para con ella mostrar y hacer ver y admirar a los españoles y ponerles las cosas delante* (4: 115; énfasis mío).

Nunca sabremos con exactitud qué fue lo que produjo el ataque de Alvarado, sin embargo, el último pasaje nos deja entrever que los indígenas sí pretendían mostrar o insinuar su poderío bélico ante los españoles. Según el testimonio indígena, que reproduce la perplejidad frente a la actitud de los españoles, la fiesta estaba bien avanzada cuando comenzó la masacre: "mientras se está gozando de la fiesta, ya es el baile, ya es el canto, ya se enlaza un canto con otro, y los cantos son como un estruendo de olas, en ese preciso momento los españoles toman la determinación de matar a la gente" (4: 116). Es plausible creer, aunque conjeturando, que frente a esos cantos "como un estruendo de olas", provenientes de las gargantas de los guerreros mexicas, los españoles que miraban desde una prudente distancia la fiesta, se hayan sentido amenazados y decidieran pasar a las armas. De acuerdo con la versión de los informantes de Tlatelolco del *Códice florentino*, esto fue lo que ocurrió:

> [I]nmediatamente entran al Patio Sagrado para matar a la gente. Van a pie, llevan sus escudos de madera, y algunos los llevan de metal y sus espadas. Inmediatamente cercan a los que bailan, se lanzan al lugar de los atabales: dieron un tajo al que estaba tañendo: le cortaron ambos brazos. Luego lo decapitaron: lejos fue a caer su cabeza cercenada. Al momento todos acuchillan, alancean a la gente y les dan tajos, con las espadas los hieren. A algunos les acometieron por detrás; inmediatamente cayeron por

392

tierra disparadas sus entrañas. A otros les desgarraron la cabeza: les rebanaron la cabeza hecha trizas quedó su cabeza. Pero a otros les dieron tajos en los hombros: hechos grietas, desgarrados quedaron sus cuerpos. A aquéllos hieren en los muslos, a éstos en las pantorrillas, a los de más allá en pleno abdomen. Todas las entrañas cayeron por tierra. Y había algunos que aun en vano corrían: iban arrastrando los intestinos y parecían enredarse los pies en ellos. Anhelosos de ponerse en salvo, no hallaban a dónde dirigirse. Pues algunos intentaban salir: allí en la entrada los herían, los apuñalaban. Otros escalaban los muros: pero no pudieron salvarse. Otros se metieron en la casa común: allí sí se pusieron en salvo. Otros se entremetieron entre los muertos, se fingieron muertos para escapar. Aparentando ser muertos, se salvaron. Pero si entonces alguno se ponía en pie, lo veían y lo acuchillaban. La sangre de los guerreros cual si fuera agua corría: como agua que se encharcado, y el hedor de la sangre se alzaba al aire, y de las entrañas que parecían arrastrarse (4: 116-117).

Es conmovedor el relato no sólo por las imágenes que transmite, sino también por la proximidad entre los hechos (la historia) y la lectura (el presente) de este relato contado por una voz que se ubica en el centro de los episodios y nos presta el olfato (el hedor de la sangre) y ojos agitados que miran hacia todas las direcciones la desbandada indígena causada por la masacre. Aquí se da un efecto paradójico de la mediación por la escritura: cuanto más central se hace la voz del informante indígena y cuanto más prominente se hace su posición en el relato en términos deícticos (éste, aquél, ése), más nos olvidamos como lectores de la voz que narra y más cerca estamos de la imagen del acontecimiento. Inmediatez que también se produce, repitamos, por efecto del uso del tiempo presente en la narración. En la versión revisada de 1585, que no puede ya considerarse como un testimonio indígena dada la manifiesta intervención de la voz del franciscano y la hermenéutica cristiana utilizada en la interpretación de los hechos, Sahagún condena la masacre alegando no que el asesinato haya estado mal en sí mismo, sino que se trató del asesinato de "infieles" no convertidos aún al cristianismo, quienes vivían en pecado mortal y a los cuales no se les podía pedir que se comportaran de una forma diferente:

El mayor mal que uno puede hacer a otro, es quitarle la vida estando en pecado mortal: este mal hicieron los españoles a los indios mejicanos, porque los provocaron siendo infieles a honrar a sus ídolos, para tomarlos encerrados en la [fiesta y] solemnidad

> que hacían, y desarmados, gran cantidad de ellos, matarlos sin saber ellos porque. Como el gran patio del ídolo Uitzilupuchtli, Dios de los Mejicanos, estuviese lleno de gente principal, y de Sacerdotes y Soldados, y otra gente que en gran número, todos ocupados en los cantares idolátricos de aquel su Ídolo, a quien hacían fiesta: Los Españoles salieron de repente, todos puesto a punto de Guerra, y tomaron las puertas del patio, para que nadie pudiese salir y entraron armados (*Conquest* 188).

Agrega Sahagún a la causa central (la idolatría) el hecho de que este "cantar idolátrico" fue incentivado por los propios españoles para así tener una excusa válida con que atacar a los indígenas. Lo importante del trabajo de edición de Sahagún en este pasaje revisado es cómo su voz encabeza la narración del capítulo dando una explicación teológica (un marco) para luego sí engarzar el relato de los informantes, pero ya con un cerco conceptual que presenta la masacre sanguinaria como una acción bélica contra la idolatría. Tengamos presente que en la primera versión de la historia de la Conquista de México, la que hicieron los informantes y que luego pasó al *Códice florentino*, Sahagún había escrito en su dedicatoria "Al lector", incluida luego en la versión modificada de 1585, que su objetivo al dar a conocer este libro era lingüístico, es decir, para que se conociera el vocabulario bélico de los indígenas y así "se puedan sacar vocablos y maneras de decir, propias para hablar en la lengua mexicana acerca de esta materia" (4: 21). Según León-Portilla este objetivo es una mera excusa del fraile, quien se cobijó en la retórica para dar curso, en verdad, a la *visión de los vencidos*. En este sentido, el texto es muy ambiguo, porque el propio Sahagún dice cosas muy contradictorias como que daba a luz el libro "no tanto por sacar algunas verdades de la relación de los mismos indios" (4: 21) y casi hacia el final agregaba:

> [L]os que fueron conquistados supieron y dieron relación de muchas cosas que pasaron entre ellos durante la guerra, las cuales ignoraron los que los conquistaron, por las cuales razones me parece que no ha sido trabajo superfluo el haber escritor esta historia, la cual se escribió en tiempo que eran vivos los que se hallaron en la misma conquista, y ellos dieron esta relación, y personas principales y de buen juicio, y que tiene por cierto que dijeron toda la verdad (4: 21).

Quedamos perplejos frente a este enunciado. En primer lugar, Sahagún ratifica en esta versión preliminar que sus informantes fueron testigos de primera mano de los acontecimientos de la Conquista, señores principales y gente inteligente (de buen juicio) y, por si fuera poco, que estos informantes "dijeron toda la verdad" ¿Por qué seis años después de escribir este texto introductorio Sahagún se vio forzado a "enmendar" el texto y a justificar la obra de Cortés, el saqueo a Tenochtitlán y la masacre de Alvarado? Me inclino a pensar que hay razones para creer que Sahagún fue forzado a modificar el testimonio indígena dado que el mismo, tal y como aparecía en la versión preliminar, era duramente incriminatorio para la Corona española. Este testimonio atentaba no sólo contra la "misión civilizadora" de España, sino que también rebatía, en sus propios términos, la idea de la "paz hispánica" al justificar la violencia de la invasión y las acciones sangrientas sobre las que se asentaba la razón del imperio.

Si el sistema encomendero se servía utilitariamente del cuerpo indígena para la extracción material de riquezas, por su parte, el sistema etnográfico de los misioneros también funcionaba como fuente de extracción simbólica de su cultura a partir de la utilización del saber de los informantes. Al describir esta analogía no se pretende exacerbar una contradicción, sino mostrar el funcionamiento ambivalente y paradójico de la lógica colonial, así como la instrumentalidad complementaria del informe etnográfico en el proceso de ocupación y transformación de una cultura por otra. A lo largo de este capítulo se han presentado los procesos de manipulación de la palabra y el testimonio indígena, además del modo en que esta manipulación se relaciona con un proceso de control social de la conducta indígena. Por esta razón se afirma que la etnografía de Sahagún formaba parte de un proceso de aculturación con una base represiva, disciplinaria.[60] Un proceso que constituyó una paradoja eurocéntrica y ya clásica del paternalismo colonial: la preservación de lo destruido, y la transformación y cosificación de la cultura indígena dentro de la *enciclopedia-museo* de la cultura occidental, supuestamente humanista y universal.

Cuando se valora la obra de Sahagún por la incorporación de informantes se tiende a pensar que la utilización de la voz y los saberes del Otro constituyeron una red de intercambio dialógico, un diálogo de ida y vuelta

---

[60] Como ha señalado Villoro al mostrar los límites que encuentra el descubrimiento del Otro en la obra del franciscano: "Sahagún can admit the reasoning of the Other up to a point: up to the moment in which he denies the basic belief which grants meaning to his own life and to the presence of Christianity in America. He cannot deny what the other shows to him, but neither can he deny his own interpretation of the world, that which constitutes him. He then has to exorcise the vision of the world that the other presents to him in order to place it within his own. His solution is a doubling of the world. What appeared to the Indian eyes as gods, were actually demons. The point of view of the other is opposed by a criterion of truth that is alien to it" (11).

entre las culturas, así como que esa misma red de información demuestra un respeto por la cultura dominada. Sin embargo, es necesario volver a repensar el rol del informante etnográfico no como un intercambio de voluntades, sino como un sistema de extracción de información cultural y de control y vigilancia sobre el contenido de esa información a través de la intervención editorial del propio Sahagún dentro del formato del libro occidental. Aunque Sahagún reconozca explícitamente la labor de sus informantes y aunque haya dejado constancia de sus nombres, esto por sí sólo no desmiente ni la relación asimétrica entre los informantes y Sahagún ni el poder editorial ejercido por el franciscano sobre el material original.[61] Como ha señalado Mignolo, Sahagún no estaba interesado en realizar un diálogo intercultural entre gente igualmente racional e igualada en sus sistemas de creencias y valores (*The Darker* 196). Se trata de una conversación asimétrica asentada y estructurada a partir de un poder colonial en la que el indígena es "idólatra" y/o "salvaje" hasta el momento en que acepta someterse al poder militar y religioso del invasor. La imagen que tenemos de la sociedad indígena luego de la lectura de esta detallada etnografía, en la que proliferan los más diversos oficios, roles sociales, etnias y conductas morales, es la de un pueblo activo, segmentado en clases y oficios —una sociedad altamente jerarquizada—; un pueblo unido por un fuerte intercambio material tanto de la producción económica como simbólica y cultural. Lo que nunca podremos precisar es hasta qué punto esta imagen es indígena, europea o una mezcla de ambas, esto es, una imagen montada sobre el procesamiento de la ingente información extraída (interpretada y traducida) por cuestionarios a los informantes y luego modelada de acuerdo con el orden enciclopédico occidental. Una etnografía híbrida que se nutre de la información de un pasado destruido, recompuesto entre sus ruinas, dentro de un presente que ya no tolera las viejas costumbres y que intenta modificarlas a través de sus violentos dispositivos de control social como la etnografía, la encomienda, la evangelización y, en algunos casos, como en el de los hijos de la nobleza indígena, con la máquina educativa y disciplinaria de los colegios religiosos.

---

[61] Sahagún, en el "Prólogo" al Libro II, hace explícito su agradecimiento para con los informantes indígenas: "El principal y más sabio fue Antonio Valeriano, vecino de Azcapotzalco; otro, poco menos que éste, fue Alonso Veterano vecino de Cuauhtitlan; otro fue Martín Jacovita, de que arriba hice mención. Otro Pedro de San Buenaventura, vecino de Cuauhtitlan; todos expertos en tres lenguas, latina, española e indiana" (1: 107).

Capítulo VI

Empirismo, etnografía y evangelización en la obra de José de Acosta

> Si alguno se maravillare de algunos ritos y costumbres de indios, y los depreciare por insipientes y necios, o los detestare por inhumanos y diabólicos, mire que en los griegos y romanos que mandaron el mundo, se hallan o los mismos u otros semejantes, y a veces peores [...] porque siendo el maestro de toda la infidelidad el príncipe de las tinieblas, no es cosa nueva hallar en los infieles, crueldades, inmundicias, disparates y locuras propias de tal enseñanza y escuela.
>
> José de Acosta.
> *Historia natural y moral de las Indias* (216)

> Pues los bárbaros, compuestos de naturaleza como mezcla de hombre y fiera, por sus costumbres no tanto parecen hombres como monstruos humanos. De suerte que hay que entablar con ellos un trato que sea en parte humano y amable, y en parte duro y violento, mientras sea necesario, hasta que superada su nativa fiereza, comiencen poco a poco a amansarse, disciplinarse y humanizarse.
>
> José de Acosta.
> *De procuranda indorum salute* (I: 339)

A primera vista no parece ser uno solo el autor de ambos epígrafes. En el primero de ellos, tenemos una postura antropológica comparativista y relativista según la cual los indígenas americanos son "tan bárbaros como" los antiguos. Es más, incluso entre los griegos y romanos, dice José de Acosta (1540-1600), había ritos y costumbres "peores".[1] En el segundo epígrafe leemos una concepción en la que el indígena es considerado como un ser a medio camino entre los hombres y las bestias, y asimilado a un tipo

---

[1] Felipe Castañeda no cree que "haya sido la intensión explícita de Acosta hablar de los griegos y de los romanos como si hubiesen sido los bárbaros del tiempo de los Apóstoles pero, por lo menos, es un planteamiento que queda sugerido por analogía: si a los bárbaros de hoy en día (1570) de primera clase hay que evangelizarlos como a los griegos y romanos del tiempo de los Apóstoles, de alguna manera o los bárbaros de hoy en día son como los griegos o los romanos de entonces, o éstos últimos como los bárbaros de hoy" (112).

de monstruosidad que requiere la aplicación de la violencia: ¿cuál José de Acosta debemos analizar, interpretar y entender? ¿Al protorracionalista, supuestamente empirista, con una mirada de tipo evolucionista y universal sobre la historia de la humanidad o, por el contrario, al furioso evangelizador de los bárbaros? ¿Es posible que ambas líneas ideológicas —una antropología comparada y otra atravesada por el antiguo fervor evangelizador— se complementen y se superpongan haciendo de la obra de Acosta una madeja de líneas discursivas contradictorias propiciadas por las circunstancias históricas tanto del proceso de evangelización como de la colonización?

Este capítulo busca entender cómo funciona la etnografía en el proyecto evangelizador de Acosta, a la vez que desmontar críticamente el mito de un supuesto protorracionalismo y empiricismo en su obra que ha sido construido desde hace tiempo tanto por la crítica literaria colonial como por la historiografía. Este objetivo se realiza mediante tres instancias específicas: 1) la contextualización de la obra de Acosta en el ámbito evangelizador de la segunda mitad del siglo XVI, 2) la clasificación etnográfica de la barbarie indígena y, 3) la utilización del discurso demonológico. Espero demostrar, a través de estas instancias, que el reiterado gesto de desprecio y repugnancia de Acosta hacia la población indígena frustra y empaña ideológicamente la sistematización racional de su pensamiento, contamina de prejuicio eurocéntrico la supuesta evidencia empírica, da lugar a la violencia y, llegado al punto de la religiosidad indígena, hace renacer las útiles influencias satánicas. Todas estas instancias se apoyan, complementan e interceptan mutuamente a través del *discurso etnográfico* como soporte clasificatorio de la alteridad cultural indígena.

1. La obra de Acosta: función y objetivos en el contexto evangelizador

Nos equivocaríamos si pensáramos que José de Acosta fue un hombre moderno y epistemológicamente racionalista al estilo de los filósofos e historiadores de la Ilustración tal como Francisco Javier Clavijero (1731-1787).[2]

---

[2] Pagden ha señalado que, a pesar de la burla que Acosta hacía por momentos de ciertos pasajes de autores antiguos como Aristóteles y de su indignación con los frailes que habían quemado libros y objetos de la cultura indígena por ver alucinaciones demoníacas en todas partes, no debe este autor, sin embargo, ser considerado como un pensador moderno: "Estaba muy interesado en cosas como la posible fecha del fin del mundo —sobre lo que escribió un extenso tratado— que hubieran sido completamente ajenas al pensamiento de la ilustración. Acosta podría reírse de las conclusiones de la meteorología aristotélica, pero su mundo mental, la formación conceptual de su mente seguía siendo, a pesar de todo,

Sin embargo, es cierto que a pesar de sus profundas convicciones religiosas, Acosta halló un modo de pensar la historia y la diferencia indígena y de organizar un plan para la tarea evangelizadora que iba más allá del mesianismo católico de las órdenes mendicantes que habían precedido su labor, como señala Guillaume Boccara:

> Acosta insist on the unity of the human species, puts a high premium on the value of empirical knowledge, advocates a historical explanation for cultural difference, emphasizes the role of social determinations in the construction of the individual, launches a comprehensive analysis of the Amerindian world taking into account the numberless variety of rites and customs among the Indian peoples, and construct a model for the cultural evolution of humanity ("Rethinking the Margins" 62).

Acosta se aleja del misticismo apocalíptico de corte medieval sin por ello negar su obvia adscripción al catolicismo militante.[3] Podríamos afirmar que su pensamiento funcionaba, hacia finales del siglo xvi, como un momento de transición y tensión entre el milenarismo mesiánico del primer catolicismo colonial misionero —específicamente el franciscano— y la emergencia de un empirismo todavía problemático que alcanzará toda su potencia recién durante el siglo xviii.[4] Existían impedimentos ideológicos, religiosos,

---

firmemente aristotélica. Su pensamiento era el de la escuela jesuita donde aprendió filosofía y teología, y estas materias habían estado dominadas por el tomismo y el aristotelismo de Vitoria y sus sucesores" (*La caída* 209).

[3] Como ha mostrado Edmundo O'Gorman en su "Prólogo" a la *Historia natural*, Acosta era un pensador "[...] de las avanzadas de la Contrarreforma española, empeñado [...] en admitir aquellas nuevas tendencias hasta donde lo permitieran la fe religiosa y la imagen del mundo fundada en sus dogmas. Esta postura intermedia y ecléctica de Acosta nos explicó el aristotelismo básico de su pensamiento científico, pero sin servilismo, de suerte que la experiencia y la observación personales ya encuentran en la *Historia* el lugar preeminente [...] *el eclecticismo de Acosta le permitió, además, mantenerse en buena parte al margen del imperialismo intelectual que aún ejercían en todos los campos de la cultura la autoridad de las Sagradas Letras y de los padres de la Iglesia.* Porque sin dejar de observar con escrúpulo la sumisión a ella que es de suponerse en un hombre que llevaba la sotana de la Compañía de Jesús, Acosta se esmera en limitar el alcance dogmático de los textos bíblicos y de las opiniones y sentencias patrísticas en asuntos que a su parecer no caían dentro de esa prohibida esfera" (xxiv-xxiv; énfasis mío).

[4] El crítico venezolano Picón-Salas se burlaba de la concepción "un tanto teatral" de la historiografía que "presentaba el tránsito de la compleja época barroca al enciclopedismo revolucionario del siglo xviii como un salto brusco en el que hubieran emergido de la oscuridad y silencio colonial algunas cabezas ilustres que en las postrimerías del 1700

políticos y culturales que afectaban la puesta en práctica del supuesto "empirismo etnográfico" de Acosta: 1) la persistencia, hacia finales del siglo XVI, de diversas formas de idolatría, 2) la resistencia a la invasión colonial por parte de los indígenas y, 3) los diferentes tipos de barbarie, ferocidad, ineptitud y salvajismo que funcionaban en el pensamiento de Acosta como preconcepción del mundo indígena.[5]

La obra más importante que escribió José Acosta, contrariamente a lo que suele creerse, no fue su *Historia natural y moral de las Indias* (1590), sino su *De procuranda indorum salute* (1588) ["Sobre como procurar la salvación del indígena"], a la cual el jesuita denominaba en carta al prepósito general de la Compañía de Jesús, Everardo Mercuriano como, "mi obrita" (*De procuranda* I: 4). Según Ivonne del Valle:

> *De procuranda indorum salute*, which became an influential text in the 16th and 17th centuries, provides the theoretical foundation both for a politico-economic colonial regime, and for the global Jesuit missionary enterprise, that is, for the Jesuits' integration of the world into the fold of Christianity and Western civilization. In it, Acosta seeks to create a program capable of producing an authentic evangelization which in order to be achieved, had to think through and address the problems that had impeded it until then (58).

Decía uno de los biógrafos más reconocidos del jesuita, el padre León Lopetegui, que *De procuranda* "se convertía dentro de su Religión en Sudamérica

---

encarnan la ideología nueva, cargada de fermentos revolucionarios" (130). La inteligencia jesuita más representativa de estas paulatinas transformaciones la encontraba Picón en mexicanos como Francisco Xavier Clavijero (1731-1787), Francisco Xavier Alegre (1729-1788), Andrés Cavo (1739-1802), Andrés de Guevara (1748-1801), Pero José Márquez (1741-1820), Manuel Fabri (¿?), Diego José Abad (1727-1779), y también incluía al 'poeta guatemalteco de formación mexicana Rafael Landívar (1731-1793)' (134). Escritores a partir de los cuales era posible, según Picón-Salas, pensar un enciclopedismo de 'raíz religiosa' (137) que tenía en la época un desarrollo paralelo y complementario con el enciclopedismo laico y revolucionario" (134).

[5] En este sentido, Ivonne del Valle señala que "Given the continuation of the Conquest and the violence during the 1570s when Acosta wrote his text, the Indies had to be transformed into an acceptable order, where the violence had to be diluted, avoided, and turned into a series of institutions or disciplinary functions that would contribute to creating a system of government that would replace the old forms on different fronts and thereby turn the sovereign into something that, if not 'useful', would at least not be destructive to his new subject" (58).

en asunto de primer orden, de gran resonancia teórica y práctica para las múltiples materias de consulta que ocasionaba la implantación en América de la nueva orden misionera, pero unida además de alguna manera al plan inmensamente más vasto y trascendental de la acción total de la Iglesia católica en Indias" (212). La *Historia natural y moral* fue, no obstante, la que ganó el lugar de la fama entre los intelectuales europeos del siglo XVII y XVIII. Gracias a ella, tanto Acosta como el mundo americano fueron conocidos a lo largo y ancho de Europa. El historiador mexicano O'Gorman afirma que la *Historia natural y moral* fue traducida inmediatamente al italiano, francés, alemán, inglés, holandés y latín ("Prólogo" xi). Sin embargo, debemos recordar que la *Historia* es subsidiaria o suplementaria de un texto primitivo titulado *De natura Novi Orbis* (1588) que Acosta incorporó como introducción a su *De procuranda* para hacer inteligible su proyecto o programa de evangelización colonial.[6] Como afirmaba Lopetegui:

> El volumen *De Procuranda Indorum Salute* se enriqueció con la adición de dos nuevos libros a los seis de que constaba. Son los que se llaman *De Natura Orbis*, en los que no se pensaba al principio. Fue el mismo Acosta quien sugirió la idea de ponerlos delante de los otros, como un aperitivo [...] El fin de Acosta es doble. Aprovechaba la ocasión de dar a conocer en Europa el aspecto físico-geográfico de las Indias Occidentales con la publicación de un tratado, que contenía no pocos de sus pensamientos e investigaciones personales sobre los fenómenos naturales de aquel continente, y excitaba con ello la atención del mundo de las letras, predisponiéndolo a penetrar después con más deseo la parte principal, y no menos interesante para el amante de la Iglesia, de la cristianización de aquel mundo (221).

En otras palabras, la *Historia natural* es el soporte que da coherencia al proyecto global evangelizador que Acosta postuló en su *De procuranda*. Es en

---

[6] De acuerdo con Luciano Pereña: "La *Historia natural y moral de las Indias* fue concebida como una simple introducción al tratado *De procuranda indorum salute* [...] es circunstancial que posteriormente tradujera al castellano esta introducción latina que adquirirá en 1589 un carácter independiente con la incorporación de nuevos datos y capítulos que amplía y estructura en cuatro libros. El tratado *De procuranda indorum salute* fue siempre la obra clave y principal dentro de su plan unitario y orgánico sobre la investigación y el estudio de una auténtica teología de la liberación del indio americano" ("Estudio preliminar" 7).

este marco en donde tenemos que analizar e interpretar la escritura etnográfico-evangélica de Acosta y los problemas epistemológicos que planteaba tanto la idolatría como la clasificación de los diferentes tipos de barbarie dentro del modelo supuestamente protorracionalista y empiricista. *De procuranda* es una obra dividida en seis libros que cubren punto por punto todos los problemas de las misiones asociadas con la evangelización, conversión y administración de sacramentos a los indígenas americanos. Una síntesis descriptiva de estos libros podría hacerse de la siguiente manera:

1) En el primer libro, titulado "Esperanza de promoción de los indios", Acosta planteaba que, a pesar de las dificultades suscitadas por la evangelización y a pesar de los diversos grados de barbarie que presentaban los indígenas americanos, aún era posible su salvación mediante el proceso de evangelización.

2) En el segundo libro, titulado "Justicia e injusticia de la guerra", Acosta repasaba, siguiendo en lo esencial la línea teórica que había propuesto Francisco de Vitoria (1483/1486-1546) en sus conferencias de Salamanca, *De Indis* y de *Iure Belli* (1539), la legitimidad o la ilegitimidad de la guerra contra el indígena y hablaba sobre las dificultades de predicar en ciertas áreas sin el apoyo militar.

3) En el tercer libro, titulado "Deberes sobre la administración civil", Acosta revisaba la estructura institucional de la colonia, la administración político-civil, y evaluaba el lugar que en ella debían tener tanto los indígenas como los misioneros. En este mismo libro discurría sobre las diversas formas de tributos que los indígenas debían pagar, sobre la encomienda y las atribuciones de los encomenderos, sobre las leyes y sobre la embriaguez de los indígenas y cómo castigarla. Asimismo, sugería incorporar al andamiaje colonial aquellas instituciones indígenas que no se opusieran a las buenas costumbres y leyes europeas.

4) En el cuarto libro, titulado "Los ministros espirituales", presentaba una suerte de guía para los misioneros y prescribía las virtudes que debía poseer el buen evangelizador; virtudes que abarcaban desde el conocimiento de la lengua indígena hasta las medidas disciplinarias que se debían aplicar sobre los mismos.

5) En el quinto libro, titulado "El catecismo y el método de catequizar", exponía los fines y los medios para llevar a cabo en forma exitosa la conversión del indígena, entre ellas: la perse-

cución de la idolatría, la destrucción de los templos y las imágenes. Al mismo tiempo, dedicaba una parte del capítulo a la administración de las parroquias de la Compañía de Jesús.

6) En el libro final, el sexto, suerte de prolongación del anterior, titulado "Administración de los sacramentos a los indios", exponía la regla general que debía seguirse en la aplicación de los sacramentos católicos desde el bautismo hasta el matrimonio, y finalizaba con un capítulo sobre las causas de las que dependía la salvación indígena.

Para poder entender la complejidad del pensamiento de Acosta, su teleología y sus nuevas modulaciones etnográficas, también es necesario comprender brevemente la crisis que vivía el Perú y el pesimismo de la órdenes religiosas en cuanto a la evangelización de los indígenas en el momento en que aquél redacta el manuscrito original de *De procuranda*: un Perú gobernado por el tiránico virrey Francisco de Toledo (1515-1584) y asolado por insurrecciones indígenas como la de Túpac Amaru (¿-1572). De acuerdo con Luciano Pereña:

> Acosta había llegado al Perú en plena crisis política y religiosa. Y su destino consistió en formar parte vital de aquella situación. Llegó a ser elemento determinante de la vida social del Reino. Tomó conciencia clara de la crisis y colaboró responsablemente por superarla científica y pastoralmente [...] *De procuranda indorum salute* tiene mucho de diagnóstico. Refleja, ante todo, su conciencia de la crisis del Perú en la década de los setenta. Pero también busca soluciones [...] sus objetivos se reducen a tres fundamentalmente: urgencia por liquidar definitivamente la polémica sobre licitud de la conquista y legitimidad de la permanencia española en Indias. Urgencia por rectificar abusos y orientar correctamente las nuevas instrucciones de población y pacificación. Urgencia por sentar nuevas bases de humanización y educación para la conversión y recristianización de los indios ("Estudio preliminar" 14).

De procuranda surge entonces como un elaborado borrador de los problemas y acaloradas discusiones que se dieron en la primera Congregación Provincial que reunió Acosta en 1576 en su carácter de superior provincial de la Compañía de Jesús. Esta Congregación tenía como objetivo dar una respuesta al plan colonial del virrey Francisco Álvarez de Toledo (1515-1582) y a la crisis política del virreinato, insistiendo siempre en la función exclusiva de la Compañía:

> La Compañía de Jesús ha sido fundada básicamente para servir a la iglesia de Dios yendo a misiones por las diversas zonas de todo el orbe. Esta función le es tan propia que ninguna otra lo es más. Tienen que cumplirla con todas sus fuerzas en cualquier pueblo y lugar, pero en ningún otro sitio tanto como entre los pueblos indios, porque, al menos así lo creo yo, ha sido fundada por divina inspiración con la finalidad principal de ganar para Cristo a esos pueblos (*De procuranda* II: 309).

Sin embargo, su preocupación fundamental era, como su título bien lo indicaba, la *Universae tractationi de procuranda salute indorum*, la elaboración de un plan de salvación (espiritual y material) de los indígenas del Perú y la preparación de los procedimientos misioneros idóneos para llevar a cabo dicha tarea (conversión, catecismo, bautismo, etc.). Fue un debate que dejó plasmado el ideario misionero a seguir por la Compañía.[7] Acosta se proponía infundir en las nuevas generaciones de evangelizadores una visión positiva sobre los "frutos" a recoger mediante la refutación de las teorías que sostenían la futilidad y la pérdida de tiempo y recursos en la tarea de conversión indígena. Reconocía la "dificultad" extrema en la evangelización debida a múltiples factores como la "rudeza" de la mente indígena y sus "depravadas" costumbres, pero insistía en que para los apóstoles tampoco había sido fácil llevar la palabra de Cristo hasta los lugares más remotos: "Dicen que una sincera conversión de los indios a la fe es muy difícil. Es verdad. Pero conviene tener cuidadosamente en cuenta que siempre la predicación de la fe resultó dificilísima, y la fructificación del Evangelio, mucho más laboriosa de lo que nos imaginamos" (*De procuranda* I: 99). Acosta insistía en que las dificultades para la conversión de los indígenas en América no eran mayores ni menores que las que habían pasado los cristianos antiguos, sino diferentes. Los apóstoles habían tenido que lidiar con gente culta (judíos, romanos), pero los misioneros americanos debían lidiar con gente "estúpida", "bárbara" e "ignorante": "Para nosotros

---

[7] Como bien lo ha señalado Luciano Pereña: "A la vista de las cédulas reales y de otros documentos de la época se acepta el régimen de doctrinas, con no pocas limitaciones y condicionamientos, como el medio más eficaz para la salvación de los naturales. Se propone aceptar por vía de experiencia la creación de colegios para hijos de caciques de acuerdo con el Plan-Toledo. Con vistas a una mejor indoctrinación de los indios y para promover su educación y cultura, se aprueba la redacción y publicación de catecismos indígenas, cartillas para niños, gramáticas y vocabularios en quechua y aymará, que eran las dos principales lenguas del país. A los misioneros se exigirá el conocimiento de las lenguas nativas [...] Todo un ideario y programa misional queda más que esbozado" ("Estudio preliminar" 18).

la mayor dificultad es la excesiva estupidez e ignorancia de los bárbaros; a los Apóstoles, por el contrario, nada les estorbó tanto como aquella sabiduría hinchada y poderosa de los judíos, de los griegos y sobre todo de los romanos" (*De procuranda* I: 107). Así, vemos que la comparación que hacía Acosta en el primer epígrafe que abre el capítulo entre los indígenas y los antiguos griegos y romanos no era del todo cierta para su propia visión antropológica de los pueblos indígenas. Él aseguraba a las generaciones futuras de misioneros que el esfuerzo evangelizador valía la pena: "aunque fuera pobrísimo el fruto en este negocio de las almas, no por eso habrían de sudar los obreros fieles de Jesucristo con menos esfuerzo y entusiasmo" (*De procuranda* I: 115).

Como el mismo Acosta indicaba en su "Proemio" a *De procuranda*, quería desestimar el pesimismo de los evangelizadores y la hipótesis de que los indígenas eran demasiado bárbaros para ser convertidos a la fe católica.[8] Su esfuerzo intelectual apuntaba a desmontar ciertas teorías que hacían de la barbarie indígena un impedimento para la predicación del cristianismo y que se habían fundamentado históricamente a partir de cuatro premisas, a saber: 1) que los indígenas no estaban dotados por su naturaleza de la gracia divina (substracción de gracia divina), 2) que éstos eran depravados tanto en su naturaleza como en sus costumbres, 3) la lengua planteada como barrera comunicativa y 4) la imposibilidad de accesos a ciertas áreas geográficas (*De procuranda* I: 115). Acosta repetía a lo largo de su obra que todos los hombres, sin importar cuán bárbaros fueran, se hallaban aptos para recibir la doctrina de Cristo, aunque insistía en la rudeza, estupidez y salvajismo del indígena americano: "son muchos los hombres, e incluso pueblos y naciones, que durante largo tiempo han sido dejados a su infidelidad, no hay, sin embargo, linaje alguno de hombres tan inepto, tan salvaje y endurecido, que no se capaz de recibir la doctrina del Evangelio" (*De procuranda* I: 127).[9]

Acosta volvía a insistir sobre ciertos aspectos teológicos ampliamente superados ya, tanto por las circunstancias históricas, como por las discusio-

---

[8] Dice Acosta: "quienes por propia experiencia han visto y estudiado de cerca la situación, se encuentran con tales y tantas dificultades que la mayor parte de ellos, quebrantados por el trabajo, a punto están de caer en desesperación; y se empeñan en sostener que hay que sudar mucho y por mucho tiempo para una cosecha nula o muy escasa" (*De procuranda* I: 75).

[9] Más adelante vuelve a insistir: "Con esta larga circunlocución nos muestra bien el Espíritu Santo la firmeza de Dios en su designio de que no haya linaje alguno de hombres tan alejado al que no llegue la gracia del Evangelio y del que no acepte Dios ofrendas preciosas a sus ojos" (*De procuranda* I: 131).

nes teológicas metropolitanas:[10] "No hay raza [*genus*] ninguna de hombres que esté excluida de la predicación del Evangelio y de la fe" (*De procuranda* I: 75). Asimismo, recordaba que el Evangelio había llamado a la fe incluso a "la raza más alejada e inculta de hombres. *Etiopía*, dice, *extenderá sus manos a Dios. ¿Y* qué pueblo más despreciable que éstos, que por su aspecto repugnante y hediondo casi infunden terror?" (*De procuranda* I: 77). Afirmaba el jesuita que hasta los apóstoles habían entrado en naciones "muy lejanas y feroces y sin asustarse por sus costumbres salvajes ni desalentarse por su cortedad de mente, predicaron el Evangelio [...] Por consiguiente, dejemos ya de oponer a tantas promesas del amor divino la cortedad y rudeza de los indios; con nuestra confianza en la fidelidad de quien hizo las promesas no demos por excluida de la salvación universal a ninguna raza de mortales" (I: 81-83). Señalaba Acosta que según las Sagradas Escrituras hasta los hombres que se asemejaban a los animales tenían lugar dentro de la misión apostólica y el reino de los cielos:

> Tal interpretación de que la Sagrada Escritura entiende por animales a los hombres que se parecen a los animales por su capacidad, la aceptan también Jerónimo y otros Santos Padres, como Gregorio en el comentario a las palabras: Tus animales habitarán en ella. Indudablemente, *en la Iglesia de Cristo se salvan hasta los animales*, porque se ha multiplicado la misericordia de Dios. Ves a un hombre de escasa capacidad, de entendimiento tardo, pobre de juicio, no lo desprecies, no lo juzgues incapaz del reino de los cielos (*De procuranda* I: 139; énfasis mío).

En reiteradas oportunidades volvía a presentar al indígena en términos denigratorios, pero sostenía que era precisamente ese salvajismo lo que daba sentido a la tarea misionera. Como señala Guillaume Boccara: "En la medida en que los errores de los indios estaban determinados por el contexto sociocultural en el que habían sido educados, así como por la lucha que el demonio mantenía contra las criaturas de Dios, pero también en la medida en que su mentalidad era infantil puesto que su mundo cultural era, en comparación con Europa, un mundo nuevo, era posible y necesario educarlos" ("El poder creador" 77). Cuanto más salvaje, bárbaro y bestial el comportamiento indígena más justificada se hacía la presencia del misionero. Insistía, además, en que ni la bestialidad, ni la distancia, ni la

---

[10] Este aspecto central de la misión católica, no obstante la repetición de Acosta, ya había quedado definido y clarificado oficialmente por el Papado, como vimos en el capítulo 3, por la bula *Sublimis Deus* de Pablo III en 1537.

lengua podían interponerse como razones de peso para no llevar a cabo la tarea evangelizadora y que había que sobreponerse con firmeza a cualquier dificultad a pesar inclusive de ver que la mayoría de ellos habitaran "no en ciudades y plazas fuertes, sino en rodas y cuevas, como las fieras; ni vivir en comunidades, sino dispersos, cambiando a menudo de morada, como vagabundos sin rumbo; por caminos sólo accesibles a los ciervos y a los gamos [...] Más que de agrupaciones humanas habría que hablar de manadas de ganado o vivares" (*De procuranda* I: 95). El problema de Acosta —y del poder colonial— era que la resistencia indígena marcaba límites a la teología universalista-humanista de Salamanca y del Papado y colocaba un manto de serias dudas sobre la aceptación voluntaria de la fe:

> Cuando se viene a la realidad, los hechos se muestran a la flaqueza humana tan contrarios a las promesas y de tal manera se cierran a los miserables hombres todas las entradas que llevan a la salvación, que al enfriarse aquel calor nos vemos muchas veces obligados a pensar que fuera más bien *la severidad divina la que deja fuera de su amor a esa muchedumbre de hijos infieles e inútiles* (*De procuranda* I: 83; énfasis mío).

Por otra parte, la circulación en tierras americanas de diversas formas de catequismos, que dependían no sólo de aspectos teologales sino principalmente etnográficos, hacía muy difícil para Acosta unificar y homogeneizar un *único modo* —para utilizar la expresión lascasiana— de enfrentarse a la diferencia al momento de practicar la obra misional:

> Establecer una norma común para adaptarlos a todos ellos al Evangelio, educarlos y gobernarlos, cuando se da tanta diferencia de hombres y cosas, definir con propiedad y certeza lo que conviene, requiere grandes dotes, que en modo alguno, a decir verdad, poseemos [...] resulta, pues, poco menos que imposible establecer en esta materia [evangelización] normas fijas y duraderas. Así también al ir pasando la república indiana de tiempo en tiempo por diversas edades, por así decir, en sus instituciones, religión y procedencia de sus habitantes, no es de extrañar que los que tienen la misión de instruir empleen distintos procedimientos pastorales [y así] se da en ellos un notable desajuste a la situación presente (*De procuranda* I: 55).

Acosta ponía un especial énfasis en la educación de los indígenas, dado que estaba convencido de que éstos, por ser primitivos y al estar cotidianamente regidos por costumbres bárbaras, podían liberarse de su condición salvaje si se sometían a los beneficios de la educación de los europeos.[11] Al respecto, Boccara afirma que este modelo jesuítico basado en la "Reforma de las costumbres, transformación de la organización social y política, extirpación de las falsas creencias, instauración de un nuevo modelo económico y reeducación de los cuerpos (*hexis* corporal) y de las almas (*habitus* cultural) [...] muestran que la empresa de evangelización es concebida como una empresa global de civilización" ("El poder creador" 80). Esta idea no era invención de Acosta y obedecía a una tradición que ya habían creado los juristas y teólogos para justificar la soberanía de la Corona sobre el territorio y los indígenas americanos, como señala Pagden: "Los indios americanos [...] eran súbditos de la corona española no en virtud de alguna ley positiva, sino porque su 'educación escasa y bárbara' les había incapacitado, temporalmente al menos, para crear sociedades civiles. Los derechos del *dominium* que pudiera tener la corona española en América no eran la consecuencia de sus derechos, sino de su deber cristiano de cuidar de pueblos que todavía estaban en una condición de ignorancia infantil" ("Introducción" 23). Al mismo tiempo, Acosta enseñaba, por intermedio de la analogía, que si una persona no trataba mal a su caballo cuando se equivocaba, aun siendo una bestia, entonces por qué razón se debía tratar mal al indígena, colocándolo de este modo al mismo nivel que a las bestias de carga y que a un objeto comprado con dinero propio:

> Mas el indio, se dirá, es de costumbres desvergonzadas, se deja
> llevar de la gula y de la lujuria sin control alguno y practica con

---

[11] Beatriz Fernández Herrero, en su muy polémico artículo titulado "El indigenismo de José de Acosta", planteaba que "Partiendo de la premisa fundamental de la unidad de la especie humana, Las Casas y Acosta coinciden en afirmar que, si Dios ha creado a todos los hombres dotados de la capacidad de razón, todos ellos, por tanto, cualquiera que sea su estadio evolutivo en un momento preciso, son potencialmente capaces de pasar de una etapa de barbarie [...] a la del más alto grado de civilización, si se cumplen las condiciones necesarias para ello" (7). La autora propone que tanto Las Casas como Acosta deben ser encuadrados dentro del marco del "indigenismo" y que si este último no fue considerado de esta manera ello se debió al hecho de que su crítica de la Conquista no fue tan "espectacular" (*sic*) como la de Las Casas: "al hablar de posturas defensoras del indio, siempre se ha dado el protagonismo al dominico, calificándolo el principal antecesor del relativismo cultural y de los derechos humanos, relegando a un segundo plano al jesuita Acosta [...] Las razones pueden ser varias, y no es la menos importante la diferencia de estilos entre ambos; así, en las obras de Bartolomé de Las Casas aparece una mayor agresividad y combatividad hacia la conquista y la colonización, lo que le da un carácter más espectacular y posiblemente una mayor difusión a sus escritos" (8). Espero que este capítulo sirva como evidencia contra tal argumentación.

increíble tenacidad la superstición. Pues bien, también para él hay salvación si se le educa. Doma su brío con freno y bocado, imponle cargas según conveniencia, echa mano, si fuere preciso, de la vara. Y si cocea, no le hinques la espada con ira; púnzalo con moderación y enfrénalo poco a poco hasta que se vaya acostumbrando a mostrar obediencia. Porque si un caballo tuyo da coces o ha lanzado de sus lomos al jinete o de su boca la brida, no lo matas al punto con la espada o lo echas de casa, porque no quieres perder algo que es tuyo, comprado con tu dinero (*De procuranda* I: 141).

En concordancia con algunas de las ideas más violentas de Ginés de Sepúlveda, como la de servidumbre por naturaleza y la implementación del terror para la imposición de la autoridad, Acosta afirmaba que la tarea de evangelización y educación del indígena no podía ser llevada a cabo sin la utilización del *terror útil*: "La experiencia ha enseñado abundantemente que la naturaleza de los bárbaros es completamente servil. En la práctica, si no se les mete miedo y se les hace alguna fuerza como a los niños, no entran por la obediencia" (I: 143). Y agregaba que la sabiduría celestial había enseñado a poner freno a la barbarie de la gente que mostraba una naturaleza servil: "Y en cuanto al temor ¿qué página de la ley no lo infundía? A fin de que con el terror de los castigos y con las pruebas mismas una y otra vez sufridas se aplicasen a la observancia de los mandamientos salvíficos y aprendiesen a obedecer a sus guías, deponiendo toda resistencia" (I: 146-147). Esta *pedagogía bélica*, como señala Boccara, será retomada más tarde por otro jesuita, Luis de Valdivia (1612-1626), en territorio chileno.[12]

Acosta insistía en los beneficios y bondades de la educación y aseguraba que la "rudeza" (*ineptitudinem*) de los bárbaros no nacía de la naturaleza, sino por efecto de la mala educación y las malas costumbres.[13] Así cons-

---

[12] Según Boccara, "En la política de guerra defensiva llevada a cabo por el jesuita Luis de Valdivia (1612-1626) se pueden percibir señales precursoras del modelo de asimilación-marginación que va a imponerse a partir de la segunda mitad del siglo XVII, pues lo que proponía este émulo de José de Acosta era pacificar a los indios por medio de la evangelización, el comercio y la política" ("El poder creador" 76).

[13] De acuerdo con su biógrafo Lopetegui, quien se esforzó por presentar una imagen de su biografiado como optimista y defensor de los indígenas, "No es sola la barbarie la causa de la esterilidad relativa de su evangelización; y este aspecto negativo de su defensa [*sic*] denuncia enérgicamente las faltas de virtud y celo de muchos de los doctrineros, las violencias de muchas conquistas, la falta de método racional en enseñarles. Por otra parte, la acusación fundamental de la ineptitud de los bárbaros, caerá con la educación y

truía una teoría sobre la herencia cultural que, en parte, desculpabilizaba a los indígenas como individuos y ponía todo su énfasis en una inercia social. Sin embargo, insistía en que no había pueblo, por "estúpido" y "bárbaro" que fuera, que no pudiera ser transformado al humanismo y a las "costumbres nobles" si se sometía a los cuidados de la educación (I: 151). En varias oportunidades a lo largo de su extensa *De procuranda*, Acosta volvía a mencionar la herencia cultural —el uso de costumbres contrarias al cristianismo— como factor de transmisión de comportamientos "anormales" de los indígenas e insistía en la complejidad y dificultad de "desarraigar inclinaciones naturales y costumbres inveteradas y transformarlas en hábitos nuevos y profundamente desagradables a la sensualidad y al capricho de la naturaleza" (I: 155). No obstante, la supuesta "malicia congénita", ya había sido mencionada por las Sangradas Escrituras y era el propio Acosta quien traía la cita a la discusión al comparar a los indígenas americanos con los cananeos: "Lo que leemos en el libro de la Sabiduría sobre el antiguo pueblo de los cananeos, se aplica, sin duda, con toda propiedad a determinados pueblos de indios, como reconocerá fácilmente quien haya observado su talante y costumbres: *A sabiendas*, dice, *de que eran de mala capa, de malicia congénita, y que su manera de ser no cambiaría nunca. Eran raza maldita desde su origen*" (*De procuranda* I: 89; énfasis mío). De esta interpretación del Libro de la Sabiduría, Acosta sacaba fundamento de autoridad suficiente como para afirmar que "Hay, por consiguiente, sujetos que están afectados de una *malicia congénita* y *hereditaria* por así decir; su modo de pensar está tan pertinaz y perversamente arraigado, que casi es imposible extirparlo" (I: 89; énfasis mío).

Tan imposible de extirpar era esta "malicia congénita" que Acosta mostraba que, incluso luego de poner a los indígenas a vivir entre cristianos, estas costumbres perduraban de forma inexorable: "los muchachos, criados entre cristianos, que en apariencia son buenos y virtuosos, tan pronto como vuelven a los suyos, no conservan ni rastro de honradez antes se aventajan en ser cabecillas y maestros de osadía y maldad, que bien parece continuar en todos ellos la vieja maldición de la raza. Porque es maldita su casta y connatural su malicia y no puede cambiar jamás su mentalidad" (*De procuranda* II: 25). De allí, pasaba Acosta a hacer una descripción general de la conducta, las costumbres y la actitud del indígena que nos permitimos aquí reproducir por extenso debido a su importancia etnográfica y a sus consecuencias directas en la doctrina evangelizadora:

---

la costumbre, de las que depende más que de la naturaleza su abyección, y las otras con el tiempo, y el celo de los misioneros" (277-278).

> [E]l pueblo indio, aunque con sus más y sus menos, en con-
> junto, sin embargo, está muy lejos de cualquier sinceridad; *es*
> *totalmente ruin y servil de ingenio por lo común romo, de muy*
> *escaso juicio, muy inconstante y escurridizo; desleales e ingra-*
> *tos en su comportamiento, sólo ceden ante el miedo y la fuerza;*
> *apenas tienen sentido del honor, y del pudor, casi ninguno* [...]
> y no son solamente de talante servil, sino hasta animal en cierta
> manera; hasta el punto de que llega uno a creer ser más fácil do-
> mar fieras que refrenar la temeridad de estos hombres o avivar
> su aplatanamiento. Tan torpes son para aprender, tan duros y ter-
> cos par ceder. Finalmente, como animales nacidos y destinados
> a presa de caza, se pasan la vida en inmoralidad perpetua, sin
> respetar las leyes del matrimonio y de la naturaleza; sustituyen-
> do la razón por el instinto (*De procuranda* I: 91; énfasis mío).

Pero ésta que leemos no es la opinión de Acosta sobre los indígenas, sino lo
que el jesuita alude como las razones de "algunos" que consideraban que no
valía la pena evangelizar a los indígenas. Sin embargo, la visión de Acosta
no difería significativamente de este cuadro etnográfico y sí en los medios a
emplear para transformar esta situación de "salvajismo" en una de "humanización". Reconocía la barbarie indígena pero no apuntaba la culpa hacia éstos
tanto como hacia los malos evangelizadores, a quienes consideraba como
flojos, enviciados, negligentes y sin la fuerza suficiente como para acometer
semejante obra. La diferencia entre los primeros apóstoles de Cristo y los
nuevos era que los primeros habían sido "aptos" para llevar a cabo la misión
religiosa, mientras que los segundos eran flojos. Los antiguos infieles tuvieron buenos predicadores, pero los misioneros que les han tocado en suerte
a los indígenas del Perú son "tan indignos que es más lo que destruyen y
deshacen que lo que edifican y plantan. Así que la causa principal se reduce
a la escasez de ministros idóneos [...] ¿De qué pues nos quejaremos? ¿Por
qué tanto acusar a los indios? Más bien deberíamos avergonzarnos de nuestra
vida, tener horror de tantas ofensas de Dios" (*De procuranda* II: 31). Culmi-
naba su diatriba a los misioneros con un juicio terminante que sacaba la culpa
del indígena y la colocaba del lado de los misioneros: "Quede pues, bien sentado, sin la menor duda, que el hecho de que los indios no se hayan revestido
de Cristo en su mayor parte hay que atribuirlo a la negligencia y maldad de
los ministros" (*De procuranda* II: 37).

De procuranda —mezcla de tratado etnográfico, guía misional y catecismo— terminaba con algunas proposiciones a la Corona para solucionar
la crisis evangélico-político-colonial. Mediante estas proposiciones, Acosta
se proponía liquidar definitivamente la cuestión de la "legitimidad" de la

posesión de América por parte de España, la legitimación de la "entradas" en territorios indígenas, y sostenía, según Pereña, que "España justa y legítimamente permanece en América como Estado protector por delegación del orbe para defensa de los inocentes y promoción de los derechos humanos" ("Estudio preliminar" 43). Acosta también proponía respetar, en la medida de lo posible, las estructuras políticas indígenas (fueros, leyes regionales) siempre y cuando éstas no se refirieran a lo sobrenatural (lo religioso) y no fueran en contra de la moral y las "buenas" costumbres de Europa:

> Hay que ir poco a poco imbuyendo a los indios en las costumbres cristianas y en nuestra forma de vivir. Y hay que cortar paso a paso los ritos supersticiosos y sacrílegos y los hábitos de bárbara fuerza. Pero en los puntos en que sus costumbres no se oponen a la religión o a la justicia, no creo que se las deba cambiar así porque así. Hay que conservar sus costumbres patrias y tradicionales que no vayan contra la justicia, y organizarles jurídicamente conforme a ellas, tal y como ordenan las disposiciones del Consejo de Indias (*De procuranda* I: 587).[14]

Finalmente, aconsejaba, en confluencia con el proyecto de Toledo, la construcción de escuelas para adoctrinamiento de los indígenas, similares a las que los franciscanos habían creado en Nueva España en 1536. También recomendaba que se rebajara el tributo cobrado a los indígenas, "que resulte suave el yugo de Cristo" (II: 487), y que se trajesen buenos ministros de la palabra para llevar a cabo con éxito la tarea evangelizadora (II: 489).[15] En otras palabras, la propuesta político-evangélica de Acosta se montaba sobre la contradictoria idea de una *invasión* colonial "legítima", "civilizada", "pacífica" y "en orden", en la que el indígena resistía por desconocimiento de la doctrina y, como veremos, también por influencia del demonio. Esta

---

[14] Con relación a este punto, hacia el final del segundo volumen, agregaba Acosta que "no den leyes demasiado duras y extrañas para los bárbaros, sino déjeseles vivir (en tanto lo permita la ley cristiana y natural) con sus instituciones y dentro de ellas estén gobernados y se hagan mejores. Porque es muy difícil cambiar todas sus leyes y costumbres patrias y tradicionales" (*De procuranda* II: 487).

[15] Bartolomé de Las Casas recordaba en su tratado sobre las *Doce dudas* que no se podían aplicar tributos a los indígenas y que el mantenimiento de la fe y la conversión, esto es, lo que costara adoctrinar a los indígenas debía ser sufragado por la Corona española: "Y así parece que no pueden ser compellidos los infieles, ni después de christianos, a apagar los gastos que se hizieran para irlos a predicar, sino los Reyes de Castila que se encargaron, quanto a lo de las Indias, de los hazer convertir. E les puso el Papa precepto sobre ello, sin que por ello les lleven un maravedí habido por fuerza" (63).

situación podía solucionarse con más evangelización, con más aparatos institucionales, con un mayor conocimiento de las diferencias indígenas y con un mayor rigor y firmeza por parte de los propios religiosos.

2. Etnografía y barbarie: modelos teóricos y prácticos

> Deberían recordar los obispos y los párrocos lo que dice el Sabio: observa bien el aspecto de tus ovejas y fíjate en tus rebaños [...] Nada grande hará el sacerdote de Cristo en beneficio de la salvación de los indios, si no tiene conocimiento íntimo de los hombres y sus cosas.
>
> José de Acosta. *De procuranda* (II: 89)

El primer epígrafe de Acosta que abre este capítulo pone de manifiesto que su pensamiento filosófico y antropológico tendía a un aparente *relativismo* antropológico al momento de clasificar y comparar las poblaciones indígenas de América entre sí y con los pueblos de Europa, Asia y África. No obstante, veremos que este presunto "relativismo" es altamente problemático. Antes de entrar de lleno al análisis de la clasificación etnográfica de los distintos tipos de "barbarie" en Acosta es necesario revisar, siquiera en forma somera, el funcionamiento de su sistema epistemológico y clasificatorio de la alteridad. En primer lugar, debemos señalar que la postura teórica de Acosta, con relación a la clasificación de la diferencia antropológica y religiosa, requería ser llevada a cabo desde el marco de la *experiencia* y de lo que la etnografía contemporánea ha designado con el nombre de *observación participante*.[16] Acosta señalaba en forma muy enfática la importancia de "haber estado", de "haber visto" y de conocer "directamente", aunque él mismo no ejercitó su experiencia etnográfico-antropológica en forma prolongada o profunda, hecho que el jesuita reconocía sin problema alguno:

> Los pueblos indios son innumerables, tiene cada uno de ellos determinados ritos propios y costumbres y se hace necesaria una administración distinta según los casos. Por eso, no sintiéndome yo capaz de tratar uno a uno de todos ellos, por serme descono-

---

[16] Según Paguen, "En toda la *Historia* y, en menor medida, en *De procuranda*, hay un énfasis constante en el valor demostrativo de la experiencia. Acosta creía que las descripciones contemporáneas de las Indias habían resultado inadecuadas o simplemente equivocadas tan a menudo, porque se atenían demasiado a datos imprecisos como los que empleaban los anteriores historiadores de América, que no tenían ninguna experiencia directa con los indios" (*La caída* 208).

> cidos en su mayor parte y aunque llegara a conocerlos del todo
> sería tarea interminable, he juzgando oportuno tener principal-
> mente en cuenta a los indios del Perú, para adaptarme mejor a
> todos los demás. Y lo hice por dos razones: una porque el mejor
> conocimiento que tengo de estas provincias me permite dar a
> mis afirmaciones una mayor certeza; la segunda, porque siem-
> pre me han parecido estos indios una especie de punto medio
> entre los demás (*De procuranda* I: 59).

A pesar de su falta de experiencia y su desconocimiento de la "mayor parte" de las etnias indígenas, la preponderancia que Acosta atribuía a la experiencia y a la evidencia era novedosa en su sistema clasificatorio puesto que, como ha señalado Cervantes, de este modo se podía discutir el conocimiento de los antiguos pensadores y examinar las causas de los fenómenos naturales sin estar siempre apegado a la autoridad de las Sagradas Escrituras y a los Padres de la Iglesia como sí lo habían estado los franciscanos (*The Devil* 26).[17] No obstante, aunque a veces Acosta discute la autoridad de los antiguos, su *De procuranda* está plagada de citas de autoridad tanto de los Padres de la Iglesia como de las Sagradas Escrituras. Así, la experiencia formará parte de los procesos de *autorización* etnográfica en teoría y no tanto en la práctica: el *testigo* directo se quiere insinuar en Acosta como justificación de la *autoridad etnográfica* y como fundamento de la verosimilitud del discurso sin haber necesariamente estado en el terreno. Nadie podía negarle a Acosta, a pesar de no haber sido un etnógrafo al estilo franciscano, su larga estadía en el Nuevo Mundo, así como su conocimiento de las etnografías llevadas a cabo por sus colegas. Al respecto, afirmaba el jesuita en su *Historia*:

> [...] tratar los hechos e historia propia de los indios, *requería
> mucho trato y muy intrínseco con los mismos indios*, del cual
> carecieron los más que han escrito de Indias, o por no saber su
> lengua o por no curar de saber sus antigüedades; así se conten-
> taron con relatar algunas de sus cosas superficiales. Deseando
> pues yo, tener alguna más especial noticia de sus cosas, hice di-

---

[17] Huddleston también señala la importancia de la experiencia para la historiografía de Acosta: "Acosta maintained that experience was more reliable tan philosophy and that it could reveal more thanany 'reason or philosophic demonstration.' It was the lack of experience which led the ancients to deny the existence of the Antipodes. Modern experience had proved that there were Antipodes, that they could be reached, and that the Tropics were habitable" (49).

ligencia con hombres platicos y muy versados en tales materias, y de sus pláticas y relaciones copiosas pude sacar lo que juzgué bastar para dar noticia de las costumbres y hechos de estas gentes, y en lo natural de aquellas tierras y sus propiedades, *con la experiencia de muchos años y con la diligencia de inquirir, y discurrir y conferir* con personas sabias y expertas (*Historia*, "Proemio" 13; énfasis mío).

Pero Acosta no fue un etnógrafo *á la* Pané, *á la* Motolinía o *á la* Sahagún. Aunque sí aprendió lenguas indígenas (presumiblemente quechua y aymara) no permaneció por largos períodos de tiempo en asentamientos indígenas salvo por incursiones breves con otros misioneros y, debemos recordar, que a pesar de todo lo que escribe sobre México sólo estuvo allí por un corto período de tiempo.[18] De hecho, en la cita anterior, la afirmación de Acosta anula el papel de la experiencia, esto es, luego de remarcar la necesidad de tener "mucho trato y muy intrínseco con los mismos indios" con el objetivo de no hacer una historia superficial, afirma que hizo "diligencia con hombres platicos y muy versados en tales materias", pero en ningún momento afirma que esos hombres fueran indígenas ni que hubiera vivido entre éstos. Es más, de acuerdo con Cañizares-Esguerra, hoy sabemos que las fuentes de información sobre la cultura mexica que manejó Acosta para la composición de su *Historia* provenían de los largos años de estudio que otro jesuita, Juan de Tovar (ca. 1546-ca. 1626), había dedicado a ciertos documentos indígenas y que compartió con Acosta:

> After working for many years as a missionary in Peru, Acosta spent a few months in Mexico in 1586 before returning to Spain to write his *History*. In Mexico, he met Tovar, who had long worked on local antiquities and who gave Acosta a history of the Aztecs. Acosta, it seems, reviewed the work and began to suspect that it was based entirely on native accounts, for he wrote to Tovar asking two questions: "What certainty or authority does this relation or history possess?" and, "Since the Indians did not have writing , how could they preserve such quantity and variety of matters for so long a time?" Tovar responded quickly,

---

[18] El lector interesado en los hechos de la vida de Acosta durante su estadía tanto en Perú como en México puede consultar el excelente "Estudio preliminar" de Luciano Pereña a *De procuranda* (3-46). También conviene agregar a esta lectura la muy completa, aunque un poco antigua (1942), obra biográfica de León Lopetegui y el "Prólogo" a la *Historia natural y moral* de Edmundo O'Gorman (1962).

describing Mexican mnemonic and writing systems that had allowed Amerindians to memorize ancient speeches (73).

Acosta tenía una relativa experiencia con los indígenas del Perú —territorio de base para la escritura de su *De procuranda* y un contacto prácticamente inexistente con los indígenas de México. Su compendio etnográfico sobre las idolatrías de los mexicanos en el libro V de la *Historia natural* deriva casi exclusivamente de su lectura de los manuscritos de Tovar.[19] Según lo ha señalado Edmundo O'Gorman en su "Prólogo" a la *Historia natural y moral*:

> [Acosta] Incluyó en el libro noticias relativas a la religión, a las costumbres y sobre todo a la historia de los antiguos mexicanos. Expresamente manifestó que "en las materias de México" siguió como principal autoridad al padre Juan de Tovar, jesuita mexicano gran conocedor de aquellos asuntos [...] No debe olvidarse, por otra parte, la confesión de Acosta sobre el haber sido el padre Juan de Tovar quien principalmente le comunicó las noticias que incluyó en su *Historia* tocante a los antiguos mexicanos (xii-xiv).[20]

Esto no implica que Acosta no estuviera informado sobre las costumbres de los indígenas, dado que, siendo el superior provincial de la Compañía de Jesús en el Perú, habrá tenido acceso a todos los informes, tanto escritos como orales, de los misioneros. Sin embargo, lo que me importa señalar en este capítulo no es por cuánto tiempo Acosta estuvo entre los indígenas ni el grado de "fidelidad" de su relato. Independientemente de la experiencia compartida, de la *observación participante*, lo que interesa relevar aquí son los "modos" de interpretación etnográfica, las redes conceptuales y hermenéuticas que se despliegan para pensar la cultura indígena desde el imaginario eurocéntrico occidental.

---

[19] De acuerdo con Lafaye, "Las dos cartas (una del padre Tovar, otra del padre Acosta) publicadas por J. García Icazbalceta, y reproducidas por G. Kubler y Ch. Gibson, prueban que la *Historia* del padre Tovar (manuscrito Tovar-Códice Ramírez) fue casi la única fuente de Acosta para escribir la parte de su *Historia natural y moral* consagrada a México. En efecto, el célebre jesuita tenía una experiencia directa y prolongada de Perú, pero en materia mexicana tuvo que conformarse con informaciones de segunda mano" (*Quetzalcóatl* 250-251).

[20] Si el lector está interesado en conocer en forma detallada la historia de la acusación de "plagio" a la obra de Acosta puede leer el "Prólogo" de O'Gorman y especialmente las páginas xii-xxiii.

Mi lectura y análisis, que siguen en lo esencial a James Clifford, intentan distinguir entre dos acciones que a menudo suelen confundirse: por un lado, la *experimentación* (la observación, el estar presente en el campo) y, por otro, la *interpretación*. En definitiva, mi lectura hace una crítica del rol de la experiencia como "garantía" absoluta de la interpretación, el "saber por haber visto": la experiencia es siempre una conciencia diferida que se escribe "después", cuando el etnógrafo ya no está en ella y, en segundo lugar, el etnógrafo nunca llega "puro" y sin preconcepciones al acto experimental. Por ello, la observación siempre se produce desde una epistemología (anterior al "encuentro") la cual, muchas veces, se horroriza con el imaginario cultural indígena.[21] Es importante entonces, antes de analizar la clasificación de la idolatría en Acosta, entender el marco epistémico (el archivo previo) que ya traía consigo desde Europa el jesuita y que será la regla con la que medirá la alteridad americana.

En su *De procuranda indorum salute*, Acosta proponía una postura etnográfica de tipo comparativista. El acto de la comparación —recordemos la utilidad de la analogía en Durán, Motolinía y Sahagún— no necesariamente conduce hacia una postura relativista ni en sintonía ética o religiosa con la situación vital del Otro. De acuerdo con Acosta, siguiendo la línea comparativista, no todos los indígenas podían ser clasificados del mismo modo y, por ende, no todos podían ser tratados o evangelizados de la misma manera:

> Es muy difícil hablar correcta y acertadamente sobre el ministerio de la salvación de los indios. En primer lugar, por ser innumerables estos pueblos de bárbaros y *muy diferentes entre sí tanto por el clima, regiones y modo de vestir como por su ingenio, costumbres y tradiciones*. Establecer una norma común para adaptarles a todos ellos al Evangelio, educarlos y gobernarlos, cuando se da *tanta diferencia de hombres y cosas*, definir con propiedad y certeza lo que conviene, requiere grandes dotes, que en modo alguno, a decir verdad, poseemos (*De procuranda* I: 55: énfasis mío).

El paradigma clasificatorio de Acosta derivaba, en parte, de las posturas teológico-antropológicas de la Escuela de Salamanca, en donde la *diferen-*

---

[21] Como señalaba Clifford: "En la influyente concepción de Dilthey (1914), la posibilidad de comprender a los otros surge inicialmente del simple hecho de la coexistencia en un mundo compartido; pero este mundo experiencial, sustrato intersubjetivo para las formas objetivas del conocimiento, es precisamente lo que falta o lo que es problemático para un antropólogo que ingresa en una cultura extraña" ("Sobre la autoridad" 154).

cia entre indígenas ya había sido utilizada por Francisco de Vitoria para distinguir y eventualmente justificar la presencia española en el Nuevo Mundo.[22] Recordemos que para Vitoria, según escribía en su *De indis*, había *indios de indios*, y que el quinto título de legitimación de la ocupación española se basaba en la *defensa del inocente*, esto es, en la protección del indígena supuestamente "bueno" y "dócil" del Otro indígena, el "malo" o caníbal y de la supuesta tiranía de los jefes indígenas que pudieran llegar a resultar un obstáculo en el proceso de evangelización. Esto no implicaba que el pensamiento antropológico y teológico de la Escuela de Salamanca no reconociera al indígena en tanto que "humano" o que no creyera posible que todos los hombres, por más "salvajes" que fueran, pudieran, eventualmente, encontrar en la religión y conversión un modo de redimir sus pecados y por ende su "salvajismo". Como señala Cervantes, Acosta era heredero de esa tradición salamantina que basaba sus premisas antropológicas en la idea de que "[...] all human minds were the same in essence, that all men were innately susceptible to moral training, and that any analysis of cultural differences needed to be based on a historical explanation" (30).[23] Al respecto escribía Acosta: "Pues aunque se llama indios a todos los bárbaros descubiertos en nuestros días por los españoles y portugueses que con sus flotas han surcado el dilatadísimo océano [...], sin embargo no todos tienen las mismas características; va mucho de indio a indio, por decirlo con humor, y hay bárbaros que sacan gran ventaja a bárbaros" (*De procuranda* I: 61).[24]

---

[22] De acuerdo con Pagden: "Todo el desarrollo de la discusión de Acosta, tanto de la disposición psicológica del indio, como de la justicia de la conquista española deriva de la *relectio De indis* de Vitoria. Como Vitoria, sostenía que la única legitimación posible de la conquista se encontraba en el derecho natural de todos los hombres a comunicarse mutuamente y en el derecho del cristiano, según la ley divina, a poder predicar el Evangelio a los ateos. Sin embargo, a diferencia de Vitoria, rechazaba la idea de que se puede luchar contra los indios en defensa del inocente; y parece que creía que a los pueblos que clasificaba en el tercer tipo de 'bárbaros' se les podía 'civilizar' por la fuerza —al menos para convertirlos" (*La caída* 216).

[23] De acuerdo con Pereña: "En Alcalá José de Acosta se había formado en la Escuela de Salamanca que allí trasladó Domingo de Soto, Melchor Cano, Mancio Corpus Christi, Domingo de las Cuevas y Juan de Salinas. La nueva interpretación del fenómeno indiano, dentro de la academia, trascendió a los discípulos de Vitoria [...] Acosta representa uno de los cauces más importantes del trasplante de la Escuela de Vitoria al Nuevo Mundo de las Indias" (13).

[24] Acosta justificaba este proceder afirmando que "¡Cualquier persona prudente echa de ver fácilmente que un mismo asunto admite un tratamiento que no tiene por qué ser único e idéntico en todos sus aspectos, si se procede con verdad y no con pasión! Ni es caer en error

Sin embargo, como bien lo ha señalado Lopetegui, independientemente de reconocer variedades o tipos, los indígenas son en última instancia considerados *bárbaros*: "Acosta emplea también como sinónimo de *indios* el nombre de *bárbaros*, aunque admite mitigaciones importantes en el adjudicar este término nada honorífico; pero la equivalencia, por genérica que sea, subsiste" (259). El conocimiento empírico de la alteridad que reclamaba Acosta debía necesariamente basarse en un sustrato de tipo etnográfico, por grados o, más precisamente, por tipos. Sin la descripción de las costumbres indígenas no era posible conocer y clasificar los grados de la "barbarie" americana y, por ende, llevar a cabo el proceso de conversión y evangelización que era el gran proyecto de Acosta. Pero esta clasificación de la diferencia, como señala Boccara, también obedecía a "la necesidad de localizar geográficamente a las diversas comunidades [...] como un instrumento que permite realizar con cierta eficacia una labor esporádica de represión" ("El poder creador" 70).[25] En este sentido, Acosta volvía a reponer la funcionalidad clasificatoria nominal y la disposición material de los rasgos culturales de la población indígena dentro de un cuadro organizador, como sostiene Felipe Castañeda:

> Se trata de un concepto de bárbaro tal como se lo puede encontrar en otros autores de su época. Sin embargo, aunque no presente a primera vista un aporte novedoso en relación con la manera de asumir al otro, por la manera como lo desglosa en tipos o clases de bárbaros, así como por el contexto en el que lo trabaja —el problema de la evangelización de los indios—, se puede afirmar que representa un aporte en relación con su sistematización, complementación y aplicación teniendo en cuenta lo específico de su momento histórico (110).

El uso de los antiguos paradigmas de la tradición occidental (Plinio, san Isidoro), desmiente el hecho de que la "diferencia" antropológica americana fuera el factor de reformulación de la filosofía de la historia que Acosta

---

pronunciarse en un problema complejo de distintas maneras según los distintos aspectos. Un mismo e idéntico hombre admite a menudo discrepancias consigo mismo" (I: 57).

[25] Según Boccara, "La empresa de evangelización estuvo subordinada a la imposición de un marco jurídico-político de soberanía [...] De tal modo que la evangelización no está pensada aquí como empresa de transformación de una cultura ajena o como evangelización de la cultura, sino que actúa como una modalidad de la imposición de una soberanía política trascendente y omnipotente" ("El poder creador" 71).

propuso, como parece sugerir Pagden.[26] La idea según la cual lo que reside "afuera" de Occidente es diferente y de menor valor cultural, se formuló en el interior de las epistemes europeas y fue una herramienta teórica de validación y justificación para la "pacificación", "colonización" y "normalización" de la alteridad occidental. La concepción antropológica de los diferentes tipos de barbarie de Acosta no es menos pragmática, instrumental o eurocéntrica. La supuesta "experiencia" del jesuita con los indígenas no modificó su filosofía sobre la diferencia ni tampoco implicó que hubiera aprendido la existencia de la "diversidad cultural". En este sentido, ya en 1942, Lopetegui afirmaba que "Los diferentes estadios culturales [de los indígenas] son tenidos en cuenta, pero con todo su favor e inclinación a elevar aquellas poblaciones, no sólo reconoce la notoria inferioridad cultural americana con respecto a la China o al Japón, sino que la impresión que se deduce de su lectura es simplemente deprimente y pesimista, a pesar del empeño de alabar lo bueno que ve y sabe" (261). Debemos entender que "las buenas intenciones" coloniales siempre se ligan a un objetivo meditado y que se arreglan en torno a una necesidad cuyo sustrato puede ser económico, religioso y/o político; la "diferencia" es una herramienta heurística que el propio etnógrafo aplica a su lectura del mundo indígena.

No es que "afuera" de la escritura del etnógrafo no exista la diferencia, sino que la diferencia del "afuera" es una pura dispersión si no se acomoda en un marco "clasificatorio". Lo que el etnógrafo clasifica es la dispersión del afuera con un modelo particular de diferencia que ya está incorporado en su visión del mundo: aquí hablamos de un letrado eclesiástico entrenado en la Escuela de Salamanca. La novedad de Acosta no se basa en haber descubierto la "diferencia" y la "diversidad" del mundo cultural indígena, sino en construir nuevos modos de organizar taxonómicamente esa cultura con el objetivo de hacer viable un plan global de evangelización para el indígena americano. En otras palabras, con Acosta emerge una nueva organización epistemológica que intenta jerarquizar la evidencia empírica por sobre la acumulación libresca de la autoridad. La máxima etnográfica de Acosta para las futuras generaciones puede reducirse al siguiente axioma:

---

[26] Afirma Pagden que "Fue el reconocimiento de Acosta de la singularidad de los rasgos culturales y de su consiguiente importancia en la clasificación y descripción de los pueblos, y la claridad con la que unió sus observaciones de esos rasgos a su 'filosofía' lo que hizo a la Historia tan enormemente popular. De toda la amplia literatura sobre las Indias publicada durante este período, la Historia de Acosta quizá fue la única obra que los contemporáneos reconocieron como innovadora" (*La caída* 213).

para conocer al indígena es necesario ir al territorio y clasificarlo o, al menos, informarse con quien lo hubiera realizado.

Más allá de los modelos historiográficos clásicos, el hecho que su *Historia* fuera *natural* y al mismo tiempo *moral* señala la importancia que para Acosta revestía la tarea etnográfica. Hay, por un lado, una separación entre el conocimiento de la naturaleza (los minerales, metales, la geografía) y, por el otro, un conocimiento para definir el "comportamiento humano", la cultura y las costumbres. De este modo, Acosta se proponía no sólo trazar la historia del territorio, su fauna y su flora, sino también hacer la historia y descripción de las poblaciones que la habitaban y de sus modos de vida. Debemos señalar que, a pesar de los esfuerzos del jesuita por construir un sistema empirista para mensurar la diferencia americana, su "objetividad" protocientífica (tan celebrada por O'Gorman y Pagden) está contaminada por el *a priori* filosófico, religioso, antropológico y eurocéntrico que encuadra y predetermina el resultado de la mirada etnográfica. El "bárbaro", en tanto que categoría o tipología de gradación de lo humano, es en la etnografía de Acosta esa "regla previa" que se aplica al indígena, dice el jesuita: "[...] según la definición de prestigiosos autores, bárbaros son aquéllos que se apartan de la recta razón y de la práctica habitual de los hombres" (*De procuranda* I: 61). Esta definición tiene como sustrato una autoridad que determina y define de antemano qué cosa es "la recta razón" y la "práctica habitual de los hombres". De allí que no sea una innovación teórica en Acosta la de ser un "comparativista" —Las Casas ya lo había sido cuarenta años antes[27]—, sino que su supuesto compartivismo es un derivado de su lógica epistémica y un arrastre tanto del protoenciclopedismo medieval (del que ya se había servido Sahagún) como del nominalismo antitomista que tendía a separar el cuerpo del alma y la gracia de lo natural (cosas divinas/cosas terrenales).

Cervantes ha insistido en señalar esta lucha entre la "concordancia tomista" (muy lascasiana) y el "nominalismo franciscano". En el pensamiento de Tomás de Aquino (1225-1274)— a quien luego seguirá Las Casas en su apología de los indígenas— el hombre tiene una tendencia natural

---

[27] Las Casas escribía en su *Apologética historia sumaria* que "en la elección de los dioses tuvieron [los indígenas americanos] más razón y discreción y honestidad que las más de todas cuantas naciones idólatras antiguamente hobo, bárbaras, griegos y romanos, a todos los cuales hicieron en esto ventaja y, por consiguiente, mostraron ser más que todas racionales" (7: 896).

hacia la inteligencia y, por ende, hacia Dios.[28] Nos cuenta Cervantes que, en contra del platonismo, Aquino no creía que el hombre fuera un ser puramente espiritual y su alma confinada a la prisión corporal. Para Aquino existía una "concordancia" entre el cuerpo y el alma, esto es, el hombre era parte de la naturaleza y el pensamiento humano era consustancial con la materia, sujeto a las condiciones del espacio y del tiempo (23). Esta postura hacía posible la superación del "estado" presente de los indígenas e implicaba que los mismos se comportaban del modo en el que lo hacían debido a la sensualidad del clima, por no conocer los Evangelios, por la falta de instrucción y cultura, etc. Así, una vez educados serían perfectamente "capaces" o "civilizados" (dado que la inteligencia y la gracia de Dios, según este posicionamiento, son innatas y según Las Casas el hombre tiende naturalmente hacia Dios) para adaptarse al catolicismo, dejar atrás la barbarie, expulsar a Satán y convertirse en miembros activos de la Iglesia católica.[29]

Sin embargo, entre los franciscanos había primado un nominalismo que separaba tajantemente el alma del cuerpo, que rompía la concordancia tomista. Esta postura, según Cervantes, fue la responsable de la creación de la demonología moderna:

> Modern demonology can be traced back to the Franciscan rejection of Aristotelian naturalism and to the growing acceptance of a moral system based on the Decaloque [...] The nominalist tendency to separate nature and grace made the realm of "the supernatural" much less accessible to reason, thereby enhancing the attributes of both the divine and the demonic in relation to the individual (24-25).

---

[28] Como afirma Cervantes: "Following Aquinas he [Las Casas] concluded that the supernatural, albeit beyond human reason and understanding, was nonetheless as rational as the natural and that, consequently, any human desire for the supernatural was rooted in nature" (31).

[29] Las Casas menciona este punto en la mayoría de sus escritos para ratificar la necesidad de la evangelización al señalar que los indígenas son aptos para recibir la doctrina puesto que tienen un conocimiento, aunque confuso, innato sobre Dios. A continuación reproduzco uno de los tantos pasajes en los que Las Casas presenta la idea de que el alma busca naturalmente a su creador: "Por la lumbre impresa en el ánima se cognosce que hay Dios y por el apetito se busca y desea hallar y servir [a] Dios, cuasi atinando el ánima que toda su nobleza y excelencia y su final descanso, bien y fin beatífico no consista en otra cosa sino en el mismo Dios. La lumbre natural susodicha es el entendimiento que llaman los theólogos y aun philósophos el entendimiento agente, que es una impresión y comunicación que se dirivia del divino resplandor [...] Por esta lumbre no podemos cognoscer más de que hay Dios, a quien los hombres son obligados adorar y servir como a verdadero señor y criador" (*Apologética historia* 7: 634).

Este trasfondo teológico nos ayuda a comprender por qué el indígena tenía negada *ab initio* la agencia y en cambio la "influencia" sobre su alma era patrimonio exclusivo del demonio. Acosta, según Cervantes, con su tratamiento separado de las materias, ya naturales ya divinas y/o morales, rompía también con la "concordancia tomista". Mientras que su pseudoempiricismo servirá para aclarar la morfología natural del Nuevo Mundo, el comportamiento indígena en relación a lo religioso seguirá siendo pensado y medido dentro de la hermenéutica de la idolatría. Dice Cervantes: "As soon as he entered the field of religion proper Acosta seemed to join the nominalist camp and all his insistence on empirical knowledge and analysis was brought to a complete standstill. To enter the sphere of the supernatural was to enter the sphere of theological certainty, where the divine law was the one and only standard of truth" (27). Así, el propio Acosta, encargado de la tarea de explicar las similitudes entre unos modos de "confesión" y "eucaristía" que aparecían en la cultura indígena de Cuzco como una "copia defectuosa" del ritual cristiano, volvía a poner como fundamento de estas ocurrencias la envidia satánica a Dios y su simulacro:

> No encuentro mejor explicación de esta costumbre de los bárbaros que el diablo, furioso también ahora por remedar en todo a Dios, al igual que quiso hacerse adorar y saludar como Dios por los mortales engañados, también pretende hacer suyos con falsa imitación los sacramentos y las ceremonias religiosas del Dios verdadero. Pues ¿qué otra explicación tienen que en la ciudad del Cuzco, célebre en el imperio de los ingas, haya intentado servirse de una cierta sombra y simulacro de nuestra eucaristía? (*De procuranda* II: 427).

La diferencia entre Acosta y Olmos o Motolinía, quienes veían en América un traslado del infierno, es que Acosta comienza a separar claramente qué cosas pueden ser atribuidas a los indígenas y cuáles a la influencia demoníaca. De hecho, como muestra Cervantes, Acosta se quejaba de los "frailes ignorantes" que imaginaban el pasado indígena como una mera alucinación diabólica (Cervantes, *The Devil* 27). El comparativismo de Acosta surgía entonces de la pregunta más obvia y simple: ¿cuáles son las prácticas (materiales y simbólicas) habituales de los indígenas? De allí se derivará, por comparación con Europa, el grado de madurez y civilidad. Pero además, para Acosta existía una gradación temporal y evolutiva hacia la civilización que también garantizaba la "misión civilizadora" de Europa por sobre los indígenas americanos.

Tanto en Las Casas como en Acosta existía una idea protoevolucionista y de carácter humanista y universal que tendía a equiparar a todos los hombres: todos los hombres habían sido bárbaros alguna vez, incluso los europeos. Sin embargo, esta idea introducía una salvedad temporal que mantenía y hacía funcional en el presente la superioridad racial y cultural de los europeos, esto es, los diferentes estadios de evolución: los indígenas no eran contemporáneos con su "civilizados" conquistadores, eran "primitivos". Esta salvedad temporal tenía consecuencias epistemológicas ya que el "salvaje" que habita en un tiempo primitivo y diferente al del hombre europeo representa la oportunidad de ver a la especie tal y cual como era tiempo atrás, esto es, permite estudiar al ser humano en sus comienzos.[30] De acuerdo con esta idea era menos importante el grado de barbarie en el que se encontraban los indígenas que los modos de hacer "avanzar" (ayudar, civilizar, convertir, transformar, incluir) su atraso y trasformar su cultura "salvaje" en una de tipo "civilizada". El *comparativismo* como punto de vista era fundamental para la tarea etnográfica del jesuita puesto que abría el camino a la clasificación no sólo de los "diferentes" tipos de indígenas, sino también de las costumbres de cada uno de estos grupos.

Esta postura comparativista llevó al jesuita a construir una configuración triádica de la barbarie americana. Según Acosta, existían tres clases de bárbaros, "con grandes diferencias entre sí, a las que se pueden reducir casi todas estas naciones indianas" (*De procuranda* I: 63). La definición de barbarie de Acosta le debía mucho a la tradición etimológica de la palabra griega, esto es, los que no hablaban la lengua griega, los que no eran de Grecia. En Acosta los bárbaros se hallan localizados siempre fuera de Europa (extranjeros que hablan otra lengua), pertenecen al imperio por anexión y en ese sentido están dentro del orbe imperial, pero "no eran como" los hombres del imperio, es decir, pertenecían como objetos localizables dentro de una territorialidad específica (orbe) pero diferían en tanto que

---

[30] Como ha señalado Arens, lo mismo sucede con el caso del canibalismo, que siempre se coloca en el imaginario eurocéntrico atrás en el tiempo y que implica una costumbre ya superada por la humanidad: "Much to our satisfaction, the discussion of cannibalism as a custom is normally restricted to far away lands just prior to or during their 'pacification' by the various agents of western civilization. Explorer, conquistador, missionary, trader and colonizer all play their roles in the civilizing mission. Correspondingly, if the time is lengthened sufficiently back to the pre-Christian era, we permit ourselves a glimpse of this sort of savagery among our own forebears. Cannibalism becomes a feature of the faraway or foregone, which is much the same thing. In the way that the dimensions of time and space are interpreted, 'they', in the form of distant cannibals, are reflections of as we once were" (19).

sujetos (humanos, semihumanos, salvajes). El primer grupo de bárbaros, el más elevado culturalmente, se definía, según Acosta, a partir de lo que *sí tenía* con relación al estándar de la cultura europea: leyes, letras, propiedad privada, en este grupo no había indígenas americanos:

> [L]os que tienen régimen estable de gobierno, leyes públicas, ciudades fortificadas, magistrados de notable prestigio, comercio próspero y bien organizado y, lo que más importa, uso bien reconocido de las letras [...] a esta clase pertenecen en primer lugar los Chinos, cuyos caracteres yo he visto muy semejantes a los siríacos [...] siguen a continuación los japoneses y una buena parte de las provincias de la India Oriental, a las que no me cabe duda de que en otro tiempo llegó la cultura asiática y europea (*De procuranda* I: 63).

Para Acosta, los quipus y los códices mexicas no constituían un sistema de escritura propiamente dicho por no estar arreglados en base a caracteres o letras, esto es, por no estar fundados en una lógica alfabética y fonológica.[31] De hecho, el criterio fundante de civilidad era para Acosta la existencia o no de la escritura y por ello denigraba el sistema de escritura indígena de los quipus al que no considera escritura en absoluto:

> Las señales que no se ordenan de próximo a significar palabras sino cosas, no se llaman ni son en realidad de verdad letras, aunque estén escritas, así como una imagen del sol pintada no se puede decir que es escritura o letras del sol, sino pintura. Ni más ni menos otras señales que no tienen semejanza con la cosa, sino solamente sirven para memoria, porque el que las inventó no las ordenó para significar palabras, sino para denotar aquella cosa, estas tales señales no se dicen ni son propiamente letras ni escritura, sino cifras o memoriales, como las que usan los esferistas o astrólogos [...] ninguna nación de indios que se ha descubierto en nuestros tiempos, usa de letras ni escritura, sino de las otras dos maneras, que son imágenes o figuras (*Historia* 284-285).

---

[31] De acuerdo con Cañizares-Esguerra: "The various Mesoamerican scripts (Nahua, Zapotec, Mixtec, and Maya) refused neat classifications: each included combinations of pictograms, ideograms, logograms, and even phonograms the latter appeared more prominently in Maya writing systems and in sixteenth-century Mexica manuscripts. Inca quipus were even more puzzling: knots woven along strings of different colors, which in turn ramified themselves endlessly" (62).

Según Mignolo, el quipu incaico era considerado por Acosta como un método válido para mantener registro de la cultura, pero no podía ser considerado en tanto que un tipo de escritura: "Acosta's definition of writing, then, presupposed that a graphic sign (letter, character, images) [...] was needed to have writing. A bunch of knotted strings of different colors would not qualify for an insightful observer as analytically minded as Acosta" (*The Darker* 84). No olvidemos que para Acosta, como señala Pagden, el término *bárbaro*, en última instancia, describía y definía los niveles de comunicación entre diferentes grupos humanos.[32] Esto implicaba una concepción de la cultura inca como "preletrada", que de acuerdo con Gordon Brotherston siguió manteniéndose hasta bien entrado el siglo xx.[33] No obstante, para Acosta, el conocimiento de las diferentes lenguas indígenas era imprescindible para llevar a cabo el proceso de evangelización y los misioneros debían empaparse de ellas para poder penetrar la cultura indígena y para poder comunicar la palabra del Evangelio. La lengua era considerada por Acosta como el medio más eficaz de "penetración" espiritual y, por ende, como el medio más efectivo para la conversión y evangelización del indígena:

---

[32] De acuerdo con Pagden: "For Acosta, the inexorable progress of men towards a state of civility through the growth of *scientia* is best measured by the state of their language. Acosta saw language as a source of power in man, a power akin to his ability to dominate and transform his physical environment" (179). Más adelante agrega Pagden: "He saw the cultural evolution of the peoples of America as a steady, if uneven, progress towards the coming of the Spaniards, who brought with them the Word of God, and with the Word, the knowledge men require to live the true, the Christian civil life" (193).

[33] Brotherston ha mostrado con evidencia contundente que el sistema de quipus era un sistema de escritura que servía para funciones múltiples dentro de la sociedad indígena, incluso para la narración de hechos históricos: "En principio, ese recurso, cubre con facilidad las exigencias de las matemáticas, el calendario, la liturgia, la narrativa e incluso la delimitación del espacio. Es innegable que servía para esto en la práctica, bajo la forma del quipu inca, tomando en cuenta los testimonios directos e indirectos y el hecho de que el enorme imperio de Tahuantinsuyu estaba puntualmente regulado y descrito por este medio. A través del quipu se enviaban mensajes de y hacia la capital especificando fecha y lugar (una característica también del quipu mapuche) y se tenía un control continuo de hechos tan particulares como las faltas individuales al trabajo, el nacimiento de una llama o el último hato de leña [...] con los quipus se podían registrar, y en consecuencia transcribir, no sólo las matemáticas sino también el discurso, se comprueba en varias fuentes, siendo Garcilaso el Inca la más explícita [...] tomando en cuenta esta evidente capacidad, es más fácil aceptar el quipu como un medio literario que se transcribió ampliamente a la fonética del quechua y que se convirtió en la fuente de categorías particulares, e incluso géneros, de textos análogos por su forma a los anales y *teoamoxtli* de Mesoamérica" (114-115).

> Tres cosas hay que procurar en todo ministro de Cristo que ha
> de cuidar de la salvación de los indios: integridad de vida, su-
> ficiencia de conocimientos y dominio del idioma. Si alguna de
> ellas falta, no será de utilidad para los otros y correrá además el
> o pequeño riesgo de perder su alma [...] Porque la fe, sin la cual
> nadie puede salvarse, sigue al mensaje y el mensaje es el anun-
> cio de Dio. Depende, pues, la salvación de las naciones de la
> palabra de Dios, que ciertamente no puede llegar a los oídos hu-
> manos, si no se anuncia con palabras humanas; quien no las per-
> cibe, nunca experimentará la eficacia de la palabra de Dios [...]
> Cuando considero con atención muchas veces y por lago tiempo
> el negocio de las salvación de los indios, no suele ocurrírseme
> medio más eficaz ni más seguro que el que hombres experimen-
> tados e íntegros asumiesen la tarea de aprender la lengua de los
> indios, llegaran a dominarla y hasta se preparasen para hablarla
> con el estudio de la gramática y el ejercicio diario. Pues estoy
> completamente persuadido que de esa manera en breve penetra-
> ría el Evangelio de Cristo en el alma de los indios y desplegaría
> su propia virtualidad, ya que hasta el día de hoy parece que las
> más de las veces solamente ha sonado en los oídos de los indios
> sin tocar el fondo del corazón (*De procuranda* II: 47-49).

Uno de los problemas que señalaba Acosta era la multiplicidad y diferencia
de lenguas que había en América, situación que transformaba al Nuevo
Mundo en una suerte de Babel contemporánea: "Se dice que en tiempos pasados setenta y dos lenguas pusieron en confusión al género humano. Pero
estos bárbaros se diferencian entre sí por sus setecientas y más lenguas:
apenas hay valle de una cierta extensión que no tenga su propia lengua ma-
terna" (*De procuranda* I: 93). Además de esta proliferación de lenguas también estaba el problema que ya habían enfrentado las órdenes mendicantes
sobre cómo traducir la doctrina católica a las lenguas indígenas:

> [C]on frecuencia faltan los términos para declarar los misterios
> principales de la fe, como señalan los que hablan bien las len-
> guas indianas. Y declarar cosas de tanta trascendencia por me-
> dio de intérprete y confiar los misterios de la salvación a la bue-
> na fe y expresión de gente plebeya y vulgar, aunque se hace por
> imperativo de necesidad, la experiencia misma viene enseñando
> los inconvenientes e incluso perjuicios que hay en ellos: traduce
> unas cosas por otras, porque no entiende o porque se cansa de
> seguir al que enseña (*De procuranda* I: 94-95).

No obstante, en el capitulo IX del libro I de *De procuranda*, titulado "La dificultad de la lengua no debe apartarnos de la propagación del evangelio", Acosta afirmaba a los nuevos evangelizadores que si bien la tarea era muy compleja por no tener los nuevos apóstoles el don de lenguas como sí lo habían tenido los primeros apóstoles, de todas formas no había que dejarse desanimar y sí se debía aprender la lengua indígena para solucionar la dificultad. El argumento que utilizaba Acosta era que si los hombres movidos y cegados por la codicia atravesaban los más remotos lugares tan sólo con el afán de lucro y "no les asusta la barbarie por inmensa que sea sino que recorren el mundo entero por razones de comercio" (I: 160), entonces cómo iban a desanimarse los evangelizadores que "buscamos mercancías preciosísimas, las almas marcadas con la imagen de Dios; nosotros, que esperamos una ganancia no insegura o de breve duración, sino eterna en el cielo" (*De procuranda* I: 161).[34] Al mismo tiempo sostenía que las lenguas indígenas, al menos las del Perú, no eran tan complejas o difíciles de aprender:

> Por lo que toca a la dificultad de la lengua está en gran parte aliviada en este espacioso reino del Perú, por estar en usa en todas pares la lengua común de los incas, que llaman quechua; por lo demás, no es tan difícil de aprender, sobre todo tras la estructuración gramatical que hizo de ella, con diligente investigación, un personaje a quien debe muchísimo la nación de los indios. Y aunque en las provincias superiores está en vigor principalmente la lengua que llaman aimará, tampoco es muy difícil ni difiere gran cosa de la otra (*De procuranda* I: 161).

En el segundo grupo de bárbaros incluía Acosta —que no podía negar el grado de organización política, cultural y económica de los indígenas del Perú y México— a los indígenas americanos

---

[34] Sin embargo, luego de esta afirmación sobre la importancia del intercambio espiritual, Acosta dejaba muy en claro cómo se debía actuar frente al *ius negotiandi* de cosas materiales con los indígenas: "Porque los objetos de bisutería, piedrecillas, espejuelos, espadillas, panderetas, cuentas de vidrio y cualquier bagatela y niñería se ha comprobado que las tienen en tato precio que gustan de trocarlas por no pequeñas cantidades de oro y plata y a veces hasta por magníficas esmeraldas. Pero no es nuestro intento tratar estas cosas en particular. Demos por sentado que es lícito trocar con ellos toda clase de mercancías, y que el precio no consta ni por ley ni por criterio alguno fijo, sino a juicio de algún hombre docto que vea cuánta es la abundancia que tienen ellos de las cosas que cambian, cuánto aprecian ellos para las necesidades de la vida o para su ornato las cosas que reciben de los nuestros, y cuánta es su abundancia o escasez. Bien examinadas y sobrepesadas todas estas circunstancias, se puede determinar la tasa de las cosas que se debe estimar como justa" (*De procuranda* I: 351-353).

> [...] que, aunque no han conocido el uso de la escritura ni las leyes escritas ni la ciencia filosófica o civil, tienen sin embargo, sus magistrados bien determinados, tienen su régimen de gobierno, tienen asentamientos frecuentes y fijos en los que mantienen su administración política, tienen sus jefes militares organizados y un cierto esplendor de culto religioso; tienen, finalmente, su determinada norma de comportamiento humano. De esta clase eran nuestros mejicanos y peruanos cuyos imperios, sistemas de gobierno, leyes e instituciones todo el mundo puede en justicia admirar (*De procuranda* I: 65).

Sin embargo, estos bárbaros estaban todavía

> [...] muy lejos de la recta razón y de las prácticas propias del género humano [...] todos ellos tienen de común que viven en ciudades y no andan errantes como las fieras, y también que tienen juez y jefe designados y a cada uno se les respetan sus derechos. *Pero como en sus costumbres, ritos y leyes se hallan tantas desviaciones monstruosas y tanta permisividad para ensañarse con los súbditos que, de no mediar una fuerza y autoridad de gobierno superiores, a duras penas recibirían, al parecer, al luz del Evangelio y llevarían una vida digna de hombres honrados o, una vez recibida, se prevé que difícilmente perseverarían en ella* (I: 66: énfasis mío).

Es decir, esta segunda clase de bárbaros sí poseían los elementos culturales —a excepción de la escritura— que de acuerdo a la clasificación etnográfica del jesuita componían la "civilidad".[35] Sin embargo, desde el punto de vista de la etnografía moral y cristiana, no cumplían con los requisitos básicos porque sus ritos configuraban "desviaciones monstruosas". Frente a tal monstruosidad debía, "mediar una fuerza y autoridad de gobierno superiores" que pudiera guiar y encarrilar las supuestas *desviaciones*. Se

---

[35] De acuerdo con Castañeda: "[La escritura] potencia las capacidades de aprendizaje y de comunicación, entonces se asume como un criterio para determinar el desarrollo de las facultades intelectivas de grupos humanos y, en consecuencia, permite establecer su grado de humanidad o barbarismo. Ahora bien, ya que Acosta distingue entre sistemas de escritura, como ya se mencionó, y ya que entre éstos supone marcadas diferencias en términos de capacidades comunicativas y de aprendizaje, es posible establecer grados de barbarismo en función del tipo de sistema de escritura que se haya alcanzado. De esta manera, si bien los bárbaros de primera clase escriben, se diferenciarían de los pueblos no bárbaros precisamente por la utilización de un sistema pictórico y no alfabético" (116).

justificaba de este modo, a partir de la clasificación etnográfica, el modelo de intervención misional jesuítica y la presencia colonial y, al mismo tiempo, se estructuraba una jerarquización entre Europa y América cuya base era moral, espiritual y evolutiva. Una superioridad que podía ser nivelada con la tarea de la evangelización pero que posteriormente, para mantener y conservar dicha civilidad, dado que los indígenas "difícilmente preservarían en ella", debía ser sometida a una tarea de permanente control y vigilancia para evitar la recaída (la vuelta al pasado) en la monstruosidad y en las desviaciones.

El tercer grupo de bárbaros que tipificaba Acosta eran los supuestos indígenas caníbales de Francisco de Vitoria que justificaban la defensa del inocente, los caníbales de Colón (los caribes), los *indios de indios* o el Otro de la otredad, el "hombre salvaje" por excelencia. A esta tercera clase de bárbaros Acosta los acusaba de "criminales" y de impedir la solidaridad entre pueblos —recordemos el *ius negotiandi* y la *comunidad internacional* que proponía Vitoria— y afirmaba que

> [...] es imposible decir el número de pueblos y regiones de este Nuevo Mundo que comprende. En ella entran *los hombres salvajes, semejantes a las bestias*, que *apenas tienen sentimientos humanos*. Sin ley, sin rey, sin pactos, sin magistrados ni régimen de gobierno fijos, cambiando de domicilio de tiempo en tiempo y aun cuando lo tienen fijo, más se parece a una cueva de fieras o a establos de animales. A este grupo pertenecen en primer lugar todos aquellos que los nuestros llaman *caribes*; no ejercen otra profesión que la de derramar sangre, son crueles con todos los huéspedes, *se alimentan de carne humana*, andan desnudos cubriendo apenas sus vergüenzas. A este tipo de bárbaros alude Aristóteles cuando escribía que se les podía cazar como a bestias y domar por la fuerza. De ellos hay en el *Nuevo Mundo* innumerables manadas. Tales son los *chunchos, chiriguanás, moxos, iscaicingas*, vecinos nuestros que conocemos; tales dicen ser buena parte de los pueblos brasileños y los de casi toda la florida. Pertenecen también a esta clase aquellos bárbaros que, aun sin ser tan fieros como tigres o panteras, poco se diferencias, sin embargo, de los animales, también ellos desnudos, asustadizos y entregados a los más degradantes vicios de Venus o incluso de Adonis. Tales dicen ser los que los nuestros llaman moscas en el Nuevo Reino [de Granada], tal la gente que habita promiscuamente en Cartagena y a lo largo de todas sus costas y los que pueblan las grandes campiñas del inmenso río

Paraguay, así como la mayor parte de los pueblos que ocupan el espacio infinito que media entre los dos océanos, aún no bien explorados pero de cuya existencia consta con certeza (*De procuranda* I: 68-69).[36]

Dado que esta clase *degradada* de humanidad se parecía más al animal que al ser humano y que los mismos se asemejaban a las "bestias", era necesario tratarlos como a niños o pequeños animales y no se los podía dejar librados a su propia voluntad (naturaleza). Acosta hacía un esfuerzo notorio, cada vez que podía, por no fundamentar su etnografía y su tipología de la barbarie en el esquema hermenéutico de tradición demoníaca y apelaba más bien a la política oficial liderada por las posiciones teologales de Salamanca. Era preciso para el jesuita, si los indígenas rechazaban la "ayuda" civilizatoria ofrecida por los españoles, obligarlos por la fuerza y hacerlos entrar a "regañadientes" (sic) al reino de los cielos. Sin embargo, esta política sólo debía aplicarse con los grupos más "salvajes" y no con todas las poblaciones indígenas americanas. Así, Acosta señalaba que era necesario:

> [D]arles instrucción humana, para que aprendan a ser hombres, educarlos como a niños. Y si con halagos se dejan espontáneamente promocionar, tanto mejor; de no ser así, no se les ha de dejar a su suerte: si se resisten con terquedad a su propia regeneración y desvarían contra sus propios maestros y médicos, hay que obligarles por la fuerza y hacerles alguna conveniente presión para que no pongan obstáculos al Evangelio, y hay que hacerles cumplir sus obligaciones; y convendrá hacerles fuerza para que se trasladen de la selva a la convivencia humana de la ciudad y entren, aunque sea un poco *a regañadientes*, en el reino

---

[36] De acuerdo con Thierry Saignes: "los chiriguano no corresponden exactamente a la situación común de los pueblos indígenas del Nuevo Mundo: no tenían territorio propio ni identidad homogénea. Son migrantes mestizos que llegaron a los Andes bolivianos desde las llanuras paraguayo-brasileñas al mismo tiempo que lo ibéricos, es decir, son tan conquistadores como ellos. Dicho de otro modo, la identidad colectiva y el desarrollo cultural de estos invasores amestizados corresponden de parte a parte a una construcción histórica [...] Los chiriguano representan entonces un caso excepcional entre los pueblos americanos: podemos seguir de cabo a rabo su trayectoria desde su constitución en el siglo XVI como sociedad independiente hasta su extinción como tal a comienzos del XX [...] [Asentados en los últimos estribos andinos entre Charcas y el Chaco], desde la destrucción de un asentamiento colonial en 1564 hasta la matanza de Curuyuqui en 1892, los ava (autodenominación de los chiriguano) llevaron simultáneamente luchas internas, asaltos esclavistas contra las etnias vecinas e incursiones contra los puestos fronterizos" (31-32).

de los cielos. No conviene, si no queremos errar gravemente, aplicar unas mismas medidas a todos los pueblos de las Indias (*De procuranda* I: 69; énfasis mío).

Pagden ha señalado que estos diferentes tipos de "bárbaros" descriptos por Acosta se comportan del mismo modo: "En sentido general, los tres tipos de barbarie de Acosta actúan de la misma forma. Cada uno representa una fase distinta en el progreso inevitable del hombre hacia la verdadera civilización del mundo cristiano" (*La caída* 254), construyendo así un cuadro de homogeneidad que no es del todo correcto. Recordemos que lo que habilitaba la intervención colonial era, precisamente, la diferencia: no fue lo mismo lidiar con los tlaxcaltecas que con los chichimecas, ni comerciar con los taínos que con los caribes.

El señalamiento de Acosta insistía en la existencia, fuera de la metrópoli europea, de diferentes temporalidades en marcha y en conflicto no sólo con el imperio sino entre ellas. Cuando decimos "temporalidades" nos referimos a los diversos grados de "primitivismo", a la medición de la proximidad del indígena con el tiempo presente del etnógrafo colonial: el indígena no está en el mismo tiempo que habita el etnógrafo. Este desfase o desajuste temporal ha sido estudiado por Johannes Fabian, quien denomina a este proceso como un "denial of coevalness" (véase *Time and the Other*), esto es, como un proceso que implica la negación contemporánea del Otro en relación con el tiempo presente del etnógrafo.[37] Pagden no desconocía este diseño antropológico-evolutivo utilizado por Acosta, al cual describe en forma detallada, sino que deja de lado en su análisis las implicaciones políticas de este esquema, es decir, considerar al Otro como un salvaje que habita por fuera del tiempo europeo dentro del marco de imposición colonial religiosa. Es más, Pagden pareciera considerar como rasgo "positivo" el posicionamiento de Acosta, esto es, el hecho de que el jesuita "les otorgue" a los indígenas la posibilidad de evolucionar.[38]

---

[37] Mignolo, siguiendo a Fabian, explica este proceso como "the complicities between the replacement of the 'other' in space by the 'other' in time [...] the articulation of cultural differences in chronological hierarchies [...] the replacement of the other in space by the other in time was partially framed in terms of boundaries and frontiers" (*The Darker*, "Preface" xi).

[38] Dice Pagden: "[Acosta] Veía la evolución cultural de los pueblos de América como un progreso constante aunque irregular hacia la llegada de los españoles, que les llevaron la Palabra de Dios y, con la Palabra, el conocimiento que los hombres necesitaban para la verdadera vida civil cristiana. Después de que las dos culturas se unieran, al haber alcanzado su fase final la historia india, ésta transcurriría sin las interrupciones del cambio evolutivo" (*La caída* 255).

Es preciso, luego de repasar estas clasificaciones etnográficas de la *barbarie* americana que nos presenta Acosta, hacer una crítica al supuesto *relativismo* del jesuita: en Acosta no hay relativismo alguno, hay sí *comparativismo* entre diferentes clases de indígenas, lo que Pagden ha denominado como un "proyecto de etnología comparativa" (146-197). Ni siquiera los grupos indígenas más sofisticados culturalmente desde el punto de vista europeo (incas y mexicas) fueron considerados por Acosta al mismo nivel de humanidad que los europeos.[39] Lo importante de esta clasificación no es, sin embargo, cuan fidedigna o "ficticia" pueda ser, puesto que como ha señalado Boccara, es obvio que no responde a una descripción empírica y concreta de la realidad ("Rethinking the Margins" 64), sino que este ordenamiento de la barbarie nos ayuda a entender los modos en que se ejercitó la organización, distribución y control del poder colonial sobre la "diferencia" y el supuesto "desorden" social del mundo indígena. Todos los grupos indígenas o etnias de las que habla Acosta son "inferiores" a los europeos, son "bárbaros" (Pagden 158). Hay una gradación de lo humano en Acosta, distintos grados o niveles de humanidad, de hecho habla de la tercera clase de bárbaros como "semihombres" que "apenas tienen sentimientos humanos" (chunchos, chiriguanás, moxos, iscaicingas).

Si Acosta pedía que no se tratase de igual forma a todos los indígenas americanos ello no se debía a la *caritas* del catolicismo o a su "objetividad" científica, sino más bien a la estrepitosa caída demográfica que se había producido hacia finales del silgo XVI en toda América como consecuencia del maltrato colonial hacia la población indígena y a las enfermedades europeas transformadas en pandemias, es decir, debido a la "crisis" colonial. El maltrato, desde las denuncias lascasianas, ya señalaba a futuro el final de la mano de obra y preanunciaba los cargamentos de esclavos africanos como reemplazo de la mano de obra indígena. Sin indígenas no se podía extraer el oro y la plata del Perú, pero tampoco se podía "anunciar" la palabra de Dios. Es allí donde interviene la clasificación etnográfica de Acosta, pues ésta pretende separar la paja del trigo, los buenos de los malos, los lobos de las ovejas, poner paños fríos a las afiebradas alucinaciones demoníacas

---

[39] Para Castañeda, "el concepto de bárbaro que maneja Acosta implica que no es posible alcanzar la racionalidad plena por fuera del cristianismo, es decir, que sólo dentro de este credo es posible una realización adecuada y completa del ser humano en cuanto tal. De ahí que la consideración de un grupo como bárbaro también tenga que ver con las concepciones que se asumen como verdaderas a partir de la mera voluntad do creencias, y no sólo con las realizaciones sociales, políticas y culturales que implican un desarrollo de las facultades intelectivas" (121).

de los franciscanos y ofrecer un programa de evangelización con base en las diferencias culturales y lingüísticas de los diferentes grupos indígenas.

3. Terror útil, milagros e idolatría

> El recurso al miedo y a la violencia no se debe entender desde Acosta como algo accidental, fortuito y evitable, pensando en la relación entre españoles e indios, sino como algo esencial y connatural a ella: el miedo y la violencia a la vez que condicionan y determinan el tipo de relación, también la hacen posible.
>
> Felipe Castañeda. *El indio* (134).

El reconocimiento empírico de la "diferencia" no servía para acabar con la violencia colonial sino para redireccionarla hacia los lugares "correctos". No se podía hacer guerra constante contra el indígena, "hacer entradas", quemar sus poblaciones, todo ello debía obedecer a una suerte de racionalidad colonial en la cual, nuevamente, la clasificación etnográfica era instrumental y fundamental. Como señalaba Lopetegui: "Acosta se propone lo que muchos defendían entonces con tanto calor de entrar a mano armada derribando templos, o ídolos a hierro y fuego, tesis muy aceptable no sólo a los soldados, nos dice, sino también a muchos sacerdotes" (294). En tal sentido se preguntaba Acosta, que estaba cansado de oír los informes de misioneros que habían sido masacrados y apaleados por los indígenas, si los "antiguos" métodos de evangelización podían aplicarse frente a tal o cual tipo de barbarie. Así, luego de un estudio minucioso de los hechos, llegaba a la conclusión de que era posible aplicar tres métodos diferentes en la predicación de la fe: 1) "es que vayan los predicadores a los gentiles, confiados en la gracia de Dios, y prediquen el Evangelio sin ir acompañados de ningún aparato militar" (*De procuranda* I: 303), 2) "es que no vayan a nuevos pueblos, sino a los que —justa o injustamente— ya están sometidos a los príncipes cristianos y solamente a ellos consagren sus desvelos los ministros de la palabra de Dios" (I: 303) y 3) "es que vayan, sí, y prediquen a Cristo donde todavía no ha sido anunciado, pero *con tropas y protección de soldados* para defender sus vidas" (I: 303; énfasis mío). Estos métodos señalan que, por debajo del razonamiento lógico de Acosta, subyacía un sustrato etnográfico eurocéntrico que es en definitiva lo que organizaba estas formas de predicación posibles. En estos pasajes, Acosta reconocía tres cosas: 1) que los indígenas sí tenían agencia y que se defendían de la invasión religiosa y colonial, 2) que no era posible seguir en la tesitura renacentista y salmantina del universalismo humanista y, 3) que la violencia justificaba su función si el objetivo (el *telos*) era la predicación del Evangelio.

Acosta reconocía que la mayor parte de la labor misionera había sido llevada a cabo con el primer modelo de amor y de bondad cristiana, sin tropa, en la mayor parte de los pueblos y naciones en los que la Compañía había predicado "a los indios, persas, árabes, etíopes, malabares, japoneses, chinos y otros muchísimos" (I: 307). Sin embargo, también señalaba muy claramente que el que quisiera seguir el mismo método en América debía ser condenado por estupidez: "Y, sin embargo, quien quiera seguir, en todos sus pormenores, este método de evangelización con la mayor parte de los pueblos de este mundo occidental, por nada más debe ser condenado que por su extrema estupidez, y no sin razón. La experiencia misma, gran testigo de excepción, lo ha denunciado sobradamente" (I: 307). Con prudencia, Acosta aconsejaba que no era conveniente que el misionero se transformara en un mártir de la misión cristiana "como sucede en casi todos los países bárbaros, no es prudente, con pretexto de mayor santidad, exponerse a riesgos de perder tu propia vida y en nada remediar la ajena" (I: 307). Según el jesuita, existían dos causas por las cuáles no se podía aplicar el viejo método apostólico para el caso americano: la primera causa era que

> [E]stas gentes, acostumbradas a vivir como bestias, sin pactos y sin compasión, dan señales de tan poca humanidad por cuanto uno actúa tan temerariamente dejándose llevar de su capricho. Con los huéspedes y extranjeros no respetan ningún derecho de gentes, cuando ni entre ellos siquiera conocen las leyes de la naturaleza. Por lo cual *confiarse a la razón y albedrío de estos bárbaros sería como pretender entablar amistad con jabalíes y cocodrilos* (I: 307-309; énfasis mío).

La segunda causa destrozaba el criterio empirista y recurría a la intervención divina: "otra razón por la que no puede emplearse la predicación apostólica en todo a la manera de los Apóstoles; que nos falta la facultad de hacer milagros, que tenían amplísima los Apóstoles [...] eran tenidos por hombres semejantes a dioses" (I: 309). Pero, según Acosta, la pobreza de los misioneros, su incapacidad de hablar lenguas, de hacer milagros, los ponía en una postura débil y de desprecio frente a la mirada indígena:

> Pero a nuestros predicadores de nuestro tiempo, no siendo objeto de admiración ni de temor para los bárbaros por la grandeza de tales obras [milagros], no les queda sino un absoluto desprecio por su impotencia y además pobreza de vida, que piensan [los indígenas] no procede de generoso y noble espíritu, sino

> de mala suerte y desgracia. Por esto, siendo bajos y viles esos bárbaros en su mayoría, forzosamente perseguirá a los nuestros la escasez de todas las cosas [...] No solamente falta, pues, en este tiempo el poder moral de los milagros, sino que en lugar de ellos abundan por todas partes hasta los crímenes, y con este gravísimo inconveniente parece casi cerrado el camino a aquel primer método plenamente apostólico de evangelización (*De procuranda* I: 311).

Leemos un pesimismo agazapado que se filtra en la obra de Acosta y que se enuncia a cada paso en la repetición de las costumbres y la "barbarie" indígena. Estas dos causas (falta de milagros y resistencia indígena) terminaban por complementarse y funcionaban dentro del mismo campo discursivo. Por ello, Acosta justificaba la "entradas" en territorio indígena con milicia y sostenía que no se cometía ningún pecado al hacerlo: "es justo y sin ninguna duda está permitido penetrar en el territorio de los bárbaros, y éstos obran injustamente si ponen resistencia, sin haber antes recibido injuria alguna ni tener con fundamento sospecha para ello" (*De procuranda* I: 345). De este modo el jesuita revitalizaba la *relectio* de Francisco de Vitoria sobre la "guerra justa" contra el indígena y no hacía sino aplicar a esta materia los acuerdos más o menos generales a los que se había arribado en Salamanca.

Esta postura belicista hacía viable el método de predicación con violencia militar como reaseguro de la integridad de los evangelizadores. "Y si los bárbaros deben ser amonestados y requeridos con la predicación evangélica y no es posible hacerlo con la entrada de uno o dos misioneros por la condición salvaje de los mismos bárbaros o por la inmensa distancia de las regiones necesariamente desprovistas de protección, es evidente que hay necesidad de reclutar varios hombres y preparar los medios oportunos" (*De procuranda* I: 347). Al igual que Sepúlveda, Acosta hablaba de los "beneficios" que se les daba a los indígenas, "ya que al estar viviendo más como fieras, se les va a hacer más bien un beneficio atrayéndolos a la vida social y a las leyes acomodadas a las exigencias de la naturaleza" (*De procuranda* I: 347). Pero si bien es cierto que Acosta reclamaba la fuerza como medio de acompañamiento apostólico —a diferencia de Sepúlveda—, sin embargo no estaba de acuerdo con la matanza masiva y la quema total de las poblaciones indígenas. En realidad la idea de Acosta era más la del "terror útil" que de la masacre *á la* Pizarro o *á la* Alvarado:

> Pero adviértase con sumo cuidado que no conviene vengar las injurias de los bárbaros de la misma manera que las de los demás hombres. Porque siendo los indios de ingenio corto y pueril, de-

ben ser tratados como niños y mujeres o, mejor, a la manera de las bestias [...] No hay que llegar a la primera de cambio de esas atrocidades, hasta quemar los poblados, matar a sus hombres, reducirlos a perpetua esclavitud y demás calamidades de la guerra (*De procuranda* I: 355).

Es una de las pocas veces en las que la denigración y degradación que se construye en el *discurso etnográfico* de Acosta "protege" a los indígenas, los cuales se salvaban de ser masacrados por su carácter "pueril" y por su "ingenio corto". Una clasificación etnográfica que los convertía en "niños" y "mujeres", causa por la cual se los eximía de la violencia mayor.

Por otro lado, la línea discursiva con base en los milagros, tendía a desentonar con el carácter "empiricista" de Acosta y nos muestra al jesuita en su justa medida, sacándolo de ese pedestal protorracionalista al cual lo ha subido la crítica cultural e historiográfica. El propio Acosta estaba convencido que los "milagros" podrían transformar la realidad colonial: "A mí no me cabe duda que, si volviese la primitiva fe de los primeros cristianos y aquella su piedad y fervor de espíritu, íbamos a ver también los antiguos milagros" (*De procuranda* I: 327). Narraba, a modo de anécdota que "las historias del Nuevo Mundo descubierto nos hablan de muchos sucesos sorprendentes y verídicos" (I: 133) y traía a cuento el caso de la aparición de un ángel a una mujer indígena "obstinada en el error de su infidelidad y muy adicta a una superstición de hechicerías" (*De procuranda* I: 133). Contaba Acosta que la mujer era la única de su familia que no había querido bautizarse y hallándose en sus últimos días acosada por una enfermedad pidió la asistencia de un fraile para bautizarse. Aducía que no podía salir de la vida sin antes recibir el bautismo y confesarse. Al ser preguntada sobre el cambio en su actitud respondió la mujer que "al acercarse la muerte se puso a su lado un joven blanco que le reprochó duramente su vida pasada y le persuadió a recibir cuanto antes la religión de Cristo. Al otro lado, por el contrario, se puso un etíope negro que le estuvo inculcando largo rato la superstición de sus antepasados" (*De procuranda* I: 135). La carencia de milagros contribuyó a la diseminación de estos relatos en los cuales, lejos de cualquier método empírico y muy cerca del prejuicio racial etnográfico (el ángel blanco y el demonio etíope negro), Acosta nos deleita con su imaginación literaria, pero no sin antes aclarar, cubriendo y cuidando su "racionalidad" que "Conocí el hecho por referencia del sacerdote, que a su vez tuvo buen cuidado de transmitirlo a su obispo con pruebas de legítimo testimonio" (*De procuranda* I: 135). Tal vez, del mismo modo debamos interpretar las apariciones demoníacas o sus influencias: en tanto que elementos funcionales de la hermenéutica que estructura y da volumen

438

a la descripción etnográfica. Tal como lo afirmaba el propio Acosta en el "Prólogo" a la parte moral de su *Historia*, luego de haber pasado por la descripción geográfica y por el recuento de las riquezas minerales, su idea era discurrir en los libros restantes sobre las costumbres de los indígenas:

> Habiendo tratado lo que a la historia natural de Indias pertenece, en lo que resta se tratará de la historia moral, esto es, de las costumbres y hechos de los indios [...] en los cuatro libros precedentes se ha dicho lo que se ha ofrecido; la razón dicta seguirse el tratar de los hombres que habitan el Nuevo Orbe. Así que en los libro siguientes se dirá de ellos lo que pareciere digno de relación, y porque el intento de esta historia no es sólo dar noticia de lo que en Indias pasa, sino enderezar esa noticia *al fruto que se puede sacar del conocimiento de tales cosas, que es ayudar aquellas gentes para su salvación*, y glorificar al Creador y Redentor, que los sacó de las tinieblas oscurísimas de su infidelidad, y les comunicó la admirable lumbre de su Evangelio; por tanto, primero se dirá lo que toca a su religión, o superstición y ritos, e idolatrías y sacrificios, en este libro siguiente, y después, de lo que toca a su pulicia, y gobierno y leyes, y costumbres y hechos (*Historia* 215; énfasis mío).

Llevar a cabo este plan implicaba revisar y reevaluar lo ya hecho, pero también volver a mirar, con diferentes instrumentos, el comportamiento indígena con relación a lo religioso. De este modo, Acosta, en el libro V de su *Historia natural y moral de las Indias* (1590), proponía una nueva mirada sobre la idolatría. Atento a su afán clasificatorio, articulaba la adoración satánica por géneros —idolatrías de *cosas naturales* e idolatrías de *cosas imaginadas*— y anotaba en relación a los incas del Perú que "No se contentó el demonio con hacer a los ciegos indios, que adorasen al sol, y la luna y estrellas y tierra, y mar y cosas generales de naturaleza; pero pasó adelante a dalles por dioses y sujetarlos a cosas menudas, y muchas de ellas muy soeces" (223).[40] Es preciso señalar que la etnografía de Acosta

---

[40] De acuerdo con Bernard y Gruzinski, "Los gérmenes de la extirpación de las idolatrías en Perú aparecen en la segunda mitad del siglo XVI: Polo de Ondegardo, quien calificaba los ritos y creencias de los indios de 'errores y supersticiones', se situaba ya en esa corriente decisiva de la política colonial; el tercer Concilio de Lima (1585) —y Acosta, quien participó en él activamente— insistía en la necesidad de revisar las modalidades de la conversión de los indios, aferrados a pesar de sus curas, los 'doctrineros', a sus prácticas paganas" (*De la idolatría* 154).

era muy selectiva y específica en cuanto a la utilización de la figura y la influencia del demonio. Como ya dijimos su clasificación de la barbarie no dependía mayormente de la hermenéutica infernal/celestial, sino también de las *mores* (costumbres) latinas. Sin embargo, cuando las *mores* hacían referencia a la adoración (del sol, de la luna, etc.) la hermenéutica católica volvía a ser esgrimida como marco de conceptualización del ritual y la figura del demonio emergía nuevamente desde sus oscuros escondites a los cuales la había relegado la razón.[41] Tengamos en cuenta que Acosta, antes que un historiador de la diferencia americana (natural y antropológica), era un hombre de la Iglesia profundamente ocupado en lograr una metodología segura y práctica para la evangelización del indígena americano luego de los disgustos y sin sabores por los que habían tenido que transitar los evangelizadores. Sinsabores que ya habían sido expresados por Sahagún en forma reiterada y que años más tarde Acosta identificaría con algunas causas puntuales pero siempre manteniendo de fondo la línea argumentativo-teológica sobre la influencia y los obstáculos que el demonio había tendido sobre el proceso de evangelización en América:

> Pero como el demonio, enemigo del género humano, atormentado de acerbísima envida, procura con las fuerzas y artes que puede que en la conversión de los gentiles a la fe no prospere la obra del Señor. Así que levanta innumerables obstáculos para arrebatar el fruto de la divina semilla de los corazones de los oyentes. Contra todos ellos conviene que esté preparado y se mantenga firme el soldado de Cristo para no echar pie atrás de la obra comenzada, harto de dificultades, sino que, por el contrario, se esfuerce por aplicar los remedios oportunos, conocidas bien las artes del adversario (*De procuranda* I: 371).

El libro V de la *Historia natural y moral*, que trata sobre la religión indígena —"supersticiones", según Acosta— se divide en 31 capítulos que abordan variados aspectos etnográficos: 1) tipos de idolatría, 2) rituales funerarios,

---

[41] Según Cervantes, "It was a common place in contemporary theological thought that Satan, the *Simia Dei*, was forever seeking to imitate his creator, so that, as Pedro Ciruelo has put it, 'the more saintly and devout the things he made men do, the greater was the sin against God'. From this it followed that the more highly structured was the social order of pagan peoples, and the more refined and complex was their civility and religious organization, the more idolatrous and perverted were the results. It was in his analysis of Indian religions, therefore, that the nominalist separation of nature and grace was taken by Acosta, with impeccable logic to its most extreme and dramatic conclusions" (28-29).

3) formas de la mimesis diabólica o *Simia Dei*,[42] 4) los diferentes templos mexicas, 5) los "sacerdotes" y sus oficios, 6) los tipos de sacrificios, 7) los hechiceros y, por último, 8) las distintas fiestas del calendario. Acosta comenzaba aclarando en el "Prólogo" que el lector no debía sorprenderse de la "infidelidad" de la gente del Nuevo Mundo debido a que "siendo el maestro de toda la infidelidad el príncipe de las tinieblas, no es cosa nueva hallar en los infieles, crueldades, inmundicias, disparates y locuras proprias de tal enseñanza y escuela" (216).[43] Desde el comienzo, la causa eficiente, el motor que daba movilidad a la conducta indígena era la intervención del "rey de las tinieblas". Como ha señalado Pagden, la obsesiva preocupación de Acosta por hallar las "causas" de todos los fenómenos, lo llevaron a plantear en su explicación y descripción de la religión indígena, a la intervención satánica como origen. Sin embargo, Pagden nunca explica por qué razones el empirismo de Acosta no sirve, ni se utiliza, para pensar la diferencia religiosa. Un hecho notorio que ha llevado a decir a Cervantes que la obra de Acosta es "ambivalente" y que está atravesada por una contradicción latente (33).

Si la praxis empírica era lo que definía el modelo de trabajo para la conceptualización y posterior descripción de la naturaleza, en cambio, el *a priori* teológico de las oposiciones binarias (Dios/Satán, bien/mal, infierno/paraíso) será lo que configure el marco de su hermenéutica antropológica y proponga, desde el principio, la acción "sobrenatural" del demonio como

---

[42] Al respecto, agrega Jáuregui que "Las similitudes no podían tener origen divino; no tenía sentido —se pensaba— que Dios se copiara a sí mismo, y menos aún de manera imperfecta. La mímica es cosa del diablo o *Simia Dei*, como se llamaba al ángel caído, aludiendo a su supuesta afición 'simiesca' por la imitación. Como se recordará, Lucifer es precisamente definido por la envidia y por su deseo de copiar y querer ser como Dios, aunque apenas logre imitarlo grotescamente [...] Incluso la abstinencia, la confesión, o la castidad se supusieron inspiradas en la envidia que el demonio tenía de las virtudes verdaderas y penitencias ofrecidas a Dios. En el caso específico de la Eucaristía, el Diablo extremaba la copia de la transubstanciación hasta el sacrificio sangriento, como si quisiese exceder el más sagrado misterio" ("El plato más sabroso" 205).

[43] Según ha señalado Pagden, "Toda la estructura de la religión Azteca, incluso los nombres de sus sacerdotes, era una burla de Dios [...] Satán era capaz de transmitir a los indios una idea distorsionada de cosas como la Trinidad y el nacimiento de la Virgen. Y no sólo transmitía información falsa y se insinuaba en lo que Acosta clasifica como 'sacrificios e idolatría', también 'imitaba' la confesión, la comunión y la fiesta del Corpus Christi. El diablo invertía estos ritos cristianos transformando acciones que Dios había instituido para lograr resultados beneficiosos en acciones malvadas destinadas a tener resultados desgraciados [...] Todo esto, por supuesto, está de acuerdo con la antigua imagen de Satán como Simia Dei, el archiembaucador de la humanidad" (*La caída* 236).

causa central del proceder indígena. Como señala Pagden: "Para Acosta, a pesar de su interés predominante por las causas, la única explicación satisfactoria para las formas de expresión religiosa pagana era la intervención satánica. Sólo las obra de Satán podrían explicar adecuadamente, citando a Girolano Garimberto, cómo los indios podían haber conocido "leyes y costumbres semejantes a las nuestras antes de que ellos nos conocieran, o nosotros a ellos. El papel de Satán en la *Historia* es crucial" (234). Es más, toda la religiosidad mexica e incaica, será puesta dentro del contexto de la "soberbia" de Satán, de su "envidia divina" y de su odio y celo hacia los hombres. Afirmaba Acosta: "Es la soberbia del demonio tan grande y tan porfiada, que siempre apetece y procura ser tenido y honrado por Dios; y en todo cuanto puede hurtar y apropiar a sí lo que sólo al altísimo Dios es debido, no cesa de hacerlo en las ciegas naciones del mundo, a quien no ha esclarecido aún la luz y resplandor del santo Evangelio" (*Historia* 217). Así, los indígenas participarán como los rehenes de una ancestral batalla entre las fuerzas celestiales del bien y las especulaciones calculadas de mal, estos factores funcionarán en la etnografía de Acosta como la variable de ajuste entre los poderes sobrenaturales y los temporales y, por ende, como *sujetos-instrumentos* (objetivaciones) sin demasiada voluntad o agencia.

En el libro V de *De procuranda*, titulado "Los preceptos del decálogo y la idolatría de los bárbaros", Acosta señalaba a los futuros evangelizadores que el "problema" central contra el que debía luchar el misionero era la idolatría, "en nada hay que poner más empeño ni trabajar más asiduamente que en desarraigar completamente de los ya cristianos, o de los que van a serlo, todo amor e inclinación a la idolatría. Esta peste es el mayor de todos los males" (*De procuranda* II: 247). Acosta mostraba sin disimulo su enojo contra las guacas de los indígenas peruanos y señalaba que no podía entender cómo los hombres habían podido cambiar la veneración de Dios por unas simples piedras y unas sucias culebras:

> Para dar a entender cómo están los ánimos de estos desgraciados, no se me ocurren palabras bastantes. Más que imbuidos, están trastornados totalmente por sentimientos idolátricos. Ni en paz ni en guerra, ni en el descanso ni en el trabajo, ni en la vida pública ni en la privada, nada son capaces de hacer sin que vaya por delante el culto supersticioso a sus ídolos [...] ¡Tan oprimidos tiene el demonio sus sentidos con miserable esclavitud! [...] Es cosa que me asombra, pero que apenas puedo explicar de palabra (*De procuranda* II: 249).

Siguiendo a san Juan Damasceno (675-749), hacía una división tripartita de la idolatría que luego ampliaría en el libro V de su *Historia natural*. En el primer grupo o tipo incluía la adoración de los astros: "las esferas celestes y los signos y elementos naturales" (II: 249), en el segundo grupo ponía la adoración de los muertos (las momias incas) y, en el tercero, incluía la adoración a los animales y a los elementos de la naturaleza (ídolos de piedra y madera).[44] En términos casi idénticos a los que ya había utilizado fray Bernardino de Sahagún, Acosta definía a la idolatría como una especie de enfermedad congénita y ponía al evangelizador en el lugar de un "doctor evangélico" responsable de curar esa enfermedad:

> Más bien habría que pensar que se trata de una enfermedad idolátrica hereditaria que, contraída en el mismo seno de la madre y criada al mamar su misma leche, robustecida con el ejemplo paterno y familiar y fortalecida por larga y duradera costumbre y por la autoridad de las leyes públicas, tiene tal vigor que no la podrá sanar sino el riego muy abundante de la divina gracia y el trabajo asiduo e infatigable del doctor evangélico [...] Ahí, ahí es donde tiene que clavar sus pies el catequista prudente y centrar todos sus pensamientos, toda su habilidad y todo su trabajo en arrancar las más íntimas raíces de la idolatría del ánimo de los indios (*De procuranda* II: 255).

Claro que este trabajo para arrancar las raíces de la idolatría volvía a exigir la imprescindible colaboración de la práctica etnográfica. Al clasificar los diferentes tipos de idolatría Acosta le brindaba al evangelizador novel una herramienta indispensable para reconocer la presencia diabólica. El jesuita recomendaba a su lector revisar con cuidado el trabajo etnográfico del ju-

---

[44] Bernard y Gruzinski nos informan sobre otro jesuita llamado Pablo José de Arriaga (1564-1622) que, varios años después de Acosta, participó en las campañas de extirpación de idolatrías y escribió un libro titulado la *Extirpación de la idolatría en el Perú* (1621). En este libro, según Bernard y Gruzinski, el jesuita también realizó una clasificación etnográfica de la idolatría: "Con la frialdad de un entomólogo, Arriaga elabora una lista de objetos de culto entre los cuales sitúa en primer lugar al sol y los astros, las montañas, los pozos y otras formas topográficas, luego los ídolos de piedra a los que compara con los dioses penates que posee cada familia en su casa y que los indios llaman *conopas* y *chancas*. Todas estas cosas se ordenan en dos categorías lógicas: las *huacas* inmóviles —el término quechua se introduce como categoría *objetal* y o como una forma *sui generis* de la divinidad— y las *huacas* móviles que también se designan como 'reliquias malditas'. En suma, los indios no creen en falsos dioses sino en cosas que se parecen extrañamente a los fetiches 'descubiertos' por los portugueses en África" (*De la idolatría* 155).

rista y corregidor de Cuzco y Potosí, Polo de Ondegardo (ca. 1510-1575), autor que se había encargado de hacer una descripción minuciosa de las prácticas religiosas de los indígenas del Perú en su *De los errores y supersticiones de los indios*.[45] No obstante, a pesar de los esfuerzos clasificadores, Acosta sentía que el apego de los indígenas a sus cultos y la gran variedad de formas que éstos tenían para adorar a sus dioses hacía casi imposible el relevamiento de tales prácticas: "Por lo que se refiere a las supersticiones de los egipcios, están tan extendidas entre nuestros bárbaros que no se puede llegar a contar las clases de sacrificios y de guacas" (*De procuranda* II: 257). Asimismo expresaba en forma hiperbólica, al igual que Motolinía, una suerte de pánico y paranoia por la extensión y alcance de la religiosidad del mundo indígena andino: "En cuanto los bárbaros descubren que algo sobresale y resalta entre los demás seres de su especie, instantáneamente reconocen allí una divinidad y la adoran sin dudar un momento. De esta peste odiosísima de la idolatría están llenos los montes, llenos los valles, los pueblos, las casas, los caminos, y no hay ningún trozo de tierra peruana que esté libre de este sacrificio" (*De procuranda* II: 257).

Es importante remarcar que la escritura evangélico-etnográfica de Acosta se encuentra sustentada por una noción temporal a la que podríamos denominar "evolutiva". Por esta razón, Acosta consideraba no sólo que había, como ya vimos, gradaciones de barbarie, sino, además, que la idolatría se había hecho más refinada y practicada en los centros indígenas más desarrollados o menos "salvajes" y viceversa: "[Se] ha observado que las naciones de los indios más y más graves clases de diabólicas supersticiones, eran aquellas que más adelantaron a las otras en el poder y capacidad organizadora de sus reyes y Estados. Y, al contrario, las que por azar de vida alcanzaron menor progreso y una forma de Estado menos desarrollada, en ellas la idolatría es muchos más escasa" (*De procuranda* II: 259). Así, la etnografía se fundía con y daba soluciones a la misión evangelizadora; la etnografía debe ser entendida como un elemento supeditado al *telos* evangélico, un medio para llegar a un fin.

---

[45] Según nos informa Brian Bauer, "As a corregidor of Cusco (1558-1560 and 1571-1572), Polo de Ondegardo was in an unusually powerful position to conduct interviews with surviving royals Incas and their entourages, and he won praise from his compatriots for the often spectacular results of his investigations. For example, one early inquiry on the noble lineages of the Inca led to the discovery of the royal Inca mummies, which were still being housed and worshipped in the environs of Cusco. It is also apparent that Polo de Ondegardo was extremely interested in the huacas and ceques of Cusco because they are mentioned in most of his major works" (17).

Una vez catalogada la idolatría, definidos sus límites, Acosta explicaba los modos de su erradicación. A su vez, estos modos de lidiar con la idolatría eran subsidiarios de una división teológica que ya habían expresado tanto Francisco de Vitoria como por Bartolomé de Las Casas, según la cual no se podía castigar al infiel, al no converso, si antes éste no se entregaba voluntariamente —no por la fuerza— a la religión del invasor. Por el contrario, el converso podía recibir todo el castigo de la ley, hasta azotes, puesto que ya era parte del mundo católico y por ende un hereje si incurría en adoración idolátrica.[46] Pero antes del castigo se hacía necesaria la tarea de erradicación y destrucción de los ídolos y la curación de la "enfermedad" de la idolatría:

> Para curar esta enfermedad, a muchos de los nuestros les ha parecido que el procedimiento más adecuado es éste: todas las imágenes y guacas y demás representaciones plásticas de las supersticiones de los indios que se pueda encontrar, quitárselas a la fuerza ay destruirlas a sangre y fuego. ¿Y cómo encontrarlas? Si los indios se niegan a confesar, hay que recurrir a los azotes para que descubran los ídolos (*De procuranda* II: 259).

Acosta estaba de acuerdo con la destrucción de templos, ídolos, guacas, pero estaba preocupado por el castigo y la extracción de información mediante tortura de los indígenas, puesto que ello reforzaba el amor de los mismos por sus ídolos y presentaba al Dios invasor como a un Dios violento: "Arrancando los ídolos de manos de los indios contra su voluntad, se los clavan aún más en el alma [...] Esforzarse en quitarles [a los no conversos] por la fuerza la idolatría antes de que espontáneamente reciban el Evangelio, siempre me ha parecido, lo mismo que a otras persona de gran autoridad y prudencia, cerrar a cal y canto la puerta del Evangelio" (*De procuranda* II: 261). Para hacer que los indígenas abandonaran la idolatría era menester hablarles en una forma simple y sin "razonamientos exquisitos y muy filosóficos" (*De procuranda* II: 265). Recomendaba entonces tres

---

[46] Según informan Bernard y Gruzinski, durante el siglo XVII "Los extirpadores contemplaron algunos castigos, a la vez progresivos, es decir proporcionales a las reincidencias, y medianamente severos. Para los caciques idólatras y también para los "hechiceros dogmatizadores" se prevén un serie de penas: el látigo, el corte de cabellos, la privación de privilegios, lo que en el caso de los caciques implica que dejarán de quedar exentos del trabajo obligatorio, carga impuesta a todos los indígenas adultos. El último recurso —como en México— era el confinamiento de los culpables en la casa de la Santa Cruz en Lima, situada en el barrio del Cercado reservado a los indios" (165-166).

maneras argumentales "simples" de refutar la idolatría a partir de explicaciones materiales concretas y que incluían ejemplos con los propios ídolos indígenas: 1) desacreditar la naturaleza y sustancia de los mismos, esto es, se les debía mostrar a los indígenas que la materia de la que estaban hechos sus ídolos era ordinaria y fabricada (artificial), haciéndoles entender de este modo que los mismos no eran sustancialmente divinos, 2) que los ídolos no se podían defender de los ataques de los agentes naturales como el fuego o, incluso, de ser robados, tampoco podían moverse por *motus* propio, es decir, no tenían capacidad de agencia y por lo tanto no podían demostrar una voluntad divina y, 3) que sus ídolos no los habían ayudado frente a la adversidad como las enfermedades, la invasión de los europeos, en las guerras: "En las enfermedades, en la guerra o en el hambre, ¿han sentido algún provecho de sus dioses? ¿Les habrá ido mejor por rendirles culto religiosamente que si no los hubieran tenido en ningún aprecio? ¡Cuántos males y desgracias han padecido, y no han sido ayudados ni confortados por sus dioses!" (*De procuranda* II: 267). Sin embargo, no bastaba, según Acosta, con refutar la idolatría en forma general, sino que, por el contrario, el evangelizador debía llevar a cabo un estudio minucioso y pormenorizado de los tipos de idolatría: "En su investigación y estudio empleará un trabajo utilísimo e incluso totalmente necesario. Muchos pecan gravemente de incuria y descuido en esta materia; no pueden curar como conviene las dolencias y que desconocen. No deben denostar solamente las varias formas de los ídolos, sino también la casi infinita variedad de supersticiones que de ahí se derivan" (*De procuranda* II: 269). Así, nuevamente, quedaba asegurado el valor instrumental de la etnografía en el proceso de conversión y evangelización. Finalmente, recomendaba, al igual que lo había hecho el propio san Agustín, la destrucción total de cualquier tipo de idolatría, siempre teniendo en cuenta la diferencia entre "infieles" y "herejes", esto es, entre conversos y no conversos.

Para Acosta, las formas que adquiría la idolatría, según aparecen descriptas en el libro V de la *Historia natural* ampliando el modelo que había presentado en *De procuranda*, eran literalmente "infinitas" (*Historia* 219). Sin embargo, forzado a realizar una clasificación por géneros —y de eso se trata precisamente el relevamiento etnográfico— intentaba agruparlas en dos modelos principales y en cuatro formas básicas. A la primera forma la denominaba como "natural" y a la segunda "de cosas imaginadas o fabricadas". A su vez, dividía la "natural" en dos subtipos: a) general: adoración de la luna, el sol, etc., y b) particular: un árbol, un río y, agregaba Acosta, que de este último "género de idolatría se usó en el Pirú en gran exceso, y se llama propiamente guaca" (*Historia* 219). El segundo modelo, el de las "cosas imaginadas", también se repartía entre dos paradigmas: a) uno era el de la invención o el arte humanos, "como adorar ídolos o estatua de palo, o de piedra o de oro, como de Mercurio o Palas" (*Historia* 219) y b) el otro, la devoción o adoración hacia "algo que fue" y que ya no es, como a los muertos, "o cosas suyas que por vanidad y lisonja adoran los hombres" (*Historia* 219). En total, según Acosta, existían "cuatro maneras de idolatría" (*Historia* 219) específicamente clasificadas y así agregaba Acosta un nuevo tipo a los tres que había definido previamente en el libro V de *De procuranda*.

El capítulo quinto del libro V de su *Historia* se abre con la afirmación de la agencia demoníaca como causa eficiente de la idolatría y "ceguera" indígena: "No se contentó el demonio con hacer a los ciegos indios, que adorasen al sol, y la luna y estrellas y tierra, y mar y cosas generales de naturaleza; pero pasó adelante a dalles por dioses y sujetarlos a cosas menudas, y muchas de ellas muy soeces" (*Historia* 223). De este modo, Acosta volvía a introducir el comparativismo con la cultura de los egipcios y la adoración a sus dioses Osiris, Amón e Isis, a los romanos y su adoración de Februa y Anser y a los griegos y su comercio con el cuervo y el gallo. Pero a renglón seguido ponía en crisis —espantado y ofuscado— la comparación etnológica al afirmar que los indígenas del Perú, como ninguna otra cultura, adoraban prácticamente cualquier cosa de la naturaleza: "Es cosa que saca de juicio la rotura y perdición que hubo en esto; porque adoran los ríos, las fuentes, las quebradas, las peñas o piedras grandes, los cerros, las cumbres de los montes que ellos llaman Apachitas, y lo tienen por cosa de gran devoción; finalmente, cualquiera cosa de naturaleza que les parezca notable y diferente de las demás, la adoran como reconociendo allí alguna particular deidad" (*Historia* 224). Básicamente, Acosta se aterraba con lo que podríamos denominar una "postura panteísta". Es necesario insistir en que Acosta no está volcando un conocimiento vinculado con su experiencia vital, sino reproduciendo los informes etnográficos de Polo de Ondegardo como él mismo se encarga de dejar expresamente anotado (véase *Historia* cap. 6: 227 y cap. 7: 228). La etnografía de Acosta en relación con la religión indígena tiene un eje conceptual que ya hemos señalado: la influencia demoníaca como causa eficiente; por otro lado, en un plano más descriptivo y material, detalla las prácticas religiosas. Es decir, que Acosta va de lo general a lo particular haciendo que las instancias específicas de lo particular sirvan como ejemplos demostrativos de su eje conceptual. Asimismo, el detalle etnográfico amplía el marco conceptual de la influencia satánica y nos muestra, como en destellos, la complejidad del pensamiento religioso indígena y su agencia.

Luego de anunciar la contaminación diabólica y la adoración de los indígenas, pasaba el jesuita a realizar una explicación detallada del culto a los muertos. Una de las razones que argüía Acosta para explicar la devoción de los indígenas peruanos por el culto a los muertos (especialmente al cuerpo de los difuntos en formas de momias) era que éstos sí creían, al igual que los cristianos, en la vida después de la muerte, pero esa vida era sólo espiritual y no corporal: "Mas de que los cuerpos hubiesen de resucitar con las ánimas, no lo alcanzaron, y así ponían excesiva diligencia, como está dicho, en conservar los cuerpos y honrarlos después de muertos" (*Historia* 227). Que Acosta afirmara que los indígenas "no alcanzaron" a comprender que el cuerpo también se salvaba junto con el alma es sugestivo y sintomático de su utilización del "primitivismo" como herramienta etnográfica. Esto enuncia una postura antropológica que contempla la religión del otro en términos de "atraso". Dado que el cuerpo no pasaba a la otra vida, los indígenas, según Acosta, ofrecían a los difuntos desde comida hasta ropa para que no pasaran frío, pero estas ofrendas eran peligrosas porque permeaban la ofrenda cristiana y hacían convivir sincréticamente dentro de la Iglesia el culto a los muertos junto a la práctica católica de la ofrenda y por ello advertía Acosta a los sacerdotes "que procuren [...] dar a entender a los indios, que las ofendas que en la iglesia se ponen en las sepulturas, no son comida ni bebida de las ánimas, sino de los pobres o de los ministros, y sólo Dios es el que en la otra vida sustenta las ánimas, pues no comen ni beben cosa corporal" (*Historia* 228).

Luego de analizar las idolatrías relacionadas con el culto a los muertos pasaba Acosta a describir un último tipo de idolatría, mucho más grave según su opinión: la adoración de imágenes y estatuas. Adoración que, como se encarga de aclarar en el título del capítulo 9, se relacionaba más específicamente con los indígenas mexicanos que con los peruanos: "Aunque en los dichos géneros de idolatría en que se adoraban criaturas, hay gran ofensa de Dios, pero el Espíritu Santo condena mucho más, y abomina otro linaje de idólatras que adoran solamente las figuras y imágenes fabricadas por manos de hombres" (*Historia* 230). Hacía una exposición muy detallista de los dioses mexicas (Huitzilopochtli, Tláloc, Tezcatlipoca, Quetzalcóatl) y, al igual que Sahagún, los consideraba no como dioses sino como "ídolos". Veamos la descripción de Huitzilopochtli:

> El principal ídolo de los mexicanos, como está arriba dicho, era Vitzilipuztli; ésta era una estatua de madera entretallada en semejanza de un hombre sentado en un escaño azul fundado en unas andas, y de cada esquina salía un madero con una cabeza de sierpe al cabo; el escaño denotaba que estaba sentado en el

cielo. El mismo ídolo tenía toda la frente azul, y por encima de la nariz una venda azul, que tomaba de una oreja a otra. Tenía sobre la cabeza un rico plumaje de hechura de pico de pájaro, el remate de él de oro muy bruñido. Tenía en la mano izquierda una rodela blanca con cinco piñas de plumas blancas puestas en cruz, salía por lo alto un gallardete de oro, y por las manijas cuatro saetas, que según decían los mexicanos les habían enviado del cielo para hacer las hazañas que en su lugar se dirán. Tenía en la mano derecha un báculo labrado a manera de culebra, todo azul ondeado (*Historia* 231).

Asombra en estas descripciones de las divinidades mexicas el grado de detalle que utilizaba el jesuita, como si él mismo las estuviera viendo. Un grado de detalle imposible ya para la época en que Acosta estuvo en México, dado que todas las imágenes habían sido destruidas desde temprano, tanto por Cortés como por los misioneros. Un grado de detalle que indica que Acosta estaba utilizando un informe etnográfico que no era el suyo propio. Una de las formas peculiares de adoración mexica, que Acosta nombraba en el título del capítulo diez como a "un extraño modo de idolatría", era la de hacer un Dios a partir de un prisionero: "tomaban un cautivo [...] y antes de sacrificarle a sus ídolos, poníanle el nombre del mismo ídolo a quien había de ser sacrificado [...] y por todo el tiempo que duraba esta representación [...] de la misma manera le veneraban y adoraban que al propio ídolo, y comía, y bebía y holgaba" (*Historia* 234). Para Acosta este tipo de espectáculo, que nunca presenció, era lamentable y repugnante, no sólo lo condenaba por satánico, sino que además se condolía con los indígenas por el modo en el que Satanás los tenía engañados y por el modo en cómo éste hacía burla de ellos. Sin embargo, aquí en este caso pasa algo extraño puesto que si por un lado Acosta señalaba claramente a Satán como agente del engaño, al mismo tiempo afirmaba que estas prácticas eran propias de un enemigo de Dios a quien los indígenas habían escogido: "Cierto pone lástima ver de la manera que Satanás estaba apoderado de esta gente, y lo está hoy día de muchas, haciendo semejantes potajes y embustes a costa de las triste almas y miserables cuerpos que le ofrecen, quedándose él riendo de la burla tan pesada que les hace a los desventurados, mereciendo sus pecados que les deje el altísimo Dios en poder de su enemigo, *a quien escogieron por dios y amparo suyo*" (*Historia* 234; énfasis mío). En este fragmento podemos leer una pequeña grieta interpretativa que se abre frente a la indignación del jesuita y que nos permite ver, en forma muy acotada, que ya el paradigma de la influencia demoníaca no podía sostenerse tan fácilmente luego de un siglo de evangelización que no lograba ocultar la persistencia de la religiosidad indígena. No obstante, a pesar de estos pequeños deslices, Acosta insistía en la imitación y la envidia satánicas: "se ha de advertir una cosa que es muy digna de ponderar, y es que como el demonio ha tomado por su soberbia, bando y competencia con Dios, lo que nuestro Dios con su sabiduría ordena para su culto y honra, y para bien y saludo del hombre procura el demonio imitarlo y pervertirlo" (*Historia* 235). En la *Historia* de Acosta encontramos la misma preocupación que señalaba Durán por denunciar, describir y catalogar las prácticas miméticas y los encubrimientos religiosos de los indígenas.

En el capítulo 23 del libro V de la *Historia*, titulado "Cómo el demonio ha procurado remedar los sacramentos de la santa Iglesia", Acosta señalaba que la "envidia" y "competencia" de Satanás (*Simia Dei*) habían reclamado para sí mediante el "remedo" los sacramentos católicos y, específicamente, el sacramento de la comunión, transformando a la Eucaristía entre los incas en una "comunión diabólica":

> [...] en el mes primero que en el Pirú se llamaba *rayme* [...] se hacía una solemnísima fiesta llamada *capacrayme*, y en ella grandes sacrificios y ceremonias por muchos días, en los cuales ningún forastero podía hallarse en la corte, que era el Cuzco. Al cabo de estos días, se daba licencia para que entrasen todos los forasteros, y los hacían participantes de la fiesta y sacrificios, comulgándolos en esta forma: las mamaconas del sol, que eran como monjas del sol, hacían unos bollos pequeños de harina de maíz teñida y amasada en sangre sacada de carneros blancos, los cuales aquel día sacrificaban. Luego mandaban entrar los forasteros de todas las provincias, y poníanse en orden, y los sacerdotes, que eran de cierto linaje, descendientes de Lluquyupangui, daban a cada uno un bocado de aquellos bollos, diciéndoles que aquellos bocados les daban para que estuviesen confederados y unidos con el Inga (*Historia* 256).

El señalamiento de Acosta no era original, puesto que tanto Durán como Sahagún y Motolinía ya habían mostrado las "falsas" similitudes entre la Eucaristía indígena y la católica, similitud de la cual se servía Satán para engañar a los indígenas. Sin embargo, la originalidad de la etnografía totalizante que desplegaba Acosta sobre el indígena americano se basaba en una extrapolación y atomización de la trama etnográfica previa, haciendo que la misma funcionara como regla común y general, como soporte, para el análisis de las singularidades. Acosta también registraba en el capítulo 24 del libro V de la *Historia*, titulado "De la manera con que el demonio procuró en México, remedar la fiesta de Corpus Christi, y comunión que usa la santa Iglesia", que existía una mayor "semejanza" y por ende una "mayor admiración" entre las técnicas que había utilizado el demonio para copiar la ceremonia del Corpus Christi en México que en Perú. Luego de describir toda la ceremonia en honor a Huitzilopochtli, la peregrinación en su honor y la ingesta por partes de un gigantesco ídolo de masa que representaba al dios de la guerra mexica, Acosta afirmaba: "¿A quién no pondrá admiración que tuviese el demonio tanto cuidado de hacerse adorar y recibir al modo que Jesucristo nuestro Dios ordenó y enseñó, y como la Santa Iglesia lo acostumbra?" (*Historia* 259).[47] Asimismo, señalaba como *copia diabólica* un ritual similar a la confesión que tenían los indígenas mexicanos antes de la llegada de los españoles: "También el sacramento de la confesión quiso el mismo padre de mentira remedar, y de sus idólatras hacerse honrar con ceremonia muy semejante al uso de los fieles" (*Historia* 259). Más adelante, en el mismo libro V, en el capítulo 27, titulado "De otras ceremonias y ritos de los indios, a semejanza de los nuestros", Acosta describía algunos ritos que a semejanza de los moros y los judíos utilizaban los indios, como los "lavatorios u *opacuna* que llaman, que era bañarse en agua para quedar limpios de sus pecados" (*Historia* 266). También, mostraba el bautismo, donde "a los niños recién nacidos les sacrificaban las orejas y el miembro viril, que en alguna manera remedaban la circuncisión de los judíos" (*Historia* 266). Finalizaba el jesuita su compendio de semejanzas satánicas exculpando a los indígenas, los cuales, según él, actuaban por "temor" a las represalias del demonio y no por amor a sus "falsos" dioses. Ratificaba de

---

[47] Acosta describe con admiración toda la fiesta en detalle: "En el mes de mayo, hacían los mexicanos su principal fiesta de su dios Vitzilipuztli [Huitzilopochtli], y dos días antes de la fiesta, aquellas mozas que dijimos arriba [...] molían cuantidad de semilla de bledos, juntamente con maíz tostado, y después de molido, amasábanlo con miel, y hacían de aquella masa un ídolo tan grande como era el de madera, y poníanles por ojos unas cuentas verdes, o azules o blancas, y por dientes unos granos de maíz [...] el cual después de perfeccionado, venían todos los señores, y trían un vestido curioso y rico, conforme al traje del ídolo, con el cual le vestían; y después de muy bien vestido y aderezado, sentábanlo en un escaño azul, en sus andas, para llevarle en hombros [...] Concluidas las ceremonias, bailes y sacrificios, Iban a desnudas, y los sacerdotes y dignidades del templo tomaban el ídolo de masa, y desnudábanle de aquellos aderezos que tenía, y así a él como a los trozos que estaban consagrados, los hacían muchos pedazos, y comenzando desde los mayores, repartíanlos y dábanlos a modo de comunión a todo el pueblo, chicos y grandes, hombres y mujeres, y recibíanlo con tanta reverencia, temor y lágrimas, que ponía admiración, diciendo que comían la carne y huesos de dios, teniéndose por indignos de ello" (*Historia* 257-259).

este modo que las prácticas "absurdas" e "irracionales" a las que estaban acostumbrados los habitantes de México y del Perú eran causa directa de la influencia y los engaños del demonio y no acciones dirigidas por la propia voluntad e iniciativa indígena:

> La razón de esto es la propia condición del espíritu maligno, cuyo intento es hacer mal, provocando a homicidios o a suciedades, o por lo menos a vanidades y ocupaciones impertinentes; lo cual echará de ver cualquiera que con atención mirare el trato del demonio con los hombres que engaña, pues en todos los ilusos se halla o todo o parte de los dicho. Los mismos indios, después que tienen la luz de nuestra fe, se ríen y hacen burla de las niñerías en que sus dioses falsos les trían ocupados, a los cuales servían mucho más por el temor que tenían de que les habían de hacer mal si no les obedecían en todo, que no por el amor que les tenían, aunque también vivían mucho de ellos engañados con falsas esperanzas de bienes temporales, que los eternos no llegaban a sus pensamientos (*Historia* 267).

La copia satánica, su remedo, era un espejo de la religión cristiana. No sólo había imitado el demonio los sacramentos fundamentales como la Eucaristía y la confesión, sino que además copiaba la estructura organizacional de la Iglesia al pedir para sí ministros al modo de curas y monjas. Acosta señalaba que tanto en el Perú —recordemos que la parte moral de su *Historia* es un contrapunteo entre los indígenas del Perú y los de México— como en México el "padre de la mentira" había congregado grupos de mujeres para que limpiaran sus templos y le dieran de comer a los ídolos: "Alguna semejanza tienen lo de estas doncellas, y más lo de las de Pirú con las vírgenes vestales de Roma, que refieren los historiadores, para que se entienda cómo el demonio ha tenido codicia de ser servido de gente que guarda limpieza, no porque a él le agrade la limpieza, pues es de suyo espíritu inmundo, sino por quitar al sumo Dios en el modo que puede, esta gloria de servirse de integridad y limpieza" (*Historia* 242). También imitaba el demonio la arquitectura eclesiástica al construir monasterios e iglesias para su adoración. Recordemos que ya Sahagún hablaba, como vimos en el capítulo anterior, de las "sinagogas" de Satanás. Como ha señalado Cervantes:

> It was a common place in contemporary theological thought that Satan, the Simia Dei, was forever seeking to imitate his creator, so that, as Pedro Ciruelo had put it, 'the more saintly and devout the things he made men do, the greater was the sin against God'. From this it followed that the more highly structured was the

social order of pagan peoples, and the more refined and complex was their civility and religious organization, the more idolatrous and perverted were the results (28-29).

Tal vez, el punto neurálgico de la etnografía religiosa de Acosta, el aspecto que más impactó a todos los misioneros, fue el de los sacrificios humanos. Aquí se enfrentaba el evangelizador a la diferencia radical indígena, a lo irreductible de su alteridad, al "baño de sangre" en honor de los dioses que era traducido en la hermenéutica religiosa —a excepción de Las Casas—[48] al más raso satanismo. Para meter al lector en tema, explicaba Acosta que "en lo que más el enemigo de Dios y de los hombres, ha mostrado siempre su astucia, has sido en la muchedumbre y variedad de ofrendas y sacrificios que para sus idolatrías ha enseñado a los infieles" (246). Asimismo, hacía una genealogía del sacrificio, a la cual ponía en paralelo con la ofrenda, que se remontaba hasta los tiempos de Caín, Abel, Noé, Abraham y Moisés. Acosta mostraba que Satanás había querido desde antiguo remedar esta devoción a Dios y que por ello "en algunas naciones se ha contentado con enseñar que le sacrifiquen de lo que tienen" (246). Con su manía clasificatoria, reducía el sacrificio a tres géneros: 1) de cosas insensibles, 2) de animales y 3) de hombres.[49] Luego hacía una descripción de los sacrificios

---

[48] Bartolomé de Las Casas, en el capítulo 71 de la *Apologética historia*, señalaba que no había gente tan religiosa en el mundo y en la historia, como los indígenas americanos: "Este culto y servicio de los dioses tenían estas gentes en algunas partes tan cumplido y adornado de ceremonias y tan proveído de sacrificios y tan copioso de sacerdotes, servidores y ministros, y con tanta veneración, devoción, temor y reverencia eran los templos y casas de los dioses y los dioses servidos, estimados y reverenciados (*lo cual no es el menor sino muy grande argumento de su prudencia, delicadez de juicio, ingenio y viveza de entendimiento*, como se verá) que ninguna nación en el mundo, ni los mismos romanos que presumieron dar leyes y religión a las gentes del mundo, llegaron con mucho a éstos" (7: 633; énfasis mío). En el capítulo 169, también de la *Apologética*, titulado "De los sacrificios y fiestas en la Nueva España", insistía con el mismo tema: "Nunca gente hobo en el mundo de cuantas habemos nombrado, ni parece haber podido ser otra, si alguna por no tener noticia della se ha dejado, al menos no se ha hallado, que tan religiosa y devota fuese ni de tanto cuidado y que tanto cerca del cultu de sus dioses haya trabajado y arresgado como la de la Nueva España" (8: 1162).

[49] De acuerdo con Cañizares-Esguerra, "He [Acosta] argued that peoples commonly worshipped things (the sun, thunder, rainbows, stones, trees), animals, dead ancestors, or anthropomorphic objects. Drawing on a long euhemerist tradition, Acosta maintained that most Greek and Roman gods were in fact ancestors. Acosta found Mexica idolatry something of a curiosity, however, for the Mexica had many gods that seemed monstrous composites without any resemblance to human figures, creatures concocted solely in the imaginations of their worshippers" (70).

en el mundo incaico que incluía a los dos primeros géneros mencionados y excluía al tercero. Así, contaba que los indígenas peruanos utilizaban en sus sacrificios coca, maíz, cuyes (conejillo de Indias), carneros, reses, pájaros y perros. Llegado al tercer género, el sacrificio de hombres, escribía Acosta que: "lo que más es de doler de la desventura de esta triste gente, es el vasallaje que pagaban al demonio, sacrificándole hombres, que son a imagen de Dios y fueron creados para gozar de Dios" (248). Afirmaba que en el Perú en circunstancias de la asunción del nuevo rey inca, los indígenas sacrificaban niños de cuatro a diez años y doncellas: "duro e inhumano espectáculo. El modo de sacrificarlos [a los niños] era ahogarlos y enterrarlos con ciertos visajes y ceremonias; otras veces los degollaban, y con su sangre, se untaban de oreja a oreja. También sacrificaban doncellas de aquellas que traían al Inga de los monasterios" (248-249). Llegado al punto de comparar entre los indígenas peruanos y los mexicanos, Acosta afirmaba que los incas habían aventajado a los de México en la matanza de niños, pero que, sin embargo, los mexicanos "excedieron éstos a los del Pirú, y aun a cuantas naciones hay en el mundo" (250). Explicaba que los mexicanos utilizaban a sus cautivos de guerra para el sacrificio y que por ello el objeto del sacrificio se llamaba *víctima*: "porque era de cosa vencida, como también la llamaba hostia, *quasi ab hoste*, porque era ofrenda hecha de sus enemigos" (250). Así, la causa que movilizaba la guerra, según Acosta, era conseguir nuevas víctimas para el sacrificio. Incluso agregaba que cuando Cortés le había preguntado a Moctezuma por qué, siendo él un rey tan poderoso no había sometido a la provincia de Tlaxcala, Moctezuma le contestó: "para tener de donde sacar cautivos que sacrificar a sus dioses" (250). Pasaba luego Acosta a realizar una larga y muy detallada descripción del rito sacrificial que reproduzco para que se pueda apreciar cómo el ritual, que Acosta nunca presenció, aparece frente al lector con el efecto narrativo y de inmediatez de un "yo" que es testigo de los acontecimientos y que por ende ratifica con su autoridad presencial la veracidad de los hechos a los que en verdad nunca asistió:

> El supremo sacerdote traía en la mano un gran cuchillo de pedernal, muy agudo y ancho; otro sacerdote traía un collar de palo labrado a manera de una culebra [...] era tan puntiaguda esta piedra, que echado de espaldas sobre ella el que había de ser sacrificado, se doblaba de tal suerte que dejando caer el cuchillo sobre el pecho, con mucha facilidad se abría un hombre por medio [...] y, en llegando, cada uno por su orden los seis sacrificadores lo tomaban uno de un pie y otro del otro, uno de una mano y otro de otra, y lo echaban de espaldas encima de aquella piedra puntiaguda, donde

el quinto de estos ministros le echaba el collar a la garganta y el sumo sacerdote le abría el pecho con aquel cuchillo, con una presteza extraña, arrancándole el corazón con la manos, y así vaheando se lo mostraba al sol, a quien ofrecía aquel calor y vaho del corazón [...] Y de esta suerte sacrificaban todos los que había, uno por uno, y después de muertos y echados abajo los cuerpos, los alzaban los dueños, por cuyas manos habían sido presos y se los llevaban, y repartíanlos entre sí, y se los comían (251-252).

No trato aquí de negar la existencia de sacrificios rituales entre los indígenas mexicanos, sino mostrar cómo la "experiencia" que hace de la obra de Acosta una novedad para la época es en realidad una manipulación narrativa o, en el mejor de los casos, una copia de etnografías que él mismo no puede ratificar (empíricamente) como verídicas. El caso de los sacrificios rituales se asemeja mucho a la chismografía etnográfica sobre el canibalismo: no hay evidencia, nadie ha visto directamente a un caníbal comiendo a sus víctimas, pero hay mucha gente que cuenta que "alguien" le contó que vio a los caníbales devorando niños y mujeres. El sacrificio ritual y el canibalismo se convierten en aquello que Arens llamaba "conventional wisdom" (sabiduría convencional) independientemente de la veracidad o falsedad de la idea misma que contiene (9). Un supuesto conocimiento "empírico", que tras su incesante repetición ratifica la idea del salvajismo del indígena americano y garantiza la continuidad del eurocentrismo, el paternalismo evangélico, la "misión civilizadora" de Europa y, finalmente, el mito etnográfico que justifica epistemológicamente el colonialismo.

De acuerdo con Acosta, los indígenas ya estaban cansados de estas ceremonias rituales y vivían obedeciendo la ley sólo porque tenían temor del demonio. Así, la llegada de los españoles fue, según lo refiere el jesuita, un alivio que los liberó de "derramar tanta sangre de hombres, y el tributo tan pesado de haber de ganar siempre cautivos para el sustento de sus dioses" (*Historia* 254). Transcribía Acosta las palabras de un indio viejo según se las había relatado otro fraile el cual le comentaba que

No creas, padre, que tomamos la ley de Cristo tan inconsideradamente como dices, porque te hago saber que estábamos ya tan cansados y descontentos con las cosas que los ídolos nos mandaban, que habíamos tratado de dejarlos y tomar otra ley. Y como la que vosotros nos predicasteis nos pareció que no tenía crueldades y que era muy a nuestro propósito, y tan justa y buena, entendimos que era la verdadera ley, y así la recibimos con gran voluntad (*Historia* 254).

Pero este "testimonio" no es testimonial para Acosta, quien reproduce en forma muy correcta lo que un indio viejo le dijo una vez a un cura y que luego le contó a Acosta para que este escriba en su *Historia*. En el único momento en que Acosta da la palabra a los indígenas es en el preciso instante en el que éstos justifican y agradecen la invasión colonial y la conversión religiosa. A renglón seguido, Acosta agregaba que, al igual que el indio viejo, los indígenas de Michoacán habían llegado hasta Cortés "pidiéndole que les enviase su ley y quien se la declarase, porque ellos pretendían dejar la suya porque no les parecía bien" (254-255). No obstante, más allá de estas "evidencias" a favor de la conversión religiosa y la manipulación etnográfica de la palabra indígena, debemos recordar el pesimismo de Sahagún y muchas veces el del propio Acosta al comprobar que luego de cien años de tarea misionera y evangélica los indígenas americanos seguían practicando su religión en forma encubierta prefiriendo a sus dioses antiguos y no al nuevo. Al finalizar el libro V de la *Historia*, en el capítulo 31, titulado "Qué provecho se ha de sacar de la relación de las supersticiones de los indios", Acosta, en el mismo modo en que antes lo había hecho Sahagún, ratificaba la instrumentalidad de la etnografía religiosa y afirmaba que la misma:

> [P]uede ser útil para muchas cosas tener noticias de los ritos y ceremonias que usaron los indios. Primeramente en las tierras donde ello se usó, no sólo es útil, sino del todo necesario, que los cristianos y maestros de la ley de Cristo, sepan los errores y supersticiones de los antiguos, para ve si clara o disimuladamente las usan también agora los indios, y para este efecto, hombres graves y diligentes escribieron relaciones largas de lo que averiguaron, y aún los Concilios Provinciales han mandado que se escriban y estampen, como se hizo en Lima y esto muy más cumplidamente de lo que aquí va tratado (279).

Este conocimiento instrumental era importante, de acuerdo con Acosta, para proteger a los indígenas de la influencia del demonio y para "conocer la soberbia y envidia, y engaños y mañas del demonio con los que tiene cautivos" (279). Otro de los beneficios de esta etnografía religiosa era que quien pudiera ver por cuánto tiempo habían estado sometidas estas gentes al engaño del demonio, no podía sino agradecer a Dios por su infinita misericordia y por la lumbre que venía a poner el Evangelio sobre tanta oscuridad satánica. Insistía el jesuita que los "yerros" de los indígenas no podían maravillar a nadie, puesto que hasta Platón y Licurgo habían incurrido en ellos. De este modo, era necesario deshacer la "falsa" opinión de que los indígenas eran "gente bruta, y bestial y sin entendimiento" (280) y simplemente comprender el gran poder y la gran influencia que, antes del advenimiento del cristianismo, había ejercido Satán sobre ellos, engañándolos e infundiéndoles temor. Dentro del modelo providencialista que ceñía su historiografía y su etnografía, Acosta terminaba proponiendo que hasta los mismos demonios no eran sino una señal puesta por Dios en América que preparaba el advenimiento del Evangelio y de sus huestes misioneras.[50] Terminaba el libro VII de su *Historia* afirmando la derrota de las *huestes de Satán* y rogando a Dios para que proteja a la nueva cristiandad:

> [Q]uiso nuestro Dios [...] hacer que los mismo demonios, enemigos de los hombres, tenidos falsamente por dioses, diesen testimonio de la venida de la verdadera Ley, del poder de Cristo y del triunfo de su cruz, como por los anuncios, y profecías y señales y prodigios arriba referidos, y por otros muchos que en el Pirú y en diversas parte pasaron, certísimamente consta. Y los mismos ministros de Satanás, indios hechiceros y magos, lo han confesado y no se puede negar porque es evidente y notorio al mundo que donde se pone la cruz y hay iglesias, y se confiesa el nombre de Cristo, no osa chistar el demonio, y han cesado sus pláticas y oráculos, y respuestas y apariencias visibles, que tan ordinarias eran en toda su infidelidad [...] supliquen ahincadamente a la Divina Majestad, que se digne por su bondad visitar a menudo, y acrecentar con dones del cielo, la nueva cristiandad que en los últimos siglos, ha plantado en los términos de la tierra (376-377).

A lo largo de este capítulo me ha interesado mostrar que la obra de Acosta no puede seguir siendo rotulada como una obra de corte "racionalista" sin tener en cuenta los aspectos teológicos (idolatría, providencialismo) de

---

[50] De acuerdo con O'Gorman, "la idea del hombre que venimos examinando lo verdaderamente decisivo es la salvación eterna del alma inmortal, meta suprema que solamente se alcanza por vía de la redención de la carne, el discurso histórico de cualquier pueblo sólo revelará su sentido cuando se le considera desde esa perspectiva trascendental. Surge así, necesariamente, una interpretación providencialista, según la cual es forzoso que, tarde o temprano, todos los pueblos de la Tierra tengan conocimiento del Evangelio y puedan beneficiarse de los sacramentos de la Iglesia antes del acabamiento de los tiempos. Y en efecto, ésta es, precisamente, la perspectiva que emplea Acosta para situar la historia de los naturales del Nuevo Mundo, de suerte que ahora nos explicamos sin dificultad la razón de ser de su tesis en el sentido de que el verdadero significado de esa historia desborda sus propios fines para aparecer, en cambio, como un desarrollo providencialmente orientado hacia la preparación del advenimiento y triunfo del Evangelio en América" ("Prólogo" xlii).

su hermenéutica religiosa militante —la mayoría de ellos derivados de la patrística y de la lectura de las Sagradas Escrituras— que organizan y focalizan su visión eurocéntrica del "bárbaro" y del "idólatra" indígena en función de la tarea evangelizadora. Al postular que la obra más importante de Acosta no fue su *Historia natural y moral* sino su *De procuranda*, no intento señalar que su modelo historiográfico no fuera importantísimo para la época y altamente influyente de la intelectualidad europea durante más de dos siglos; por el contrario, ratifico este juicio, pero señalo que dicha obra y su modelo etnográfico no pueden ser comprendidas sino como un apéndice complementario de su obra evangélico-misional: objetivo o *telos* último de Acosta.

Por otra parte, considero que al repensar el rol prominente que ocupa la influencia satánica como "causa eficiente" dentro del conjunto de la obra de Acosta, se pone en evidencia que la racionalidad del jesuita se haya cooptada por el dogmatismo religioso. Siglos de hermenéutica satánica hablan en, por y a través de la lógica discursiva que intenta aplicar Acosta a la interpretación de la crisis colonial que fue tanto religiosa como económica. La "racionalidad" que habla por el discurso de Acosta no es diferente, ni hubiese podido serlo, al de la lógica del aparato ideológico del colonialismo metropolitano ni de la Iglesia católica: el indígena es un "salvaje" que necesita la protección del imperio, una férrea educación (si es preciso con violencia) y conversión religiosa para que, de este modo, pueda abandonar su estado de "primitivismo", su comercio con el demonio y abrazar la hora y el tiempo de la "civilización" occidental y católica. La lógica etnográfica que informa la obra de Acosta no implica un *relativismo cultural* como sí implicó la postura antropológica *sui generis* de Bartolomé de Las Casas en su *Apologética historia*. Acosta era un comparativista cuya axiología se basaba en una diferenciación entre los habitantes originarios del imperio y su periferia anexada. Si vamos a conceder una "racionalidad" al discurso de Acosta, ésta no es otra que la del paternalismo colonial y la de sus violentas prácticas que intentaron la transformación radical del indígena americano, el borramiento cultural de su mundo y de su subjetividad y la conversión a la obediencia religiosa, política y económica de la soberanía imperial europea.

Índice analítico

480

Platón 69, 71, 124, 226, 455
Plinio 70, 97, 123, 144, 170, 348, 419
Poma de Ayala, Guaman 72, 79, 98, 99, 100, 101, 102, 103, 239, 249, 250, 251, 252, 255, 277
Ptolomeo 97
Puiggrós, Rodolfo 121, 124

Quetzalcóatl 104, 275, 311, 352, 359, 360, 371, 372, 379, 447
Quijano, Aníbal 21, 22, 37, 41, 48
Quiñones Keber, Eloise 312
Quiroga, Vasco de 121
Quisay 132

Rabasa, José, 118, 135, 141, 316, 318, 319, 325, 338, 345
Ramírez de Verger, Antonio 122
Ramos, Demetrio 144
Recopilación de las Leyes de Indias de 1680 238
Reforma 112
Reina Isabel 29, 200
Reina Juana 205, 206
Restall, Mattew 372, 373, 374
Ribeira, Bernardino de (Sahagún, Bernardino de) 17, 38, 51, 52, 61, 62, 74, 80, 107, 108, 109, 229, 230, 253, 257, 258, 264, 265, 266, 267, 269, 279, 286, 294, 297, 302, 305, 311-395, 415, 417, 421, 439, 442, 447, 449, 451, 455
Ricard, Robert 112, 119, 254, 275, 276, 278, 279, 290, 293
Río Pisuegra 216
Rivera Ayala, Sergio 16
Rivet, Paul 55, 56, 57, 58, 59
Robertson, Donald 316, 345
Rodríguez de Fonseca, Juan 202
Rodríguez Molinero, J. Luis 312, 315
Roldán, "doctor" 72, 73, 74, 75
Román y Zamora, Jerónimo 61

Rousseau, Jean Jaques 33, 120, 121
Ruggiero, Romano 136
Ruiz de Alarcón, Hernando 295
Russell, Jefrey 281

Sahagún, fray Bernardino de *ver* Ribeira, Bernardino de
Saignes, Thierry 431
Salamanca 187, 189, 216, 220, 342, 375, 378, 402, 407, 431, 436
Salemink, Oscar 41
Salinas, Juan de 418
Salmanasar 72, 83
San Buenaventura, Pedro de 395
San Francisco de México 340, 341, 348
San Juan 97
San Salvador 139
Sánchez Prado, Ignacio 12, 316, 319, 320
Santa María 265, 285, 290
Santa María la Antigua 190
Santa Marta 255
Santángel, Luis de 58, 119, 131, 134, 142, 143, 144, 150
Santiago del Tlatilulco 340
Santo Domingo 119
Santo Tomás, fray Domingo de 180
Sarmiento, Pedro 61
Satanás 66, 210, 244, 253, 255, 263, 269, 271, 321, 328, 352, 359, 367, 448, 449, 451, 452, 456
Sem 56, 59, 63, 97
Sepúlveda, Ginés de 12, 16, 50, 51, 170, 171, 179, 181, 186, 191, 193, 197, 198, 199, 211, 216, 217, 219, 220, 222, 224, 228, 229, 230, 232, 233, 234, 235, 237, 409, 436
Sequera, Rodrigo de 351
Serje, Margarita 48
Sevilla 282
Sevilla, Isidoro de 144, 148, 170, 245, 348, 350
Sewal, Samuel 80

Lista de ilustraciones

a. **Ilustración 1.** "Crió Dios al Mvndo / Entregó a Adán y a Eua". Ilustración tomada de "El sitio de Guaman Poma". The Royal Library and Copenhague University Library. Dibujo 3. Dios crea el mundo y se lo entrega a Adán y Eva. (12 [12]). CRIÓ DIOS AL MVNDO, entregó a Adán y a Eua. / Adán / Eua / mundo/ <http://www.kb.dk/permalink/2006/poma/12/es/image/?open=id2682405> [9 de julio, 2013].

a. **Ilustración 2.** "Insula Hyspania". En *De insulis inventis espistola Cristoferi Colom*. Grabado incluido en la edición latina de la carta de Colón anunciando el descubrimiento (Basilea 1493). (Blanco y negro). Imagen de dominio público.

b. **Ilustración 3.** Libro 9 de *América* del editor Theodorus De Bry titulado: "costumbres y ceremonias de los pueblos". Esta ilustración lleva por título: "De los sacrificios humanos de los indios en México" (293).

c. **Ilustración 4.** "Portada" de la *Pars Quarta* de *América* del editor Theodoro De Bry (151).

d. **Ilustración 5.** "El gran hichecero que abía". Ilustración tomada de "El sitio de Guaman Poma". The Royal Library and Copenhague University Library. Dibujo 108, Pontífices, walla wisa, layqha, umu, hechicero que. (277 [279]). PONTÍFISES, VALLA VIZA, LAICA, VMV, HICHEZERO / el gran hichescro que abía / / walla wisa / layqha / umu / <http://www.kb.dk/permalink/2006/poma/279/es/image/?open=id2686694> [9 de julio, 2013].

e. **Ilustración 6.** "Idolos y vacas de los Chinchay Suyo". Ilustración tomada de "El sitio de Guaman Poma". The Royal Library and Copenhague University Library. Dibujo 104. Ídolos y waqas de los Chinchaysuyos en Paria Caca; Pacha Kamaq, creador del universo (266 [268]) ÍDOLOS I VACAS DE LOS CHINCHAI SVIVS [sic] / Paria Caca Pacha Camac [creador del universo] / Pacha Camac / en Paria Caca / waqa / Pacha Kamaq /. <http://www.kb.dk/permalink/2006/poma/268/es/image/?open=id2686694> [9 de julio, 2013].

f. **Ilustración 7.** "Quema e incendio de los templos idolátricos de la provincia de Taxcala por los frailes y españoles, y con consentimiento de los naturales / Yc quitlahtlatique naualcalli teopixque [en esta forma quemaron las casas de brujería los frailes]". Imagen reproducida del manuscrito: Credit: MS Hunter 242 f.240v 'The Burning of the Temples, Tlaxcala', illustration from the from 'Historia de Tlaxcala' by Diego Munoz Camargo (pen & ink on paper), Mexican School, (16th century) / © Glasgow University Library, Scotland / The Bridgeman Art Library.

g.   **Ilustración 8.** "Huitzilopochtli, Tezcatlipoca, Paynal y Tláloc". Libro primero, fol. 1v, p. 10, Vol. I). *Códice florentino*. Gentileza de la Nettie Lee Benson Latin American Collection, The University of Texas at Austin.

h.   **Ilustración 9.** "Panquetzaliztli". *Primeros memoriales* en *Códice matritense* del Palacio Real de Madrid (fol. 252v).

i.   **Ilustración 10.** "Tabla de cálculo calendárico". Libro cuarto, fol. 79r., p. 326, Vol. I. *Códice florentino*. Gentileza de la Nettie Lee Benson Latin American Collection, The University of Texas at Austin.

j.   **Ilustración 11.** "De la astrología y filosofía natural". Libro séptimo, fol. 21r., p. 247, Vol. II. *Códice florentino*. Gentileza de la Nettie Lee Benson Latin American Collection, The University of Texas at Austin.

k.   **Ilustración 12.** "De los pronósticos que acontecieron". Libro octavo, fol. 12v., p. 262, Vol. II. *Códice florentino*. Gentileza de la Nettie Lee Benson Latin American Collection, The University of Texas at Austin.

l.   **Ilustración 13.**, "Apéndice del libro 2" (sacrificio). Libro segundo, fol. 121r., p. 145, Vol. I. *Códice florentino*. Gentileza de la Nettie Lee Benson Latin American Collection, The University of Texas at Austin.

m.   **Ilustración 14.** "De la conquista mexicana". Libro doceavo, fol. 18v, p. 425, Vol. 3. *Códice florentino*. Gentileza de la Nettie Lee Benson Latin American Collection, The University of Texas at Austin.

Bibliografía

A. Fuentes primarias

ACOSTA, José de. *De procuranda indorum salute. Pacificación y colonización*. 2 vols. Edición, prólogos y apéndices L. Pereña, V. Abril, C. Baciero, A. García, D. Ramos, J. Barrientos y F. Maseda. Madrid: Consejo Superior de Investigaciones Científicas, 1984.

—. *Historia natural y moral de las indias*. Ed. Edmundo O'Gorman. México, D. F.: Fondo de Cultura Económica, 1962.

AGUADO, Pedro de. *Historia de Santa Marta y Nuevo Reino de Granada*. 2 vols. Prólogo, notas y comentario Jerónimo Bécker. Madrid: Real Academia de la Historia, 1916.

ALVA IXTLILXÓCHITL, Fernando de. *Obras históricas*. 2 vols. Edición, estudio introductorio y apéndice documental Edmundo O'Gorman. México, D. F.: Universidad Nacional Autónoma de México-Instituto de Investigaciones Históricas, 1975.

BENAVENTE, fray Toribio de (Motolinía). "Carta de Fray Toribio Motolinía al Emperador Carlos V". En *Memoriales. Libro de las cosas de la Nueva España y de los naturales de ella*. Ed. Eduardo O'Gorman. México, D. F.: Universidad Nacional Autónoma de México, 1971, 403-423.

—. *Historia de los indios de la Nueva España*. Edición y notas Georges Baudot. Madrid: Castalia, 1991.

—. *Memoriales. Libro de las cosas de la Nueva España y de los naturales de ella*. Ed. Edmundo O'Gorman. México, D. F.: Universidad Nacional Autónoma de México, 1971.

BRY, Theodor de. *América*. Ed. Gereon Sievernich, prólogo John H. Elliott, traducción Adán Kovacsics. Madrid: Siruela, 2003.

CABELLO DE VALBOA, Miguel. *Miscelánea Antártica. Una historia del Perú Antiguo*. Lima: Universidad Nacional Mayor de San Marcos-Facultad de Letras-Instituto de Etnología, 1951.

CASAS, fray Bartolomé de Las. *Apologética historia sumaria*. 2 vols. Estudio preliminar Edmundo O'Gorman. México, D. F.: Universidad Nacional Autónoma de México, 1967.

—. *Apologética historia sumaria*. En *Obras completas*. 14 vols. Madrid: Alianza, 1992, vols. 6, 7 y 8.

486

—. *Apología de Juan Ginés de Sepúlveda contra Fray Bartolomé de las Casas y de Fray Bartolomé de Las Casas contra Juan Ginés de Sepúlveda*. Madrid: Editorial Nacional, 1975.

—. *Brevísima relación de la destrucción de las Indias*. Ed. André Saint-Lu. Madrid: Cátedra, 1992.

—. *De unico vocationis modo* [*Del único modo de atraer a todos los pueblos a la verdadera religión*]. En *Obras completas*. 14 vols. Madrid: Alianza, 1992, vol. 2.

—. *Doce dudas*. En *Obras completas*. 14 vols. Madrid: Alianza, 1992, vol. 11.2.

—. *Historia de las Indias*. 3 vols. Ed. Agustín Millares Carlo, estudio preliminar Lewis Hanke. México, D. F.: Fondo de Cultura Económica, 1965.

—. *Obras completas*. 14 vols. Ed. Paulino Castañeda Delgado, edición preparada por la Fundación Instituto Bartolomé de Las Casas de los Dominicos de Andalucía. Madrid: Alianza, 1992.

—. *Tratado comprobatorio sobre las Indias*. Tenerife: Universidad de la Laguna, 1996.

—. *Tratados de Fray Bartolomé de Las Casas*. 2 vols. México, D. F.: Fondo de Cultura Económica, 1997.

CLAVIJERO, Francisco Javier. *Historia Antigua de México*. Prólogo Mariano Cuevas. México, D. F: Porrúa, 1991.

COLÓN, Cristóbal. "Carta a Luis Santángel". En *Textos y documentos completos*. Eds. Consuelo Varela y Juan Gil. Madrid: Alianza, 1992, 219-226.

—. *Diario del primer viaje*. Eds. Consuelo Varela y Juan Gil. Madrid: Alianza, 1992, 95-218.

—. *Memorial A. Torres*. Eds. Consuelo Varela y Juan Gil. Madrid: Alianza, 1992, 254-269.

—. *Relación del segundo viaje*. Eds. Consuelo Varela y Juan Gil. Madrid: Alianza, 1992, 235-254.

—. *Relación del tercer viaje*. Eds. Consuelo Varela y Juan Gil. Madrid: Alianza, 1992, 366-406.

CORTÉS, Hernán. *Cartas de relación*. México, D. F.: Porrúa, 2002.

Cuevas, Mariano. *Documentos inéditos del siglo xvi para la historia de México*. México, D. F.: Porrúa, 1975.

Documentos para el estudio de la Historia de la Iglesia en América Latina. Colección de documentos electrónicos organizada por el presbítero Fernando Gil. Buenos Aires: Pontificia Universidad Católica Argentina-Facultad de Teología, Departamento de Historia de la Iglesia. En <http://webs.advance.com.ar/pfernando/DocsIglLA/index.htm#Tabla>.

Durán, Diego. *Historia de las Indias de Nueva España e islas de la Tierra Firme*. 2 vols. Ed. Ángel María Garibay K. México, D. F: Porrúa, 1967.

Ercilla y Zúñiga, Alonso de. *La araucana*. Introducción Isaías Lerner. Madrid: Cátedra, 2009.

Fernández de Enciso, Martín. *Suma de geografía*. Madrid: Artes Gráficas, 1948.

Fernández de Oviedo y Valdés, Gonzalo. *Historia general y natural de las Indias*. 5 vols. Madrid: BAE, 1959.

—. *Sumario de la natural historia de las indias*. Madrid: Dastin, 2002.

García, Gregorio. *Origen de los indios del Nuevo Mundo e Indias Occidentales*. Madrid: Consejo Superior de Investigaciones Científicas, 2005.

González Obregón, Luis. *Procesos de indios idólatras y hechiceros*. 3 vols. México, D. F.: Guerrero, 1912.

Guaman Poma de Ayala, Felipe. *El primer nueva corónica y buen gobierno*. Eds. Rolena Adorno y John Murra, traducción y análisis textual del quechua Jorge Urioste. México, D. F.: Siglo XXI, 2006.

Heródoto. *Los nueve libros de la historia*. Traducción del griego Bartolomé Pou. Buenos Aires: El Ateneo, 1968.

Kramer, Heinrich y Jacobus Sprenger. *Malleus Maleficarum. El martillo de los brujos*. Barcelona: Círculo Latino, 2005.

Landa, Diego de. *Relación de las cosas de Yucatán*. México, D. F.: Consejo Nacional para la Cultura y las Artes, 1994.

López de Gómara, Francisco. *Historia general de las Indias y Vida de Hernán Cortés*. 2 vols. Caracas: Ayacucho, 1979.

Mendieta, fray Jerónimo de. *Historia eclesiástica indiana*. 2 vols. Estudio preliminar y edición Francisco Solano y Peréz-Lila. Madrid: BAE, 1973.

Moro, Tomás. *Utopía*. Prólogo Ramón Alcalá. México, D. F: Porrúa, 1981.

Muñoz Camargo, Diego. *Descripción de la ciudad y provincia de Tlaxcala.* Ed. René Acuña. San Luis Potosí/Tlaxcala: El Colegio de San Luis/ Gobierno del Estado de Tlaxcala, 2000.

Nebrija, Antonio de. *Gramática de la lengua castellana.* Estudio y edición Antonio Quilis. Madrid: Editora Nacional, 1984.

Olmos, fray Andrés de. *Tratado de hechicerías y sortilegios.* Paleografía del texto náhuatl, versión española, introducción y notas de Georges Baudot. México, D. F.: Universidad Nacional Autónoma de México, 1990.

Ordenanzas de Felipe II sobre descubrimiento, nueva población y pacificación de las Indias (13 de julio de 1573). En *500 años de México en documentos,* <http://www.biblioteca.tv/artman2/publish/1573_382/Ordenanzas_de_Felipe_II_sobre_descubrimiento_nueva_1176.shtml>.

Ovidio. *Metamorfosis.* Introducción, traducción y notas Antonio Ramírez de Verger. Madrid: Alianza, 1996.

Palacios Rubios, Juan López de. *De las islas del mar Océano.* Introducción Silvio Zavala, traducción y notas Agustín Millares Carlo. México, D. F.: Fondo de Cultura Económica, 1954.

Pané, Ramón. *Relación acerca de las antigüedades de los indios.* Ed. José Juan Arrom. México, D. F.: Siglo XXI, 1984.

Paz, fray Matías de. *Del dominio de los reyes de España sobre los indios.* Introducción Silvio Zavala. México/Buenos Aires: Fondo de Cultura Económica, 1954.

Ruiz de Alarcón, Hernando. *Tratado de las supersticiones y costumbres gentílicas que hoy viven entre los indios naturales desta Nueva España.* Introducción de Elena de la Garza Sánchez. México, D. F.: Secretaría de Educación Pública, 1988.

Sahagún, fray Bernardino de. *Códice florentino.* 3 vols. México, D. F.: Secretaría de Gobernación, 1979.

—. *Coloquios y doctrina cristiana.* Edición facsimilar, introducción, paleografía, versión del náhuatl y notas Miguel León-Portilla. México, D. F.: Universidad Nacional Autónoma de México, 1986.

—. *Conquest of New Spain (1585 revision). Reproduction of the Boston Public Library Manuscript and the Carlos María de Bustamante 1840 Edition.* Translated and edited by Howard F. Cline, and S. L. Cline. Salt Lake City: University of Utah Press, 1989.

—. *Historia general de las cosas de Nueva España*. 3 vols. Estudio introductorio, paleografía, glosario y notas Alfredo López Austin y Josefina García Quintana. México, D. F.: Consejo Nacional para la Cultura y las Artes, 2000.

—. *Historia general de las cosas de Nueva España*. 4 vols. Edición, anotación y apéndices Ángel María Garibay K. México, D. F.: Porrúa, 1956.

—. *Primeros memoriales de Fray Bernardino de Sahagún*. Ed. Wigberto Jiménez Moreno. México, D. F.: Instituto Nacional de Antropología e Historia, 1974.

—. *Psalmodia Christiana (Christian Psalmody)*. Translated by Arthur J. O. Anderson. Salt Lake City: University of Utah Press, 1993.

SEPÚLVEDA, Juan Ginés de. *Demócrates Segundo. Obras completas*, vol. 3. Edición crítica y traducción A. Coroleu Lletget, estudios históricos J. Brufau Prats. Pozoblanco: Artes Gráficas, 1997.

SEVILLA, Isidoro de. *Etimologías*. Edición bilingüe. Madrid: Biblioteca de Autores Cristianos, 2004.

SIMÓN, fray Pedro. *Noticias historiales de las conquistas de Tierra Firme en las Indias Occidentales*. 7 vols. Bogotá: Banco Popular, 1981.

VARELA, Consuelo y Juan Gil, eds. *Cristóbal Colón: Textos y documentos completos*. Madrid: Alianza, 1992.

VARGAS MACHUCA, Bernardo de. *Milicia y descripción de las Indias*. Presentación Carl Henrik Langebaek. Bogotá: Fondo de Promoción de Cultura/Banco Popular, 2003.

—. *The Indian Militia and Description of the Indies*. Edition and introduction Kris Lane, translation Timothy F. Johnson. Durham/London: Duke University Press, 2008.

VEGA, Garcilaso de la. *Comentarios reales del Inca*. 2 vols. México, D. F.: Fondo de Cultura Económica, 2005.

VESPUCCI, Amerigo. *Cartas de viaje*. Introducción Luciano Formiciano. Madrid: Alianza, 1986.

VITORIA, Francisco de. *Relectio de Indis o libertad de los indios*. Edición crítica y traducción L. Pereña y J. M. Pérez Prendes. Madrid: Consejo Superior de Investigaciones Científicas, 1967.

B. Fuentes secundarias

ADORNO, Rolena. *Cronista y príncipe. La obra de don Felipe Guaman Poma de Ayala*. Lima: Pontificia Universidad Católica del Perú, 1989.

—. *De Guancane a Macondo. Estudios de Literatura Hispanoamericana*. Sevilla: Renacimiento, 2008.

—. *Guaman Poma. Literatura de resistencia en el Perú Colonial*. México, D. F.: Siglo XXI, 1991.

—. "El sujeto colonial y la construcción cultural de la alteridad". *Revista de Crítica Literaria Latinoamericana* 14.28 (1988): 55-68.

—. "La ciudad letrada y los discursos coloniales". *Hispamérica* 16-48 (1987): 3-24.

—. "Los debates sobre la naturaleza del indio en el siglo XVI: textos y contextos". *Revista de Estudios Hispánicos* (PR) 19 (1992): 47-66.

—. "Nuevas perspectivas en los estudios literarios coloniales hispanoamericanos". *Revista de Crítica Literaria Latinoamericana* 16.28 (1988): 11-27.

—. "Textos imborrables: posiciones simultáneas y sucesivas del sujeto colonial". *Revista de Crítica Literaria Latinoamericana* 21.41 (1995): 33-49.

AGOSTINO IANNARONE, Reginaldo di. "Génesis del pensamiento colonial en Francisco de Vitoria". En *Relectio de Indis o libertad de los indios*. Edición crítica y traducción L. Pereña y J. M. Pérez Prendes. Madrid: Consejo Superior de Investigaciones Científicas, 1967, xxxi-xli.

AGUIRRE BAZTÁN, A., ed. *Etnografía: metodología cualitativa en la investigación sociocultural*. Barcelona: Alfaomega, 1995.

ALBERRO, Solange. *El águila y la cruz. Orígenes religiosos de la conciencia criolla. México, siglos XVI-XVII*. México, D. F.: Fondo de Cultura Económica, 1999.

ALEGRÍA, Ricardo. *Las primeras representaciones gráficas del indio americano (1493-1523)*. Barcelona: Centro de Estudios Avanzados de Puerto Rico y el Caribe, 1986.

—. *Taíno: pre-Columbian art & culture from the Caribbean*. New York: El Museo del Barrio, 1997.

ALIGHIERI, Dante. *Divina comedia*. Madrid: Cátedra, 1996.

ALTAMIRA, Rafael. "El texto de las Leyes de Burgos de 1512". *Revista de Historia de América* 4 (1938): 5-79.

ALTUNA, Elena. "Introducción: relaciones de viajes y viajeros coloniales por las Américas". En *Revista de Crítica Literaria Latinoamericana* 30.60 (2004): 9-23.

ANGROSINO, Michael V. *Doing Cultural Anthropology. Projects for Ethnographic Data Collection.* Prospect Heights, Illinois: Waveland Press, 2002.

AMIN, Samir. *Eurocentrism.* New York: Monthly Review Press, 1989.

ARENS, W. *The Man-eating Myth. Anthropology and Anthropophagy.* Oxford/New York: Oxford University Press, 1980.

ARIAS, Santa. *Retórica, historia y polémica. Bartolomé de Las Casas y la tradición intelectual renacentista.* Lanham/New York/Oxford: University Press of America, 2001.

ARISTÓTELES. *Política.* Introducción, traducción y notas Manuela García Valdés. Madrid: Gredos, 1988.

ARROM, Juan José. "Introducción". En *Relación acerca de las antigüedades de los indios.* México, D. F.: Siglo XXI, 1984.

ARROYO, Jossianna. *Travestismos culturales: literatura y etnografía en Cuba y Brasil.* Pittsburgh: University of Pittsburgh-Instituto Internacional de Literatura Iberoamericana, 2003.

ASAD, Talal. "From the History of Colonial Anthropology to the Anthropology of Western Hegemony". En *Colonial Situations: Essays on the Contextualization of Ethnographic Knowledge.* Ed. George W. Stocking, Jr. Madison: The University of Wisconsin Press, 1991, 9-74.

BARTHES, Roland. "La muerte del autor". En *El susurro del lenguaje. Más allá de la palabra y la escritura.* Barcelona: Paidós, 1987, 75-83.

—. *Mitologías.* Buenos Aires: Siglo XXI, 2005.

BARTRA, Roger. *El salvaje artificial.* México, D. F: Universidad Nacional Autónoma de México / Era, 1997.

—. *El salvaje en el espejo.* Barcelona: Destino, 1996.

BAUDOT, Georges. "Introducción". En *Tratado de hechicerías y sortilegios.* México, D. F.: Universidad Nacional Autónoma de México, 1990.

—. "Introducción biográfica y crítica". En *Historia de los indios de la Nueva España.* Madrid: Castalia, 1991.

—. *Utopia and History in Mexico. The First Chroniclers of Mexican Civilization (1520-1569)*. Niwot: University Press of Colorado, 1995.

BAUER, Brian. *The Sacred Landscape of the Inca: The Cusco ceque System*. Austin: The University of Texas Press, 1998.

BELTRÁN DE HEREDIA, Vicente. "Personalidad del maestro Francisco de Vitoria y trascendencia de su obra doctrinal". En *Relectio de Indis o libertad de los indios*. Edición crítica y traducción L. Pereña y J. M. Pérez Prendes. Madrid: Consejo Superior de Investigaciones Científicas, 1967, xiii-xxix.

BHABHA, Homi K. *El lugar de la cultura*. Traducción César Aira. Buenos Aires: Manantial, 2002.

Biblia de Jerusalén. Bilbao: Desclée de Brouwer, 1999.

BOCCARA, Guillaume. "El poder creador: tipos de poder y estrategias de sujeción en la frontera sur de Chile en la época colonial". *Anuario de Estudios Americanos*, tomo LVI. I (1999): 65-94.

—. "Rethinking the Margins/Thinking form the Margins: Culture, Power, and Place on the Frontiers of the New World". *Identities: Global Studies in Culture and Power* 10.1 (2003): 59-81.

BORJA GÓMEZ, Jaime Humberto. *Rostros y rastros del demonio en la Nueva Granada: indios, negros, judíos, mujeres y otras huestes de Satanás*. Bogotá: Ariel, 1998.

BROTHERSTON, Gordon. "América y la cuestión del colonizador: dos enunciados formativos del México antiguo". ["America and the Colonizer Question: Two Formative Statements from Early Mexico".] Traducción David Solodkow. En *Colonialidad y crítica en América Latina*. Eds. Mabel Moraña y Carlos A. Jáuregui. Puebla: Benemérita Universidad de las Américas, 2008, 161-195.

—. *La América indígena en su literatura: los libros del cuarto mundo*. México, D. F.: Fondo de Cultura Económica, 1997.

—. "Reviewed work: *The Fall of Natural Man. The American Indian and the Origins of Comparative Ethnology* by Anthony Pagden". *Journal of Latin American Studies* 15. 2 (1983): 510-512.

BROWNE, Walden. *Sahagún and the Transition to Modernity*. Norman: University of Oklahoma Press, 2000.

BRUFAU PRATS, Jaime. "Estudio histórico". *Demócrates segundo. Obras completas de Francisco Vitoria*. 3 vols. Pozoblanco: Excelentísimo Ayuntamiento de Pozoblanco, 1997.

BURKHART, Louise M. "Doctrinal Aspects of Sahagún's *Colloquios*". En *The Works of Bernardino de Sahagún: Pioneer Ethnographer of Sixteenth-Century Aztec Mexico*. Eds. Jorge Klor de Alva, H. B. Nicholson y Eloise Quiñones Keber. Albany/Austin: State University of New York/Albany Institute of Mesoamerican Studies/University of Texas Press, 1988, 65-82.

BUTZER, Karl W. "From Columbus to Acosta: Science, Geography, and the New World". *Annals of the Association of American Geographers* 82-3 (1992): 543-565.

CABARCAS ANTEQUERA, Hernando. *Bestiario del Nuevo Reino de Granada. La imaginación animalística medieval y la descripción literaria de la naturaleza americana*. Bogotá: Instituto Caro y Cuervo/Colcultura (Biblioteca Nacional de Colombia), 1994.

CALNEK, Edward E. "The Sahagún Texts as a Source of Sociological Information". En *Sixteenth-Century Mexico. The Work of Sahagún*. Ed. Munro S. Edmonson. Albuquerque: University of New Mexico Press, 1974, 189-204.

CAÑIZARES-ESGUERRA, Jorge. *How to Write the History of the New World. Histories, Epistemologies, and Identities in the Eighteenth-Century Atlantic World*. Stanford: Stanford University Press, 2001.

CÁRDENAS BUNSEN, José Alejandro. *Escritura y Derecho Canónico en la obra de fray Bartolomé de Las Casas*. Madrid/Frankfurt: Iberoamericana/Vervuert, 2011.

CASO, Alfonso. *La religión de los aztecas*. México, D. F.: Imprenta Mundial, 1936.

CASTAÑEDA DELGADO, Paulino. *La teocracia pontificial en las controversias sobre el Nuevo.Mundo*. México, D. F.: Universidad Nacional Autónoma de México-Instituto de Investigaciones Jurídicas, 1996, <http://www.bibliojuridica.org/libros/libro.htm?l=725>.

CASTAÑEDA, Felipe. *El indio: entre el bárbaro y el cristiano. Ensayos sobre filosofía de la conquista en Las Casas, Sepúlveda y Acosta*. Bogotá: Alfaomega Colombiana/Universidad de los Andes, 2002.

CASTAÑEDA, Quetzil E. *In the Museum of Maya Culture: Touring Chichén Itzá*. Minneapolis: University of Minnesota Press, 1996.

CASTELLÓ, Vidal Abril. "Estudio Preliminar". En *Apologética historia sumaria. Obras completas*. 14 vols. Madrid: Alianza Editorial, 1992.

494

Castro y Rodríguez Molinero, Vicente. *Bernardino de Sahagún: primer antropólogo en Nueva España (siglo XVI)*. Salamanca: Universidad de Salamanca, 1986.

Castro-Gómez, Santiago. *La hybris del punto cero. Ciencia, raza e ilustración en la Nueva Granada (1750-1816)*. Bogotá: Pontificia Universidad Javeriana, 2005.

Certeau, Michel de. *Heterologies: Discourse on the Other*. Minneapolis: University of Minnesota Press, 1986.

—. *La escritura de la historia*. México, D. F.: Universidad Iberoamericana, 1993.

Cervantes, Fernando. *The Devil in the New World. The Impact of Diabolism in New Spain*. New Haven/London: Yale University Press, 1994.

Clifford, James. "Sobre la alegoría etnográfica". En *Retóricas de la antropología*. Eds. James Clifford y Georges E. Marcus. Barcelona: Júcar, 1991, 141-170.

—. "Sobre la autoridad etnográfica". En *El surgimiento de la antropología posmoderna*. Comp. Carlos Reynoso. México, D. F.: Gedisa, 1991.

Cline, S. L. "Revisionist Conquest History: Sahagún's Revised Book XII". En *The Works of Bernardino de Sahagún: Pioneer Ethnographer of Sixteenth-Century Aztec Mexico*. Eds. J. Klor de Alva, H. B. Nicholson y Eloise Quiñones Keber. Albany/Austin: State University of New York/Albany Institute of Mesoamerican Studies/University of Texas Press, 1988, 93-106.

Cohen, Walter. "The Discourse of Empire in the Renaissance". En *Cultural Authority in Golden Age Spain*. Eds. Marina S. Brownlee y Hans Ulrich Gumbrecht. Baltimore/London: The Johns Hopkins University Press, 1995, 260-283.

Cornejo Polar, Antonio. *Escribir en el aire: ensayo sobre la heterogeneidad socio-cultural en las literaturas andinas*. Lima: Horizonte, 1994.

Curtius, Ernst R. *Literatura europea y Edad Media Latina*. 2 vols. México, D. F.: Fondo de Cultura Económica, 1999.

Del Valle, Ivonne. "José de Acosta, Violence and Rhetoric: the Emergence of Colonial Baroque". *Calíope* 18-2 (2013): 46-72.

Deleuze, Giles y Félix Guattari. *Mil mesetas. Capitalismo y esquizofrenia*. Valencia: Pre-Textos, 1994.

DELGADO GÓMEZ, Ángel. "Introducción". En *Cartas de relación*. Madrid: Castalia, 1993.

—. *Spanish Historical Writings About the New World (1493-1700)*. Providence: The John Carter Brown Library, 1992.

DENGLOS, J. "Estudio preliminar". En *Doce dudas* de Bartolomé de Las Casas. *Obras completas*. 11.2. Edición preparada por la Fundación Instituto Bartolomé de Las Casas de los Dominicos de Andalucía. Madrid: Alianza, 1992, vol. 6, v-xiviii.

DERRIDA, Jacques. *De la gramatología*. México/Buenos Aires/Madrid: Siglo XXI, 2008.

—. "La estructura, el signo y el juego en el discurso de las ciencias humanas". En *Derrida en castellano*. Traducción Patricio Peñalver, <http://www.jacquesderrida.com.ar/textos/estructura_signo_juego.htm> [4 abril de 2012].

—. "The Law of Genre". *Critical Inquiry* 7.1 (1980): 55-81.

Diccionario de la Real Academia Española. En <http://www.rae.es/recursos/diccionarios/drae> [18 de febrero 2013].

DIBBLE, Charles, E. "The Nahuatlization of Christianity". En *Sixteenth-Century Mexico. The Work of Sahagún*. Ed. Munro S. Edmonson. Albuquerque: University of New Mexico Press, 1974, 225-233.

DUSSEL, Enrique. *1492: el encubrimiento del otro (el origen del mito de la modernidad)*. Bogotá: Antropos, 1992.

—. *Historia de la Iglesia en América Latina*. Barcelona: Nova Terra, 1972.

—. *The Underside of Modernity: Apel, Ricoeur, Rorty, Taylor, and the Philosophy of Liberation*. Atlantic Highlands, N.J.: Humanities Press, 1996.

EAKIN, Marshal. *Brazil: the Once and Future Country*. New York: St. Martin's Press, 1997.

ECHEVERRÍA, Bolívar. *Las ilusiones de la Modernidad*. México, D. F.: Universidad Nacional Autónoma de México/El equilibrista, 1995.

—. *Modernidad y blanquitud*. México, D. F.: Era, 2010.

EDMONSON, S. Munro. *Sixteenth-Century Mexico. The Work of Sahagún*. Albuquerque: University of New Mexico Press, 1974.

EMERY, Amy Fass. *Anthropological Imagination in Latin American Literature*. Missouri: University of Missouri Press, 1996.

ESCALANTE GONZALBO, Pablo. *Los códices mesoamericanos antes y después de la Conquista española*. México, D. F.: Fondo de Cultura Económica, 2010.

FABIAN, Johannes. *Time and the Other: How Anthropology Makes its Objects*. New York: Columbia University Press, 1983.

—. *Time and the Work of Anthropology (Critical Essays 1971-1991)*. Singapore: Harwood Academic Publishers, 1991.

FERNÁNDEZ, Adela. *Dioses prehispánicos de México: mitos y deidades del panteón náhuatl*. México, D. F.: Panorama, 1983.

FERNÁNDEZ HERRERO, Beatriz. "El indigenismo de José de Acosta". En *Cuadernos Hispanoamericanos* 524 (1994): 7-24.

—. *La utopía de América. Teoría, leyes, experimentos*. Barcelona: Antropos/Centro de Estudios Constitucionales, 1992.

FIGUEROA GARCÍA-HERREROS, Nicolás. *Libertad y virtud. Un ensayo a propósito de Jean Jacques Rousseau*. Bogotá: Uniandes, 2009.

FORMICIANO, Luciano. "Introducción". En *Americo Vespucci. Cartas de viaje*. Madrid: Alianza, 1986.

FOUCAULT, Michel. *La arqueología del saber*. Buenos Aires: Siglo XXI, 2002.

—. *Las palabras y las cosas. Una arqueología de las ciencias humanas*. Buenos Aires: Siglo XXI, 2003.

—. "Qué es un autor". En *Literatura y conocimiento*. Bogotá: Universidad de los Andes, 1999, 95-125.

—. *Vigilar y castigar: nacimiento de la prisión*. México, D. F.: Siglo XXI, 1987.

GANDÍA, Enrique de. *Historia crítica de los mitos y leyendas de la conquista americana*. Buenos Aires: Centro Difusor del Libro, 1946.

GARIBAY KINTANA, Ángel María. *Historia de la literatura náhuatl*. 2 vols. México, D. F.: Porrúa, 1954.

GATES, Henry Louis Jr. "Talkin' That Talk". En *"Race," Writing, and Difference*. Ed. Henry Louis Gates Jr. Chicago/London: The University of Chicago Press, 1986, 402-409.

GEERTZ, Clifford. *La interpretación de las culturas*. Barcelona: Gedisa, 1990.

GENETTE, Gérard. "Estructuralismo y crítica literaria". En *Figuras. Retórica y estructuralismo*. Traducción Nora Rosenfeld y María Cristina Mata. Córdoba: Nagelkop, 1970, 165-191.

GERBI, Antonello. *Nature in the New World. From Christopher Columbus to Gonzalo Fernández de Oviedo*. Pittsburgh: University of Pittsburgh Press, 1986.

GIL, Juan. *Mitos y utopías del descubrimiento. Tomo I: Colón y su tiempo*. Madrid: Alianza, 1989.

GLIOZZI, Giuliano. *Adam et le Nouveau Monde. La naissance de l'anthropologie comme idéologie coloniale: des généalogies bibliques aux théories raciales (1500-1700)*. Lecques: Théétète, 2000.

GRUZINSKI, Serge. *El pensamiento mestizo*. Buenos Aires/Barcelona/México: Paidós, 2000.

—. *La colonización del imaginario. Sociedades indígenas y occidentalización en el México español. Siglos XVI-XVIII*. México, D. F.: Fondo de Cultura Económica, 2001.

—. *La guerra de las imágenes. De Cristóbal Colón a "Blade Runner" (1492-2019)*. México, D. F.: Fondo de Cultura Económica, 2006.

GRUZINSKI, Serge y Carmen BERNARD. *De la idolatría. Una arqueología de las ciencias religiosas*. México, D. F.: Fondo de Cultura Económica, 1992.

HANKE, Lewis. *All mankind is one. A study of the disputation between Bartolomé de Las Casas and Juan Ginés de Sepúlveda in 1550 on the intellectual and religious capacity of the American Indians*. DeKalb: Northern Illinois University Press, 1974.

—. *Bartolomé de Las Casas. Pensador político, historiador, antropólogo*. La Habana: Sociedad Económica de Amigos del País, 1949.

—. "Estudio preliminar". En *Historia de las Indias*. México, D. F.: Fondo de Cultura Económica, 1965.

—. *La lucha por la justicia en la conquista de América*. Buenos Aires: Sudamericana, 1949.

—. "More Heat and Some Light on the Spanish Struggle for Justice in the Conquest of America". *Hispanic American Historical Review* 44:3 (1964): 293-340.

HALL, Stuart. "'Race': the floating signifier / featuring Stuart Hall". *Introduced by Sut Jhally*. Northampton, MA: Media Education Foundation, 1996. [Video.]

—. "The Spectacle of the Other". En *Representation: Cultural Representations and signifying practices*. Ed. Hall Stuart. London: Sage, 1997, 223-290.

HEMMING, John. *La conquista de los incas*. México, D. F.: Fondo de Cultura Económica, 1982.

HERNÁNDEZ DE LEÓN-PORTILLA, Ascensión. *Bernardino de Sahagún. Diez estudios sobre su obra*. Introducción y edición Ascensión Hernández de León-Portilla. México, D. F.: Fondo de Cultura Económica, 1990.

HIND, Robert J. "The Internal Colonial Concept". *Comparative Studies in Society and History* 26.3 (1984): 543:68.

HODGEN, Margaret T. *Early Anthropology in the Sixteenth and Seventeenth Centuries*. Philadelphia: University of Pennsylvania Press, 1964.

HORVATH, Ronald, J. "A Definition of Colonialism". *Current Anthropology* 13. 1 (1972): 45-57.

HULME, Peter. *Colonial Encounters*. London/New York: Methuen, 1986.

—. "Introduction: The Cannibal Scene". En: *Cannibalism and the Colonial World*. Eds. Francis Barker, Peter Hulme y Margaret Iversen. Cambridge: Cambridge University Press, 1998, 1-38.

HUDDLESTON, Lee Eldrige. *Origins of the American Indians*. Austin/London: The University of Texas Press, 1967.

HUMBOLDT, Alexander von. *Del Orinoco al Amazonas. Viaje a las regiones equinocciales del Nuevo Continente*. Barcelona: Planeta, 2005.

JAMES, C. L. R. *The Black Jacobins. Toussaint L'Ouverture and the San Domingo Revolution*. New York: Vintage, 1989.

JAMESON, Fredric. *Una modernidad singular: ensayo sobre la ontología del presente*. Barcelona: Gedisa, 2004.

JÁUREGUI, Carlos. "Brasil especular: alianzas estratégicas y viajes estacionarios por el tiempo salvaje de la Canibalia". En *Heterotropías: narrativas de identidad y alteridad latinoamericana*. Eds. Carlos Jáuregui y Juan Pablo Dabove. Pittsburgh: University of Pittsburgh-Instituto Internacional de Literatura Iberoamericana, 2003, 77-114.

—. *Canibalia: canibalismo, calibanismo, antropofagia cultural y consumo en América Latina*. La Habana: Casa de las Américas, 2005. [Madrid/Frankfurt: Iberoamericana/Vervuert, 2008.]

—. "'El plato más sabroso': eucaristía, plagio diabólico, y la traducción criolla del caníbal". *Colonial Latin American Review* 12.2 (2003): 199-231.

—. *Querella de los indios en las Cortes de la Muerte (1557) de Michael de Carvajal*. México, D. F.: Universidad Nacional Autónoma de México, 2002.

—. *The Conquest on Trial. Carvajal's Complaint of the Indians in the Court of Death*. University Park: Pennsylvania State University Press, 2008.

JANMOHAMED, Abdul R. "The Economy of Manichean Allegory: The Function of Racial Difference in Colonialist Literature". En *"Race," Writing, and Difference*. Ed. Henry Louis Gates Jr. Chicago/London: The University of Chicago Press, 1986, 78-106.

KEBER, John. "Sahagún and Hermeneutics: A Christian Ethnographer's Understanding of Aztec Culture". En *The Works of Bernardino de Sahagún: Pioneer Ethnographer of Sixteenth-Century Aztec Mexico*. Eds. Jorge Klor de Alva, H. B. Nicholson y Eloise Quiñones Keber. Albany /Austin: State University of New York/Albany Institute of Mesoamerican Studies/University of Texas Press, 1988, 53-63.

KEEN, Benjamin. *The Aztec Image in the Western Thought*. New Brunswick: Rutgers University Press, 1971.

KILGOUR, Maggie. "The Function of Cannibalism at the Present Time". En *Cannibalism and the Colonial World*. Eds. Francis Barker, Peter Hulme y Margaret Iversen. Cambridge: Cambridge University Press, 1998, 238-259.

KING, Willard F. "El México de Alarcón (1580-1613)". En *Lectura crítica de la literatura americana: inventarios, invenciones y revisiones*. Tomo I. Ed. Saúl Sosnowski. Caracas: Ayacucho, 1996, 576-599.

KLOR DE ALVA, Jorge. "Martín Ocelotl: Clandestine Cult Leader". En *Struggle and Survival in Colonial America*. Eds. David Sweet y Gary Nash. Berkeley: University of California Press, 1981, 128-141.

—. "Sahagún and the Birth of Modern Ethnography: Representing, Confessing, and Inscribing the Native Other". En *The Works of Bernardino de Sahagún: Pioneer Ethnographer of Sixteenth-Century Aztec Mexico*. Eds. Jorge Klor de Alva, H. B. Nicholson y Eloise Quiñones Keber. Albany/Austin: State University of New York/Albany Institute of Mesoamerican Studies/University of Texas Press, 1988, 31-52.

500

Kohut, Karl. "Las crónicas de indias y la teoría historiográfica: desde los comienzos hasta mediados del siglo xvi". En *Narración y reflexión. Las crónicas de Indias y la teoría historiográfica*. Ed. Karl Kohut. México, D. F.: El Colegio de México, 2007, 15-60.

Laclau, Ernesto. *Emancipación y diferencia*. Buenos Aires: Ariel, 1996.

Lafaye, Jacques. *Los conquistadores: figuras y escrituras*. México, D. F.: Fondo de Cultura Económica, 1999.

—. *Quetzalcóatl y Guadalupe. La formación de la conciencia nacional de México*. México, D. F.: Fondo de Cultura Económica, 1999.

Lane, Kris. "Introductory Study". En *The Indian Militia and Description of the Indies*. Eds. Kris Lane y Timothy F. Johnson. Durham/London: Duke University Press, 2008.

León Cázares, María del Carmen. "Estudio preliminar". En *Relación de las cosas de Yucatán*. México, D. F.: Consejo Nacional para la Cultura y las Artes, 1994, 11-79.

León-Portilla, Miguel. *Bernardino de Sahagún. Pionero de la antropología*. México, D. F.: Universidad Nacional Autónoma de México/El Colegio de México, 1999.

—. *México-Tenochtitlán: su espacio y tiempo sagrados*. México, D. F.: Instituto Nacional de Antropología e Historia, 1978.

—. "The Problematics of Sahagún: Certain Topics Needing Investigation". En *Sixteenth-Century Mexico. The Work of Sahagún*. Ed. Munro S. Edmonson. Albuquerque: University of New Mexico Press, 1974, 235-255.

—. *Visión de los vencidos. Relaciones indígenas de la conquista*. México, D. F.: Universidad Nacional Autónoma de México, 2003.

Lévi-Strauss, Claude. *El pensamiento salvaje*. México, D. F.: Fondo de Cultura Económica, 2009.

Liddell, Henry George y Robert Scott. *Greek-English Lexicon*. Oxford: Clarendon Press, 1996.

Lockhart, James. *The Nahuas after the Conquest. A social and Cultural History of the Indians of Central Mexico, Sixteenth through Eighteenth Centuries*. Stanford: Stanford University Press, 1992.

Lopetegui, León. *El padre José de Acosta y las misiones*. Madrid: Consejo Superior de Investigaciones Científicas-Instituto Gonzalo Fernández de Oviedo, 1942.

López Austin, Alfredo. "The Research Method of Sahagun: The Questionnaires". *Sixteenth-Century Mexico. The Work of Sahagún*. Ed. Munro S. Edmonson. Albuquerque: University of New Mexico Press, 1974, 111-149.

López-Baralt, Mercedes. *Para decir al otro: literatura y antropología en nuestra América*. Madrid/Frankfurt: Iberoamericana/Vervuert, 2005.

Lund, Joshua. *The Impure Imagination: Towards a Critical Hybridity in Latin American Writing*. Minneapolis/London: University of Minnesota Press, 2006.

Martinez, José Luis. *El "Códice Florentino" y la "Historia general" de Sahagún*. México, D. F.: Archivo General de la Nación, 1982.

—. *Nezahualcóyotl: vida y obra*. México, D. F.: Fondo de Cultura Económica, 1972.

Martínez Terán, Teresa. "La reedición de 1729 del *Origen de los Indios* (1607) de fray Gregorio García". *Revista Cuicuilco* 15-42 (2008): 121-142.

Marrero-Fente, Raúl. *Bodies, Texts and Ghosts. Writing Literature and Law in Colonial Latin America*. Lanham/Boulder/New York/Toronto/Plymouth: University Press of America, 2010.

Mason, Peter. *Deconstructing America. Representations of the Other*. London/New York: Routledge, 1990.

Mignolo, Walter. "Anáhuac y sus otros: la cuestión de la letra en el Nuevo Mundo". *Revista de Crítica Literaria Latinoamericana*, 15.28 (1988): 29-53.

—. *Local Histories/Global Designs: Coloniality, Subaltern Knowledges, and Border Thinking*. Princeton: Princeton University Press, 2000.

—. *The Darker Side of the Renaissance: Literacy, Territoriality, and Colonization*. Ann Arbor: University of Michigan Press, 1995.

Montaigne, Michel Eyquem de. *Ensayos completos*. 3 vols. Traducción Juan G. de Luaces, notas prologales Emiliano M. Aguilera. Barcelona: Iberia, 1968.

Moraña, Mabel. "Borges y yo. Primera reflexión sobre 'El etnógrafo'". En *Heterotropías: narrativas de identidad y alteridad latinoamericana*. Eds. Carlos Jáuregui y Juan Pablo Dabove. Pittsburgh: University of Pittsburgh-Instituto Internacional de Literatura Iberoamericana, 2003, 263-286.

—. "Formación del pensamiento crítico-literario en Hispanoamérica: época colonial". *Revista de Crítica Literaria Latinoamericana* 16.31-32 (1990): 255-265.

Morin, Edgar. *El método (III). El conocimiento del conocimiento*. Madrid: Cátedra, 2002.

Morison, Samuel Eliot. *El almirante de la mar océano. Vida de Cristóbal Colón*. México, D. F.: Fondo de Cultura Económica, 1993.

Nicolau D'Olwer, Luis. *Fray Bernardino de Sahagún (1499-1590)*. México, D. F.: Instituto Panamericano de Geografía e Historia, 1952.

Nieto Olarte, Mauricio. *Americanismo y Eurocentrismo. Alexander Von Humboldt y su paso por el Nuevo Reino de Granada*. Bogotá: Universidad de los Andes, 2010.

Nutini, Hugo. "Aportaciones del americanismo a la teoría y la práctica de la antropología moderna". En *Motivos de la antropología americanista: indagaciones en la diferencia*. Coord. Miguel León-Portilla, *et al*. México, D. F.: Fondo de Cultura Económica, 2001, 13-86.

O'Gorman, Edmundo. "Estudio preliminar" a la *Apologética historia sumaria*. México, D. F.: Fondo de Cultura Económica, 1967.

—. *La invención de América: investigación acerca de la estructura histórica del Nuevo Mundo y del sentido de su devenir*. México, D. F.: Fondo de Cultura Económica, 1995.

—. "Prólogo" a la *Historia natural y moral de las Indias*. México D. F.: Fondo de Cultura Económica, 1962.

Ortiz Treviño, Rigoberto Gerardo. "La naturaleza jurídica del *Ius Gentium* de acuerdo con la doctrina de Francisco de Vitoria. Estudio breve en honor al pensamiento de Antonio Gómez Robledo". En *Anuario Mexicano de Historia del Derecho* XVIII (2005): 25-52.

Pagden, Anthony. *La caída del hombre natural. El indio Americano y los orígenes de la etnología comparative*. Madrid: Alianza, 1988.

Palencia-Roth, Michael. "Enemigos de Dios: los monstruos y la teología de la conquista". En *Heterotropías: narrativas de identidad y alteridad latinoamericana*. Eds. Carlos Jáuregui y Juan Pablo Dabove. Pittsburgh: University of Pittsburgh-Instituto Internacional de Literatura Iberoamericana, 2003, 39-62.

—. "The Cannibal Law of 1503". En *Early Images of the Americas. Transfer and Invention*. Eds. Jerry M. Williams y Robert E. Lewis. Arizona: The University of Arizona Press, 1993, 21-63.

Pastor, Beatriz. *Discursos narrativos de la conquista: mitificación y emergencia*. Hanover: Ediciones del Norte, 1988.

PELS, Peter y Oscar SALEMINK, eds. *Colonial Subjects: Essays on the Practical History of Anthropology*. Michigan: Michigan University Press, 1999.

PERELIS, Ronald. "'These Indians are Jews!' Lost Tribes, Crypto-jews, and Jewish Self-Fashioning in Antonio de Montezinos's *Relación* of 1644". *Atlantic Diaspora. Jews, Conversos, and Crypto-Jews in the Age of Mercantilism, 1500-1800*. Eds. Richard I. Kagan y Philip D. Morgan D. Baltimore: The Johns Hopkins University Press, 2009.

PEREÑA, Luciano. "Estudio preliminar" a *De procuranda indorum salute*. Madrid: Consejo Superior de Investigaciones Científicas, 1984, 3-46.

PHELAN, John L. *El reino milenario de los franciscanos en el Nuevo Mundo*. México, D. F.: Universidad Nacional Autónoma de México, 1972.

PUIGGRÓS, Rodolfo. *De la colonia a la revolución*. Buenos Aires: Altamira, 2006.

QUIJANO, Aníbal. "Colonialidad del poder, eurocentrismo y América Latina". En *La colonialidad del saber: eurocentrismo y ciencias sociales. Perspectivas latinoamericanas*. Compilador Edgardo Lander. Buenos Aires: CLACSO, 1993, 201-246.

—. "Colonialidad y Modernidad/Racionalidad". *Perú Indígena* 13.29 (1992): 11-20.

RABASA, José. *De la invención de América*. México, D. F.: Universidad Iberoamericana/Fractal, 2009.

—. *Tell me the Story of How I Conquered You. Elsewheres and Ethnosuicide in the Colonial Mesoamerican World*. Austin: University of Texas Press, 2011.

RAMA, Ángel. *La ciudad letrada*. Prólogo Carlos Monsiváis. Santiago de Chile: Ediciones Tajamar, 2004.

RAMÍREZ, Hugo Hernán. "Contexto y estructura del 'prólogo' a la *Historia de las Indias* de Bartolomé de Las Casas". En *Narración y reflexión. Las crónicas de Indias y la teoría historiográfica*. Ed. Karl Kohut. México, D. F.: El Colegio de México, 2007, 79-104.

RAMÍREZ DE VERGER, Antonio. "Introducción". En *Metamorfosis*. Madrid: Alianza, 1996.

RAMOS, Demetrio. *La primera noticia de América*. Valladolid: Casa-Museo de Colón/Seminario Americanista de la Universidad de Valladolid, 1986.

RESTALL, Matthew. *Seven Myths of the Spanish Conquest*. New York: Oxford University Press, 2003.

504

RICARD, Robert. *La conquista espiritual de México. Ensayo sobre el apostolado y los métodos misioneros de las órdenes mendicantes en la Nueva España de 1523-24 a 1572*. México, D. F.: Fondo de Cultura Económica, 1994.

RIVERA-AYALA, Sergio. *El discurso colonial en textos novohispanos: espacio, cuerpo y poder*. Woodbridge/Rochester: Tamesis, 2009.

RIVET, Paul. *El origen del hombre americano*. México, D. F.: Fondo de Cultura Económica, 1969.

ROBERTSON, Donald. "The Sixteenth Century Mexican Encyclopedia of Fray Bernardino de Sahagún". *Cuadernos de Historia Mundial* 9.3 (1996): 617-628.

RODRÍGUEZ, Fermín Adrián. "Prehistorias argentinas: naturalistas en el Plata. Charles Darwin, Francisco Moreno, Florentino Ameghino, Bruce Chatwin". *A Contracorriente* 7-1 (2009): 45-75.

ROMANO, Ruggiero. *Mecanismo y elementos del sistema económico colonial americano (siglos XVI-XVIII)*. México, D. F.: Fondo de Cultura Económica, 2004.

RUSSELL, Jeffrey, B. *The Devil. Perceptions of Evil from Antiquity to Primitive Christianity*. Ithaca/London: Cornell University Press, 1977.

SAIGNES, Thierry. *Historia del pueblo chiriguano*. Compilación introducción y notas Isabelle Combès. La Paz: Directorio General para la Cooperación Internacional del Ministerio de Relaciones Exteriores de Francia/Instituto de Investigación para el Desarrollo/Instituto Francés de Estudios Andinos/Embajada de Francia en Bolivia/Cooperación Regional Francesa para los Países Andinos, 2007.

SÁNCHEZ-PRADO, Ignacio M. "The Pre-Columbian Past as a Project: Miguel León-Portilla and Hispanism". En *Ideologies of Hispanism*. Ed. Mabel Moraña. Nashville: Vanderbilt University Press, 2005, 40-61.

SEED, Patricia. *Ceremonies of Possession in Europe's Conquest of the New World*. New York: Cambridge University Press, 1995.

SERJE, Margarita. *El revés de la nación. Territorios salvajes, fronteras y tierras de nadie*. Bogotá: Universidad de los Andes/CESO, 2005.

SONTAG, Susan. "The Anthropologist as Hero". *Against Interpretation and Other Essays*. New York: Delta, 1966.

SOLODKOW, David. "Fray Ramón Pané y el telos evangelizador: matrices etnográficas, violencia y ficcionalización del Otro Americano". *Revista de Estudios Hispánicos* 42-2 (2008): 237-259.

—. "Múltiples versiones de una 'misma' travesía: el segundo viaje de Cristóbal Colón". *Colonialidad y crítica en América Latina. Bases para un debate*. Eds. Mabel Moraña y Carlos Jáuregui. Puebla: Benemérita Universidad de las Américas, 2008, 197-239.

—. "Racismo y nación: conflictos y (des)armonías en el proyecto nacional sarmientino". *Revista Decimonónica* 2.1 (2005): 95-121.

SUBIRATS, Eduardo. *El continente vacío: la conquista del Nuevo Mundo y la conciencia moderna*. Barcelona: Anaya & Mario Muchnik, 1994.

SUED BADILLO, Jalil. "The Island Caribs. New Approaches to the Question of Ethnicity in the Early Colonial Caribbean". En *Wolves from the Sea. Readings in the Anthropology of the Native Caribbean*. Leiden: KITLV P., 1995, 61-91.

SULLIVAN, Thelma D. "The Rhetorical Orations, or *Huehuetlatolli*, Collected by Sahagún". En *Sixteenth-Century Mexico. The Work of Sahagún*. Ed. Munro S. Edmonton. Albuquerque: University of New Mexico Press, 1974, 79-109.

TAUSSIG, Michael T. *Mimesis and Alterity: a Particular History of the Senses*. New York/London: Routledge, 1993.

TODOROV, Tzvetan. *La conquista de América: el problema del otro*. México, D. F.: Siglo XXI, 1999.

VAILLANT, George. *La civilización azteca*. México D. F.: Fondo de Cultura Económica, 1995.

VILLORO, Luis. *Los grandes momentos del indigenismo en México*. México D. F.: Ediciones de La Casa Chata, 1979.

—. "Sahagún or the Limits of the Discovery of the Other". En *1992 Lecture Series: Working Papers N° 2*. College Park: University of Maryland, 1989.

WALLERSTEIN, Immanuel. *El moderno sistema mundial. La agricultura capitalista y los orígenes de la economía-mundo europea en el siglo XVI*. México, D. F.: Siglo XXI, 1999.

WECKMANN, Luis. *Las Bulas Alejandrinas de 1493 y la teoría política del papado medieval*. México, D. F.: Universidad Nacional Autónoma de México-Instituto de Historia, 1949.

WEY-GÓMEZ, Nicolás. *The Tropics of Empire. Why Columbus Sailed South to the Indies*. Cambridge, Massachusetts/London: MIT, 2009.

WHITE, Hayden. *Tropics of Discourse. Essays in Cultural Criticism*. Baltimore/London: The Johns Hopkins University Press, 1978.

WHITEHEAD, Neil L. "Ethnic Plurality and Cultural Continuity in the Native Caribbean Remarks and Uncertainties as to data and Theory". En *Wolves from the Sea. Readings in the Anthropology of the Native Caribbean*. Leiden: KITLV Press, 1995, 91-113.

—. *Wolves from the Sea. Readings in the Anthropology of the Native Caribbean*. Leiden: KITLV Press, 1995.

WOLF, Eric, R. *Europe and the People without History*. Berkeley/Los Angeles/London: University of California Press, 1982.

YOUNG, Robert. *White Mythologies: Writing History and the West*. London/New York: Routledge, 1990.

ZAMORA, Margarita. "'If Cahonaboa learns to speak...': Amerindian Voice in the Discourse of Discovery". *Colonial Latin American Review* 8.2 (1999): 191-205.

—. *Reading Columbus*. Berkeley: University of California Press, 1993.

ZAVALA, Silvio. *La filosofía política en la conquista de América*. México, D. F.: Fondo de Cultura Económica, 1977.

—. *Las instituciones jurídicas de la conquista de América*. México, D. F.: Porrúa, 1988.

ZERUBAVEL, Eviatar. *Terra Cognita. The Mental Discovery of America*. New Brunswick/London: Transaction Publishers, 2005.